渋沢思想の成立基盤

大江清一

時潮社

はしがき

　本書の目的は、渋沢思想の成立過程において水戸学が果した役割を解明することである。具体的には、後期水戸学の代表的著作を検討するとともに、渋沢栄一が一橋家時代から仕えた徳川慶喜の人間的な影響を探ることを通してこの目的にアプローチする。

　筆者のこれまでの研究では、「国臣意識」の根底にある尊皇思想が、渋沢の内面でどのような進化を遂げたのかという点に関する分析が不十分であった。筆者が措定した「水戸学⇒尊皇思想⇒一橋家家臣⇒幕臣⇒国臣⇒企業家・社会事業家⇒国臣意識」という段階をたどって到達する国臣意識の成立過程を解明するためには、成立過程の前半に溯源して検討を加えることが必要となる。

　「水戸学⇒尊皇思想⇒一橋家家臣⇒幕臣」の詳細が解明されれば、『義利合一説の思想的基盤』、『渋沢栄一の精神構造』で解明を試みた後半過程とあわせて、国臣意識が確立するまでの全貌が明らかになると考えられる。

　そして、この成立過程が明らかになれば、渋沢思想の主要な構成要素である「仁愛」、「国臣意識」の淵源が、それぞれ「論語⇒仁愛」、「水戸学⇒国臣意識」という対応関係で整理され、渋沢思想の全貌解明に近づくことができる。

　「仁愛」と「国臣意識」の淵源を、それぞれ「論語」と「水戸学」と考えると、現実的には２つの淵源は並立して存在するというより、むしろ互いに混ざり合って、いわゆる「ハイブリッド構造」で渋沢思想が形成されたと考えるのが合理的である。

　本書で検討する水戸学者の著作は、藤田幽谷の『正名論』、藤田東湖の『回天詩史』、『常陸帯』、『弘道館記述義』、会沢正志斎の『新論』の５著作である。渋沢が仕えた徳川慶喜については、君臣関係を通して影響を受けたと考えられる「陰徳」と「犠牲的精神」の２つの倫理規範に焦点をあてて考察する。

　水戸学者の５著作はいずれも後期水戸学を代表する名著であり、水戸藩士

のみならず当時の武士や渋沢のような農民志士たちにも影響を与えた。藤田東湖の弘道館記述義は慶喜の父である徳川斉昭が著した『弘道館記』の注釈書である。

後期水戸学の思想を代表する5著作は、いずれも水戸藩の藩是である尊皇攘夷思想を基盤としている。これらの著作には、天照大神を天祖とし、朝廷を天孫とする日本の成り立ちに始まり、尊皇思想の蘊奥を述べ、攘夷思想の合理性を強調するとともに、経済論、戦略論、海外事情、対外政策など多岐にわたる内容が盛り込まれている。

経済論と海外事情のうち、経済論は当時の志士たちの必読書であった『新論』に詳述されているが、この方面に関しては渋沢にも農商実務に長く携わってきた経験から一家言があった。

武家の経済論と農民の経済論を比較検討することで、所属階層ごとに経済観がとのように異なるのかが明らかとなり、正志斎の経済論が及ぼした影響を相対化して探ることが可能となる。

海外事情に関しては、血洗島村とその周辺で農商実務に従事してきた渋沢と、水戸を訪ねてくる蘭学者や京都、長崎で経験を積んだ学者たちとの交流が盛んであった水戸学者では知識量に大きな開きがあった。

渋沢や尾高惇忠は、尊皇攘夷思想を机上で修得できたが海外事情には疎かった。この知識不足は横浜焼き討ち計画の一因になったと考えられる。横浜焼き討ち計画は尊皇攘夷思想を誤った方向と方法で実践しようと企んだ事例であることから、水戸学の影響を踏まえて詳細に分析する必要がある。

前2著では「知行合一」、「義利合一」という2つの「合一」のメカニズムの解明を試みた。2つの合一は個別に存在するのではなく、渋沢の内面でさらに合一して渋沢思想に結実したと考えられる。「知行合一」と「義利合一」という2つの合一の生成と、合一同士がさらに合一して新たな理念が生まれるプロセスを解明することは、渋沢思想の全貌を明らかにするうえで重要である。

本書は大部であるので、多忙な読者は序章、第1章、終章に加えて、各編の内容をまとめた第5章、第13章、第16章に目を通し、概要を把握したうえで個別の章を読み進めていただくと効率的と考える。

『渋沢思想の成立基盤』目次

はしがき ……………………………………………………………………… 1

序　章　課題と構成……………………………………………………… 21

第1節　問題の所在……………………………………………………… 21
 1－1　問題認識　21
 1－2　本書の目的　23
 1－3　課題の設定　27

第2節　構成と目的……………………………………………………… 30
 2－1　全体構成　30
 2－2　水戸学の特質と渋沢栄一　32
  2－2－1　第1章の目的：水戸学と渋沢思想―分析方法と予備的考察―　32
 2－3　藤田東湖と渋沢思想　33
  2－3－1　第2章の目的：藤田東湖『回天詩史』と渋沢思想　33
  2－3－2　第3章の目的：藤田東湖『常陸帯』と渋沢思想　33
  2－3－3　第4章の目的：藤田東湖『弘道館記述義』と渋沢思想　34
  2－3－4　第5章の目的：第Ⅰ編のまとめ―藤田東湖と渋沢思想―　35
 2－4　会沢正志斎と渋沢思想　36
  2－4－1　第6章の目的：会沢正志斎『新論』と渋沢思想(1)―国体（上）に探る渋沢思想の淵源―　36
  2－4－2　第7章の目的：会沢正志斎『新論』と渋沢思想(2)―国体（中）に探る渋沢思想の淵源―　36
  2－4－3　第8章の目的：会沢正志斎『新論』と渋沢思想(3)―国体（下）に探る渋沢思想の淵源―　37
  2－4－4　第9章の目的：会沢正志斎『新論』と渋沢思想(4)―横浜焼き討ち計画の予備的考察―　38
  2－4－5　第10章の目的：会沢正志斎『新論』と渋沢思想(5)―形勢と虜情に探る渋沢思想の淵源―　39
  2－4－6　第11章の目的：会沢正志斎『新論』と渋沢思想(6)―守禦に探る渋沢思想の淵源―　40
  2－4－7　第12章の目的：会沢正志斎『新論』と渋沢思想(7)―長計に探る渋沢思想の淵源―　41
  2－4－8　第13章の目的：第Ⅱ編のまとめ―会沢正志斎と渋沢思想―　42

2－5　正名思想と倫理規範　42
　　　2－5－1　第14章の目的：渋沢栄一の正名思想　42
　　　2－5－2　第15章の目的：渋沢栄一の陰徳と犠牲的精神―徳川慶喜に学んだ倫理
　　　　　　　規範―　43
　　　2－5－3　第16章の目的：第Ⅲ編のまとめ―正名思想と倫理規範―　44
第3節　先行研究 ……………………………………………………………………45
第4節　凡例その他 …………………………………………………………………46
　注　記　47

第1章　水戸学と渋沢思想 ―分析方法と予備的考察― ……………………49

　はじめに　49
第1節　本書の分析方法 ……………………………………………………………51
　1－1　分析の枠組　51
　1－2　個別課題　53
　　1－2－1　青年期の渋沢栄一　53
　　1－2－2　カントの「智・情・意」と渋沢栄一の常識　54
　　1－2－3　「智・情・意」に対する渋沢栄一の解釈　56
　　1－2－4　渋沢栄一の三資質の成長プロセス　59
　1－3　アプローチ　61
　　1－3－1　渋沢思想の構成要素　62
　　1－3－2　渋沢思想の変遷　64
第2節　水戸学と渋沢思想―予備的考察― ………………………………………69
　2－1　検討項目　70
　2－2　水戸学と渋沢栄一の関係性　72
　　2－2－1　渋沢栄一の水戸学理解　72
　　2－2－2　水戸藩の政治思想　75
　2－3　渋沢栄一の尊皇思想の特質　79
　　2－3－1　尊皇思想の構成要素　79
　　2－3－2　国臣意識の淵源　81
　2－4　渋沢思想を支える徳目　81
　　2－4－1　「仁愛」と「国臣意識」の関係　83
　　2－4－2　渋沢栄一の武士道理解　86
小　括 …………………………………………………………………………………87
　注　記　88

目 次

第Ⅰ編　自己実現論の予備的考察

第2章　藤田東湖『回天詩史』と渋沢思想 …………………………91

　はじめに　91

第1節　『回天詩史』の背景 …………………………………………93
　1-1　藤田東湖の死生観　93
　1-2　回天詩史と渋沢栄一　94

第2節　水戸学の尊皇攘夷思想 ……………………………………96
　2-1　水戸学の尊皇思想　96
　　2-1-1　君臣論と尊皇思想　96
　　2-1-2　藤田東湖の出処進退　99
　2-2　水戸学の攘夷思想　100
　　2-2-1　藤田東湖の攘夷思想　100
　　2-2-2　藤田幽谷の攘夷思想　102
　　2-2-3　徳川斉昭の攘夷思想　104
　2-3　攘夷思想と尚武の精神　106
　　2-3-1　藤田東湖の尚武の精神　106
　　2-3-2　横浜焼き討ち計画を支えた精神的基盤　108
　　2-3-3　水戸学と洗脳　110
　　2-3-4　攘夷思想を育てた特異な環境　111

第3節　藤田東湖の歴史観と宗教観 ………………………………112
　3-1　藤田東湖の歴史観　112
　3-2　藤田東湖の宗教観　113

第4節　藤田東湖の教育論 …………………………………………117
　4-1　教育論と性善説　117
　4-2　文武の修得　119

第5節　水戸学における経済観念 …………………………………121
　5-1　藤田東湖の金銭感覚　121
　5-2　徳川斉昭の経済観念　123

小　括 ………………………………………………………………………124
　注　記　130

第3章　藤田東湖『常陸帯』と渋沢思想 ……………………………………133

はじめに　133

第1節　『常陸帯』の概要 ……………………………………………………134
 1－1　目次構成　134
 1－2　目次の再構成　135

第2節　『常陸帯』の尊皇思想 ………………………………………………137
 2－1　藤田東湖の尊皇思想と渋沢の解釈　137
  2－1－1　渋沢栄一の尊皇思想が抱える矛盾　138
  2－1－2　藤田東湖による大塩平八郎の評価　139
  2－1－3　渋沢栄一による大塩平八郎の評価　140

第3節　『常陸帯』の攘夷思想 ………………………………………………141
 3－1　藤田東湖の攘夷思想と渋沢の解釈　141
  3－1－1　藤田東湖の歴史認識　142
  3－1－2　渋沢栄一による鎖国政策の認識　143

第4節　水戸藩の内政 …………………………………………………………147
 4－1　人事刷新と人事配置　147
  4－1－1　人事刷新　147
  4－1－2　人事配置　149
 4－2　文武の奨励　150
  4－2－1　忠孝と文武の関係　150
  4－2－2　言路の開放　151
  4－2－3　文の奨励　153
 4－3　倹素の奨励　155
 4－4　倹素の特質　156
  4－4－1　風流と文雅　156
  4－4－2　冗費と投資　158
  4－4－3　節倹政策に対する藤田東湖の見解　160
 4－5　水戸の財政　161
  4－5－1　水戸藩の徳政令　161
  4－5－2　水戸藩の年功的俸禄制度　163

第5節　水戸藩の組織体制 ……………………………………………………164
 5－1　組織体制に関する藤田東湖の認識　164
 5－2　制度改革事例　167

5－2－1　奥右筆の活用　168
　　　5－2－2　お床几回りの設置　169
第6節　藤田東湖の宗教観 ……………………………………………170
　6－1　神社の尊崇　170
　6－2　神社振興と仏寺整理　171
　　6－2－1　神社振興　171
　　6－2－2　仏寺整理　172
小　括 ……………………………………………………………………173
　注　記　176

第4章　藤田東湖『弘道館記述義』と渋沢思想 ……………177

　はじめに　177
序　節　『弘道館記述義』へのアプローチ …………………………178
第1節　天地の大原理としての道【弘道者何】………………………180
　1－1　藤田東湖の道の認識　180
　1－2　渋沢栄一の道の認識　181
第2節　天地と万物の生成【天地位焉】………………………………182
　2－1　天地と万物に関する藤田東湖の考え方　182
　2－2　天と天命に関する渋沢栄一の考え方　183
第3節　皇統の永続性【唐虞三代】……………………………………187
　3－1　皇統の永続性に関する藤田東湖の考え方　187
　3－2　皇統の永続性に関する渋沢栄一の考え方　188
第4節　異端の教え【異端邪説】………………………………………189
　4－1　異端の教えに対する藤田東湖の認識　189
　4－2　異端の教えに対する渋沢栄一の認識　189
第5節　徳川家康の業績【我東照宮・允武允文】……………………194
　5－1　藤田東湖による徳川家康の評価　194
　　5－1－1　徳川家康と禁中公家諸法度　194
　　5－1－2　徳川家康と歴代権力者の比較　195
　　5－1－3　徳川家康の評価ポイント　196
　5－2　渋沢栄一による徳川家康の評価　197
　　5－2－1　王道と覇道に関する認識　197

5－2－2　適材適所　198
　　5－2－3　知・仁・勇　200
　　5－2－4　中庸　201
　　5－2－5　忠信　202
　　5－2－6　下問と仏教　204
　　5－2－7　現実主義　205
　5－3　渋沢栄一による徳川家康の批判　207
第6節　皇室を尊び外夷を攘うこと【尊王攘夷】……………………………208
　6－1　藤田東湖の尊皇思想　208
　6－2　渋沢栄一の尊皇思想　210
　　6－2－1　尊皇思想の淵源　211
　　6－2－2　明治の元勲と尊皇思想　213
第7節　徳川光圀の業績【發威夷齊】……………………………214
　7－1　藤田東湖による徳川光圀の評価　214
　　7－1－1　徳川光圀の事績　214
　　7－1－2　徳川光圀に関する記述と特徴　216
　7－2　渋沢栄一による徳川光圀の評価　217
第8節　忠孝は一つであること【忠孝无二】……………………………219
　8－1　五倫と忠孝に関する藤田東湖の考え方　219
　8－2　五倫と忠孝に関する渋沢栄一の考え方　219
　　8－2－1　義と信　221
　　8－2－2　君臣の義の実践　222
第9節　学問と事業【學問事業】……………………………224
　9－1　学問と事業の関係についての藤田東湖の考え方　224
　9－2　学問と事業の関係についての渋沢栄一の考え方　225
小　括……………………………227
　注　記　236

第5章　第Ⅰ編のまとめ　―藤田東湖と渋沢思想―……………………………239

　はじめに　239
第1節　藤田東湖の尊皇思想と渋沢栄一……………………………240
　1－1　『回天詩史』に見る尊皇思想　240
　1－2　『常陸帯』に見る尊皇思想　241
　1－3　『弘道館記述義』に見る尊皇思想　242

第2節　藤田東湖の攘夷思想と渋沢栄一 …………………………………244
　2－1　『回天詩史』に見る攘夷思想　244
　2－2　『常陸帯』に見る攘夷思想　245
　2－3　『弘道館記述義』に見る攘夷思想　246
第3節　藤田東湖の武士道精神と渋沢栄一 ………………………………247
　3－1　『回天詩史』に見る武士道精神　247
　3－2　『常陸帯』に見る武士道精神　248
　3－3　『弘道館記述義』に見る武士道精神　248
第4節　藤田東湖の論語解釈と渋沢栄一 …………………………………249
　4－1　『回天詩史』に見る論語解釈　249
　4－2　『常陸帯』に見る論語解釈　250
　4－3　『弘道館記述義』に見る論語解釈　250
まとめ ……………………………………………………………………………251

第Ⅱ編　会沢正志斎と渋沢思想

第6章　会沢正志斎『新論』と渋沢思想(1) ……………………………259
　―国体（上）に探る渋沢思想の淵源―

　はじめに　259

第Ⅰ部　国体（上）の内容検討

第1節　天の認識 …………………………………………………………260
　1－1　天と天照大神　262
　1－2　鬼神について　269
第2節　天の徳目 …………………………………………………………271
第3節　徳川幕府の位置づけ ……………………………………………273
　3－1　天照大神と皇室　273
　3－2　皇室と徳川幕府　275
第4節　邪説の害 …………………………………………………………276
　4－1　仏法の害　276
　4－2　俗儒の害　278
　4－3　キリスト教の害　279

第 5 節　第Ⅰ部のまとめ ……………………………………………281
第Ⅱ部　国体（上）と渋沢思想
第 6 節　天についての渋沢栄一の認識 ………………………………282
　6 － 1　渋沢栄一の天命の認識　282
　　6 － 1 － 1　天命と人事　283
　　6 － 1 － 2　天命を信じること　285
　　6 － 1 － 3　天命と富　285
　6 － 2　鬼神についての渋沢栄一の認識　287
　6 － 3　天の認識に関する比較検討　288
第 7 節　渋沢栄一が重視した徳目 ……………………………………289
　7 － 1　渋沢栄一の忠孝の認識　289
　7 － 2　忠孝の認識に関する比較検討　291
第 8 節　徳川幕府への思い ……………………………………………291
　8 － 1　徳川幕府に対する渋沢栄一の評価　291
　8 － 2　徳川幕府の評価の比較検討　294
第 9 節　渋沢栄一の宗教観 ……………………………………………295
　9 － 1　渋沢栄一の仏教観　295
　9 － 2　渋沢栄一の儒教観　296
　9 － 3　渋沢栄一のキリスト教観　297
　9 － 4　宗教観の比較検討　298
第10節　第Ⅱ部のまとめ ………………………………………………301
小　括 ……………………………………………………………………304
　注　記　305

第 7 章　会沢正志斎『新論』と渋沢思想⑵ …………………309
　　　　　　―国体（中）に探る渋沢思想の淵源―

　はじめに　309
第 1 節　武士の始まり …………………………………………………309
　1 － 1　武による建国　311
　1 － 2　兵制の推移　312
　　1 － 2 － 1　兵制推移の段階　312
　　1 － 2 － 2　武士と農民と商人　315

目　次

第 2 節　武力の強化………………………………………………………………317
　2－1　現体制の問題点　317
　2－2　外夷への備え　318
　2－3　武士の義と利　321
第 3 節　渋沢栄一の軍事に関わる事績……………………………………………323
　3－1　横浜焼き討ち計画　324
　3－2　一橋家の兵備強化　326
　3－3　鳥羽・伏見の戦い　328
　3－4　日清・日露戦争および第一次世界大戦との関わり　333
　　3－4－1　戦争と経済　333
　　3－4－2　戦争に対する渋沢の基本的姿勢　336
　　3－4－3　渋沢栄一の戦争観の考察　338

小　括……………………………………………………………………………………344
　注　記　350

第 8 章　会沢正志斎『新論』と渋沢思想⑶………………………353
　―国体（下）に探る渋沢思想の淵源―

　はじめに　353
第 1 節　国家経済の成り立ち………………………………………………………354
　1－1　衣食の基盤　354
　1－2　財政の推移　355
　1－3　国家経済に関する渋沢栄一の考え方　356
第 2 節　会沢正志斎の経済理論……………………………………………………359
　2－1　会沢正志斎のミクロ経済理論　359
　2－2　会沢正志斎のマクロ経済理論　362
　　2－2－1　会沢正志斎の物価理論　362
　　2－2－2　会沢正志斎の貨幣理論　363
　　2－2－3　会沢正志斎の米穀統制論　364
　2－3　会沢正志斎の交易論　366
　　2－3－1　開国論に転じた経緯　366
　　2－3－2　通商に対する姿勢　369
第 3 節　渋沢栄一の経済理論………………………………………………………371
　3－1　渋沢栄一の貨幣理論　371

3－2　渋沢栄一の交易論　372
     3－2－1　攘夷論と対外交易　372
     3－2－2　攘夷論の矛盾と開国論　378
小　括 ……………………………………………………………………389
   注　記　394

第9章　会沢正志斎『新論』と渋沢思想(4) ……………397
　　　　―横浜焼き討ち計画の予備的考察―

　はじめに　397
第1節　渋沢栄一の攘夷思想 ………………………………………399
   1－1　攘夷思想の特質　399
   1－2　攘夷思想とテロリズム　400
第2節　横浜焼き討ち計画の検討 …………………………………401
   2－1　横浜焼き討ち計画の原因　402
   2－2　横浜焼き討ち計画の発生　408
   2－3　横浜焼き討ち計画の構造　416
第3節　横浜焼き討ち計画の考察 …………………………………421
   3－1　横浜焼き討ち計画の犯罪的特質　422
   3－2　新論を検討するための分析視角　422
小　括 ……………………………………………………………………424
   注　記　425

第10章　会沢正志斎『新論』と渋沢思想(5) ……………427
　　　　―形勢と虜情に探る渋沢思想の淵源―

　はじめに　427
第1節　「形勢」の検討方針 …………………………………………429
第2節　「形勢」の内容検討 …………………………………………431
   2－1　形勢の概要　431
   2－2　主要国の勢力　433
   2－3　ロシアの世界戦略　435
   2－4　世界情勢における日本の地位　435
第3節　「虜情」の検討方針 …………………………………………437

| 目　次

第4節　「虜情」の内容検討 …………………………………………………438
　4－1　虜情の論理展開　438
　4－2　反対意見への論駁　442
小　括 ……………………………………………………………………………451
　注　記　456

第11章　会沢正志斎『新論』と渋沢思想⑹ ………………………………457
　　　　　―守禦に探る渋沢思想の淵源―

　はじめに　457
第1節　「守禦」の検討方針 …………………………………………………458
第2節　国内政策 ………………………………………………………………459
　2－1　和戦の方針　460
　2－2　内政改革　460
　　2－2－1　士風の作興　460
　　2－2－2　奢侈の禁止　461
　　2－2－3　民生の安定　462
　　2－2－4　人材の登用　463
　2－3　軍令改革　464
　2－4　藩の富強　465
　2－5　兵力の分散　466
第3節　新たな国防政策 ………………………………………………………468
　3－1　屯田兵の設置　469
　3－2　敵情偵察と海軍の整備　471
　3－3　兵站戦略　472
第4節　「守禦」の基本精神 …………………………………………………474
　4－1　会沢正志斎の義利の理解　474
　4－2　渋沢栄一の義利の理解　476
　　4－2－1　テロリストとしての義利の理解　476
　　4－2－2　壮年期における義利の理解　478
小　括 ……………………………………………………………………………481
　注　記　482

第12章　会沢正志斎『新論』と渋沢思想(7)······485
――長計に探る渋沢思想の淵源――

　はじめに　485
第1節　「長計」の検討方針 ······486
第2節　皇化の歴史 ······487
第3節　祭祀の体系 ······489
　3－1　征戦と祭祀　489
　　3－1－1　地神の尊重　489
　　3－1－2　神皇の教化の変遷　491
　3－2　祖霊の祭祀　493
　　3－2－1　祭祀と道徳に基づく尊皇思想　496
　　3－2－2　地勢的優位性に基づく攘夷思想　497
　　3－2－3　会沢正志斎の尊皇攘夷思想の特質　497
　3－3　日本の祭祀　497
　　3－3－1　渋沢栄一の祭祀に関する理解　499
　　3－3－2　祭祀の衰退と活性化方策　503
第4節　祭政一致と国家の長久策 ······505
　4－1　会沢正志斎の長久策　505
　4－2　渋沢栄一の長久策　506
第5節　開国論への思想転換 ······508
　5－1　会沢正志斎の開国論　508
　5－2　渋沢栄一の開国論　509
小　括 ······511
　注　記　518

第13章　第Ⅱ編のまとめ ――会沢正志斎と渋沢思想―― ······521

　はじめに　521
第1節　『新論』のまとめと横浜焼き討ち計画 ······522
　1－1　『新論』国体（上）と渋沢思想　522
　　1－1－1　国体（上）の内容検討　522
　　1－1－2　国体（上）と渋沢思想　524
　　1－1－3　国体（上）のまとめ　527

1−2　『新論』国体（中）と渋沢思想　528
　　　1−2−1　横浜焼き討ち計画　529
　　　1−2−2　一橋家仕官時代の兵備強化　529
　　　1−2−3　鳥羽・伏見の戦い　530
　　　1−2−4　大久保利通との論争　530
　　　1−2−5　日清・日露戦争および第一次世界大戦との関わり　531
　　　1−2−6　国体（中）のまとめ　532
　　1−3　『新論』国体（下）と渋沢思想　533
　　　1−3−1　財政に関する考え方　533
　　　1−3−2　経済理論全般　534
　　　1−3−3　貨幣理論　534
　　　1−3−4　攘夷論から開国論　535
　　　1−3−5　開国後の交易　536
　　　1−3−6　国体（下）のまとめ　537
　　1−4　横浜焼き討ち計画の予備的考察　537
　　1−5　『新論』形勢および虜情と渋沢思想　539
　　　1−5−1　渋沢栄一の他己分析　539
　　　1−5−2　青年期の渋沢栄一の社会的地位　539
　　　1−5−3　横浜焼き討ち計画への「形勢」と「虜情」の影響　540
　　1−6　『新論』守禦と渋沢思想　542
　　1−7　『新論』長計と渋沢思想　543
　　　1−7−1　会沢正志斎の尊皇思想と祭祀　544
　　　1−7−2　渋沢栄一の尊皇思想と祭祀　544
　　　1−7−3　会沢正志斎の攘夷論の特質　546
　　　1−7−4　渋沢栄一の攘夷論の特質　547
　　　1−7−5　開国論への転換　548
　　　1−7−6　会沢正志斎と渋沢栄一の宗教観　549
　　　1−7−7　長計のまとめ　550
第2節　『新論』と渋沢思想　……………………………………………………550
　2−1　国臣意識の淵源　550
　2−2　攘夷思想から開国思想への変化　552
　2−3　武士道と陰徳　553
　2−4　名分論の解釈　555
まとめ　………………………………………………………………………………557

第Ⅲ編　正名思想と倫理規範

第14章　渋沢栄一の正名思想 …………………………………………561

はじめに　561

第1節　『論語』の正名思想 ………………………………………562
1－1　子路第十三第3章の通釈 ―名分論と名実論―　562
1－2　朱熹『論語集注』の解釈　565
1－3　荻生徂徠『論語徴』の解釈　566
1－4　三島中洲『論語講義』の解釈　567

第2節　『正名論』の解釈 …………………………………………569
2－1　『正名論』の概要　569
2－2　渋沢思想に対する『正名論』の影響　572

第3節　渋沢栄一の正名思想　―分析の枠組み― ………………575
3－1　渋沢栄一の正名論解釈　575
3－2　正名思想に対する分析視角　578

第4節　渋沢栄一の正名思想の変遷 ………………………………583
4－1　青年期の正名思想　584
　4－1－1　横浜焼き討ち計画　584
　4－1－2　一橋家仕官時代　585
4－2　壮年前期の正名思想　586
　4－2－1　富岡製糸場の設立と運営　587
4－3　壮年後期の正名思想　588
　4－3－1　抄紙会社の設立と運営　588
4－4　老年期の正名思想　589
　4－4－1　東京市養育院　589

小　括 ……………………………………………………………………590
注　記　592

第15章　渋沢栄一の陰徳と犠牲的精神 ……………………………593
　　　　　―徳川慶喜に学んだ倫理規範―

はじめに　593
本章のアプローチ　595

目 次

第Ⅰ部 君臣関係の成立過程

第1節　徳川慶喜と渋沢栄一の君臣関係の推移 ……………………………597
　　1－1　一橋家仕官を決心した時期　597
　　1－2　一橋家の軍備拡充と財政改革を実現した時期　598
　　1－3　一橋慶喜が禁裏御守衛総督の時期　599
　　1－4　幕臣期　600
　　1－5　渡仏期　603
　　1－6　駿府に徳川慶喜を訪ねた時期　604

第2節　『徳川慶喜公伝』の編纂事業 ……………………………………609
　　2－1　編纂事業の経緯　609
　　2－2　編纂の動機　610
　　2－3　編纂実務における恣意性の排除　614
　　2－4　執筆者の選定経緯　615

第3節　『徳川慶喜公伝』の執筆者の歴史観 ……………………………617
　　3－1　福地源一郎の歴史観　617
　　3－2　萩野由之の歴史観　620
　　3－3　井野辺茂雄の歴史観　622
　　　　3－3－1　維新期に対する認識　622
　　　　3－3－2　国論の把握　624
　　　　3－3－3　大政奉還時の徳川慶喜の心情に対する認識　624
　　　　3－3－4　徳川慶喜の大坂城脱出に対する認識　625

第Ⅱ部 疑念から尊崇へのプロセス

第4節　徳川慶喜の第十五代将軍就任 ……………………………………627
　　4－1　将軍就任時の状況　627
　　4－2　将軍就任に対する渋沢栄一の認識　628

第5節　渋沢栄一の疑念 …………………………………………………630
　　5－1　大政奉還の経緯　630
　　5－2　鳥羽・伏見の戦い　632
　　　　5－2－1　開戦に関する徳川慶喜の証言　632
　　　　5－2－2　開戦に関する渋沢栄一の認識　635
　　5－3　大坂城からの脱出　637
　　　　5－3－1　脱出に関する徳川慶喜の証言　637

5－3－2　脱出に関する渋沢栄一の認識　640
小　括 ···644
　　注　記　654

第16章　第Ⅲ編のまとめ ―正名思想と倫理規範― ·····················657

　はじめに　657
第1節　渋沢栄一の正名思想 ···658
　　1－1　渋沢栄一の正名論解釈　658
　　1－2　渋沢栄一の正名思想の変遷　659
　　　1－2－1　青年期　659
　　　1－2－2　壮年前期　660
　　　1－2－3　壮年後期　660
　　　1－2－4　老年期　660
第2節　渋沢栄一の陰徳と犠牲的精神 ·································661
　　2－1　徳川慶喜との君臣関係の推移　661
　　　2－1－1　一橋家仕官を決心した時期　662
　　　2－1－2　一橋家の軍備拡充と財政改革を実現した時期　662
　　　2－1－3　一橋慶喜が禁裏御守衛総督の時期　663
　　　2－1－4　幕臣期　663
　　　2－1－5　渡仏期　664
　　　2－1－6　駿府に徳川慶喜を訪ねた時期　664
　　2－2　君臣関係と尊崇　666
　　2－3　陰徳と犠牲的精神　667
まとめ ···670

終　章　まとめと展望 ···675

　はじめに　675
第1節　水戸学と渋沢思想 ··676
　　1－1　渋沢思想に対する水戸学の影響　676
　　1－2　水戸藩の特質に対する渋沢栄一の認識　678
第2節　渋沢栄一の批判的検討 ··680
　　2－1　渋沢栄一の自己分析　680
　　2－2　渋沢栄一の自己批判　681

目　次

　　2－3　横浜焼き討ち計画の考察　683
　　　2－3－1　計画の概要　683
　　　2－3－2　テロリズムから義利合一説へ　684
第3節　渋沢思想の多角的検討……………………………………………686
　3－1　義利合一説の考察　686
　　　3－1－1　弁証法的考察　―「利」の考察―　686
　　　3－1－2　経営学的考察　―「義」の考察―　687
　　　3－1－3　社会による義利合一説の受容　689
　3－2　義利合一と知行合一　693
　　　3－2－1　義利合一説のまとめ―　694
　　　3－2－2　知行合一の考察　697
　　　3－2－3　「合一」の合一　702
　3－3　渋沢栄一の国臣意識　702
　3－4　渋沢思想の諸側面　704
　　　3－4－1　渋沢思想の宿命論と運命論　705
　　　3－4－2　天と人の関係　706
　　　3－4－3　祈禱の意義　709
　　　3－4－4　学の本質　710
まとめ………………………………………………………………………712
　注　記　713

　おわりに……………………………………………………………………715

【索引（用語）】717
【索引（人名）】720

序　章
課題と構成

第1節　問題の所在

1－1　問題認識

　筆者の問題認識は、(1)「日本資本主義の父」と称される渋沢栄一が、なぜあれほどまでに膨大な業績を遺しながら恬淡として長寿をまっとうし、現在に至るまで多くの企業家の尊崇の的となり続けているのかを解明すること、(2)その解明プロセスで得た知見を、現代の企業経営と健全な資本主義社会の発展に生かす道筋を探ることの2点である。この問題認識は前著の『義利合一説の思想的基盤』および『渋沢栄一の精神構造』と同じである（ともに時潮社刊）。

　この問題認識に対して、これまで筆者は渋沢の内面に切り込んで検討を加えてきた。具体的には、『義利合一説の思想的基盤』において渋沢の論語理解がどのように渋沢思想の基盤を形成しているかを考察し、『渋沢栄一の精神構造』では、渋沢の資質を「思想的資質」、「精神的資質」、「実務的資質」の三資質から構成されると考え、渋沢の精神構造を中心に各資質の解明を試みた。

　渋沢はその「思想的資質」によって倫理思想と経済思想からなる渋沢思想を確立し、それを実践に裏づけられた「実務的資質」によって事績を積み上げた。その知行合一を可能にする心理的動因が渋沢の自己実現者適性によって裏づけられた「精神的資質」である。

　筆者は、この心理的動因によって渋沢の内面で機能するのが「思想と事績

の累積的因果関係」であり、それを渋沢の自己実現者適性に固有の特質と結論づけた。

　精神的資質を媒介とする思想的資質と実務的資質の関係は正のスパイラルをともなうもので、(1)内的エネルギーたる思想が、論語に基づく道徳的規範をもって経済的活動で発揮され、成果をあげるプロセス、(2)経済的活動を通して得た経験と知識が、渋沢の論語解釈と思想を深め、それが新たな内的エネルギーに転化するプロセス、の2つのプロセスが順次繰り返される中で渋沢の思想は深みを増し、経済的活動が社会に付加価値を与え続けるという関係である。

　渋沢は自身に備わっている精神的資質を媒介として、思想的資質に支えられた「思想」と、実務的資質に支えられた「事績」を累積的に高めていった。筆者は、思想と事績の累積的因果関係とは、卓越した精神的資質を媒介として思想と事績を相互に連関して向上させる関係であり、その連関が渋沢の生涯を通して継続され累積されたと考えた。

　これまでの研究では、このような建て付けによって渋沢の三資質（思想的資質、精神的資質、実務的資質）による渋沢の内面にアプローチした。思想的資質にアプローチした『義利合一説の思想的基盤』では、論語を渋沢思想の基底を形成するものと考え、もっぱらその点に集中して検討を加えた。

　しかし、渋沢思想の基底には論語だけでなく水戸学が存在すると考えれば、その影響を検討せずして渋沢の思想的資質の全貌を解明したことにはならない。なぜなら、横浜焼き討ち計画という非倫理的な行動計画が、論語の倫理規範から生じるとは考えられないからである。この計画の基底には水戸学の尊皇攘夷思想に対する渋沢独自の解釈が存在すると考えられる。

　渋沢思想の中核概念である仁の思想に発する「仁愛」の淵源は主として論語にあるが、皇室を頂点にいただく日本固有の国家観に基づく「国臣意識」は、水戸学の尊皇思想に淵源があると考えられる。

　このように考えると、渋沢思想に対する水戸学の影響は長所短所を含めてきわめて大きいと思われる。したがって、渋沢の内面で国臣意識と陰徳が生成されるプロセスを解明するには、青年期の渋沢による尊皇攘夷思想の解釈内容を探ることが必須となる。

序章では読者が全体を展望できるように、分析の枠組みやアプローチの概要を記述するのが通常であるが、本書の分析視角やアプローチが複雑であることから別途章を設けて記述する。第1章では第Ⅰ編から第Ⅲ編で各論を展開するにあたって、全編に共通する本書の分析方法を明らかにする。

1－2　本書の目的

　本書の目的は、前著『義利合一説の思想的基盤』と『渋沢栄一の精神構造』の研究成果をもとに、水戸学が渋沢思想に与えた影響を探ることである。具体的には、渋沢思想の特質である、(1)国臣意識、(2)正名思想、(3)陰徳と犠牲的精神等について水戸学がどのような影響を及ぼしたのかを探ることである。

　渋沢思想が形成されたのは、渋沢が中心となって計画した横浜焼き討ちが頓挫して曲折を経た後、壮年後期に至って三資質（思想的資質、精神的資質、実務的資質）が渋沢の内面で発達し、「思想と事績の累積的因果関係」が絶え間なく機能した時期と考えられる。

　渋沢思想の成立期に存在していたのは、国臣意識や陰徳に加えて、論語に基づく倫理思想と正名思想の解釈である。渋沢の倫理思想の基盤には仁愛があり、企業者、社会事業者の実践倫理として渋沢が重視したのは「知行合一」と「義利合一」の2つの合一であった。

　渋沢の国臣意識の淵源は水戸学の尊皇思想と考えられる。青年期の渋沢は幕藩体制に疑問を抱き、政治改革に主体的に関わろうとしていた。その規範となっていたのが尊皇攘夷思想であった。やがて渋沢は攘夷思想から脱却し、大蔵官吏を経て下野するに至って、その政治志向は経済志向に変化する。渋沢の尊皇思想は幕藩体制の崩壊以降、徐々に自らを国の臣と任ずる国臣意識に転化した。渋沢にとって利他の「他」は国家そのものであり、自身を「国家の臣」と位置づける考え方が国臣意識である。

　渋沢は500社余りの企業を設立・育成し、600件以上の社会事業に関わったが、渋沢財閥を形成することなく、社会事業への貢献を誇ることもなかった。これは自己実現者の特性の一つである利他心だけでなく、利他的行動を誇ることがない陰徳の精神を有していたからにほかならない。

　渋沢が主謀者の一人として関わった横浜焼き討ち計画は明らかなテロ行為

であり、容認されるものではない。しかし、無分別な手法で実行されようとした渋沢等の計画に利己心はなく、むしろ自己犠牲により政治改革を目指したものであった。

　そこには利他を目的に行動する自己実現者の萌芽をかすかながら認めることができる。また、自己犠牲には武士道精神が影響していたと考えられる。憂国の志士であった渋沢等は農民の名分を超えて横浜焼き討ちの実行を企てた。

　このように、渋沢思想の成立初期には、渋沢が身につけた論語をはじめとする漢籍の教養や水戸学の影響が見られる。

　後期水戸学の中心を担った藤田東湖や会沢正志斎等は、論語はじめとする漢籍の教養を身につけていたので、著作にも論語が影響していると考えるのが自然である。渋沢が耽読した水戸学の著作もしかりであったとすれば、水戸学は渋沢の論語解釈に間接的に影響を及ぼした可能性がある。

　横浜焼き討ち計画が頓挫した24歳を一期に、渋沢を取り巻く環境は激変し、一橋家仕官、大蔵官吏、銀行家への転進を経て渋沢思想は成立する。そして、自己実現者適性の片鱗がうかがわれる事例が、銀行家として最初に取り組んだ抄紙会社の設立であった(1)。

　24歳からの10年間で生じた環境やステータスの変化に加えて、渋沢が青年期までに身につけた思想が基盤になっているとすれば、この間、渋沢がいわゆる「大化け」した理由が存在するはずである。換言すると、渋沢が身につけた三資質が急遽何らかの理由で良循環を始めたと考えられる。

　さらに換言すると、良循環が機能するに足る資質を渋沢が青年期に身につけており、それが基盤となって、(1)国臣意識、(2)正名思想、(3)陰徳と犠牲的精神などが確立し、自己実現者適性が醸成されたと考えられる。

　本書では青年期に渋沢が修得した内容については、水戸学からの影響を分析視角として解明するとともに、渋沢の身に起こった変化を検討する。

　水戸学の影響を受けた青年期の渋沢思想は理念が先行し、過激な行動を誘発する不完全なものであった。過激な思想の淵源には渋沢独自の尊皇攘夷思想の解釈が存在した。

　青年期の渋沢思想は揺籃期に相当し、壮年期の渋沢思想は発展期、老年期

は完成期に相当する。前著『義利合一説の思想的基盤』での筆者の研究は、完成期における渋沢の論語解釈の内容とその特質を論じるものであった。しかし、完成期に至る途上において、(1)水戸学の影響を受けた青年期、(2)大蔵官吏、企業家、社会事業家としての経験に裏づけられた壮年期という２つの期間において、渋沢思想が変質する経緯を考察することなく、完成期に到達した渋沢思想の本質を理解することは困難と考えられる。

　本書では、水戸学という新たな視角から、渋沢思想の国臣意識や陰徳などが成立する過程を分析し、渋沢思想の解明を試みる。

渋沢思想の理解

　筆者がこれまでの研究を通して渋沢思想の淵源と考えたのは、論語を中心とする漢籍であった。しかし、検討すべき思想として水戸学も存在する。渋沢にとって、幕藩体制下の実情を改革し、あるべき姿を実現するための指針を与えてくれるのは後期水戸学であった。

　後期水戸学は前期水戸学から歴史的変遷を経て進展した学統であり、水戸学に儒教思想の要素を取り入れた深淵かつ実学的要素を含んだ思想と渋沢は認識した。その実学的要素を端的に表すのが尊皇攘夷思想であった。

　尊皇思想によって皇室を重んずる一方、「夷狄を排除する」という具体的な行動指針として打ち出された攘夷思想は、キャッチーなコピーあるいはプロパガンダとしての機能を果たした。

　渋沢の内面では「尊皇思想」が生涯貫かれたが、夷狄を排除する「攘夷思想」はやがて対外関係の実情にそぐわないものとして渋沢の内面から消え去った。渋沢が攘夷思想から脱却する過程でいかなる葛藤があったのか、あったとすればその葛藤は渋沢の内面でどのように整理されたのかという点を明らかにすることは、渋沢思想の本質を理解するうえで重要である。

　渋沢が影響を受けた人物は、耽読した著書や君臣関係から判断すると、藤田幽谷、藤田東湖、会沢正志斎、徳川慶喜などである。東湖の父である藤田幽谷は正志斎の師であったので、『正名思想』に代表される幽谷の思想は東湖と正志斎の著作に反映された。また慶喜の教育担当であった正志斎の思想は、慶喜の言動に影響を与えた。

後期水戸学は深遠かつ膨大であり、水戸学研究者の間でも詳細なレベルでその解釈が分かれる。したがって、筆者は従来の研究成果から渋沢思想の中核をなす考え方を抽出し、それを分析視角とする。
　本書ではこのように視角を狭めて渋沢思想の淵源を後期水戸学思想に探るという方法を採用する。後期水戸学思想を検討するにあたっては、渋沢が読んだことが明らかな著作に加えて、関係する他の著作も適宜検討する。
　渋沢は企業家、社会事業家、思想家など複数のプロフィールを有するが、自らの思想を体系的にまとめて世に問うという意味での思想家ではない。しかし、渋沢が残した著作や言行録には実践家としての思想が多分に含まれており、体系的ではないにせよ渋沢には確固たる思想家としての見識があった。
　渋沢が遺した著作や言行録の内容をもって「渋沢思想」と命名するのは無理筋かもしれない。しかし、体系化されていないながらも渋沢の思想は論語と水戸学をベースに実践を通して彫琢されたものであり、その思想は膨大な事績の基盤を支えた。
　このように、渋沢思想とは「論語」と「水戸学」に基盤を置く実践思想であり、大きく「倫理思想」と「経済思想」で構成され、かつ両者は密接に結びついている。渋沢が政治志向から経済志向に転じたことを契機に、渋沢の思想は政治思想から経済思想に重点が置かれるようになった。
　水戸学は論語をはじめとする漢学の影響を受けていることから、その政治思想には論語の影響が認められる。渋沢は横浜焼き討ちを計画した青年期にはすでに論語をはじめとする漢籍の教養を身につけていたので、渋沢の政治思想の基底には論語の影響があったと考えられる。
　渋沢は壮年期に論語を基盤に義利合一説という経済思想を打ち出したが、渋沢が論語を基盤とした政治思想を明確な形で案出した形跡はなく、むしろ論語の最重要な徳目である仁愛に反する横浜焼き討ちというテロを計画した。
　渋沢が企業家を天職と認識して以降、倫理思想と並んで経済思想が渋沢思想の中核をなすこととなったが、論語が教える徳目と、水戸学が教える尊皇思想および陰徳を重んじる武士道、正名思想は渋沢思想の基盤を形成している。水戸学から影響を受けた渋沢の攘夷思想は滞仏経験を経て開国思想に変化した。

商売を念頭におかない水戸学に欠落していたのは、商業に関する実践思想であった。渋沢は滞仏経験を経て西欧の先進的な経済制度にふれたが、それを日本に導入するにあたっては日本に固有の商業倫理を確立することが不可欠と考えた。それが渋沢独自の論語解釈による「義利合一説」であった。

　渋沢の経済思想は下野した後に急遽確立されたものではない。渋沢は合本法を中心とする資本主義制度を日本に導入するにあたって、青年期に抱いていた倫理思想に基盤を置き、日本人の倫理的性向と整合的な商業道徳として義利合一という考え方を打ち立てた。義利合一説は経済思想を構成する考え方の一つであり、基盤には「仁」を最重要の徳目と位置づける渋沢の論語理解が存在した。

　本書における渋沢思想の理解は上述の通りである。主たる検討項目を、(1)尊皇攘夷思想の理解内容、(2)陰徳と犠牲的精神の理解内容、(3)正名思想に対する理解内容とするのは、これらが水戸学の影響下にあると考えるからである。

1－3　課題の設定

　本書で解明すべき課題を明確化するための前段として、本節では渋沢思想の変遷を概観する。渋沢が横浜焼き討ちという無謀な計画を立てるに至った原因と経緯を振り返ることは、水戸学の影響を明らかにするだけでなく、渋沢の思想的変遷の背景を解明する基点となる。

　渋沢を横浜焼き討ちに駆り立てた思想が水戸学であるとすれば、その中核にある尊皇攘夷思想の解釈が重要な意味を有する。尊皇攘夷思想に基づいて渋沢が実行しようと考えた蛮行は、(1)高崎城からの武器の略奪、(2)横浜異人館の焼き討ち、(3)イギリス人の殺傷である。それは完成期に到達した渋沢思想の中核にある「仁愛」と真反対の行為である。

　若き日の渋沢は論語を学びながら、その最も重要な徳目である「仁愛」を理解することなく、先鋭化した尊皇攘夷思想に影響されていたことになる。なぜなら、仁愛によって人と接際する倫理観をもってすれば、このような犯罪行為を計画することはありえないからである。

　渋沢思想を理解するためには、この極端に偏向した考えから渋沢がいかに

して脱却し、渋沢思想の最終形にたどり着いたのかを解明することが必要となる。そのためには、渋沢が水戸学をどのように理解したのかを解明し、その理解内容がどのように変化したのかをたどることが不可欠となる。

水戸学の尊皇攘夷思想に傾倒していた時期の渋沢は、仁愛に基づくことなく、自らの信ずるところにしたがって、テロ行為を遂行しようとしていた。しかし、幕府から嫌疑をかけられ京都に潜伏していた時期に、渋沢は多くの情報に接する機会を得て、徐々に先鋭的な尊皇攘夷思想から脱却した。しかし、倒幕の志を全く放棄したわけではなかった。

渋沢は一橋家の家臣となって一橋慶喜の謦咳に接し、重要な任務を成功させて信頼を勝ち取ることにより、その内面で尊皇攘夷思想と仁愛の関係性は変化した。慶喜が徳川幕府第十五代将軍になると、渋沢は幕臣として慶喜の実弟である徳川昭武の随行員となり滞仏と欧州歴訪の経験を積んだ。これを機に渋沢の攘夷思想は開国思想に転化し信奉するのは尊皇開国思想となった。

維新後、静岡商法会所の立ち上げを経て大蔵官吏となり、多くの制度インフラを構築する過程において、渋沢は商家や一般市民に眼を向けることの大切さを実感し、公から野に身を投じることを決意した。そして、企業活動や社会事業活動において仁愛を発揮することの重要性を認識した。

壮年前期から壮年後期に至って、企業者、社会事業者としての活動を展開する中で、「皇室の臣としての自覚」が「国の臣としての自覚」に変化し、渋沢は国臣意識と仁愛を並行して発揮することの重要性を認識しそれを実践した。老年期に至って、渋沢の内面では無意識のうちに「国臣意識」と「仁愛」は不即不離の関係となり渋沢思想が完成した。

以上が筆者の想定する、水戸学によって青年期に芽生えた尊皇攘夷思想が時を経て渋沢の内面で国臣意識に転化するプロセスの概要である。

この定式化による渋沢思想の変化については、前著『渋沢栄一の精神構造』で解明を試みた。しかし、不十分であったのは渋沢の青年期に芽生えた尊皇攘夷思想の淵源に関する考察である。たとえ大いなる錯誤であったにせよ、渋沢をしてこれほどまでのパッションをもってテロ行為にはしらせた水戸学の影響を分析せずして、渋沢思想の実相に迫ることは困難と考えられる。

序　章

渋沢思想と水戸学

　『義利合一説の思想的基盤』は渋沢思想の中核を占める義利合一説の淵源を論語に探る研究である。儒教思想の中核にある論語は実践的な倫理規範であり、2500年間にさまざまな学統と解釈が成立した。渋沢は諸学統の見解を参考に独自の解釈によって倫理思想を確立しそれを実践した。

　渋沢思想に影響を及ぼした水戸学は、前期水戸学から後期水戸学にいたっても水戸学者間で論争が続く学統であった。渋沢も水戸学者の著書を読んで思考をめぐらし水戸学解釈を試みるインテリ農民の一人であった。

　水戸学は、確立した倫理思想が記述された論語とは異なり、幕藩体制という政治体制において武家としての振る舞いを前提とする学統であるため、その成立過程では武家同士の議論が百出した。一方、渋沢は農民という一歩離れた立場から、自身の立場にあてはめて水戸学解釈を試みたがゆえに解釈に論理的な歪みが生じ、横浜焼き討ちというテロ行為を計画することとなった。

　渋沢が武家の精神を持たない農民としてテロを計画したとすれば、それは農民が農民のために一揆を主導することになったであろう。しかし、渋沢は農民の不満を解消するための一揆ではなく、幕藩体制を崩壊させるためのテロ行為を横浜焼き討ちという形で実行しようと試みた。

　渋沢は大塩平八郎の乱を、武家である大塩がその名分を捨て農民の立場で起こしたとして批判した。しかし、農民である渋沢が武家の視点に立って起こそうとした横浜焼き討ちは、農に専念すべき農民の名分を閑却し、自分を武家の立場に置き換えて立案した計画であった。これが若き渋沢が計画したテロ行為が抱える根本的な矛盾であった。

　青年期の渋沢にとって水戸学が提唱する尊皇攘夷思想は、武士の論理を農民という立場から背伸びをして解釈し、自身の行動指針にしようと試みた思想であった。若き渋沢にとって、尊皇攘夷思想は教養課程に在籍する文系の学生が、基礎知識を学ぶことなく理解しようと取り組んだ理工系の専門書のようなものであった。

　そうなれば、基礎知識を欠いた文系学生は専門書の内容を誤解し、欠陥製品を製造することによって事故を起こすことになる。それが現実となる直前までに至ったのが、未遂に終わった横浜焼き討ち計画であった。

維新後の渋沢は明治新政府の最強官庁である大蔵省の官吏となり、一転して権力サイドに身を置くことになったため、自身の立場の変化に則して、水戸学の解釈論理を現実と整合させる必要が生じた。

　本書の第Ⅰ編では、後期水戸学を代表する藤田東湖の著作で、渋沢が読んだことが資料で確認できる『回天詩史』、『常陸帯』、『弘道館記述義』の3著作が渋沢思想に及ぼした影響を分析する。

　第Ⅱ編では、東湖と同じく水戸学の理論的支柱であった会沢正志斎の『新論』が渋沢思想に及ぼした影響を分析する。新論での主張を理解するための資料として『迪彝篇』、攘夷論から開国論に転じた時に刊行した『時務策』の2著作を補完資料として参考にする。

　第Ⅲ編では、第14章で『論語』と藤田幽谷の『正名思想』から影響を受けたと考えられる渋沢の正名思想が、どのような発展経路をたどって成立したのかを検討する。第15章では君臣関係にあった徳川慶喜から渋沢がどのように「陰徳」と「犠牲的精神」を学び企業家、社会事業家として実践したのかを検討する。

第2節　構成と目的

2－1　全体構成

　水戸学から影響を受けた渋沢の尊皇思想は、明治維新による環境変化と徳川慶喜との君臣関係によって変質した。慶喜が維新後に蟄居することとなった後も、渋沢は水戸学の精神を引き継いだ慶喜を、尊皇思想を理解しその精神を体現する天皇の真正の臣として尊崇し続けた。そして、躊躇する慶喜を説き伏せて『徳川慶喜公伝』を刊行し、その事績を正しく後世に伝える努力を行った。

　このように、渋沢の事歴には水戸学および水戸徳川家の中心人物が関係しており、それらが渋沢思想の主要部分を構成した。

　水戸学の攘夷思想は、理論的支柱である会沢正志斎が開国思想に転ずると

大きく変質を遂げた。水戸学に発する攘夷思想は甲論乙駁の対象であるがゆえに、歴史的な流れを受けて変質せざるをえなかった。一方、渋沢は暗中模索を続ける中で滞仏経験などを経て開国思想に転じ、その後、尊皇思想は国臣意識へと進化した。

渋沢思想を構成する一方の柱である論語は、2500年の時を経て彫琢された古典であり、その徳目である「仁愛」の重要性について疑義を差しはさむ余地は存在しない。

「仁愛」と「国臣意識」は渋沢の内面で当初は個別に萌芽したものの、発展過程で融合して渋沢思想を形作った。確立した徳目である仁愛に対する渋沢の理解は、経験を積み重ねるにつれて孔子が本来意図するところに近づいた。また、渋沢の正名思想は『論語』と藤田幽谷の『正名思想』をもとに発展し、渋沢は倫理規範の一角を占める「陰徳」と「犠牲的精神」を徳川慶喜の行動から学んだ。本書の全体構成は以下の通りである。

はしがき
序　章　課題と構成
第Ⅰ編　藤田東湖と渋沢思想
第Ⅱ編　会沢正志斎と渋沢思想
第Ⅲ編　正名思想と倫理規範
終　章　まとめと展望
おわりに

第Ⅰ編では、藤田東湖の『回天詩史』、『常陸帯』、『弘道館記述義』の3著作について検討し、渋沢が水戸学から受けたであろう影響を探る。藤田東湖の思想形成には藤田幽谷と徳川斉昭の影響が大きいと考えられる。幽谷は東湖が尊敬する父であり、斉昭は藩主だからである。幽谷の『正名論』は第14章で検討し、斉昭の『弘道館記』は弘道館記述義を検討するにあたって参照する。

第Ⅱ編では、会沢正志斎の主著である『新論』が渋沢思想に及ぼした影響を検討する。会沢は東湖と同年代の水戸学者で幽谷の愛弟子であった。新論

は、国体（上・中・下）、形勢、虜情、守禦、長計の7篇で構成される。

　国体（上・中・下）には渋沢の国家観に影響を及ぼしたと考えられる記述が含まれている。形勢、虜情、守禦、長計の4篇は、世界情勢や西欧からの危機、それに対する兵備強化の必要性と今後の長期的戦略など、幕末の日本が置かれた状況が危機感をもって記述されている。後半4篇を検討するにあたって、渋沢が中核メンバーとして推進した横浜焼き討ち計画の犯罪的特質を明らかにする。

　第Ⅲ編では、(1)渋沢の正名思想の内容、(2)陰徳と犠牲的精神からなる倫理規範の2点についてその淵源を探る。前者は『論語』と藤田幽谷の『正名論』、後者は徳川慶喜との君臣関係に淵源があると考えられる。本書での分析方法と予備的考察を記述した第1章と、各編を構成する第2章から第16章の目的を以下に要約する。

2−2　水戸学の特質と渋沢栄一

2−2−1　第1章の目的：水戸学と渋沢思想　—分析方法と予備的考察—

　本章の目的は、渋沢思想に対する水戸学の影響を探るための分析視角を設定するとともに、これまでの筆者の研究で取り上げた渋沢思想の特質のうち水戸学に由来すると考えられるポイントを整理して予備的考察を加えることである。

　具体的には、(1)尊皇思想、(2)攘夷思想、(3)武士道理解、(4)水戸学と論語の4つのポイントについて、『義利合一説の思想的基盤』と『渋沢栄一の精神構造』で析出した渋沢思想の特質と水戸学との関係を整理することである。

　渋沢が青年期以降、(1)論語を中心とする倫理思想、(2)水戸学を中心とする政治思想の2つの思想から受けた影響は大きく、渋沢の言動の基底には両思想が存在するとともに、時間の経過にともなって2つの思想が融合して渋沢思想が成立したと考えられる。

　渋沢が受けた思想的影響の証跡は、『論語講義』、『論語と算盤』、『雨夜譚』などの著述や、『渋沢栄一伝記資料』などに残されている。『論語講義』では論語500章すべてに渋沢の注釈が付されており、その内容は渋沢の論語理解そのものである。

渋沢栄一伝記資料等には渋沢の行動記録や講演記録が記述されている。これらの資料を参考に本書の分析方法を定め予備的考察を行う。

2－3　藤田東湖と渋沢思想

2－3－1　第2章の目的：藤田東湖『回天詩史』と渋沢思想

本章の目的は、渋沢が影響を受けたと考えられる藤田東湖の主要著作について、(1)尊皇攘夷思想に対する基本的な考え方、(2)武士道と陰徳に関する理解、(3)渋沢に顕著な影響を及ぼしたと推察される考え方の3点を分析視角として検討し、その結果を渋沢の著作や言行録および事績と比較して水戸学の渋沢思想への影響を探ることである。具体的には『回天詩史』を取り上げて渋沢思想に与えた影響を探る。

渋沢は東湖の著作に青年期から親しんでいた。渋沢が青年期に受けた水戸学思想の影響は深甚である。それらは「生涯を通して影響が継続した思想」と、青年期において実践を試みたものの目的を果たせず「一過性に終わった思想」の2つに分けられる。

前者が渋沢思想の中核を形成する「国臣意識」や「陰徳」につながる「尊皇思想」と「武士道」であり、後者が「攘夷思想」である。しかし、この見解はあくまでも前著の『義利合一説の思想的基盤』と『渋沢栄一の精神構造』によって析出されたものであり、この2著作では水戸学の影響が考慮されていない。

前著において渋沢思想の基盤を形成した思想として検討対象としたのは、『論語』に代表される儒学思想であり、筆者は渋沢の論語解釈の内容に渋沢思想の淵源を見出した。渋沢思想への影響という観点から、儒学思想と並立するのが本書で検討対象とする水戸学である。本章ではこの認識に基づいて、渋沢思想に対する『回天詩史』の影響を探る。

2－3－2　第3章の目的：藤田東湖『常陸帯』と渋沢思想

本章の目的は、藤田東湖の主要著作である『常陸帯』に記述されている、(1)政治思想、(2)水戸藩の内政、(3)宗教観の3点について、渋沢栄一の著作や事績と比較し、渋沢思想に対する同書の影響を探ることである。

常陸帯の概要はその序において明確に示されている。常陸帯は、徳川斉昭が謹慎を命じられたのに連袂して東湖が蟄居した折に、斉昭の身の上を案じながらその心情を徒然に書き連ねた著作である。七言古詩の漢詩で書かれた啓蒙書的色彩を有する回天詩史とは異なり、常陸帯は参考資料を用いず、いわば自由律で表現され、上下巻に分けて項目ごとに記述されている。

　常陸帯は、徳川斉昭の思想と事績に関する記述で貫かれている点に特徴があり、その実質的な内容は「藤田東湖が理解した徳川斉昭の事績」である。東湖は常陸帯を刊行することによって、斉昭の考えを一般に広める一種のスポークスマンの役割を果たした。

　常陸帯の内容を検討するにあたって認識しておくべき事実が、斉昭に対する渋沢の評価である。渋沢は東湖を藤田東湖先生と呼んで尊崇していたが、斉昭に対しては必ずしもそうではなかった。渋沢は斉昭を偏狭で政治的手腕に乏しく、その結果、藩内では抗争が絶えなかったと評価している。

　渋沢は常陸帯を、「徳川斉昭の思想と事績を、自分が尊敬する藤田東湖の理解を通して書いたもの」と認識し、複雑な思いで愛読していたことになる。常陸帯に書かれた内容は斉昭を引き合いにして東湖が自らの思想や考えを述べたものと理解される。

2−3−3　第4章の目的：藤田東湖『弘道館記述義』と渋沢思想

　本章の目的は、藤田東湖の主要著作である『弘道館記述義』の内容を検討し、渋沢の倫理思想や政治思想をはじめとする思想全般に影響を及ぼしたと考えられる点について考察を加えることである。

　『弘道館記述義』は、徳川斉昭の『弘道館記』の内容を一文ごとに東湖が詳細に解説した注釈書であり、斉昭が「弘道」と表現した後期水戸学の中核思想に関する著作である。同書は斉昭の思想を東湖が敷衍しかつ詳細化した著作と言い換えることができる。弘道館記義述義は実質的に東湖の思想を記した著作である。

　上巻と下巻に分かれた同書では、『弘道館記』中の字句が意味のまとまりごと個別に解説されており、巻の上は16段、巻の下は21段の合計37段から構成されている。

渋沢は本書で取り上げた『回天詩史』、『常陸帯』などを暗誦するほど熟読した。弘道館記述義に関しては、斉昭が考える水戸藩士に対する教育の基本的な方向性が盛り込まれており、かつ、前期水戸学から連綿と息づく水戸学派の基本精神が記述されているので、渋沢思想への影響度は高いと考えられる。
　ただし、渋沢思想への影響を探るという意図に基づいて検討を進める場合、渋沢思想の特質を中心に、その淵源を弘道館記述義に探ることとなるので、同書全編をくまなく探る手法を採用することはできない。したがって、弘道館記述義を構成する全37段の内容から渋沢思想の片鱗が認められる段を抽出し、東湖と渋沢の考え方や認識について比較検討する手法を採用する。

2－3－4　第5章の目的：第Ⅰ編のまとめ ―藤田東湖と渋沢思想―

　本章の目的は、第Ⅰ編を構成する3つの章の検討結果を通覧し、藤田東湖の主著である『回天詩史』、『常陸帯』、『弘道館記述義』が渋沢思想に及ぼした影響を明らかにすることである。
　具体的には、本書で定めた、(1)国臣意識、(2)陰徳、(3)論語解釈、(4)名分論という4つの分析視角にしたがって、第Ⅰ編を構成する各章の内容を整理する。分析視角は以下の通りである。

(1)尊皇思想：「国臣意識」の淵源を探る視角。
(2)攘夷思想：「開国思想」に転化したプロセスを探る視角。
(3)武 士 道：「陰徳」を倫理規範と認識する視角。
(4)論　　語：「名分論」を含む水戸学の「論語解釈」から渋沢思想が受けた影響を探る視角。

　『弘道館記述義』は斉昭作の『弘道館記』の注釈書として作成された著作である。
　第Ⅰ編では著作ごとに異なる切り口から検討を加えたが、通底する分析視角は、(1)尊皇思想、(2)攘夷思想、(3)武士道、(4)論語の4点である。本章では3著作の検討結果をこれら4つの分析視角に基づいて横断的に整理し、東湖の思想が渋沢思想に及ぼした影響を考察する。

2−4　会沢正志斎と渋沢思想

2−4−1　第6章の目的：会沢正志斎『新論』と渋沢思想(1)
　　　　　―国体（上）に探る渋沢思想の淵源―

　本章の目的は、『新論』の国体（上）に記述されている会沢正志斎の思想が、渋沢栄一の思想にどのような影響を及ぼしたのかを明らかにすることである。具体的には、国体（上）で示される日本の成り立ちに関する正志斎の思想を整理し、渋沢の言動と比較検討する。

　渋沢が影響を受けたと考えられるポイントをあらかじめ特定し、その点に焦点を絞って検討を加える。新論へのアプローチとしては、筆者の解釈に加えて水戸学研究者の意見を参考にして正志斎の主張を確認する。部分的に新論と同趣旨の主張が記述されている『迪彝篇』については、新論とあわせて正志斎の主張を確認する資料とする。

　新論は、国体（上・中・下）、形勢、虜情、守禦、長計の7篇で構成される。国体（上・中・下）には渋沢の国家観に影響を及ぼしたと考えられる記述が含まれている。形勢は世界情勢、虜情は西欧からの危機と実情について語られ、守禦は兵備強化のための施策、長計は新論全体のまとめと長期的な観点から日本がとるべき政策について記述されている。

　新論は第8代藩主である徳川斉脩への進言を目的として書かれたが、斉脩が内容の過激さを懸念し、長く刊行されなかった経緯がある。

　朱子学に影響を受けた正志斎は、漢籍を引用して説得的に読者を行動へと駆り立てる構成で新論を著述したため、漢籍を理解する憂国志士たちにとっては煽情的な禁断の書であった。したがって、農民でありながら憂国の志士を自認していた青年期の渋沢にとって、新論はその趣旨を曲解すると諸刃の剣となりかねない著作であった。

2−4−2　第7章の目的：会沢正志斎『新論』と渋沢思想(2)
　　　　　―国体（中）に探る渋沢思想の淵源―

　本章の目的は、国体（中）に記述されている会沢正志斎の思想が、渋沢栄一の思想にどのような影響を及ぼしたのかを明らかにすることである。具体

序章

的には、国体（中）で示される軍事に関する思想と渋沢の言動と比較検討する。

渋沢が直接・間接に関わった軍事に関する主たる出来事は、(1)横浜焼き討ち計画、(2)一橋家仕官時代の兵備強化、(3)鳥羽・伏見の戦い、(4)大蔵官吏時代の軍備増強をめぐる大久保利通との論争、(5)財界人としての日清・日露戦争および第一次世界大戦との関わりの5つである。前半の3つは藩内および国内の事例であり、後半の2つは対外戦争に関わっている。

このうち鳥羽・伏見の戦いは直接関わったものではないが、渋沢はこの戦いの正当性について、維新後に『徳川慶喜公伝』を編纂する際、慶喜と何度も面談し真相を確認するまで問題意識を長く持ち続けた。つまり、渋沢が抱えた疑問と葛藤には渋沢の戦争観が表れている。

新論は多様な視点から書かれた著作であり、国体（上・中・下）、形勢、虜情、守禦、長計の5論7篇の間でも互いにそれぞれの主題について言及されている。

本章では軍事的行動に関して渋沢が国内で直接・間接に関わった事例としては「横浜焼き討ち計画」、「一橋家の兵備強化」と「鳥羽・伏見の戦い」について検討する。

2－4－3　第8章の目的：会沢正志斎『新論』と渋沢思想(3)
　　　　　―国体（下）に探る渋沢思想の淵源―

本章の目的は、国体（下）に記述されている会沢正志斎の思想が、渋沢栄一の思想にどのような影響を及ぼしたのかを明らかにすることである。具体的には、国体（下）に示される経済思想と渋沢の著書や言動と比較検討する。

第7章では国体（中）を検討し、軍事に関する正志斎の思想と渋沢思想の関係を考察した結果、兵站部門を充実させるには経済的な裏づけが不可欠であることが明らかとなった。本章では必要に応じて前章で取り上げた内容に言及する。

渋沢は大蔵官吏として財政・金融だけでなく富岡製糸場の設立などにも関与し、下野した後は銀行家、企業家として500社余りの企業の設立・育成に関わった。富国強兵のための財源確保をめぐる大久保利通との確執は大蔵官

吏時代のことであり、日清・日露戦争や第一次世界大戦との関わりは経済界に身を置いた後のことである。

正志斎の経済思想が渋沢思想に与えた影響については、両者の出自を勘案する必要がある。正志斎が経済について語る視線は、武士の立場から客観的かつマクロ的である。一方、農商に長く携わった渋沢の視線はミクロ・マクロ両面から複眼的である。

本章では国体（下）で展開される正志斎の経済思想のうち、一般的な経済理論によって解釈可能なものを選択し、渋沢の経済理論と比較検討する。

2－4－4　第9章の目的：会沢正志斎『新論』と渋沢思想(4)
—横浜焼き討ち計画の予備的考察—

本章の目的は、『新論』を構成する形勢・虜情・守禦・長計の4篇に記述されている会沢正志斎の思想が、渋沢栄一の思想にどのような影響を及ぼしたのかを明らかにするため、渋沢等が引き起こした横浜焼き討ち計画について予備的考察を行うことである。

渋沢思想に対する水戸学の影響を探るにあたっては、(1)横浜焼き討ち計画がテロリズムの犯罪的特質を備えていたこと、(2)形勢以下4篇が横浜焼き討ち計画を支えた思想的基盤を担っていたこと、という2つの前提を設定する。

横浜焼き討ち計画は未遂に終わったという理由だけで不問に伏すべきではない。なぜなら、実行寸前まで至ったこの計画は、渋沢等が真剣に取り組んだテロ計画だったからである。テロの実行ではなくテロ計画自体を水戸学の影響による「結果」と捉えれば、その「原因」と考えられるのは、渋沢等にテロが幕藩体制を変革する唯一の手段であると信じさせた尊皇攘夷思想である。

本章で行う予備的考察とは横浜焼き討ち計画がテロリズムの犯罪的特質を備えていたことを研究者の知見に基づいて確認することである。テロ計画の原因の一端を担ったと考えられる新論の内容については第10章から第12章で考察を加える。

渋沢研究において横浜焼き討ち計画を不問に伏すべきでないと考えたのは、計画自体に犯罪性が見られるからであり、同計画に犯罪性があるとすれば、

序章

それはいかなる観点から結論づけられるのかを明らかにする必要がある。

横浜焼き討ちはテロ行為と考えられるが、それは同計画を厳密にテロリズムの犯罪的特質と照らし合わせたうえで導き出された結論ではない。横浜焼き討ち計画の犯罪的特質が確認できれば、「新論⇒（思想的基盤）⇒横浜焼き討ち計画」という関係において、「水戸学が渋沢思想に与えた影響を明らかにする」という視点から形成初期の渋沢思想に接近することが可能となる。

テロリストとしての渋沢を支えていた思想の淵源を探るためには、テロリズム研究の成果を踏まえて横浜焼き討ち計画の犯罪的特質を明らかにしたうえで、新論の内容を検討することが合理的である。筆者が検討すべき対象と考えるのが、具体的な行動を喚起する啓蒙的な特徴を有する形勢・虜情・守禦・長計4篇である。

渋沢は論語をはじめとする漢籍に深く馴染むとともに水戸学に耽溺した。渋沢の倫理思想が主として論語に基づき、政治思想は水戸学に拠っている。論語の倫理規範はテロリズムの淵源になり得ないとすれば、横浜焼き討ち計画を支える思想的淵源を水戸学に求めることには合理性がある。形勢以下4篇を検討対象とするのは係る理由による。

2－4－5　第10章の目的：会沢正志斎『新論』と渋沢思想⑸
　　　　　―形勢と虜情に探る渋沢思想の淵源―

本章の目的は、「形勢」と「虜情」の2篇が、横浜焼き討ち計画に与えた影響について検討することである。横浜焼き討ちを決行するには同志との協力が不可欠であり、同志の多くが新論を読んでいた可能性は高い。本章では首謀者の一人で、かつ新論を読んだことが資料で確認できる渋沢栄一を中心に分析を進める。

渋沢は自らの事績について功罪を問わず率直に語る。しかし、横浜焼き討ち計画については若気の至りであったとして、後日談で反省の意を語るものの、計画の詳細については多くを語らない。つまり、渋沢は蛮行を計画するに至った心の動きを自己分析に基づいて語ることはなかった。

横浜焼き討ち計画は未遂に終わったものの、渋沢にとっては取り返しのつかない黒歴史であり、過去のこととして忘れ去りたい出来事であった。

39

しかし、渋沢という偉人がいかにして「テロリストから日本資本主義の父」になったのかという、長期的観点から渋沢を研究する立場からすると、これは看過できない重要なテーマとなる。なぜなら、渋沢が日本資本主義の父となる過程こそが重要であり、その過程を明らかにするためには、キャリアの出発点にあたる無名時代の渋沢が、テロを計画するに至った経緯を探ることが不可欠だからである。

　係る趣旨から、形勢と虜情の記述内容と青年期における渋沢の記録やエピソードを比較することにより、渋沢に代わって筆者が他己分析を試みる。

2－4－6　第11章の目的：会沢正志斎『新論』と渋沢思想(6)
―守禦に探る渋沢思想の淵源―

　本章の目的は、『新論』の一篇である「守禦」が、横浜焼き討ち計画に与えた影響を検証することである。守禦は日本の国防をいかにするかということに焦点をあてて記述したもので、国防論の著作として単独で成立するほど精緻な内容で構成されている。

　会沢正志斎は学問だけでなく武道に人一倍熱心に取り組んだ人物であり、決して青白き秀才ではなかった。西欧諸国による日本侵攻を想定して書かれた守禦は、浩瀚な知識と情報収集によって書かれたものである。

　守禦は戦闘の実践を経て彫琢された戦術書ではない。しかし、泰平の時代が200年余り続いた後の戦術書としては、日本が直面する危機に対処すべく実践的かつ説得的に論旨が展開されており多くの志士の心を捉えた。

　守禦の説得力は新論各篇の構成に多くを負っている。正志斎は国外事情の情報弱者であった武士を中心とする読者に対して、「形勢」で日本を取り巻く世界情勢について述べ、「虜情」で主要国間の力関係と日本の位置づけを述べた。新論の著者は先覚者として名をはせた正志斎であり記述には権威があった。記述内容の正確性を検証する手段を持たない新論の読者は、形勢と虜情の内容を受け入れたうえで守禦を読むことになる。

　このような手順を踏んで説得的な文章でかつ熱のこもった攘夷思想を前面に打ち出した著作は、煽動的な啓蒙書としての特質を備えており、正志斎と同じく攘夷思想の基盤を有する志士たちを奮起させた。攘夷思想を有するイ

ンテリ農民であった渋沢栄一もその例にもれなかった。

　農民の地位にあり権力サイドに身を置く武士たちとは異なる視角から日本の建て直しを考えていた渋沢等は、テロリストとしての視点から守禦を読み、そこから自分たちの目的を達成するためのヒントを得ようと考えた。

　つまり、権力サイドにある武士たちは、たとえ志士としての熱情をかき立てられとしても、厳格なヒエラルキーにおいてトップに君臨する幕府が具体的行動を起こさないかぎり自ら行動することはできなかった。彼らは家の名誉も背負っていた。

　それに対して、武家のヒエラルキーからは自由な渋沢等は、身を捨てる覚悟さえあれば、武家社会の桎梏や家の名誉とは無関係に大胆な行動をとることができた。

　本章は係る認識に基づいて、渋沢が守禦をどのように読み、その記述から自分たちの目的を成功させるためのヒントをいかにして得たのかという視角から検討を加える。

2－4－7　第12章の目的：会沢正志斎『新論』と渋沢思想(7)
―長計に探る渋沢思想の淵源―

　本章の目的は、『新論』の一篇である「長計」の内容を検討し、同篇が横浜焼き討ち計画および渋沢思想に及ぼした影響を探ることである。長計は『新論』を構成する国体(1)から(3)、形勢、虜情、守禦の6篇の趣旨をまとめ、会沢正志斎の尊皇攘夷思想の要諦を記述している点に特徴がある。

　長計は会沢正志斎の主張が凝縮されており新論の結論部分に相当する。正志斎は皇化の歴史を振り返って祭祀の重要性を体系的に説明し、日本における祭祀のあり方について提言する。そのうえで、政治の中心に祭祀を置く祭政一致を理想の政治体制と主張する。

　正志斎の攘夷論は日本の地勢的優位性に根拠を置いて展開される。新論で攘夷論を展開した正志斎は、『時務策』によって開国論に転じ、水戸藩士を中心に攘夷論者から強い非難を受けることとなる。

　一方、渋沢が攘夷論から開国論に転じたのは滞仏経験後であり、時務策の刊行から5～6年が経過していた。したがって、正志斎と渋沢の開国論への

思想転換がどのくらい同期していたのかを時務策の影響から探ることは困難である。

　本書の目的が水戸学による渋沢思想への影響を探ることである点を勘案すると、確固たる信念に基づいた正志斎と渋沢の攘夷論が、いかなる経緯で開国論に転ずることになったのかを比較検討することが重要と考えられる。

2－4－8　第13章の目的：第Ⅱ編のまとめ
―会沢正志斎と渋沢思想―

　本章の目的は、第Ⅱ編を構成する7つの章の検討結果を通覧し、会沢正志斎の主著である『新論』が渋沢思想に及ぼした影響を明らかにすることである。

　具体的には、本書で定めた、(1)国臣意識、(2)陰徳、(3)論語解釈への水戸学の影響、(4)名分論の解釈等という4つの分析視角にしたがって、第Ⅱ編を構成する各章の内容を整理する。

　新論が渋沢思想に及ぼした影響は、(1)天の認識、(2)祖霊たる鬼神に対する認識、(3)国家の安寧を支える徳目に対する認識の3点に集約される。

2－5　正名思想と倫理規範

2－5－1　第14章の目的：渋沢栄一の正名思想

　本章の目的は、渋沢栄一の正名思想の特質を明らかにすることである。渋沢の正名思想は、『論語』と藤田幽谷の『正名論』の2著作から影響を受けたと考えられる。

　渋沢の考え方や記録に残された言動には、正名思想の影響が随所に見られる。渋沢の正名思想の変遷をその生涯にわたって時系列的に検討し、いかなる経緯をたどって正名思想を完成させたのかを考察する。

　正名思想は水戸学のみならず、論語をはじめとする多くの漢籍で取り上げられた思想であり、その解釈もさまざまである。『論語』および藤田幽谷の『正名論』の解釈内容に関しては、研究者間で百論続出している。本章では、論語については宇野哲人の『論語新釈』を通釈として用い、朱熹『論語集注』、荻生徂徠『論語徴』、三島中洲『論語講義』の解釈を引用し、それらとの比

較において、渋沢が『論語講義』で展開した正名思想に関する見解を分析する。

幽谷の『正名論』については、内容を概観するとともに水戸学研究者が引用し議論の対象となることの多い、丸山眞男氏と尾藤正英氏の見解を参考にして渋沢の正名思想解釈の内容を検討する。

具体的には、「名分論」と「名実論」を新たに定義し、「当為」と「事実」の2つの面から正名思想を捉えることにより、渋沢による正名思想の理解内容の推移を時系列的に考察する。

青年期における渋沢の正名思想理解は不十分かつ錯綜しており、未遂に終わった横浜焼き討ち計画の正当性を同思想から根拠づけることは困難である。しかし、時を経るにしたがって渋沢の正名思想はその言動と整合し、渋沢の生涯を通して思想面から渋沢の事績を支えた。

渋沢の正名思想の推移をその生涯に沿って時系列的に考察することは、渋沢が横浜焼き討ちを計画したテロリストから「日本資本主義の父」にのぼり詰めるまでの進化過程を解明するうえで重要な示唆を与えてくれる。

2−5−2　第15章の目的：渋沢栄一の陰徳と犠牲的精神
　　　　　　―徳川慶喜に学んだ倫理規範―

本章の目的は、渋沢が徳川慶喜から受けた影響を、「陰徳」、「犠牲的精神」の2つのキーワードに基づいて探ることである。これらは渋沢が企業家、社会事業家として活動するうえで不可欠な倫理規範であった。

筆者は、渋沢がこれらの規範を実践するに至った契機が、主として明治維新前後の徳川慶喜の行動に感化されたことによると考える。そして、その認識の妥当性を両者の関係性から検証する。

渋沢は企業家としての大義を義利合一説に見出し陰徳をもって実践するとともに、社会事業においても同様に陰徳を実践した。渋沢は企業を設立・育成し、経営が軌道に乗ったことを確認した後は、まるで「弊履を脱ぎ捨つるがごとく」恬淡として役員を辞任し後進に道を譲った。

これは企業の経営を他者に譲ることによって財閥形成を放棄することを意味する。つまり、「得べかりし個人的利益を犠牲にしてそれを社会に還元す

る行為」と言い換えることができる。渋沢はそれを誇ることなく、新たな企業設立に取り組んだ。これは利に淡泊というだけでは説明できない、まさに陰徳と犠牲的精神なくしては成り立たない行為である。

維新前後の慶喜にはいくつかの謎めいた行動があり、歴史家のみならず一般的にも評価が分かれる。渋沢が慶喜の行動を高く評価するとともに尊崇し、「陰徳」と「犠牲的精神」を学んだことを実証するためには、両者の君臣関係の推移を時系列的に検討し、かつ渋沢が合理的根拠に基づいて慶喜の行動からこれらの倫理規範を学んだことを確認することが必要となる。

2－5－3　第16章の目的：第Ⅲ編のまとめ―正名思想と倫理規範―

本章の目的は、第Ⅲ編を構成する2つの章の検討結果を通覧し、渋沢思想の一角をなす「正名思想」および「陰徳」と「犠牲的精神」の淵源を考察することである。

正名思想については、渋沢が『論語』と藤田幽谷の『正名論』から正名思想を学び、青年期以降の経歴を通してどのように発展させたのかを考察した。また、尊崇する徳川慶喜から渋沢がどのように「陰徳」と「犠牲的精神」を学び、それを企業者、社会事業者として実践したのかを考察した。両者の君臣関係の基盤には慶喜に対する渋沢の尊崇の念が存在した。

本章では第14章で検討した渋沢の「正名思想」および、第15章で検討した渋沢の「陰徳」と「犠牲的精神」からなる倫理規範を振り返るとともに、この「正名思想」と「倫理規範」が維新後の渋沢の行動にいかなる影響を及ぼしたのかを総括的に考察する。

第1節では、渋沢の正名論解釈と正名思想の推移を振り返る。第2節では、慶喜との君臣関係と尊崇について振り返り、渋沢が慶喜から「陰徳」と「犠牲的精神」を学んだ経緯を確認する。

本章では、この2つの節で、「渋沢の正名思想」および「慶喜との君臣関係」を時系列的に整理し、時間経過の中でそれらがどのように推移するかという視点から考察を加える。

第 3 節　先行研究

　渋沢思想と水戸学の関係を考究した著作に坂本愼一氏の『渋沢栄一の経世済民思想』がある。坂本氏が同書で設定する視角は後期水戸学だけでなく、論語、徂徠学、田口卯吉の経済理論、ヴェーバー理論と多岐にわたっている。同書は筆者が本書の分析視角を定めるにあたって最も参考にした研究成果である。

　筆者が渋沢思想に影響を及ぼしたと考える後期水戸学は、多くの水戸学者によって形成された学問であるため、その全貌を正確に把握することは困難である。したがって、本書では「渋沢思想への影響」という限定された視角から後期水戸学と渋沢思想の関係について研究を進めた。

　水戸学の特質と尊皇攘夷思想に関しては水戸学研究者の著書や論文を参考にしたが、特に重点的に読み込んだのは、尾藤正英氏の「水戸学の特質」『水戸学』と「尊王攘夷思想」『日本歴史13　近世5』の2論文である。尾藤氏の研究成果からは水戸学全般に関する基礎的にして示唆に富む知見に接することができた。

　藤田幽谷著『正名論』の内容を考察するにあたっては、適切な注釈と知見を交えた研究成果である梶山孝夫氏の『若き日の藤田幽谷―その学問形成―』からは多くの示唆を得ることができた。また正名思想を職分論から分析するとともに、当為命題として独自の視点から検討した丸山眞男氏の『丸山眞男講義録　第七冊』からは、正名思想と渋沢思想との関係を考察するうえで新たな視点を得ることができた。

　徳川末期における徳川慶喜の行動を歴史学的な観点から探るにあたっては、幕末史の専門研究者による知見を参考にした。野口武彦氏の『徳川慶喜公伝』、石井孝氏の『維新の内乱』、原口清氏の『戊辰戦争』、佐々木克の『戊辰戦争』などが主要な参考文献である。

第4節　凡例その他

　本書では、水戸藩において水戸学の発展を担った人物を「水戸学者」、水戸学を研究する明治期以降の学者を「水戸学研究者」と表記する。「水戸学思想」は尊皇攘夷思想などに代表される水戸学の思想的特質を指す。個別の表記については以下に箇条書きでまとめる。

（1）「水戸学思想」は、水戸学に含まれる思想、戦略、国内外の知識などのうち、特に思想に関わる内容を指す。
（2）「尊皇思想」と「尊皇論」、「攘夷思想」と「攘夷論」は同義として用いる。
（3）「君臣・父子・夫婦・長幼・朋友」を弘道館記述義では「五倫」、新論では「五品」と表示されるが、本書では「五倫」と「五品」を同義とする。
（4）孔子が論語で語った倫理思想や政治思想を「儒教」、儒教を研究する諸学統による理解内容を「儒学」と表示する。
（5）本書では「神道」と「神教」を明確に使い分けない。引用文献の表記に従っていずれかを用いる。
（6）「正名思想」は思想自体、「正名論」は正名思想を語った説を意味するが、本書では厳密な使い分けはしない。ただし、藤田幽谷著『正名論』は二重括弧で括って表示し正名論との混同を避ける。
（7）「名分論」は「正名論」と同義とするが、「名実論」との対比で用いる場合は、「君臣父子等の社会的地位を示す名と、血脈や家柄等の外形的条件である分が一致すべきとする考え方」と定義する。
（8）「名実論」は「名分を満たした人物には徳性や実力がともなうべきとする考え方」と定義する。
（9）「尊皇思想」と「尊王思想」は同義とする。
（10）本書では、幕藩体制下の身分制度に関して、(1)士農工商というヒエラルキーを固定することにより統治を容易にする目的から、厳格な身分

制度が導入されたとする従来の立場と、(2)士・農・工・商が職業上の役割分担として定着した制度であるとする立場の間で議論が存在することを認識したうえで、「士農工商」という表現を用いる。

　農民であった17歳の渋沢は、安部摂津守の岡部村陣屋の代官の横暴な態度に憤慨し、身分制度による桎梏を一種のトラウマとして抱えて幕藩体制打破を狙った横浜焼き討ちを計画するに至った。一方、23歳となった渋沢は平岡円四郎の仲介により一橋家に仕官し士分を得た。

　これらの歴史的事実に基づき、「士農工商」は従来の厳格な身分制度を意味するものではなく、能力によって昇格が可能な現代の能力主義人事制度に類似するものと筆者は認識する。成果主義人事制度でないのは、農・工・商それぞれの立場で成果を上げても、それが「士」としての能力を証明することにはならないからである。

　渋沢は藍の栽培・集荷と養蚕を通して農・工・商、特に農商業務に通暁し、文武農商四道を身につけ、農民志士としての気概も備えていた。そして、この能力を平岡円四郎という一橋家の実力者に認められ、同家にスカウトされた。

　士農工商が固定化していたのは、文武を学ぶことができたごく一部の豪農や豪商の子弟を除いて、武士のたしなみである文武を学び志士としての気概を身につける機会が限定されていたことが原因と考えられる。

　その意味で、渋沢が幼少期から青年期にかけて与えられた教育環境は、武士としての能力を涵養するうえで当時としてはきわめて恵まれたものであったといえる。

【注】
（１）大江清一『渋沢栄一の精神構造』（時潮社、2022年）759-799頁。

第 1 章
水戸学と渋沢思想
―分析方法と予備的考察―

はじめに

　本章の目的は、渋沢思想に対する水戸学の影響を探るための分析方法を設定するとともに、これまでの筆者の研究で取り上げた渋沢思想の特質のうち水戸学に由来すると考えられるポイントを整理して予備的考察を加えることである。

　具体的には、(1)尊皇攘夷思想、(2)武士道理解、(3)水戸学と論語、(4)名分論の4つの観点から、前2著作である『義利合一説の思想的基盤』と『渋沢栄一の精神構造』で明らかとなった渋沢思想の特質を水戸学との関係を考慮して整理することである。これら4つのポイントは序章で示した本書の目的を解明するための分析視角である。

　渋沢が青年期以降、(1)論語を中心とする倫理思想、(2)水戸学を中心とする政治思想の2つの思想から受けた影響は大きく、渋沢の言動の基底には両思想が存在するとともに、時間の経過にともなって2つの思想が融合して渋沢思想が成立したと考えられる。

　渋沢が受けた思想的影響の証跡は、『論語講義』、『論語と算盤』、『雨夜譚』などの著述や『渋沢栄一伝記資料』をはじめとする各種資料に残されている。『論語講義』では論語500章すべてに渋沢の注釈が付されており、その内容は渋沢の論語理解そのものである。

　論語の注釈に見られる尊皇攘夷思想は、水戸学の影響を反映した内容が含まれるであろうことから、儒教思想と水戸学思想のハイブリッドと考えられる。また、渋沢栄一伝記資料など各種資料には、渋沢がその思想に基づいて

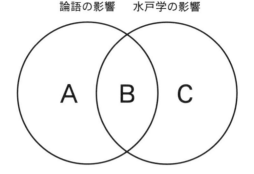

図表1-1 渋沢思想を構成する論語と水戸学の関係

【注記】Aは論語、Cは水戸学の影響が多く認められる領域であり、Bは両方の影響が認められる領域である。

行動した事実関係が記述されている。

　論語と水戸学の両面から資料を検討するのは、論語に淵源を有する「仁愛」と、水戸学に淵源を有する「国臣意識」を整理して認識し、両者の融合の過程を思想と事績の両面から明らかにするという意図からである。論語と水戸学の関係は、「図表1-1　渋沢思想を構成する論語と水戸学の関係」で示される。

　攘夷思想は論語において述べられてはいない。したがって、攘夷思想は図表1-1のCの領域にあてはまる。また、Cの領域に影響を及ぼすと考えられる他の思想は武士道である。武士道は水戸学独自の思想ではないが、水戸学に固有の武士道解釈があるとすれば、その解釈内容が渋沢思想に影響を及ぼした可能性がある。

　AおよびBの領域に関しては、「君臣関係」をはじめとして、「忠義」、「孝」、「礼」、「義」などの徳目が尊皇思想の基底に存在する。これらの徳目は論語を規範としたものと考えられるが、水戸学固有の解釈がなされ、それが尊皇思想に反映された可能性も存在する。Aは論語に固有の思想であり、水戸学と共有していない領域である。

　ハイブリッドとしての尊皇攘夷思想の理解と考えられるB領域の内容を明らかにするためには、『論語講義』などにおける渋沢の発言内容を、青年期

第1章　水戸学と渋沢思想

の渋沢が耽溺した水戸学の著作および徳川慶喜の言動と比較検討することが必要となる。渋沢が愛読したのは藤田幽谷、藤田東湖、会沢正志斎などの著作である。慶喜の言動については、『徳川慶喜公伝』をはじめとする著作や書簡集などが資料となる。

　本書の目的は、青年期に渋沢が受けた水戸学の影響を探り、渋沢思想が完成するまでの初期プロセスを明らかにすることである。その目的に資するべく本章では分析方法を設定し、上述の4つの分析視角に基づいて予備的考察を行う。

第1節　本書の分析方法

1－1　分析の枠組

　渋沢が国臣意識を持つに至ったプロセスについては、「水戸学⇒尊皇思想⇒一橋家家臣⇒幕臣⇒国臣⇒企業家・社会事業家⇒国臣意識」という流れに沿って分析を進める。国臣意識の基盤となったのは水戸学の尊皇思想であり、それには国臣意識に転化する要素が内包されていたと考えられる。この点については、渋沢による水戸学の理解内容を通して探る。

　前著『渋沢栄一の精神構造』では、精神的資質の解明を目的として渋沢の事績を時系列的に検討し、渋沢の思想的資質についても検討を加えた。同書では渋沢の生涯を大きく「青年期」、「壮年前期」、「壮年後期」、「老年期」の4段階に区分した。

　前著の結論は、渋沢の尊皇思想は数段階の変転を遂げた後、国臣意識として渋沢思想の中核を形成したというものであった。本書では、この結論を確認するため、考察が不十分であった渋沢の青年期に焦点を絞って検討を加える。

　また、前著では、渋沢の資質を主要な三資質（思想的資質、精神的資質、実務的資質）で構成されるとして、主に精神的資質を分析した。渋沢の三資質については本書でもこの枠組みを採用する。

本書の分析対象の一つである渋沢の尊皇攘夷思想は、この基本的枠組みを構成する思想的資質に属することから、必然的に他の2つの資質との関係性も考慮することが必要となる。係る認識に基づいて、渋沢の三資質の変遷を図表1－2から図表1－4の3つの図表で示した。
　5段階のピラミッド構造の最上段の三角形で示されるのは、マズローが提唱した自己実現者のステージであり、その欲求は自己実現欲求に相当する。筆者は、前著において唯一成長欲求として分類される自己実現欲求を追求する人物を、自己実現者適性を備えた者と定義した。
　これらの3図表は、渋沢が三資質を涵養する度合いにしたがって、自己実現論における自己実現者適性を備えていく過程を時系列的に示したものであり、各資質の成熟度は円の大きさで示される。
　青年期の渋沢の資質を疑似三角形で示した三資質の積集合に相当する部分は、自己実現者適性をはるかに下回るが、時間経過にともなって涵養される渋沢の資質は、老年期に至って自己実現者適性を満たして余りあるものとなるというのが前著の結論であった。
　筆者は渋沢の行動に見られる「思想と事績の累積的因果関係」の存在を措定した。それは、思想的資質と実務的資質は正のスパイラルをともなうもので、(1)内的エネルギーたる思想が、論語に基づく道徳的規範をもって経済的活動で発揮され、成果をあげるプロセス、(2)経済的活動を通して得た経験と知識が、渋沢の論語解釈と思想を深め、それが新たな内的エネルギーに転化するプロセス、の2つのプロセスが順次繰り返される中で渋沢の思想は深みを増し、経済的活動が社会に付加価値を与え続けるという関係である。
　渋沢は自身に備わっている精神的資質を媒介として、思想的資質に支えられる「思想」と、実務的資質に支えられる「事績」を累積的に高めていった。つまり、思想と事績の累積的因果関係とは、卓越した精神的資質を媒介として思想と事績を相互に連関して向上させる関係であり、その連関は生涯を通して継続され累積されたと考えられる。
　このような認識に基づき、本書では、3つの図表で示される渋沢の資質の進化過程のうち主に三資質の発達が未熟な図表1－2で示される青年期を検討対象とする。

第 1 章　水戸学と渋沢思想

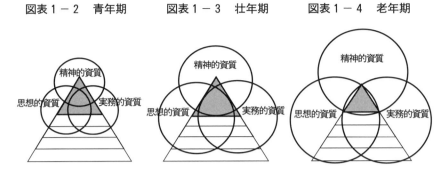

【注記】（1）各図表で示される三角形は、マズローの自己実現論に基づき生理的欲求から自己実現欲求までの 5 段階で構成される。
（2）自己実現欲求を示す最上段の三角形は、自己実現適性を備えた人物の資質を表す。前著『渋沢栄一の精神構造』で検討対象としたのは、最上位の三角形と渋沢の三資質（思想的資質、精神的資質、実務的資質）の積集合である疑似三角形との関係である。

1 - 2　個別課題

1 - 2 - 1　青年期の渋沢栄一

　青年期の渋沢が水戸学から受けた影響を解明することは本書の中心的な課題である。横浜焼き討ちを計画した時点で渋沢は農民であったため、一橋家仕官以後のように公式資料が多く残されているわけではない。渋沢が水戸学の著作に影響を受けたのは、経験が乏しく先入観が少ない10代から20代であり、水戸学が渋沢思想に影響を与えた可能性は大きいと思われる。

　青年期の渋沢思想を考察するにあたって認識しておくべきことは、農民階級に属していた渋沢による尊皇攘夷思想の理解内容は武士階級の理解内容とは異なっていたという点である。

　政治的権力の座にある武士階級に属する人間が、「皇室の本来あるべき姿」と「自らが置かれた権力の座」との矛盾に葛藤しつつ唱える尊皇攘夷思想と、権力の座から遠くにあって、武家のありように不満を抱きながらインテリ農民が唱える尊皇攘夷思想とは、その意味するところが著しく異なる。

　武士階級の身勝手さや圧政に対して不満を抱く農民にとっては、尊皇攘夷

思想によって天皇親政が実現すれば旧弊が改められ不満が解消される可能性が存在する。しかし、権力の座にありながらあえて尊皇攘夷思想を唱える武士階級には、⑴天皇親政の実現による自らの地位の喪失、⑵皇室の藩屏としての武士階級のあり方の見直しという選択肢しか存在しない。

このように武士階級の議論は、農民階級の議論とは明らかにステージが異なる。水戸学が主張する尊皇攘夷思想を究極まで突き詰めると、武士階級および自藩の利害に対してプラスに働かないということになる。

一方、渋沢等による横浜焼き討ち計画は世直しを標榜する反面、倒幕が自分等にとって相対的に有利に働くという、武士階級とは異なる利害が存在した。渋沢の非倫理的行動の背景を考察するにあたっては、係る側面を念頭において検証を進めることが不可欠である。

尊皇攘夷思想のように、複数の視座によって様々な解釈がなされ得る思想の検証作業を行うにあたっては、仮説ほどの厳密さはないものの、いわば「あたりをつける」意味で事前に考えられる可能性を措定して作業を進めることが効果的である。

水戸学による武士道理解が渋沢思想に与えた影響を考察する場合、農民であった青年期の渋沢にとっては水戸学から学ぶ武士道がすべてであり、農民の父親から武士道を学ぶ機会はなかった。

したがって、武士道の中核概念の一つである陰徳については水戸学から学んだと考えるのが妥当である。藍農家や養蚕農家との商売上の交流で渋沢が陰徳を目の当たりにする機会は多くなかったと考えられる。

1－2－2　カントの「智・情・意」と渋沢栄一の常識

渋沢にとって「常識」とは、すべての地位ある人にとっての処世術であると同時に、常識をもって行動することは、社会により多く便益をもたらすことを意味する。

つまり、渋沢にとって常識とは、消極的で無難なレベルで行動を規制することではなく、人間の行動から得られる成果を最大にするために心のバランスを保つことであり、そのバランスとは「智・情・意」が高いレベルで権衡を保つことである。渋沢はイマヌエル・カント（以下「カント」）が説く「智・

情・意」の概念と、常識との関係について以下のように述べる。渋沢はカントを心理学者と認識していた。⁽¹⁾

　「すなわち事に当りて奇矯(きょう)に馳せず、頑固に陥らず、ぜひ善悪を見わけ、利害得失を識別し、言語挙動すべて中庸に敵(かな)うものがそれである、これを学理的に解釈すれば『智、情、意』の三者が各々権衡(けんこう)を保ち、平等に発達したものが完全の常識だろうと考える、更に換言すれば、普通一般の人情に通じ、よく通俗の事理を解し適宜の処置を取りうる能力がすなわちそれである、人間の心を解剖して『智、情、意』の三つに分解したものは心理学者の昌道に基くところであるが、何人(なんぴと)といえどもこの三者の調和が不必要と認めるものはなかろうと思う、知恵と情愛と意志との三者があってこそ、人間社会の活動もでき、物に接触して効能を現わしてゆけるものである、……」

　人間の内面を「智・情・意」に三分割する考えは、カントによって提唱されたと渋沢は理解した。しかし、一般的にこの考えは主知主義に対するカントの批判に発するとされている。
　人間の内面で働く「智・情・意」に関する考察はカントの三批判書(『純粋理性批判』、『実践理性批判』、『判断力批判』)で展開されたが、渋沢がカントの著作を精読しその趣旨を原語で完璧に理解したとは考えられない。
　肝腎なのはカント哲学に対する理解度ではない。翻訳によって示された表意文字である三つの漢字から渋沢が独自に意味を汲み取って「智・情・意」で示される概念と、概念間の関係性をどのように理解したかという点が重要である。つまり、注目すべきは渋沢がカントの哲学から「智・情・意」で構成される思考の枠組みを得たことであり、カント哲学をどの程度深く理解していたかということではない。
　渋沢は論語を中心とする漢籍の知識によって「智・情・意」の意味するところを解釈した。そして、その解釈内容に基づいて３つの概念がバランスを取ることの重要性を強調した。渋沢は独自に定義した「常識」を健全に機能させるための要件は、３つの概念がバランスを保つことと考えたのである。

1−2−3 「智・情・意」に対する渋沢栄一の解釈

渋沢は「智」について、「さて『智』は人に取っていかなる働きをするものであろうか、人として智恵が十分に進んでおらねば、物を識別する能力に不足をきたすのであるが、この物の善悪是非の識別ができぬ人や、利害得失の鑑定に欠けた人であるとすれば、その人にいかほど学識があっても、よいことをよいと認めたり、利あることを利ありと見分けをして、それに就くわけにゆかぬから、そういう人の学問は宝の持ち腐れに終ってしまう、ここを思えば智恵がいかに人生に大切であるかが知らるるであろう、……」と述べる。

「智」は学識ではなく、物の道理や判断力であると渋沢は考える。しかし渋沢は、物の道理をわきまえた人が利にはしり目的を見誤ると、仁義道徳から遠ざかり権謀術数や欺瞞詐偽に陥ると考える。これが智の弊である。

一方、大儒程朱(程顥・程頤の二兄弟と朱熹)のように智の弊を極端に嫌って疎外すると、悪事を犯すことがないだけで社会に貢献することもなくなると渋沢は考えた。渋沢は智をないがしろにした朱子学が論語解釈を誤らせた元凶であるとして論難する。

智に対する朱子学の極端なマイナス評価は、孔孟の教えに対する解釈を偏狭なものに陥らせ、世人の誤解を招いたと渋沢は考えた。渋沢は「智の弊を心得つつ善に向けて智を働かせるべき」と考える。

渋沢は智の能力を十分発揮させるためには、「情」を柔軟に使い分けることが重要と考える。渋沢が述べる情は七情(喜、怒、哀、楽、愛、悪、慾)のうちの情愛である。渋沢は智一辺倒ではなく、智を働かせるにあたり情愛を功みに塩梅することが必要と主張する。渋沢はこの点について以下のように述べる。

「……しかし智ばかりで活動ができるかというに、決してそういうものでない、そこに『情』というものを巧みに案排しなければ、智の能力をして充分に発揮せしむることができないのである、例を挙げて説明すれば、いたずらに智ばかり勝って情愛の薄い人間はどんなものであろうか、自己の利益を図らんとするためには、他人を突き飛ばしても蹴倒しても一向頓着しない、

由来智恵が十分に働く人は、何事に対しても一見してその原因結果の理を明らかにすることができ、事物の見透しがつくのであるが、かかる人物にしてもし情愛がなかったら堪ったものでない、……」

　智は情によって適切にコントロールされなければ無味乾燥な人間味をともなわないものとなるだけでなく、利己にはしると渋沢は述べる。このことから「情」は人間にとって欠くべからざる資質であるという結論が導き出される。
　しかし、智に弊があるのと同じく、情にも変動が頻繁であるという弊があるというのが渋沢の見解である。人の七情は移ろいやすいものであり、その一角にある情愛も同様であるとすれば、人間の内面には安定化装置が不可欠で、それが「意」つまり「意志」であると渋沢は述べる。
　渋沢は「意」について、「動きやすい情を控制(こうせい)するものは強固なる意志よりほかはない、しかり矣(い)、意は精神作用中の本源である、強固なる意志があれば人生においてはもっとも強味ある者となるけれどもいたずらに意志ばかり強くして、これに他の情も智も伴わなければ、ただ頑固者とか強情者とかいう人物となり、不理窟に自信ばかり強くて、自己の主張が間違っていても、それを矯正しようとはせず、どこまでも我を押通すようになる、……」と述べる。
(4)
　つまり、「情」をコントロールするのは「意」であるが、反対に意の弊である頑固さを柔軟にするのは「情」と「智」であるというのが渋沢の見解である。また、強固な意志は聡明な知恵を加味することができると渋沢は述べる。
　渋沢の理解に基づいて「智・情・意」の関係性を図示すると「図表1−5」の通りとなる。「制御」は相手の機能を規制する働きを指し、「統御」は相手の行き過ぎを緩和する働きを指す。

図表 1 − 5　渋沢栄一が認識する「智・情・意」の関係

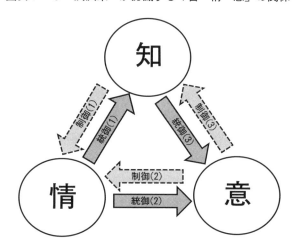

【注記】（１）「制御」は相手の機能を規制する働きを指す。
　　　　（２）「統御」は相手の行き過ぎを緩和したり適切に働きかけることを指す。
【制御(1)】：「知」は物の道理や判断力をつかさどり、移ろいやすい「情」を制御しその弊を抑える。
【制御(2)】：「意」は移ろいやすい「情」を強固なる意志によって制御する。
【制御(3)】：「意」は「知」に聡明な知恵を加味する。
【統御(1)】：「情」は「知」に塩梅よく働きかけてその能力を発揮させる。
【統御(2)】：「情」は「意」の弊である頑固さを柔軟に統御する。
【統御(3)】：「知」は「意」の弊である頑固さを物の道理や判断力で統御する。

　智・情・意は各々有用な働きをする一方、単独では弊がともなうので互いに規制、緩和して弊をなくすことで全体としてのバランスが保たれるべきと渋沢は考える。このバランスを絶妙にとって行動する人物が社会により多く便益をもたらす「常識ある人」であると渋沢は認識する。図表１－３と図表１－５を合成すると、渋沢栄一の智・情・意と三資質（壮年期）の関係を示す図表１－６となる。

第1章　水戸学と渋沢思想

図表1－6　「智・情・意」と渋沢栄一の三資質（壮年期）

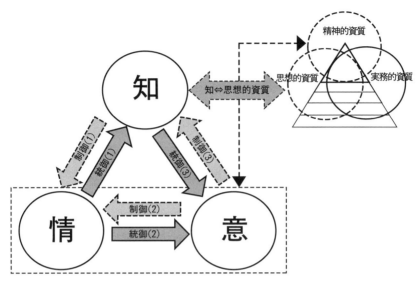

【注記】「知」は「思想的資質」に対応し、「情・意」は「精神的資質」に対応する。

　渋沢が重視した知行合一の「知」は「情」と「意」とのバランスによって成り立つとともに、渋沢の思想的資質によって支えられている。換言すると、渋沢の思想的資質は智・情・意のバランスがとれた「常識ある人」が有する資質ということになる。

　さらに、「情」と「意」が互いに制御と統御の関係、つまり、「意」は移ろいやすい「情」を強固なる「意」によって抑え、「情」は「意」の弊である頑固さを柔軟に緩和する関係によって結びついているとすれば、両者はともに人の内面にあってバランスをとる精神的資質の構成要素に相当する。

1－2－4　渋沢栄一の三資質の成長プロセス

　上記の「図表1－6」は、渋沢の「智・情・意」と三資質が互いに整合的で「思想と事績の累積的因果関係」が機能し始めた壮年期の渋沢の内面を示したものである。これに対して「図表1－7」では、渋沢が横浜焼き討ちを計画し頓挫した24歳時点での渋沢の内面を図表化した。

図表1－7 「智・情・意」と渋沢栄一の三資質（青年期）

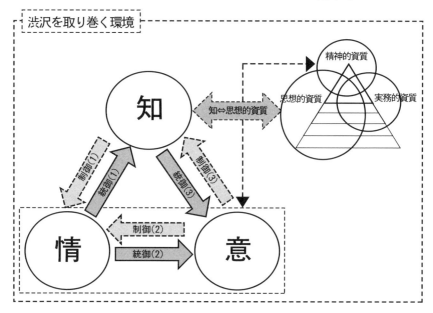

【注記】（1）青年期から壮年前期にかけて渋沢を取り巻く環境が変化した。環境は考慮すべき不可欠な要因である。
（2）青年期の渋沢は農商以外の実務経験が少なく、精神的資質も未発達な反面、思想的には頭でっかちであったので、思想的資質は精神的資質や実務的資質と比較して大きく表示した。

青年期の渋沢は農商以外の実務経験が乏しく精神的にも未熟であるが、水戸学や論語をはじめとする思想関連の知識は早熟で頭でっかちなため、三資質はアンバランスになっている。

本書では青年期から壮年前期に至る変化の過程を、「図表1－7」から「図表1－6」への移行プロセスとしてイメージ化し、図表に含まれる各要素がどのように変化したのかを渋沢の年齢を追って時系列的に考察する。

渋沢の青年期から壮年前期にいたる期間を年齢ごとの事歴に応じて区分すると概略以下の通りとなる。下記(1)から(3)が少年期から青年期にかけた時期であり、(4)が壮年前期に相当する。

(1) 6歳～14歳：漢籍や歴史書などと剣術に熱中した時代。
(2) 14歳～17歳：漢籍、剣術と並行して藍と養蚕の実務にいそしんだ時代。
(3) 17歳～24歳：文武両道と農商実務に励む一方、安部摂津守の岡部村陣屋での屈辱的な経験を経て憂国の志士としての使命に目覚め、横浜焼き討ちを計画して頓挫した時代。
(4) 24歳～36歳：京都での隠遁を経て、一橋家仕官、幕臣、滞仏、大蔵官吏、銀行家と環境と地位が目まぐるしく変転した時代。

1－3　アプローチ

　渋沢の内面変化の足取りを探るにあたっては、「図表1－7」を構成する要素がどのように変化したのかに焦点を絞って考察を加える。例えば、6歳～14歳は、両親の愛情に育まれ、漢籍をはじめとする教養を身につけることによって智・情・意がバランスをとって発達した時期であった。

　14歳～17歳は、農業と商業の実務に邁進し文武農商四道を身につけた。17歳～24歳は、安部摂津守の代官からのご用金の要求をめぐる屈辱的な経験を通して志士としての意識が高まり、封建体制打破を目指して尊皇攘夷思想を熱情的に追求した結果、横浜焼き討ちを計画するに至った。

　青年期の渋沢の内面を「図表1－7」に基づいて解釈すると、移ろいやすい「情」を強固なる「意」によって制御する【制御(2)】が十分機能しなかった状況と解釈できる。この時期の精神的資質と、世渡りの要領を含む実務的資質は、思想的資質との比較において小さく表示される。

　24歳～36歳に相当する壮年前期は維新前後にあたり、渋沢をめぐる環境が著しく変化した時期であった。その環境変化に応じて農商実務以外の実務的資質が発達し、君主と仰ぐ徳川慶喜をはじめとする複数の人物との接触によって渋沢の世界観と情・意が変化し、実務的資質と精神的資質が発達した。

　この状況を「図表1－6」によって解釈すると、「智・情・意」相互の関係を示す【制御(1)～(3)】および【統御(1)～(3)】の合計6つの制御と統御が機能し、渋沢の三資質（思想的資質、精神的資質、実務的資質）がバランスをとり始めた時期と言い換えることができる。

1－3－1　渋沢思想の構成要素

　本節では分析の枠組に基づいて、本書で採用するアプローチを明らかにする。青年期の渋沢が受けた水戸学の影響は、水戸学者の著作や徳川慶喜との君臣関係によるものと考えられる。渋沢に影響を及ぼした主たる人物は、⑴藤田幽谷、⑵藤田東湖、⑶会沢正志斎などの水戸学者たちおよび、徳川斉昭・慶喜父子である。

　水戸学の渋沢への影響を探るにあたっては、あらかじめポイントを絞り、それらを分析視角として対象人物の著作と言動を分析する。分析視角は以下の通りである。

⑴尊皇攘夷思想に対する理解内容。
⑵武士道と陰徳に対する理解内容。
⑶渋沢の論語理解に対する水戸学の影響。
⑷名分論に対する理解内容。

　渋沢の尊皇攘夷思想は、攘夷思想が開国思想に変容する一方、尊皇思想は国臣意識に収斂した。陰徳は武士道の重要な徳目であり、名分論は渋沢が重視した考え方であった。

　本書では、「論語」と「水戸学」を渋沢思想に影響を及ぼした二本柱として分析を進める。しかし、2500年の歴史を有し倫理規範として長年重視されてきた論語が水戸学者に及ぼしたであろう影響を見過ごすことはできない。そのように考えると、論語の影響を受けた水戸学者の著作や言動が、渋沢の論語解釈に及ぼした可能性は存在する。

　前著『義利合一説の思想的基盤』では、渋沢の論語解釈の独自性は、主として企業家としての経歴と関連があると考え、水戸学の影響を深掘りすることはなかった。しかし、水戸学者たちの著作に渋沢の論語解釈の独自性と相似する部分が認められれば、義利合一説をはじめとする渋沢の経済思想に水戸学が影響を及ぼした可能性が存在する。

　渋沢の思想的資質や精神的資質の変化の過程をたどる場合に直面する困難

第 1 章　水戸学と渋沢思想

は、手掛かりとなる資料が乏しいということである。しかし、渋沢思想の完成形は渋沢が晩年に遺した教説や回顧談によって把握することができる。『論語講義』、『雨夜譚』、『論語と算盤』などがそれに該当する。渋沢の事績については『渋沢栄一伝記資料』や壮年期以降の諸著作によって事実確認が可能である。

　渋沢思想の変容プロセスを解明するにあたって直面する困難を克服するためには、まず、完成された渋沢思想と水戸学の関係を特定し、時系列的に確認できる事績に基づいて渋沢の内面における思想変化の過程を推察する方法が合理的と考えられる。

　渋沢思想の完成形に至るまでのプロセスを未舗装の難路にたとえると、渋沢が「青年期」、「壮年前期」、「壮年後期」、「老年期」と順を追って自動車を走らせる途上で、転倒寸前の事故に直面したこともあったであろう。

　転倒寸前の事故に相当する典型的な事例が「横浜焼き討ち計画」であり、その事実は資料によって確認することができる。転倒寸前の自動車事故を起こしかけた運転手が渋沢とすれば、精神面の原因も考えられる。

　その原因は、(1)渋沢が道路標識を見誤ったこと、(2)道路標識を故意に無視したこと、(3)道路交通法の知識を欠いていたこと、(4)飲酒運転、(5)違法薬物による精神錯乱の状態で運転していたことなどである。また、これら複数の理由が併存していた可能性もある。

　この事故原因を特定する作業が青年期の渋沢の内面を探る作業であり、その最も有力な手段が、道路の終点近くで「渋沢が正常に運転している状態」と、走行初期に起こした「事故の詳細な事実」を比較検討することである。事故現場の詳細は警察の現場検証の資料で把握することができる。また、事故発生時の事故者の精神状態は、冷静に戻った時点での証言記録つまり、渋沢の言説や回顧録から推認することが可能である。

　筆者がこのように渋沢思想の形成過程に重点を置くのは、渋沢研究の本来の問題認識に遡るからである。つまり、「渋沢の思想と事績の解明プロセスで得た知見を、現代の企業経営と健全な資本主義社会の発展に生かす道筋を探ること」という問題認識を考えると、渋沢思想の完成形だけでなく、完成に至る途上で直面した問題の原因を明らかにしたうえで、それにいかに対処

したのかというプロセスこそが重要だからである。

1－3－2　渋沢思想の変遷
完成前の渋沢思想

　渋沢思想の変容プロセスを明らかにするためには、変容の原動力となる精神構造の進化プロセスを検討することが必要となる。壮年期以降の渋沢が自己実現者適性を有する人物であったとすれば、その特性の一つとして自身を客観化する能力があったと考えられる。

　渋沢の自己実現者適性の重要な要素として自己を客観化する心理学的特質があったとすれば、この特質が渋沢の生涯のどの時点で確立されたのかを探ることが重要となる。筆者はこのプロセスを探るための出発点は、横浜焼き討ちを計画した時点の心理状態と考える。

　農民であった23歳の渋沢は文武のみならず農商実務を身につけた文武農商四道に秀でた若者であった。しかし、四道を身につけた渋沢にとって、名分を一致させて政治的活動を行うために欠けていたのが武家という身分であった。

　農民の本分が農に邁進することであるとすれば、攘夷思想によって横浜のイギリス館を焼き討ちすることは、明らかに名分に反することである。渋沢と尾高惇忠はこの矛盾を解決するため、「神託によって異人という害獣を駆除するために焼き討ちを行う」という無理筋な理屈によって自分たちの決起を正当化しようと考えた。

　漢学、水戸学、国学をはじめ国史や中国の歴史を学んだ渋沢は名分論を理解し、その正当性を認識していた。なぜなら、渋沢は大塩平八郎を論難しているからである。

　渋沢が大塩を論難した理由は、武家のしかも大坂町奉行組与力という重要ポストにあった大塩が、農工商の立場に寄り添って乱を起こしたという点にあった。渋沢からすると、大塩は名分をないがしろにして世間を騒がしたのである。大塩は武士である自分の名分を客観視できていなかったがゆえに、士と民それぞれに与えられた役割を混同し反乱分子の先頭に立った。

　一方、渋沢等は農民である自らの名分を客観視していたがゆえに、屁理屈ながらも神託を掲げてテロ行為を正当化することに努めた。渋沢はこの時点

で自分の名分を客観視する能力を有していた。

　このように「大塩平八郎の乱」と「横浜焼き討ち計画」の違いを解釈すると、渋沢が大塩を論難した理由が両者の違い、つまり、「名分を客観視する姿勢の有無」にあったと推察される。

　渋沢が計画した横浜焼き討ちは許しがたいテロ行為であるが、自らの本分を認識し神託によって名分論に反しない理由をつけたという点を考えると、それはまさに名分の重要性を認識したうえでの行為であったといえる。

　渋沢は大蔵官吏時代と在野時代を通して困難に直面している多くの人に寄り添い効果的に輔佐した。しかも、輔佐するにあたって相手の立場を理解し、自らの名分と矛盾しないように行動した。名分をおろそかにして、自分を相手の立場に置き換えて行動することは渋沢にとって正しい行動ではなかった。

　渋沢が野にあって、自らの身の振り方と名分論との矛盾に悩んだのが爵位の授与を打診された時であった。渋沢は在野の商人が爵位を得ることは名分に反すると考えていた。したがって、渋沢はこの申し出を断る所存であった。

　渋沢が悩んだのは、「商人に爵位はなじまないが、爵位を受けることは商人全体の社会的ステータスの向上に資するのではないか」という点であった。つまり、自分が爵位を受けることによって商人の名分を高みに置くことに寄与できるのではないかと渋沢は考え爵位を受けたのである。

渋沢思想成立の契機

　横浜焼き討ちを計画した青年期の渋沢は、神託によって名分を一致させようとした。その後、渋沢思想が成立に至った契機を名分論からたどると、それは渋沢思想とステータスが整合し、名分が矛盾なく渋沢の内面で成立した時点、つまり、渋沢が農民から武家に転じ、為政者の立場で広く社会を俯瞰できる地位に身を置いた時点である。

　武士以上に文武を修得した渋沢の名分が一致したのが一橋家への仕官であった。これを機に渋沢の境遇は著しく変化した。それまで武士が身につけるべき「文」とされてきた漢学や国学および歴史などの教養を身につけた渋沢は、その「文」を晴れて武士として生かすことができるようになった。それは渋沢にとって待ちわびた名分の一致であった。

名分が一致しなかった青年時代の渋沢は矛盾を抱えていた。横浜焼き討ちを計画した当時の渋沢は農民の立場にあったがゆえに、「神託により害獣であるイギリス人を成敗する」という理屈を立てなければならなかった。その背後には、「国を守るために害獣を駆除することは農民の本分にかなうものである」という無理筋なこじつけがあった。この時イギリス人を害獣とみなす渋沢の考えを支えていたのが攘夷思想であった。

　渋沢は計画が未遂に終わった後もしばらくは、「テロによって社会に混乱を生じさせ幕藩体制崩壊の契機とする」という考えに囚われていた。そのような考えを抱いたまま一橋家に奉公することは、当初の信念と矛盾した行動であるばかりでなく、横浜焼き討ちを決起した仲間を裏切る抜け駆け行為であった。

　渋沢がこの矛盾をいかにして内面で解決したのかという点については、渋沢喜作との討議を通して考察し、筆者は渋沢の自己実現者としての特質に負うところが大きいとの結論を導き出した。[5]

　一橋慶喜と主従関係を結び統治者サイドに身を置いた時を境に、渋沢が抱いていた攘夷思想は幕府を転覆させるための理屈から、外国との関係をいかにすることが国益に資するのかという、主体的な立場からの開国思想に徐々に変質していった。

　一橋慶喜が徳川慶喜となって弟の徳川昭武にパリ万博への派遣を指示した際、その供としてフランス随行を求められた渋沢は、慶喜の命を受けてその旨を伝えに来た原市之進があきれるほどあっさりと申し出を受け入れた。その背後には、攘夷思想に対する認識変化が伏線として存在したと考えられる。[6]

青年期に対する渋沢栄一の認識
　渋沢が壮年後期以降、自分の青年期をどのように認識していたのかを回顧録などをたどって確認する。具体的には渋沢が武士を志した時期の政治志向から経済志向に変換した時期の確認と、その期間をどのように自己評価しているかという点である。

　本書では渋沢自身の認識を尊重する一方、渋沢の自己評価については客観的に考察する。渋沢が追憶の中で語る青年期や壮年前期に抱いた感情については、その内容を尊重する。

第 1 章　水戸学と渋沢思想

　しかし、青年期から壮年期に至る期間の渋沢の自己評価が、正鵠を射ているか否かという点については、客観的な資料に基づいて第三者が批判的に検討する余地は残されている。なぜなら、渋沢は自分が変化したことに気づいていない可能性があるからである。

　渋沢が農民の立場から武士になることを決心したのは17歳の時であった。渋沢は当時を振り返って、「余は十七歳の時武士になりたいとの志を立てた、というのはその頃の実業家は一途に百姓町人と卑下されて、世の中からはほとんど人間以下の取扱を受けいわゆる歯牙にも掛けられぬという有様であった、しかして家柄というものが無闇に重んぜられ、武門に生まれさえすれば智能のない人間でも、社会の上位を占めて恣（ほしいまま）に権勢を張ることができたのであるが、余はそもそもこれが甚だ癪に障り、同じく人間と生れ出た甲斐には、何が何でも武士にならなくては駄目であると考えた」と述べる(7)。

　武士を志した17歳の時、渋沢は安部摂津守の岡部村陣屋に近隣の庄屋数名とともに呼び出され、代官から渋沢家分としてご用金500両の申しつけに対して即答しなかったことで罵詈雑言を浴びせかけられた苦い経験を有していた。それまでにも積もる思いはあったと考えられるが、晩年になっても渋沢が語るこのエピソードは渋沢が真剣に武士を志す画期となった。

　後日、渋沢が尾高惇忠らと横浜焼き討ちを計画し頓挫したのが渋沢24歳の時であったことを考えると、少年後期から青年前期に至る時期、渋沢は武士に対する侮蔑と憧れという２つの矛盾した感情を胸に秘めて農商業務に励みつつ、論語を中心とする漢学と水戸学および歴史等を学んだことになる。青年期の政治志向が経済志向に変化した時期について渋沢は以下のように述べる(8)。

　「自白すれば、余の志は青年期においてしばしば動いた。最後に実業界に身を立てようと志したのがようやく明治四、五年の頃のことで、今日より追想すればこの時が余にとって真の立志であったと思う、元来自己の性質才能から考えてみても、政界に身を投じようなどとは、むしろ短所に向って突進するようなものだと、この時ようやく気がついたのであったが、それと同時に感じたことは、欧米諸邦が当時のごとき隆昌（りゅうしょう）を致したのは、全く商工業の発達しているゆえんである、……」

明治4、5年は渋沢が大蔵官吏を辞職する明治6年の直前期であるとともに、『立会略則』の刊行と『国立銀行条例』の起草に加えて、事務主任として富岡製糸場の設立実務に関わるなど、財政金融業務だけでなく農商務省管轄の業務にまで活動範囲を広げていた時期に相当する。
　渋沢は大蔵省に入省した明治2年以降、租税正と改正掛を兼任し省務を横断的に担当していたが、明治3年に富岡製糸場の設立実務を担当して以降、モノ作りにも深く関わることとなった。
　渋沢の政治志向が大蔵官吏の経験を通して、明治4、5年に経済志向に変化したという渋沢の記憶は、渋沢の職歴に照らすと正確である。検討すべきは、渋沢の政治志向が経済志向に変化するまでの期間における渋沢の自己評価の妥当性である。渋沢の自己評価は以下の通りである。(9)

　「……しかしながらもし自分におのれを知るの明があって、十五、六歳の頃から本当の志が立ち、初めから商工業に向って行っていたならば、後年実業界に踏込んだ三十歳頃までには、十四、五年の長日月があったのであるから、その間には商工業に関する素養も十分に積むことができたに相違なかろう、かりにそうであったとすれば、あるいは実業界における現在の渋沢以上の渋沢を見出されるようになったかもしれないけれども、惜しいかな、青年時代の客気に誤られて、肝腎の修養期を全く方向違いの仕事に徒費してしまった、これにつけてもまさに志を立てんとする青年は、よろしく前車の覆轍をもって後車の戒めとするがよいと思う。」

　渋沢は15、6歳から33歳になる明治5年までの17、8年間を修養期と認識し、その期間を「全く方向違いの仕事に徒費してしまった」と自己分析している。
　しかし、管見によると政治志向に基づいて遠回りしたこの修養期こそが渋沢の思想と事績の基礎を固めた時期であり、本書の目的もまさにこの点について実証することである。つまり、武士になることを目指して政治志向で漢学や水戸学を修めたこの期間こそが、国益を視野におき商業道徳を重視する渋沢思想の基盤を形作ったと筆者は考える。

渋沢思想の完成形

　渋沢思想は92年の生涯を経て完成形に到達した。渋沢の三資質の一つである思想的資質は、大きく「仁愛」と「国臣意識」から構成される。このうち仁愛は論語をはじめとする漢学の素養に淵源があり、国臣意識は日本の成り立ちを尊重する水戸学に由来する。

　仁愛は論語が示す五倫を内包する最も大きな概念であり、水戸学は尊皇思想と武士道とりわけ陰徳を重視する思想である。渋沢が自らの思想に基づいて実践したことは、「仁愛と陰徳を身につけ国臣意識に基づいて国の臣としての名分を果たすこと」であった。

　本書では、この完成形に至るまでの初期プロセス、つまり青年期から壮年前期にいたる渋沢の内面の変化に注目しその原因を分析する。

　渋沢は6歳で父の渋沢市郎右衛門元助の手ほどきを受け、その後、従兄の尾高惇忠に師事して漢学を学んだ。水戸学についても同様に惇忠の影響があった。渋沢と惇忠は藍や養蚕の商売でしばしば旅に出かけて絆を強め、横浜焼き討ち計画ではともに中核的な役割を担った。係る事実を勘案し、本書では水戸学の諸著作だけでなく惇忠に関する資料も参考とする。

第2節　水戸学と渋沢思想―予備的考察―

　本節では、渋沢思想の特質のうち水戸学に由来すると考えられるポイントを整理して予備的考察を加える。渋沢思想に対する水戸学の影響を考察するにあたって直面する困難は、水戸学があまりにも膨大でかつ多くの学説を内包していることである。

　したがって、水戸学が淵源となって成立したと考えられる渋沢思想の特質から遡って分析視角を定め、その視角に基づいて個別に考察を加えることが合理的と考えられる。

　渋沢思想との関わりにおいて水戸学から抽出すべき特質は、(1)尊皇攘夷思想、(2)武士道、(3)水戸学が論語から受けた影響の3点である。尊皇攘夷思想

を「尊皇思想」と「攘夷思想」に分けて捉えた場合、渋沢思想への影響を勘案した分析視角は以下の通りとなる。

(1)尊皇思想：国臣意識の淵源を探る視角
(2)攘夷思想：国際貢献への転化プロセスを探る視角
(3)武　士　道：陰徳と犠牲的精神を倫理規範と認識する視角
(4)論　　　語：名分論を含む水戸学が論語から受けた影響を探る視角

青年期の渋沢が抱いていた攘夷思想は渋沢をして横浜焼き討ちというテロ行為を計画させる基盤となった排外思想であった。しかし、攘夷思想が開国思想に転化した後、壮年期を経て渋沢の言動は国際貢献に寄与するまでに変化した。

武士道は水戸学が重視する思想であり、その中核には陰徳という徳目が存在する。この陰徳は、渋沢が国臣意識をもって国家の富盛を助けるための行動をとる一方、その結果を自分に対する賞賛に帰することを求めない徳行である。

渋沢は自身の財閥を形成することがなかっただけでなく、自分が取り組んだ起業の成果を見届けたうえで、恬淡として「弊履を脱ぎ捨つるがごとく」役職を退任したという事実からも、渋沢に陰徳が備わっていたことは明らかである。

渋沢思想に対する水戸学の影響を探るため、あらかじめ措定した分析視角は上記の通りである。つまり、渋沢が企業家、社会事業家として陰徳をもって国家の富盛を助け、さらに日本国内にとどまらず国際貢献に寄与する業績を遺し得た背景には、上記の4点で示された水戸学の特質が関係するというのが筆者の理解である。

2－1　検討項目

上記の分析視角に基づいて、具体的に検討すべきポイントを設定する。渋沢と水戸徳川家は、水戸学を通してだけでなく人物交流を通しても緊密であった。徳川斉昭とは主従関係になかったものの、伝聞によって耳にしたその言

動は青年期の渋沢に影響を及ぼした。水戸学の真髄を身につけた斉昭の嫡子である徳川慶喜とは、君臣関係を結ぶことにより渋沢は多大な影響を受けた。

渋沢が愛読した水戸学の主たる著作は、藤田東湖と会沢正志斎の主著である。係る認識に基づき、第Ⅰ編以下では上記のポイントをさらに具体化して以下の4点を考察対象とする。

(1) 水戸学に影響を受けた尊皇思想の展開
(2) 攘夷思想からの脱却と国際感覚
(3) 陰徳を中心とする武士道理解
(4) 名分論および論語理解と水戸学

渋沢の尊皇攘夷思想についてはその特質を概観した後、尊皇思想を支える水戸学の歴史認識を検討し、攘夷思想については成立経緯を探る。さらに、渋沢に影響を及ぼしたと考えられる水戸学の武士道理解について概観する。

水戸学の著作や徳川斉昭、慶喜父子の言動については多角的な検討が不可欠となる。渋沢が論語をはじめとする儒学から多大な影響を受けたことは間違いのない事実である。同時に渋沢が水戸学者の論語解釈から受けた影響を考慮することが不可欠となる。

なぜなら水戸学が論語から受けた影響は、水戸学を通してさらに渋沢の論語理解に影響を及ぼしている可能性が存在するからである。渋沢の論語理解の特異性は、渋沢の経歴と独自の思考経路によるだけでなく、水戸学者の学説からも影響を受けた可能性が存在する。

渋沢が青年期に影響を受けた水戸学は政治思想が中心であったが、その思想は徳川斉昭によって実践されているまさに実学であった。徳川幕府との確執をものともせず、斉昭が自身の政治思想を実践しようと行動している様子を伝聞によって知った渋沢が、斉昭を支える水戸学者の著作に示される行動規範としての論語解釈に影響を受けるのはむしろ必然ともいえる。

渋沢が水戸学から影響を受けた時期は主として青年期であり、渋沢が『論語講義』を通して論語解釈を体系的に示したのは老年期である。したがって、「論語と水戸学からなる渋沢思想のハイブリッド構造」の時系列的展開の一

端を探るためには、横浜焼き討ち計画以降の渋沢の行動について、上記4点を考慮して検討し、年代を追って渋沢の事績を検討することが合理的である。

ハイブリッド構造を有する渋沢思想の特質として想定されるのは、渋沢の内面における論語と水戸学の相互関係である。水戸学が渋沢の論語解釈に影響を及ぼすとともに、渋沢の論語解釈が水戸学で示される倫理規範の正統性を判断する基準になっていた可能性が存在する。

論語と水戸学からなる渋沢思想のハイブリッド構造の時系列的展開が明らかになれば、筆者が渋沢研究において一貫して措定している「思想と事績の累積的因果関係」に対する別角度からの接近が可能となる。なぜなら、それは渋沢の事績と累積的関係を有する「思想」の進化過程を明らかにすることになるからである。

筆者は「思想と事績の累積的因果関係」を思想的資質と実務的資質は正のスパイラルをともなうもので、(1)内的エネルギーたる思想が、論語に基づく道徳的規範をもって経済的活動で発揮され、成果をあげるプロセス、(2)経済的活動を通して得た経験と知識が、渋沢の論語解釈と思想を深め、それが新たな内的エネルギーに転化するプロセス、の2つのプロセスが順次繰り返される中で、渋沢の思想は深みを増し、経済的活動が社会に付加価値を与え続けるという関係と考えた。

係る理解において、「論語に基づく道徳的規範をもって経済的活動で発揮され」という記述が、「論語と水戸学の相互関係に基づく道徳的規範をもって経済的活動で発揮され」という表現に変化する可能性が生じる。

筆者は前著『渋沢栄一の精神構造』において、渋沢の特質である「思想と事績の累積的因果関係」が自己実現者に共通する特質か否かという点について検証を試みた。もし渋沢の思想の進化過程が論語と水戸学の相互関係によって形成されているとすれば、水戸学という要素が付加されることにより渋沢思想の特異性に新たな要素が加わることになる。

2-2 水戸学と渋沢栄一の関係性

2-2-1 渋沢栄一の水戸学理解

渋沢思想に対する水戸学の影響を探るためには、両者の関係性を複数の視

角から事前に検討すべきである。検討すべきポイントとして、(1)渋沢栄一の水戸学理解、(2)水戸学の政治思想があげられる。

　渋沢の生家は豪農であり生活に貧していたわけではなかったが、幕末の国内外をめぐる情勢は風雲急を告げており、インテリ農民であった渋沢は国の状況に危機感を抱いていた。渋沢等インテリ農民は係る事情を打開すべく憂国の志士として横浜焼き討ちというテロ行為を画策した。

　このような状況を勘案すると、水戸学思想には当時の若者インテリ層を狂信的行動に向けて煽り立てる一種の宗教的な中毒性があったと推察される。渋沢青年の水戸学理解は強烈なパッションをともなったものであった。

　水戸藩の当主である徳川斉昭は、自らの信念である尊皇攘夷思想に基づいて軍事訓練を行うなど、知行合一を実践していた。このような斉昭の言動に渋沢が触発され、手本と考えたとしても不思議ではない。

　しかしながら、テロ行為を実行しようとした渋沢は、本来の知行合一を実践することができず、斉昭も徳川幕府との関係から攘夷思想を完結させることはできなかった。攘夷思想をめぐるこの体験は渋沢に大きな挫折感をもたらすとともに、思想内容について見直しを強いられることとなった。

　徳川斉昭と水戸学者たちが主張する「知」に深く影響されるとともに、その知を実践しようと試みた時に渋沢が直面した挫折感は、知を正しく身につけることの重要性を認識させた。徳川斉昭の言動と水戸学の政治思想は青年期の渋沢にとって功罪あい半ばするものであった。

陰徳と君臣関係

　渋沢は企業家としての活動を通して財閥を形成することなく、社会事業活動の結果を誇ることもなかった。これは渋沢が重視した「陰徳」という倫理規範に基づいた行動と考えられる。この認識が正しいことを検証するためには、渋沢の陰徳が何に由来するのかを探ることが必要となる。

　陰徳は武士道の基本理念であり、それは徳川斉昭、慶喜父子によって実践された。渋沢は慶喜と君臣関係を結ぶことにより陰徳の精神に強く影響された。

　武士に対する渋沢の思いは複雑であった。渋沢は武士階層に対して一方的

に反感を抱いていたわけではなく、むしろ憧れを抱いていた。それは、渋沢が若くして剣術の一流派である神道無念流の技量を磨くことに没頭し、日本史上の優れた武将に尊敬の念を抱いていたことからも明らかである。

渋沢が身近に接し軽蔑の念を抱いた武士は、安部摂津守を領主とする血洗島村の岡部村陣屋の代官であり、尊敬の念を抱いていたのは、尊皇を全うして本分を果たした武将たちであった。渋沢は、身近で接した岡部村陣屋の代官が武士階級全てを代表すると考えていたわけではなかった。むしろ、武士たる者のあるべき姿の理想型を心に描いていた渋沢にとって、代官はその姿勢を根本から矯正すべき反面教師であった。

武士の堕落を目の当たりにした渋沢は、横浜焼き討ちによって一挙に天皇親政の政治体制を打ち立てようと考えていたわけではなく、幕藩体制の現状に警鐘を鳴らすことにより天皇親政実現の嚆矢になろうとしたのである。なぜなら、渋沢が「尊皇攘夷思想の実践＝天皇親政の復活」と考えていたとすれば、一橋家への仕官はあり得ないからである。

渋沢の事歴を見ると、渋沢は常に水戸学および水戸藩の人物と直接間接に関わっており、(1)水戸学の修学、(2)徳川斉昭からの影響、(3)徳川慶喜との君臣関係、(4)徳川昭武の滞仏随行などいずれもしかりである。

渋沢と水戸藩との関係を全体的かつ時系列的に考慮すると、渋沢が一橋家に仕官したことは変節ではなくむしろ必然であった。渋沢にとっては、一橋家が皇室を守衛する京都守衛総督の任務を担っていたという事実と、英明の誉れ高い一橋慶喜に仕えることが重要であった。

水戸藩に対する渋沢栄一の思い

渋沢が武士に憧れを抱いていたと筆者が考えるもう一つの理由として、楠木正成や新田義貞に対する尊崇の念があげられる。多少の脚色や美化された部分はあるにせよ、この両者は皇室の藩屏としての武士の役割を全うした人物であった。渋沢はこの両者を講演などでことあるごとに賞賛している。

渋沢が水戸学に心酔し、徳川慶喜に尊崇の念を抱いたのは、その言動が楠木や新田の事歴と二重写しになったからと考えられる。青年期の渋沢が、水戸藩の動きから武士道復活の兆しを汲み取ったとすれば、それは徳川慶喜の

言動からと考えられる。渋沢は慶喜との長きにわたる関係から陰徳を実践する重要性を学んだ。

　武士階級に対する渋沢の思いは、(1)皇室の藩屏としての役割を全うすること、(2)武家に求められる行動を陰徳をもって成し遂げることの２点に向けられていた。

　明治維新後、皇室の藩屏としての武士階級の役割はなくなったが、武士道精神に遺された「陰徳」は渋沢の内面に息づいていた。明治維新という大変革期において陰徳を実践したのが徳川慶喜であり、渋沢はそれに倣って企業家、社会事業家として陰徳を実践した。

　渋沢が自らの財閥を作らず、恬淡として社会事業に邁進し続けた基底には陰徳があり、渋沢にとって最高の見本が維新前後の慶喜の行動であった。

　渋沢は慶喜が第十五代将軍となることに反対であった。それは慶喜自身と徳川家の行く末を心配したからであった。渋沢は後日、慶喜が円滑な政権返上のために第十五大将軍に就任したことを知り、その事実を一切話さないことにわが身とその名誉を犠牲にし、かつ、そのことに口をつぐむ陰徳の実践事例を目の当たりにした。

　渋沢は究極の陰徳を実践する慶喜を心から尊崇してそれに倣うべく、企業者、社会事業者としての活動において自らも陰徳を実践した。

２－２－２　水戸藩の政治思想

　渋沢思想の一端を構成する「経済思想」は、維新後に渋沢が下野してから形作られたものである。青年期の渋沢は、水戸学の「政治思想」に心酔していた。

　倫理思想の基盤を「論語」、政治思想の基盤を「水戸学」、経済思想の基盤を維新後の「実務経験」とすれば、当初の政治志向から渋沢が距離を置いた後も、その内面には政治思想の残滓が息づいていたと考えられる。

　渋沢は水戸学を捨て去ったのではなく、時代にそぐわない部分を現実との対比によって削り取り、いかなる時代においても通用するエッセンスのみを内面で涵養したと考えられる。机上で学ぶ倫理だけでは、政経一致の考え方を現実問題として認識することは困難であり、いきおい浮世離れした清貧の

考え方に逃避することとなる。

　渋沢によれば清貧を偏重するのは一種の現実逃避であった。倫理思想を現実生活に生かすには、現実を正視することが必須であり、その現実は経済だけで成り立つものではなかった。渋沢は民に身を置きながらも政治との協力なしには国家レベルの発想や大規模な事業はなし得ないと考えていた。

　しかし、それは政治権力を自分の商売に生かす「政商」の発想ではなく、国家の富盛を目的として政治と協力するいう意味での政経一致であり、それを可能にしたのが「官と民の狭間に存在する越えがたい深淵に差し掛けられた」渋沢の特異なステータスであった。これは大蔵官吏として制度インフラを構築した後に下野した経歴に由来する。

　このように考えると、水戸学から影響を受けた渋沢思想は、政治思想あるいは「政治思想的な色合いを有する倫理思想」であり、その思想を身につけていたことが、本来あるべき官と民の関係性を踏み外すことなく、政経一致の本道を歩み続けることができた理由と考えられる。

　渋沢は政治の要諦について、「たとえ法治国となりても立憲政治国となりても、一国の大臣となりて大政を料理する人の胸中に道徳の観念をなくて可ならんや。根本の道徳を備え、公明正大に政治を行い、過失あれば改むるに憚(はばか)ることなくんば、何ぞ人に殺害もしくは非難せらるることあらん。我が皇室は常に一視同仁の徳沢(とくたく)を垂(た)れ道徳を本位とし給えり。ゆえに万民の皇室を尊崇すること世界無比にして、あたかも衆星の北辰に向うがごとし。これ鴻基(こうき)の天壌(てんじょう)と窮まりなき所以なり」と述べる(10)。

　論語講義において渋沢は、政治の根本は法ではなく道徳であり、公明正大さと政治の無謬性を誇ることなく、誤りがあるときは率直にそれを認めて是正すべきと述べる。

　渋沢は政治の要諦および日本における皇室の存在とその特質について述べる。日本の皇室は道徳を本位とし、国民を差別することなく皇業をきわまりなく行い続ける存在であるというのがその内容である。

　渋沢によれば、日本の政治は皇室を基として成立する。皇室は徳をもってすべての国民に対して平等に仁愛を施すので、立憲君主国となり法治主義となっても、皇室を見習い、道徳倫理を基盤として政治を行うべきとい

うのが渋沢の考えである。

　渋沢の徳治主義は、多くの事案を処理しなければならない政治家や官僚の立場からすると、理想主義的と映るであろう。しかし、渋沢には政治家の経験はなくても、日本に法体系が確立する以前に大蔵官吏として日本の基礎インフラを構築した行政実務の実績がある。

　渋沢が大蔵官吏であった1869（明治２）年から1873（明治６）年は、大日本帝国憲法すら公布されていない時期であり、大蔵省から発漢される行政通達の実効性は法律と同等であった。渋沢は、実質的に法律と同等の効力を有する行政通達を徳義に基づいて作成し、民間に指示を下したという自信があったがゆえに、このような理想主義的とも思える教説を述べることに躊躇がなかったのである。

日本の国体に対する渋沢栄一の認識

　渋沢の国臣意識の淵源を解明するためには、前著で導き出した渋沢思想を構成する「仁愛」と「国臣意識」の二項並立的な定式化、つまり、「論語⇒仁愛」、「水戸学⇒国臣意識」という定式化の妥当性を再検討することが必要となる。

　この課題に接近するためには、渋沢が論語および孔子の人間性についてどのように認識していたのかを確認することが重要である。

　渋沢は、孔子が諸国を遍歴して君に仕えながらも、ついに自分が理想とする政治を実践することができなかったことを例に、春秋時代の中国との比較において日本の国体を論じる。渋沢は以下のように述べる。[11]

　「これによりてこれを観れば、すなわち大聖人の孔子にして魯の反臣李氏に仕えようとし、さらにまた李氏の反臣公山弗擾（こうざんふつじょう）の招きに応ぜんとしたのみならず、諸国を巡参して仕途を求めたのは、いかにも大義名分を弁（わきま）えざるやに見ゆ。しかれども支那の国体は大いに我が邦と異り、万世一系の天子あるにあらざるのみならず、当時戦国の際なれば、必ずしも名分のみに由り難し。孔子の志は何国（なにこく）にても構わぬ、また何公でも苦しからず、我が道とする所の王道を行うことを得れば足れりと決心したるに由るがごとし。これ孔（こう）

夫子がその志に忠なるの致す所にして、周の時代を復興し、この民をして鼓
腹撃壌の楽しみを享けしめたいと熱中せられたのである。その志はことに小
国の魯をして周の盛時に還らしめんとするに在りて、孔夫子の志行われずし
て魯を去る時には忸怩としていかにも去り難き趣ありきと孟子も伝えている。」

　渋沢は理想国家の実現に向けて最善策を模索する孔子を尊崇する一方、そ
れがままならない春秋時代の中国の政治状況に孔子が身を置いていたことに
ついて、わが身と比べて共感を抱いた。
　孔子の理想は周の盛時を再現することであった。しかし、群雄が割拠して
牽制し合い戦乱に発展しかねない春秋時代は、孔子をもってしても理想国家
を建設するには程遠い騒乱の時代であった。
　孔子が理想とする周の盛時は賢帝を多数輩出した時代であったが、男系男
子によって皇統が継続される万世一系の日本の皇室とは政治権力の継承のあ
り方が大きく異なっていた。
　渋沢は皇室を頂点とする日本の国体の特殊性を、中国をはじめとする他国
と比較し、それを日本の歴史に根差した貴重な財産と認識した。
　渋沢は孔子の時代以前から続く中国の政治形態から、国体の理想を学ぶこ
とはできなかったが、反面教師的な教訓を得ることはできた。日本独自の皇
統の継承によって長い歴史に裏づけられた皇室の権威は、政治的実権を武家
に譲っても揺らぐことなく日本国民のアイデンティティを支えていたという
事実を、渋沢は青年期から親しんだ歴史書などから学んだ。
　漢籍を学ぶのと並行して渋沢が接した政治思想は水戸学であった。日本が
固有で稀有な皇統の継承によって成り立つ国家であり、歴史を遡ることによ
ってその事実を見つめ直し、皇室を尊崇して国民が一つにまとまる理想国家
を目指すのが水戸学の尊皇思想であった。
　海外の現実に接することができない鎖国時代に青年期を過ごした渋沢が書
籍から学んだのは、一種の比較歴史学であった。渋沢は四書五経をはじめと
する正統的な漢籍だけでなく、十八史略、日本外史などの歴史書を通して中
国と日本の歴史を学び日本の特異性を認識した。
　慧眼な渋沢は中国を中心とする外国と日本の歴史を比較し、比較歴史学的

な観点から日本固有の歴史に根差した国の成り立ちとその特徴を認識した。その最も顕著な特質が日本の皇室の歴史であった。渋沢は後期水戸学を担った水戸学者の著作から大きな影響を受けた。

　論語と水戸学それぞれが渋沢に及ぼした影響を概括的に考察すると、渋沢の尊皇思想の萌芽は双方に根差していると考えられる。本書では、この基本認識に基づいて渋沢の尊皇思想に発する「国臣意識」の淵源を考察する。

2-3　渋沢栄一の尊皇思想の特質

2-3-1　尊皇思想の構成要素

　管見によると、渋沢は日本の成り立ちをマトリョーシカ人形に擬して認識し、家族から政府までの各単位が順繰りに包摂される多層構造のそれぞれに、遵守すべき徳目が存在するという考えを持っていた。例えば親子関係には「孝」、企業や政府などの人の集まりでは「忠」という具合である。

　各単位には徳目をもって規律を確保し、ひとまとまりとして統一性を確保すべき天則が存在し、それが血のつながりによる関係性である。血でつながった親子関係は外部的な要素によって崩れることはない。しかし、血でつながってはいても、親子は別人格であるがゆえに、時として尊敬できない親や出来の悪い子が存在することは必然である。渋沢は親子関係について以下のように論じる。⁽¹²⁾

　「父この世にある中は、父の意志の存する所を察し、父の言明せざる前に奉承してこれを提供し、もし父この世を去りし後は、その生前に行いし形跡を観察し、その行為を相続し、また父の没後久しきに及びても、父の行いたる家道を変改せず、死に事うるに生に事うるがごとくするは、孝子というべきである。しかれども父にも善人あり、不善人あり、不善の父といえどもその子たる者は、孝養を尽くすべきは論なし。ただその悪心悪行あらば、諫めて止めざるべからず。すでに死したる後ならば、その悪行のなお改め得べきものは、速かにこれを改むべし。これ人の害を除き世の益を保つ所以なり。決して父のなしたる所悪業にしても三年の久しき、これを改むる勿れという意にあらず。文を以て意を害する勿れとはこのことなり。」

この記述から、「孝」を実践するにあたり、父の人間性や能力もさることながら、血のつながった直系尊属であるという事実が重視されるべきと渋沢が考えていることは明らかである。つまり、生命連鎖の上位にある親は子をもうけ、その子を育成するという宿命的な使命を帯びているがゆえに、育成される側の子は親に対して、その育成に応えるべく「孝」をもって接すべきというのが渋沢の考えである。

　皇室は男系男子の血のつながりによる万世一系をもって日本の最高権威であり続けた。民を思う天皇の心は、親の子に対する思いに比せられ、天皇を慕い忠義をもって接する民の思いは「孝」に比せられる。しかし、天皇も人間であるがゆえに歴代天皇すべてが人格者であったとは断言できない。

　その場合、渋沢が「ただその悪心悪行あらば、諌めて止めざるべからず」と述べて、子が親に対して諌めるべきと述べたように、天皇が道を踏み間違えないよう諌言することが臣たる者の役割と認識した。渋沢にとって日本における天皇家の役割は、家族における父の役割に比せられ、「天皇と民」および「親と子」は、精神的なつながりと血のつながりに基盤を置く宿命的な関係性によって結ばれていることになる。

　では、企業や地方公共団体など、血のつながりが存在しない人の集まりにおいて、忠義心はいかなる基盤によって支えられているのかという点が疑問となる。

　渋沢は血のつながりによる結束がなされることのない人の集まりは、様々に形を変え、消長を繰り返すことはむしろ宿命であると考えていた。そのような組織における上下関係は、上位者と下位者の人格および倫理観や思考の相性によって規定される。そこに忠義心が生じるか否かは両者の関係性に依存する。

　渋沢もその人格を尊崇した徳川慶喜に対しては、長く忠義心を抱き君臣関係を維持したが、大蔵官吏時代に仕えた大久保利通や大隈重信に対して忠義心をもって仕えることはなかった。渋沢はその点を認識していたからこそ、会同一和や協働の精神を重視し、それを制度的に担保する合本法を元にした協同参画の仕組みを重視したのである。

2−3−2　国臣意識の淵源

　渋沢晩年の尊皇思想の真髄は論語講義において青年層に向けて発した教訓に含まれている。渋沢は以下のように語りかけた。⁽¹³⁾

　「青年諸君よ、父兄に対しては孝順の行いをなし、天皇陛下に対し奉りては忠義を心掛けてその人の職業職業について、一身の利益のみならず、一国の公利公益を傷（やぶ）らざるよう忠実に働き、師匠に対しては己が道徳及び知識の父母たることを思い、これを尊敬して恩を忘れず、友人や世人に交わるには信義を旨とし、あえて言行あい反せざるように行うて見給え、必ず上下内外の信用を一身に集め、往くとして可ならざる所なく、家を興（おこ）し名を揚げ、国家に大功を致すこととなるべし。これ八十四歳の老人が堅く保証する所なり。」

　国家の頂点にある天皇への忠義を心掛けて一国の公利公益を図ることは、「天皇への忠義＝国の公利公益」という関係が成立するが、武力によって権力を掌握した独裁国家は、「独裁者への忠義＝独裁者の個人的利益」が成立するにすぎないと渋沢は述べる。
　日本における天皇の地位は、独裁国家の権力者のように武力や恐怖感によって得られたものではなく、長い日本の歴史に根差しているがゆえに渋沢の講義は説得力を持つ。

2−4　渋沢思想を支える徳目

　渋沢が論語を人生の規範として最重視した理由はいくつかあると思われるが、その一つに渋沢が自分と孔子の相似性を認識し、それを誇りにしていたことがあげられる。
　孔子が諸国を巡って政治面から王道の復興を目指したのは、孔子が自身より国家を優先するという考えに基づくものであると渋沢は認識し、自らも経済面から国家の富盛に資することを優先して行動した。この渋沢の行動に国臣意識がどのように機能したのかという点について、渋沢は以下のように述べる。⁽¹⁴⁾

「この老人渋沢のごときもすでに八十四歳に達したれば、閑境に退きて修身斉家の道でも講ずるくらいにしたらよかろうといわるる人もあらん。しかし余はあえて自ら僭して孔夫子に比するにはあらざれども、孔夫子が自ら出たら、その国の政治が改善せらるるであろうと思うて、何国からでも召されさえすれば、すなわち出て仕えたように、この老人も出て奔走すれば、あるいは少しでも世のため国のため何かの役に立つことがあろうかと思うのであります。ゆえに電燈問題が起れば、これに手を出し、米国の問題が発すれば、これにも奔走し、支那問題が生ずればこれに顔を出したりするようなことであります。微意の存する所は孔夫子がその志に忠なりし所以のものを学んで、多少なりとも国家民人の幸福増進の途に向かって貢献したいという精神に外ならないのであります。」

　この記述は企業者活動の一線を退いた後、社会事業や国際関係の振興に注力している時期の心境を語ったものである。この記述からは、渋沢が自分の行動を孔子の行動と比較することによって現在の活動内容が少なくとも間違ってはいないことを確認するかのような趣が感じられる。渋沢が自分を孔子と重ねていると思われる点は、以下の通りである。(15)

(1) 渋沢は孔子を「偉大なる平凡人」、「常識の非常に発達した円満の人」と呼んだ。渋沢は孔子をキリストや釈迦のように超常現象を起こす能力のある人間とはみなさず、基本的に自分と同じカテゴリーに属する人物と考えた。
(2) 渋沢は孔子の「吾わかき時賤しゆえに鄙事に多能なり」という言葉に共感した。六芸に秀でていただけでなく俗事にも通暁していたという点では渋沢も同じである。渋沢は藍の栽培や集荷、養蚕などの業務知識だけでなく漢籍、歴史、政治などに関する知識が深く、漢詩を好み義太夫、長唄、常磐津などの芸も達者であった。
(3) 渋沢は多くの漢籍から論語を探求して規矩準縄とすることを選び、「孔子は儒教の大宗なり」と述べる。その理由は、大学は治国平天下につい

て論じ、中庸は哲学に近いのに対して、論語は修身斉家の道を説き日常処世上の実際に則した内容を含んでいるからであった。

孔子が国政を正すことを目指したのに対して、渋沢は国を富ます礎である商売を盛んにすることによって国家に貢献しようと考えた。このように両者のアプローチは異なっていたが、その目的は国家を第一と考えることにおいて一致していた。

2－4－1 「仁愛」と「国臣意識」の関係

青年期の渋沢は横浜焼き討ちを計画した。これは信奉した尊皇攘夷思想を実行に移そうとしたものであり、知行合一の試みといえる。このような行動の動機には様々な要因が考えられる。具体的には以下の通りである。

(1)尊皇攘夷思想の解釈内容
(2)尊皇攘夷思想の扇動性
(3)行動を計画する者のパッション
(4)行動を起こすことによって生じるマイナス面の過小評価

横浜焼き討ちが水戸学の尊皇攘夷思想の影響を受けて計画されたものであるとすれば、渋沢はその思想を独自に理解して煽られ、熱情をもって実行を計画したと考えられる。
渋沢は結果的に非倫理的な側面を看過して計画実行を画策したことから、(1)渋沢の論語理解が不十分であったこと、(2)渋沢が理解した尊皇攘夷思想に倫理規範に反する要素が含まれていたことという2つの問題点が存在した。この問題点とその後の変化を筆者の解釈をもとに、わかりやすくたとえを交えて表現すると以下の通りとなる。

渋沢の尊皇攘夷思想の理解内容には非倫理的な「不純物」が存在する一方、渋沢の倫理規範には不純物を取り除く「濾過装置」が組み込まれていた。前者が「青年期の渋沢が理解した尊皇攘夷思想」であり、後者が「青年期の渋

沢の論語理解」である。

　横浜焼き討ちを計画した当時の渋沢の内面には、この「不純物」とそれを取り除く「濾過装置」が存在したが、濾過装置に設置された濾紙はあまりにも木目が粗く、不純物をそのまま透過させてしまった。

　不純物を含む液体は発火性をもった殺傷能力を有する劇薬であった。渋沢はこの劇薬を横浜にまき散らして火をつけることを計画していたが、実行寸前に劇薬は無毒化処理され計画は頓挫した。こうして横浜焼き討ち計画は未遂に終わった。

　やがて劇薬たる初期の尊皇攘夷思想から攘夷思想が欠落し、残された尊皇思想は時間経過とともに良薬となった。

　これは渋柿が豊富な日光を浴びて甘い干し柿に変化するのに似ている。このようにして「国臣意識」は完成した。

　渋沢の論語理解が進むとともに、時間経過にしたがって粗かった濾紙の木目も細かくなった。これは仁愛のなせる業であり、和紙を漉く技術が向上し、いかなる不純物も透過させない良質な濾紙ができたからである。こうして「仁愛」を中核とする倫理思想と尊皇思想に基づく「国臣意識」が完成した。

　渋沢青年が解釈した尊皇攘夷思想はテロ行為に用いられる劇薬製造ノウハウたる過激思想であり、濾過装置とは渋沢の内面に存在する倫理規範である。渋沢が青年期に抱いた尊皇攘夷思想は時間経過にともなって無毒化されて「国臣意識」に変化し「仁愛」も進化した。青年期から壮年前期に至る渋沢の内面には徐々に渋沢思想の原型が姿を現わし始めた。

　渋沢の解釈によって先鋭化した「尊皇攘夷思想」は統御される側にあり、「仁愛」は内面にあって統御する側として存在していたが、当初はこの関係が機能せず時を経てそれが徐々に改善された。

　渋沢の内面には常に「統御される側」と「統御する側」が存在しており義利合一説もこれと同様である。性善説に立脚した渋沢の考え方に基づくと、壮年期に渋沢が唱えた義利合一説を構成する「利」は七情の一画を構成する「慾」に発し時に暴走するが、「義」は同じく内面にあって慾の暴走を統御する徳目として機能したということになる。

渋沢思想にこのような考えが見られるのは、「義」も「仁愛」も人間の内面にあって適時に機能するという前提があるからである。つまり、人間の内面に存在する道徳倫理は一朝事あれば自動的にその機能を発揮するという性善説が渋沢思想の基底に存在するからである。

横浜焼き討ち計画の本質を解明することは、初期の渋沢思想において「義」と「仁愛」が正しく機能しなかった理由を追求することに等しい。

青年期の渋沢の論語理解を濾過装置に例えると、装置に設置された濾紙は木目が粗く不純物をそのまま通してしまう不完全なものであった。不純物を含む液体にたとえられる渋沢の攘夷思想は、過激な内容を含むもので、その過激さの内容が、「盗み」、「焼き討ち」、「殺人」などの非倫理的な行為を象徴する不純物であった。

この不純物の多くは、排外主義的な攘夷思想に含まれており、不純物をそれと認識できない原因は、情報不足と現実を正視する判断力の欠如であった。

攘夷思想の信奉者は、排外的であるがゆえに情報不足となり、外国を退けるがゆえに複数の考え方に接することができず、判断が一方的になるという負のスパイラルを抱えていた。

渋沢思想が完成に至るまでの経緯を考察することは、「不完全な濾過装置」とそこに注ぎ込まれる「不純物を含んだ液体」から出発して、この両者がいかにして改善され洗練されていくのかを時系列的に分析することに相当する。

いかなる不純物も残らず漉し取ることができる完成された濾過装置は、渋沢が仁愛をはじめとする論語の徳目を完全に理解し、意識せずにそれを実践している状態であり、その装置によって濾し取られた揮発性の液体は、尊皇思想から国臣意識へと芳香族の美しい結晶体となった。

この「完成された濾過装置」たる仁愛と、「完成された結晶体」たる国臣意識は、単純化したがゆえに生成装置と生成物という一方向の関係にたとえられる。しかし、生成された結晶体を見ることによって影響を受けることも考えられる。つまり、生成装置の濾紙である「仁愛」と、生成された結晶体である「国臣意識」の双方向の関係については、渋沢の事績に基づいて解明することが必要となる。

2−4−2　渋沢栄一の武士道理解

　渋沢は天皇と国のために身を処する心構えを日本史上の人物に基づいて述べる。渋沢は菅原道真を藤原時平、楠木正成を足利尊氏にそれぞれ対比させる。

　渋沢は、藤原時平、足利尊氏はともに門閥や才能に秀でた人物であったが、人情に欠け敦厚なところがない人物と評価した。一方、菅原道真と楠木正成は人情に厚くかつ敦厚であるとともに犠牲的精神の持ち主であると評価した。その犠牲的精神は国や天皇への忠義に則したものであった。

　渋沢は、「これ一は君のため国のために身を殺して仁を成す底(てい)の犠牲となり、一は己一身の利害のためにのみ働きたる結果なり。そもそも成功不成功は多くの歳月を経、天定まるののち初めて決算せらるべきものである。ゆえに永遠の成功者たらんと欲せば、第一人情に厚く人のため国のため犠牲となる心掛けなかるべからず。青年諸君の特に意を留めらるべき処だと思う。しかして本章にいわゆる貧にして道を楽しみ、富みて礼を好む底(てい)の人にあらざれば、ここに至ること能わざるべし」と述べる。(16)

　渋沢の教説は青年に向けたものであり、「わが身を犠牲にするくらいの精神で君と国のために働くべし」という趣旨と理解される。しかし、捉え方によっては「大義のためには身を犠牲にすることもいとわざるべし」といういささか危険な思想と受け取られかねない。

　渋沢は老年期に至っても横浜焼き討ちに臨んだ青年期に劣らない気概を秘めていた。青年期における渋沢にとっての大義は自らが犠牲となって尊皇攘夷思想を実践することであった。テロ行為は明らかに不正義であり、君に対する青年期の渋沢思想も漠然とした観念論によるものであった。

　それに対して、老年の渋沢が青年たちに向けて発した教説は、後世で評価の定まった偉人を題材にしており、渋沢が過激な行動を良しとしてそれを鼓吹する目的で発したものでないことは明らかである。

第1章　水戸学と渋沢思想

小　括

　論語は身分の貴賤に関係なくすべての人びとに共通する道徳倫理を示したものである。それに対して、水戸学は身分制度を基盤として武士が則るべき規範を示した学統である。

　渋沢は農民という立場にありながら、農民や商人が則るべき規範である二宮尊徳や石田梅岩が提唱する道徳規範ではなく、自分たちを支配する階層に属する人びとが則るべき規範を学んでいた。渋沢のこの学習態度と学習結果が意味するところを考察することが重要である。

　渋沢は、「自分を支配する者であればこうあって欲しい」、「自分が武士階級にいればこうする」ということを、水戸学を通して学んでいた。それは言い換えれば、渋沢は政治の実権を握る者が則るべき規範を、政治の実権を持たない者が学ぶという、いわば実学とはほど遠い理想論を学んでいたことになる。

　「長いものには決して巻かれない」という気概を持った渋沢が理想論たる水戸学を修得すれば、その理想論を実践しようとする気概を持つことは必然であった。渋沢にとって理想論を現実論として実践すること、つまり、水戸学を実学として「知行合一」するためにどうしても乗り越えなければならない壁が身分制度であった。

　そして、それを権力の座からほど遠い立場の農民として実践する唯一の方法が横浜焼き討ちというテロ行為であった。これは、武士に一種の憧れを抱きながらも、その階級支配を終わらせようとする矛盾に満ちた行為であった。

　このように論考を進めると、渋沢は単に水戸学が提唱する尊皇攘夷思想に啓蒙されて横浜焼き討ちを計画したのではなく、自身の社会的地位や武士階級への思いなど、様々な要因が複雑に重なり合った結果の産物であった。

　本章は分析方法と筆者のこれまでの研究成果に基づいた予備的考察を記述したものであり、解決すべき多くの課題を提示した。第Ⅰ編から第Ⅲ編ではそれらの課題について個別に検討を加える。

【注】

（1）渋沢栄一『論語と算盤』（国書刊行会、平成4年）59頁。
（2）渋沢、前掲書60頁。
（3）渋沢、前掲書61頁。
（4）渋沢、前掲書62頁。
（5）大江清一『渋沢栄一の精神構造』（時潮社、2022年）299-305頁。
（6）大江、前掲書337頁。
（7）渋沢、前掲書56頁。
（8）渋沢、前掲書57頁。
（9）渋沢、前掲書57-58頁。
（10）渋沢栄一「為政第二第1章」『論語講義（一）』（講談社学術文庫、1977年）72-73頁。
（11）渋沢栄一「論語総説」論語講義（一）』（講談社学術文庫、1977年）14-15頁。
（12）渋沢栄一「学而第一第11章」論語講義（一）』（講談社学術文庫、1977年）55-56頁。
（13）渋沢、前掲書（一）、「学而第一第7章」48頁。
（14）渋沢、前掲書（一）、「論語総説」15-16頁。
（15）渋沢、前掲書（一）、「論語総説」16-20頁。
（16）渋沢栄一「学而第一第15章」『論語講義（一）』（講談社学術文庫、1977年）68頁。

第Ⅰ編
藤田東湖と渋沢思想

第2章
藤田東湖『回天詩史』と渋沢思想

はじめに

　本章の目的は、渋沢が影響を受けたと考えられる藤田東湖（以下「東湖」）の主要著作について、(1)尊皇攘夷思想に対する基本的な考え方、(2)武士道と陰徳に関する理解、(3)渋沢に顕著な影響を及ぼしたと推察される考え方の3点を分析視角として検討し、その結果を渋沢の著作や言行録および事績と比較して水戸学の渋沢思想への影響を探ることである。具体的には『回天詩史』を取り上げて渋沢思想に与えた影響を探る。

　渋沢は東湖の著作に青年期から親しんでいた。渋沢が青年期に受けた水戸学の影響は深甚である。それらは大きく「生涯を通して影響が継続した思想」と、青年期において実践を試みたものの目的を果たせず「一過性に終わった思想」の2つに分けられる。

　管見によると、前者が渋沢思想の中核を形成する「国臣意識」や「陰徳」につながる「尊皇思想」と「武士道」であり、後者が「攘夷思想」である。しかし、この見解はあくまでも前著の『義利合一説の思想的基盤』と『渋沢栄一の精神構造』によって析出されたものであり、この2著作では水戸学の影響が考慮されていない。

　前著において渋沢思想の基盤を形成した思想として検討対象としたのは、『論語』に代表される儒学思想であり、筆者は渋沢の論語解釈の内容に渋沢思想の淵源を見出した。渋沢思想への影響という観点から、儒学思想と並立するのが本書で検討対象とする水戸学思想である。

　渋沢が論語から受けた影響を探るにあたっては、渋沢自身が注釈を加えた『論語講義』が著作として存在するため、渋沢の理解内容を儒家の諸学統の

解釈内容と比較検討することによって、渋沢思想の特質を探ることが可能であった。しかし、『論語講義』は渋沢晩年の著作であるため、渋沢が論語から受けた思想的影響を時系列的に把握することは困難である。

水戸学の諸著作に対する渋沢の注釈書は存在しないので、渋沢の水戸学解釈の特質を探るためには、分析視角を定めたうえで広く渋沢の著作や言行録および事績から水戸学思想の影響を探り出すことが不可欠となる。

本章で取り上げるのは漢詩で書かれた『回天詩史』である。渋沢は、従兄の尾高惇忠と連れ立って上州や信州の農家から藍を集荷する道すがら漢詩の詩作を楽しんだ。また、徳川昭武に随行した訪仏の往路でも、フランス語の修得より漢詩の詩作に熱中した。

漢詩という形式によって記述された思想や心情は、通常の文体より渋沢に深く浸透したと考えられる。回天詩史は渋沢が親しんだ漢文の著作であり、東湖の思想が要約的に記述されている。

長い歴史に裏づけられた膨大な水戸学の渋沢思想への影響を探るためには、まず渋沢が愛読した著作を糸口として順次他の水戸学の著作の内容をたどることが合理的と考えられる。このアプローチには、渋沢に関する膨大な資料から水戸学の影響を探り出す作業をともなうが、時系列的に資料をたどれば水戸学の渋沢思想への影響の推移をたどることが可能となる。

本章を含む第Ⅰ編では、『回天詩史』、『常陸帯』、『弘道館記述義』の3著作を検討し、渋沢が水戸学から受けたであろう影響を探る。さらに、これらの著作に表れる思想の淵源と考えられる藤田幽谷と徳川斉昭の影響を探るため彼らの著作や行動記録を参考とする。

東湖の思想形成には、藤田幽谷と徳川斉昭の影響が大きいと考えられる。なぜなら幽谷は尊敬する父であり、斉昭は君主だからである。幽谷の場合は『正名論』、斉昭の場合は『弘道館記』を参考資料として用いる。

水戸藩には東湖と同年代の思想家として会沢正志斎が存在する。会沢は藤田幽谷の愛弟子であった。会沢の主著である『新論』による渋沢思想への影響を検討することは必須である。会沢の思想については第Ⅱ編で検討する。

第2章　藤田東湖『回天詩史』と渋沢思想

第1節　『回天詩史』の背景

1－1　藤田東湖の死生観

　『回天詩史』に記述された内面の煩悶からは東湖の死生観がうかがわれる。東湖は、「古人言へるあり。『死生も亦大なり』と。彪平生に生れ、齢強仕に盈たずして、而も三たび死生の間に處す。豈天彪の生きて世に益無きを厭ひ、挈(ひっさげ)て之を冥漠の郷に投ぜんと欲するか。抑も人彪の冥頑不屈を惡み、必ずや之を死地に擠(おと)して、然る後已まんとするか。抑も亦彪愚暗剛褊にして、常に危機を蹈み、陷穽(かんせい)に臨み、而して自ら悟らざるか。是に至りて彪復た人間の事に意なし。苟も餘齡を保ち、閉戸幽居、古人を尚友し、時に或は著作して憤を泄らし、首領を全ふし、以て先子に九原に從ふを獲は、則ち死すと雖も朽ちざるなり。感慨の餘り、筆を援きて之を錄す。覺えず叙事冗長、而して亦削るに忍びざる者は、蓋し臣子の至情なり。時に五月十六日、梅雨濛々として黯雲慘慘たり。杜鵑(ほととぎす)其の間に悲鳴す。筆を投じて悵然たるもの良(や)久し」と述べる。(1)

　この記述に見られるように、東湖は三度死の淵に立たされたことをもって自省した。東湖は命拾いしたことを単純に幸運として安堵するのではなく、「天」の意思を慮る視点から自省する。

　東湖が悩んだポイントは、(1)天が自分に苛烈な経験をさせることによって罰を与えたのか、(2)自分は苛烈な運命の下に生まれたにもかかわらず、今世で果たすべき任務があるがゆえに生かされているのかという2択であった。

　東湖の死生観と渋沢思想に共通なのは、「天」と「自省」の概念である。渋沢は著作や回顧談で天の概念を引き合いに出す。また、渋沢は一日の終わりに自省しその内容を日記に書き記すことを習慣としていた。しかし、東湖と渋沢の間にはこの2つの概念に対する認識の相違が見られる。

　東湖は自分に対する「天の思い」を慮ったうえで、自分の行動が天の意向に沿うことができたか否かという点を、身を処するにあたっての判断基準とした。つまり、東湖の判断基準は「天の思い」にあった。

対して渋沢は「天」を尊重する一方、日々自省するにあたって論語を中心とする倫理規範に沿って行動できたか否かという点にこだわる。渋沢には自らが信じる倫理規範に恥じない言動を行っていれば、天はそれに対して必ず合理的な判断を下して裁可を行うという信念があった。つまり、渋沢の自省の判断基準は「内面の倫理規範」である。

　青年期の渋沢が東湖の死生観から影響を受けたとすれば、(1)自分が心酔する東湖もまた、人智が及ばない「天」という概念を信じていたこと、(2)自省するという行為の大切さに気づかされたことの2点と考えられる。

1－2　回天詩史と渋沢栄一

　渋沢が東湖の著作のうち回天詩史をことのほか愛読した理由が、詩に対する渋沢の思いに表れている。渋沢は詩について、「詩は人心の物に感じて言に形(あら)われたるものにて、人情より出で、禽獣(きんじゅう)草木等、諸事物を備えて中にあれば、詩を学びてよくこれを活用すれば、以て風俗の盛衰を察すべく、以て政治の得失を見るべく、その用窮(きわ)まらざるなり。かつその言は温柔和楽にして諷刺に長ず。ゆえによく詩を学ぶ者は、政治に通ずるのみならず、人に接し物に応じて善く言説するを得べし。かくのごとき働きありて始めて詩を学びたる者というべし。たとえ詩三百篇をよく暗誦すといえども、これに政治をなさして、時宜に適し民情に合する政治をなし得ず、あるいは出でて諸侯の廷に使いして成命のほか、随時機宜に応じて専対する能わざらんか。三百篇の多きを学びたりとも、未だかつて学ばざる者と異なることなし。

　詩の用果して何(いず)くにあるや。それ詩を学ぶの要は人情を知り、変通事(こと)に従うを以て最となす。しかるに政をなして変通の妙用に達せず。四方に使いし、機宜に応じて専応する働きなきは、その人は詩三百の多きを暗誦するも、全く暗誦甲斐のなき庸才といわざるべからず」と述べる(2)。

　渋沢が詩を重視する理由は明確である。詩の効用は多くの詩を暗誦することではなく、詩という形式をもってはじめて表現できる人情や自然を玩味し、政治の得失を理解することができる点にあると渋沢は述べる。そして、詩の特質を理解して味わうとともに、それを「随時機宜に応じて専対すること」、つまり現実に対して臨機に応用することが重要と渋沢は強調する。

第2章　藤田東湖『回天詩史』と渋沢思想

　青年期の渋沢がこのような基本認識に基づいて、漢詩の形式で記述された回天詩史を読んだとすれば、渋沢が同書に記述された言葉を通して東湖と心情を共有するとともに、その政治思想を理解して実践しようと試みたことは十分考えられる。渋沢は「東湖会」の講演で以下のように語る[3]。

　「……其頃尊王攘夷に熱中する私共は益々水戸学を崇拝すると同時に、烈公の人と為りを深く欽仰し、併せて東湖先生を敬慕し、其の著作の常陸帯や回天詩史抔を愛読したものであります。常陸帯は烈公が水戸家御相続当時からの有様を記事体に書かれた二冊の書籍であります。又回天詩史は一篇の七言古詩でありますが、実に先生の艱難辛苦を吟詠された深い意味を含んで居るものであって、私は今日も尚之を暗誦することが出来ます。――三決死矣而不死、二十五回渡刀水、五乞間地不得間、三十九年七処徒、邦家隆替非偶然、人生得失豈徒爾、自驚塵垢盈皮膚、猶余忠義填骨髄、嫖姚定遠不可期、丘明馬遷空自企、苟明大義正人心、（皇道何憂不興起、）斯心奮発誓神明、古人云斃而後已、――」

　東湖会で講演した当時、渋沢は84歳であった。渋沢は自分の愛読書が『回天詩史』と『常陸帯』であると語り、回天詩史については、聴衆の面前でその冒頭部分を朗々と吟誦した。つまり、青年時代に暗誦するほど愛読した回天詩史は、晩年に至るまで長期記憶をつかさどる渋沢の脳の海馬に定着していたことになる。

　係る事情を勘案すると、愛読書であった回天詩史と常陸帯のうち、少なくとも本章で取り上げる前者の記述内容は渋沢の水戸学理解の基底を構成すると考えられる。

　韻を踏んで心地よく響く七言古詩の形式で記述された回天詩史は、多少論理の飛躍があったとしても、その内容が若い渋沢の脳に情緒的な趣をもって浸透したことは東湖会の講演内容を見ても明らかである。

第2節　藤田東湖の尊皇攘夷思想

2−1　水戸学の尊皇思想

2−1−1　君臣論と尊皇思想

　本書の目的の一つは渋沢の国臣意識の淵源を探ることである。渋沢の晩年に成立した国臣意識は君である国家に臣として仕えるという意識である。国臣意識の基盤には君臣関係の存在があり、渋沢にとっての君は「皇室⇒一橋慶喜⇒徳川慶喜⇒明治天皇⇒国家」という変遷をたどった。

　渋沢が君と仰ぐ国家は万世一系の皇室を頂点とする日本固有の成り立ちを有しており、それは尊皇思想によって支えられていた。しかし、具体的に仕える相手がいない農民であった時期の渋沢にとって、尊皇思想は皇室を漠然と尊崇すべき対象と捉えた観念論的な思想であった。

　一方、回天詩史で展開される東湖の君臣論は、君である徳川斉昭を念頭に置いた具体的な君臣関係を論じるものであった。時を経て渋沢は斉昭の嫡男である一橋慶喜と君臣関係を結ぶことになる。回天詩史で学んだ君臣関係のあり方を実地に体験した後の渋沢の尊皇思想は、維新期をまたいで上記のような変遷をたどって国臣意識に収斂した。このような論考をたどると、回天詩史で展開された君臣論は渋沢の尊皇思想が彫琢される端緒になったと考えられる。

　東湖は君臣関係の理想について語る。東湖は君臣間で率直に意見を交換することの重要性を強調する。それは君臣が馴れ合うこととは全く異なる関係性である。この点について東湖は以下のように述べる。⁽⁴⁾

　「親密の地に處するに至りては、則ち其れ意の如きや、君親和樂して固より其の喜に勝へず。其の意の如くならざるや、相與に政府に歎息し、又相與に君前に覆議す。諷議論辨復た遺憾なし。而して君臣の間、顔情稔熟、大事に非るよりは、面折廷爭するに忍びず。其の或は直言抗議するや、君視て以て其の常と爲す。君怒れば則ち臣謝し、君激すれば則ち君諭す。昨は爭ひて

今日は和す。是れ其の退き難き所以なり。夫の無道の世に居り、暗君の朝に立ち、阿諛迎合し、徒に富貴に貧變して退く能はざる者の若きは固より論ずるに足らざるなり。」

　東湖が理想とする君臣関係は、節義をもって和楽を共にする一方、各々の立場で率直に自説を表明し合う関係である。東湖は「和して同ぜず」が君臣間でわだかまりなく実践できる関係性を君臣関係の理想と考えていた。

　東湖は主として君臣関係について述べており、君に意見を具申する前段階としての臣下同士の議論のあり方については多く語ってはいない。東湖の念慮にあるのは自分と斉昭公の一対一対応を前提とした関係性である。

　東湖が理想とする君臣関係は上下関係にある者同士が和楽をともにしつつ、同ずることなく堂々と自説を述べることができる関係であるが、そのような関係を構築することは、対等な立場にある者同士がそのような関係を構築するよりはるかに困難である。その意味において、東湖が主張する君臣関係のあり方は理想型ともいえるものであった。

　一方、渋沢が理想としたのは、ヒエラルキーによって構成される組織体において、「和して同ぜず」を基本に「会同一和」によって物事を議論して推進することである。維新後に創設された組織は官民ともに君臣関係を排除した形式的には民主的な仕組みで成り立っていた。

　組織の上位者が権限を有するという意味で、「封建社会の君臣関係」と「近代社会の上下関係」を併置して比較した場合、上位者に対して臆せず自説を表明すべきとする東湖の理想と、渋沢の理想は基底部分において重なっている。

　東湖は、臣として君にへつらうことがなかった事例として菅原道真を取り上げる。東湖は道真について、「昔は菅公文章より起り、位三公を致す。而して忠憤剛正、遂に以て禍を取る。設し菅公をして、少しく自ら貶し、藤氏の黨に阿らしめば、則ち豈西海の謫あらんや。而して公貶竄の禍に遭はざれば、則ち安んぞ能く其の盛名をして千載に傳誦已まざらしむるを得んや。之に由って之を言へば、我が公の譏に遭ふ、未だ必ずしも弔すべからず。而して三人の者の禁錮に就くも、亦甚だしくは不幸と爲さず」と述べる。[5]

東湖は道真がもう少し器用に立ち回り、藤原氏の意図に沿って行動していたならば、大宰府に流されることもなかったが、それをせず徳義を貫いたことで後世に名を残すことになったと述べる。

渋沢は、道真に対する思いを東湖と共有している。渋沢はこの点について以下のように述べる。⁽⁶⁾

「かの道真公に反対せし藤原時平(ときひら)にしても門地は高く、政治家として年の若きに似ず中々腕の切れた人であった。その門閥と手腕とを鼻にかけて重厚なる公を凌(しの)いだのである。また楠公の敵たりし足利尊氏(たかうじ)にした処が、ないしは織田信長に反逆せし明智光秀にした処が、その才能や智略の上からのみいえば、いずれも凡人でない、一世の人傑である。しかるに芝居などで見ると、時平は悪人の骨頂(こっちょう)にせられている。道真公も正成公も、その当時は失敗者であったけれども、五百歳(さい)千歳の後はかれこれ地を易(か)え、一時成功者たりし時平や尊氏は失敗者の地に落ち、一時失敗者たりし道真公や正成公は永(なが)く神と崇(あが)められて、人民渇仰(かつごう)の源泉となり成功者の随一となりぬ。

これ一は君のため国のために身を殺して仁を成す底(てい)も犠牲となり、一は己一身の利害のためにのみ働きたる結果なり。そもそも成功不成功は多くの歳月を経、天定まるののち初めて決算せらるべきものである。ゆえに永遠の成功者たらんと欲せば、第一人情に厚く人のため国のため犠牲となる心掛けなかるべからず。青年諸君の特に意を留めらるべき処だと思う。」

渋沢は道真に対する評価を基本的に東湖と共有しているが、記述内容をみるかぎり、渋沢はその人物の死後に訪れる評価をより重視し、その理由を詳しく述べている。

君と国のために正論を貫き、それがためにわが身が辺境の地に更迭され客死したことは、現世においては不幸とみなされる。しかし、徳義にかなったその言動は後世に長く語り継がれ、人びとの心に刻み込まれることから、菅原道真のような人物が真の成功者であるというのが渋沢の考えである。節を曲げて得た一時の栄華は儚く短いがゆえに、死後も長く語り継がれるような徳行を目指すべきというのが渋沢の主張である。

第2章　藤田東湖『回天詩史』と渋沢思想

　管見によると、渋沢は「三決死」（三たび死を決して而も死せず）を厭わなかった東湖の姿勢を菅原道真と重ね合わせていた。大宰府の地に客死した道真と三決死に臨んで恬淡と義を貫こうとした東湖は、渋沢から見るといずれも尊崇すべき先達であった。

　東湖が貫こうとした義には、異人を殺すことによって国を守るという人倫に反する行為を義とするものも含まれていた。その点において、道真が貫いた義と東湖が貫こうとした義は異なるが、青年期の渋沢が両者の「義」を同根同義と理解して横浜焼き討ちという過激な計画を立てた可能性は否定できない。

2-1-2　藤田東湖の出処進退

　東湖は君臣関係について、臣下としての身の振り方との関わりから論じる。東湖は臣下たる者が地位に固執し昇進を目指すことと、地位を辞することの2つの選択肢を、(1)藩の利害、(2)その時点の情勢の2つの観点から論じる。

　東湖は斉昭に直言するため時として煙たがられた。奸臣を身辺から排除すべきことを提言したことなどがその例である。その一方、その清廉な人柄と有能さから斉昭の寵愛を受けた。つまり、東湖は藩内において猟官運動をせずとも斉昭の身辺において重要な職務を与えられる立場にあった。

　そのような、ある意味恵まれた境遇にある人物は、地位の保全に神経を煩わされることなく自分の立ち位置を客観的に認識し、藩の利害を中心に身の振り方を考えることができる。なぜなら、斉昭から余人をもって代えがたい人物と認められた東湖には、藩の重要な局面において必ずお呼びがかかるからである。

　その意味において、東湖は人格や能力に問題のある人物が地位に固執する気持ちが理解できなかった。この点について東湖は、「彪甞て史傳を讀み、常に身を潔ふし自重するの士、退くを知りて進むを知らず、路に當り事を用ふるの臣進むを知りて退くを知らざるを憾む。因りて又疑ふ。其の退く者は固よ貧賤に處し、故を以て勢利に恬たり。其の進む者は漸く富貴を獲て願望の念ある所以なりと」と記述している。(7)

　筆者は前著『渋沢栄一の精神構造』において、渋沢が自ら設立・育成した

企業の役員の地位に固執せず、身の丈以上の報酬を求めたない姿勢を陰徳によるものと分析した。

渋沢の高度な実務的資質と高潔な人格を勘案すると、東湖と同じく渋沢にはごく自然に重要な役職のオファーや、解決すべき難題の相談が持ち込まれた。渋沢はそれにとどまらず、自ら企業を立ち上げ社会事業に邁進するという能動的な姿勢を有していた。

このように考えると、富貴に対する渋沢の恬淡とした姿勢は陰徳の精神によるところが大きいことは確かではあるが、それに加えて、清廉な人格と基本的な実務能力が渋沢の姿勢を底支えしている点が大きいと考えられる。

2−2　水戸学の攘夷思想

2−2−1　藤田東湖の攘夷思想

回天詩史の冒頭には、「三決死」（三たび死を決して而も死せず）という、愛国心に富む青年にとっては煽情的な記述が存在する。この記述は、東湖が死をも恐れず父幽谷の命に従い、水戸徳川家に対する忠義に基づいた思想信条を貫いたいきさつを述べたものである。この三決死のうち、異人が漂着した際に東湖が死を覚悟した事例において、幽谷が東湖に命じた内容が以下のように記述されている。(8)

「我先子之を聞き、竊に彪に謂ひて曰く『頻年醜虜邊海を窺窬し、時に或は大砲を鳴して、我人民を震驚す。傲慢無禮其れ之を何とか謂はん。而るに世を舉げて姑息無事を喜ぶ。吾は恐る、其の或は放還の策に出で、以て一日の安きを苟まんことを。果して然らば則ち堂々たる神州一具眼の人無き也。吾甚だ焉を愧づ。汝速に大津に赴き、竊に動静を伺ひ、若し其の放還の議決するを審かにせば、則ち直に夷人の舎に入り、臂力を掉ひて夷虜を鏖にし、然る後従容官に就いて裁を請へ。一時の權宜に出づと雖も、庶くは以て少しく神州の正氣を伸ぶるに足らん。吾不幸にして女子多し、唯汝一男有るのみ。汝にして死すれば則ち我が祀絶えん。是吾汝と命窮するの時也。汝顧慮すること勿れ』と。彪慨然として曰く、『謹んで教を奉ぜん』と。蓋し義色に見はる。先子怡然として曰く『眞に吾兒なり』と。因りて速かに行

装を辨ず。適々伯舅丹子正（名は就道、市郎兵衛と稱す。人と爲り慷慨奇節あり。尤も和歌に長ず。）來る。先子因りて杯杓を命ず。陰に彪に餞するの意を寓す。酒未だ酣ならずして俄に飛使ありて大津より來れり。曰く、『古山某等夷奴を詰問し、以爲〔其の陸に上るは唯薪水を乞はんが爲耳。它膓あるに非ず〕と。乃ち給するに薪水及び米菓を以てし、其の巨艦に歸るを許す。時に風波頗る惡く、巨艦何れの方位に在るか審にせず。而るに夷奴以て意と爲さず。欣然として二輕舸に乗りて去れり。そのゆく所を知らず』と。一座恍然たり。是れ彪死を決して而して死せざるの一也。」

　上記の事例は1824（文政7）年、現在の北茨城市にある大津港に漂着した異人を殺傷せよという父幽谷の命に対して、東湖がしたがおうとして未遂に終わったという内容である。この事例の背景には以下の事情が存在していた。

(1)この時期、異人が頻繁に水戸藩近海に接近するとともに、大砲で威嚇する事件が頻発していた。しかし、藩は放還方針、つまり事なかれ主義を決め込んでいた。このことに藤田父子は憤懣やるかたない思いを抱いていた。
(2)東湖と同じかそれ以上の思いを抱いていた父幽谷は、藤田家唯一の跡取りである東湖を亡くす覚悟をもって、上陸した異人を殺傷せよという命を下した。
(3)東湖は父の命を受けて死を覚悟して異人の殺傷に出向こうとした。

　渋沢は上記の事実関係から様々な思いを抱かされたと推察される。若き渋沢が藤田父子の行動に感動したとすれば、以下の点が考えられる。

(1)死を賭してでも外夷を排斥しようという鞏固な「攘夷思想」
(2)父の命にしたがう東湖の「孝の強さ」と「父子関係の堅固さ」
(3)水戸藩上層部の放還方針に対してわが身を顧みることなく諌言をしようとする「犠牲的精神」

管見によると、内陸部の血洗島村にあって近海の外夷の恐怖に直接触れることのなかった渋沢が、生活実感にもとづいて攘夷思想を抱くことは困難であった。渋沢が東湖のエピソードから感動を受けたとすれば、それは「孝の強さ」、「父子関係の堅固さ」、「犠牲的精神」の３点であろう。

若き渋沢は藤田父子が発揮した犠牲的精神に対して感傷的に同調した。そして、藤田父子が実践しようとした徳目と行動規範の基底にある攘夷思想は、渋沢にとって看過すべからざる重要な思想となった。

父の渋沢市郎右衛門元助を尊敬していた渋沢は、藤田父子の関係を自分と父の関係にあてはめて理解した。論語に親しんでいた渋沢は「孝」の重要性を十分認識していた。

藤田父子と渋沢父子の間で異なる点をあげるとすれば、それは藤田幽谷と渋沢市郎右衛門元助の現状改革に対するスタンスの相違である。藤田幽谷はこの事例のように、水戸藩の「放還方針」に対して、愛息の命も惜しまず打開を図ろうとした。

それに対して、農民である渋沢市郎右衛門元助は武士による支配を受け入れ、現状に波風をたてないように無理難題を受け入れる姿勢を有していた。渋沢は父を尊敬しながらも、父にない気概を藤田幽谷に見出した。

論語等を通して学んだ倫理規範を実践しているのが藤田父子であり、渋沢がそれを鑑として実践しようと考えれば、彼らの思想に同調する確率は高まる。若き渋沢にとって、道徳的に正しい道を歩んでいる人が信奉する攘夷思想は必然的に正しい思想であった。

２－２－２　藤田幽谷の攘夷思想

東湖は父幽谷の攘夷論について幽谷作の漢詩を引用して語っている。幽谷が抱えていた懸念は、水戸藩の海岸に出没する外国船もさることながら、北海道をわが物にしようと画策するロシアの脅威に向けられていた。幽谷の発想は、水戸藩から目を日本全国に向けて国家の脅威に対処しようとするものであった。

国防の観点から日本に対する外夷の脅威を考えた場合、最も脆弱なのは松前藩が統治する北海道であり、幽谷はそのことを憂慮していた。幽谷作の漢

第 2 章　藤田東湖『回天詩史』と渋沢思想

詩の書き下し文は以下の通りである(9)。

「春來り一夜斗杓を廻らす、北顧還ま憂ふ胡膚の驕るを、筆を投じて自ら憐む班定遠、家を忘れて誰にか擬せむ霍嫖姚(くわく)、長蛇應に憶ふべし神兵の利、粒食曽て資す瑞穂の饒(ゆた)かなるに、宇内至尊天日の嗣、須く萬國をして皇朝を仰がしむべし」

　幽谷は、宇宙の北斗七星と瑞穂の国の恩沢という設定で、自らを機略に富み人間離れした英雄である嫖姚や定遠になぞらえている。この漢詩では、英雄であるはずの幽谷がロシアの脅威に手をこまねき悶々としている様子が伝わってくる。国家レベルの発想に基づく危機感を抱きながらも、現状の戦力でロシアを駆逐することができない幽谷の焦燥感を、息子の東湖は身に沁みて感じていた。自著の回天詩史に父の漢詩を引用したのがその表れである。

　尊敬する父が作った情緒的な漢詩を読んだ東湖は、国家レベルで日本の将来を憂える父のスケールに感嘆し、差し迫った外夷の脅威に対する問題認識を父と共有した。そして、父幽谷の漢詩に感動した東湖の著書を読んで感銘を受けたのが渋沢であった。

　幽谷はロシアの南下政策が日本に及ぼす危機を1789（寛政元）年から第6代藩主である徳川治保に切言していた。外夷に対する危機感を父幽谷と共有した東湖はその後、1808（文化5）年8月のフェートン号事件、1818（文政元）年6月のイギリス船ブラザース号の浦賀沖出没と日本が数々の外夷の脅威にさらされることによって、ますます攘夷思想を鞏固に抱くようになった(10)。

　東湖の攘夷思想の堅固さの原因は、異国船来航による脅威のみならず、西欧人の内面に対する不信感にも及んでいる。それは近代的兵器である鉄砲の伝来や邪教であるキリスト教布教に対する認識に表れている。

　東湖はこの点について、「夫れ西北虜情の惡むべきは、一朝一夕の故に非るなり。天文以來洋夷（天文十二年癸卯八月、南蠻人海を航し、大隅国種子島に抵り、始めて鳥銃を傳ふ。蓋し是れ洋夷の我を窺窬せしの始と爲す。當時南蠻と稱するもの蓋し伊斯把爾亞、波留杜瓦留の類、南蠻諸国を併せ、其の針路皆南方よりす。故に通じて南蠻と稱す。其の實洋夷なり。）戰國擾亂に乘じ、屢々海を

103

航して來り、漸く其の邪教を布く。弘治永祿の間に至りては、大友宗麟、小西攝津守の若き、亦其の法を奉じ、而して之を國中に布く」と述べる。[11]

東湖はキリスト教が日本人を精神面から腐敗させる手段であるとみなす。織田信長、豊臣秀吉、徳川家康と続く為政者はキリスト教の弊害に気づいて禁教したが、一時的にせよ布教を許した弊害は大きく、島原の乱では多数のキリスト教徒を処刑しなければならなくなったと東湖は述べる。

東湖は西欧人性悪説ともいえる認識に立脚して、彼らが日本に持ち込んだ銃器、宗教の両面にわたりすべて日本を害するものであるという認識を有していた。このような徹底した攘夷思想が、藤田父子の「孝」と「情愛」にからめて情緒的に表現されれば、それを読んだ若き渋沢が思想的に大きな影響を受けたであろうことは容易に想像できる。

2-2-3 徳川斉昭の攘夷思想

東湖から見た斉昭の攘夷論は幽谷の攘夷論と大略同様である。外夷に対する斉昭のリスク認識で特徴的なのは、幽谷と比してロシアからの北海道の守りが手薄なことに対してより多く心配しているという点である。東湖によると、斉昭は大藩の領地に対する外夷の侵入について以下のように述べる。[12]

「夷の海上に出沒するは、禍心測られず。其の守備嚴ならざるべからざるなり。然るに假し彼をして沿海の地を侵して、我が廬舍を燒き、我が人民を害せしむとも勢久しく内地に住するを得ず。又假し彼をして内地に據り要害を守らしめば、我が人心憤怒激昂、勇氣百倍、苟くも將帥たる者、善く其の鋒を用ひ、機に因り變を制し、我が長とする所を以て、彼の短とする所を衝かば、則ち我以って大捷を得べし。抑も又彼をして日々海上數十里の間を往來し、艦を連ね砲を鳴らし、虛聲を張り以て内地を震驚せしめんか。其の始や濱海騷擾、奔命に堪へず、其の終りや、肅然として動かず、彼をして自ら往來に疲れしむ。之を要するに、彼の勢陸地に上り勝敗を決せしめざるを得ざれば、則ち我亦以て志を逞しくするべし」

外夷が上陸して大砲などの近代兵器をもって一時的に脅威を与える行動に

出たとしても、地の利がある日本は粛然として対応し、夷狄を殲滅することができるというのが斉昭の考えである。

　北海道に関する斉昭の言説を分析すると、攘夷思想の名の下に、⑴国防の観点、⑵経済合理性および経済倫理の観点の２点から日本の国益が考え抜かれていることがわかる。

　斉昭は西欧の人びとを性悪説で認識し、守りが手薄な北海道の防禦を強化すべきと考える。斉昭のジレンマは、幕府と自分の認識が異なるがゆえに、それを実践できないことであった。

　斉昭の経済的側面についての考えは水戸藩の財政事情と関わっている。徳川御三家は尾張、紀伊、水戸の三つの藩からなるが、水戸藩は尾張、紀伊の２藩と比較して領地が狭いにも関わらず大名行列の規格などが同じであるため財政支出の割合が高かった。

　幕府に増封を願い出るべしとする重臣の進言に対して斉昭は、「土地人民は有功を賞する所以なり。夫れ三百諸侯の恩澤に浴するもの、皆其の祖先の鋒鏑を踏み、矢石を冒したるに非んば、則ち社稷に勲勞ありしなり。今寡人父祖の餘澤を以て、員三藩に備はり、毫髪も幕府に報ゆるなし。而して徒に窮乏を以て封を増すを望まば、何を以て訓を諸侯に示さん、已むなくば則ち蝦夷地方か」と答えたと東湖は伝えている。(13)

徳川斉昭の挫折

　東湖によると、国防に関する斉昭の計画は、天保の改革を指導した水野越前守忠邦も賛同するところであったが、外国船打払令が廃止されたことで、異国船を攻撃破壊できなくなる事態となり斉昭の意気も一旦は阻喪した。

　しかし、水戸藩として初志を貫くことを重視した斉昭の行動が讒言を生み、それが幕府にも伝わった結果、老中阿部伊勢守（正弘）が水戸藩の家老である中山備前に事実関係を詰問する事態となった。

　この不本意な事態について東湖は、「之に由って之を觀れば公の大忠は、幕府の大疑を來せし所以にして、蝦夷の事、尤も有司の忌む所と爲れるを知るべきなり。嗚呼公萬里飛揚の志を屈し別邸小室の中に幽處したまふ。彪等亦虎穴を探るを得ず。而して蝸廬の下に偃蹇す。夫れ天未だ醜虜を驅除する

を欲せざるか。然らば則ち黠夷の邊海を窺窬するもの、何の日にか攘はんや。鄂虜の北陲を蠶食するもの、曷れの時にか遏まむ。東照、大猷二公の靈、其れ之を何とか謂はん。杞人嫠婦の憂其れ已むべけんや（五月廿七日、廿八日錄す）」と述べる。

愛国心と犠牲的精神、経済合理性と経済倫理のいずれから見ても正論である斉昭の意見を老中の阿部正弘ですら讒言によって誤解する事態を、「嗚呼公、屈萬里飛揚之志、幽處別邸小室之中、彪等亦不得探虎穴、而偃蹇於蝸廬之下」という情感を込めて表現した東湖の漢詩に渋沢が感激したであろうことは容易に想像できる。

国防と経済合理性の観点から北海道を開墾しようと考えた斉昭が、駒込別邸の小室で謹慎せざるを得ず、東湖もそれに手をこまねいている状況を、渋沢は尊皇攘夷思想に基づいて政治体制を変えようと志しながら農民の地位で悶々としている自分に重ね合わせたであろう。

正論を主張しながらも、幕府に受け入れられず不遇をかこっていた斉昭や東湖が置かれていた境涯に、渋沢は心を揺さぶられた。この状況を流麗な漢詩で謳いあげた回天詩史は渋沢を感動させるに十分な著作であった。

2−3　攘夷思想と尚武の精神

2−3−1　藤田東湖の尚武の精神

東湖は武士道について「尚武の精神」という観点から煽情的な文章で自説を展開する。そこにはかなりの決めつけと一方的な考え方が見られるが、東湖の尚武への思いは強い信念に裏づけられている。東湖は以下のように述べる。

「抑も古は武を尚ぶの俗、宇内に冠絶すること論なきなり。而して釋氏柔和忍辱の教、或ひは其の鋒を折る。和歌者流、淫靡淫情の習、又從って其の氣を移す。公卿百官手兵を知らず。武を尚ぶの俗、一變して武家に移る。然れども猶室に亡びて堂に存するなり。故に胡元の我を窺ふや、先づ其の使を斬り、以て明に彼と絶つを示し、諸國を戒め、兵備を嚴にし、遂に十萬の衆を西海に殲す。朝鮮の禮を無みするや、海を航して遠征し、八道驚潰、餘威明國に震ふ。洋夷の禍心を藏するや、其の船を火き、其の人を戮し、醜虜

膽を破る。今や承平日久しく、風俗偸悪薄、武を尚ぶの俗、或ひは古に譲る。而して因循察せず。萬一其の堂に存するものを失はゞ、則ち姦民狡夷、將に起って之を拾ふ者あらんとす。豈寒心せざるべけんや。孔子曰く、『必ずや名を正さんか』と、今武家を曰へば則ち武を尚ぶの風以て振はざるべからず。弓馬の道を曰へば則ち將帥の術、以て講ぜざるべからず。奨學の任に當りては、則ち五典の教以て明かにせざるべからず。征夷の職を奉ずれば、則ち鷹懲の典以て脩めざるべからざるなり。故に武を尚ぶの風振へば則ち幕府自ら昌んに、夷狄自ら遠ざかり、天地の正氣充ちて、而して神州の紀綱張らん。」

　東湖が説く尚武の精神は、過去日本が外夷の殲滅に武力を行使したことを肯定する内容となっている。元寇に武力で打ち勝ち、秀吉の朝鮮出兵を肯定的に捉えるなどがその例である。
　東湖の嘆きは、元寇と同様に異国が日本への侵略の意図を隠さず挑発している現状に対して、為政者たる幕府が優柔不断な態度をとり続けていることである。その原因は太平の世が長く続いたこともあるが、主たる原因は武家の精神の緩みにあると東湖は指摘する。
　尚武の精神の緩みは、(1)釈迦の柔和忍辱の教えが妥協を許さない毅然とした尚武の精神を軟弱にしたこと、(2)和歌を良くする者たちが淫靡な風潮を広めたことなどであり、それらの風潮は徳川時代にも引き継がれていると東湖は指摘する。つまり、「仏教の教義」と「風雅に流れる軟弱な気風」が尚武の精神の敵であるというのが東湖の主張である。
　しかし、東湖が巧みなのは、「必ずや名を正さんか」という孔子の言葉を引用し、正名論に基づいて自分の主張の正当性を述べているところである。
　若き渋沢が、東湖が主張する正名論をどのように解釈したのかは不明である。しかし、武士たる者はその名分を正すべきであるというのが東湖の主張であるとすれば、仏教の柔和忍辱の教えや軟弱な風潮から脱し、(1)武士の本分である弓馬の道たる軍隊統率の道を整えること、(2)奨学院別当の職を奉ずるからには五倫（親、義、別、序、信）の教えを明らかにすること、(3)征夷大将軍の職を奉ずるならば夷狄征伐の制度を整えることの3点は、武士の本分を全うすべきという点においてきわめて真っ当な主張である。

武家に憧れ、回天詩史を暗誦するほど愛読していた渋沢は、正名論に基づいた反論の余地がない東湖の主張に賛同した。

2－3－2　横浜焼き討ち計画を支えた精神的基盤

渋沢は横浜焼き討ちの目的が、「攘夷遂行」と「封建打破」であったことを竜門雑誌で語っている。(17)渋沢が東湖の正名論に影響されて横浜焼き討ちを計画したとすれば、渋沢にとって「名」は何で、その名の下で横浜焼き討ちをどのような理屈で正しいと判断したのかという点を明らかにすることが不可欠となる。

農民である渋沢にとって、農民という名をもって果たすべき本分は農業にいそしむことである。したがって、身分制度が為政者の意図通りに機能している平常な状態において、正名論に根拠を置いて横浜焼き討ちを計画することは困難であった。

農民である渋沢たちには横浜焼き討ちを正当化するに足る、本来の「名」を超越した「特別な名」が与えられなければならなかった。しかし、それは現実世界の誰からも決して与えられることのない名であったため、非現実世界の存在である神から与えられなければならなかった。それが決起に際して用意した「神託」であった。

正名論を体して横浜焼き討ちを計画した渋沢たちにとって、この神託は単なる檄文以上の意味を持っていた。それは横浜焼き討ちを自らの本分として正当化するに相応しい名を得るために不可欠なものであった。尾高淳忠が作成した神託は以下の通りである。(18)

神託

一　近日高天ケ原より神兵天降り
皇天子十年来憂慮し給ふ横浜箱館長崎三ケ所ニ住居致ス外夷の畜生共を不残踏殺し天下追々彼の欺に落入石瓦同様の泥銀にて日用衣食の物を買とられ自然困窮の至りニて畜生の手下に可相成苦難を御救被成候間神国の大恩相辨ひ異人ハ全狐狸同様と心得征伐の御供可致もの也

第2章　藤田東湖『回天詩史』と渋沢思想

　一　此度の催促に聊ニ而も故障致候者ハ即チ異賊の味方致候筋に候間無用捨斬捨可申候事
　一　此度供致者ハ天地再興の大事を助成仕候義に候得は永く神兵組と称し面々其村里に附て恩賞被仰付
　天朝御直の臣下と相成萬世の後迄も姓名輝き候間抜群の働可心懸事
　一　是迄異人と交易和親致候者ハ異人同様神罰可蒙儀ニ候得共早速改心致軍前に拝伏し身命を抛御下知相待候ハヽ以寛大の神慈赦免可有之候事
天地再興文久三年癸亥冬十一月吉辰
　　　　　　　神使等㊞謹布告
右文言早速書写し寄場村々江無洩様触達可申候もしとりすて候者有之候ハヽ立処に神罰可有之候以上
　　　　　　　　　　　　　　当所年寄共江

　尾高惇忠は横浜焼き討ちに決起する者たちを「神兵」、異人を「畜生」と称し渋沢もそれに賛同した。神託の表現には幾分誇張があるにしても、渋沢たちは神兵である自分たちが害獣を駆除するため、その巣を焼き払うがごとき感覚で横浜焼き討ちを捉えていた。
　神託の表現が誇張でない証左として、渋沢たちは武器を準備して具体的な進軍ルートまで事前に練って実行しようとしていたことがあげられる。
　正名論に基づいて、武士の身分ではない渋沢が横浜焼き討ちというテロ行為を正当化することは不可能であった。この行為を正当化するためには、既存の身分制度を超越した概念によって自分たちを位置づけるとともに、駆除すべき相手を人間以下の害獣に貶めることが不可欠であった。
　そして、そのことのために決して世間に受け入れられるわけがない理屈を考え出し、それを神託として流布した。つまり、神託は自分たちが実行しようとしている異常行動を正当化する苦肉の策として絞り出した牽強付会の産物であった。渋沢たちは自分らの行動計画の異常さに気づくことなく、理屈にならない理屈で正当化した。
　管見によると、正常な発想から生じたとは思えない渋沢たちの行動計画を合理的に説明するためには、渋沢が水戸学によって洗脳されていたと解釈す

る以外にないと考えられる。しかも、洗脳されたのは渋沢だけでなく、渋沢の漢籍の師匠である尾高惇忠もしかりである。

このように論考を進めると、「渋沢たちは水戸学によってどのように洗脳され、狂信者集団と化したのか」という疑問を解明せざるを得なくなる。

2-2-3　水戸学と洗脳

洗脳のメカニズムを追求することは本章の目的ではないが、上記の論考に基づけば少なくともその概要を確認しておくことが不可欠となる。

洗脳をシンプルに、「特異な環境下で一貫した徹底的な教育を行い、従来もっていた思想、信念などを洗い流して新しい思想、信念を植えつけること」と解釈すると、渋沢が置かれていた「特異な環境」とは何かということが疑問となる。

父の渋沢市郎右衛門元助が渋沢に与えた教育は、血洗島村の農民階層のリーダーとしての資質を身につけさせるためのものであった。それは当時の知識階級が身につけるべき徳目を学ぶための漢籍の教養と、基礎体力を養うための剣術の稽古で構成されていた。父のカリキュラムには武士階級に固有の政治思想である水戸学は含まれていなかった。つまり、父にとって水戸学は自分が用意したカリキュラムに意図せず含まれた夾雑物だったのである。

しかし、父が渋沢に対する高度な漢籍の教育を託した尾高惇忠は、漢籍だけでなく幅広い分野についても高い教養を有しており、水戸学にも通じていた。惇忠の筆になる神託の内容を見れば、彼がいかに尊皇攘夷思想に傾倒していたかは明らかである。

惇忠の教育を受けた渋沢にとって、論語をはじめとする漢籍は人間のあるべき姿を示してくれるものではあったが、それはあくまでも左脳によって論理的に理解すべき倫理規範であった。しかし、水戸学が説く政治思想は当時の日本が直面している問題についての指針を含む政治思想であった。正義感にあふれた渋沢は危機感を抱き、血潮をたぎらせる魅力的で中毒性を有する啓蒙思想にとらわれた。

このように考えると、渋沢を横浜焼き討ちにいざなった水戸学を学ぶ教育環境は父の意図したものではないものの、結果的に洗脳の基盤となる「特異

第 2 章　藤田東湖『回天詩史』と渋沢思想

な環境」を作り出すこととなった。

2－3－4　攘夷思想を育てた特異な環境

　テロは国家転覆を目的とした違法かつ暴力的な手段による現状変革であるという点において、渋沢たちが計画した横浜焼き討ちも同様である。しかし、渋沢が身を置いた教育環境はテロの専門要員を育成する環境とは異なっていた。一般的にテロ要員を育成するための環境は、テロを唯一の目的として用意された環境である。それに対して渋沢が置かれていた環境はいわば意図せざる特殊な環境であった。

　作為・不作為の相違はあっても、渋沢が育った教育環境は、プロのテロリストが外界と隔絶された環境下で仲間と寝食をともにして閉鎖空間でテロの正当性を信じ込まされるという点において相似性が高かった。

　渋沢が接触する仲間は尾高惇忠、尾高長七郎、渋沢喜作などの親族からなる集団であり、彼らが横浜焼き討ち計画の中核を担っていた。血洗島村は地理的には比較的江戸に近い場所に位置していたとはいえ、幕末当時の事情を勘案すると、他藩と同じく情報過疎の状態に置かれていたという点で大差はなかったと考えられる。渋沢が江戸で逗留した千葉道場は尊皇攘夷論者の巣窟であり、開国論者と冷静に議論する機会は得られなかった。

　このような環境下において渋沢たちは攘夷思想に感化された。しかも、武家であれば「本来業務としての夷狄排除」という名目が立つところを、農民の立場であるがゆえに事を起こすにあたって、自分たちの存在意義と行動意義を神託という形で正当化せざるを得なかった。

　客観的に見ていかにも無理筋な状況下で、自分たちが義挙と信じるテロ行為を実行するには、よほどの確固たる信念が必要である。これらの点を考え合わせると、渋沢を含む横浜焼き討ちの首謀者たちには、「水戸学による洗脳」という事実が存在したと考えざるを得ない。

第3節　藤田東湖の歴史観と宗教観

3-1　藤田東湖の歴史観

　藤田東湖の尊皇攘夷思想は、その歴史観だけでなく宗教観などとも大きく関わっている。回天詩史において歴史観と宗教観が顕著に表れている記述を取り上げ、それぞれを支えている背景を分析する。

　東湖の歴史観はいわゆる皇国史観であり、歴史書として価値を置くのは『神皇正統記』と『大日本史』である。この点について東湖は以下のように述べる。⁽¹⁹⁾

　「恭しく惟(おもん)みるに、神州は質其の文に勝り、其の正史信を取るに足るもの、寥々として固より希なり。而して六史以下、炳焉(へいえん)として日星の如きもの、未だ我が大日本史に及ぶもの有らざるなり。其の鈔と曰ひ、記と曰ひ、其の他家乗日録、汗牛充棟、而れども巍然として山嶽の如きもの、神皇正統記に若くなし（正統記の作、國體を明かにし名分を正す、實に神州の龜鑑となる。而も佛に佞するの堅無きこと能はず。嗚呼卓識准后の如き猶尚此の如し。邪説の世を惑はし、習俗の人を移す。畏るべき哉）。源准后素より忠貞の節を懷き、世の喪亂に遭ひ、間關流寓、千里に漂泊し、仰いでは皇道の陵遲を歎き、俯しては奸宄の驕恣を憤る。想ふに其の心を痛ましめ、憤を發する、果して何如ぞや。」

　『神皇正統記』と『大日本史』を正統な歴史書であると認識する東湖の歴史観は尊皇思想を中核に置いている。一方、外夷を排除する攘夷思想は現実の脅威によって増幅され、両思想が結びついて尊皇攘夷思想が確立することとなる。水戸学において「尊皇思想」と「攘夷思想」が結びついて「尊皇攘夷思想」が形成された背景を回天詩史の記述から考察する。

　時代背景や国力を抜きに考えても、尊皇思想と開国思想が結びついた「尊皇開国思想」が成立する可能性は十分にある。皇室を中心とする国の成り立ちを尊重する思想を有する国が、海外に門戸を開き交易によって国富を増加

させることはむしろ望ましいことである。また、国の成り立ちの基盤を皇室の存在と結びつけない思想の下でも、攘夷思想、開国思想はいずれも成立し得る。

このように考えると、水戸学が標榜する尊皇攘夷思想は、幕末日本が置かれた特異な状況下で成立した思想であったといえる。では、幕末日本が置かれていた特殊事情の下でいかにして尊皇思想と攘夷思想が合体したのかという点が問題となる。本章では、回天詩史の記述内容と、その背後にある藤田幽谷および徳川斉昭の思想的影響を考慮して検討を進める。

尊皇思想は、第二代藩主である徳川光圀の思想を濫觴として代々受け継がれてきた水戸藩の藩是ともいうべきもので、武家の存在意義に関わる中核思想である。一方攘夷思想は、徳川幕府第二代将軍秀忠の時代に施行された1612（慶長17）年のキリスト教禁教令を契機として、限られた国以外との交易を長期にわたって禁止する措置である。

水戸藩にとって尊皇思想は日本の成り立ちに根差した根幹思想であり、攘夷思想は徳川幕府の対外政策に裏づけられた思想であった。

このように考えると、攘夷思想が幕末まで思想的変換の外圧から逃れ得たのは、徳川幕府の歴史において、国内勢力の安定的均衡と対外関係の静態的推移が270年近く両立したことが原因と考えられる。国内外の静態的な均衡状態が日本における攘夷思想の成立基盤であったにもかかわらず、幕末に至るまでその事実に気づくことがなかったのが徳川幕府の現実であった。

この思想的矛盾に直面せざるを得ない時期に藩主となったのが徳川斉昭であり、配下として重んじられたのが藤田父子であった。そして、彼らの思想的影響を受けたのが渋沢であった。しかし、農民であった渋沢の葛藤は身分制度の矛盾に対する思いを含むものであり、為政者のそれとは異質であった。

徳川時代の国内外の事情と尊皇思想、攘夷思想の関係性をこのようにシンプルに整理すると、水戸藩が直面した問題の一端を考察することが可能となる。

3－2　藤田東湖の宗教観

東湖の宗教観を考察するためには、その全著作を詳細に検討することが不

可欠である。しかし、回天詩史の中で論じられる「神皇の道」、「儒教」、「仏教」の関係性から、東湖の宗教に対する基本認識を読み取ることは可能である。東湖は異教としての仏教について以下のように記述している。[20]

「夫れ神皇の道、聖賢の教、尤も祭祀を重んず。之を政教に配す。而して釋氏既に祭祀の權を奪ひ、之を朝野に用ひ之を政教に施す。神皇の道僅かに諸を祠官に委ね、周孔の教、降って博士の業と爲る。皇風の振はざる、大道の明かならざる、嚴として是れ之に由る。中葉以降、皇綱紐を解き、權藤氏に歸し、藤氏衰へて平氏盛んに、平氏滅んで而して源氏興る。而して兵馬の權遂に武人に歸す。後醍醐天皇陪臣の跋扈を憤りたまひ、英偉の略を奪ひ、忠義の力を藉りたまふ。天下翕然として再び太平の隆を望む。而るに中興遂げず、其の政柄と兵權とを併せ覇府の有となる。其の間政體萬變、運に汚隆あり、而して、皇室の衰ふる所以、未だ嘗て大義明かならず、人心正しからず、異端邪説風俗を蠱惑するの故に由らずんばあらざるなり。」

　東湖は、従来日本の祭祀を司ってきた「神皇の道」と「儒教」に仏教がとって代わったことによる、政治と一般庶民へのマイナス影響と武家政治の推移について述べる。
　東湖は、「皇風の振はざる、大道の明かならざる、嚴として是れ之に由る」と述べて、仏教が祭祀に与えたマイナス影響に焦点を当てて批判する。政治権力を有する者が取り仕切る権力の源泉としての祭祀に、他国の宗教が入り込むことに対する嫌悪観が東湖の仏教批判の根底を形成している。
　この事実から推認できるのは、東湖の政治思想と宗教思想は祭政一致によって結びついており、政治権力を有する皇室が司る祭祀は、あくまでも「神皇の道」と、それと整合的な「聖賢の教」、つまり儒教に基づいて行われるべきという東湖の基本認識が存在するということである。
　祭祀を重んじた「神皇の道」と「儒教」のうち、後者は日本古来のものではなく、春秋時代の中国に始まる道徳規範である。つまり、東湖は儒教教義を検討した結果、その内容が皇室の重んじる祭祀をとり行う上で宗教的に違和感がないと結論づけたがゆえに、儒教を受け入れたということになる。翻

って仏教教義について東湖は多くを語っておらず、その内容を究極まで突き詰めて吟味した形跡は見られない。係る事実から考察できるのは以下の通りである。

(1)東湖は教義内容よりも国の祭祀に対する悪影響をもって仏教を皇道に反する異教と認識した。
(2)東湖が容認した儒教は厳密には宗教ではなく道徳規範であることから、宗教的熱情を喚起して人心を惑わすことがなく、祭祀の手順に深く入り込むことがなかった。
(3)儒教における聖賢の言葉は八徳（仁・義・礼・智・忠・信・孝・悌）から成り立っており、それは君臣関係を支える徳目で構成され、人間生活一般の規範としても有用であった。

東湖にとって儒教は尊皇思想と整合的な八徳をはじめとする徳目を示すことによって、民衆を高い徳へと導く神教と整合的な考えであった。それに対して仏教は、祭祀や宗教的儀式をともなって政治や一般民衆の考え方に入り込む危険な異教思想であった。

渋沢が論語を中心とする儒教を思想の中核に据えたにもかかわらず、仏教については積極的に肯定しないのは、東湖の影響が少なからず関係していると思われる。しかし、渋沢は仏教を一方的に糾弾するのではなく、神社のみならず土地に古くから根差した寺による習俗を積極的に保護育成する姿勢を有していた。渋沢は自身の宗教観について以下のように語る。[21]

「然し私には什麽したものかモノイミをするといふやうな習慣がない又世間の或る人々のやうに毎朝先祖を祀つてある仏壇の前に跪いて礼拝することも致さなければ、或る特種の神を信心して之を拝むといふが如き事をも、私は致さぬのである。畢竟私は百姓の家に生れて、幼時より爾んな礼儀作法を馴らされなかつた結果であらうと思ふが、又モノイミをしたり、或る特種の神仏を難有がつて之を拝んだりするのは迷信であるといふ事を、幼年の頃から父から説き聞かされて居つた為めであらうと思ふ。さればとて私には敬神

第Ⅰ編　藤田東湖と渋沢思想

尊仏の念が全く皆無かと謂へば、爾うでも無い。父母の菩提を弔ふ念もあれば、又鎮守を始めとして神社仏閣を尊崇する念もある。要するに私の神や仏に関する観念は頗る漠然たる抽象的のもので、或る人々の懐く観念の如く、人格人性を具へた具体的の神仏と成って居らず、たゞ天といふ如き無名のものがあって、玄妙不可思議なる因果の法則を支配し、之に逆ふ者は亡び、之に順ふ者は栄えると思っているぐらゐに過ぎぬのである。然しこれが私の信念であるから、前条に申述べた中にも屢々御話した如く、『天、徳を予に生ず、桓魋其れ予を如何せん』との確乎動かすべからざる自信を以つて、世に処し得らるゝのだ。」

　上記から明らかなことは、渋沢が人間を超越した力を持つ神や、現在の社会を構築した先祖を尊敬する気持ちを有している反面、同じ現世に生きる人間が特殊な能力をもってする預言や呪術、さらには縁起かつぎなどの非科学的なことには反感を抱いていたということである。

　渋沢が「天」という言葉で表現する、自分の力が及ばないものに対する尊崇の念は、謙譲という倫理規範に根差しており、自分の先祖を中心とする先達を尊崇する精神は、礼を尽くして感謝の気持ちを忘れない思いに基づいている。渋沢は天や先祖の霊など目に見えないものを否定するどころか尊崇の念を抱いているが、それを宗教という枠にはめて現世の人間が独自の解釈で人に押しつけることに対して反発心を抱いていた。

　仏教、キリスト教ともに教義に含まれる倫理規範の教えについて、渋沢はむしろ良いとこ取りをするがごとく自身の倫理規範に取り込んでいる。たとえば、渋沢は恕とは「己の欲せざる所は人に施す勿れ」という言葉に集約されると述べる。その一方、渋沢はこの言葉を受動的とし、キリスト教の「汝の欲するところを人に施せ」という言葉を能動的として、キリスト教の優位性を述べている[22]。

　このように、宗教の教義に対して渋沢はニュートラルであったが、宗教が有する他の側面、つまり、教祖の言動にまつわる超常現象や呪術性などは人びとを惑わすマイナス要素として嫌悪した。渋沢が信奉した儒教は宗教ではなく儒学という学問であった。論語で語られる教義は、人間の生活に密着した

事実に基づいており、超常的な事実を一切排除した純粋な倫理規範であった。

　これに対して、仏教に対する東湖の姿勢は上記で考察した通り敵対的である。このように東湖と渋沢の宗教観を比較すると、仏教をはじめとするいわゆる異教に対する考え方については、渋沢の宗教観に東湖が影響を及ぼした形跡を見出すことはできない。

第4節　藤田東湖の教育論

4−1　教育論と性善説

　本節では、東湖の教育論を考察したうえで、渋沢が幼少期から受けた教育内容について検討する。東湖の教育論は性善説に基づいている。東湖は水戸藩内の郡によって風俗や土地の人びとの気性が異なる点に着目し、教育環境としての土地の重要性について語る。東湖は水戸と八田郡および江戸を例にして環境と教育のあり方について以下のように語る(23)。

　「姑く彪の目撃する所を以て之を論ぜん。八田の俗其の人質ならざるに非ず。其の地静かならざるに非ず。而して其民鄙猥褊陋(ひわいへんろう)にして、超邁俊偉の気象に乏し。江戸の俗其の人勤めざるに非ず、其の見聞廣からざるに非ず。而れども其の君子は深宮の中に生れ、稼穡の艱難を知らず、其の小人は怜悧油滑の習に長じ、絶えて質直模茂の風なし。水戸の俗、慷慨義を好み、敢爲に勇なり。時に汙隆ありと雖も、之を要するに大いに江戸及び田間の比に非ず。獨り聞見寡陋と言動粗俗とを免れざるなり。是に由って之を觀るに、士苟も子弟を教育せんと欲すれば、則ちその幼なるや、これを城下に居らしめ、武を講じ文を學び、以て其の志を立てしめ、或は田野を消遥し、山水を跋渉して、以て艱難を諳せしめ、以て士気を養ひ、其の心術士操奪ふべからざるに及んでは則ち之を江戸に出し、汎愛仁に親しみ、以て其の固陋を廣め、士君子の間に周旋して、以て其の粗俗を醫すれば、則ち天の我に與ふる所以のもの、自ら陶冶練熟し、以て大なる過不及無かるべきに庶からんか。」

東湖は八田郡の人びとの気質を下品かつ固陋で覇気に乏しいと批判し、江戸人の気質をある程度の勤勉さと博識を有しているのに、上級階級は庶民の苦労を知らず、下流階級は小利口で質朴さに欠けると批判する。水戸の人びとについては、正義を愛し勇敢ではあるが知識水準が低く粗野であると評価する。

　東湖は代表的な土地を選択し、そこに住む人びとの気性と教育環境を提示したうえで、子弟の教育に際しては、まず水戸で文武の基礎教育を行い、山野を駆け巡らせることによって困難を経験させ浩然の気を養わせるべきと提言する。

　これらの基礎教育を終えた後、志が定まった時点で江戸に留学させ、仁者と接することによって視野を広め、人格者と交際して粗野な言動を改めさせれば、元来人間に備わっている美質が開花して円熟し、正しい人間に育つと東湖は主張する。

　東湖の主張には、(1)教育には環境が不可欠な要素として存在すること、(2)教育環境を有効に生かすためにはタイミングが重要であること、(3)人間には元来美質が備わっており、教育次第でそれが開花して実を結ぶことの3つのポイントが存在する。

　渋沢自身が意図したことではないが、渋沢は血洗島村において東湖が重視する初等教育を通して文武を修得することができた。その後の高等教育は「江戸⇒京都⇒フランス⇒東京」と最高の環境を転々として多くの仁者や人格者と接する機会を得た。

　しかし、一般的には初等教育は言うまでもなく、高等教育についても望んだ通りに最高の環境を得られるとは限らず、ましてや仁者や人格者とめぐり合える確率はまれである。教育環境は自らが望んだ通りに得られるものではなく、教育者や身近にあっては親の役割が重要となる。

　その点、渋沢の場合は初等教育における父市郎右衛門元助と母お栄の役割が重要であった。渋沢が江戸の千葉道場への逗留を希望し、家督を継ぐ意思がないことを受け容れる父の度量の広さがなければ、渋沢が江戸で見聞を広める機会を得ることもできなかったと思われる。また母の心根の優しさは渋沢に引き継がれた。

東湖の教育論と渋沢思想との共通点が明らかとなるのは、「則ち天の我に與ふる所以のもの、自ら陶冶練熟し、以て大なる過不及無かるべきに庶からんか」という記述である。これは「天の我に與ふる所以のもの」、つまり、人間が元来備えている美質はこれを陶冶すれば大いなるものに育つということを意味する。
　人間に元来備わっている美質とは、将来善きものとして開化する資質を有する善なるものである。東湖は人間に備わっている資質を性善説でとらえていた。
　適切なタイミングで適量の水や肥料を与えれば、花を咲かせ実を結ぶ植物のように、その種子には将来地上に益を与える美質が備わっているとすれば、人間もそれと同様と東湖は考えた。
　青年期の渋沢がこの一節を読んで感銘を受けたとすれば、渋沢思想の基底を構成する性善説の淵源の一つが回天詩史に由来する可能性が存在する。

4－2　文武の修得

　東湖は文武の修得に関する幽谷の教えとして、「文武の道相ちて用を爲す、偏癈すべからず。汝腐儒迂生の爲に效ふこと勿れ。武人剣客の流に混ずること勿れ」と述べる。また、その時期については「文武の研精時を失ふべからず」という言葉を引用する[24]。
　文武両道の重要性を認識し、渋沢にその道を拓いたのは父の市郎右衛門元助であった。父は6歳の渋沢に漢籍の手ほどきを行い、その後は渋沢の漢籍の教育を尾高惇忠に託した。また、神道無念流の剣術を修めた親戚の渋沢新三郎に12歳の渋沢に対する剣術修行を委ねた。
　父の市郎右衛門元助は文武の見識を備えた豪農の跡取りとして、適切な時期を見計らって渋沢に教育を施した。商売のみならず文武両道を身につけることのできる環境をタイミングよく渋沢に与えたのはほかならぬ父であった。しかし、父が目指したのは、あくまでも血洗島村を中心とする地域においてリーダー的役割を全うすることができる豪農の跡取りを育てることであり、教養ある武士を育てることではなかった。
　父のこの思いに反して渋沢が文武に集中するあまり、本業である農業と商

売をおろそかにすることを心配した父は、渋沢が14歳に達して以降は藍や養蚕に関する商売の手ほどきに力点を置いた。独り立ちが困難と思われた藍農家をめぐる集荷実務は、早熟な渋沢にとっては絶妙のタイミングでの修行であった。

　武家に生まれた者にとっては文武両道が修得すべき全てであったが、農業と商売を本業とする豪農の長男たる渋沢にとって、文武はあくまでも基礎的な教養であった。

　現代の教育制度にあてはめると、義務教育の時期に絶妙なタイミングで高度な文武を修得した渋沢は、高等学校入学レベルの学力に達すると同時に、農業と商売実務を本格的に身につけることとなった。渋沢は高校卒業時点で「文武両道」ならぬ、「文武農商四道」の基本を身につけていた。渋沢が維新後にいわば「得手に帆を揚げる」がごとく経済界に身を投じることができたのは、文武の修得に偏向していた中学に相当する時代に父によって進路調整が行われたからであった。

　四道を修めた渋沢は、現代の大学教育に相当する22歳までの数年間で農業と商売の技術に磨きをかけるとともに、相撲の番付表に見たてた業務評定表によって藍農家に競争原理を導入して生産効率を向上させるなど、経営実務の修得にも力を入れた。

　渋沢は義務教育期間に高度な文武の教養を修め、高等学校で農業と商売の技術を修得し、大学で経営実務を身につけるという、当時では最高のエリート教育を施された。

　優秀な豪農の跡取りを育てるという父の教育目的はこの時点で達成された。しかし、渋沢の思惑は父とは異なっていた。渋沢の興味は日本の政治体制に向けられていたのである。漢詩の体裁で書かれた回天詩史を愛読していた渋沢が、文武に関する東湖の言葉に影響を受けたのは、文武農商四道の修得中であった。

　22歳になった渋沢は1861（文久元）年、父の許しを得て江戸の剣術修行と称して千葉道場に逗留し、尊皇攘夷思想を有する同志と議論する機会を得た。渋沢にとっては、自分の政治思想の正当性を確認するに最も適したタイミングであった。

血洗島村を中心とする地元の同志との議論は、渋沢が自身の政治思想の正当性を確認するには不十分であった。渋沢にとって自らが信奉する思想を知行合一で実践するにあたって、「知」の確からしさを確認する作業を「行」うタイミングが江戸での短期逗留であった。

そのように考えれば、「文によって得た知識を武によって実践する」、つまり、「尊皇攘夷思想を横浜焼き討ちによって現実化する」という知行合一の実践を通して、文武両道を完結させるというのが渋沢のこの時期の心境であったと考えられる。

文武修得のタイミングに限らず、一橋家仕官、滞仏経験、大蔵省入省、第一国立銀行創設、企業の役員退任などの重要イベントのたびに、渋沢は一見不合理とも思える決断をタイムリーに行い成功をおさめた。それは、回天詩史による学びの成果もさることながら、「文」によって得た「知」を実践するにあたって過去に犯した横浜焼き討ち計画という失敗を前向きに生かしたことが大きく影響している。

第5節　水戸学における経済観念

5-1　藤田東湖の金銭感覚

東湖は平素から奸臣より忠臣を身の廻りに置くべきことを徳川斉昭に忠言していた。東湖は水戸藩の執政に自分が不満を有しているとの奸臣の讒言を斉昭が信じ、金銭を下賜することによってその不満を和らげようとしていることに憤慨した。東湖は怒りを抑えて一旦は金銭を受け取ったものの、理由がないとして奥右筆局長に金銭を預け、受取りを拒否した。この間の事情について東湖は以下のように記述している(25)。

「適々執政公の命を傳へ、賜ふに黄金を以てす。曰く、『子屢々行役に苦しむ。其の或は資用に乏しからんことを察せられて、斯の賜有る所以なり』と。彪心竊に之を慍る。口を噤み賜を受けて退き、直に奥右筆の局に入り、

金を以て其の局長に託し、且謂ひて曰く、『虎固より貧骨に徹す。向きに行役の日、斯の賜あらば則ち虎何ぞ之を辭せん。抑も今日又行役の命有らば、則ち亦何ぞ斯の賜を辭せん。今故無くして之を受くるは古人の所謂之を貨するなり。幸に執政に謝せよ。虎飢餓すと雖も此の如きの賜を拝せず。』局長對ふる能はず。執政亦強ふる能はずして止む。當時有司皆虎を知らざる者に非ず。而も是の事あり。虎是に於て浸潤膚受の畏るべきを知る有るなり。」

　たとえ斉昭からの下賜であったにせよ、理由のない金銭は断固として受け取らないという東湖の姿勢がこの記述から明らかとなる。
　東湖は口先だけの奸臣を小人と呼び、斉昭が彼らを身辺に配していることを心配し諫言していた。斉昭からの金銭下賜を断った背景には、自分の意図を誤解されたことに対する感情的なしこりもあったであろうが、本質的な理由は「根拠なき金銭は受け取らない」という確固たる信念にあったと思われる。
　東湖は金銭の受取りを拒否した理由を「虎固より貧骨に徹す」として、貧困に慣れているからとしているが、正常な金銭欲が機能すれば、金銭の下賜によって貧困が緩和されることに喜びを感じるはずである。東湖は著しく金銭に淡泊であったか、金銭欲を凌駕する「義」が内面で働いたかのいずれかであろう。
　渋沢が後年打ち出す義利合一説を「利を得るにあたって貪ることなく、義という道徳倫理の縛りをもってなすべし」と理解すると、これは経済活動によって能動的に利を得ることに関する説である。水戸藩士である東湖が受領すべき利は経済活動によるものではないが、「藩に資する働きに対する対価としての金銭」である。
　その意味では東湖、渋沢ともに利に対する基本的な認識は共通であり、渋沢の義利合一説の萌芽の一端が東湖のこのエピソードに表れている。
　渋沢が東湖のエピソードに啓発されて義利合一説を想起したのではなかったとしても、利に対する東湖の清廉な姿勢が若き渋沢に少なからず影響を与えたことは間違いないと思われる。

5－2　徳川斉昭の経済観念

　斉昭の経済観念は東湖と似通っている。東湖は斉昭からの故なき金銭の受取りを拒絶した。スケールは大きく異なるが、斉昭にとっては藩財政が窮迫したからといって幕府に増封を依頼するというのは、対価なき金銭を幕府に無心するのと同じであった。

　藩財政の基盤となる土地の対価は、祖先が戦国時代以降に命を張って獲得したものであった。しかし、戦国の論理が成立しない太平の世になってからの土地の対価は、未開墾の土地に手を入れることによる経済価値の増加と斉昭は理解した。

　斉昭にとっては、「戦国の世の論理」と「太平の世の論理」のいずれに照らしても不合理な行為が幕府に対する増封の無心であった。

　戦国の世の論理による領地拡大は、限られた土地の奪い合いであり、いわばゼロサムゲームである。しかし、すでに手にしている領地や未開地を善政によって治めれば農業や手工業を中心とする地域経済は潤い領民の生活水準は改善する。

　外夷が侵入して日本の領地が奪われることを考えれば、太平の世であるといえども、外夷に対しては戦国の世の論理で対抗せざるを得なくなる。斉昭の攘夷思想はこのような論理で構成されていた。

　斉昭の論理に基づけば、外夷からの脅威を排除し開墾によって経済的付加価値を創出して水戸藩の増封を図るため、北海道に出向いて国防と開墾の一挙両得を目指すことはきわめて合理的であった。

　この論理を理解していたのは、回天詩史に斉昭の考えを記述した東湖と、ロシアの脅威を警告してやまなかった父の幽谷であった。この考えはやがて幕府も認めるところとなった。

　問題となるのは、回天詩史のこの一節を読んだ渋沢がどのように斉昭の考え方を理解したかという点である。14歳から本格的に藍農家を廻って集荷作業を行うかたわら養蚕業にも従事し、自ら経済的付加価値を創出することに専念していた渋沢が、何度も反復熟読した回天詩史を通して、斉昭および藤田父子と認識を共有していたことは明らかである。

農業をはじめとする藩内の産業を営む領民に対して感謝の念を抱いていた斉昭の思いが、東湖の筆になる漢詩を通して渋沢に伝わったとすれば、幕府に対する増封の無心を潔しとしない清廉さと、経済合理性と経済倫理に基づく斉昭の考えを渋沢はごく自然に受け入れたと考えられる。

小　括

　本章の目的は、渋沢が影響を受けたと考えられる藤田東湖の主要著作について、(1)尊皇攘夷思想に対する基本的な考え方、(2)武士道と陰徳に関する理解、(3)渋沢に顕著な影響を及ぼしたと推察される考え方の3点を分析視角として検討し、その結果を渋沢の著作や言行録および事績と比較して水戸学の渋沢思想への影響を探ることであった。具体的には、渋沢が耽読した『回天詩史』の思想を考察した。

　本章では、回天詩史を東湖の思想を通して水戸学思想を考察するための入門書であり、かつ水戸学の他の文献を通して渋沢への思想的影響を探るためのいわば継ぎ穂となる著作と位置づけた。

　渋沢への思想的影響を捜るにあたっては、(1)水戸学の尊皇攘夷思想、(2)東湖の歴史観と宗教観、(3)東湖の教育論、(4)水戸学における経済観念の4つの視角からアプローチした。小括では4つのポイントごとに考察をまとめる。

1．水戸学の尊皇攘夷思想

　本章では渋沢への思想的影響を考慮して、水戸学の尊皇攘夷思想を「尊皇思想」と「攘夷思想」に分けて検討を加えた。尊皇攘夷思想の影響を二分割で検討するのは、渋沢思想の展開の経緯を勘案したからである。それらは渋沢が「生涯を通して影響が継続した思想」である尊皇思想と、青年期において実践を試みたものの目的を果たせず「一過性に終わった思想」である攘夷思想の2つに分けられる。

　水戸学の尊皇攘夷思想は、第二代藩主である徳川光圀の思想を濫觴として代々受け継がれてきた水戸藩の藩是ともいうべき尊皇思想と、1612（慶長17）

年のキリスト教禁教令を契機とする攘夷思想から成り立っている。尊皇攘夷思想は、幕藩体制という特異な政治体制を基盤に、国内勢力の安定的均衡と対外関係の静態的推移が270年近く両立する特異な状況下において成立した思想である。

　両思想の出自には日本建国の歴史に根差した根幹思想と、対外政策に根差した政治思想という相違が存在する。前者は建国の礎たる思想であるのに対して、後者は外国との力関係によって必然的に方針変換が強いられる思想である。したがって、両者を分けて検討することに不合理は存在しないと考えられる。

尊皇思想

　回天詩史には尊皇思想の蘊奥は詳細に記述されていない。水戸学には『大日本史』という天皇家の歴史から説き起こした尊皇思想に関する大著がある。

　東湖は同書を『神皇正統記』と並んで日本の歴史書の双璧と認識していたので、尊皇思想に関する知見は十分有していたと思われるが、回天詩史の記述は君臣論が中心である。したがって、水戸学の尊皇思想が渋沢思想に及ぼした影響を探るためには、水戸学の他の文献も併せて精査することが不可欠となる。

攘夷思想

　回天詩史において、攘夷思想は尚武の精神との関わりから情緒的かつ煽情的に語られる。情緒的というのは攘夷思想の理論的根拠が明確に述べられていない点であり、煽情的というのは太平の世で等閑にされた尚武の精神を発揮し、武力によって外夷を殲滅すべしという暴力肯定的な煽り方をしている点である。

　七言古詩の形式で書かれた漢詩には感性に強く訴えるものがある。回天詩史自体が、漢籍の教養を備えた知識人を対象とした水戸学思想普及のための啓蒙用のパンフレットの役割を果たしたと考えられる。そして、この回天詩史に共感したのが漢籍の教養を有する渋沢栄一と尾高惇忠を中心とする農民志士たちであった。

農民志士たちが回天詩史をはじめとする水戸学に共感する素地は漢籍の教養以外にも存在した。それが政治情勢や世相に関する情報から疎外された情報過疎の環境であった。渋沢たちは農民であるがゆえに武家以上に情報から疎外されており、知識や情報に飢えていた農民志士にとっての情報源は漢籍と水戸学思想であった。

　このような特異な環境においては、水戸学思想の過激な部分が渋沢たちを洗脳する役割を果たし、渋沢たちは農民の分を越えて知行合一を実践すべく横浜焼き討ちという過激なテロ行為によって攘夷思想を行動に移すことを計画した。一読して明らかに牽強付会な内容を有する「神託」は彼らの計画の不合理さを示している。

２. 藤田東湖の歴史観と宗教観

　東湖の歴史観は、『神皇正統記』と『大日本史』が正統な歴史書であるという認識に立脚した皇国史観である。東湖の尊皇思想は、日本固有の歴史を形作った皇室を尊崇すべきという歴史観に立脚しており、攘夷思想は鎖国を始めた幕政の歴史に立脚している。

　しかし、前者は日本創設以来二千年以上にわたる歴史に根差しており、かつ日本という国の存在の基盤を形成する歴史観であるのに対して、後者は国内勢力の安定的均衡と対外関係の静態的推移が徳川政権下において両立したことで成立した思想である。

　東湖の宗教観は回天詩史において論理的に展開されてはいない。東湖は仏教が皇室の祭祀を侵辱するものと認識しその弊害を強調する。つまり、皇室の重要な役割である祭祀を歪めたのが外来宗教たる仏教であるというのが東湖の認識である。

　回天詩史に記述された東湖の宗教観と渋沢の宗教観を比較すると、渋沢の宗教観は東湖より広い観点から仏教を受け入れていることがわかる。渋沢は宗教の呪術性や超常現象に関する教義は嫌悪するが、土地の住民の生活に密着した宗教的行事に対しては積極的に援助するとともに、人智を超越する「天」の存在は肯定していた。係る観点から推察すると、渋沢は東湖の宗教観から影響を受けたとは考えられない。

第2章　藤田東湖『回天詩史』と渋沢思想

3．藤田東湖の教育論

　東湖は性善説に基づいて教育論を展開しており、土地の慣習や習俗を重視するとともに教育を施すタイミングが重要と主張する。

　渋沢は老年期以降、一般大衆を対象にした「論語講義」を頻繁に開催して倫理教育に注力した。渋沢自身は父から与えられた教育環境において文武農商四道を修め、一橋家仕官後も自己研鑽の機会を豊富に与えられた。しかし、嫡男の渋沢篤二の教育には失敗し廃嫡せざるを得なかった。

　東湖の教育論は危うさをともなったものであった。それは渋沢の教育環境を整えた父渋沢市郎衛門元助の意図に反する水戸学という夾雑物が教育課程に入り込んだ結果生じた危うさであった。つまり、東湖が主唱する教育論が含まれる水戸学思想の攘夷論は、渋沢をしてテロ行為にはしらせる原因を作り出した可能性があるからである。

　渋沢は自分をすんでのところでテロ行為に走らせかけた水戸学の攘夷論を後日恨みがましく語ってはいないが、その時の心境が異常であったことは認めている。渋沢は自分の経験から独自の教育論を編み出し、それを後進や一般大衆に向けて説いた。

4．水戸学における経済観念

　藤田東湖と徳川斉昭の経済観念には、義利合一説を主唱する渋沢の経済倫理との共通点が存在する。東湖と斉昭は商人ではないので、武士としての行動が商売における利益に直結することはない。

　三者に共通するのは、経済的な貢献度と受領する金銭の均衡を重視する点である。「利を得るにあたって貪ることなく、義という道徳倫理の縛りをもってなすべし」と解釈される義利合一説は、営利原則を遵守して正当で適切な利益を得るべきとする説であり、不正を排除するとともに対価なき利益、つまり浮利を追うことを禁止する。

　東湖にとって、故なき金銭を受け取ることは対価なき金銭を受領することに等しく、斉昭にとって、幕府に増封を無心することは金銭を生む土地を、対価を支払うことなく受領するに等しかった。

127

東湖にとって自分が創り出す対価とは水戸藩に貢献して結果を残すことであり、斉昭にとって水戸藩の封土は先人が戦国のならいにしたがって流した血を対価とするものであった。太平の世にあって新たな土地を得るための対価は土地を開墾することによって追加的価値を生むことであった。農民と武家という違いはあっても、金銭に関する基本的な倫理観は、渋沢、東湖、斉昭の三者間で共通していた。

幕末の水戸藩をめぐる幕藩体制

　270年近くにわたる徳川時代は、鎖国によるクローズドシステムとしての幕藩体制が、ほぼ大過なく機能し続けた時代であった。幕府が御用学問として採用した朱子学を中心とする儒学は、思想面から身分制度の正当性を支え、封建支配を理論づける役割を果たした。

　これを企業経営に則して解釈すると、高度成長期の時代背景に則した経営理念を社内で徹底し、合理的な戦略に沿って着実に実績を積み重ねる優良企業にたとえられる。その優良企業では高度成長期から安定成長期に至る長期間の成功体験が絶対的真理となり、経営理念を組織文化として根付かせた経営者や従業員は徐々に、それまで受け入れてきた優先順位や意思決定の方法が正しい仕事のやり方であるという考えから脱却できなくなる。

　時代が移り、ITを導入して時代に適応した経営に切り替えて成功する企業を横目で見ながら、過去の成功体験を絶対視する社風を転換することができないかつての優良企業は、「組織文化の逆機能」を発症し、没落の一途を辿ることになる。

　徳川幕府において、この企業文化に相当するのが対内政策を支える中核思想としての朱子学と、対外政策を支える攘夷思想であった。一方、18世紀後半から始まる産業革命による近代化を早期に取り入れて国力を増強したのが欧米先進国であった。

　これらの欧米先進国はIT技術をいち早く取り入れて企業業績を伸ばす現代の優良企業に相当する。一方、近代化に背を向けて組織文化の逆機能に見舞われたかつての優良企業が、長く徳川幕府というクローズドシステムによって統治されたのが、当時の日本であった。

第 2 章　藤田東湖『回天詩史』と渋沢思想

　管見によると、そのような状況と外夷との圧倒的な武力差に気づいてジレンマに陥りながらも、徳川御三家としての体面上、攘夷思想を標榜せざるを得ず、北海道の守りを自らが盾となる気概で申し出たのが徳川斉昭であった。
　慧眼な斉昭が日本の国際的な立場を把握していないはずはなかった。斉昭は現実を正視しながらも、正面切って標榜するその思想は徳川300年の歴史に裏づけられた幕府政治の基本たる攘夷思想であった。
　そのような斉昭の真意を理解できず、水戸学を純粋に信奉する一部の水戸浪士が幕末に至って暴発した。ましてや、水戸学を書籍のみから修得した農民エリートである若き渋沢が、攘夷思想に感化され横浜焼き討ちというテロ行為にはしることは無理からぬことであった。
　徳川幕府のクローズドシステムの欠陥を見抜き、オープンシステムに変換して欧米先進国の仲間入りを目指したのが開国派の大老井伊直弼であった。その手法はあまりにも激烈であったため、水戸浪士に殺害される結果となったが、不平等条約を受け入れざるを得ないという痛みをともなってでも、幕府の旧弊を正そうとしたという点において、井伊は新たな感覚をもって企業文化の変革を目指す現代の革新的経営者に相当する政治家であった。

まとめ

　回天詩史は多くの内容を盛り込んだ水戸学思想のパンフレット的性格を有する啓蒙書である。通常パンフレットにはキャッチーなフレーズが多く用いられ、読者の感性に訴えかける文章が記載されることが一般的である。回天詩史の場合は韻を踏んで書かれた漢詩がその役割を果たした。
　本章では、回天詩史のこのような性格を勘案して渋沢が耽読した回天詩史の思想を考察し、渋沢に影響を与えた水戸学の思想を体系的にたどるための端緒を探ることを念頭に内容を検討した。その結果、同書の論理的記述が不十分な部分については、筆者の推認によってカバーすることとなった。
　したがって、推認による部分に関しては後続の章において、東湖に影響を与えた水戸学の思想を体系的にたどり、(1)尊皇攘夷思想に対する基本的な考

第Ⅰ編　藤田東湖と渋沢思想

え方、(2)武士道と陰徳に関する理解、(3)渋沢に顕著な影響を及ぼしたと推察される考え方の3点について水戸学思想を正確に把握すべく考察を進める。次章では、渋沢が愛読した『常陸帯』の内容を検討する。

【注】
（１）解説平泉澄、著者（注釋）名越時正『藤田東湖「回天詩史」』（名越時正先生の米壽を祝ふ会、平成14年）25-26頁。
（２）渋沢栄一「子路第十三第5章」『論語講義（五）』（講談社学術文庫、1977年）127頁。
（３）「東湖会講演集」第1-6頁（大正13年10月）渋沢青淵記念財団竜門社編『澁澤栄一傳記資料　第一巻』（渋沢栄一伝記資料刊行会、昭和30年）207頁。
（４）平泉、名越、前掲書42-43頁。
（５）平泉、名越、前掲書64-65頁。
（６）渋沢栄一「学而第一第15章」『論語講義（一）』（講談社学術文庫、1977年）67-68頁。
（７）平泉、名越、前掲書42頁。
（８）平泉、名越、前掲書7-8頁。
（９）平泉、名越、前掲書69頁。
（10）平泉、名越、前掲書69-70頁。
（11）平泉、名越、前掲書70頁。
（12）平泉、名越、前掲書72頁。
（13）平泉、名越、前掲書73頁。
（14）平泉、名越、前掲書77-78頁。
（15）高須芳次郎編著「回天詩史」『藤田東湖全集第一巻』（章華社、昭和10年）216頁。
（16）平泉、名越、前掲書、85-86頁。
（17）「竜門雑誌」第313号・335-337頁（大正3年6月）渋沢青淵記念財団竜門社編『澁澤栄一傳記資料第一巻』（渋沢栄一伝記資料刊行会、昭和30年）232頁。
（18）「神託」（尾高定四郎所蔵）渋沢青淵記念財団竜門社編『澁澤栄一傳記資料第一巻』（渋沢栄一伝記資料刊行会、昭和30年）244頁。
（19）平泉、名越、前掲書79-80頁。
（20）平泉、名越、前掲書83-84頁。

(21)「実験処世談」(渋沢栄一著) 549-550頁(大正11年12月) 渋沢青淵記念財団竜門社編『澁澤栄一傳記資料第一巻』(渋沢栄一伝記資料刊行会、昭和30年) 179頁。
(22) 渋沢栄一「里仁第四第15章」『論語講義 (二)』(講談社学術文庫、1977年) 49頁。
(23) 平泉、名越、前掲書48-49頁。
(24) 平泉、名越、前掲書27頁。
(25) 平泉、名越、前掲書39-40頁。

第3章
藤田東湖『常陸帯』と渋沢思想

はじめに

　本章の目的は、藤田東湖の『常陸帯』に記述されている、(1)政治思想、(2)水戸藩の内政、(3)宗教観の3点について、渋沢栄一の著作や事績と比較し、渋沢思想に対する同書の影響を探ることである。

　常陸帯の概要はその序において明確に示されている。常陸帯は、徳川斉昭（以下「斉昭」）が謹慎を命じられたのに連袂して東湖が蟄居した折に、斉昭の身の上を案じながらその心情を徒然に書き連ねた著作である。七言古詩の漢詩で書かれた啓蒙書的色彩を有する回天詩史とは異なり、常陸帯は参考資料を用いず、いわば自由律で表現され、上下巻に分けて項目ごとに整理して記述されている。

　常陸帯は、徳川斉昭の思想と事績に関する記述で貫かれている点に特徴があり、その実質的な内容は「藤田東湖が理解した徳川斉昭の思想と事績」である。東湖は常陸帯を刊行することによって、斉昭の考えを解釈して一般に広める一種のスポークスマンの役割を果たした。

　常陸帯の内容を検討するにあたって認識しておくべき事実が、斉昭に対する渋沢の評価である。渋沢は東湖を藤田東湖先生と呼んで尊崇していたが、斉昭に対しては必ずしもそうではなかった。渋沢は斉昭を偏狭で政治的手腕に乏しく、その結果、藩内では抗争が絶えなかったと評価している[1]。

　渋沢は常陸帯を、「斉昭の思想と事績を、自分が尊敬する東湖の理解を通して書いたもの」として認識するという、いささか複雑な思いで愛読していたことになる。

　係る事情から、本稿では斉昭を主語として資料を引用するが、常陸帯に書

かれた内容は斉昭を引き合いにして東湖が自らの思想や考えを述べたものと理解する。本章で検討する、(1)徳川斉昭の事績、(2)東湖の思想、(3)渋沢思想の関係性は以下のように図表化される。

図表 3 − 1 『常陸帯』の検討スキーム

```
渋沢思想  ──尊敬→   常陸帯      ──忠臣→   徳川斉昭
          ←影響──  (藤田東湖の思想) ←解釈──
```

【注記】
（1）東湖は忠臣として斉昭の思想と事績を理解し、その内容を『常陸帯』に記述し独自の解釈を示した。
（2）東湖を尊敬していた渋沢は、東湖が斉昭の思想と事績を記述した『常陸帯』を理解し影響を受けた。
（3）渋沢は斉昭に対して特段敬意を抱いていたわけではなかった。
（4）本稿で検討対象とするのは、『常陸帯』の内容と渋沢思想への影響である。

第 1 節　『常陸帯』の概要

1 − 1　目次構成

　常陸帯は上の巻と下の巻に分かれており、前者が11項目、後者が 8 項目から成り立っている。上下巻を構成する全19項目が体系的に分類されているわけではないが、上の巻は斉昭が第 9 代藩主に就くまでのいきさつに始まり、藩内政治やその改革、日常生活における留意事項など政治や日常生活を中心に記述されている。下の巻は尊皇思想や藩士の教育、神社を中心とする宗教観、藩内の農地管理、幕府からの褒賞など思想、教育、宗教などが中心に記述されている。

　常陸帯を構成する上下巻は章立てで構成されていないので、本章では上巻11項目、下巻 8 項目からなる全19項目に章を割り振り、第 1 章から第19章で

第 3 章　藤田東湖『常陸帯』と渋沢思想

構成されるとして整理する。
　常陸帯上巻を構成する11項目と下巻を構成する 8 項目の章立てはそれぞれ以下の通りである。⁽²⁾

常陸帯上巻の概要
　第 1 章　中納言の君世を嗣がせ給ふ事
　第 2 章　奥右筆の舊を破り給ふ事
　第 3 章　御代の初執政其外職々賞罰し給ふ事
　第 4 章　文武を勵まし言路を開き給ふ
　第 5 章　儉素を守り給ふ事
　第 6 章　奢侈を抑へ給ふ事
　第 7 章　婚姻養子の義を正しく給ふ事
　第 8 章　定府の士を減じ給ふ事
　第 9 章　饑饉を救ひ給ふ事
　第10章　國中に貸出せし金穀を棄て、入るを量りて出すをなし給ふ事
　第11章　逐鳥狩によせて武備を整へ給ふ事

常陸帯下巻の概要
　第12章　弘道館を建て給ふ事
　第13章　朝廷を尊び幕府を敬ひ給ふ事
　第14章　夷狄の禍を慮り給ふ事
　第15章　神社を尊敬し給ふ事
　第16章　御床几廻百人を設け給ふ事
　第17章　諸書を著述して後に傳へ給ふ事
　第18章　畠の經界を正し穀禄を平にし給ふ事
　第19章　幕府の褒賞を蒙り給ふ事

1 − 2　目次の再構成

　本章では、常陸帯上下巻の19項目を内容に基づいて整理し、渋沢思想への影響を念頭に置いて考察を加える。常陸帯の内容に基づいて分類すると、「尊皇思想」、「攘夷思想」、「水戸藩の内政」、「宗教」の 4 カテゴリーに分かれ

135

第Ⅰ編　藤田東湖と渋沢思想

図表3－2　『常陸帯』の内容別再構成

	タイトル		内容分類
1．尊皇思想	第13章	朝廷を尊び幕府を敬ひ給ふ事	思想（尊皇と忠義）
2．攘夷思想	第11章	逐鳥狩によせて武備を整へ給ふ事	思想（防衛）
	第14章	夷狄の禍を慮り給ふ事	思想（夷狄の禍）
3．水戸藩の内政	第1章	中納言の君世を嗣がせ給ふ事	ヒト（世継ぎ）
	第3章	御代の初執政其外職々賞罰し給ふ事	ヒト（信賞必罰）
	第4章	文武を励まし言路を開き給ふ	ヒト（文武の奨励）
	第5章	倹素を守り給ふ事	ヒト（倹約）
	第6章	奢侈を抑へ給ふ事	ヒト（質素な生活）
	第7章	婚姻養子の義を正しく給ふ事	ヒト（婚姻養子）
	第8章	定府の士を減じ給ふ事	ヒト（人事配置）
	第12章	弘道館を建て給ふ事	ヒト（教育）
	第16章	御床几廻百人を設け給ふ事	ヒト（評価）
	第2章	奥右筆の舊を破り給ふ事	モノ（制度）
	第9章	饑饉を救ひ給ふ事	モノ（土地）
	第10章	國中に貸出せし金穀を棄て、入るを量りて出すをなし給ふ事	カネ（金銭貸借）
4．宗教観	第15章	神社を尊敬し給ふ事	宗教（神社の尊崇）

【注記】
（1）本図表では常陸帯の内容をカテゴリーごとに整理したため章の並びは順不同である。
（2）思想と宗教観は重複部分があるが、常陸帯では神社に焦点をあてて宗教観が記述されているため別項目とした。

る。思想は尊皇思想と攘夷思想からなり、水戸藩の内政は「ヒト・モノ・カネ」の3つの要素別に整理される。宗教については神社の尊崇に焦点があてられている。

　常陸帯は東湖が江戸で蟄居を命じられた折、手元の資料が不十分な状況でいわば徒然に書き記したものである。同書は上下巻に分かれてはいるものの、必ずしも体系的に整理されているとはいえない。

　謹慎を命じられている斉昭に対する東湖の忠義心は、斉昭の思想と事績を東湖の言葉で語ることによって読者に感動を与え、吉田松陰、佐久間象山、伊藤博文らにも影響を及ぼした。[3]

　本章では「図表3－2　『常陸帯』の内容別再構成」に基づいて、「尊皇思

想」、「攘夷思想」、「内政」、「宗教」の順で東湖の水戸学思想と渋沢思想の関係を探る。

第2節 『常陸帯』の尊皇思想

2－1　藤田東湖の尊皇思想と渋沢の解釈

　常陸帯の第13章では、「朝廷を尊び幕府を敬ひ給ふ事」という題目の通り、「朝廷を尊び、朝廷を尊ぶ幕府を敬うべき」という論理が展開されている。東湖による尊皇思想の理解の一端は以下の記述に示されている。⁽⁴⁾

　「忠孝は基本一なり。（忠孝 不兩全 などいふは後の世に言出せることにて、不孝の子は忠臣といふべからず。不忠の臣は孝子といふべからず、事長ければ爱にいはず。）幕府を敬ひ給ふは孝を東照宮に竭し給ふ所以、天朝を尊び給ふは忠を天祖に竭し給ふ所以なり。然るに世の書讀める人さへ、この理りを明らかにせず、國學に泥みぬるものは、やゝともすれば、關東をい輕んじ、漢學に迷へるものは朝廷を尊ばず、甚しきに至りては代々の將軍家を指して、王と稱し奉るものあるに至る。これ幕府を誣奉るにひとしく、大なる僻事なり。」

　東湖は、忠孝は両立するのみならず一体と考える。「孝子ならずんば忠臣ならず」という考えに基づいて、武家の生活を確保するための幕藩体制を家にたとえれば、家長である将軍には孝をもって仕え、幕府の上にあって国の礎を築いた朝廷に対しては忠をもって尊崇すべきということになる。
　幕臣は孝をもって幕府に仕え、幕府は忠をもって朝廷に仕えることが忠孝の一体化であり、武家社会を構成する幕臣は忠孝をもって朝廷および幕府を尊崇して仕えるべきという論理が成立する。しかし、この論理には下部構造たる経済を支える農工商への言及が抜け落ちている。
　この論理は、国の礎を築いた朝廷を尊崇して忠義を尽くすとともに、朝

廷を尊崇して太平の世を築いた幕府に対しても同じく尊崇の心をもって忠義を尽くすべきという、武家を中心とした階層社会を前提に成り立つ論理である。

つまり、「朝廷⇒徳川幕府⇒水戸藩⇒水戸藩士」という階層構造に身を置く水戸藩士は、静態的な社会構造を尊重して確守することにより、自らの尊厳と武家としての生活が保障されるというのが東湖の論理である。

これは、水戸藩から俸禄をもらい、それによって生活が成り立っている武家にのみあてはまる論理であり、生産活動によって生み出した付加価値を年貢という形で収奪される農民に適用されるべき論理ではない。

2−1−1　渋沢栄一の尊皇思想が抱える矛盾

ここで問題となるのは、「常陸帯の論理」と、渋沢たちが計画した「横浜焼き討ちの論理」の整合性をどのように理解するかという点である。これは東湖の尊皇思想の影響を探るにあたって、渋沢が計画したテロ行為は水戸学による洗脳によるという筆者の見解を確認する意味を有する。

常陸帯を愛読した吉田松陰、佐久間象山、伊藤博文たちのように、渋沢が武士階層に属していたとすれば、東湖の思想は抵抗なく渋沢の心に響いたであろう。しかし、渋沢は武家から収奪される側の農民階層に属していた。したがって、松陰たちと同様に渋沢が常陸帯から影響を受けたとしても、その受けとめ方は大きく異なっていたと考えられる。

横浜焼き討ちを決起するにあたって、武家の立場で書かれた常陸帯の論理を渋沢がそのままの形で受けとめると、それは農によって付加価値を生み出すことを本分とする渋沢にとって分を越えた解釈となる。この自己矛盾を回避し、テロ行為を正当化するためには、横浜焼き討ちを徳川幕府打倒のきっかけにするという意図を何らかの論理で糊塗しなければならなかった。

前章で取り上げた、決起に際して作成した「神託」に幕府打倒の意図は記述されていない。渋沢らは異人を畜生として侮蔑し、自らを神兵と位置づけることによって害獣駆除を標榜しテロ行為を正当化した。その計画は「横浜焼き討ち⇒攘夷機運の喚起⇒社会不安の惹起⇒幕藩体制の崩壊」という非現実的な論理で構成されていた。

第3章　藤田東湖『常陸帯』と渋沢思想

このように理解すると、渋沢は横浜焼き討ちを計画するにあたり、自分たちにとって好都合の部分だけを良いとこ取りしたことになる。もしそうであるとすれば、渋沢は水戸学に洗脳されたのではなく都合よく利用したことになる。

2−1−2　藤田東湖による大塩平八郎の評価

渋沢の水戸学解釈について検討すべきは、「統治者の論理を被統治者がどのように解釈するのか」という点に存する。渋沢が農民という立場で統治者による武家政治を終わらせようとするのであれば、統治者の側に身を置く東湖の思想をそのまま信奉して実行することは本来ありえない。

なぜなら、そこには立場の違いによる矛盾が不可避的に存するからである。しかし、渋沢はその矛盾を独特の論理によって正当化し横浜焼き討ちを計画する。

まず、統治者の側に身を置く東湖が大塩平八郎の乱をどのように認識したのかを検討する。東湖は大塩の乱について以下のように述べる。(5)

「さて此日より僅か七月八日許を過ぎぬれば、大鹽平八郎といへる者、徒黨を催し飢民を救ふ事を名として大銃を放ち、火矢をもて大阪の市中を燒き、十九日の卯の時より二十日の戌の刻（一説に廿一日の丑の刻迄といふ。廣き市中に火分れて四方八面に燒しと由なれば、殘りなく鎮まりしは、實に廿一日の丑の刻にもあらん）迄黒煙天に漲り銃聲雷の如くなりしかば、畿内是が爲に心ひしめき、關東も自ら安き心なく、大名小名俄に、武器を用意ありけるに、我屋形のみ人々既に用意して、旗指物に至る迄備はり、蓑笠をもてる者の雨を恐れざるが如き心地しければ、初めは君はあやしき事を好み給ふ抔、竊にさゝやきし者も、此時に至りて君の先見の明かにましゝぬるを感じ奉りぬ。後年々に此式を行ひ給ひければ、二年三年の内に江戸の邸なる諸士は小禄の者に至る迄夫々武器備れり。」

東湖は大塩の乱を国内の治安を乱す悪行と捉えており、大塩が乱を起こした原因やその行動の背後にある思想については詳細に分析していない。大塩

をして乱を起こさせた原因が幕政の欠陥にあるという結論につながる分析を東湖の立場で行うことは困難であった。

　東湖としては、大塩の乱を突発的な不祥事として捉え、あたかも災難に備えるがごとく武備を充実させることが有効な対策であるという見解を示すにとどまった。

2－1－3　渋沢栄一による大塩平八郎の評価

　大塩平八路の乱に対する渋沢の評価内容を検討する。1837（天保8）年に「大塩平八郎の乱」を主導した大塩は、大坂町奉行組与力であり陽明学者であった。大塩が起こした反乱は飢饉が発端であった。食料不足に苦しむ民衆の救済を幕府に嘆願して拒絶された大塩は、民衆の側に立ち幕府に対して反乱を起こした。この反乱は、統治者の側に身を置く大塩が、被統治者の立場に身を置きかえて幕府に叛旗を翻したという構図である。

　渋沢は、大塩が乱を起こすに際してその非道を戒めた宇津木矩之丞の例をもとに大塩を批判する。渋沢は以下のように述べる。[6]

　「この時に宇津木矩之丞は、大塩平八郎が既に大事を自分に漏らしたからには、若し一味徒党に加はらぬと撥ねつけてしまへば忽ち其場で大塩に殺されるに相違ないとは覚つたが、大塩の挙兵は義に悖るもので、朝憲を紊乱する乱民の所為であると信じたものだから、諄々として其不可なるを説いて挙兵を諫止し、自分は素より大塩の一味徒党に加はるを肯んじなかつたのである。然し大塩に於ては少しも意を翻す模様が見え無いので、其夜、大塩の邸に一泊することにはしたが、必ず其夜の中に大塩に殺されるものと覚悟し、同伴して参つた十八歳ばかりの少年に、委細を詳しく認めた一封を授け、之を窃に懐にして大塩の邸宅より抜け出て、急ぎ彦根に帰るべき旨を命じたのであるが、少年のこととて、旨く邸を抜け出るわけに行かず、彼是して居る間に平八郎は果して一刀を提げて矩之丞を殺しにやつて来たのである。……。

　この宇津木矩之丞の如きは、不義を見て為さざるの勇のあつた人といふべきである。この点に於て、青年諸君は大に矩之丞の意気を学び、不義と思ふ事には、何時如何なる人より加担を迫られても決して其仲間に加はらず、為

に生を捨つる厭はざるまでの覚悟を平素より養つて置くやうにして戴きたいものである。」

　このように渋沢は大塩の乱を不義と断定する。大塩が被統治者の側に立ったにもかかわらず、渋沢は大塩の行動を評価していない。渋沢が非難するのは、既存秩序の枠組みにおいて、秩序を守り支えるべき人物が自ら階級的秩序を破壊し社会を混乱させる行動をとったことに対してである。

　渋沢が名分論を重視していたことを前提にすると、大塩が名分を守らず階級的秩序を破壊したことを渋沢が非難したことは矛盾なく理解できる。渋沢は常陸帯の記述を名分論に則った合理的な考え方であると理解し、大塩の行動を名分論に反するものとして糾弾した。

　農民であった渋沢にとっての名分は農業を振興し、農によって国を支える礎としての役割を果たすことであった。これに対して大坂町奉行組与力であり陽明学者である大塩の名分はまさに朝憲の安寧を保つことであった。

　渋沢は名分を無視した大塩の行動を非難する一方、自分が理想とする社会を実現させるためには、名分に反してでも社会を覚醒させるために行動せざるを得ないと判断した。この矛盾に満ちた認識を整理することなく進められたのが横浜焼き討ち計画であった。

　渋沢の非合理的な行動を説明しようとすれば、このような解釈に基づかざるをえない。この時期の渋沢は常陸帯の思想をその意図とは異なる論理で解釈して行動に移す危険分子であった。

第3節　『常陸帯』の攘夷思想

3－1　藤田東湖の攘夷思想と渋沢の解釈

　東湖が斉昭の思想に基づいて記述した攘夷思想は、「第14章　夷狄の禍を慮り給ふ事」で示されている。東湖は斉昭の考え方を解説するという形式で攘夷思想を述べている。

東湖は日本に接近する西欧諸国について、(1)歴史的経緯、(2)内外情勢の 2 つの視角から日本侵略を企む脅威と捉えている。異国との交流を通して日本に益するものはないという考えは東湖の外国人性悪説に立脚している。

3－1－1　藤田東湖の歴史認識

東湖は、(1)思想的侵略への対処、(2)国防の歴史の 2 点から徳川幕府の鎖国政策を合理性のある政策と認識している。東湖は日本がこれまで直面した外国からの侵略を、「精神的な頽廃をもたらすことによる内面からの侵略」と、「強大な軍事力に任せた力による侵略」の 2 つに分けて認識する。

東湖は西欧の国々が信仰しているキリスト教を邪教と認識し、キリスト教の布教は日本人の精神的頽廃を意図したものであると結論づける。

斉昭、東湖ともに、日本の安寧が保たれてきたのは鎖国政策の賜物であると考えていた。幕末の日本が置かれていた状況は、武家政権下で鎖国政策によって巡航速度で安全運転を行ってきた長い歴史において、数百年に一回の割合で起こる外夷による脅威が、元寇と同じレベルで発生しつつあるというのが両者の認識であった。

二度にわたる元寇は、規模や火器の性能において侵入者が圧倒していたが、戦力の格差は戦略や戦術、あるいは地の利などによって克服が可能なレベルであった。しかし、幕末に日本に脅威を与えた外国勢力の火器は産業革命を経て開発された重火器であり、「戦略」、「戦術」、「地の利」によって日本の劣位を克服することできるレベルではなかった。東湖によると斉昭は日本が有する地の利について以下のように考えていた。[7]

「君又常に御側近くへ侍る人々に仰せ給ふは、神國は四方の國々皆海なれば、いづくの浦に夷狄の舟寄來んも測り難し。されども初は夷狄の艦海上に在り、大砲抔放ちて駭しゐるとも、後には陸地に上りぬべし。我國の武備だに整ひて、鉄砲もて打砕き、或は黒煙の下より猛き兵共馳せ入りて、木太刀をを振ひ、思ふ儘に戰ひなば、必大なる勝を得べし。たとひ一度は夷狄等あらびぬるとも、長く陸地に留りて要害の地を保ち等する事は得させじ。されば浦々に寄來るは其患あさし。さて、蝦夷の千島は正しく、神國の

地にて古(いにしへ)より歌にも詠める許りの名所(めいしょ)なりしを、魯西亜の夷人、漸々に強大になるにつれ、千島に渡り來て漁獵(ぎょれふ)をなし、盧舎(ろしゃ)まで造り住みゐること、是うたてきわざならずや。(千島の内は、今、久奈尻(くなじり)、惠登呂府(ゑとろふ)の二島のみ松前(まつまへ)氏より人を渡して茂(な)らしむ。)」

斉昭は外夷による日本侵攻の脅威について、幕府の眼が届く範囲においては地の利があると考えていたが、松前藩が管轄する北海道に関しては、ロシアの脅威を強く感じていた。

近代的な蒸気船によって数万人単位で日本に侵攻することは不可能であったであろうし、上陸を許したとしてもゲリラ戦で対抗すれば外国の侵攻は不成功に終わった可能性はある。しかし、斉昭とその意を汲んだ東湖は、この戦略はあくまでも弥縫策であり、いずれ外国勢力とは現実的に向き合わなければならないことを認識していた。

問題は渋沢の認識である。武家にとっては国防が本来業務であることから、斉昭、東湖ともに水戸藩の海岸沿いが外国船の脅威にさらされている現実に対して、建前と本音を使い分けることができた。しかし、国防が本来業務でなく、農業に携わりながら常陸帯と真摯に向かい合った渋沢らが、斉昭や東湖が攘夷論の現実に対して抱いていた認識を共有することは不可能であった。

渋沢や尾高惇忠には常陸帯の思想を純粋に信じる素地しか与えられていなかった。いわば頭でっかちで一途なインテリ農民であった渋沢らが現実を正確に踏まえることなく、純粋に常陸帯を読んで知行合一を実践しようと考えて横浜焼き討ちを計画するに至ったとしても無理からぬ事情が存在したのである。

3－1－2　渋沢栄一による鎖国政策の認識

東湖は藩主斉昭の側近として、国防のみならず政治全般について国家的視野に立って関わっていた。東湖は水戸藩の家臣として藩是である尊皇思想と攘夷思想を絶対善として標榜しなければならないと同時に、幕府が置かれている現状を正確に知り得る立場にあった。

徳川幕府が鎖国政策を継続するためには、(1)日本の防衛力が外国と比較し

第Ⅰ編　藤田東湖と渋沢思想

て優位にあること、(2)日本には自給自足能力があることという、「国防」と「内政」の２点に関わる条件を満足することが不可欠であった。

　水戸藩に接近する外国船の重火器の威力を実感していた東湖は、日本の火器戦力では対抗不可能であることを認識し、火器の劣位を地の利の優位性にすり替えて論じた斉昭の所説を引用してあえて日本の優位性を唱えた。しかし、それが主戦力である武器の劣位性を認めたうえでの無理筋な主張であることを、東湖は誰よりも自覚していた。

　東湖は日本の自給自足の現実性について、鎖国政策下における幕政の歴史に基づいて論じる。これは、クローズドシステムが270年近く機能した実績に基づいて、静態的な対外関係が継続することを前提とした主張である。

　問題は東湖が鎖国というクローズドシステムが、将来にわたって健全に機能すると考えていたか否かである。もし、この点について東湖が十分な検討を加えることなく鎖国政策を主張し、その根幹にある攘夷思想を主張したとすれば、それは従来の成功体験が無条件に継続されるという誤解によって失敗が生じる、いわゆる「組織文化の逆機能」が水戸藩レベルで発生していたことになる。

　しかし、実際には３つの対外政策が検討されていたことが常陸帯の記述から確認できる。選択肢を整理して示すと以下の通りとなる。(8)

【第一説】（キリスト教を邪悪な宗教とし、交易を許さず軍備を固めて外国人の入国を一切許さない方針を述べた説）

　天主教の害誠に悪むべきことなれば、東照、大猷二公の舊典を守りてゆめゝゝきたなき夷狄に近づくべからず。若し近づき來らんには無二無三に打砕きて憂目を見せ、皇國の武勇を海外に輝かすべし。譬へいかばかり夷狄あらびぬるとも、聊か親みて貨物抔交易する事を許すべからず、上も下も諸共に大和魂を磨き天が下の蒼生一人も残りなく失せぬるまでは、皇國の地は夷人には踏せじと思ひ定め、さて其防ぐべき術はいかばかりにも厚く心を用ひ、銃砲戰艦の備抔ゆるかせにすべからず。兎に角に萬人心を一つにし、力を合せて、神國を守るべし。是我が君朝な夕な男建して言聞せ給ふ所にして、我藩の夷狄を憂ふる皆是に同じ。

第3章　藤田東湖『常陸帯』と渋沢思想

【第二説】（交易を認め軍備を整えて日本に従属する国を増やす方針を述べた説）
　されば祖宗の制度を改め交易てふ事を許し、我國にても、いと大なる船を造り大銃抔備へて外國に打渡り交易をなし、諸々の國を懐けまつろはせ、神國に屈する國々數多にならんには、神國の威靈いよゝゝ廣まりぬるべし。徒に神國の中にありて、海に乗出す事能はずしては、譬へば籠城しぬる様にて、詮ずるところ危きわざなりといふ。

【第三説】（交易を認め、国力を充実させたうえで再び交易を禁止する方針を述べた説）
　我國は金、銀、銅、鐵、米穀、布帛、何足らぬ者なし。是彼が交易を望む所以なり。交易だに許しなば、まのあたり寇をなす事有るべからず。然るにひたぶるに彼が望を絶たんとせば、いかなる寇をなさんも測り難し。我武備整ひたらんには恐るゝに足らざれども、今泰平の御代久しければ防禦の備へ俄かに整ふべきにあらず。されば先づ交易を許し、彼が心を慰め、其間に我國の武備を整へ、彼寄來りぬとも恐るゝに足らざる時に至つて、交易を停止するは安き事なるべしといふ。

　上記の3説はそれぞれ以下のように整理される。

第一説：外国人との交易、入国ともに許可しない「鎖国原理主義的方針」。
　　　　（クローズドシステムの堅持）
第二説：交易を含む外国との交流を通して富国強兵を達成し、他国を従属させる方針。（オープンシステムへの転換）
第三節：一旦は交易を手段として用いるが最終的には鎖国する方針。（オープンシステムから順次クローズドシステムへ）

　クローズドシステムとオープンシステムという概念に基づいて3つの説を検討すると、それぞれに特徴が認められるが、いずれの説にも外国と対等な立場で共存しようとする意図は含まれていない。

東湖の攘夷思想には、外国人はキリスト教をはじめとする邪教を奉じ、それを布教することによって日本人の精神を堕落させ、日本を征服しようという意図で接触を求めてくるという基本認識がある。つまり、「外国人性悪説」とも称されるべき基本認識が存在するため、東湖には異国と対等に接して共存するという考えは基本的に存在しない。

　東湖は斉昭の意を受けて、最終的には第一説である鎖国原理主義に基づいた攘夷思想を主張したが、少なくともそこにたどり着くまでのプロセスにおいては、「富国」と「強兵」を達成するための手段として、交易による富の蓄積と、交流による軍事技術の修得をいかにして実現するかという点に心を用いていた。

　第三説の「我國(わがくに)は金、銀、銅、鐵、米穀、布帛(ふはく)、何足(なにた)らぬ者なし。是彼が交易を望む所以(ゆえん)なり」という記述は、天然資源を豊富に有する発展途上国の発想であり、資源の提供の見返りに国防や民生の近代技術を修得し、外国との関係が抜き差しならない状態に至るまでの段階で交流を中断し、独立を確保するという考えである。

東湖の攘夷思想が第一説に収斂した経緯

　水戸藩は幕府から「定府」つまり藩士を恒常的に江戸在住させることを求められていたため、他藩との比較において幕府の動向や外国船の脅威に対してより敏感であった。東湖は自分が体感する現実と水戸学の教条主義的精神の狭間で思考をめぐらし、攘夷思想の合理的実践を模索した。

　その論理は斉昭と共有していたが、水戸光圀から引き継いだ水戸学の精神を純粋に実践すべきという呪縛から自由になることはできなかった。東湖の論考がたどった格闘の形跡が、第一説から第三説までの選択肢であった。

　水戸学思想は徳川幕府による政治の基盤を構成しており、それは幕末に至るまで幕府の政策と整合的であったがゆえに、その思想をにわかに否定することは不可能であった。水戸学思想は徳川幕府の精神的支柱を構成するとともに、長期にわたる幕政の安定的な運営によって同思想の正当性が実証されるという相互補完関係が存在した。

　したがって、水戸学思想の現実妥当性に疑問が生じる事態となっても、そ

の基本精神を棄て去ることは不可能であった。なぜなら、それをした時点で水戸学を否定するだけでなく、長期にわたる徳川幕府の政治を否定することになるからである。

つまり、たとえ斉昭と東湖が自分たちの主張が「組織文化の逆機能」に陥っていることを自覚していたとしても、当時はそれを是正することが不可能な状況にあったといえる。

水戸学者たちが遺した正式な書籍にはこの複雑な心情を記述したものは存在しないが、斉昭や東湖が自説の矛盾に気づいてジレンマに陥っていたか、気づいていなかったかのいずれにせよ、両者が鎖国原理主義を主張せざるを得なかったという事実に変わりはなかった。

第4節　水戸藩の内政

4－1　人事刷新と人事配置

4－1－1　人事刷新

徳川斉昭による人事の刷新は、藩主就任後即座に実施された。東湖の理解によると斉昭の人事評価の基準は、「邪悪な者」と「邪悪でない者」を区別して処遇することであり極めて漠然としていた。

常陸帯の記述から窺い知れる邪悪な者の出現は、武家政治の下で平和な時代が長く続いたことによる人心の頽落が背景に存在する。化政文化が花開いた文政年間には風俗が華美に流れ、その環境下で自制心を喪失して不当に自分の懐を肥やす人物が「邪悪な者」の定義と理解される。

哀公という諡号を付された徳川斉脩（以下「斉脩」）が1816（文化13）年に家督を継いで藩主になり、1829（文政12）年に没するまでの13年間は化政文化の真っ只中にあった。本来であれば華美に流れがちな藩の風紀を藩主自らが引き締めなければならないところ、斉脩がその役割を家臣に任せきりにしたことを東湖は婉曲に批判している。

東湖はこの点について、「哀公世を嗣ぎ給ふ頃は、くさぐさ難有御政施し

給ひ、國中の人貴賤(きせん)となく御德義を仰ぎ奉りけるが、天下なべて斯(か)の如きさまなれば、一國のみ正しき政行はるべき理(ことはり)なしとか思召しけん、はた御志いと廣くおはしければ、僅かに一國の事、是彼と物し給ふ事御ものうとくやありけん。文政三四年の頃より萬の事皆執政(しっせい)、有司(いうし)にのみ任(まか)せ給ひければ、上の惠(めぐみ)、下にくだらず、下の歎(なげ)き、上に聞(きこ)えず、富める者は酒宴遊興(しゅえんいうきやう)に耽(ふけ)り、貧しく賤しき者は、何とかして榮華安樂(えいぐわんらく)を求めんと思ひ、恥(はぢ)を忍びて人に諂(へつ)らひ、賂(まひない)を贈(おく)つて望(のぞ)みをとげ、其中に正しき道をふみ行はんと志せる人あれば、邪(よこしま)なる者の爲(さま)に妨(さまた)げられ、思ひもよらぬ禍事(まがごと)に遭(あ)ふ者なきにしもあらず」と述べる。(9)

斉脩が1820（文政３）年頃から藩政を執政に任せたとすれば、自ら藩政に携わったのは藩主となってからの４、５年であり、その後亡くなるまでの10年弱は藩の執政が思いのまま藩政を牛耳っていたことになる。東湖が斉脩の藩政を婉曲に批判したのは、藩政を自ら実施した斉昭の善政を際立たせるための伏線とも考えられる。

東湖は斉昭が家督を継ぐ以前の段階で、水戸藩の主要人物の評価がいかなるものであったのかという点については言及していない。しかし、刷新された後の顔ぶれに対する評価内容を見ると刷新後の人物に対する東湖の認識が斉昭の認識と合致していることは明らかである。

東湖は人事刷新の詳細にわたって斉昭の施策を全面的に支持した。この事実が意味することは、(1)斉昭と東湖の間で正邪の認識が一致していること、(2)人物評価の判断軸が一致していることの２点である。正邪の認識が合致し、人物評価に齟齬がない者同士には地位の上下を越えて確固たる共感が存在する。

一方、渋沢が重視する会同一和の精神は、「和して同ぜず」の精神に基づいて闊達に議論し、当事者間の合意に基づいて組織運営を推進していくというものである。そこには物事の正邪に対する基本認識が集団内で共有されているという前提があった。しかし、人事評価を含めた個別事項に関しては、正邪の認識を共有する人びとが自説を展開し、意見をすり合わせていくことが必要であった。

斉昭と東湖の関係については、正邪に対する認識が一致しているだけでな

第3章　藤田東湖『常陸帯』と渋沢思想

く、人物評価についても両者間には齟齬がない状態であった。しかし、この状態は渋沢思想からすると不自然であり、地位の上下を越えてそれぞれの思惑をぶつけ合うことで適切な判断にたどり着くという会同一和の精神とは異なっている。

　本章で検討対象としている常陸帯を、「藤田東湖が理解した徳川斉昭の事績を語ったもの」と考える立場からすると、この状態は正常なのかもしれないが、同書の記述内容から東湖が斉昭にとっての「諫言を辞さない賢臣」であったという証跡を得ることはできない。

4-1-2　人事配置

　東湖は水戸藩に課せられた定府を批判して、「我が藩の制度、昔は諸士皆水戸に在つて一年づゝ交る、江戸の邸に参りたることなるに、君多く江戸にましましけるにて、自ら定府の士多くなりけれども、文公の御代までは、其職により、一年の交代てふもの未だ数多ありしかば、江戸・水戸の風俗猶通ひてありしを、其交代てふもの残りなく止みにし後は、江戸の邸と水戸と、他人の如くなりて、定府の人は水戸の人を田舎者と嘲り、水戸の士は定府の士を軽薄者と誚り、政事の妨げになりぬれば、我が君是を憂ひ給ひ、いかにもして定府の士を減じ給はんと思召し、折にふれ事につけ、一人二人づゝ、水戸に移し給ふに、其の妻子の嘆きかなしむ有様、罪を得て配所に赴くが如し」と述べる。

　定府の制度は江戸在住の藩士と水戸のコミュニケーションが円滑であれば有用であるが、そうでない場合は弊害を生む制度である。東湖の問題認識は、定府の人数が多くなればなるほど水戸と江戸に異なる２つの組織文化が存在する事態を招くという点にあった。

　人事配置が固定的な組織においては、職能ごとに形成される部署に固有の組織文化が形成され、異なる文化を有する部署間の連携が困難になるという事態が生じる。この事態を改善できるのは部署横断的に人事権を有する最高経営責任者である。

　定府制度で生じた水戸藩が抱える問題は、部署間に生じる連携不足を上回る問題である。つまり、水戸藩の江戸詰めは単なる出先ではなく、水戸藩の

上位組織である徳川幕府とのリエゾンオフィスであり、重要情報を最も早期に得られる組織である。

　定府によって江戸詰めの人員が増加し組織が肥大化すれば、その程度に応じて江戸詰めの影響力は強大となり、組織文化レベルで水戸との対立はより深刻となる。定府制度そのものを廃止することができない状況において、東湖は斉昭が江戸詰めの人数を徐々に減らし、組織文化の対立が深刻化する前に対処したことを評価している。

　渋沢が重視する会同一和は、目的に向かって協働することはあっても、同調圧力に屈することなく各々が自分の考えを堅持し前向きに主張すべしという理念である。

　江戸詰めの水戸藩士は江戸の文化に影響を受けているがゆえに、水戸在住の藩士とは物の見方や考え方が異なる。しかし、水戸徳川家が目指す目的に向かって両者が和して事にあたるのであればその違いは何ら問題にはならない。

　つまり、渋沢の考え方にあてはめると、江戸の文化に染まったとしても、藩主である徳川斉昭の理念と藩政の基本方針を明確に理解していれば、定府の弊害は本来起こりようがなかったのである。

4－2　文武の奨励

　東湖は忠孝が武家の本分であり、その本分を全うするための大道が文武であると考えていた。品行は日常生活において守るべき礼儀作法である。文武を奨励するにあたっては、本分としての「忠孝」、武家の大道としての「文武」、礼儀作法としての「品行」という三者の関係性をもとに説き起こすのが東湖の論法である。この３つの概念とその関係性に基づいて、東湖が文武の重要性をどのように認識していたのかを考察する。

4－2－1　忠孝と文武の関係

　忠孝を武家の本分とすることは、尊皇思想に基づき朝廷を上にいただいて幕府が行政を担う上で不可欠であった。幕藩体制下における社会構造が「朝廷⇒武家階層⇒農工商」という三層からなるものとすれば、中間層にあって行政を担う武家階層が社会構造を安定的に保つためには、忠孝の倫理に基づ

いて朝廷との関係を明確化し、農工商にも忠孝を奨励することによって、武家と農工商との間の「統治・被統治」の関係を確固たるものにすることが必要であった。

東湖は朝廷の下にあって行政の実権を有する徳川幕府が政治を行うためには、社会構造の安定化が大前提であり、それを倫理的に縛る規範として忠孝を武家の本分とすることが合理的であった。

朝廷を頂点とする三層構造を安定的に保つことを武家の本分とすれば、安定化させた社会構造において行政を支えるのが武家の大道たる文武であった。徳川幕府成立以前の戦乱期において、「武」は武家にとって生死を分ける手段であったが、幕藩体制成立後は、混乱時に暴徒を制圧する軍事力として武家による行政権を支えた。一方「文」は、行政実務を遂行するうえでの知識としてその重要性が高まった。

平和の時代に武家の大道としての文武を修めることは、軍事力を有する政治権力者として内政および外交を進めるうえで必須となった。東湖はこの点について「世治れる時、己を修め人を治め、君命を請けて他國に使するの類ひ、文武に暗くして是を能くせんや。世亂るゝ時、謀を囘らし、敵に克ち、勇を振ひて君の難に代る類ひ、武道にうとくして是を能くせんや。いかに忠孝の志切なりとも其事を知らざれば其志を行ふ事能はず」と述べる。(11)

武家の本分たる忠孝を実践しようとしても、武家の大道たる文武を身につけておかなければ、内政および君命を受けた外交の役割を果たすことは不可能というのが東湖の考えである。

4－2－2　言路の開放

東湖によると、斉昭は言路を開くことにより水戸藩内の情報の流れとコミュニケーションの円滑化を達成したとされる。この点について東湖は、「君には人々の封書もて下の情の知り給ふのみならず、政事にたづさはらざる人とをも、折にふれ御側近く召させられ、左右の臣を遠ざけて何くれの事を問はせ給ふにぞ、外ざまの人を容易く召給はん事いかゞ等と政府より申し上げけるに、人君たる者、我が家臣を呼びて事を尋ぬる事何の仔細かあるべき、尋ぬる事だにあらば、足輕をも召して聞くべきぞと仰せありけるにぞ、有司

も口をとぢて止みぬ」と述べる。⁽¹²⁾

　斉昭の施策は藩主を頂点とした縦の情報ルートの開拓と、コミュニケーションの円滑化であり、藩内の体制を根本的に改革するものではない。つまり、斉昭は水戸藩内において、組織内でのタテとヨコ両方向の情報とコミュニケーションの円滑化が有機的に達成される組織作りを行ったわけではなかった。

　現代の民主化された組織形態とは異なり、封建時代における水戸藩内のことであるので、斉昭の改革は藩主が代わればいかようにも藩内の情報の流れが変化する性格のものであった。

　武家の行政組織では、明確な役割分担に応じて実務を遂行することで職制を全うすることが可能であった。そこでのコミュニケーションは定型的な事務連絡が主たるものであった。

　しかし、渋沢が身を置いていた農村では、天候の良し悪しや市場での売れ行きなどの不確定要因を勘案しなければならず、最良を目指して作業を進めるためには、官僚組織におけるコミュニケーションや情報共有の方法では不十分であった。

　農民は普段の生活において、上下左右に位置する人間と臨機にコミュニケーションをとり、情報を共有することによって、天候などの自然や不安定な動きを見せる市場動向に適切に対処しなければならない。情報の流れとコミュニケーションを円滑にすることは、武家と農民とではその本分を全うするうえでの重要性と切迫度は著しく異なっていた。

　言路を開いた斉昭のエピソードを読んだ渋沢はおそらく、武家社会におけるコミュニケーションの円滑化に関する考え方に新規性を認めたであろうが、その有効性と永続性に関しては自身の経験に照らして高い評価を与えようがなかったと思われる。

　つまり、モノ作りに携わる集団内のコミュニケーションと、静態的な組織における上下間のコミュニケーションは、その質と量において全く次元が異なるものであった。渋沢が下野した後に行った組織運営は、維新後の民間企業が対象であったので、斉昭の藩内改革よりはるかに高度なコミュニケーションを必要とした。

　しかし、渋沢は下野する前の大蔵官吏時代に、大久保利通と軋轢を生じさ

せた経験を有していた。渋沢からすると、明治政府の実力者であり大蔵卿という権威を笠に着た大久保の態度は独善的なものと感じられた。大久保とのコミュニケーション不足に起因する確執を機に渋沢は大蔵省を辞することになる。

4－2－3　文の奨励

東湖は「政治と教学」、「文と武」はそれぞれ一体で不可分と考える。東湖は「夫れ政(まつりごと)と教(をしへ)と、其名二つにして二つにあらず。文と武と、其道異にして異ならず。譬へは水と火の如し。其冷熱(それいねつ)の質(しつ)はいたく異なれども、二つを合せざれば用をなし難し。されば正倫(せいりん)の教を以ての能く人々を導(みちび)き、所謂賞罰(しゃうばつ)などいふ教を以て是を勧懲(くわんちょう)し、文武を勵まし、己を治め、人を治め、國を守り、亂を妨ぐの道を知らしむるを人君の急務とぞいふべき」と述べる。⁽¹³⁾

東湖の考えを解釈すると、教学は文と一体であるため、「政治＝（教学を含めた）文＝武」となり、政治は文武と一体であり、文武によって政治が行われることになる。

東湖が語る「教」、つまり教学の中核を形成するのが水戸学と考えれば、そこからは斉昭や東湖が嫌悪する軟弱な和歌などの言葉遊びは除かれる一方、五倫の教えの基盤である儒学が含まれる。そして、東湖が述べる「所謂賞(しゃう)罰(ばつ)などいふ教を以て是を勧懲(くわんちょう)」することを刑政による行政実務と解釈すると、東湖が考える「政」を支える「文」は以下の三本柱によって支えられることになる。

　⑴水戸学：日本古来の思想に基づく治世学
　⑵儒　学：五倫をはじめとする倫理学
　⑶刑　政：藩を律する法律学

つまり、「行政」、「倫理」、「法律」が一体となって「文」を構成し、それに軍事力を司る「武」が加われば、文武が一体となった理想的な政治を実践できるというのが東湖の政治思想と理解される。

第Ⅰ編　藤田東湖と渋沢思想

神道と儒学の関係

　東湖は政の中核にある倫理が儒学のみで担われていると考えていたわけではない。東湖は、そのような誤解が一般に生じるのは神道に対する誤解が原因と考える。東湖は神道に関する理解内容を斉昭の言葉を引用して以下のように述べる。

　「君の神道と稱へ給ふは、世のいはゆる神道者流陰陽五行などに附會し、或は陰に儒佛の意を取りて設けたる神道にあらず。天地の始めより、明宮（應神天皇）御代まで、異邦の教、未だ渡り來らぬ時のさまこそ全く皇朝の道なるべければ、其の御代々々のさまを神道と見給ふなり。異邦の道だに渡り來ずば神道と名くる迄もなき事、（されば御記文の始めには、斯道とのみ記し給へり。）なれども、漢、天竺の道渡り來り、紛らしき故、止む事を得ず、神道の名は起りけん。（舎人親王書紀にも用明天皇以前には神道の文字ざきにていちゞるし。）されば神道といはんにも限るべからず。或は、皇朝の道或は大和の道、又皇道、大道などいはんもさる事なるべし。」

　東湖は、陰陽五行道などの呪術的要素が混ざり込む前の神道が真の神道であると認識する。この純粋な神道が倫理の中心にあり、「異邦の道」たる儒教は神道を補完するものというのが東湖の考えである。神道は異邦の道と同列に扱われる偏狭なものではなく、異国の学問が渡来する前に確立された日本独自の学問体系であるというのが神道に対する東湖の理解である。

　東湖は儒教を神教の内容を補完するものと位置づける。その根拠として、両者には相似性がありかつ、「神皇＝先王」、「天照大神＝昊天上帝」という対応関係が存在するという事実がある。東湖は儒教をはじめとする漢土の学の有用な知恵を取り入れて活用すべきと考えた。

渋沢栄一の理解

　東湖の理解に基づく「神道と儒学の相似性」と渋沢の理解内容を比較検討する。渋沢は「神皇＝先王」という考え方に基づいて尊皇思想を抱いてはいない。論語解釈において先王を重視した日本の学者として物徂徠があげられ

第3章　藤田東湖『常陸帯』と渋沢思想

るが、渋沢はこの考え方に同調したわけではなく、渋沢が重視した判断基準は「天」の意思であった。しかし、渋沢は天を擬人化して重視したのではなく、天の意思は渋沢にとってむしろ自然の摂理に近いものであった。

　擬人化された天が人間のように自らが直接賞罰を与えるのではなく、天と人間の間には倫理規範という仲介物が存在していた。渋沢にとってその倫理規範が論語であり、論語は人と人との接際を含む日常における身の処し方が自然の摂理に沿って記述されたものであった。

　つまり、天の意向を宗教的祭祀や呪術によって直接推し測って行動するのではなく、自然の摂理たる天の意向に反しない倫理規範である論語に基づいた言動を行っていれば、天はその者に掣肘を加えることはないというのが渋沢の信念である。

　渋沢にとっては天の意向が最重要である。天の意向と矛盾しない内容が記述された論語の徳目には、忠孝をはじめとする五倫が存在するため、論語が教える忠孝の徳目に基づいて国の始祖たる皇族を尊崇することは、渋沢にとって自明であった。

　その認識が渋沢の尊皇思想の基底に存在すると考えれば、渋沢思想における「天」、「論語」、「尊皇思想」の関係を整合的に理解することが可能となる。

4－3　倹素の奨励

　斉昭は水戸藩の綱紀引き締めを目的として倹素つまり倹約を推奨し奢侈を戒めた。それはかなり徹底したものであった。東湖は倹約の重要性について、「奢侈と倹素とは國家の治亂にかゝはる所なり。されど賎しき身にすら少しく心弛るみぬれば、美衣、美食を願ふ。まして高貴の人は何足らぬことなければ自ら奢にゝつのり、或は華奢風流を好み、或は酒宴遊興にふけり、遂に國家の政治を怠り、人心ますゝ怨み、財用日々にちぢまりて國家を危くするに至る、其例し少からず戒めざるべけんや。されは孝經にも、上に居りて驕らざると、節を制し、度を謹むをもて諸侯の孝とせり。其驕奢を戒むるゆゑん深切なりと云ふべし」と述べる。

　管見によると、東湖が語る斉昭の倹約思想の根底にある考え方は以下の6点である。

(1)徳川斉脩の風流を好む姿勢を反面教師としたこと
(2)文化文政の世相や時代風潮への反発
(3)徳川家康や水戸藩初代藩主である徳川頼房の政治姿勢への回帰
(4)徳川幕府への遠慮
(5)朱子学が重視する清貧の教えに忠実であったこと
(6)水戸藩の財政事情

　上記の6点のうち、(1)、(2)は時代風潮やそれに流された前藩主への反発であり、(3)、(4)は徳川幕府や水戸藩の始祖への尊敬の念に基づくものである。(5)は儒学思想の影響であり、(6)は財政事情である。したがって、斉昭の政治姿勢に基づく東湖の倹約思想の背景は以下のようにまとめられる。

(1)時代風潮への反発　　　　　：文化文政時代の風潮への反発
(2)水戸藩創設時の精神への回帰：原点回帰
(3)儒教の影響　　　　　　　　：朱子学の清貧の思想
(4)藩財政の事情　　　　　　　：財政の健全化

4－4　倹素の特質

4－4－1　風流と文雅

　東湖の理解に基づく斉昭の倹素の精神を、「文雅」と「風流」の相違に関する認識に基づいて考察を加える。

　斉昭にとって文雅は倹素の精神に反しない実質的な意味あるものであるが、風流は奢侈に属する実質的な意味が乏しいものであった。これは風流にかまけて藩内政治を疎かにした斉脩に対する反発心の表れでもあった。

　「文雅」と「風流」の違いは、斉昭が斉脩から引き継いだものと、引継ぎを拒絶したものとを比較することによって明らかになる。東湖はこの点について以下のように述べる。(16)

　「殊に哀公専ら風流を好み給ひしかば、和漢の書畫、いと珍らかなる御懸

第3章　藤田東湖『常陸帯』と渋沢思想

物數多ありけれども、君には皆是をひめおき給ひ、御代十六年の間、御座所の御床には、普通の繪師の物せる龍の二幅のみかけ給ふ。
　哀公の御時には、君にも御ともゞゝに御茶事を學び給ひしが、（朴素閑靜を旨とし、奢侈華麗を戒め給ふ事、君の著はし給へる茶道の御文にて知るべし。）御家督の後は催し給はず、されど貴き賤きの隔なく、心靜かに打ちとけて物語りするは茶の湯にしくものはなしと仰せられ、大名又は幕下の人々にも志ある者、屋形に參りし時は平常の御座所を屛風などもて假りに茶席の形をなし給ひ、いつも大根の汁かけ飯に鷄卵の白身を月の輪の如くきり、野菜を加へたる御吸物にて饗應し給ひ、（かくいひては君には無造作のことのみし給ふやうなれども、しかにはあらず、彪左右に職に侍りし時、日光御門主、知恩院宮など屋形に入り給ふ時は、御饗應抔すべて形の如くものし給ひ、聊も不敬失禮の振舞なきやうにと、近侍の臣をも戒め給へり。すべてこれかれの差別を正し給ふも、是になぞらへてしるべし。）御相伴にも茶道に達せる人々はめさずして、水戸より新たに參りし不調法にて文武の談のみ好める者を召し給ひて、君自ら茶を點じ給ひても、御相伴の者は、其作法をもしらず、無雅のことのみ多ければ、君笑ひ給ひながら御客に向ひ給ひて、我が家の茶人は皆かくの如く侍りぬ抔と御戯れありし類ひなり。」

　斉昭は書画骨董については風流の類に属すると考え、斉脩から引き継いだ物の多くを退蔵した。しかし、茶道については、その質朴な精神に共感したことから、和漢や文武に関わる認識を共有できる相手を選んで茶会で話し合うことにより、コミュニケーションの手段として活用した。
　本質的な価値を有する和漢や文武に関する洞察を深めるために、茶会という機会を通して価値観を共有する相手と深奥なレベルで議論することは、斉昭が藩政の精神を確認するうえで不可欠であった。
　斉昭にとって書画は鑑賞するもので、それによって藩政に資する具体的な利点はなかった。しかし、斉昭が主人として主催する茶道には客として招いた人物と時間をかけて話をし、本音を引き出す手段としての実利があった。
　茶道と書画の対比を例に、風流と文雅に関する斉昭の認識を考察すると、前者が藩政への効用がないのに対して、後者には効用が認められるという点

があげられる。東湖が理解する斉昭の倹素の精神には、藩政に関する実利を重視するという特質があった。

4－4－2　冗費と投資

　斉昭にとって奢侈に流れ、目的を明確に定めることなく無計画にカネを使うことは冗費であった。それに対して、領内の総検地を厳密に実施するための費用や教育機関の設立への出費は投資であった。

　奢侈による冗費は人心を頽落させるとともに財政を圧迫するが、倹素によって貯えた資金を投資することは建設的なカネの使い方であった。

　斉昭が奢侈と考えたのは、(1)夜通しの宴会、(2)華美な衣服、(3)淫蕩な音曲の鑑賞、(4)節句祝いなど華美に流れることであり、これらの出費はいずれも藩政に資するものではなかった。

　水戸藩には定府が求められていたため、水戸在住と江戸詰めの藩士にはそれぞれ内容の異なった指示を与えることが不可欠であった。水戸在住の藩士に宛てた1829（文政12）年9月の命令書は以下の通りである。[17]

一、近頃風俗奢侈甚しく、都（すべ）て華麗（くわれい）を好み倹素（けんそ）を失ひ候段御聴に達し、此（この）度御家中一統綿服（めんぷく）着用仕（つかまつ）る可き皆仰せ出でられ候。尤（もっと）も官服、並に熨斗目（のしめ）着用の儀は是迄（これまで）の通りと相心得（あいこころえ）申す可く候。
一、諸士以上絹紬（つむぎ）下着苦しからず候。妻女の儀も右に准（じゅん）じ着用致す可く候。且（かつ）男女共（とも）七十以上太織（ふとおり）着苦しからず候。
一、諸士以下軽き者都（すべ）て綿服（めんぷく）着用、帯の儀は太織紬苦（くる）しからず候。且（かつ）男女共七十以上、太織紬下着（したぎ）御免し遊（ゆる）ばされ候。
一、官服（くわんぷく）の儀も右に準じ麁服（そふく）相用ひ申す可く候。

　文政12年当時の水戸藩内の服装は、斉昭から見ると華美に流れていた。斉昭は華麗を戒めて倹素を思い起こさせることで藩士の気を引き締めた。

　現代でも企業ごとにドレスコードは存在するが、その基準は企業イメージを念頭に常識的な範囲で定められることが一般的である。上記の命令書は衣服の素材を綿に限定し、各家計において服飾費の節約を指示するものである。

第3章　藤田東湖『常陸帯』と渋沢思想

これは水戸在住の藩士に指示するもので強制性が高い。

一方、江戸詰めの藩士に対して同時期に発せられた命令書には、「御國と違ひ綿服と限り候而は、却而差支候向も之有る可く候へば、御定には右仰出でられず候乍然、上にも、御内輪に而も御麁服召され候事故、厚き思召之處、恐察奉り、官服、並に熨斗目の外は御規式の節たり共綿服着用苦しからず候間、妻子等に至る迄成丈軽き品相用ふ可く申さる可く候」と記載されている。(18)

江戸詰めの藩士については、現代の外交官的配慮がなされている。水戸藩内ではドレスコードが自己完結的に機能するが、幕府のお膝元の江戸では「郷に入っては郷に従え」の論理が働き、幕府に配慮した対応を行うことになったものと思われる。

冗費削減の強化

斉昭は命令書を出した3か月後の1829（文政12）年12月と1830（天保元）年正月、冗費の引き締めをさらに強化した。その内容を項目ごとに列挙すると以下の通りとなる。(19)

【1829（文政12）年12月】
(1) 祝い事の酒宴に親類縁者以外の者が参加する場合は藩の取次に申し出ること。
(2) 音信贈答の規制が弛みつつあるので、信義を失わない程度にとどめること。
(3) 親類縁者に食事を振る舞う場合は、一汁一菜、吸物ならびに肴一種に限ること。
(4) 平日に同役と一席設ける場合は「汁講」（汁一色で振る舞うこと）によって互いに親交を図ること。

【1830（天保元）年正月】
(1) 娘が病身であることを理由に箏を弾くことを認めてきたが、今後は一切禁止する。
(2) ただし、御殿ならびに上平馬邸（代々雅楽を司る家）で楽として琴を弾

159

くことは許される。
(3)正月の大がかりな松飾を廃止。
(4)稲荷祭の簡素化を実施（同年2月）。

　1829（文政12）年9月から1830（天保元）年2月の5か月間に出された斉昭の命令書は後半になるにつれて詳細かつマニアックになっている。
　これは藩士やその家族の生活の潤いを奪うとともに、祭文化の風習、正月の祝い事の風習、音楽文化などの衰退を招くものであった。渋沢が斉昭を偏狭で政治的手腕に乏しく、その結果藩内での抗争を招いたと評価した理由には、斉昭のこのような偏った性格が関係していると思われる。

4－4－3　節倹政策に対する藤田東湖の見解

　東湖は斉昭の節倹政策を全面的に受け入れている。服装に関して東湖には一家言がありその内容を述べている。東湖の考えは以下に要約される[20]。

(1)衣服は身分の表章というのが一般的な意見である。
(2)したがって、郷大夫、士、庶民それぞれが分に応じ、貴人は美服をまとい、身分の低い者は粗衣を身につけるのが中庸の道にかなう。
(3)しかるに、斉昭が御三家という貴い身分にありながら木綿の服や朝の羽織をまとうのは「逼下(ふくげ)」（身分の上の者が好奇心から下々を真似ること）であると申し上げるべきことではないかという説がある。
(4)この説には説得力はあるが、奢侈の風俗に馴らされた精神から出たことに変わりはない。
(5)中国の聖人（堯舜）にも、粗末な衣服をまとい老朽化した宮殿に必要な修理を施さなかったという故事がある。
(6)君（斉昭）が正装を身につけず、士や庶民と同じ衣服をまとっていたならば逼下といえるであろう。しかし、正装を求められる場合は先例にしたがう一方、日常生活では粗衣を身につけており、聖人の教えにかなっている。
(7)しかも、「國侈(おご)る時は是を示すに儉を以てす」という古語もあり、文政

末年の奢侈の風が甚だしい時期にいい加減な倹素の姿勢を示しても人々が従うはずもない。

(8) このような考えのもとに、斉昭公は率先してわが身を苦しめて奢侈の風を改め過去の正常な時期に戻そうとしている。これこそがかえって中庸というに相応しい。

(9) ある人（斉昭の政策を逼下と批判した人）の説は、『孟子』に表れる「子莫の中」（魯の賢者子莫が時宜に応じ得なかった故事）のように時世に対する心得が低いといえる。

　東湖は藩内の反発が激しかったであろう斉昭の節倹政策の正当性を、古代中国の故事を引き合いにして擁護する。斉昭の個性が強く打ち出される水戸藩の政策については、本来、斉昭の意を受けた執政が盾になって節倹政策を打ち出すべきである。

　奢侈に流れた風潮の行く末に対する斉昭の危機感を共有する執政が存在しない中、東湖は唯一その理念を理解した。現代になぞらえると、大半の国民がバブル景気を好景気と誤解している中で、唯一その後に訪れる停滞期を予想し、現実を正視して正論を述べて煙たがられる存在が文政末期の斉昭であった。

　斉昭が奢侈に流れた時期に続く天保期には斉昭が懸念した通り不況が訪れ、天保の改革が必要となった。斉昭の懸念やそれを払拭するための節倹政策の必要性を真に理解した臣下が東湖であった。

4-5　水戸藩の財政

　斉昭は藩士の借金が生活の困窮を招き、俸禄から借金返済額を差し引いた手取り額の実態を見て、大胆な政策を実行した。それが藩士の債権債務の整理であり、固定化した俸禄の見直しであった。この斉昭の政策を、(1)債務整理、(2)年功的俸禄の見直しという2つの観点から考察する。

4-5-1　水戸藩の徳政令

　斉昭が目指したのは均衡財政であった。その手段の多くはコストコントロ

ールであり、常陸帯では収入を増やすための産業振興の手段については語られていない。斉昭が財政健全化の一環として実施した藩士が抱える債務整理について以下のように記述されている。⁽²¹⁾

「夫れ富且貴(とみかつたつと)き者あれば、貧しく且つ賤(いや)しき者あり。されば財を借り貸しする業も自らあるべき理(ことはり)にて、和漢古今同じき所なり。然(しか)れども富める者は少なく、貧しき者は多(おほ)く、國中にて代々俸禄(ぼうろく)を知行(ちぎやう)せる人々も十人に九人は貧しきを患(うれ)ふ。

其故由を尋(たづ)ぬるに、知行若干を領しぬれども、父祖の世にしかゞゝの事ありて、公より若干の金を借り侍り、父の代にも亦若干(じやくかん)の金を借り侍り、近頃何某より若干の財(ざい)を借りぬるを年々納(をさ)め返(かへ)しぬれば、今、まのあたり領する知行は僅か若干になりぬと歎(なげ)きぬる類(にん)ひ、十人が中には六七人もありぬべし。君庚子の年、再(ふたゝ)び水戸に下り給ひ、偏の諸士の武備(ぶび)を勵(はげ)まし給ふに、藩士に貧しきゆゑんをしろし召し、先(さ)つ年より其年に至る迄、おほやけより貸(か)してありし金銀米穀、多き寡(すく)きをいはず、古き新しきの差別(さべつ)なく、悉(す)く棄て給ひて賜はりぬる由(よし)を仰せられ、扨(さて)其年諸士の知行する禄(ろく)の半をば年久しく財かりてありし人(ひと)に返さしめ、猶借たる財の殘(なま)れるは明る年より聊(いさゝ)かづゝ、年々(ねんねん)返しぬべきことに定め給ひ、郡官、市尹(しいん)の役所(やくしよ)にても是になぞらへて國中に申下(まをしくだ)せしかば、貧しき者は新(あらた)に金穀(きんこく)賜はりぬる心地して大に悦(よろこ)び、富める者はつれなきわざにも思ひけれども、公(おほや)けの金穀はのこりなくすて給へるを聞(の)きて、己(おのれ)れのみ利を失(うしな)へるにあらずと思ひて止みぬ。」

斉昭による借金帳消し政策は、いわば水戸藩版の徳政令である。この徳政令は藩から藩士への債権と、藩士間の債権債務関係を帳消しにするものである。これを財政の所得再分配機能に照らして考察すると以下のように要約される。

1．藩（公的機関）からの債務帳消し：公（水戸藩）⇒私（藩士）
2．私人間の債権債務の帳消し　　　：私（藩士）⇔私（藩士）

第 3 章　藤田東湖『常陸帯』と渋沢思想

　藩から藩士への債権を現代に置き換えると、滞納した所得税をはじめとする各種税金を国家が棒引きにすることに相当する。また、私人間の債権債務関係は、私企業である銀行から私人である個人顧客に対する延滞債権を償却する行為に相当する。

　私人間の貸借については、債務を抱えた藩士の倫理観や矜持などの関係から徳政令をそのまま受け入れることを潔しとしない藩士も多く、全てが実施されたわけではない。

4－5－2　水戸藩の年功的俸禄制度

　水戸藩では年功によって加増された俸禄がそのまま次世代に引き継がれていた。この不合理について東湖は、「萬(よろづ)の事約め給ふ上にも又一入(ひとしお)倹約を用ひ給ひ、諸有司の寸ばかり勤労(きんろう)はなけれども、年だに満(み)ちぬれば禄を増し賜はり、其子孫にも傳(つた)へしを改め給ひて、禄(ろく)はいかばかりも賜(たま)ひぬれども、子孫に傳ふる事は容易からぬわざに定(さだ)め、（さればとて世禄(せろく)を止(と)め給ふにはあらず、持傳(もちつた)へし本禄の外加増し給ふ知行(ちぎゃう)をいふなり。）(22)と述べる。

　父祖が得た年功や、際立った功労に対する加増がそのまま子孫に引き継がれるという不合理に着目した斉昭は、徳政令と並行して世代にまたがる年功的俸禄制度を廃止した。

　旧来の俸禄制度を日本の年功賃金制になぞらえると、定年退職する父の後を継いで同じ会社に就職した新卒の息子が父の給与水準をそのまま引き継ぐことに等しい。この制度を放置すると、功労が斉昭に認識されやすい高位の藩士がその恩恵を享受し、下級藩士はその機会に恵まれにくいこととなり、藩士間の俸禄が乖離するとともに、藩財政にも負担となる。

　斉昭による、(1)債務整理、(2)年功的俸禄の見直しという２つの政策の合理性を世代間の観点から検討すると、斉昭が合理的と考える債務継承を徳政令によって廃止する一方、不合理と考える年功的俸禄の世代間継承を廃止したということになる。

　債務返済が順調に進めば債権債務関係はいずれ消滅する。しかし、固定化され高止まりした俸禄の継承は時間経過によっては消滅しない。いずれ消滅するであろう債権債務関係を徳政令によって前倒しで解消させて債務負担に

163

苦しむ藩士を救済するとともに、抜本的な手を下さないかぎり存続する年功的俸禄の世代間継承を廃止すれば、水戸藩財政の健全性確保という観点では有利に作用すると斉昭は考えたのであろう。

富める藩士から貧しい藩士に間接的に所得を移転させるという意味において、斉昭の政策は財政学でいうところの所得再分配機能を藩主の権力をもって強引に働かせたことになる。

斉昭が２つの財政政策を並行して実施することによるメリットを認識していたか否かは別にして、藩財政の健全性に与える影響を勘案すると、斉昭の政策には経済合理性が認められる。

第５節　水戸藩の組織体制

５－１　組織体制に関する藤田東湖の認識

東湖は斉昭の組織改革について肯定的に記述している。東湖は改革が不調に終わった点に関しては斉昭の責に帰することのないよう記述する一方、批判すべき点は率直に批判する。管見によると、常陸帯の記述から伺われる水戸藩の組織体制のあるべき姿と東湖の現状認識は以下のように要約される。

(1)意思決定過程の合理化を促進すること。
　東湖が考える意思決定過程の合理化とは以下の３点を達成することである。
　1)守旧的な考えを排除すること。
　2)意思決定当事者の納得感を重んじること。
　3)知恵を寄せ合うこと。
(2)上記の理想を実現することを目指しながら、守旧派の言動や斉昭の思い込みによって、東湖がその理想を実現することは必ずしも容易でなかった。これらの葛藤を抱えながら東湖は斉昭の言動を極力肯定的に表現している。

第3章　藤田東湖『常陸帯』と渋沢思想

(3)東湖は斉昭の藩内制度改革を全面的に肯定するのではなく、その試行錯誤の成り行きについて自説をさしはさみながら水戸藩の課題について述べる。

　水戸藩が抱える組織改革上の問題点は、(1)幕藩体制下における硬直的な制度を改革する困難性、(2)制度を構成する人材の質の2点である。
　徳川幕府の意向に著しく反しない範囲で組織改定を行う一方、改定した組織の要所に適材適所の人材を配置しようとすることを阻むのは、身分制度による人材配置の硬直性と、適所に配置すべき適材が十分に育成されていないという問題が存するからである。
　幕藩体制下での人材活用上の困難性は、他藩から有能な人材をスカウトすることが不可能という点である。藩を支える人材は自藩で育成することが求められる。これは戦後日本に固有の労働慣習から生まれた内部労働市場と酷似している。
　よほどのことがない限り脱藩が許されない藩内の人材は、身分制度に基づいて生涯藩に奉職する。終身雇用制度によって大半が定年まで一企業に勤務することが一般的であった戦後成長期までの期間では、いわゆる外部労働市場が未発達であるがゆえに、企業内で人材を育成し社内で適材適所の人事配置を実施した。
　公的、民間を問わず人材配置にあたっては、一般的には教育の行き届いた人材が重用される。しかし、水戸藩内の内部労働市場においては、身分制度という桎梏によって教育の実を体現した者が必ずしも重用されるとは限らなかった。もし、それをすれば藩内の身分制秩序を大きく乱すことになるからである。
　この点を勘案すると、必ずしも身分の高い家に生まれたわけではない東湖が、これほどまでに斉昭に重用されたのは異例中の異例といえる。
　幕藩体制下において教育制度が整えられていたとしても、教育を受ける側の藩士が現代社会におけると同様のモチベーションを抱くことは困難であった。なぜなら、高度な教育を受けても将来それを生かす機会を与えられる確率が低いからである。

東湖はこの点に関する問題点を「先格古例」を例に述べている。東湖は先格古例を徳川家康、秀忠、家光の三公がなした過去の好例を参考に大所高所から正しく判断し藩政を行うことと理解し、新たに事を起こすに際してはこれらの先例を正しく理解して適用できる者を有能な人材と考えた。この点に関する東湖の記述は以下の通りである。⁽²³⁾

　「年少き時より小吏のわざのみに携り、流俗舊弊を先格古例と心得て、（惣じて先格古例といふ事は、幕府にては、東照宮並に台徳、大獻二公の建給ひる制度、本藩にしては、威義二公の定め給へる典章をこそ先格古例と申すべけれ、其後中興の君の定め給へる法度は、祖宗の美意を變通し給ふものなれば、先格古例と申さんこともさる事なれども、世の盛衰によりて、其制度、典章も自ら時の弊に流れ行く事少なからず。……）」

　東湖は、身分制度のしきたりに従って有能な藩士を末端業務に従事させると、その藩士は大所高所から判断する能力を身につける機会を逸し、些末な先例に固執することになると危惧する。
　徳川幕府の創健者が示した先格古例を大局的な判断に取り入れ、重要な決め事を行うことができない人材が存在するのは、下級藩士が身分制度によって小役人としての狭隘な判断しかできない状況に縛られてきた結果であるというのが東湖の理解である。

「分限」の考察

　東湖は身分制度における分限を尊重する一方、平和で静態的な社会においては、武家にとって分限が一種の障害になると考える。この点について、東湖は以下のように述べる。⁽²⁴⁾

　「一家は一家の分限あり、一國は一國の分限ありて、一國中の諸士に分ち與ふる穀祿も大抵定格あるべき事なれば、諸士の子弟たる者文武の道などはるかに人にすぐれたらんには、別に祿を與へぬるが上に、其子弟をも人々に惠まん事はなし得ざるならひなり。世亂るゝ時は各槍太刀打ちふりて功

名を顯はしぬれば、やがて恩賞に預り、武邊拙ければ、速かに追拂はれなどすれども、治れる世には、強きも弱きも勤むるも怠るも、いと惡きわざだにせざれば、家をつぎ祿を世々にするきまりにしあれば、諸士子弟自ら怠りて文武の道をも勵まず、其子弟やがて家をつぎぬる故、君に事ふるも職を守るも唯人なみに備りたるのみにて、其道に暗きは淺ましきわざなり。是其父兄たる者の心すべき事なれども、又人君の憂へ慮るべき所なり。」

　分限によって家や人の格を定める考え方は、身分制度を固定化し静態的な階層社会を規律づけるうえでは合理的である。しかし、この制度は能力に恵まれた者にとっては纏足をはめられたに等しい窮屈なものであった。

　文武の修行に励んで能力を身につけたとしても、戦のない時代で武を生かすことはできず、文を生かす職務は身分制度によってあてがわれた家格によって定められているため、修得した能力を適切に発揮することは困難である。さらに、給与も家格や職務によって固定化されているため、努力によって生活水準を改善することも困難である。

　そのように考えると、文は幕府や藩において政治的決断を担う役職にある武家にとっては実学としての意義があったが、その知識を生かせない階層に属する武家にとっては教養学としての意義しかなかった。

　現代に置き換えると、職業人生において経営者や管理者になる見込みがなく単純作業に従事し続ける社員が経営学や管理技術を学んでも、その知識を生かすチャンスが与えられない状況にたとえられる。

　しかも、武家が身につける「文」は漢籍や古典が主たるものであり、算盤や一般実務に関する学問は敬遠されることが多かった。武家にとっての文は「物の道理」を学ぶことであり、水戸藩にとっては道理が示される教材が儒学と水戸学に加えて、先格古例たる徳川幕府三代の事績と残された言葉であった。斉昭にとっては藩政を正しくするための実践事例がこの先格古例であった。

5－2　制度改革事例

　斉昭が実施した人事制度改革の事例として、「奥右筆の活用」と「お床几回りの設置」があげられる。斉昭は下級藩士の役割であった書記業務に奥右

筆という名称を与え、藩の情報を管理する重要業務とした。斉昭はこの職務を担当する藩士を「側右筆」として重用した。

　お床几回りは、各藩士の家から有能で志操堅固な長男を選別し、順繰りに斉昭の身近に置いて薫陶するとともに、その中から将来有望な人材を探すための制度である。以下で斉昭による両制度活用の成否を考察する。

5－2－1　奥右筆の活用

　奥右筆という役職が設置されたいきさつについて東湖は、「(……士大夫たる者、一とわたりは學ぶべし、寡人も龜の間にありし時學びたりきと宣ひて、學校にも數學を立給へり、扱出しいるゝ事を吝にし、分厘の利を爭ふに至りては、本より君子の惡む所なればさるわざを賤むるは聞えぬれどひたすら小商人のわざとのみいひて其大綱をしめくゝる事を知らざる時は、經濟金鼓の權、皆小吏商人の爲めに奪はるゝぞ淺間しき) 政治の權自ら奥右筆にうつれり。此奥右筆は、古日帳役といひて年寄奉行評議して君に申上げ、政事を行ひたる日々の事を帳に記し、後の例に備ふる事を司る職なりしが、年寄、奉行、其才德なく、何事も此日帳役に聞きて事を計らふさまになりたれば、日帳役の權、いやましにつのり、其役名の賤しきを嫌ひ、幕府になぞらへ、奥右筆と改め、年寄等に使はるべき職にありながら、年寄等を使ふ計の勢になりぬ」と述べる。
(25)

　藩政治の詳細を記録する役割であった日帳役が奥右筆という役名を与えられ重用されるに至った理由ついて、東湖は年寄や奉行など高位に属する藩士の実務知識の不足をあげる。算術や実務の基本的知識はおろか、執政が藩政の詳細を記録する才覚すら有していない実態があった。

　執政職は国学や儒学の知識はあっても実学の知識が乏しく、それはもっぱら下級藩士の役割であったため、実務知識を有する下級藩士が藩の情報を管理し力をつけていった。

　執政職が藩の政治判断に責任を有する実態を現代の政治家にたとえると、奥右筆は実務的知識と情報を豊富に有する官僚組織に相当する。水戸藩における年寄・奉行と奥右筆の関係は、現代の政治家が実務に疎く、官僚は情報や実務知識に詳しいが視野狭窄となり、その発想は省益にのみ向けられると

第 3 章　藤田東湖『常陸帯』と渋沢思想

いう現代の行政に酷似している。

　現代のように動態的に発展する社会で有用なのは、将来に向けた新たな知識や情報であるが、徳川時代のように静態的で過去事例を重視する社会では、記録された藩政の詳細情報が不可欠であり、それを管理する奥右筆が必然的に力を持つことになる。

　その結果、幕政や藩政の動きに最も詳しいのは斉昭となった。斉昭は情報を管理する奥右筆を側右筆として身近に置いて優遇し、その情報を自らの政治判断に利用しようと考えた。

　しかし、そうなれば情報から疎外され政治的権限から遠ざけられるのは執政であり不満や反発が生じる。斉昭は執政職からの要望を容れざるをえなくなり、側右筆を彼らの支配下に置くことを認めた。その結果、奥右筆の大半は他の職責を命じられ、斉昭と側右筆によるいわゆる「中抜き政治体制」は終焉を迎えることとなった。

　このように、東湖の眼を通した斉昭による奥右筆を活用した政治体制は骨抜きとなった。東湖による淡々とした事実の記述から判断すると、奥右筆に関わる斉昭の人事制度改革が不調に終わったことは明らかである。

　現代政治においても、高い政治的理想を有するとともに、官僚以上の実務的知識を有する政治家は尊敬される。東湖が常陸帯に記載した事実から、斉昭が組織改革に失敗したことを渋沢が読み取ったであろうことは容易に推察できる。

5-2-2　お床几回りの設置

　常陸帯にはお床几回りを設置したことによる具体的効果は記述されていない。斉昭は藩士の家格に拘泥せず優秀な若者を身辺に置いて有能な人材を早期に見出そうとする一方、各藩士の家の存続を重視して長男のみを選抜対象とした。

　これは、現代の就職活動における青田買いに相当する試みであるが、青田買いされる人材は斉昭のメガネにかなった者だけとなり、多層的な人事評価によって広く偏りなく良質な人材を確保する制度ではなかった。

　これは藩内の採用人事に関する権限が斉昭に一点集中すること意味し、現

代企業にあてはめれば社長が採用人事を単独で行うことに等しい。

　東湖が評価したのは、選抜された100人余りの子弟が懸命に自己研鑽に励んだことであり、この制度は若年層のモチベーションを底上げしたという意味において有意義であった。

　斉昭の知行合一は、優秀な人材を育成するための藩校である弘道館を設立し、文武の指導を行ったことである。斉昭は旧来の執政をはじめとする藩士に欠落していた、自然科学や実学についても広く教育科目として採用した。冗費を排し有益な投資を行うという意味において、お床几回りの制度とともに実施された弘道館の設立は斉昭による人事政策の成功事例といえる

第 6 節　藤田東湖の宗教観

6 － 1　神社の尊崇

　神社に関する常陸帯の記述から東湖の宗教観の本質を探ることは困難である。しかし、日本古来の信仰の象徴である神社と、邪教と位置づけられた仏教を奉じる寺に対する認識を考察することで、東湖の宗教観の一端を探ることが可能となる。

　神道を最重視する東湖が純粋に神社を奉ずるうえで障害となるのは、長く日本に定着している仏教と儒教を神道との関係から考察し、神道をどのように位置づけるかという点であった。

　東湖はこの点を説明するため、水戸藩が奉じる神道は他宗教から影響を受ける前の古来の神道であり、その後日本に伝来した儒教や仏教は、神道に対する補完性や相反性の度合いによって、その有用性や害毒性を判断するという論理を考え出した。

　さらに東湖を悩ませたのは、本地垂迹説による神仏習合の論理により、仏教を日本に根付かせるための理論的基盤が存在しており、それを徳川幕府も容認していることであった。東湖はこの点について、「威公以來の君をば、我藩にて貴びぬる神儒の道を以て祭り、東照宮をば常に賤しみぬる佛法にて

祭らんこと、いかで忍び給ふべき」と述べる。
　維新後の廃仏毀釈によって東照宮は神道によって祀られることとなり、東湖の無念は死後に報いられた。東照宮は現在別格官幣社となっている。生前の東湖は徳川家康に対して東照大権現という神仏習合による神号が付されていることに忍び難い気持ちを抱いていたと思われる。
　神道を日本人の精神的支柱として純粋に信奉する斉昭と東湖は、邪教と認識する仏教の影響から水戸藩の民衆を保護するため神社に権威を与えるとともに、氏子帳による民衆管理の役割を与えた。神社振興と並行して行われた仏教寺院の整理は、維新後の廃仏毀釈にさきがけて実施された実質的な「水戸版廃仏毀釈」であった。

6-2　神社振興と仏寺整理

6-2-1　神社振興

　水戸藩による神社振興と仏教寺院整理および民衆信仰について、東湖は「世の中の人、神佛とだにいへば、其理由をも知らで、ひたぶるに拝み祈りなどして、禍を進れ福を求めんとするにぞ、民の心さまゞゝになりて純一ならず。亂れたる世に権威を振ひぬる人多き時は、其人々に媚び諂ひぬる事のみ専らになりて、君在す事を忘るゝが如し」という基本認識を有している。
　民衆は宗教の本質を知ろうとすることなく、もっぱらご利益を願って神仏を拝するため、欲にかられた心の隙に邪教が忍び込み人心が惑わされる危険があると東湖は考える。
　日本の始原に根差した神道以外の宗教を邪教と認識する東湖にとって、仏教の誤った解釈を流布する破戒僧や堕落僧は、現代のカルト宗教を流布する人間に対して抱くべきレベルの警戒心をもって対処すべき人びとであった。
　民衆信仰に対する係る認識ゆえに、東湖は民衆が拝する神社にも段階を付して分相応の信仰を喚起することが合理的と認識し以下のように述べる。

　「凡そ神國に生れぬる人は、天祖を仰ぎ奉るべき事なれども、賤しき身として、天祖を祈るなどするは、譬へば己が領主、國主を差し置きて、直に朝廷に訴へ奉るにひとしく、非禮、無禮の甚しきなり。一國の人は一國の

神を祈り、一村の民は一村の神を祈りぬる事、既ち天祖に事へ奉る所以なり。此の理りだに明かになりたらんには、諸々の邪教、人の心をまどはしぬ事も自ら止みぬべし。」

東湖は信仰のあり方にも身分制度を適用する。天皇に対する民衆のお目通りがかなわないのと同様、神社にも本社と分社があり、由緒正しい神道思想によって建てられた分社であれば、一国一村レベルで段階をつけ身分に合わせて信仰を深めることが合理的と東湖は考えた。

東湖は何をもって由緒の正しさを判断するかについては述べていないが、様々な由来に基づいて神社が建立されてきた日本の史実を勘案すると、少なくとも神社の祭神は天照大神と繋がりがなければ分社とはなり得ない。係る認識に基づき一郷一社という原則によって水戸藩内で分社となるべき神社が郷ごとに鎮守の社として選定された。

斉昭が神社に義務付けた氏子帳と、寺請制度を機に民衆管理のための台帳として整備された宗門人別改帳の関係性は専門家の研究成果を尊重すべきであるが、少なくとも斉昭には民衆管理に関わる実務的権限を寺から神社に移行させようという意図があったと考えられる。

6-2-2 仏寺整理

仏教を邪教とみなす斉昭と東湖は、邪教を布教する僧侶には破戒僧や堕落僧が多く存在するという認識を共有していた。斉昭は光圀公が淫祠二千余りを取り壊したという驥に倣い一千ほどの淫祠を破壊した。この間の事情について東湖は以下のように述べる(29)。

「昔、西山の君、此義を明にし給ひ、寛文の頃より國中の淫祠二千許りを毀ち、又僧徒の戒を破り、風俗の害になれる者を沙汰し給ひ、佛寺一千計りを毀ち給ひ、吉田神社、（日本武尊の神を祭る。延喜式に載せたる名神なり。）静神社（手力男命を祭る。延喜式に載せたる名神なり。）などいへる名神にも、いつの頃よりか佛をつきまぜてありしを、寺を遠ざけ、僧をはらひ、宮社すが/\しく建て給ひて正しき神の道もて齋ひ祭り、……」

第 3 章　藤田東湖『常陸帯』と渋沢思想

　一千という数字には多少の誇張があるにしても、宗門の整理も併せて行ったことを考えると、斉昭は神社を一郷一社に限定してスリム化したのと並行して、寺に関しては宗派ごとの争いを除き、淫祠を破壊することにより神仏ともに民間信仰に関する大胆な整理を行った。
　神社に関する整理の切り口が「由緒の正しさ」であり、寺についてはそれが「淫祠であるか否か」、「宗門の錯綜の有無」という2点であった。
　斉昭によるこのような宗教インフラの整備は一種の宗教弾圧であり、憲法によって宗教の自由が認められ政治的介入が許されない現代から見るときわめて異常な事態である。
　しかし、光圀、斉昭二代にわたって計三千もの淫祠を取り壊さなければならないほど、彼らが邪教とみなす仏教が人心に浸透していたことを勘案すると、水戸藩内の仏教寺院で展開される異説が欲望を刺激し人心を蠱惑することが、藩内政治の安定を脅かすリスクとなっていたことがうかがわれる。

小　括

　本章の目的は、藤田東湖の主要著作『常陸帯』に記述されている、(1)政治思想、(2)水戸藩の内政、(3)宗教観の3点について、渋沢栄一の著作や事績と比較し、渋沢思想に対する同書の影響を探ることであった。
　渋沢は東湖を尊崇していたがゆえに、渋沢思想の深奥に影響を与えた部分が多くあると思われる。それは大きく、(1)両者ともに信奉していた論語を中心とする儒学からの影響、(2)武家と農民という両者の身分の違いからくる尊皇攘夷思想の理解の相違という2つに分類される。
　前者については本書の分析を総合的に勘案して考察すべき課題であるので、小括では後者に重点をおいて述べる。後者の影響が顕著な事例は、未遂に終わった横浜焼き討ち計画であり、渋沢らがこの計画を実践しようと考えたきっかけの一つが水戸藩の尊皇攘夷思想に対する理解にあった。そして、尊皇攘夷思想を述べた文献の一つが渋沢の愛読した『常陸帯』である。

173

第Ⅰ編　藤田東湖と渋沢思想

　管見によると、尊皇攘夷思想に対する渋沢の理解の根底に存するのは、(1)著者と読者の身分の相違、(2)対外的脅威に対する現実感覚の相違、(3)分限に対する認識相違の3点である。

　農民でありながら高度な知識人であった渋沢や尾高惇忠には、常陸帯の思想を純粋に信じる素地しか整えられていなかった。つまり、水戸藩領地の沿岸に不定期に外国船が出没する脅威に晒される現実感をもとに尊皇攘夷思想を展開する武家の東湖と、内陸で農業を本業とし水戸学が主張する尊皇攘夷思想を純粋に信奉する渋沢らでは、身分差だけでなく現実感覚においても大きな違いが存在した。

　渋沢らが常陸帯をはじめとする水戸学の尊皇攘夷思想に傾倒し、その趣旨を実践しようと試みたとすれば、それは現実認識が欠如した知行合一であったといえる。横浜焼き討ち計画にはこのような背景事情が存在した。

　分限に対する東湖と渋沢の理解の相違は、大塩平八郎の乱に対する両者の解釈の違いに表れている。東湖は大塩の乱を国内の治安を乱す悪行と捉えており、大塩が乱を起こした原因やその行動の背後にある思想については詳細に分析していない。

　大塩と同じく東湖も為政者サイドにあって幕藩体制を堅持すべき立場にあり、それが武士としての分限であった。幕藩体制を守り朝憲を護持すべき立場の大塩がその分限を逸脱して暴挙にはしったという事実をことさら分限との関係から非難することは、分限に対する武士階級の自覚が毀損されていることを自ら認めることになる。

　東湖にとって大塩の乱は一部の異常者が引き起こした突発的な不祥事であり、災難に備えるがごとく武備を充実させることが有効な対策であるという見解を示さざるを得なかった。

　これに対して、分限を守ることの重要性を学んだ渋沢は、大塩の乱は分限を無視した深刻な事件であると認識した。農業生産に携わり成功をおさめてきた渋沢にとっては、飢饉を理由に分限を無視して暴挙にいたることはもってのほかであり、飢饉は農業生産の効率化によって防ぐべきものであった。

　渋沢からすれば乱を起こした動機そのものに誤りがあるうえ、その誤りを乱によって解決しようとする手段も間違っているという二重の過ちを大塩は

第3章　藤田東湖『常陸帯』と渋沢思想

犯したことになる。さらに、その手段を行使するにあたって武士が最も確守すべき分限を放棄したという看過しがたい暴挙が、渋沢の認識する大塩平八郎の乱の本質であった。

では、大塩に対してこのような認識を有する渋沢がなぜ横浜焼き討ちを計画したのかという点が問題となる。横浜の異人館を焼き討ちし異人を皆殺しにするという計画は、大塩の乱に劣らぬ暴挙であり、それを計画した渋沢らの心理状態を解明することは困難である。

しかし、分限を重視する「名分論」、「現実感覚の欠如」という2つのキーワードに基づいて横浜焼き討ち計画を考察すると、同計画に至る経緯に対して一定の納得感が得られる。

渋沢からすると、大塩は自分の名分を放棄して乱を起こした人物である。つまり、渋沢が糾弾するのは既存の秩序において、秩序を守り支えるべき人物が自ら階級的秩序を破壊する行動をとったことに対してであった。

この点、渋沢は神託という無理筋な理屈をこねながらも、自らの分限を守ったうえで横浜焼き討ちを計画した。幕藩体制を堅持し朝憲を守るという分限を与えられていない渋沢らが武家に代わって政治体制を内部から改革することは不可能であった。

そのような状況において、やむにやまれぬ気持から選択した手段が横浜焼き討ちであった。そして、その「やむにやまれぬ純粋な意志」は、現実感覚をともなわない尊皇攘夷思想という理想論によって増幅されたのである。

係る解釈は横浜焼き討ち計画を正当化しうるものではないが、少なくとも渋沢らの異常行動を説明するうえで一定の説得力を有すると考えられる。

渋沢の非合理的な行動を合理的に説明しようとすれば、このような解釈に基づかざるをえない。つまり、この当時の渋沢は常陸帯の思想を全く異なる論理で解釈して行動に移す危険分子であった。渋沢の生涯における大きな汚点の一つである横浜焼き討ち計画に対しては上記の解釈が妥当と思われる。

第Ⅰ編　藤田東湖と渋沢思想

【注】

（1）実験論語処世談（八）「竜門雑誌」（第332号大正5年1月）渋沢青淵記念財団竜門社編『渋沢栄一伝記資料　別巻第七』（渋沢青淵記念財団竜門社、昭和4年）5頁。
（2）高須芳次郎編著「常陸帯（上篇）」『藤田東湖全集　第一巻』（章華社、昭和10年）265-367頁。
（3）高須芳次郎編著「常陸帯（下篇）」『藤田東湖全集　第一巻』（章華社、昭和10年）253頁。
（4）高須、前掲書、「常陸帯（下篇）」407頁。
（5）高須、前掲書、「常陸帯（上篇）」361-362頁。
（6）前掲書、実験論語処世談（八）「竜門雑誌」7頁。
（7）高須、前掲書、「常陸帯（下篇）」423-425頁。
（8）高須、前掲書、「常陸帯（下篇）」417-419頁。
（9）高須、前掲書、「常陸帯（上篇）」292頁。
（10）高須、前掲書、「常陸帯（上篇）」337頁。
（11）高須、前掲書、「常陸帯（上篇）」304頁。
（12）高須、前掲書、「常陸帯（上篇）」308-309頁。
（13）高須、前掲書、「常陸帯（下篇）」396頁。
（14）高須、前掲書、「常陸帯（下篇）」382-383頁。
（15）高須、前掲書、「常陸帯（上篇）」311頁。
（16）高須、前掲書、「常陸帯（上篇）」313-316頁。
（17）高須、前掲書、「常陸帯（上篇）」313-316頁。
（18）高須、前掲書、「常陸帯（上篇）」321頁。
（19）高須、前掲書、「常陸帯（上篇）」322-325頁。
（20）高須、前掲書、「常陸帯（上篇）」327-329頁。
（21）高須、前掲書、「常陸帯（上篇）」350-351頁。
（22）高須、前掲書、「常陸帯（上篇）」357頁。
（23）高須、前掲書、「常陸帯（上篇）」284頁。
（24）高須、前掲書、「常陸帯（下篇）」440頁。
（25）高須、前掲書、「常陸帯（上篇）」283-284頁。
（26）高須、前掲書、「常陸帯（下篇）」437頁。
（27）高須、前掲書、「常陸帯（下篇）」431頁。
（28）高須、前掲書、「常陸帯（下篇）」431頁。
（29）高須、前掲書、「常陸帯（下篇）」431-432頁。

第 4 章
藤田東湖『弘道館記述義』と渋沢思想

はじめに

　本章の目的は、藤田東湖（以下「東湖」）の著作である『弘道館記述義』の内容を検討し、渋沢の倫理思想や政治思想をはじめとする思想全般に影響を及ぼしたと考えられる点について考察を加えることである。

　『弘道館記述義』は、徳川斉昭（以下「斉昭」）の『弘道館記』の内容を一文ごとに東湖が詳細に解説した注釈書であり、斉昭が「弘道」と表現した後期水戸学の中核思想に関する著作である。同書は斉昭の思想を東湖が敷衍しかつ詳細化した著作と言い換えることができる。弘道館記述義は実質的に東湖の思想を記した著作である。

　上巻と下巻に分かれた同書では、『弘道館記』中の字句が意味のまとまりごと個別に解説されており、巻の上は16段、巻の下は21段の合計37段から構成されている。

　渋沢は水戸学に心酔し、本書で取り上げた『回天詩史』、『常陸帯』などを暗誦するほど熟読した。弘道館記述義に関しては、斉昭が考える水戸藩士に対する教育の基本的な方向性が盛り込まれており、かつ、前期水戸学から連綿と息づく水戸学派の基本精神が詳細に記述されているので、渋沢思想への影響度は高いと考えられる。

　ただし、渋沢思想への影響を探るという意図に基づいて検討を進める場合、渋沢思想の特質を中心に、その淵源を弘道館記述義に探ることとなるので、同書全編をくまなく探る手法を採用することは困難である。

　したがって、弘道館記述義を構成する全37段の内容から渋沢思想の片鱗が認められる段を抽出し、東湖と渋沢の考え方や認識について比較検討する手

第Ⅰ編　藤田東湖と渋沢思想

法を採用する。本章でのアプローチの詳細については序節で記述する。

序　節　『弘道館記述義』へのアプローチ

　本節では本章で採用するアプローチについて述べる。上下2巻37段で構成される弘道館記述義の各段には見出しが付されているわけではないので、その内容を一覧することは困難である。
　したがって、本章では岡村利平氏が著した『弘道館記述義の精神と釋義』で用いられている見出しを各段の表示として用いる[1]。岡村氏の見出しを用いた各段の名称は「図表4－1　『弘道館記述義』の全体構成」の通りである。
　弘道館記述義には儒教や仏教に対する水戸学の立場も記述されていることから、渋沢の宗教観や倫理思想の淵源が存在する可能性がある。本章では弘道館記述義の各段に記述される内容から、東湖の思想の中核を構成すると考えられるものを取り上げる。本章の各節で取り上げる弘道館記述義の段は、上下各巻の右列に表示する。
　弘道館記述義各段の読み下し文と現代語訳はそれぞれ「弘道館記述義」『水戸学』と『日本の名著29　藤田東湖』から引用する[2]。
　弘道館記述義は水戸藩第九代藩主である徳川斉昭の名で公表された『弘道館記』に、藤田東湖が詳細な解説を付した注釈書である。弘道館記は斉昭の命により東湖が原案を作成した。
　弘道館記述義は斉昭による弘道館設立の意を受けた東湖が、その基本精神に立ち返り、斉昭の了解の下で水戸学思想の真髄を盛り込んで作成した弘道館の設立趣旨書であるとともに、東湖の理念が盛り込まれた思想書と位置づけられる。このように、弘道館記述義は注釈書、思想書、設立趣意書など多くの側面を有している。
　渋沢は弘道館記述義を東湖の作として読んだと考えられるが、元となる弘道館記が斉昭の名で公表されていることから、あらかじめ斉昭と東湖に対する渋沢の人物評価を確認する。渋沢は両名について以下のように評価する[3]。

第 4 章　藤田東湖『弘道館記述義』と渋沢思想

図表 4 − 1　『弘道館記述義』の全体構成

巻之上			巻之下		
弘道館記述義の段		本章の節	弘道館記述義の段		本章の節
第 1 段	弘道者何	第 1 節	第 1 段	我東照宮	第 5 節
第 2 段	弘道之館		第 2 段	尊王攘夷	第 6 節
第 3 段	天地位焉	第 2 節	第 3 段	允武允文	第 5 節
第 4 段	照臨六合		第 4 段	吾祖威公	
第 5 段	寶祚無窮		第 5 段	日本武尊	
第 6 段	國體尊嚴		第 6 段	義公繼述	
第 7 段	蒼生安寧		第 7 段	發威夷齊	第 7 節
第 8 段	蠻夷率服		第 8 段	明倫正名	
第 9 段	聖子神孫		第 9 段	世承遺緒	
第10段	唐虞三代	第 3 節	第10段	館之爲設	
第11段	斯道愈大		第11段	建御雷神	
第12段	異端邪說	第 4 節	第12段	營孔子廟	
第13段	俗儒曲學		第13段	國中士民	
第14段	皇化陵夷		第14段	神州之道	
第15段	禍亂相踵		第15段	忠孝无二	第 8 節
第16段	大道不明		第16段	文武不岐	
			第17段	學問事業	第 9 節
			第18段	敬神崇儒	
			第19段	衆思群力	
			第20段	祖宗之志	
			第21段	建斯館者	

【出典】『弘道館記述義の精神と釋義』2〜4頁。
【注記】本章で取り上げる段は、上下各巻の右列に表示する。

「水戸藩は勤王の先駆をなし、藤田東湖(とうこ)先生などと申す俊傑を出だし、一時これによって天下に名を成し、薩州の西郷公なども来訪するというほどで

第Ⅰ編　藤田東湖と渋沢思想

あったが、東湖先生が安政二年十月の大地震にて五十歳を一期に、江戸小石川の水戸上屋敷（今砲兵工廠）にて圧死の後は、烈公（斉昭。万延元年八月十九日病薨。年六十一。贈大納言従一位）と仰せらるる方が、元来世間で評判せられる程に偉大な人傑でなく、はなはだ偏狭な所があって、実際は統御の手腕に乏しかったものとみえ、藩内に党争が絶えず、あい互に排擠して、ついに烈公と中納言派（烈公の長子慶篤、烈公隠居の後を承けて水戸家を嗣ぎ、中納言に任ず）との二党の間に激烈なる確執を生ずるに至れり。」

　このように渋沢の東湖に対する評価は高い。渋沢は東湖を俊傑と評価するだけでなく天下に名を成したとまで評価する。東湖に対する渋沢の評価を勘案すると、渋沢が同書から影響を受ける基盤は整っていたと考えられる。

第1節　天地の大原理としての道【弘道者何】

1－1　藤田東湖の道の認識

　「弘道者何」は弘道館記述義の序章に相当し、「道」と「道を弘めることの意義」を明らかにした段である。東湖は道を天地の大原理とし、人が一刻も離れることができないものであるがゆえに、それを弘めることが必要と説く。
　天地の大原理たる道とは何かといえば、人が歩むべき道の基底に存在する、「父子」、「君臣」、「夫婦」など、それぞれの分が定まった上下からなる人間関係に由来するもので、東湖は「何を以てかこれを言ふ。夫れ父子・君臣・夫婦は、人道の最も大なるものにして、上古、父子・君臣・夫婦の分、厳乎として一定せしこと、なほ天尊くして地卑きがごとし」と述べる[4]。
　この記述からは、天と地の上下関係になぞらえて、分に応じた人間関係をすでに定まったものとすることによって身分制度を固定化し、社会の安定化を図る意図がうかがえる。
　士民それぞれが生来与えられた名分に従って、各々の役割を果たすべきとする静態的な人間社会を実現するための原理が道であり、それが「天地の大

第4章　藤田東湖『弘道館記述義』と渋沢思想

原理」である。

ではなぜ「天地の大原理」なのかという点について東湖は、「蓋し道はなほ大路のごとし。人人、大路に遵ひて行き、率由践履、斯路にあらざるなくば、すなはちたれかまた路の路たるを知らんや。その路、維れ一にして、他岐あることなくば、すなはちまたいづくんぞ路に命ずるに名を以てすることをこれなさん。天地ありてより以来、斯道の外、また道あらず。君臣上下、熙熙皞皞として、これに遵ひこれを行ひ、絶えて異端邪説のこれに間はることなければ、すなはち斯道の名なかりしも、また宜ならずや」と述べる。

東湖によれば、道は天地の摂理に基づく大路のようなものである。つまり、天から降臨して地にある天孫が国の頂点にあり、君臣をはじめとする父子・夫婦などの分が定まるように、人間関係の上下も天地の上下に基盤があるというのが東湖の説明である。

これにより、天地の大原理たる道は神道となり、神道にしたがって歩むことは、すなわち地位に応じた名分にしたがって生活を営むべきことを意味するという結論に帰着する。

1－2　渋沢栄一の道の認識

渋沢は弘道つまり道を弘めることについて、「道は人の履むべき道なり。しかれども道は死物にして、自ら行わるる能わず、必ず人によりて行わる。ゆえに曰く『人よく道を弘む』と。しかして死物の道何ぞ人を弘むるを得ん。人々よろしく自ら発憤して力を用いざるべからざるなり。中庸に曰く『文武の政、布いて方策にあり。その人存すればすなわちその政挙り、その人亡ければすなわちその政息む』と」と述べる。

「道」とは何かという点について、東湖が「天地の大原理であり人が歩むべき道の基底に存在するもの」と定義したのに対し、渋沢は「道は人の履むべき道なり」と述べる。渋沢の定義は簡潔であるが、人が歩むべき正しい道であるという点において両者の道の認識は合致している。

検討すべきは、渋沢の「しかれども道は死物にして、自ら行わるる能わず、必ず人によりて行わる」という表現の真意を明らかにすることである。「死物」とは本来役に立たないもの、利用できないものという意味である。

管見によると、渋沢が死物と表現した真意は、生きて活動していることを意味する「活物」に対して、「自ら能動的に働きかけないもの」という意味で道を死物と表現したと理解することが妥当である。つまり、道とは役に立たないものではなく、自ら人に働きかけることのない受動的な存在という意味で渋沢は道を捉えていた。

　渋沢は受動的に存在する「人の履むべき道」を最も能動的かつ理想的に履んだ人物として明治天皇をあげて、「我が邦にて人のよく道を弘めたるは、明治天皇より大なるはなし。世界にて数百年研究施行せる諸道諸芸を、僅々四十年間に廓大(かくだい)して行施したればなり。道よく人を弘めざるは、支那今日の国情にしくものなし。支那固有の聖賢の道はさらなり。欧米文化の道また東漸しおれども、これを採用する大人物なく、都鄙(とひ)州郡(しゅうぐん)ゆくとして非道にあらざるはなし。これその人亡(な)ければなり」と述べる(7)。

　欧米が数百年かけて研究施行した近代科学を、明治維新後40年ほどで日本に導入した維新の鴻業は、まさに明治天皇の業績であり、これ以上の道の実践はないと渋沢は述べる。渋沢にとって人の履むべき道とは幕藩体制から脱し、天皇を頂点とする立憲君主制の下で近代国家としての国造りをすることであった。その大業を達成するにあたって最も功ある人物は誰かといえば、渋沢にとって明治天皇以外には考えられなかったのである。

　このように、東湖は弘道に関しては道の存在そのものに焦点をあて、道とは何かを詳述したのに対して、渋沢は道を弘めた具体的な事例を明治天皇に例をとって述べたという点に両者の相違が見られる。道の定義に関して両者の認識に大きな隔たりは存在しない。

第 2 節　天地と万物の生成【天地位焉】

2－1　天地と万物に関する藤田東湖の考え方

　天地と万物の創造について東湖は、「昔者(むかし)、子思(しし)、中庸(ちゅうよう)を作り、その極致(きょくち)を論ずるに至つては、すなはち曰く『天地位(くらい)し、万物育す』と。公、斯の

第4章　藤田東湖『弘道館記述義』と渋沢思想

語を仮りて、以て神聖経綸の跡を讃したまふ。その古を信ずるは、固より広成に邁ぎ、その卓識もまた親房の下に在らざるなり、読む者、徒らに視て以て功化を形容するの辞となさば、すなはち不可なり。そもそもまた穿鑿臆度して、天地は何如にして剖判し、万物は何如にして生育すと謂はば、すなはちまた恐らくは公の意にあらざらん」と述べる。

　東湖の考えによると、天地生成のいきさつやメカニズムを解明しようとすることは、斉昭の意図に反することになる。これは天を理屈で説明しようと考える宋儒の考え方を否定する意見と同趣旨である。

2-2　天と天命に関する渋沢栄一の考え方

　天地の何たるかを人知によって説明しようとすることは不遜であるという東湖の考えは、渋沢思想と相似している。渋沢はこの点について以下のように述べる。

　「天は理なりと宋儒は説けども、これは僻説なり、しからば天とは果して何であろうか。余は天とは天の命という意味であると信ず。人間が世の中に活きて働いているのが天命である。草木には草木の天命あり、禽獣には禽獣の天命がある。すなはちこの天命か物の天則であって、聖賢といえどもこの天則には必ず服従せざるを得ず、堯の丹朱、舜の子商均みな不肖にして帝位を継がしむること能わず。これみな天命のしからしむる所にして、人力の如何ともすること能わざる所である。草木はいかにしても草木で終らねばならぬ。禽獣または人間に変化せんとしても変化し得らるるものでない。禽獣の草木または人間における、人間の禽獣または草木におけるもまた同一理なり。人間は天命に従うて行動するより外に致し方あるべからず。危策危計を行うときは、罪を天命に獲るのみにして何の効果もあらざるべし。」

　渋沢は天を理屈で説明しようとする宋儒の説を僻説として一刀両断する。渋沢にとって天とは天命であり、人間の力ではいかんともしがたいものである。人間の力ではいかんともしがたい天命は、当然ながら人知で解明することは不可能である。したがって、それを狭隘な人間の知恵をもって解明しよ

うと試みることは不遜な行いということになる。

　この点について東湖の言葉を引用すると、「そもそもまた穿鑿臆度して、天地は何如にして剖判し、万物は何如にして生育すと謂はば」ということになる。天地がいかにして分かれ、その後どのように生育発達するかということを解明しようとすることは「穿鑿臆度」に類する行為であると東湖は切り捨てる。

　渋沢が宋儒の説を全面的に否定したことが確認できるのは壮年期に至ってからであり、時系列的に考えると青年期に読んだ弘道館記述義の天地に関する考え方に影響を受けたと考えることに合理性が認められる。

　東湖は御用学問である朱熹の学統に属するため、表立って宋儒を引き合いに出して批判することはできない事情を抱えていた。しかし、弘道館記述義の記述は窮理的側面に対する反発心の強さが際立っている。

　一方、渋沢の考えの中核には、国益を視野に置いた日常生活や経済活動、社会事業に関わる実務の現実があり、それを支える儒教と神教が渋沢思想を形成していた。渋沢の現実的思考からすれば、天地開闢の仕組みや歴史の解明に固執することは非現実的な行動の最たるものであった。

　渋沢は「天命」を通して「天」を認識した。人間を含め地上にあるものすべては天の命による「天の配剤」となって顕れ、その配剤は人力によって変えることはできないというのが渋沢の基本認識である。

　さらに、人の力によって変えることのできない定めが、人、鳥獣、草木がそれぞれ全うすべき本分であり、人も個人によって役割が本分として定められていると渋沢は考える。

　この点について渋沢は、「天命にはいかなる聖人賢者とても、必ず服従を余儀なくせられるもので、堯といえども我が子の丹朱をして帝位を継がしむことあたわず、舜といえどもまた太子の商均をして位につかしむるわけにはゆかなかったのである。これ皆天命の然らしむところで人力のいかんともすべからざるところである」と述べる(10)。

　渋沢は帝位につくか否かもすべて天命によるのであって、そのことを自覚せず無理筋なことを行うと必ず悪い結果を生じると考える。そして、その理屈を孔子の「罪を天に獲る」という言葉で以下のように説明する(11)。

第4章　藤田東湖『弘道館記述義』と渋沢思想

「されば孔子が曰われた『罪を天に獲る』とは、無理な真似をして不自然な行動に出ずるという意味であろうかと思う。無理な真似をしたり不自然な行動をすれば、必ず悪い結果を身の上に受けねばならぬに極っている、その時になって、その尻をどこかへ持ってゆこうとしたところで、元来が無理や不自然なことをして自ら招いた応報であるから、どこへ持ってゆきどころがないということになる。」

かつて横浜焼き討ちを計画し、仲間を集めて決起した23歳の渋沢はいわばテロリストであった。農民であった当時の渋沢は名分論を重視し尊皇攘夷思想に凝り固まった「頭でっかち」の青年であった。

横浜焼き討ち計画の「利」は、横浜の異人館を焼き討ちして外国人を殺戮することで社会に混乱を生じさせ、天皇親政を実現することであったので、攘夷思想を信奉していた渋沢にとって異人館を破壊するとともに外人を殺戮することには特段の抵抗はなかった。

しかし、名分論を重視する立場からすると、農を本分とする農民が過激な政治活動を行うには「義」が必要であった。そこで渋沢等が考え出した「義」が、神託により害獣である異人とその住まいを襲撃することであった。

神託に基づいて決起するに際して武士と農民の本分には関係がなく、農地を荒らす害獣に貶めた外国人を襲撃するという主張を正当化するのが、「神託によって義挙を遂行する」という理屈であった。

渋沢にとっての「利」は倒幕によって天皇親政を実現して身分制度を崩壊させることであり、「義」はテロ行為を神託によって正当化することであった。

渋沢が抱えていた矛盾は、名分論には賛同するものの、自分の意志と能力に照らして農民という名分にとどまっていることが困難であった点である。つまり、原則論には賛同するものの、自分が抱える個別事情を考えると現実を素直に受け入れることができないという点であった。「総論賛成・各論反対」にあてはめると「原則論賛成・個別論反対」というのが名分論に対する渋沢の立場であった。

渋沢は横浜焼き討ちを計画した23歳の時点で、同計画は「罪を天に獲るも

第Ⅰ編　藤田東湖と渋沢思想

の」と自覚した。しかし、やむにやまれぬ覚悟で計画した横浜焼き討ちには、農民である渋沢がその本分を離れて外国人を襲撃するための義が必要であった。その義を無理筋に立てるための方便が神託だったのである。

　このエピソードから推察できるのは、晩年に講述した『論語と算盤』で語った天命の意義を、すでに23歳の渋沢は天命によって各自に与えられた名分は尊重されるべきこととして認識していたということである。

　このように渋沢は天命の意味するところを論語の知識に基づいて理解していた。しかし、信奉する孔子の教えに対して渋沢が一線を画していた点は、日本という国の成り立ちに関わる部分である。渋沢はこの点について以下のように述べる(12)。

「不幸にして孔子は日本のような万世一系の国体を見もせず知りもしなかったからであるが、もし日本に生れまたは日本に来て万世一系の我が国体を見聞したならば、どの位讃歎したかもしれない、詔を聞いて美を尽し善を尽せりと誉めたどころではない、それ以上の賞賛尊敬の意を表したに違いない、世人が孔子の学を論ずるには、よく孔子の精神を探り、いわゆる眼光紙背に徹するの底の大活眼をもってこれを観なければ、皮相に流れる虞がある。」

　この言説を見るかぎり、渋沢は孔子を尊崇する一方、その孔子ですら讃歎せざるを得ないであろう日本の国の成り立ちについて矜持を抱いていた。

　その矜持を支えているのは万世一系の皇室が天命によって継続し長く国の根幹となっていることであった。それは堯舜ですら達成できなかったことである。この事実と事実に対する認識が、渋沢の尊皇思想の基盤に存在していたと考えられる。

　渋沢が「眼光紙背に徹するの底の大活眼」をもって論語を学ぶべきとしたのは、無批判に論語を受け入れるのではなく、日本人としての矜持を基盤にあくまでも客観的な視点を忘れず論語の長所を取り込むべきという意味と考えられる。東湖と渋沢の認識を要約すると以下の通りとなる。

(1)東湖は「大道」という概念、渋沢は「天命」という概念で天を認識していたこと。
(2)渋沢は矛盾を内包した形で名分論を受け入れていたこと。
(3)儒教と仏教に対する東湖と渋沢の認識は相違していたこと。
(4)身の丈に合わない名分から外れたことをすると結果がともなわないこと。

第3節　皇統の永続性【唐虞三代】

3－1　皇統の永続性に関する藤田東湖の考え方

　東湖は、漢土の進んだ文明は取捨選択して日本に取り入れるべきであるが、決して取り入れてはならないものが禅譲と放伐であると述べる。
　唐虞三代（堯・舜・夏・殷・周）各代の政治運営には日本が参考にすべきものが多くあるが、彼らが政体を継続させるために用いた仕組みは決して見習うべきではないというのが東湖の主張であり、それが禅譲と放伐である。その悪事例が、舜は禹に禅譲し、殷は夏、周は殷を放伐してそれに取って代ったという事実である。
　東湖は、皇室を頂点に永続的に継続する日本の国のあり方が他に類を見ない優れたものであると認識し、「赫赫たる神州は、天祖の天孫に命じたまひしより、皇統一姓、これを無窮に伝へ、天位の尊きこと、なほ日月の踰ゆべからざるがごとし。……その禅譲の説を唱ふる者あらば、およそ大八洲の臣民は、鼓を鳴らしてこれを攻めて可なり」と述べる。
　東湖は皇統の永続性を確保するためには、男系継承により皇統一姓を無窮に伝へ続けることが必須であり、そこに男系皇族以外の血を禅譲によって入れることは決してあってはならないと主張する。
　一方、弘道館記述義で東湖が述べる禅譲と放伐に関する見解と渋沢の理解には一見ずれがあるように思える。渋沢は、「世の人は漢学の教うる所は禅譲討伐を是認しているから、我が国体に合しないというが、そは一を知って二を知らざる説である」と述べる。

3－2　皇統の永続性に関する渋沢栄一の考え方

　渋沢は「不幸にして孔子は日本のような万世一系(ばんせいいっけい)の国体を見もせず知りもしなかったからであるが、もし日本に生れまたは日本に来て万世一系の我が国体を見聞したならば、どの位讃歎したかもしれない」と述べる(15)。

　渋沢が述べたことが一見矛盾しているように感じられるのは、皇室と幕府の継承について明確に区別して語っていないからである。渋沢は皇室が禅譲も放伐もなく万世一系によって連綿と続いていることに誇りを抱いている。

　しかし、徳川幕府について渋沢は、御三家を中心に政治力学を勘案しつつ15代にわたって概ね優秀な人物が将軍職を引き継ぐことによって、安定的に幕藩体制を継続してきたと認識していた。朝廷と幕府を区別して語ることなく禅譲と放伐を全面的に否定する見解について、渋沢は「一を知って二を知らざる説である」と述べた。

　青年期における渋沢の行動である「横浜焼き討ち計画」を考えると、これは幕藩体制そのものを否定する放伐の典型と理解される。上述の発言と青年期の行動をあわせて考えると、朝廷の存続において禅譲と放伐は決してあってはならないが、朝廷から政治的権力を委ねられた幕府は禅譲によって有能な将軍を据えるべきであり、幕府が機能しなくなり弊害が多くなれば放伐によって新たな政治権力がそれに取って代るべきであるというのが渋沢の真意である。そして、徳川幕府にとって代わるべき本来の政治体制が尊皇思想に基づく天皇親政であった。

　このように理解すると、弘道館記述義の禅譲と放伐に関する記述と渋沢の理解は相反するどころか、むしろ渋沢は東湖に大きく影響を受けていたといえる。

　しかし、東湖の立場は尊皇思想に基づき幕藩体制を維持することであるのに対して、渋沢の立場は尊皇思想に基づき放伐によって幕藩体制を倒し新たな政治体制を確立することであった。

　この２つの立場の違いが、禅譲と放伐に対する『弘道館記述義』と『論語と算盤』の表現の違いを生み出したと考えられる。

第 4 章　藤田東湖『弘道館記述義』と渋沢思想

第 4 節　異端の教え【異端邪説】

4 − 1　異端の教えに対する藤田東湖の認識

東湖は仏教を日本を惑わす流派の最も甚だしきものと認識していた。東湖は仏教が日本に広まった理由を以下のように述べる。⁽¹⁶⁾

「しかるにその熾んなること彼のごときものは、その故何ぞや。曰く『愚冥の民は、信じてこれを奉じ、智巧の士は、利してこれを使ひ、純明剛毅の人は、悪んでこれを排し、姦詐狡黠の賊は、資りてこれを用ふ。これを排する者は、未だ必ずしもその道を得ざるに、これを用ふる者は、或はよくその私を成す』と。仏法の熾んなるは職としてこれこれに由る。何をか『信じてこれを奉ず』と謂ふ。富貴なる者は死後の貴賤を恐れ、患難なる者は身後の安楽を俟ふ。その善をなす者は彼岸に到らんことを欲し、悪をなす者は呵責を免れんことを祈る。これまた『信じてこれを奉ず』ならずや。」

東湖は古人の発言を引用し、仏教は愚民、知恵者、狡猾な者、富者、貧者、善人、悪人すべての将来に対する不安を慰撫するいわば麻薬のようなものであると酷評する。しかも、仏教の問題点を認識しそれを排そうとする者は少人数であり、仏教の隆盛を阻止するに足りないと述べる。

4 − 2　異端の教えに対する渋沢栄一の認識

渋沢は論語を中心とする漢学を自身の精神的支柱とする一方、仏教の効用についても一定の理解を示す。渋沢は仏教を一方的に邪教として排撃するのではなく、人間修養の手段としての有用性を認めて以下のように述べる。⁽¹⁷⁾

「さて、人格の修養をする方法工夫は種々あろう、あるいは仏教に信仰を求めるもよろしかろう、あるいは『キリスト』教に信念を得るも一方法であろうが、余は青年時代から儒道に志し、しかして孔孟の教は余が一生を貫い

第Ⅰ編　藤田東湖と渋沢思想

ての指導者であっただけに、やはり忠信孝悌の道を重んずるということをもって、大なる権威ある人格養成法だと信じている。これを要するに忠信孝悌の道を重んずるということはまったく仁をなすの基で処世上一日も欠くべからざる要件である、……。」

　東湖が仏教をあらゆる階層の人間の将来に対する不安に乗じて邪説を刷り込む害多き異教であるとしたのに対して、渋沢は仏教を人格修養の手段として肯定的に捉える。換言すると東湖にとって仏教は「麻薬」であるのに対して、渋沢は服用方法によっては「良薬」になると認識した。
　管見によると、斉昭が著した『弘道館記』の注釈書という弘道館記述義の性格から、東湖は斉昭の仏教への思いを忖度して極端な表現を採用した可能性がある。その証左として、東湖は自身の思いではなく古人の言葉を引用して仏教を排撃している点があげられる。
　それに対して、渋沢は他者の意見を引用することなく自身の意見を率直に述べる。渋沢は超常現象を売り物にする似非宗教は毛嫌いしたが、過去から日本人が信仰してきた教えや習慣を尊重する姿勢を有していた。
　仏教に対して渋沢は徳川家康の影響を受けていた。渋沢は家康がキリスト教を除いて視野を広げ、既存の宗教や倫理規範の長所を取り入れたことを評価している。
　この点について渋沢は、「東照公に驚くべきは、神道仏教儒教等にたいそう力を入れられたことである、これに向って種々の調査をなされて、その隆興を計ったことは容易でない、これも歴史家の相当の批評もありましょうが、私は特に文政を修められたについて深く敬服する、……。」と述べる[18]。
　渋沢は、家康が戦に明け暮れた戦国時代を経て天下を統一するにあたり、力の政治ではなく文政によって国を治めるすべを既存の学問から吸収しようと努力した点に敬服した。
　その学びの対象として選択したのが神道、儒教、仏教の3つであった。神道はもとより日本古来の学問であり、儒教は神道と親和性を有しかつ論理性を補完する学問である。仏教については家康自身が一向一揆などで苦杯をなめさせられた経験を有するものの、これも古来より日本に定着し、多くの仏

教徒の心の拠り所となっている点を重視して文政の参考にした。

しかし、キリスト教だけは日本に渡来して日が浅く、キリストに関わる超常現象を教義に含み、かつ既存の宗教や倫理規範と相容れなかった。さらに、宣教師たちの目的が日本への侵略であることを後進アジア諸国の事例によって見抜いていた家康はこれを禁教とした。

家康は、過去の一向宗との確執を乗り越えて仏教を学ぶべき対象に加えるとともに、キリスト教の教義内容と後進国に降りかかった歴史的事実を勘案して、文政の基盤となる考え方を慎重に選択した。その点に対して同じく実務家で現実主義の渋沢が共感した。

これらの点を勘案すると、渋沢は家康の仏教に対する姿勢には共感したものの、異端の教えに関する弘道館記述義の見解からは影響は受けていなかったと考えられる。

【渋沢栄一の仏教に対する姿勢を示す事例】
聖徳太子千三百年御忌奉賀会への参画

渋沢は大正7年5月25日に行われた聖徳太子千三百年御忌奉賀会発起人会に出席し、副会長に推されている。同奉賀会の趣旨は、日本文化の淵源を聖徳太子に求め、太子薨去後1300年を期して大法要によってその偉業を奉賛するものである。渋沢はこの記念事業を実質的な責任者として推進した。[19]

渋沢がこの記念事業に本格的に取り組んだことは、「日本魂」という演題で渋沢が話した奉賛会での講演内容によって確認することができる。講演要旨は以下の通りである。[20]

(1)日本文明の啓蒙者である太子の功業を追憶することは感謝の気持ちを表すだけでなく、国民が当然なすべきことである。
(2)この記念事業の目的は以下の5つである。
　1)法隆寺と叡福寺の法要援助。
　2)聖徳太子記念研究基金の設定。
　3)研究に必要な図書を蒐集し学者や研究者の便に供すること。
　4)聖徳太子の御伝と唱歌の編集出版。

5）法隆寺の防火設備。
(3)法隆寺と叡福寺で法要を行い、太子が遺した宗教、法制、文学、美術、工芸、感化救済の設備を偲ぶことは太子の遺徳を奉賛することである。
(4)わが国の古代の研究は不十分であり、国民の信仰、宗教、哲学、法制、歴史、文学、美術、音楽、工芸等で解明されていないものが多いのは学者だけでなく一般国民が憂慮するところである。これらの進歩発展に資する方法を講ずるのは太子に対する報恩の一端である。

渋沢の講演内容を見ると、聖徳太子の偉業について、仏教の興隆だけでなく、日本の文明を多方面から発展させたことに敬意を抱いていることが分かる。

東湖が仏教の本質をインドの邪教と認識し、その教義によって人心が攪乱されたというマイナス面に注視して非難するのに対して、渋沢の仏教理解は、(1)信者の精神的安寧、(2)中国経由で仏教が日本にもたらされたことによる文化的発展という2つの長所に着目して仏教を評価している点に特徴がある。

聖徳太子千三百年御忌奉賀会と仏教に対する認識変化

聖徳太子千三百年御忌奉賀会は、法隆寺貫首佐伯定胤氏の発願によるもので、大正二年春、文学博士高楠順次郎、高島米峰、正木直彦、文学博士黒坂勝美、菅瀬秀英の諸氏によって組織された。

『渋沢栄一翁』の著者である白石喜太郎は、聖徳太子千三百年御忌奉賀会の副会長を引き受けることによって生じた渋沢の仏教に対する認識変化について、奉賀会主事の山岡超舟氏の談話を引用する。その内容は以下の通りである。[21]

「大正四年春に至つて、黒坂勝美博士は経営の具体案を提げて渋沢子爵を尋ね、其援助を乞はれたのでありますが、子爵は水戸学派の流れを汲まれた人で、聖徳太子の御事蹟に反感を抱いて居られました。徳川時代の漢学者は、聖徳太子が政治を執られるに当り、崇峻天皇を殺し奉つた所の蘇我馬子と、相共に事業をおやりになつた事を非難したのでありますが、渋沢子爵は此説

第4章　藤田東湖『弘道館記述義』と渋沢思想

を学んで居られたのであります。黒坂博士は此説の誤れる事を陳べ、子爵は自分の考の非なる事を悟られました。茲に於て子爵も会の為に御尽力を承諾なされました。」

　これは黒坂勝美博士の記憶に基づいて白石喜太郎が記述したものであるので、渋沢の仏教に対する認識変化の時期を確定するには必ずしも十分ではない。なぜなら、白石の記述が正しいとすれば、仏教に対する認識が変わったのは1915（大正4）年、渋沢76歳の晩年に至ってからということになるからである。しかし、聖徳太子千三百年御忌奉賀会以前の渋沢と仏教団体の主な関わりは「図表4－2　渋沢栄一と仏教団体の関わり」の通りである。

図表4－2　渋沢栄一と仏教団体の関わり

仏教団体	役　職	時期（渋沢の年齢）
高野山興隆会	評議員兼会計監督	1900（明治33）年5月（61歳）
東叡山寛永寺	檀家総代	1907（明治40）年4月（68歳）
比叡山延暦寺	顧　問	1909（明治42）年2月（70歳）
東叡山寛永寺	寄　付	1911（明治44）年7月（72歳）

【出典】第三節　寺院及び仏教団体一覧」『渋沢栄一伝記資料第26巻』
　　　（渋沢栄一伝記資料刊行会、昭和30年）57-65頁。

　渋沢は黒坂博士と面談する以前に、仏教団体の評議員をはじめ寄付行為を行っており、水戸学の影響によって仏教に反感を抱いていた人物とは到底考えられない活動を行っている。さらに、聖徳太子千三百年御忌奉賀会との関わり以外にも、渋沢は金竜山浅草寺、浅草寺観音会、善光寺、増上寺、大覚寺などに加えて朝鮮仏教大会にまで関わりを広げていた。
　このような事実を勘案すると、渋沢は聖徳太子千三百年御忌奉賀会への参画を機に仏教に対する認識の変化はあったものの、それ以前の段階ですでに仏教振興に寄与していたことが確認できる。

第5節　徳川家康の業績【我東照宮・允武允文】

5－1　藤田東湖による徳川家康の評価

5－1－1　徳川家康と禁中公家諸法度

　弘道館記述義では徳川家康（以下「家康」）は完璧な人格者として記述されている。尊皇思想を標榜する水戸藩にとって、家康を語るうえで最も苦慮するのは皇室との関係である。禁中公家諸法度によって皇室を束縛したことは、いかに詭弁を弄しても合理的な説明が困難な歴史的事実である。

　東湖はこの点について、家康の事跡を語る「允武允文」において、「夫れ皇室を尊び夷狄を攘ふは、文武の最も大なるものにして、前にすでにこれを言へり」として皇室に対する不敬な行為については一切触れず論点をずらしている(22)。

　東湖が「前にすでにこれを言へり」と述べるのは「尊皇攘夷」の段と考えられるが、そこで東湖が述べているのは以下の諸点である(23)。

(1)尊皇攘夷は志士仁人が忠を尽くし国に報じる大目標である。
(2)真の仁愛と武勇の資質をもって尊皇攘夷に従事すれば、その偉大な功績は讃嘆にあたいする。
(3)家康公は関ヶ原の戦いに勝利後、御料地を奉献し、廷臣の知行も増やした。
(4)征夷大将軍に任命されると、叡旨（天皇のお考え）を遵奉して任務に手落ちがないよう自戒された。
(5)後陽成天皇には諸大名に命じて皇居を大造営し、御料地を差し上げ、雅楽を復興させた。これに対して天皇が申し出た、①太政大臣の任命、②桐・菊の紋章の使用許可を辞退した。
(6)見識のない者が幕府を朝廷と言ったり、王という称号を用いたりする。また、蘭学者の中には、西欧の宗教には多くの派があり、彼らが信奉しているのは国禁としているものとは異なると言う者がある。これらの者

第4章　藤田東湖『弘道館記述義』と渋沢思想

は、「幕府の罪人」であり「周公・孔子の道の罪人」である。

　これらの内容はいずれも皇室に対する尊崇の念から行われたものには違いないが、あくまでも禁中公家諸法度によって皇室に縛りをかけたうえでの行為である。つまり、人を縄で縛って身動きがとれないようにしたうえで、口にご馳走を運んで相手を尊崇していると主張しているのと同じである。東湖はこの点を十分自覚しているからこそ家康の皇室に対する根本的な姿勢について詳しく触れることを回避したと考えられる。

5－1－2　徳川家康と歴代権力者の比較

　東湖は徳川幕府を創設した家康を歴代幕府の創設者や、天下をとった人物との比較において賞賛する。東湖が比較対象とするのは、(1)足利幕府の将軍、(2)織田信長、(3)豊臣秀吉である。源頼朝については家康が尊崇していたという事実があるからであろう、比較対象としては取り上げられていない。東湖が他の天下人との比較において、家康を賞賛したポイントは以下の通りである。[24]

(1)足利氏が「不仁」によって権を得ることによって生じた問題点は以下の通りである。
　1)親戚、陪臣がこれにならい利益を追求するようになった。
　2)忠孝仁義が何であるかを忘れ去った挙句、将軍・管領の職が有名無実となった。
　3)群雄が各地に起こり抗争が生じた。
　4)その結果、人民の災厄が悲惨なものとなった。
(2)織田信長の権謀知略は群雄中抜群であり、豊臣秀吉の雄才大略も他を圧していたが、日本の大本を強化し、天下を安定させる点では不十分であった。
(3)織田や豊臣は「詐術」をもってしたが、家康公は「至誠」をもってした。
(4)織田や豊臣は「威力」をもってしたが、家康公は「義と勇」をもってした。
(5)織田や豊臣は「領地や利益」をもって人心を捉えようとしたが、家康公は「礼儀と廉恥」をもって武士の気風を錬磨した。

(6)織田や豊臣の成功は急速であったが、崩れる時は跡形もなくなったのに対して、家康公の創業は迂遠ではあったが成功すると牢固不抜なものとなった。

東湖は足利幕府の悪政により朝廷がないがしろにされ、群雄割拠の混乱が生じたと糾弾する。戦乱の世において抜きん出た権謀知略や雄才大略によって、一時的に天下を平定した織田信長や豊臣秀吉に欠落していたのが、家康がたどった聖賢の道に符合する忠孝仁義を根本とする行動であると東湖は述べる。

そして、家康が聖賢の道を外さなかったのは、源氏の血を引く新田氏を祖とする徳川家の一貫した皇室に対する忠義によるものであると東湖は主張する。

徳川家は清和源氏の末裔として長い歴史の中で常に尊皇の姿勢を保ち、忠孝仁義を根本とする聖賢の道を踏み外すことなく歩んできたことを「天」は見ており、仁は不仁に勝つことは必然であると東湖は主張する。

5－1－3　徳川家康の評価ポイント

東湖による家康の評価は一方的な賞賛である。そのポイントは「允ニ武、允ニ文」、つまり、皇室を尊び夷狄を打ち払うには文武が最大のものであるという認識に基づいて、文武の一方に偏らずこれを仁義のために用いることを実践したことである。東湖は家康が信義と義勇をもって文武を用いた事例として以下の6つを示す[25]。

(1)自分が養われた今川義元の墓所では駕篭を降りて拝した。
(2)義元の暗愚な子息を善遇し、知行地を分け与えた。
(3)織田氏の孤児（信雄）を援けて強大な豊臣氏と敵対関係に入ることも意とはしなかった。
(4)武田勝頼が敗死した際、その首級を礼拝した。
(5)織田氏が猛威を振るっていた時も、狭小な領土で孤立しながらも無原則に従属することはなかった。

第4章　藤田東湖『弘道館記述義』と渋沢思想

(6)豊臣氏が強大になった時もこれと対抗したが和議を受けてこれに応じた。

　これらの事例のうち4例は死者や敗者に対する家康の仁愛を強調したものであり、2例は強者への戦略的な対応を示したものである。したがって、これらは信義と義勇をもって文武を用いた事例というよりは、家康の仁愛と知略を示した事例と考えるのが妥当である。

5－2　渋沢栄一による徳川家康の評価

5－2－1　王道と覇道に関する認識

　青年期の渋沢は尊皇思想を信奉し、国政も天皇親政によってなされるべきと信じた。そして、倒幕を目的に横浜焼き討ち寸前まで至った。つまり、徳川幕府は尊皇思想を掲げながら、国政の実権を掌握し続けることで言行一致がなされていない状態を続けていると渋沢は認識し、過激な行動によってそれを正そうとした。

　渋沢は武家による政治を覇道、天皇親政を王道とし、善人と聖人という概念によってその区別を明確にする。老年期における渋沢の考えは以下の通りである。[26]

　「我が邦の事例を徴すれば、これを上にしては源頼朝、これを下にしては織田信長・豊臣秀吉・徳川家康のごとき、みな武家の覇政を開創し、おのおの前人の陳迹を践まず、独自の手腕を振うて以て国家を為め民を安んぜんとす。これ本章のいわゆる善人と称すべし。すなわち斉の桓公、晋の文公と同等もしくはそれ以上の善人なりというて可ならん。ただ王者を輔けて以て仁政を施さんとするにあらず。自家の勢福を謀るに急なる覇者なれば、未だ堯・舜・禹・湯・文・武・周公もしくは我が邦歴代明主の奥室に入らざるは言を待たず。これを概言すれば、王道を行えば聖人。覇政を施すは善人なり。己を棄てて仁政を施すは聖人。民を制するに武断を以てし、自己本位の政をなすは善人なり。善人の善は普通にいわゆる善悪の善にあらず。王覇の別名称とす。」

渋沢は先進第十一第19章の解釈に基づいて、王道を行う者を「聖人」、覇道を行う者を国を治める者という意味での「善人」と分類した。徳川家康は善人という意味では源頼朝・織田信長・豊臣秀吉と同じカテゴリーに分類されるが、知・仁・勇を発揮して国の安寧を実現したという意味において突出していたというのが渋沢の家康に対する評価である。

5−2−2　適材適所

東湖は天下平定後の家康の善政に関する事例として、以下の５つを示す。[27]

(1) 三河に3人の奉行を置くにあたって、「一人は剛、一人は柔、一人は剛柔一方に偏らない人物」を配した。これは中庸を得ようとしたものである。
(2) 甲斐・信濃を治める際は、なるべく武田氏の旧例によった。重税と残酷な刑罰を廃止するとともに勝頼の墓所に寺院を建てて供養した。
(3) 武田の忠臣小宮山内膳の子孫を取り立てて幕府に登用した。
(4) 関東を治める際は、旧北条氏の制度に従い、煩瑣なものや苛酷なものを廃止した。旧臣中山家範の子孫を幕臣に加えた。
(5) 天下を治める際して豊臣氏の方式により弊害だけを修正した。

これらは家康の仁政を強調した個別事例であり、朝廷への対応事例は示されていない。東湖が示した事例はすべて家康が覇道を歩むうえでのもので、朝廷に対して信義と義勇をもって文武を用いた事例は含まれていない。

また東湖は家康の適材適所の好事例として、奉行の配置を中庸のとれたものであることを述べている。渋沢は家康の人材配置の巧妙さを認めるとともに、自身との比較において人材配置の目的の相違について以下のように述べる。[28]

「私は適材を適所に配備する工夫において家康の故智にあやかりたいものと、断えず苦心しているのであるが、その目的においては全く家康に倣うところがない、渋沢はどこまでも渋沢の心をもって、我と相共にする人物に対するのである、これを道具に使って自家の勢力を築こうの、どうのという私

第4章　藤田東湖『弘道館記述義』と渋沢思想

心は毛頭も蓄えておらぬ、ただ私の素志は適所に適材を得ることに存するのである、適材の適所に処して、しかしてなんらの成績を挙げることは、これその人の国家社会に貢献する本来の道であって、やがてまたそれが渋沢の国家社会に貢献する道となるのである、私はこの信念の下に人物を待つのである。」

　渋沢は、家康が適材適所の人材配置によって幕府の基礎を固めた手法については評価するものの、その目的については自身の考え方を述べる。
　家康にとって戦乱の世を脱して安寧を築く手段として徳川幕府の基盤を固めることは必須であり、そのために適材を適所に配置することは不可欠であった。しかし渋沢は、自分が「これを道具に使って自家の勢力を築こうの、どうのという私心は毛頭も蓄えておらぬ」と述べて暗に家康を批判する。
　つまり、家康の究極の目的は社会の安寧を確保することであったが、そのために幕府の基礎を固めることは、渋沢からすると自家の勢力を築こうとする私心から出たものであった。
　渋沢にとって適材適所を確保する目的は国家社会に貢献することであり、その目的は明確な論理によって裏づけられている。
　社会の構成員が自分に適した持ち場で最大限の効果をあげれば、それがひいては国家社会への貢献となるという渋沢の考え方は、「部分最適の和が全体最適を実現する」という論理にほかならない。渋沢が提唱する適材適所とは、「国家と個人」が「全体と個」という関係を保ちつつ、国家社会に貢献するという同じ目的に向けて、各個人の能力を効果的に発揮して活動すべきという考え方である。
　渋沢はこの考え方を提唱するだけでなく、自宅で業務外の時間をさいて個別の相談に誠心対応した。渋沢は部分最適を実現するため具体的に行動した。この点について渋沢は、「余が実業界の人となって以来、接触する人も年々その数を増し、しかしてそれらの人々が余の行うところに見倣いて、おのおの長ずるところによりて事業を精励すれば、たとえその人自身は自己の利益のみを図るの目的に出ずるとしても、従事する業務が正しくありさえすれば、その結果は国家社会の為になるから、余は常にこれに同情し、その目的を達しさせてやりたいと思っている」と述べる。(29)

渋沢は適材適所に関する考えを披瀝するだけでなく、各個人が自分に適した持ち場で部分最適を達成することで、全体最適たる国家の繁栄がなされるという信念に基づいて、知行合一を実践したのである。

それに対して、家康の場合は国家と個人の間に徳川幕府が介在し、しかもその適材適所は幕府内の人材に限定される。適材適所による個人のパフォーマンスの範囲は限定され、かつそれは国家社会に対して直接貢献しない。適材適所が国家社会に貢献するか否かは徳川幕府の政策と運営次第である。

渋沢が時代の違いによる家康の立場を理解しなかったわけではなく、それゆえ家康の適材適所の手法については尊崇の念を抱いた。しかし、それはあくまでも手法に限定され、目的については家康と自身の考え方を明確に区別した。

5-2-3 知・仁・勇

家康に対する渋沢の評価は、その長所短所を正視したもので忖度は含まれていない。評価の切り口は主要なポイントだけでも、(1)知・仁・勇、(2)中庸、(3)忠信、(4)下問と仏教、(5)現実主義など多角的である。評価基準は論語の各章に含まれる倫理規範に基づくものである。

渋沢は、子罕第九第27章で孔子が説いた知・仁・勇について知者、仁者、勇者それぞれの特質を以下のように解説する。[30]

(1)知者は、知恵があるので事物の道理がわかり、是非邪正を判断できるので事に処して疑い惑うことがない。
(2)仁者は、狭義の仁をもって人を愛し人の難儀を救う行為をなし、広義の仁は仁の極致であり、それをもって天下国家を治め万民を安堵させる。
(3)勇者は、心が至大至剛で常に道義にかない虚心平気なので、何事にも懼れることがない。

渋沢は知・仁・勇の三徳を身につけた者を上記のように理解して、「知仁勇三徳兼備の人は、今日現存の人には差し当って見出さぬが、アメリカ独立の初代大統領ワシントンはまずその人であろうと思わる。またこれを我が邦

に求むれば、多少の欠点はあったとしても、徳川家康がその人であろうと思う。かのナポレオン、ペートル、アレキサンダー、及び我が邦の豊臣秀吉のごときは、孰（いず）れも非凡の英傑であるに相違ないが、たいてい一徳または二徳に偏しておったことは拒（こば）まれぬ事実である」と述べる。

渋沢はこのように、家康をワシントンやナポレオンと同等あるいはそれ以上の三徳を備えた人物と認識する。渋沢は知・仁・勇に関しては、家康を歴史上の偉人と遜色ない徳を備えた人物と評価した。

5−2−4　中庸

渋沢は、孔子が門人の子張と子夏の性格を比較した先進第十第15章の内容を受けて、家康の中庸の徳について述べる。孔子は子張には過ぎたるところがあり、子夏は及ばぬところがあるとして中庸の重要性を説いた。

渋沢は先進第十第15章について、「為政篇第十八章、雍也篇第十一章の講義を参考せば、子張・子夏両人の性質判然すべし。過ぎたるはなお及ばざるがごとしの聖言は、後世格言となり万般の事物に応用せらるるが、我が邦の東照公は慶長八年正月元日の遺訓に、これを翻按（ほんあん）して『及ばざるは過ぎたるに勝（まさ）れり』と断言せり」と述べる。

孔子の言葉を総合的に判断すると、「中庸＞及ばざる＞過ぎたる」という順序で中庸の重要性が論じられる。家康は中庸を最上級の徳としながらも、それを達成することが困難であることを勘案して、人々に向けた現実的な教訓として「及ばざるは過ぎたるに勝れり」と述べたと渋沢は理解した。

渋沢は中庸の徳を実践することの難しさを踏まえたうえで、それを実践した人物として家康をあげ、その実践の程度を他の偉人との比較において以下のように評価する。

「ある人家康を称して日本の聖人といえり。その学問道徳においては遠く孔子に及ばずといえども、事業の上よりいえば迥（はる）かに孔子の右にあり、堯（ぎょう）・舜（しゅん）・禹（う）・湯（とう）・文（ぶん）・武（ぶ）・周公に比して固より遜色（そんしょく）あることなし。そもそも我が邦にあって人君としては神武天皇・神功皇后・仁徳天皇及び明治天皇、固より以て聖人と称し奉るべきであるが、人臣としては第一に家康を推さざ

るべからず。たとえ一二の瑕疵はあるにしても、全体の上より見て聖人と称して可なり。その次は菅原道真・藤原鎌足及び武内宿禰ならんか。古人は古人として、今人について中庸を得た人を求めて見んに、真に中庸を失わぬ人が幾人あろうか。」

　渋沢は家康の中庸の徳を含めて全人格的に高い評価を与える。事業において孔子に優れ、堯舜などの先王と比較しても遜色がないとして家康を聖人と評価する。人臣としては菅原道真・藤原鎌足・武内宿禰をしのいで家康は聖人の頂点にあると渋沢は評価する。
　家康を人臣の頂点にある聖人と評価する理由の一つが中庸の徳を備えていることであり、家康が抱える「一二の瑕疵」の一つが禁中公家諸法度などにより朝廷を蔑ろにしたことと渋沢が認識していることは明らかである。

5－2－5　忠信

　渋沢は論語の先進第十一第22章をもとに家康の忠信について自説を展開する。同章は、「子畏於匡。顔淵後。子曰。吾以女爲死矣。曰。子在。回何敢死」（子、匡に畏る。顔淵後れたり。子曰く、吾女を以て死したりとなしたりと。曰く、子在す。回何ぞ敢て死せんやと）というものである。[34]
　この章は、孔子が衛から鄭に行く道すがら匡において災難に会い5日間匡人に取り囲まれた際、この災難によってすでに死んだと思った顔淵と出会った時のエピソードを描写している。渋沢は本章を以下のように解釈する。[35]

「孔子はすでに難を免れたるに、随行の顔淵、孔子を見失い、後れて駆けつけたので、孔子は喜んでこれを迎え『予はお前がすでに死んだかと思って心配したが、幸に無事であったか』と仰せられた。顔回対えて曰く『先生が難を免れて無事にいます以上は、なんとして軽々しく闘うて犬死をしましょうぞ』と。その言外に『もし不幸にして夫子が危害に遭わるるがごときことあらば、回は必ず身を捨ててこれを拒ぎ敵中に死する覚悟である』という意味が含まれておる。」

第4章　藤田東湖『弘道館記述義』と渋沢思想

　渋沢は先進第十一―第22章を、師匠である孔子に対する顔淵の忠信を述べたものと解釈した。顔淵は孔子が最も評価する弟子の一人であり、忠信のみならず多くの徳目を身につけた人物であるので、渋沢がこのような解釈をしたことは納得できる。

　しかし注目すべきは、渋沢が孔子に対する顔淵の忠信に基づいて、豊臣秀吉に対する徳川家康の忠信を取り上げ、それを家康の徳として称賛した点である。

　秀吉の朝鮮出兵に際して諸将が出兵に参加する中、家康が国内にとどまることとなったいきさつについて、渋沢は以下のように述べる。⁽³⁶⁾

「家康　憚ばずして曰く『殿下自ら征す。我、安んぞ独り留まらん。請うまず往いてこれを征せん』と。家康のこの一語、実に顔淵のいわゆる『子在す。回何ぞあえて死せん』の語と、その意気あい吻合す。君父師に事うるの道は一なり。家康の秀吉における、君臣の義ありとはいうべからずがごときも、当時家康は秀吉の下風に立って、その節度を受く。生殺与奪の実権秀吉に存す。仮りにこれを主従と看做して可ならん。すなわち顔回に師に事うる。家康の主に事うる。みなその道を得たりというべし。」

　渋沢は独自の歴史観に基づいて、秀吉と家康の関係を「仮りにこれを主従と看做して可ならん」として、両者は主従関係にあったと認識する。

　1592（元禄元）年から1598（慶長3）年にわたる朝鮮出兵から、1600（慶長5）年9月の関ケ原の戦い、1614（慶長19）年から1615（慶長20）年にかけて行われた大坂冬の陣や大坂夏の陣への流れを見ると、秀吉が国内に留まることによって力を蓄え、満を持して豊臣家を亡ぼしたと考えるのが一般的である。管見によると、秀吉と家康の間に真正の主従関係が存在したとは考えられない。

　渋沢がこのような歴史観に基づいて家康の忠信を認めるに至った証跡は、渋沢が耽読した『日本外史』や『日本政記』にも見出すことはできない。家康は人臣として節義を全うする人物であるという認識から、渋沢は朝鮮出兵の時期には家康が秀吉に対して忠信を抱いていたと判断したと考えられる。

5−2−6　下問と仏教

　水戸学思想を代表する藤田東湖や会沢正志斎の著作からは、仏教に対する好意的な姿勢は見られず、邪教として排斥する考えが明確である。したがって、家康が仏教を信仰し国政に生かそうとしていた記述は見られない。

　渋沢は士民の間に根付いてきた仏教を受け入れる立場から、家康が天台宗の授戒を受けようとしていたことを例に、下問を恥じない家康の姿勢について自説を展開する。

　公冶長第五第14章は、下問を恥じないことの重要性を説いた章である。渋沢の字解によると、下問とは、「おおよそ己の下にある者に問うなり」という意味である。(37) 渋沢は家康が下問を恥じないことについて以下のように述べる。(38)

　「我が邦にては徳川家康などが下問を恥じぬ人であったと思われる。家康は関ケ原戦争の後、もっぱら意を文化平和に用いられ、深く天海僧正に帰依し、政治上のこと何もかも天海に諮詢し、よくその言を容れたものである。家康の宗旨は浄土宗であって、代々三河国の大樹寺を以て菩提所とせられき。しかるに天海は天台宗であるから、天海に深く帰依するに至って、家康自ら天台宗の授戒を受けて改宗せんと欲し、これを天海に謀った処、天海は授戒の一著子は宗門の大事であるから、容易に授くるわけに参らぬと言下に跳ねつけた。家康これを聞いていかにもさようであろうと申され、それより三年間天台の宗旨に精進し、始めて天海僧正より天台宗の授戒を受けたという（天海僧正伝記）。このことによってみても家康がいかに心を虚しうして天海の言に聞き、その説を取って修身斉家治国平天下の道に資しかを知るに足るべし。」

　渋沢は歴史的事実に基づき、天海僧正のやり取りから謙虚に学ぶ家康の姿勢を評価する。天海僧正は家康が師と仰ぐ人物であるので、下問という表現が必ずしも適切とは考えられないが、渋沢が家康を評価するポイントは、知恵のある者に対しては、長幼、身分の上下、宗旨のいかんなど、世間的な上下関係や尊卑に関係なく謙虚に教えを乞うという点である。

しかし、神教を唯一の教えとし、それを補完する学問として儒教を位置づける水戸学者の視点からは、慎重に弁別して有益なものを受け入れる家康の雅量を推し測り、後世に伝えることは困難であった。東湖は弘道館記述義で家康が仏教に帰依したことには触れていない。

その点、東湖より後世に生を受けた渋沢は、水戸学を学ぶとともに家康の事績を中正な立場で多角的に評価することができたので、家康に対する水戸学者の評価の偏りに対して批判の眼を向けることが可能であった。これは家康を讃美することを念頭に書かれた弘道館記述義と、中正な立場で述べられた渋沢の論語講義との相違である。

ポイントとなるのは、渋沢がこのような大局的な視角から水戸学を検討することが可能となったのはどの時点からかという点である。

渋沢が論語講義を始めたのは壮年後期からである。したがって、上記で引用したのは渋沢が老年期に至って、功成り名を遂げた後、論語をあらためて学び直してからの内容である。

水戸学の主張する内容に耽溺していた渋沢の青年期を考えると、東湖や正志斎の主張をそのまま受け入れ、限られた視角から一方的に世の中の矛盾に憤慨するマインドセットに陥った可能性が高い。

青年期の渋沢が中心となって計画した横浜焼き討ちは、係る心理状態において、正義と信じる蛮行に猪突猛進した結果によるものと考えられる。

5−2−7　現実主義

渋沢は、王者は仁者であり完全無欠な人物と認識したが、覇者については功罪相半ばする経歴を「功＞罪」で現実的に判断し、「功 − 罪」（マイナス）が最大になる人物として家康を覇者中の聖人と評価した。

戦国時代を終わらせるために、一頭地抜きんでて他の武将を抑えるためには、権謀術数を縦横に駆使しなければならない局面も多くあったと渋沢は考えた。この点について渋沢は、「顧みて我が邦の覇者についていわんに、徳川家康の孫女、千姫を以て秀頼に嫁し、表面親和を装い、時機の到来を待ち、鐘銘に托（たく）して大坂を亡ぼす。老獪（ろうかい）と評せざるべからず。しかれども三百年泰平の基（もとい）を啓きたる大功に視れば、これまた小疵というべきのみ。誰か

家康の仁にしく者あらんや」と述べる。

　渋沢は維新後、大蔵官吏として日本の制度インフラの構築に貢献した。身分は官吏ではあったが、政治家との密な接触があり、政治の現実と自らの適性を判断して経済の世界に身を投じることを決断した。

　渋沢は老年期になって、「いろいろの変化からついに政治界に顔を出して見たけれども、蓋しそれは本意でなく、ちょうど幕府の倒れると同時に慶喜公に対する情義とともに、一つには自己の不能に顧みて、むしろ実業界に力を尽くしたらよかろうと思うて、すなわち経済界の人となったのである。昔を顧みると、こういう観念でこういう行為をしたならば多少世の裨補ともなろうかと思うたのが種々変化して後にいわゆる経済主義で生産殖利を考究すべき位置に立った」と自分の経歴を振り返っている。

　近代社会となっても政治の世界には権謀術数がつきものであり、渋沢はその清廉な性格から政治の世界に足を踏み入れて活躍する自信はなかった。渋沢が家康を尊崇する理由には、泰平の世の礎を築いたという点もあるが、自分にない清濁併せ呑む家康の性格に憧れた側面があったと考えられる。

　権謀術数、裏切り、政治力学を敬遠する渋沢の性格に合致していたのが、マーケットルールと企業倫理を遵守して活動すれば、その結果が数値として現れる商売の世界であった。政治の世界における「権謀術数」に相当するのが、商売の世界における企業同士の足の引っ張り合いであり、「裏切り」は商売上の約束違反に相当する。さらに「政治力学」は市場外の影響力を利用することに相当する。

　渋沢は資本主義体制においてこれらの不純要素を取り除き、一途に国家の富盛を目的に経済活動を展開することこそが、日本の発展に資すると考え義利合一説を提唱した。

　政治は「権力」、経済は「利益」という人間の心を惑わすものを統御して公正な社会を建設するのが本来の姿である。渋沢は後者を統御することが自らの適性に合っていると判断した。

　青年期の渋沢は、藍や養蚕に携わる中で農商実務における自分の適性を認識していた。しかし、農民でありながら志士を自認していた渋沢の憧れは、天皇親政を実現させることであった。それは政治の世界に身を置くことを意

味した。渋沢の政治への憬れは、商売適性の自覚を上回っており、それゆえ横浜焼き討ちという無謀な計画に参与することとなった。青年期の渋沢の自己分析は著しく的外れであった。

5－3　渋沢栄一による徳川家康の批判

　家康に対する渋沢の評価は複雑である。渋沢は家康の事績と倫理的行動を高く評価しながらも、朝廷に対する姿勢については厳しく批判する。

　渋沢は朝廷と幕府の将軍の関係について、「我が日本国は神様の御国なり。天長地久国土のあらん限り、臣民の存せん限り、万世一系の皇室を奉戴(ほうたい)して、繁栄発達を期せざるべからず。関白であろうが、将軍であろうが、みな天皇の任命し給う所なり。一天万乗の大君を尊崇せざるは日本人にあらず。いわんや将軍は命を天子に承(う)けて、不逞(ふてい)を取り鎮め良民を保護する職なるにおいてをや」と述べる。(41)

　渋沢は万世一系の皇室の存在が日本国の根本であるとともに、将軍たる者の役割を「命を天子に承けて、不逞を取り鎮め良民を保護する職」と明確に定義している。この定義に照らせば、天皇から命を下される立場の将軍が、禁中公家諸法度などの法を設けて皇室の行動を規制することはもってのほかということになる。

　徳川幕府の皇室に対する不遜の振る舞いに対する渋沢の指摘はさらに苛烈をきわめる。渋沢は以下のように述べる。(42)

　「後来の将軍たらん人に遺訓せんとならば、何はさて措(お)き、まず以て第一に皇室尊敬の意を特書するが人臣の分であろう。しかるに家康の賢にして、ここに言及せず。和歌の『人はただ身の程を知れ』という詞(ことば)も、決して皇室に対して臣下の分限を弁(わきま)えよとの意にあらず。何となればそのなす所、己を以て政治上の主人公に擬し、皇室を窘縛(きんばく)し奉りたればなり。その不遜遙(はる)かに頼朝・尊氏(たかうじ)の上にあり、これ身の程を知らぬ僣上(せんじょう)の沙汰なり。幸にその子孫光圀・斉昭・慶喜の忠節により、大政を朝廷に奉還し、わずかにその罪を償うことを得たりというべきのみ。」

渋沢の「皇室を窘縛し奉りたればなり」という言葉は禁中公家諸法度などによる束縛を意味し、「己を以て政治上の主人公に擬し」という言葉は皇室を蔑ろにして政治の実権を掌握し続けていることを指していることは明らかである。さらに家康の不遜の程度を「頼朝・尊氏の上にあり」として言葉をきわめて非難している。

　渋沢の言葉を裏返せば、尊崇する家康の唯一ともいえる欠点は、身をもって尊皇思想を実践しなかったことであり、その点を厳しく非難することに表れる渋沢の皇室を尊崇する気持ちは、それほど強かったということになる。皇室に対する家康の不敬を非難する渋沢の姿勢は、そのまま渋沢の皇室に対する尊崇の強さを示している。

　渋沢の言葉は家康を非難したままでは終わらない。渋沢は、「幸にその子孫光圀・斉昭・慶喜の忠節により、大政を朝廷に奉還し、わずかにその罪を償うことを得たり」という言葉で、尊皇を貫いた水戸藩の光圀・斉昭・慶喜が家康の不明を雪ぐべく260年余をかけて朝廷に大政を奉還したと述べる。

　家康に対する渋沢の評価に崇敬と非難が混在するのは、家康が知・仁・勇をもって戦乱の世に終止符を打ち日本に安寧をもたらした一方、朝廷を軽視すること著しく、ついに覇道から王道に至ることができなかったからである。

　渋沢が水戸学に傾倒し続けた理由は、徳川幕府260年余を貫いてきた覇道の最後は、初代水戸藩主徳川頼房から貫いてきた尊皇思想を徳川慶喜が第十五代徳川幕府将軍となることによって完結させ、日本の国政を王道に戻したという点にある。渋沢は誰からも評価されない慶喜の偉業に身近で接し、その功績を後世に遺すことに精魂を傾けた。

第6節　皇室を尊び外夷を攘うこと【尊王攘夷】

6－1　藤田東湖の尊皇思想

　東湖は尊皇攘夷を主張する根拠を、「臣彪謹んで案ずるに、堂堂たる神州は、天日之嗣、世神器を奉じ、万方に君臨し、上下・内外の分は、なほ天地

第4章　藤田東湖『弘道館記述義』と渋沢思想

の易ふべからざるがごとし。然らばすなはち尊王攘夷は、実に志士・仁人の、尽忠・報国の大義なり」と述べる。[43]

　東湖の論理は、天祖である天照大神が上下および内外の分に君臨するがゆえに、尊皇攘夷は志士仁人が忠義を尽くし国に報いる大義であるというものである。つまり、「国内の上下の分」、および日本を頂点とする「対外関係における他国の分」に応じて規律を正すべき大義が尊皇攘夷であるということになる。

　換言すると、皇室を頂点とする国内の上下関係の分をわきまえるべきとする思想が「尊皇」であり、日本を頂点とする対外関係において他国がわきまえるべき分に関する思想が「攘夷」であるということになる。

　このように整理すると、天照大神を天祖とし、連綿と続く皇室を天孫とする認識を有していれば、尊皇攘夷思想はごく自然に受け入れられることになる。

　東湖が展開する論理は巧みである。尊皇思想は皇室を天孫と位置づけることによって、皇室を国の基とする確固たる根拠が明らかとなる。しかし、攘夷思想は徳川幕府の対外政策の一環であるにもかかわらず、「上下・内外の分は、なほ天地の易ふべからざるがごとし」と述べることによって、内外つまり対外関係も国内の上下関係の分と同じく、天照大神の存在によって恒久的な真理となる。

　東湖は、天孫たる皇室の存在と名分論の拡大解釈によって、尊皇攘夷思想を志士仁人が恒久的な真理として遵守すべき「尽忠報国の大義」と位置づけた。

　世故にまみれること少なく、かつ志士を自認する青年期の渋沢がこの文章を読めば、東湖が展開する理屈をそのまま受け入れた可能性が高い。また、知行合一の重要性を認識していた渋沢の思考が、「志士たる自分は何をなすべきか」という段階に発展することは必然と考えられる。

　東湖はさらに読者に向けて、「なほ以て人心を風動するに足れり。況んや仁厚勇武の姿を以て尊攘に従事すれば、その豊功偉烈、豈に讚するに勝ふべけんや」と述べる。[44]東湖は仁愛と武勇をもって尊皇攘夷に従事すればその功績は讚嘆に値するであろうと述べる。

東湖は暴虐な行為を行うことを勧めているわけではないが、尊皇攘夷思想に基づいて能動的に行動すべきことを煽動的に記述している。東湖はそれを「仁厚勇武の姿を以て行うべし」と述べる。

東湖のこの言い回しも巧みである。「仁厚勇武の姿を以て尊攘に従事すれば」という表現は、読者が仁厚と認識する行為を、勇武をもって実践すれば、その行為は讃嘆に値するという趣旨である。つまり、自分が起こそうとする行為が仁厚であるか否かを読者の判断に任せているのである。言い換えると、読者の判断について東湖には責任がない。

血気にはやる若い志士がこの文章を読めば、自らの判断で仁厚に値すると判断したことを、勇武をもって果敢に実践することは尊皇攘夷にかなうことになる。しかも、その判断の是非は読者に帰するのである。渋沢がどの程度東湖の尊皇攘夷に関する記述を深読みしたのかは不明であるが、文意を客観的に検討するとこのような結論となる。

6－2　渋沢栄一の尊皇思想

青年期における渋沢の尊皇攘夷に対する認識を渋沢の老年期の認識から探る。渋沢は里仁第四第8章の「子曰。朝聞道。夕死可矣」(子曰く、朝に道を聞けば、夕べに死すとも可なり)の講義で以下のように述べる。(45)

「我が邦の尊王攘夷に奔走した人々とか、維新時代国事に尽瘁した志士とか申す方は、大抵自己の懐抱する主義を、士道すなわち孔子のいわゆる本章の道と信じ、この主義を実行するためには、たとえ一命を棄てて死んでも、あえて意に介せずとし、みな本章の『朝聞道。夕死可矣』(朝に道を聞けば、夕べに死すとも可なり)の章句を金貨玉条として遵奉し、この章句に動かされて活動したのである。かく申す余も、文久三年二十四歳で尾高惇忠、渋沢喜作らと謀り、一挙して高崎城を乗っ取り、ここに拠って兵を集め、高崎より鎌倉街道を通って横浜に出で、洋館を焼き払い外国人を掃蕩し、以て攘夷の実をあげ、幕府を倒そうと目論みた頃には、やはりこの章句を志士の守るべき金科玉条と心得ておったのである。」

第4章　藤田東湖『弘道館記述義』と渋沢思想

　この記述から明らかなように、青年時代の渋沢は尊皇攘夷思想を達成すべき「道」と認識し、「たとえ一命を棄てて死んでも、あえて意に介せず」としていた。渋沢が尊皇攘夷を道と信じて実践しようとしたのが横浜焼き討ちであった。

　弘道館記述義と渋沢の回顧を照らし合わせると、(1)尊皇攘夷を道と信じていた点については弘道館記述義の記述内容と渋沢の回顧談の内容は合致していること、(2)道にしたがって実践する自分の姿を「仁厚勇武の姿」と二重写しにしたことは、渋沢自らの判断によること、(3)仁厚勇武によって実践する心理的動因は論語の里仁第四第8章の「朝聞道。夕死可矣」という孔子の言葉に拠っていたであろうことという3点が明らかとなる。

　これらの結果をもとに弘道館記述義が渋沢思想に与えた影響を考えると、渋沢が尊皇攘夷思想を抱くにあたって影響を与えたのは弘道館記述義だけではないが、少なくとも同書がその一端を担ったであろうことは事実と考えられる。また、渋沢が横浜焼き討ちを計画するにあたって心理的動因の一端を担ったのは里仁第四第8章の孔子の言葉であるが、天照大神と名分論による説得的かつ扇情的な東湖の一文は少なからず影響を及ぼしたと考えられる。

6－2－1　尊皇思想の淵源

　尊皇攘夷思想に対する渋沢の認識を解明するためには、尊皇思想と攘夷思想に分けて検討することが必要となる。青年期の渋沢は、尊皇思想は万世一系の皇室を尊崇する精神から生じた国家存立の根幹であり、攘夷思想は徳川幕府成立後、外国からの侵略を妨げる手段として実施された政策と認識していた。

　しかし、老年期の渋沢は、尊皇攘夷思想を古代中国の歴史との比較において捉え、尊皇思想と攘夷思想について青年期とは異なる視点から独自の認識を示す。渋沢は論語の憲問第十四第16章の講義において、以下のように解説する。[46]

　「尊王攘夷の語は、我が明治維新の鴻業を成就せしめたる一大原動力なり。嘉・安以降慶応戊辰に至るまで、志士の心臓を鼓動せしめ、血湧き肉飛

第Ⅰ編　藤田東湖と渋沢思想

び、驚天動地の活計をなし、七百年因襲の幕府を倒し、文明の立憲政治を施行するに至りたる所以のものは、その根源尊皇説にあらざれば、すなわち攘夷論にあらざるはなし。ゆえに尊王及び攘夷の二語は我が邦に取っては、瑞祥の吉語なり。しかもその出処は、遠く周の春秋、桓・文二公の時にあり。桓文二公の尊王攘夷は、周室を尊ぶ目標を掲げて、北方の夷狄中国に侵入するを攘別し、以て覇政を興さんと欲し、我が邦の尊王攘夷は、万世一系の皇室を尊崇する大旆の下に志士あい集まり、外国人の入国を撃攘し、以て徳川幕府を斃さんと欲す。」

　渋沢は尊皇攘夷思想が日本に固有の思想ではなく、周の春秋、桓・文二公の古代中国にも同思想はあったと述べる。日本において尊皇思想は一貫して国の根幹にあったものの、攘夷思想については、幕藩体制下において国家を守護する思想として機能し、維新期以後は開国思想に変化するという二面性をもった思想である。

　周の尊皇思想が日本と同じく国家の根幹を形成する思想として機能したとするならば、周は現代に至るまで中国唯一の国家として存続していたはずである。しかし、そうならなかった理由の一つとして、日本が皇室を万世一系として尊崇し続けたのに対して、中国は王位を禅譲することによって、男系男子による一貫した血脈のつながりを軽視したことがあげられる。

　尊皇思想は日本固有の思想ではないが、血のつながりを絶対として皇室の永続的な継承を守り続けたことが、万世一系の国家存続を可能にしたと渋沢は考える。

　攘夷思想に対する渋沢の認識は複雑である。周の春秋、桓・文二公の時代の攘夷思想は貫かれたが、王朝が倒れたという事実をみると、攘夷思想は国家を存続させるうえで効果を発揮することができなかった。

　一方、日本の攘夷思想は開国思想にとって代わられ、尊皇攘夷思想は尊皇開国思想として維新後の日本を支えた。つまり、日本は攘夷思想を一貫させることなく、国内外の事情と平仄をとって開国思想に転換させることにより、国の存続を確保したと渋沢は考える。

　攘夷思想は幕藩体制を存続させることによって日本の安寧を確保すること

に実効性があったが、倒幕を企てる雄藩は有力な西欧諸国と手を結ぶことで明治維新を実現させた。

渋沢はこの点について、「すなわち究極の目的は尊王の一端に止まり、攘夷は蟬(せみ)の脱殻(ぬけがら)のごとくなりゆきて、外国軍艦に発砲せし長・薩二藩は、いつの間にか外国と和睦して、尊王討幕の目標に取り替えたり。すなわちかれは攘夷を以て、幕府を興し、我は攘夷を以て、幕府を廃す。同じ標語を使用して、興廃その作用を異にす。人事の変化や太奇(たいき)、太奇」と述べる。(47)

渋沢は攘夷思想について、「同じ標語を使用して、興廃その作用を異にす」と述べるが、「興」は天皇を頂点にいただく立憲君主制であり、「廃」は幕藩体制と考えられる。尊皇思想からすると、日本を本来あるべき姿に戻すうえで攘夷思想と表裏をなす開国主義が効果的に機能したことになる。

攘夷思想と表裏をなす開国主義は尊皇思想と結びつき、尊皇開国主義として維新後の日本を支える中核思想となった。渋沢が「太奇」と連呼して慨嘆したのは、同じ世界が違って感じられたときの禅語本来の意味に加えて、素晴らしい世界が実現したという率直な感想が含まれる。

渋沢が攘夷思想から開国思想に変換したのは滞仏経験を経た後であり、滞仏時に渋沢が接した西欧の近代社会は、日本とは全く異なる世界であったと考えられる。渋沢はそれらを積極的に学んで導入することにより、日本を西欧と肩を並べる近代国家に生まれ変わらせることができると確信した。

6－2－2　明治の元勲と尊皇思想

青年期の渋沢は政治に志し、天皇親政を実現すべく活動したが、滞仏中に明治維新が達成され、日本は新たに立憲君主制の下で政治が行われることとなった。渋沢が明治維新を語る場合、その内容は必然的に第三者的立場からの評価となる。渋沢の実績は明治の元勲が構築した新たな国の形の上に構築されたものであった。

係る基本認識に基づいて、維新に重要な役割を果たした元勲達に対する渋沢の評価をみると、(1)尊皇思想の遵奉、(2)国益を最優先することという２つの特徴が明らかとなる。渋沢はこの点について以下のように述べる。(48)

「我が邦維新の鴻業を成就するには幾多の志士が身を殺して仁を成しておる。その首魁たる三条・岩倉両公を始め、西郷・大久保・木戸の諸公、孰れもみな富貴を求めて立ち働いたのではない。初めは尊王攘夷を目標とし、時勢に順応して尊王開国にその目標を変じたが、志士という志士はことごとく国家の興隆を念として奔走せざるはなし。余のごとき末輩ですら、国家の利益を思うて国事に尽瘁したのである。」

　渋沢が明治の元勲達を尊崇する理由は、自身の富貴や栄達よりも国益を重視し、そのためには我が身を犠牲にすることも厭わない覚悟を有していたことである。
　幕藩体制下では国家の富盛と安寧を図る手段が鎖国であった。維新後、海外情勢の変化に応じ手段としての攘夷を開国に変えたが国を思う元勲達の気持ちにはいささかの変化はないことが、「初めは尊王攘夷を目標とし、時勢に順応して尊王開国にその目標を変じた」と表現されている。
　渋沢は自らを「余のごとき末輩」と謙遜するが、野にあって維新後国家の富盛に尽瘁した誇りがこの一文からにじみ出ている。明治の元勲と渋沢は政治と経済と活躍の場は異なっても、皇室を国家の中核とする尊皇思想を基盤とし、身を犠牲にして国家の富盛と安寧に尽力したという点で、渋沢は元勲達と遜色ない貢献をしたといえる。

第7節　徳川光圀の業績【發威夷齊】

7−1　藤田東湖による徳川光圀の評価

7−1−1　徳川光圀の事績

　渋沢と水戸学とのつながりの発端は、論語の泰伯第八第1章の論語講義に集約されている。渋沢が耽読した書籍は後期水戸学に属するものが多いが、学習動機のきっかけは第二代水戸藩主の徳川光圀（以下「光圀」）の事績を学んだことであった。光圀の諡号は義公であり、水戸黄門として後世でも親し

第4章　藤田東湖『弘道館記述義』と渋沢思想

まれている。

　光圀は伯夷伝を読み、周の長子であった泰伯が、父である古公亶父(ここうたんぽ)の意向により王位を三男の季歴が継ぐことになったいきさつに感動した。光圀は泰伯と次男の仲擁が父の意のあるところを知って、三男の季歴に王位を譲った孝徳と、それを悟られないように行動した陰徳に心を打たれた。

　渋沢が水戸学を学ぶ契機となったのは、光圀が泰伯の事績に感動するだけでなく、自らそれを実践したことであった。光圀は伯夷伝にあてはめると三男の季歴の立場にあった。光圀は父である頼房の意向により、本来第二代藩主の座を継ぐべき兄の頼重に代わって藩主を継ぐこととなった。

　光圀は父の意向を尊重して藩主の座を継ぐとともに、父が逝去した後は第三代の水戸藩主を継がせるべく、兄頼重の長子綱方を養子に迎えた。光圀は伯夷伝における季歴の立場で父の意向を尊重する孝徳と、自らの行為を誇らない陰徳を実践したことになる。

　このような聖徳をもった光圀の精神は、大日本史の編纂事業を始めとする水戸学に代々引き継がれ、後期水戸学の諸著作に反映された。渋沢は自分が仕えた徳川慶喜の維新前後の行動に光圀の精神が反映されていると考えた。

　徳川幕府の第十五代将軍となった慶喜は国政を担う立場にあった。光圀が水戸藩主の立場を兄の長子に継がせて本来あるべき譲位の形に戻そうとしたのと同じく、尊皇思想を受け継いだ慶喜にとって、本来国政を担うべきは徳川幕府ではなく朝廷であった。

　泰伯の舉に倣った光圀の行動を見倣い、子孫たる慶喜自身が徳川幕府の将軍として実践すべきは、命脈が尽きかけた徳川幕府が担う国政を本来担うべき朝廷に円滑に奉還することにほかならなかった。

　臣下として慶喜の行動に身近でふれた渋沢からすれば、維新前後の慶喜の行動は、光圀の精神を引き継ぎ、尊皇思想と陰徳によって聖徳を発揮した尊崇すべきものであった。初代水戸藩主徳川頼房に始まった水戸学の精神は、徳川幕府第十五代将軍となった徳川慶喜によって国政で実践され幕藩体制はその役割を終えた。

　水戸学を学んだ渋沢は、慶喜が国政レベルで実践した尊皇思想と陰徳の精神を、維新後に企業家、社会事業家として発揮した。渋沢の尊皇思想と陰徳

の精神の多くは水戸学によって涵養されたと考えられる。以下ではその証跡を渋沢の論語講義の内容から探る。

7−1−2　徳川光圀に関する記述と特徴

　渋沢が認識する泰伯に倣った光圀の事績は、弘道館記述義の「發威夷齊」の段に概ね包含されている。したがって、渋沢が光圀の譲位に関する事実について知るうえで弘道館記述義が重要な資料となったであろうことは疑いがない。東湖が發威夷齊で光圀について記述した内容は以下の通りである。[49]

⑴光圀が藩主になった後、領内の新田を二万石ずつ弟の頼元と頼隆に与え、その他の弟（頼雄、頼泰、頼以、房時）にいずれも知行地三千石を与えるなど親族への思いやりを強調したこと。
⑵前藩主が亡くなった3年後に家老・組頭27人の職務分担を定めたことを述べ、一定期間先君の方針を変えないのは孝子の情であると述べたこと。
⑶歴史事業に熱意を注ぐ彰考館を開設して広く俊才を招聘したこと。
⑷儒者の待遇を改善したこと。
⑸光圀が世継ぎに対して恭敬と仁愛、臣下に対して信頼関係に基づく君臣関係の重要性を伝えたこと。
⑹隠居後は質素な草ぶきの家に住み泰伯にならって、自らを「西山隠士」、「梅里先生」と称し質素な生活を送ったこと。

　これらの特徴を要約すると、東湖が強調したのは五倫（君臣・父子・夫婦・長幼・朋友）に対応する、五典（義・親・別・序・信）のうち夫婦関係に関する徳目を除く、義・親・別・信の四典である。君臣関係で重要なのは君臣の「義」であるが、東湖は君臣の間で重要な「信」についても述べる。
　このように、東湖は五倫、五典を考慮して光圀の事績を記述したが、渋沢が光圀の事績から学んだ陰徳については言及していない。
　渋沢は光圀の事績から学んだ陰徳について、「黄門のこの行為は、全く少時伯夷論を読み、また泰伯の事蹟を知り深く感心したからである。しかしてこのことを余り世の中に知らせぬように取り計ら了りたるは、黄門の黄門た

第4章　藤田東湖『弘道館記述義』と渋沢思想

る所以にして、最も尊敬すべき点であろうと思う」と述べる。このように、渋沢は光圀の尊敬すべき点として陰徳をあげる。

　さらに渋沢は、光圀の尊敬すべき点として尊皇の大義を実践によって示したことをあげて、「その大日本史を修して、大義名分を明かにし、兵庫の湊川に『嗚呼忠臣楠子墓』という石碑を建て、士気を鼓舞したる、みな我が日本の国体を重んずる尊皇の大義にあらざるはなし。その意、暗に祖父家康の不遜を矯救するにありしを知るべし。しかもその当時余り世に目立たざりしは、これまた泰伯の故智を学びたるにあらざるか」と述べる。

　この記述から明らかとなるのは、渋沢が光圀の事績から学んだ重要なことは、「陰徳」と「尊皇の大義」であったということである。つまり、東湖が強調したのが五典（義・親・別・序・信）であったのに対して、渋沢が光圀の事績から学んだのは、「陰徳」と「尊皇の大義」という東湖の意図とは異なるものであった。

　この「著者の意図」と「読者の理解」の微妙な相違がいかなることに起因するかという点について、2つの資料を読み比べるだけで解明することは困難である。しかし、明らかなことは渋沢が弘道館記述義を受動的に読むのではなく、自身の価値観をもとに能動的に読み解き、そこから独自の発見をしたということである。

　係る考察から言えることは、渋沢は弘道館記述義から光圀の事績を事実として学んだが、その内容理解に関しては独自の価値観によって読み解き、「陰徳」と「尊皇の大義」の重要性を認識したということである。

7－2　渋沢栄一による徳川光圀の評価

　泰伯第八第1章は、「子曰。泰伯其可謂至德也已矣。三以天下讓。民無得而稱焉」（子曰く、泰伯はそれ至徳と謂うべきのみ。三たび天下を以て讓る。民得て称することなし）というものである。渋沢は本章の講義において以下のように述べる。

　「夫子、泰伯が父の意のある所を知り、固く譲りて立たざるを称していう『泰伯はこの上もなき至極の徳ある人である。己が当然継ぐべき位を譲りて

第Ⅰ編　藤田東湖と渋沢思想

父の志を成し、かつその譲り方が巧妙にして、少しも人に伐(ほこ)らず、我が功をなるだけ世間に知れぬようにして、毫もその形跡(けいせき)を留めず、ゆえに天下の民誰一人としてこれを知らずして、泰伯を称賛する者なし。これその至徳なる所以なり』と。『大功は無名(むめい)』とか、『大道不称』(大道は称せられず)というの類か。」

　孔子が泰伯の徳を称賛したのは、⑴季歴に王位を譲るという父の志を成したこと、⑵本来王位を継ぐべき自分が誰にも気づかれずに身を引いたことの2点であり、それを至極の徳、つまり「至徳」と称した。至徳は「孝徳」と「陰徳」からなり、そのいずれも水戸学が尊重する徳目となった。
　光圀が泰伯に倣って実践した「孝徳」と「陰徳」のうち、前者は水戸学の書籍で忠孝として強調される中心的な徳目となり、後者の陰徳は武士道の中核を形成する徳目として、慶喜によって実践されることとなった。
　農民時代の渋沢は武家社会のヒエラルキーに身を置くことがなかったため、父の渋沢市郎右衛門元助が「孝」の対象として存在したものの、「忠」については一橋家に仕官して一橋慶喜に仕えるまで実践する機会を得られなかった。
　渋沢は維新前後において慶喜が陰徳を発揮し、円滑に幕府の権限を奉還したいきさつを見て学び、企業家、社会事業家として陰徳を発揮した。
　渋沢が光圀を尊崇する姿勢は論語講義の一文に顕著に表れている。渋沢は光圀を評して以下のように述べる。

「本邦勤王の志士は天下に衆(おお)しといえどもその大宗(たいそう)としては、誰よりもまず第一に指を家康の孫中納言光圀に屈せざるべからず。果してしからば家康が朝廷に対する不遜の罪は、その孫光圀勤王無二の忠志に藉(か)りてあい償うことを得たりといい得べきか。しかして光圀が勤王の忠志を実地に行うに当り、その功を目前に求めず、遠く後年を期したるは、あるいは泰伯韜晦(とうかい)の故智に倣いたるにあらざるか。果してしからば偉人傑士の投じたる一石の波紋は永久世界に及ぶものといい得べし。偉なるかな呉泰伯、大なるかな呉泰伯。」

　渋沢は徳川家康を高く評価する一方、禁中並公家諸法度をはじめとする朝

廷への行為を不遜の罪として非難する。しかし徳川光圀については、水戸学を興して尊皇思想を貫き「遠く後年を期したること」により、慶喜の代となって朝廷に対する不遜の所業の不名誉を雪ぐことにつながったと評価する。

　以上の考察から、渋沢が実践した陰徳の淵源は、(1)論語によってその至徳の重要性を学んだこと、(2)光圀の徳行を伝聞によって知り、慶喜の陰徳実践を見聞したことの2点に求められる。

第8節　忠孝は一つであること【忠孝无二】

8－1　五倫と忠孝に関する藤田東湖の考え方

　東湖は五倫（君臣・父子・夫婦・長幼・朋友）のうち君臣と父子が最重要と主張し、「臣彪謹んで案ずるに、人道は五倫より急なるはなく、五倫は君父より重きはなし。然らばすなはち忠孝は名教の根本、臣子の大節にして、忠と孝とは、途を異にして帰を同じうす。父に於けるを孝と曰ひ、君に於けるを忠と曰ふ。吾が誠を尽す所以に至つては、すなはち一なり」と述べる。

　東湖は五倫に軽重をつけて「君臣間の忠」と「父子間の孝」を最重要とし、両者は一つであると述べる。名分を重視し身分制度を安定的に維持する統治者の発想からすると、君父の倫理を重視する忠孝は重要であり、東湖の主張は係る観点から合理的であった。

8－2　五倫と忠孝に関する渋沢栄一の考え方

　東湖の考え方に対して、渋沢は五倫のそれぞれについて個別の重要性を述べることはあるが、五倫間の軽重については明確に言及していない。渋沢は次代を担う青年に向けた論語講義において五倫について以下のように語る。

　「青年諸君よ、父兄に対しては孝順の行いをなし、天皇陛下に対し奉りては忠義を心掛けてその人の職業職業について、一身の利益のみならず、一国の公利公益を傷らざるよう忠実に働き、師匠に対しては己が道徳及び知識の

第Ⅰ編　藤田東湖と渋沢思想

父母たることを思い、これを尊敬して恩を忘れず、友人や世人に交わるには信義を旨とし、あえて言行あい反せざるように行うて見給え、必ず上下内外の信用を一身に集め、往くとして可ならざる所なく、家を興し名を揚げ、国家に大功を致すこととなるべし。これ八十四歳の老人が堅く保証する所なり。」

　渋沢の講演は年若き青年に向けたものであるので、五倫（君臣・父子・夫婦・長幼・朋友）のうち夫婦関係に関する「別」についての言及はなかった。しかし、他の四倫に対応する四典（義・親・序・信）については軽重を問わずいずれの重要な徳目と説いている。
　東湖が五倫のうち君臣と父子に関係する忠孝を最重要な徳目とするのに対して、渋沢は一国を国家・組織・家族からなるマトリョーシカ人形のイメージでとらえる。日本という「国家」を支えるのは様々な機能を有する「組織」であり、組織で働く人々は最小単位の「家族」に属するという考えである。このマトリョーシカを構成する要素のいずれもが重要であり、どの要素が崩壊しても国家は成り立たない。
　このマトリョーシカの構成単位を支える五倫（君臣・父子・夫婦・長幼・朋友）に対応する五典（義・親・別・序・信）は、どのように機能するかという点が重要となる。
　家族関係は父子・夫婦・長幼によって秩序づけられ、親・別・序という徳目が対応する。子が親に親しむ「孝」、夫婦がそれぞれの役割を果たす「別」、兄弟間の「序」が家族間では正常に機能することが重要である。組織においては上席と部下の間には「序」が働き、組織内外では「信」が不可欠となる。
　さらに組織、家族ともに天皇を頂点にいただく国家のために、公利公益を念頭に国家への忠義にしたがって活動すべきというのが渋沢の国家観であり五倫実践のあり方である。国家・組織・家族の間に軽重の別なく、五倫がそれぞれに機能すべきと考えれば、渋沢の考え方から五倫間の軽重が生じる可能性は見あたらない。
　このように比較すると、東湖は五倫間に軽重を付して認識したのに対して、渋沢は国家の成り立ちを階層別に捉え、かつ全体が機能するためには五倫はいずれも重要と認識するというのが、両者の五輪に対する認識の相違点である。

第4章　藤田東湖『弘道館記述義』と渋沢思想

8－2－1　義と信

　渋沢は忠孝が重要であることを認め、かつ両者は一体であるという点に関しては東湖に同意するものの、企業者の立場からはむしろ朋友間の「信」を重視する。この点について渋沢は以下のように述べる。[56]

　「しかるに五輪の順序よりすれば『父子有親。君臣有義。夫婦有別。長幼有序。朋友有信』（父子親あり。君臣義あり。夫婦別あり。長幼序あり。朋友信あり）（孟子巻の三）といって、信をその最下に置いてあるが、これはこれ人類進歩の径路を語るに過ぎず、原始時代にあっては、まずあい愛しあい親しむにつけて、父子・夫婦・兄弟の情義を生じ、次に治者統治者の君臣の関係生じ、次第に社会的組織の進歩に迨びて、朋友なるものが生じ、群居応酬ことの繁雑なるにつれ、あい互の交誼を厚くし、社会の秩序を維持する上において、自ら偽らず、人を欺かず、道徳的連鎖を鞏固にする必要が生ずる。あるいは孝悌忠信といい、あるいは文行忠信といい、またあるいは仁義礼智信というも、何れも信の字を最下に置けるが、別に信を軽んじた意味でなく、他の四徳と共に信の人間社会に必要なるというをまたず。」

　渋沢は「朋友有信」（朋友信あり）が維新後の時代変遷にともなって重要性を増してきたと述べる。渋沢は信の重要性を「効用」という切り口から主張する。

　その論理は、社会の進歩にともなって人の交流は一町村から全世界へと広がり、交流による効用を享受するためには、相互信頼が必要となるというものである。朋友間の交流が政治的、社会的、経済的な人間関係に広がると、信頼関係なしに互いが効用を得ることは不可能となる。

　近代化が進むと、封建制度下の組織である藩における君臣関係は、官においては官僚組織、民においては企業組織などで変容し人間関係も相対的にフラットになる。幕藩体制下での臣に対するあてがい扶持は君からの禄であったが、近代組織になると組織からの給与となり、生活手段の供与者は君から所属組織となる。

この点について渋沢は、「会社の経営も、商業の取引も、行政の運用も、裁判の効能も、外交の働きも、ことごとく信用の二字に係らざるはなし。忠といい孝というも、この信の力によって光彩を放たざるはなし」と述べる。

　渋沢は明言を避けているが、近代国家に変貌しつつある維新後の日本においては、五倫のうちで信の重要性が増していることを認識していたことは明らかである。

　渋沢は五倫における信の位置づけを慎重に説明する。五倫（君臣・父子・夫婦・長幼・朋友）に対応するのが五典（義・親・別・序・信）であるとすれば、君臣関係に対応する義は「君臣有義」、つまり君臣の義である。渋沢は義の解釈を拡大し「義しいこと全般」と解釈して「信」との関係を述べる。

　渋沢は学而第一第13章を引用して、「しかしこの信は義とあい待つにあらざれば行わるべからず。ゆえに前篇に『信近於義可復也』（信、義に近づけば、言復むべきなり）と教えられたり、いかに信は大切なりとて、義に叶わざる事柄についてはこれを守るべからず」と述べる。

　渋沢は義に悖ることを図らずも約束してしまった場合、それが朋友であろうとなかろうと、信を全うするためにはそれを実行してはならないと主張する。社会の近代化にともなって人的なつながりが拡大するとともに五倫中の信の重要性は高まるが、それはあくまでも義しいことを果たすうえで発揮される信でなければならないというのが渋沢の主張である。渋沢にとって、「義」は「信」を果たすうえでの制約条件としての役割を有する。

　渋沢自身は維新後も父母に対する孝を語り、一橋家以来の君主である徳川慶喜に君臣の礼を尽くして止まなかった。一方、渋沢は社会全体の変化に応じて生じる五倫の解釈については現実を正視して認識した。

　渋沢の五倫に対する認識が弘道館記述義のみにその端緒があるとはいえないが、東湖の倫理観と比較することにより、時代変遷にともなう渋沢の倫理観の変化の一端が明らかとなる。

8－2－2　君臣の義の実践

　徳川慶喜は渋沢が最初に君として仕えた人物であった。慶喜の人徳を尊崇していた渋沢は、明治維新を経て政治体制が変わり、日本が近代化の道を歩

第4章　藤田東湖『弘道館記述義』と渋沢思想

み始めた後も慶喜との君臣の義を貫いた。渋沢はこの点について以下のように述べる。⁽⁵⁹⁾

　「余は元治元年の二月に、いよいよ決心して一橋慶喜公の臣となり、主従三世の誓を心に立てて仕えたる身なれば、慶喜公がすでに大政を奉還せられて（慶応三年十月十四日）、世捨人になられた上は、余もまた主従の義を守り、決して新政府に就官すまいと思い定めたのが、明治元年十一月三日フランス国より帰朝した時のことで余が二十七歳の時である。……すなわち公に従うて昔の駿府今の静岡に住して、勘定組頭に任ぜられ、二年の春静岡に商法会所というを起し、合本組織の商業をやっておったところ、十一月の二十一日というに太政官より急に余に召状が到来した。」

　この回顧談からも明らかな通り、慶喜が全ての政治的権限を喪失した後も、渋沢は君臣の義を忘れず駿府に居を移し、慶喜の身近で静岡商法会所の活動に専念することを選択した。
　大蔵官吏となった後もしばしば駿府を訪れて慶喜の生活を輔佐するとともに、慶喜が東京に居を移してからは、維新前後における知られざる事績を正しく後世に遺しかつ雪冤を図るため、躊躇する慶喜を説得し長い年月をかけて『徳川慶喜公伝』を世に出した。
　このように渋沢は慶喜が逝去するまで臣として仕え、逝去後も歴史的事実を正しく後世に伝えるために慶喜の生の声を反映させた歴史書を刊行した。
　慶喜と渋沢の間には君臣の義が存在した。渋沢をして君臣の義を貫かせた根底には、慶喜の徳性に対する渋沢の尊崇の念と信頼が存在した。
　鳥羽・伏見の戦いにおける慶喜の奇矯な行動についても、渋沢はその背後に確固たる理由があると考え慶喜を信じ抜いた。君主が理解しがたい行動をとった場合、通常であれば表面的な事象を捉えて君臣関係は崩壊するか揺らぎが生じる。しかし、渋沢には慶喜に対する尊崇と信頼があったため、疑問を抱きつつも君臣関係を保ち、長い時間をかけて真実を解明した。
　慶喜と渋沢の関係は「尊崇と信頼に裏付けられた君臣の義」によって支えられていたといえる。そして、それはまさに五倫のうちで忠孝を最重視する

東湖の思想の実践事例であった。

第9節　学問と事業【學問事業】

9－1　学問と事業の関係についての藤田東湖の考え方

　東湖は「学問」と「事業」という言葉で知行合一について自説を展開する。東湖は学問をさらに「学」と「問」に分けて、「臣彪謹んで案ずるに、『学』は道を学ぶ所以、『問』は道を問ふ所以にして、『事業』はその道を行ふ所以なり。これを工匠に譬ふるに、必ずまづ規矩を学びて、然る後に経営に従事す。そもそも天下の工匠何ぞ限りあらん。その良き者は、よく宮殿を建て、楼閣を造る」と述べる。(60)

　東湖は建築に従事する工匠を例に学問と事業の関係を述べるが、この段階で学問の定義と事例にあげた建築の事例の間に齟齬が生じている。

　学は道を学び、問は道を問うことであるとすれば、学問は道すなわち人道を学ぶことである。なぜなら、東湖は道について、「何を以てかこれを言ふ。夫れ父子・君臣・夫婦は、人道の最も大なるものにして、上古、父子・君臣・夫婦の分、厳乎として一定せしこと、なほ天尊くして地卑きがごとし」と明確に述べているからである。(61)

　人が則るべき規矩準縄たる「人の道」と、工匠が学ぶ実学たる「建築学」を同じ学問と考える点に東湖の混乱が見られる。本段の説明によると、武士にとっての事業は政治および官僚実務である。また、武士の本業としては戦術書が学問、実際の戦争が事業ということになる。

　このように考えると、武士にとって実務との関わりにおいて学びかつ彫琢すべき実学は、政治学および官僚実務に関する学問であり、武士の本業に関しては戦術の高度化である。

　しかし、国内政治は幕府の専権事項であるので、水戸藩が実践によって実学としての政治学を国政レベルで発展させることは困難である。また、官僚実務に関しては若干の工夫によって合理化する程度にとどまる。さらに、泰

第4章　藤田東湖『弘道館記述義』と渋沢思想

平の世において戦術書の内容を高度化することは困難である。

徳川斉昭は追鳥狩という軍事訓練を行ったが、雉や山鳥などをターゲットにした演習は実戦とはほど遠く、かつ演習が大規模であれば費用もかさむ。

東湖は学問と事業が合一しない理由について、「学問・事業の一にし難きは、その故多端なるも、大弊四あり。曰く『躬行を忽にす』。曰く『実学を廃す』。曰く『経に泥む』。曰く『権に流る』。夫れ学は、人倫を明らかにする所以にして、聖賢の教は必ずこれを身に本づく。しかるに学ぶ者、或は礼儀を修めず、甚しきはすなはち徳を失ひ行を汚し、曾て庸人にすらこれ若かず。その侮を世に取るは、固より怪しむに足らず」と述べる。(62)

東湖によると、学問と事業の合一を妨げる原因は、(1)実践躬行を怠ること、(2)実用的学問をしないこと、(3)型通りの考えに拘泥すること、(4)情勢に応じすぎることの4点である。

しかし、最初の3点は上記で述べた通り、学問と事業の合一を妨げる原因ではなく、付加価値を生まない武士階級という制度そのものが抱える矛盾を述べたにすぎない。最後の「情勢に応じすぎる」という点は幕府の意向を忖度しすぎるという意味と考えられる。そうであるとすれば、この点も幕藩体制が内包する矛盾を指摘したことになる。

さらに東湖は「それ学は、人倫を明らかにする所以にして」と述べて、学問はあくまでも人の道たる人倫であるという認識を示しているが、武士にとっての実学の定義は曖昧である。

9－2　学問と事業の関係についての渋沢栄一の考え方

渋沢が提唱する知行合一に対する東湖の影響はいかなるものかという点を考察するにあたっては、渋沢の青年期と壮年期以降に分けて考察する必要がある。

青年期における渋沢の知行合一の代表的な事績は横浜焼き討ち計画である。この事績を東湖が述べる「学問と事業」というフレームワークにあてはめて考えると、学問に相当するのが「尊皇攘夷思想」であり、事業に相当するのがテロリズムとしての「横浜焼き討ち計画」ということになる。

政治思想である尊皇攘夷思想は倫理思想とは異なる。渋沢が計画したテロ

第Ⅰ編　藤田東湖と渋沢思想

行為は東湖が語る事業とは正反対の暴挙である。尊皇攘夷思想は渋沢の誤った理解に基づいて実践されようとしたのである。

　壮年期以降に渋沢が提唱する知行合一は、経済活動と社会事業活動のステージで実践されるもので、論語による倫理思想を基盤とする実学を経済活動と社会事業活動において絶え間なく実践するものである。このように考えると、実学の定義が明らかでないまま、知行合一を提唱する東湖の思想が渋沢の知行合一に影響を及ぼしたとは考えられない。

　壮年期における渋沢の学問に対する認識は明確である。渋沢は論語の公治長第五第27章の講義において学問を「物質的科学」と「精神的道徳学」に分類したうえで、「学の中には、格物致知（すなわち物理学・化学・工学・機関学の類）の学と、精神上の修養学とを包ねておると思う。これを換言すれば物質上の有形学と精神上の無形学とに渉り、世間の手前や、虚栄心を離れて、真に好んで学を修め、孜々として倦まざらば、その品性必ず向上してくるものである」と述べる。(63)

　渋沢が定期的に開講した論語講義は上記の分類からすると精神的道徳学の講義に属する。渋沢が論語講義を始めたきっかけは、当時の青年たちが西欧の最新科学や技術を学ぶことに偏り、精神的道徳学をおろそかにしがちであることに危機感を抱いたことであった。

　しかし、渋沢は物質的科学を軽視していたのではなく、バランスのとれた学問の修養が重要であると考えていたことが、この論語講義の一節からうかがい知ることができる。

　渋沢は格物致知の重要性に気づき、5年程度のまとまった期間、滞仏を機に徳川昭武（以下「昭武」）とともにフランスにとどまって経済学を中心とする先進的な西欧の学問を身につけるつもりでいた。しかし、明治維新となり昭武が水戸藩主を継ぐこととなったため勉学を中断し帰国を余儀なくされた。

　この点について渋沢は、「ただし余の修めた漢学は至って卑近なもので、ことに余が学問をする頃は、勤王倒幕の議論で世の中が騒々しくて、落着いて学問がしていられず、洋学を修める機会を失うたことを、今以て残念に思うている」と述べる。(64)

　渋沢は企業家としての活動においても、先進的な科学的知見や技術を有す

る者を尊重しかつ優遇した。アドレナリンを発見した高峰譲吉や、渋沢が設立・育成した抄紙会社において製紙技術の革新に貢献した大川平三郎がその事例である。

　渋沢は物質的科学において優れた知見や技術を有し、かつ、精神的道徳学を身につけたバランスの取れた人物を理想とし、物質的科学を学ぶ機会を逸したことに一種の劣等感を抱いていた。

　壮年期における渋沢の学問に対する認識をこのように理解して東湖の見解と比較すると、学問を「道を学び問うこと」と定義し、格物致知への言及がない東湖と渋沢の学問論における接点を見いだすことは困難である。

小　括

　本章の目的は、藤田東湖の『弘道館記述義』の内容を検討し、渋沢の倫理思想や政治思想をはじめとする思想全般に影響を及ぼしたと考えられる点について考察を加えることであった。

　具体的には、『弘道館記述義』を構成する37段の中から渋沢思想に影響を及ぼしたと考えられる10段を抽出し、9節に分けて個別に検討を加えた。

　渋沢思想に影響を及ぼしたと考えられる『弘道館記述義』の記述を9節に分けて検討した結果をまとめると以下の4点となる。これら4点について考察を加える。

　⑴天地と皇統の永続性および尊皇思想　（第1、2、3、6節）
　⑵異端の教えに対する姿勢と宗教観　　（第4節）
　⑶徳川家康と水戸藩に対する評価　　　（第5、7節）
　⑷倫理思想　　　　　　　　　　　　　（第8、9節）

1．天地と皇統の永続性および尊皇思想

　東湖が唱える尊皇思想は、天祖たる天照大神から天孫たる皇室への降臨を天地の大原理に基づくものと考え、皇室の永続性に尊厳を見出す思想である。

第Ⅰ編　藤田東湖と渋沢思想

　極東に位置し他国にさきがけて日が昇るという地理的特性と、天照大神に始まる神話に日本の優位性を見出し、かつ、禅譲や放伐を廃して万世一系を貫くことによって、天皇中心の国家が連綿と引き継がれたという歴史的事実に基づく思想が東湖の尊皇思想である。

　東湖の尊皇思想は、日本が極東に位置するという否定しがたい科学的知見と、天孫降臨という神話的知見という２つの知見によって支えられている。

　一方、渋沢は東湖が主張する神話的知見に言及することは少ないが、天命という人智では抗い難い存在を認める。そのうえで天命の淵源である天の存在を受け入れる。東湖が神話に天の存在の根拠を求めるのに対して、渋沢は自分の実感をもとに天の存在を認識する。

　東湖が神話を中心に教条主義的に天の存在を主張するのに対して、渋沢は天命という抗い難い存在に対する一種の諦観に基づいて宿命論的に天の存在を認める。

　渋沢の宿命論的な発想に基づけば、皇室に生を受けた歴代天皇も宿命によってその地位を与えられることになる。そして、それが連綿と継続するという否定しがたい歴史的事実によって、皇室は尊崇すべきものとなるという認識が生まれる。渋沢は宿命論的かつ歴史認識に基づく現実主義的な尊皇思想を有していたといえる。

　このように、天の認識とそこから派生する尊皇思想の特質を比較すると、渋沢の尊皇思想が東湖の思想に全面的に影響されたとはいえない。

　厳密には東湖と渋沢の尊皇思想の根拠は異なるものの、東湖が尊皇思想を強く信奉しているという事実は、同じく尊皇思想を抱く渋沢に共感を及ぼしたと考えられる。

２．異端の教えに対する姿勢と宗教観

　東湖は徳川幕府の御用学問である朱子学を重視する。しかし、東湖には儒学はあくまでも神教を理論的に補完する学問であるという考えが存在する。

　キリスト教は日本を侵略するための手段であり、仏教はインドの神を信奉する邪教であるという認識を東湖は有していた。したがって、東湖はこの２つの宗教を異端として排除する。東湖はいわば神教原理主義ともいえる狭隘

な宗教観を有していた。

　天地の大原理に根拠を求める東湖の国家観は、「国の成り立ち」と「天祖からの道徳倫理」を一体とみなすものである。日本には文字のない時代から道徳倫理が存在し、それを漢学によって文字に置き換え論理的に整理したものが日本の道徳倫理であるというのが東湖の考えである。

　東湖の教条主義的な考え方はその宗教観に反映される。西洋人が信奉するキリスト教やインドの神を信奉する仏教を受け入れることは、自らの宗教観を否定するだけでなく、国家としての日本の存在意義を否定することになる。

　渋沢の青年期におけるキリスト教に対する認識は明らかではないが、壮年期以降の渋沢はキリスト教、仏教ともに受容する姿勢を有している。

　渋沢は歴史を重視し現実的に宗教を受容する。渋沢は儒教を信奉するがそれは宗教としてではなく、孔子が語った倫理規範として受け入れる。数ある漢学の中で渋沢が儒教を信奉したのは、その教えが現実に則した実学的な内容を多く含み、かつ日常生活に有用な教訓を提供してくれるからであった。

　キリスト教や仏教に対する姿勢も儒教と同様であった。壮年期以降の渋沢はキリスト教の聖書を読み、その文言の中から儒教より優れた内容を見出せば、それを自身の教訓として取り入れた。

　渋沢は仏教の教義を信奉することはなかったが、長い歴史において生活に根付いた人々の信仰を尊重した。渋沢が忌避したのは超常現象に関する記述や、宗教の名を語り人々の信仰心につけ入って商売する加持祈禱などの非科学的なふるまいである。この点においても渋沢の現実主義と歴史重視の姿勢が反映されている。

　渋沢は人智の及ばない天命を尊重し、鬼神となった死者を尊重し、祭祀を実践する姿勢を生涯持ち続けた。したがって渋沢は無神論者ではない。

　東湖と渋沢の宗教観を比較すると、異端に対する姿勢には大きな相違が存在することが明らかとなった。渋沢が東湖の宗教観から影響を受けた痕跡を見出すことはできない。

3．徳川家康と水戸藩に対する評価

　水戸藩士という体制側に身を置くがゆえに、東湖は家康や光圀を公正に評

第Ⅰ編　藤田東湖と渋沢思想

価することはできなかった。徳川幕府の始祖である家康と、水戸藩の第二代藩主である光圀に対する東湖の評価は讚美である。

　家康を評価するうえでタブーとなるのは、禁中公家諸法度などによって朝廷に縛りをかけた事実について述べることである。東湖はこのタブーに触れることなく家康と光圀の人物評価を行った。

　家康に対する東湖の評価ポイントは、足利尊氏、織田信長、豊臣秀吉などの天下人とは異なり、泰平の世を長く保つ基盤を造ったことであり、それを達成するうえで忠孝仁義を根本とする聖賢の道を踏み外すことなく歩んだことである。

　尊皇思想を身をもって実践したとはいえない家康を評価するにあたって東湖がなし得るのは、歴代の天下人との比較優位点を強調するとともに家康の善行を列挙することであった。

　光圀に対する東湖の評価ポイントは、水戸藩の精神的基盤である水戸学の始祖としての評価と、その思想を徳川幕府との関係から制約された立場で実践した点である。東湖が後期水戸学の泰斗として活躍できたのは、光圀が構築した水戸学の基盤あってのことであり、それを達成した光圀を東湖は高く評価した。

　渋沢は家康と光圀に対して公平な立場から率直に評価した。家康に対する渋沢の評価ポイントは、戦乱の世から260年余にわたる太平の世の基盤を築いたことである。この評価には渋沢の現実主義的な面が反映されている。

　渋沢は家康が禁中公家諸法などにより朝廷に縛りをかけたことや、徳川幕府を建てるうえで権謀術数を駆使して人の命を奪ったことなどを汚点として指摘する。しかし、家康なかりせば戦乱の世が続き、国が混乱していたであろう事態を想定し、渋沢は家康がなした功績を聖人によるものと評価した。渋沢の人物評価は単純明快である。渋沢にとって家康は人臣中で日本史上「功 － 罪（マイナス）」を最大化した聖人であった。

　光圀に対する渋沢の評価は、水戸藩の歴史全体を視野に置いたものである。光圀は一藩主であるがゆえに国政において自分の理想を実践することはできなかった。

　義公という諡号を与えられるほど義に篤かった光圀は、尊皇思想が本来の

形で実現されていない実態に忸怩たる思いを抱いていたと思われる。光圀は長子でないにもかかわらず第二代水戸藩主を継いだことを正道に戻すため、兄の長男を養子にし、自分の権限が及ぶ範囲で義を貫いた。

徳川将軍としてその義を国政で実践することはできなかった光圀は、大日本史の編纂を手掛けるとともに、神教と尊皇を根本に据えた水戸学を興した。渋沢は光圀の事績を学ぶとともに、その精神を身につけた徳川慶喜が尊皇思想を実践する場面に、慶喜の臣下として居合わせた。

つまり、家康が遺した汚点の最たるものである「朝廷を蔑ろにした事実」は、威公に始まり義公によって創設された水戸学の歴史において、その系譜を受け継ぐ慶喜が第十五代徳川幕府将軍となり大政を奉還することで雪がれたと渋沢は考えた。

慶喜に臣下として仕えることがなければ歴史上の偉人にすぎなかった光圀は、渋沢にとって水戸藩数代を経て慶喜によってその思想が実践された思想的なカリスマとなった。

このような論考をたどると、渋沢が徳川家康と水戸藩に対する東湖の姿勢に大きく影響されたと結論づけることは困難である。渋沢は現実主義的な歴史観に基づいて家康の事績を評価するとともに、水戸学がたどった歴史と慶喜に仕えた経験をもとに水戸藩が果たした役割を評価した。

4．倫理思想

東湖が弘道館記述義で取り上げる倫理規範は、五倫のうちの君臣間の「忠」と父子間の「孝」である。東湖は忠孝が最重要でかつ一体であると述べる。名分を重視し、身分制度を安定的に維持する統治者の発想からすると、君父の倫理を重視する忠孝は重要であり、東湖の主張は係る観点からは合理的である。

東湖は「学問」と「事業」という言葉で知行合一について自説を展開する。東湖は学問をさらに「学」と「問」に分ける。学は道を学び、問は道を問うことであるとすれば、学問は道すなわち人道を学ぶことである。

東湖によると、学問と事業の合一を妨げる原因は、(1)実践躬行を怠ること、(2)実用的学問をしないこと、(3)型通りの考えに拘泥すること、(4)情勢に応じ

すぎることの４点である。

　最初の３点は学問と事業の合一を妨げる原因ではなく、付加価値を生まない武士階級という制度そのものが抱える矛盾を述べたものである。また、最後の「情勢に応じすぎる」という点は幕府の意向を忖度しすぎるという意味と考えられる。そうであるとすれば、この点も幕藩体制が内包する矛盾の指摘である。

　東湖は学問はあくまでも人の道たる人倫であるという認識を示しているが、武士にとっての実学の定義は曖昧である。これに対して、論語に基づく渋沢の倫理思想は浩瀚であり、東湖が弘道館記述義で述べた内容との比較によって渋沢思想への全体的な影響を語ることは困難である。

　東湖が言及した五倫に関する渋沢のとらえ方を見ると、東湖との間には相違が存在する。渋沢は一国を国家・組織・家族からなるマトリョーシカ人形のイメージでとらえる。

　日本という「国家」を支えるのは様々な機能を有する「組織」であり、組織で働く人々は最小単位の人の集まりである「家族」に属するという考えである。このマトリョーシカを構成する要素のいずれもが重要であり、どの要素が崩壊しても国家は成り立たない。

　このマトリョーシカの構成単位を支える五倫（君臣・父子・夫婦・長幼・朋友）に対応する五典（義・親・別・序・信）が、どのように機能するかという点が重要となる。

　家族関係は父子・夫婦・長幼によって秩序づけられ、それぞれに親・別・序という徳目が対応する。子が親に親しむ「孝」、夫婦がそれぞれの役割を果たす「別」、兄弟間の「序」が家族間では正常に機能することが必要である。

　組織においては上席と部下の間には「序」が働き、組織内外では「信」が不可欠となる。さらに組織、家族ともに天皇を頂点に頂く国家のために公利公益を念頭に国家への忠義にしたがって活動すべきというのが渋沢の考える五倫実践のあり方である。

　国家・組織・家族の間に軽重の別はなく、五倫がそれぞれに機能すべきと考えれば、渋沢の考え方から五倫間の軽重が生じる可能性は見あたらない。

　このように東湖と渋沢を比較すると、東湖は五倫間に軽重を付して認識し

第 4 章　藤田東湖『弘道館記述義』と渋沢思想

たのに対して、渋沢は国家の成り立ちを階層別に捉え、かつ全体が機能するためには五倫はいずれも重要と認識するという点が、両者の五輪に対する認識の相違点である。渋沢は忠孝から敷衍して、「義と信」、「君臣の義の実践」について述べる。

「義と信」：渋沢は義に悖ることを図らずも約束してしまった場合、それが朋友であろうとなかろうと、信をまっとうするためにはそれを実行してはならないと主張する。社会の近代化にともなって人的なつながりが拡大するとともに五倫中の信の重要性は高まるが、それはあくまでも義しいことを果たす上で発揮される信でなければならないというのが渋沢の主張である。渋沢にとって、「義」は「信」を果たすうえでの制約条件としての役割を有する。

「君臣の義の実践」：渋沢は慶喜が逝去するまで臣として仕え、逝去後も歴史的事実を後世に伝えた。慶喜と渋沢の関係は「尊崇と信頼に裏付けられた君臣の義」によって支えられていた。それはまさしく忠孝を最重視する東湖の思想の実践事例であった。

　東湖が述べた忠孝に関して、渋沢の著作や回顧録を紐解くと倫理思想の広がりが見られる。陽明学に触発され学問と事業の実践を通して体現した知行合一は、渋沢思想の中核を構成する概念となった。
　青年期における渋沢の知行合一の代表的な実践事例は横浜焼き討ち計画である。この事例を東湖が述べる「学問と事業」というフレームワークにあてはめて考えると、学問に相当するのが「尊皇攘夷思想」であり、事業に相当するのがテロリズムとしての「横浜焼き討ち計画」ということになる。
　壮年期以降の渋沢が提唱する知行合一は、経済活動と社会事業活動のステージで実践されるもので、論語による倫理思想を基盤とする実学を経済活動と社会事業活動において絶え間なく実践するものである。
　このように考えると、実学の定義が明らかでないまま知行合一を提唱する

東湖の思想が、渋沢の知行合一に対する考え方に影響を及ぼしたとは考えられない。

　渋沢は物質的科学において優れた知見や技術を有し、かつ、精神的道徳学を身につけたバランスの取れた人物を理想とし、前者を学ぶ機会を逸したことに一種の劣等感を抱いていた。

　壮年期における渋沢の学問に対する認識をこのように理解して東湖の見解と比較すると、学問を「道を学び問うこと」と定義し、格物致知への言及がない東湖の学問論との接点を見いだすことは困難である。

まとめ

　渋沢の倫理思想や政治思想をはじめとする思想全般に対する弘道館記述義の影響は総じて大きくはなかったが、対立点を見出すこともできなかった。

　渋沢は、(1)天地と皇統の永続性および尊皇思想、(2)異端の教えに対する姿勢と宗教観、(3)徳川家康と水戸藩に対する評価、(4)倫理思想の4点において、弘道館記述義とは異なる著作や資料から影響を受けて独自の思想を構築したと考えられる。

　東湖と渋沢が共通に有する尊皇思想については、それぞれの思想的淵源は異なるものの、同思想を生涯信奉し続けたという点において両者間に異なる点はない。

　東湖は水戸学の伝統的な考え方に基づいて尊皇思想を信奉した。渋沢は天と天命の存在を確信して万世一系の皇室を日本の頂点にいただくことを誇りとして活動し、尊皇思想に基づく国家観から「国臣意識」へと思考を発展させた。

　東湖は皇室を頂点とする国内の上下関係の分をわきまえるべきとする思想が「尊皇」であり、日本を頂点とする対外関係において他国がわきまえるべき分が「攘夷」であると考えた。東湖にとって尊皇攘夷思想は天祖から与えられた国の成り立ちに淵源を有する思想であった。

　渋沢がこのような教条主義的な尊皇攘夷思想に拘泥していたとすれば、旧弊に縛られて反乱分子となった水戸藩士と同様の事態に陥った可能性がある。

つまり、対外関係を柔軟に考慮して尊皇開国主義に変換することは困難であったと考えられる。その意味において、尊皇思想のみならず攘夷思想に関しても、東湖と渋沢はその思想的淵源を異にしていたといえる。

　異端の教えに対する姿勢と宗教観については、東湖がいわゆる神教原理主義的な宗教観を有していたのに対して、渋沢は儒教をごく自然に受け入れ、キリスト教、仏教などに対しても良いとこ取りをする柔軟性と合理性をもって接した。

　渋沢は各宗教の合理的側面のみに注目し、実生活に活かすことができる範囲で教義を選択的に取り入れた。渋沢は没我的に宗教にのめり込むことなく、むしろ宗教の倫理規範的な側面をつまみ上げて現実的に役立てた。その意味において、宗教家から見た渋沢は実にたちの悪い似非信徒であったといえる。

　このように宗教を実生活に利用する渋沢の宗教観と、没我的に神教一辺倒を貫く東湖の宗教観とは交わる点が存在しない。

　徳川家康と水戸藩に対する評価については、東湖と渋沢のスタンスが異なるため渋沢が弘道館記述義から影響を受けた点を見出すことは困難である。東湖の評価は体制側に身を置く立場からの「讃美」であり、渋沢の評価は中正な立場からの「評価」である。

　渋沢は現実主義的な立場から、家康が泰平の世の構築した功績を評価するとともに、家康が犯した朝廷を蔑ろにする行為を雪いだ光圀と慶喜の功績を称えた。

　倫理思想については、弘道館記述義で示された東湖の倫理思想によって、浩瀚な渋沢の倫理思想に対する影響を確認することは困難である。渋沢の倫理思想の大宗は論語に淵源があり、善悪の判断基準も論語の各章で述べられている孔子の教えが基準となっている。

　以上の通り、渋沢思想の淵源を弘道館記述義に見出す試みは不調に終わった。思想的淵源を弘道館記述義に求めることはできなかったが、同書の趣旨が渋沢思想と相反する点も存在しなかった。結論として言えることは、弘道館記述義は渋沢にとって自身の考え方の正しさを再確認する意義を有していたということである。

第Ⅰ編　藤田東湖と渋沢思想

【注】
（１）文學博士宇野哲人監修、岡村利平著『弘道館記述義の精神と釋義』（旺文社、昭和18年）。
（２）臣藤田彪謹述「弘道館記述義」『水戸学』（岩波書店、1973年）。
　　　責任編集　橋川文三『日本の名著29　藤田東湖』（中央公論社、昭和49年）。
（３）渋沢栄一「為政第二第24章」『論語講義（一）』（講談社学術文庫、1977年）137-138頁。
（４）臣藤田彪謹述「弘道館記述義　巻の上」『水戸学』（岩波書店、1973年）260頁。
（５）臣藤田彪、前掲書、「弘道館記述義　巻の上」260-261頁。
（６）渋沢栄一「衛霊公第十五第28章」『論語講義（六）』（講談社学術文庫、1977年）149頁。
（７）渋沢、前掲書（六）、「衛霊公第十五第28章」149頁。
（８）臣藤田彪、前掲書、「弘道館記述義　巻の上」265頁。
（９）渋沢栄一「八佾第三第13章」『論語講義（一）』（講談社学術文庫、1977年）175-176頁。
（10）渋沢栄一『論語と算盤』（国書刊行会、平成４年）６-７頁。
（11）渋沢、『論語と算盤』７頁。
（12）渋沢、『論語と算盤』５-６頁。
（13）臣藤田彪、前掲書、「弘道館記述義　巻の上」279頁。
（14）渋沢、『論語と算盤』５頁。
（15）渋沢、『論語と算盤』５頁。
（16）臣藤田彪、前掲書、「弘道館記述義　巻の上」284頁。
（17）渋沢、『論語と算盤』168頁。
（18）渋沢、『論語と算盤』162頁。
（19）「聖徳太子千三百年御忌奉賀会小史」第１-６頁、大正13年10月刊『渋沢栄一伝記資料　第49巻』（渋沢栄一伝記資料刊行会、昭和30年）27-28頁。
（20）聖徳太子千三百年御忌奉賀会について、前掲書35頁。
（21）白石喜太郎「渋沢栄一翁」第730-732頁、昭和８年12月刊『渋沢栄一伝記資料　第49巻』（渋沢栄一伝記資料刊行会、昭和30年）32-33頁。
（22）臣藤田彪謹述「弘道館記述義　巻の下」『水戸学』（岩波書店、1973年）298頁。
（23）臣藤田彪、前掲書、「弘道館記述義　巻の下」296-298頁。
（24）臣藤田彪、前掲書、「弘道館記述義　巻の下」294-295頁。
（25）臣藤田彪、前掲書、「弘道館記述義　巻の下」298-299頁。

(26) 渋沢栄一「先進第十一第19章」『論語講義（四）』（講談社学術文庫、1977年）182-183頁。
(27) 臣藤田彪、前掲書、「弘道館記述義 巻の下」299-300頁。
(28) 渋沢、『論語と算盤』17-18頁。
(29) 渋沢、『論語と算盤』65-66頁。
(30) 渋沢栄一「子罕第九第27章」『論語講義（四）』（講談社学術文庫、1977年）78-79頁。
(31) 渋沢、前掲書、「子罕第九第27章」79-80頁。
(32) 渋沢栄一「先進第十一第15章」『論語講義（四）』（講談社学術文庫、1977年）161頁。
(33) 渋沢、前掲書（四）、「先進第十一第15章」162頁。
(34) 渋沢栄一「先進第十一第22章」『論語講義（四）』（講談社学術文庫、1977年）189頁。
(35) 渋沢、前掲書（四）、「先進第十一第22章」190頁。
(36) 渋沢、前掲書（四）、「先進第十一第22章」191頁。
(37) 渋沢栄一「公冶長第五第14章」『論語講義（二）』（講談社学術文庫、1977年）101頁。
(38) 渋沢、前掲書（二）、「公冶長第五第14章」104頁。
(39) 渋沢栄一「憲問第十四第17章」『論語講義（六）』（講談社学術文庫、1977年）39頁。
(40) 渋沢栄一「憲問第十四第25章」『論語講義（六）』（講談社学術文庫、1977年）69頁。
(41) 渋沢栄一「泰伯第八第7章」『論語講義（三）』（講談社学術文庫、1977年）173頁。
(42) 渋沢、前掲書（三）、「泰伯第八第7章」173頁。
(43) 臣藤田彪、前掲書、「弘道館記述義 巻の下」296頁。
(44) 臣藤田彪、前掲書、「弘道館記述義 巻の下」296頁。
(45) 渋沢栄一「里仁第四第8章」『論語講義（二）』（講談社学術文庫、1977年）35頁。
(46) 渋沢栄一「憲問第十四第16章」『論語講義（六）』（講談社学術文庫、1977年）36頁。
(47) 渋沢、前掲書（六）、「憲問第十四第16章」36頁。
(48) 渋沢栄一「述而第七第11章」『論語講義（三）』（講談社学術文庫、1977年）42頁。

(49) 臣藤田彪、前掲書、「弘道館記述義 巻の下」306-309頁。
(50) 渋沢栄一「泰伯第八第1章」『論語講義（三）』（講談社学術文庫、1977年）142頁。
(51) 渋沢、前掲書（三）、「泰伯第八第1章」142頁。
(52) 渋沢、前掲書（三）、「泰伯第八第1章」136-137頁。
(53) 渋沢、前掲書（三）、「泰伯第八第1章」143頁。
(54) 臣藤田彪、前掲書、「弘道館記述義 巻の下」、324頁。
(55) 渋沢栄一「学而第一第7章」『論語講義（一）』（講談社学術文庫、1977年）48頁。
(56) 渋沢栄一「為政第二第22章」『論語講義（一）』（講談社学術文庫、1977年）124-125頁。
(57) 渋沢、前掲書（一）、「為政第二第22章」125頁。
(58) 渋沢、前掲書（一）、「為政第二第22章」125頁。
(59) 渋沢、前掲書（一）、「為政第二第22章」82頁。
(60) 臣藤田彪、前掲書、「弘道館記述義 巻の下」328頁。
(61) 臣藤田彪、前掲書、「弘道館記述義 巻の上」260頁。
(62) 臣藤田彪、前掲書、「弘道館記述義 巻の下」329頁。
(63) 渋沢栄一「公冶長第五第27章」『論語講義（二）』（講談社学術文庫、1977年）144-145頁。
(64) 渋沢、前掲書（二）、「公冶長第五第27章」144頁。

第5章

第Ⅰ編のまとめ
―藤田東湖と渋沢思想―

はじめに

　本章の目的は、第Ⅰ編を構成する3つの章の検討結果を通覧し、藤田東湖（以下「東湖」）の主著である『回天詩史』、『常陸帯』、『弘道館記述義』が渋沢思想に及ぼした影響を明らかにすることである。
　具体的には、本書で定めた、(1)国臣意識、(2)陰徳、(3)論語解釈、(4)名分論という4つの分析視角にしたがって、第Ⅰ編を構成する各章の内容を整理する。分析視角は以下の通りである。

(1)尊皇思想：「国臣意識」の淵源を探る視角。
(2)攘夷思想：「開国思想」に転化したプロセスを探る視角。
(3)武　士　道：「陰徳」を尊重すべき倫理規範と認識する視角。
(4)論　　　語：「名分論」を含む水戸学の「論語解釈」から渋沢思想が受けた影響を探る視角。

　「図表5－1　第Ⅰ編を構成する各章の目的」では第2章から第4章にわたる3つの章の目的を一覧表示する。4つの分析視角からの各章の検討結果をまとめたうえで第Ⅰ編の結論を導き出す。
　『回天詩史』は七言古詩の形式で東湖の思想が記述された漢詩であり、『常陸帯』は幕府から徳川斉昭が謹慎蟄居を命じられる状況下で、東湖が斉昭の苦境を慮って自由律で記述した著作である。『弘道館記述義』は斉昭の『弘道館記』の注釈書として作成された著作である。

図表 5 - 1　第Ⅰ編を構成する各章の目的

	各章の目的
第2章	『回天詩史』について、(1)尊皇攘夷思想に対する基本的な考え方、(2)武士道と陰徳に関する理解、(3)渋沢に顕著な影響を及ぼしたと推察される考え方の3点を分析視角として検討し渋沢思想への影響を探る。
第3章	『常陸帯』に記述されている、(1)政治思想、(2)水戸藩の内政、(3)宗教観の3点について、渋沢の著作や事績と比較し、渋沢思想に対する同書の影響を探る。
第4章	『弘道館記述義』の内容を検討し、渋沢の倫理思想や政治思想をはじめとする思想全般に影響を及ぼしたと考えられる点について考察を加える。

【注記】『回天詩史』、『常陸帯』、『弘道館記述義』の3著は東湖の思想が記述された代表的著作であるが、それぞれの目的や著述に至った経緯が異なるため分析視角は著作ごとに異なる。

　第Ⅰ編では著作ごとに応じて異なる切り口から検討を加えたが、通底する分析視角は、(1)尊皇思想、(2)攘夷思想、(3)武士道、(4)論語の4点である。本章では3著作の検討結果をこれら4つの分析視角に基づいて横断的に整理し、東湖の思想が渋沢思想に及ぼした影響を探る。

第1節　藤田東湖の尊皇思想と渋沢栄一

1-1　『回天詩史』に見る尊皇思想

　水戸学には『大日本史』という天皇家の歴史から説き起こした尊皇思想に関する大著がある。東湖は同書を北畠親房の『神皇正統記』と並んで日本の歴史書の双璧と認識する。

　回天詩史の記述は君臣論が中心であるが、同書を読んだ青年期の渋沢には君と呼べる人物が存在しなかった。渋沢が君に仕えるのは、京都での隠遁を経て一橋家に仕官し一橋慶喜に出会ってからである。

　君臣関係が成立するのは、君である人物が高潔な人格を有しかつ臣が君を

尊崇している場合である。慶喜と渋沢はまさにこの関係にあった。そうでない場合は形式的に君臣関係が存在しても、信頼関係に基づいた実質的な君臣関係を成立させることは困難である。

　仕える君が存在しなかった時期の渋沢にとって、君と仰ぐ唯一の存在は天皇であった。その時点で渋沢が懐いていたのは漠然とした観念論的な尊皇思想であった。七言古詩の形式に則った情緒的な回天詩史で述べられる君臣論が若き渋沢の尊皇思想に影響を及ぼした可能性は高い。

1－2　『常陸帯』に見る尊皇思想

　東湖は常陸帯の第13章「朝廷を尊び幕府を敬ひ給ふ事」において尊皇思想について述べる。東湖は天祖たる天照大神から尊皇思想を説き起こすのではなく、忠孝に基づいて朝廷と幕府を尊崇すべきことを強調する。

　東湖は「幕府を敬ひ給ふは孝を東照宮に竭し給ふ所以、天朝を尊び給ふは忠を天祖に竭し給ふ所以なり」と述べ、皇室に対しては「忠」、幕府に対しては「孝」をもって接すべきことを強調する。徳川幕府に対して忠義を求めるのではなく、孝をもって尊崇すべきことを述べている点に、幕末における幕府の存立基盤に不安を抱く東湖の心情が表れている。

　戦国時代においては、領土という限られたパイを取り合う中で、武功のあった部下に対する褒賞が君主に対する忠義の対価となっていた。しかし、幕藩体制が確立し、武功への褒賞によって忠義が保たれる構造が消滅した時点で、忠義を支えるのは幕府の厳格な統制と対価を求めない孝となった。

　長い泰平の時代は、「幕府の統治力vs.各藩の力」というバランスの上に成り立っていた。幕府の力が強大であった時期は統制に対する忠誠度合いが忠義のメルクマールとなった。そして、幕府に対する諸藩の忠義心は御用学問である朱子学によって補強された。

　幕末となってこのバランスが崩れると、不満を抱いていた各藩は親藩や一部の譜代大名を除き、雄藩が中核となって倒幕に動くのは自然の成り行きであった。各藩の力は経済力と武力からなり、その両方を蓄えた雄藩が維新の中核となって活躍した。

　東湖はこの歴史的必然性を予見していたのであろう、徳川幕府と各藩の関

第Ⅰ編　藤田東湖と渋沢思想

係を血のつながった父子間の孝になぞらえ、両者の運命的な結びつきの重要性を強調した。

　孝による結びつきを強調した不可思議な主張を正当化するため、東湖は些末と思われるレベルまで家康の事績を強調した。常陸帯における東湖の主張から感じ取られる違和感が、東湖の先見性に由来すると考えれば、その意図については理解が可能である。

　このように、「朝廷を尊び幕府を敬ひ給ふ事」と題した第13章において、そのタイトルとは裏腹に、東湖は尊皇思想については多くを語ることなく、徳川幕府に対して尊崇の念を有することの重要性を強調した。

1－3　『弘道館記述義』に見る尊皇思想

　『弘道館記述義』における東湖の主張は、「天祖である天照大神が上下および内外の分に君臨するがゆえに、尊皇攘夷は志士仁人が忠義を尽くし国に報いるべき大義である」というものである。「皇室を頂点とする臣下の分」（尊皇思想）、「日本を頂点とする他国の分」（攘夷思想）に応じて規律を正すべき大義が尊皇攘夷思想ということになる。

　つまり、皇室を頂点とする国内の上下の分をわきまえるべきとするのが「尊皇思想」であり、日本を頂点とする対外関係において他国がわきまえるべき分を示すのが「攘夷思想」であるというのが東湖の主張である。

　東湖が展開する論理は巧みである。尊皇思想に基づく「国内における上下の分」という考えは、皇室を天孫と位置づけることによって根拠が与えられる。一方、攘夷思想における「対外関係における他国の分」も、天照大神を「上下および内外の分に君臨する存在」と位置づけることによって恒久的かつ不変の概念となる。

　東湖は、天孫たる皇室の存在と名分論の拡大解釈によって、尊皇思想および攘夷思想ともに志士仁人が恒久的な真理として遵守すべき「尽忠報国の大義」と位置づけた。

　東湖の言い回しも巧みである。「仁厚勇武の姿を以て尊攘に従事すれば」という記述の趣旨は、読者が仁厚と認識する行為を、勇武をもって実践すれば、その行為は讃嘆に値するということである。つまり、自分が起こそうと

する行為が仁厚であるか否かを東湖は読者の判断に任せているのである。言い換えると、読者の判断について東湖には責任がない。

血気にはやる若い志士がこの文章を読めば、自らの判断で仁厚に値すると判断したことを、勇武をもって果敢に実践することは尊皇攘夷思想にかなうことになる。しかも、その判断と行動の是非は読者に帰するのである。

青年時代の渋沢は尊皇攘夷思想を達成すべき「道」と認識し、「たとえ一命を棄てて死んでも、あえて意に介せず」と考えていた。渋沢が尊皇攘夷思想を道と信じて実践しようとしたのが横浜焼き討ちであった。

弘道館記述義と渋沢の回顧談を比較すると、(1)尊皇攘夷思想を道と信じていた点について弘道館記述義の記述内容と渋沢の回顧談は合致していること、(2)道にしたがって実践する自分の姿を「仁厚勇武の姿」と二重写しにしたことは、渋沢の判断によること、(3)仁厚勇武によって実践するにあたっての心理的動因の一端は論語の里仁第四第8章の「朝聞道。夕死可矣」という孔子の言葉に拠っていたことという3点が明らかとなる。

これらの考察結果をもとに弘道館記述義が渋沢思想に与えた影響を考えると、渋沢が尊皇攘夷思想を抱くにあたって影響を与えたのは弘道館記述義だけではないが、少なくとも同書がその一端を担ったであろうことは事実と考えられる。

また、渋沢が横浜焼き討ちを計画するにあたって、心理的動因の一端を担ったのは論語の里仁第四第8章であるが、天照大神と名分論による説得的かつ煽情的な東湖の一文は少なからず渋沢の心情に影響を及ぼしたと考えられる。

老年期の渋沢は、尊皇攘夷思想を古代中国の歴史との比較において捉え、尊皇思想と攘夷思想について青年期とは異なる視点から独自の認識を示す。

渋沢は、尊皇攘夷思想は日本に固有の思想ではなく、周の春秋、桓・文二公の古代中国にも同思想は存在したと述べる。尊皇思想は一貫して日本の根幹にあるものの、攘夷思想については、幕藩体制下において国家を守護する思想として機能し、維新期においては開国論に転化して幕藩体制を崩壊させるという二面性をもった思想である。

周の尊皇思想が日本と同じく国家の根幹を形成する思想として機能したと

するならば、周は現代に至るまで中国唯一の国家として存続していたはずである。

しかし、そうならなかった理由としては、日本が皇室を万世一系として尊崇し続けたのに対して、中国は王位を禅譲することによって、男系男子による一貫した血脈のつながりを重視しなかったことがあげられる。

尊皇思想は日本独自の思想ではないが、血のつながりを絶対として皇室の永続的な継承を守り続けたことが、万世一系の国家存続を可能にしたと渋沢は考えた。

第2節　藤田東湖の攘夷思想と渋沢栄一

2－1　『回天詩史』に見る攘夷思想

七言古詩の形式で書かれた『回天詩史』は、漢詩に造詣が深い渋沢に対して心情的に訴えかける力を有していた。東湖が信奉する攘夷思想は父の幽谷から受け継いだ思想であり、その根底は、(1)徳川幕府に対する「忠義」、(2)父子間の「孝」、(3)武士道に基づく「犠牲的精神」によって支えられていた。

このことは回天詩史で東湖が語る「三決死」（三たび死を決して而も死せず）のエピソードで描かれている。この記述は、東湖が死罪に問われることを恐れず父幽谷の命に従い、水戸徳川家に対する忠義に基づいて思想信条を貫いたきさつを述べたものである。

このエピソードでは異人が漂着した際に東湖が死を覚悟した事例が記述されている。これは1824（文政7）年、現在の北茨城市にある大津港に漂着した異人を殺傷せよという父幽谷の命に対して、東湖がしたがおうとして未遂に終わったという事件である。このエピソードからは以下の点が東湖の内面に潜む特徴として考察される。

(1)死を賭してでも外夷を排斥しようという鞏固な「攘夷思想」。
(2)父の命にしたがう「孝の強さ」と「父子関係の堅固さ」。

(3)水戸藩上層部の放還方針に対してわが身を顧みることなく諌言しようとする「犠牲的精神」。

　回天詩史で述べられる攘夷思想は、父幽谷から東湖に引き継がれた思想であり、その根底には命をも顧みない「犠牲的精神」と父の命令に従う「孝」が存在した。

　渋沢は農民としての名分を果たす謹厳な父渋沢市郎右衛門元助を尊敬する一方、武家にしか見られない孝による父子の絆に憧れを抱いた。

　血洗島村という内陸にあって、海岸に出没する外国船の脅威を実感する機会を持たなかった渋沢にとって、回天詩史で描かれる攘夷思想は情緒的な感動をともなって心に響いたと考えられる。

2－2　『常陸帯』に見る攘夷思想

　『常陸帯』に記述されている東湖の攘夷思想は、斉昭の考えと周波数が一致して共振現象を起こしているかのようである。東湖は西欧性悪説に基づき、(1)思想的侵略への対処、(2)国防の歴史の2点から徳川幕府の鎖国政策に合理性を認めている。東湖は当時日本が直面していた西欧からの侵略の脅威を、「精神的な頽廃をもたらすことによる内面からの侵略」と、「強大な軍事力に任せた力による侵略」の2つに分けて認識する。

　斉昭、東湖ともに、日本の安寧が保たれてきたのは鎖国政策の賜物であると考えていた。幕末の日本は鎖国政策によって巡航速度で安全運転してきた幕藩政治の終末期において、数百年に一度の割合で起こる外夷の脅威にさらされていた。

　日本の歴史における二度の元寇は、規模や火器の性能において侵入者が圧倒していたが、戦力の格差は戦略や戦術、あるいは地の利などによって克服が可能であった。しかし、幕末に日本に脅威を与えた外国勢力の火器は産業革命を経て開発された重火器であり、「戦略」、「戦術」、「地の利」によって劣位を克服することできるレベルではなかった。この点に対して斉昭、東湖ともに危機感を抱いていた。

　その一方、東湖は鎖国政策の行く末について、3つにケースを分けて最

適解を探っていた。3つのケースは以下の通りである。

第一説：外国人との交易、入国ともに許可しない「鎖国原理主義的方針」。
　　　　（クローズドシステムの堅持）
第二説：交易を含む外国との交流を通して富国強兵を達成し、他国を従属させる方針。（オープンシステムへの転換）
第三節：一旦は交易を手段として用いるが最終的には鎖国する方針。（オープンシステムから順次クローズドシステムへ）

　管見によると、東湖の真意は第二説の交易を含む外国との交流を通して富国強兵を達成し、他国を従属させる方針であったと推察される。しかし、実際に選択したのは第一説の鎖国原理主義的方針であった。
　鎖国方針を貫く斉昭との「思想的共振関係」については、忌憚なく自説を主張する東湖をもってしても抗いがたく、東湖の真意は斉昭の堅固な攘夷思想に圧倒された。
　海外事情に疎い青年期の渋沢は、常陸帯を耽読して鎖国原理主義を純粋に受け入れ、横浜に居住する外夷を排除すべく横浜焼き討ちを計画するに至ったと考えられる。

2－3　『弘道館記述義』に見る攘夷思想

　『弘道館記述義』に記述されている東湖の攘夷思想は、尊皇思想と同じく日本の成り立ちに根拠を有する思想である。青年期の渋沢は尊皇攘夷思想を達成すべき「道」と認識し、「たとえ一命を棄てて死んでも、あえて意に介せず」と考えていた。
　東湖が述べる「仁厚勇武の姿」は若い渋沢の心を捉えるとともに、論語の里仁第四第8章の「子曰。朝聞道。夕死可矣」（子曰く、朝に道を聞けば、夕べに死すとも可なり）という孔子の言葉は、渋沢が政治的行動を起こす心理的動因となった。つまり、青年期の渋沢は東湖の尊皇攘夷思想と論語に影響を受けた可能性が認められる。
　しかし、渋沢は滞仏経験によって攘夷論者から開国論者に転じて尊皇開国

論者となり、維新後は海外を含めた大きな舞台で企業家、社会事業家として活躍した。

　渋沢は攘夷思想について、「同じ標語を使用して、興廃その作用を異にす」と述べるが、「興」は天皇を頂点にいただく立憲君主制であり、「廃」は幕藩体制考えられる。攘夷思想と表裏をなす開国主義はごく自然に尊皇思想と合体し、尊皇開国主義として維新後の日本を支える中核思想となった。

　渋沢が攘夷思想から開国思想に転換したのは滞仏経験後である。滞仏時に渋沢が接した西欧の近代社会は、当時の日本とは全く異なる世界であった。渋沢は先進技術を積極的に学んで導入することにより、日本を西欧と肩を並べる近代国家に生まれ変わらせることができると確信した。

第3節　藤田東湖の武士道精神と渋沢栄一

3－1　『回天詩史』に見る武士道精神

　『回天詩史』では三決死のエピソードを通して、攘夷思想を貫くために発揮された「犠牲的精神」に加えて、「尚武の精神」から武士道を論じる。

　東湖が説く尚武の精神は、過去の歴史において、外夷の殲滅に日本が武力を行使したことを称賛する内容となっている。元寇に打ち勝ったことや、秀吉の朝鮮出兵を肯定的に捉えることなどがその例である。

　東湖の嘆きは、異国が日本への侵略の意図を隠さず挑発してくる現状に対して、幕府が優柔不断な態度をとり続けていることに向けられる。幕府がこのような姿勢をとり続けるのは、太平の世が長く続いたこともあるが、主たる原因は武家の精神の緩みにあると東湖は指摘する。

　尚武の精神の緩みは、(1)仏教による釈迦の柔和忍辱の教えが、妥協を許さない毅然とした尚武の精神を軟弱にしたこと、(2)和歌を良くする者たちが淫靡な風潮を広めたことなどであり、それらの風潮が引き継がれていると東湖は指摘する。つまり、「仏教の教義」と「風雅に流れる軟弱な気風」が尚武の精神の敵というのが東湖の主張である。

しかし、東湖が巧みなのは、「必ずや名を正さんか」という正名論に関わる孔子の言葉を引用して自分の主張の正当性を述べているところである。

 若き渋沢が東湖の主張する正名論をどのように解釈したのかの詳細は不明である。しかし、武士たる者はその名分を正すべきであるという東湖の主張は、(1)武士の本分である弓馬の道たる軍隊統率の道を整えること、(2)五倫（親、義、別、序、信）の教えを明らかにすること、(3)夷狄征伐の制度を整えることの３点に基づいており、武士の本分を全うすべきという点において反論の余地がない正論である。

 武家に憬れ、回天詩史を暗誦するほど愛読していた渋沢にとって、正名論に基づいた東湖の主張に賛同したであろうことは疑いがない。

3-2 『常陸帯』に見る武士道精神

 『常陸帯』において東湖は直接的な表現で武士道精神を語ってはいない。しかし、元寇に対する北条時宗の対応を理想的な武家の振る舞いと称賛する東湖の姿勢には、武士たる者のあるべき姿に対する思想が表れている。

 国防が武士たる者が果すべき本来の役割であるとすれば、東湖が理想とする武士道の一端を北条に対する東湖の評価から推認することが可能である。

 問題となるのは国防に対する東湖の姿勢から渋沢が何を学んだかという点である。農業に携わりつつ常陸帯と真摯に向き合った渋沢といえども、現実感をもって斉昭や東湖が抱いていた認識を理解することは不可能であった。

 渋沢や尾高惇忠には常陸帯の思想を純粋に信じる素地しか与えられていなかった。いわば頭でっかちで一途なインテリ農民であった渋沢らが現実を正確に踏まえることなく、純粋に常陸帯を読み武士道精神に則って知行合一を実践しようと考え、その結果、横浜焼き討ちを計画するに至ったとしても無理からぬ事情が存在した。

3-3 『弘道館記述義』に見る武士道精神

 『弘道館記述義』における東湖の武士道理解は、徳川家康の評価から探ることが可能である。東湖は倫理的な観点から家康を完璧な人格者として描き、武功の詳細については最小限の言及にとどめる。また、朝廷を蔑ろにした事

実には触れていない。

　武家本来の役割は皇室の藩屏として国内秩序を維持し、一朝事あれば身を挺して外夷からの侵略を防ぐことである。したがって、泰平の世を築き終えた幕藩体制下で東湖が武士道を語ることは容易でなかった。

　係る状況下で、武家の統領としての家康を描くにあたって東湖が考えたのが、他の天下人と比較し家康の偉大さを倫理面から強調することであった。東湖が強調した主たる徳目は、家康が統治者として発揮した仁愛であった。

　圧倒的な力と上意下達の縛りによって各藩を統制する中で、権力の頂点にある家康が陰徳を発揮する場面は少なく、東湖が列挙する家康の事績から渋沢が陰徳を学ぶことは困難であった。

　陰徳は渋沢が心がけた重要な徳目であり、企業家や社会事業家として実績を積み上げる中で、渋沢が常に発揮した武士道精神の中核にある徳目である。

　渋沢は弘道館記述義から陰徳を学ぶ機会は少なかったが、家康から十五代後の将軍である徳川慶喜が維新前後に陰徳を実践する姿を目の当たりにすることで、渋沢は陰徳の重要性を学ぶこととなった。

第4節　藤田東湖の論語解釈と渋沢栄一

4－1　『回天詩史』に見る論語解釈

　論語は東湖にとって学ぶべき重要な漢籍ではあるが、それはあくまでも神教の道徳倫理を補完する位置づけであった。しかし、攘夷思想について記述するにあたって、東湖は論語の徳目や思想に含まれる「忠義」、「孝」、「正名論」などに不可避的にふれざるを得なかった。

　東湖にとって攘夷思想は、幕藩体制下で国家安寧を図る「忠義」にもとづくものであった。また、父幽谷の命に従い切腹覚悟で外国人を殺傷することを従容として受け入れたのは、「孝」と「犠牲的精神」のなせるところであった。東湖にとって攘夷は絶対的命題であり、斉昭の考えと共振しかつ増幅して東湖の内面に定着した。東湖が主張する「尚武の精神」は、正名論に根拠

を置いて国を守ることを本分とする武士道に基づく考え方であった。

4－2 『常陸帯』に見る論語解釈

渋沢による正名論の理解内容については、大塩平八郎の乱に対する東湖と渋沢の見解を比較することによって考察が可能となる。大坂町奉行組与力で陽明学者であった大塩の乱は、体制側からすると士民一体となった反乱の引き金となりかねない重大事件であった。

徳川幕府による統治の綻びを示すこの事件には、本来触れたくないのが心情であろうが、東湖は「大名小名俄に、武器を用意ありけるに、我屋形のみ人々既に用意して、旗指物に至る迄備はり、蓑笠をもてる者の雨を恐れざるが如き心地しければ」と述べて、乱をきっかけにした反藩幕府勢力の台頭がなかったことを強調する。

東湖が大塩平八郎の乱について事実関係を中心に述べたのに対して、渋沢は大塩の乱を不義として名分論の観点から大塩を批判する。

渋沢が大塩を非難するのは、既存秩序の枠組みにおいて、秩序を守り支えるべき人物が、自ら階級的秩序を破壊し社会を混乱させる行動をとったことに対してである。渋沢が名分論を重視していたことを前提にすると、大塩が名分を守らず階級的秩序を破壊する行動を渋沢が非難したことは理解できる。渋沢は大塩の行動を名分論に反する無分別な暴走と判断したのである。

さらに、渋沢は命を賭して大塩の非を諫めた宇津木矩之丞を称賛する。渋沢は宇津木を「不義を見て為さざるの勇のあつた人といふべき」人物とし、著書の『実験論語処世談』で後進にその徳を伝えている。

このように、渋沢が名分を重視する姿勢は堅固である。この姿勢は論語のみでなく藤田幽谷の『正名論』からも影響を受けていたと考えられる。

4－3 『弘道館記述義』に見る論語解釈

東湖が弘道館記述義で語った道徳倫理の徳目は主として「五倫」と「忠孝」である。東湖は五倫間に軽重をつけて、「君臣間の忠」と「父子間の孝」を最重要とし、かつ両者は一つであると述べる。名分を重視し身分制度を安定的に維持する統治者の発想からすると、君父の倫理を重視する忠孝は重要で

あり、東湖の主張は係る観点からは合理的である。

東湖が五倫のうち君臣と父子に関係する忠孝を最重要の徳目とするのに対して、渋沢は一国を国家・組織・家族からなるマトリョーシカ人形のイメージでとらえる。

日本という「国家」を支えるのは様々な機能を有する「組織」であり、組織で働く人々は最小単位の人の集まりである「家族」に属するというのが渋沢の考えである。このマトリョーシカを構成する要素のいずれもが重要であり、どの要素が崩壊しても国家は成り立たない。

家族関係は父子・夫婦・長幼によって秩序づけられ、それぞれに親・別・序という徳目が対応する。子が親に親しむ「孝」、夫婦がそれぞれの役割を果たす「別」、兄弟間の「序」が正常に機能することが必要である。組織においては上席と部下の間には「序」が働き、組織内外では「信」が不可欠となる。

さらに組織、家族ともに天皇を頂点にいただく国家のために、公利公益を念頭に国家への忠義にしたがって活動すべきというのが渋沢の国家観であり五倫実践のあり方である。

国家・組織・家族の間に軽重の別はなく、五倫がそれぞれに機能すべきと考えれば、渋沢の考え方から五倫間の軽重は生じない。

このように比較すると、東湖は五倫間に軽重を付して認識したのに対して、渋沢は国家の成り立ちを階層別に捉え、かつ全体が機能するためには五倫は等しく重要と認識するというのが、両者の五輪に対する認識の相違点である。

まとめ

まとめでは、1．尊皇思想、2．攘夷思想、3．武士道、4．論語の4つの切り口から考察した、『回天詩史』、『常陸帯』、『弘道館記述義』の3著作に共通する東湖の考え方を整理し、渋沢思想に与えた影響を考察する。4つの切り口については以下の観点から考察を加える。

第Ⅰ編　藤田東湖と渋沢思想

　1．尊皇思想：渋沢の国臣意識の淵源。
　2．攘夷思想：開国思想に転化したプロセス。
　3．武　士　道：渋沢の陰徳に与えた影響。
　4．論　　　語：渋沢の論語解釈および名分論に与えた影響。

1．尊皇思想

　東湖は2通りの論理を用いて尊皇思想を説く。論理1は、「天祖である天照大神が上下および内外の分に君臨するがゆえに、尊皇攘夷は志士仁人が忠義を尽くし国に報いるべき大義である」という、尊皇思想、攘夷思想ともに天照大神から与えられた分に由来するという論理であり、論理2は忠孝に基づく論理である。論理1と論理2の内容は以下の通りである。

【論理1】
　⑴皇室を頂点とする国内において上下の分をわきまえるべきとするのが「尊皇思想」である。
　⑵日本を頂点とする対外関係において他国がわきまえるべき分を示すのが「攘夷思想」である。
　⑶「尊皇思想」、「攘夷思想」ともに天祖である天照大神が「上下および内外の分」に君臨するがゆえに恒久的な真理として遵守すべき思想である。したがって、「尊皇攘夷思想」は尽忠・報国の大義である。

【論理2】
　論理2は「忠孝」に基づいて朝廷と幕府を尊崇すべきとする論理である。東湖は皇室に対しては「忠」、幕府に対しては「孝」をもって接すべきことを強調する。尊皇思想は君である天皇を、臣下である国民が尊崇する究極の君臣関係であり、それを支えるのが「忠」という徳目であるというのが論理2による東湖の説明である。

　管見によると、皇室に対する尊崇が忠義心によって支えられていることは自明であり、皇室への忠義の淵源がいかなるところに存するのかを説明しな

ければ論理2は説得的でない。

　論理2による尊皇思想の説明は、「皇室は尊崇すべきである⇒尊崇心は忠義心による⇒忠義心の前提は皇室を尊崇する心から生じる⇒それゆえ皇室は尊崇すべきである」という循環論法に陥っている。

　東湖の3著作を通覧して尊皇思想に関する論理を考察すると、青年期の渋沢が影響を受けたと考えられるのは、東湖が『弘道館記述義』で展開した論理1と考えられる。

　なぜなら、東湖は尊皇思想のみならず攘夷思想の淵源についても天祖である天照大神が上下および内外の分に君臨することに根拠を示し、さらに志士仁人が仁厚勇武をもって尊攘に従事すれば、その行為は讃嘆に値するという論理的かつ煽情的な表現で記述されているからである。

　農民志士を自認していた渋沢が、東湖が展開した論理1に影響されたと考えることには合理性がある。しかし、青年期の渋沢が抱いた尊皇思想が、後年「国臣意識」として発展的に展開される萌芽を含んでいたことを3著作の記述から判断することは困難である。

2．攘夷思想

　東湖の攘夷思想は上述の「論理1」と「エピソード」の以下の2点から記述される。

(1)尊皇攘夷思想は上下および内外の分に君臨する上述の論理1に基盤を置く説明。
(2)「三決死」（三たび死を決して而も死せず）の一つとして東湖が語った、死罪をも恐れず父幽谷の命に従い大津港に漂着した異人を殺傷しようとして未遂に終わったエピソード。

　論理1による説明は論理的かつ煽情的な記述によって農民志士を自認する渋沢が影響を受けたことが推認される。一方、東湖は三決死のエピソードを通して以下の点を強調した。

(1)死を賭してでも外夷を排斥しようという鞏固な「攘夷思想」。
(2)父の命にしたがう東湖の「孝の強さ」と「父子関係の堅固さ」。
(3)水戸藩上層部の放還方針に対してわが身を顧みることなく諫言をしようとする「犠牲的精神」。

　東湖による「孝」と「武士道」を交えた美談は、憂国の士である渋沢に感動を与えたと考えられる。このエピソードは渋沢が暗誦するまでに耽読した回天詩史に描かれている。青年期の渋沢が抱いていた強固な攘夷思想は、尾高惇忠らと計画した横浜焼き討ちの理論的根拠となった。
　検討すべき点は、これほど強固な攘夷論者であった渋沢がどのような経緯で開国思想に転じたのかという点である。管見によると以下の理由が考えられる。

(1)未遂に終わった横浜焼き討ち計画を振り返ることによって、天皇親政実現の先兵になるという理想が現実離れしていることを認識したこと。
(2)理念と知識先行で視野狭窄に陥っていた渋沢が、「京都隠棲⇒一橋家仕官⇒幕臣⇒滞仏経験」を通して現実に直面することによって大局的な観点から政治情勢を判断できるようになったこと。
(3)滞仏時に接した欧米の先進科学を積極的に取り入れる精神的、能力的な素地が青年期に涵養されていたこと。

　渋沢が夢見がちな理想主義者から、現実を正確に認識して行動する現実主義者に変身したのは、横浜焼き討ち計画の失敗を契機に、個人的経験および社会的な環境変化を前向きに捉えたからと考えられる。

3．武士道

　農民志士を自認していた青年期の渋沢にとって、武士道は学ぶべき最重要の思想であった。東湖は三決死のエピソードで語られる藤田父子の「孝の強さ」、「父子関係の堅固さ」、「犠牲的精神」などの武士道を構成する要素を記述した。

渋沢は、日本が侵略の危機に瀕した元寇や、秀吉の朝鮮出兵を取り上げ、幕末において「尚武の精神」が頽廃の危機にあることを述べ武士道精神の重要性を強調した。

東湖の懸念は、西欧諸国が日本への侵略の意図を隠さず挑発してくる現状に対して、幕府が優柔不断な態度をとり続けていることに向けられた。東湖はその主たる原因が武家精神の緩みにあると指摘する。

東湖の武士道に関する記述は、渋沢をして武士道の究極の意義を考えさせるというよりは、むしろ、外国からの侵略に直面している現状に対する危機意識を高めることに作用したと考えられる。攘夷思想によって裏づけられた渋沢らの危機意識は横浜焼き討ち計画というテロ計画につながっていく。

東湖の武士道についての考え方が、渋沢思想に及ぼした影響を考察する本来の目的は、武士道の中核概念の一つである「陰徳」の萌芽が青年期の渋沢思想に認められるか否かを確認することである。なぜなら、渋沢は企業家、社会事業家として自らの功を誇ることなく、常に陰徳をもって利他を図り活動し続けたからである。

陰徳は武士道が重視する重要な徳目であり、東湖が展開する武士道精神から、若き渋沢がそのエッセンスを修得した可能性は皆無ではない。しかし、3著作の記述から具体的にその片鱗を見出すことは不可能である。

4．論語

若年期から漢籍に親しんだ渋沢が、論語から多大な影響を受けたことは明白である。検討すべき課題は、(1)東湖と渋沢の論語解釈の比較により思想的影響を探ること、(2)論語の正名思想に発する渋沢の名分論の淵源を確認することの2点である。

東湖が3著作で強調する徳目は五倫のうち、君父の倫理を重視する「忠孝」であり、東湖は五倫を構成する諸徳目の間に軽重をつけて認識した。

それに対して、渋沢は一国を「国家・組織・家族」からなるマトリョーシカ人形のイメージでとらえ、日本という「国家」を支えるのは様々な機能を有する「組織」であり、組織で働く人々は最小単位の人の集まりである「家族」に属すると考えた。このマトリョーシカを構成する要素のいずれもが重

要であり、どの要素が崩壊しても国家は成り立たないというのが渋沢の考えである。

東湖の記述には、幕藩体制を維持する立場からの偏向的解釈ともいえる忠孝重視の論語解釈が見られるのに対して、渋沢の論語解釈は五倫を構成する徳目について、一国全体を視野に置いて解釈している点に特徴がある。したがって、論語の徳目の解釈に関しては東湖の影響は確認できない。

名分を尊重する渋沢の姿勢が論語の正名思想からの影響によるのか、藤田幽谷の正名思想を受け継いだ東湖の思想の影響によるのかを確認することは困難である。この点については、渋沢の論語解釈と藤田幽谷の『正名論』を別途検討する。

第Ⅱ編
会沢正志斎と渋沢思想

第6章

会沢正志斎『新論』と渋沢思想(1)
―国体(上)に探る渋沢思想の淵源―

はじめに

　本章の目的は、国体(上)に記述されている会沢正志斎(以下「正志斎」)の思想が、渋沢栄一(以下「渋沢」)の思想にどのような影響を及ぼしたのかを明らかにすることである。国体(上)で示される日本の成り立ちに関する正志斎の思想を整理し、渋沢の言動と比較検討する。

　アプローチ方法としては、渋沢が影響を受けたと考えられるポイントをあらかじめ特定し、その点に焦点を絞って検討を加える。具体的には筆者の解釈に加えて水戸学研究者の意見を参考にして正志斎の主張を確認する。部分的に新論と同趣旨の主張が記述されている『迪彝篇』については、正志斎の主張を確認するための資料として用いる。

　新論は、国体(上・中・下)、形勢、虜情、守禦、長計の7篇で構成される。国体(上・中・下)には渋沢の国家観に影響を及ぼしたと考えられる記述が含まれている。形勢は世界情勢、虜情は西欧からの危機と実情について語られ、守禦は兵備強化のための施策、長計は新論全体のまとめと長期的な観点から日本がとるべき政策について記述されている。

　新論は第8代藩主である徳川斉脩への進言を目的として書かれたが、斉脩が内容の過激さを懸念し、長く刊行されなかった経緯がある。

　朱子学に影響を受けた正志斎は、漢籍を引用して説得的に読者を行動へと駆り立てる構成で新論を著述したため、漢籍に詳しい憂国志士たちにとっては煽情的な禁断の書であった。しかし、農民でありながら憂国の志士を自認していた青年期の渋沢にとって、新論はその趣旨を曲解すると諸刃の剣となりかねない著作であったといえる。

第Ⅱ編　会沢正志斎と渋沢思想

第Ⅰ部 国体（上）の内容検討

第1節　天の認識

　新論は五論七篇で構成され、国体に関する正志斎の記述は上・中・下3つの部分に分かれている。国体（上）から国体（下）は、それぞれが「形勢」、「虜情」、「守禦」、「長計」と同等の重みを有する「篇」であると考え、新論が全7篇で構成されるとして検討を進める。

　渋沢の国家観はその「国臣意識」に帰着すると筆者は考える。その根底には青年期までに身につけた国家観が存在する。渋沢が青年期に耽読した水戸学の書籍で、国家について最も体系的に述べられているのが、「国体（上・中・下）の3篇を含む会沢正志斎の『新論』と考えられる。

　本章は第Ⅰ部と第Ⅱ部の2部構成とする。第Ⅰ部では国体（上）で示される主要な思想や概念を検討し、第Ⅱ部では第Ⅰ部で抽出した内容に沿って渋沢思想に検討を加える。具体的には、正志斎の国体論を中心にその国家観と背景にある思想を明らかにしたうえで渋沢の国家観と比較検討する。

　渋沢の国臣意識の淵源を探るためには、日本の成立に対する認識を探ることが重要である。国体（上）には日本の成立と存続に関する正志斎の考えが体系的に記述されている。正志斎の国体思想は以下の項目ごとに検討する。

　1．国の成立
　(1)日本の創始者
　(2)創始者に対する姿勢
　(3)日本の地理的・形態的特質
　(4)日本の創始者と皇室のつながり

　2．国の存続
　(1)万世一系の必然性（禅譲と放伐に対する認識）
　(2)朝廷と幕府の関係

第 6 章　会沢正志斎『新論』と渋沢思想(1)

　(3)忠孝に対する考え方
　(4)環境変化と身の振り方

『新論』における国体の解釈
　筆者は渋沢の業績を語るうえで、渋沢が抱いた「国臣意識」が重要な意味を有すると考える。この国臣意識は渋沢の国家観に根差したものであり、その中核には尊皇思想が存在する。渋沢の尊皇思想は、青年期に学んだ水戸学に影響されて成立したと考えられる。
　渋沢が影響を受けた主な水戸学者は藤田幽谷・東湖父子と会沢正志斎である。渋沢が耽読したことが明らかな著作は、『弘道館記述義』、『回天詩史』、『常陸帯』、『新論』などであり、これらの著作のうち国体という言葉を用いて国家観が体系的に記述されているのが正志斎の新論である。
　正志斎の国家観は多くの概念を駆使して展開されており、個々の概念の理解内容も読者の捉え方によって異なる。したがって、正志斎が意図した真意については、より根源にある「天の認識」まで遡って検討することが不可欠となる。そのうえで、渋沢の「天の認識」と比較検討し両者の考え方の異同を明らかにする。
　正志斎の真意を探るにあたっては、複数の水戸学研究者の分析結果を検討して結論を導き出す。その検討結果を渋沢の著作や回顧録に表れる天をはじめとする概念と正志斎の主張を比較検討する。
　正志斎には新論の他にも多くの著作がある。このうち新論を補完する代表的な著作として『迪彝篇』がある。同書は1843（天保14）年、水戸藩の郷校であった時雍館蔵版として刊行されている。新論がその内容の過激さゆえに刊行が1857（安政4）年となったのと比較すると、迪彝篇は新論より14年も前に世に出されている。この点を勘案すると、迪彝篇が新論よりも早く渋沢の眼にとまり影響を及ぼした可能性が考えられる。
　係る経緯を勘案し、新論による正志斎の主張を補完する内容については、迪彝篇の記述を参考に用いる。このような作業を通して正志斎と渋沢の国家観の間に共通点が見出せれば、新論が渋沢の国家観に与えた影響度に接近することができる。比較すべきポイントは、正志斎が新論で展開した論理を支

第Ⅱ編　会沢正志斎と渋沢思想

える概念のうち、渋沢が諸著作で展開した国家観に関係する概念から抽出する。具体的には以下の通りである。

(1) 国の成り立ちの基盤となる「天」の認識。
(2) 天照大神の認識。
(3) 鬼神についての考え方。
(4) 天から受け継いだ徳目に対する認識。
(5) 天照大神と皇室の関係。
(6) 万世一系の必然性（禅譲と放伐、易姓革命についての認識）。
(7) 朝廷と幕府の関係。
(8) 邪説の害について。

1－1　天と天照大神

　正志斎は新論の冒頭で、「謹んで按ずるに、神州は太陽の出づる所、元気の始まる所にして、天日之嗣、世宸極を御し、終古易らず。固より大地の元首にして、万国の綱紀なり。誠によろしく宇内に照臨し、皇化の曁ぶ所、遠邇あることなかるべし。しかるに今、西荒の蛮夷、脛足の賎を以て、四海に奔走し、諸国を蹂躙し、眇視跛履、敢へて上国を凌駕せんと欲す。何ぞそれ驕れるや（地の天中に在るや、渾然として端なく、よろしく方隅なきがごとくなるべきなり。然れどもおよそ物は、自然の形体ありて存せざるはなし。而して神州はその首に居る、故に幅員甚しくは広大ならざれども、その万方に君臨する所以のものは、未だ嘗て一たびも姓を易へ位を革めざればなり。……）」と述べる。(1)

　正志斎の主張を橋川文三氏の現代語訳を参考に要約すると以下の通りとなる。(2)

(1) 神国日本は太陽の昇るところであり、万物の根源を成す一元の気が始まる所である。
(2) 日本は日神の血統を受け継ぐ天皇が永久に変わらず皇位につく国である。
(3) もともと日本は世界の頭首であり、全て世界の国を遠近にかかわらず統

第6章　会沢正志斎『新論』と渋沢思想(1)

　括するので当然にして世界に君臨する。
(4)しかるに、世界の末端に位置する西欧の蛮族が四海をめぐって諸国を蹂躙し、おのれの力を顧みず尊い日本を凌駕しようとしている。
(5)大地が天空に存在する状態は、渾然とした円のようなもので四方の隅はないはずである。しかし、全てのものは自然の形体があって存在している。神国日本はその頭部にあたる。面積は広大ではないが四方に君臨する理由は未だかつて易姓革命がないからである。

　正志斎は日本の成り立ちを多方面から記述する。正志斎がまず強調したのは、日本が乾元・坤元の2つからなる万物の根源を成す「一元の気」が始まる地であるという点である。
　現代では気功など目に見えない精神的なエネルギーの存在を信じる人とそうでない人に分かれる。幕末期に蘭学を修め科学的発想に偏重していた人びとは別として、科学的発想が乏しく、もっぱら精神的な鍛練の重要性を教え込まれた武士たちが気の存在を肯定的に捉えていた可能性は高い。
　特に洋学に対する拒否反応が強い水戸藩士をはじめとする尊皇攘夷思想の持主は、正志斎が冒頭で強調した気の根源たる日本の特質を受け入れたと考えられる。
　正志斎は、極東に位置する日本の地理的な特徴を長所として強調する。日本は他国にさきがけて最初に日が昇る国であるという点は事実として明確である。これにより、日神たる天照大神から続く皇統が、地理的な特質によって根拠を与えられ、日本の頂点に存在するという論理が説得力を有することになる。
　正志斎は続いて、「一元の気」によって万物の根源にあり、「日神から連綿と続く皇室」を頂点に仰いで成り立つ日本が世界の頭首であるという論理を展開する。
　正志斎はまず自分の宇宙観を示す。天を宇宙とすればその下に存在する地はそもそも混沌たる形のないものであるが、時間が経過して人の集まりである国が形成されると、混沌とした中にもそれぞれの国が形あるものとして現れるというのが、地球の生成期から現在にいたる正志斎の宇宙観である。

第Ⅱ編　会沢正志斎と渋沢思想

　そのような地球の歴史において、形あるものとして現れた日本は人間生活において重要な太陽の恩恵にどの国よりも早く浴するという点から、人体にたとえた頭に相当すると正志斎は述べる。これにより日本は世界の頭首であるという論理を正志斎は展開する。
　新論の読者は、(1)一元の気の存在、(2)日本の地理的な特質に由来する日神、(3)日神たる天照大神から続く皇室、(4)正志斎の宇宙観の 4 点について納得すれば、新論で展開される正志斎の論旨を抵抗なく受け入れることとなる。
　日神から続く皇統は男系男子によって連綿と引き継がれてきたことは歴史的事実であり、否定することは困難である。そしてそれを証明するのは、日本では未だかつて易姓革命が発生しなかったという事実である。
　皇室を頂点にいただく日本は、武士が中心となって守るべきであるという論旨を展開した正志斎は、当時の世界情勢に論及して危機感を煽る。正志斎は世界の頭首たる日本に対して西荒の蛮夷たる西欧が、最新の武器と蛮族の宗教であるキリスト教をもって日本を内外両面から蹂躙しようと迫っていると述べる。世界の頭首たる日本の地位は徒手空拳で安穏としていては到底維持することができないことが強調される。
　このように、正志斎は新論冒頭の文章によって、読者を自分のフィールドに引き込んだうえで危機感と愛国心を抱かせ、かつ西欧に対する敵愾心を煽ることに注力する。桐原健真氏は新論の冒頭部分について以下のように分析する。
　　　　　　　　　　(3)

　「『神州は太陽の出づる所、元気の始まる所』（『序』）ということばで始まる『新論』は、『神州』の神聖性を、『自然の形体』─日本が大地の東端（極東）に位置するという地理学上の客観的事実─から解き明かすことから出発する。すなわち会沢はこの日本を、神話的には『天日』（天照大神）の恵みが『天胤』（天皇）のもとに豊かに与えられた国として、また儒学とりわけ易経解釈的には『帝』が現れ、『（木火土金水）五行においては木』の性質を有する地域として描き出すことで、『神州』がまさに『号して瑞穂の国と称する』（『国体下』）にふさわしい約束の地であることを、その開巻において弁証したのである。」

第6章　会沢正志斎『新論』と渋沢思想(1)

桐原氏は正志斎が日本の成り立ちを、(1)地理的特質、(2)神話的特質、(3)儒学的特質の3点から分析し、日本が「約束の地」であることを論証したと述べる。

イスラエルがユダヤ人にとっての約束の地であるのと同様、日本が日本人にとっての約束の地であるためには、日本が神によって日本人に与えられたことを論証する必要がある。天照大神以前の日本神話には、すでに存在する地を神が与えるのではなく、神自身が日本を創る「国生み神話」が存在するが、正志斎は日本の天地開闢について詳しくは言及しない。

ユダヤ人にとってのカナンが肥沃な約束の地であるのと同じく、日本人にとっての日本は太陽が最初に昇る緑豊かな約束の地である。新論冒頭の記述には日本という豊かな国を与えられた日本人は選ばれた民族であるという一種の選民思想が存在する。

「天」ついての正志斎の認識

正志斎は「天」がいかなるもので、いかにして生成されたのかという点については述べていない。正志斎は天が存在するものとして自説を展開し、「天」と対をなすものとして「地」を規定する。この点について正志斎は以下のように述べる(4)。

「夫れ天地の剖判し、始めて人民ありしより、天胤、四海に君臨し、一姓歴歴として、未だ嘗て一人も敢へて天位を覦覬するものあらずして、以て今日に至れるは、豈にそれ偶然ならんや。夫れ君臣の義は、天地の大義なり。父子の親は、天下の至恩なり。義の大なるものと、恩の至れるものとは、天地の間に並び立ち、漸漬積塁して、人心に洽浹し、久遠にして変ぜず。これ帝王の天地を経緯し億兆を綱紀する所以の大資なり。」

正志斎の天に関する冒頭の記述は「夫れ天地の剖判し」というように、まず天があってそれから地が分かれるという表現で始まっており、天の始原に関する言及は見られない。正志斎にとって天は先験的に存在するものであり、

265

新論ではそれがいかにして生成されたのかという点については議論の対象外となっている。

　天の始原に関して考え始めると、それはまさに宇宙の始まりに関する議論となり、現代科学でも解明が困難な宇宙物理学の世界に突入するので、正志斎がこの議論を避けたのはむしろ当然といえる。正志斎の天に関する議論は抽象的な天の概念をあらかじめ措定することにより、実証不可能な天の存在を前提に展開される。

　この議論が受け容れられれば、天にあって人間を超越した存在である天照大神を「天祖」とし、地にある皇室を天祖の血筋を受け継ぐ「天孫」とすることにより、霊長類たる人間の祖先に関する科学的な議論を合理的に回避することができる。つまり、人類の始原を問う現代でいうところの古人類学的な疑問を封じ込めることができる。

　このように正志斎は、日本の神話に関する記述を巧みに避ける。そして、人智を超越した天という存在を措定することによって宇宙物理学的な疑問を封じ込め、天にあって天祖たる天照大神と、地にあってそれを承継する天孫たる皇室を対比させることで、古人類学的な疑問を封じ込めることに成功した。

　このようにして、宇宙物理学的、古人類学的な疑問を封じ込めることができれば、皇室を特別な存在として位置づけ、様々な祭祀や神器の意義について天祖たる天照大神との関係から説得的に議論を展開することが可能となる。前者の代表が「大嘗祭」であり後者が「三種の神器」である。

　正志斎は「天」の存在を示す根拠として、天の象徴である太陽が世界の東端にある日本に最初に昇るという疑いようのない事実に基づいて日本の特異性を述べる。これにより、日本神話に現れる数ある神のうちから、日神である天照大神を天祖と位置づける根拠が明確となる。

　正志斎は天と地という2つの世界を上下関係によって設定し、天祖たる天照大神に天孫たる皇室を対応させる。その皇室は男系男子のY遺伝子によって連綿と引き継がれて現代に至る。そしてその事実を眼に見える形で証するのが儀典としての大嘗祭であり、形ある身分証明としての三種の神器である。

　さらに、皇室を中心とする安定的な国家運営を可能にするための倫理規範

第 6 章　会沢正志斎『新論』と渋沢思想(1)

で重要なのが、貴人に対する「忠」と父子間の「孝」であり、かつ忠孝が一体となることであると正志斎は述べる。このように正志斎は天と地との関係から貴人や親との関係性を「忠」と「孝」という徳目に移し替えて、社会秩序の規範を合理的で根拠あるものとして提示する。

　そして、それが実践されてきた事実として、いかなる権力者であろうとも自らが天皇にとって代わろうとした事実がなかったことをあげる。

　このように、正志斎は誰もが否定し得ない事実を根拠にするとともに、科学的観点から議論が尽きない論点については巧みに回避して自説を展開する。さらに、天と地は連結するとしながらも相対化し、超常的な現象は天で発生したものとする一方、地における諸現象からは超常的な要素を排除して説明する。これは、地にあって奇蹟を起こすキリスト教の教義などと大きく異なる点である。

藤田東湖の考え方との比較

　天と皇室の関係について、藤田東湖（以下「東湖」）の考え方と比較することにより、正志斎の考え方の特徴を明らかにする。東湖は『弘道館記述義』において「臣彪謹んで案ずるに、天神地祇の、古史に見え、祀典に列するもの、勝げて数ふべからず。しかも我が公、概するに『神聖』の二字を以てしたまへるは、蓋しまた説あり。請ふ、嘗みに窃かにこれを論ぜん。天地の初め、神聖挺生したまひしは、その先後次序すら、なほ得て詳らかにし難し」と述べる。

　東湖は記紀に現れる天つ神や国つ神の詳細に関しては端倪すべからざるものとする一方、その根拠を明らかにするため、記紀に記載される神々を列挙するという一見矛盾したことを行う。

　東湖は『日本書紀』には始生の神として国常立尊をあげ、相次いで神々が現れて伊弉諾尊、伊弉冊尊に至るまでを「七代」と称すると説明する。東湖は続いて『古事記』に記載されている神々は七代と大同小異ではあるものの、「別天神」と称する者があると指摘する。さらに、天御中主神をもって始生の神とし、高皇産霊神、神皇産霊神などの四神がこれに次ぎ、これを七代の前にあげる。

267

『弘道館記述義』の内容を見るかぎり、東湖は記紀における天つ神に関する記述について誠実に説明しようとする。しかし、天つ神のいずれが天孫たる皇室の始生の神であるかを明らかにしないまま、神武天皇をもって始まる『大日本史』の正統性を強調してこの議論を回避する。東湖はこの点について以下のように述べる。⁽⁷⁾

「伏して惟みるに、赫赫たる神祇は、固より夫の西土の牛首蛇身なる者の比にあらず。且つ皇統の自りて出づるところ、神器の由りて伝はるところは、およそ神州の民、その淵源を詳らかにせざるべからず。然れども、今を以て古を測り、叨りに幽眇を張皇すれば、すなはちその弊、荒唐不経に渉らざるものは殆んど希なり。故に我が義公の史を修むるや、橿原の朝に始り、神代の大要を巻首に掲げて、以て皇統の本づくところを明らかにす。蓋しまた夫の牽強附会の弊を矯めんと欲したまへるなり（世間に流伝するところの『大日本史』紀伝は、頗る脱誤あり。よろしく本藩、刻するところの印本を以て正となすべし。そもそも紀伝は、橿原の朝に始る。然れども神祇・氏族・職官・兵・刑の類、およそ本を太古に原づくものは、ことごとくこれを志類に収むれば、すなはち神代の事実もまた自からその中に見る。尽せりと謂うふべし）。」

「天つ神」と「皇室」の関係について悩みながらも誠実に説明しようとする東湖の姿勢と比較すると、正志斎の合理的思考が際立つ。正志斎は東湖と異なり神話の世界に深入りすることを回避する。正志斎は不誠実なわけではないが、天祖と天孫の関係については、多神教である神道の特質を捉えて理論を構築した。天と天照大神は一体ではあるものの、天には他の神も存在することから、正志斎にとって「天」は一人の全能者だけでは説明できないものであった。

正志斎が「一神教」と「多神教」という概念をどの程度明確に認識していたかは明らかでないが、正志斎が邪教と位置づけるキリスト教の場合は、天に相当する絶対的な存在がゼウスという神に化体される。正志斎はこのことに対して違和感を抱いたと考えられる。

正志斎にとってキリストは、ゼウスからの言葉を預言者として民衆に伝え

るのみで、現実的な安寧を与えるための政治的な権力を持たない存在であった。さらにキリストは地上において超常現象を引き起こし、かつ精神的な安寧を求める民衆に対して言葉によって誘導する人物であると認識した。正志斎にとってキリストは、呪術をもって民衆を惑わす似非宗教者と同列に位置することになる。

　正志斎にとって、キリスト教の宣教師たちはこのような邪教を広める手先であり、その背後には最新の科学に裏づけられた武力が潜んでいた。そして、その毒牙にかかった実例としてルソン、ジャワおよび清国の実態を目の当たりにすれば、正志斎が新論において尊皇攘夷論を強烈に主張するのは当然であった。

1－2　鬼神について

　正志斎は鬼神について、「天地の間、鬼神より誠なるはなくして、人・神の相感ずるは、盥して未だ薦せざるの間に在りて最も至れりとなし、天下の誠は以て尚ふるなし。故に中庸に誠を論ずるも、またまづ鬼神の徳を言ひて、舜と武王・周公との孝は、宗廟これを饗け、子孫これを保つといふに及び、遂に祖廟を修むることを言ひて、以て郊社・禘嘗に至り、すなはち曰く『国を治むることこれを掌に示るがごとし』と。孝経の首章に大雅の念祖の詩を引きてその聖人の孝を論ずるも、また周公の校祀及び明堂の祀を以て大となせば、その意もまた見るべきなり。陰陽合して物を生じ、精なるものは人となる。その体はすなはち父祖の遺、その気はすなはち天地の精なり。同体一気、こもごも相感応す。故に『鬼神の徳たる、物に体となりて遺さず、洋洋として左右に在すがごとし』と。人・神、至誠の相感ずるは、固より自然の符なり。聖人因りて以て教を設け、郊社・禘嘗、以て帝に事へ先を祀りて、本に報い始めに反るの義尽きたり」と述べる(8)。

　正志斎は『中庸』と『孝経』を引用して鬼神を祖霊と認識し、天地の間にあって鬼神より誠なるものはないと述べる。現世に生きる人間と天との間にあって最上の「誠」をもって存在するのが鬼神たる祖霊であるというのが正志斎の認識である。正志斎が鬼神を祖霊と認識していたことを示すのは『迪彝篇』の以下の一節である(9)。

「かくのごとく、衆心區區になりては、其の誠の天地鬼神に通ずる事はあるまじきなり。人は父祖の體を受け、天地の氣をうけて生けるものなれば、天地と父祖とは人の本也。故に、至尊は天地と祖宗とを祭り給ひ、士民たるもの、外には大祭の用を供し奉りて、己が至誠を天地に通じ、内には父祖を祭りて、自ら其の誠を盡くすこと、是れ當然の道理にして、神聖の正しき訓(をしえ)なりと知るべし。」

　正志斎は「天地の間、鬼神より誠なるはなくして」と述べて、人間本来の生き方は「誠」であるという認識を示す。その誠を自然体で発揮することはできないが、学問を修めることによってそれは一定程度可能になると考える。正志斎の言葉をそのまま解釈すると以下のように要約される。

⑴人の本質は誠であるが、それは努力なくして得られる境地ではない。
⑵人は学問を通してその努力を行うが、一定程度までしか誠の境地に達することはできない。
⑶「天地の間、鬼神より誠なるはなくして」の言葉通り、鬼神の誠は「至誠」である。
⑷鬼神は祖霊であるので、祖霊の誠は「至誠」である。

　正志斎によれば天祖たる天照大神が至誠であることはいうまでもない。しかし、祖霊も同じく至誠であるとすれば、天祖と祖霊の誠にいかなる相違があるのかという点が疑問となる。しかし、正志斎はこの点について言及していない。
　では、正志斎にとっての誠とはいかなるものかという点が次の疑問として浮上する。正志斎は誠の最高の境地を「人・神の相感ずるは、盥して未だ薦せざるの間に在りて最も至れりとなし、天下の誠は以て尚ふるなし」として、手を浄めて供物を神に捧げる瞬間そのものが誠を体感する最高の境地であると述べる。
　つまり、身を浄めて供物という形ある物を捧げるという、神に対する尊崇

の気持ちを行動で示す瞬間が神人相感の極みであり、その瞬間のえもいわれぬ神聖なる境地が、人にとって本来の生き方である誠を想起させる瞬間であると正志斎は述べる。

この点から明らかとなるのは、天祖と同じく至誠を身につけた鬼神たる祖霊が、地にある人間と天を結びつける役割を果たしているとすれば、(1)祖霊に対しても天祖と同じく供物を捧げて尊崇すべきであること、(2)供物という形あるものを捧げるのは素朴な祭祀の形式に則った行為であることの2点である。

皇位を継承した天皇が初穂を天祖に捧げる最も重要な祭祀が大嘗祭であるが、日常的な行動として庶民が供物を天にある神に捧げる行為もまた祭祀の範疇に含まれると考えるのが合理的である。そのような理解に基づけば、正志斎は天祖と祖霊をともに尊崇すべき対象と位置づけ、尊崇の気持ちを形で示す祭祀を「誠」の最高の境地が得られる神人相感の儀式であると認識していたという結論になる。

そして、その「誠」が天祖から受け継ぐ人間本来の生き方を示すものであるとすれば、そこには人が日常生活において遵守すべき多くの徳目が含まれていることになる。

正志斎は新論によって、(1)尊崇すべき神々が存する天からの賜物である「誠」に含まれる遵守すべき諸徳目、(2)祭政一致、政教一致の淵源となる祭祀を重視する思想の2点を提示した。以下では、正志斎が重視した徳目に関する考え方を探る。

第2節 天の徳目

正志斎は国家の秩序を保つための徳目として「忠」と「孝」を重視する。正志斎は忠の重要性について「夫れ君臣の義は、天地の大義なり」と述べ、その根拠を天地間の大義に求める。また、孝については「父子の親は、天下の至恩なり」と述べて同様に重視する。

さらに、正志斎は「義の大なるものと、恩の至れるものとは、天地の間に

並び立ち、漸漬積塁して、人心に洽浹し、久遠にして変ぜず。これ帝王の天地を経緯し億兆を綱紀する所以の大資なり」として、日本に存在し続けた偉大な精神的資質である忠と孝が両立し、この徳目が浸透することによって統制が行き届き、万民が整然と支配されてきたと述べる。

論語をはじめとする漢学にも忠孝は存在するが、日本の基盤を支えるこの徳目は天から引き継いだ地の始原から存在するものであり、日本固有の徳目であるというのが正志斎の主張である。

正志斎は忠孝についてさらに詳細に、「天祖すでにこの二者を以てして人紀を建て、訓を万世に垂れたまふ。夫れ君臣や、父子や、天倫の最も大なるものにして、至恩は内に隆んに、大義は外に明らかになれば、忠孝立ちて、天人の大道、昭昭乎としてそれ著る。忠は以て貴を貴び、孝は以て親を親しむ。億兆のよく心を一にし、上下のよく相親しむは、良に以あるなり」と述べる。(10)

正志斎は、天照大神は忠孝の道を建てその教えを万世におし広めたと述べるとともに、忠孝の定義を明確化する。正志斎によれば、忠は貴人を貴ぶことであり、孝は親に親しむことである。

貴人にも貴ぶに足りない者もあり、親にも親しむに足りない者がいるが、静態的な社会においては身分に応じて段階を設定し、その頂点に皇室を置けば基本的に社会の安寧が図りやすくなる。

正志斎は忠孝の概念を人間社会において広く展開し、「人倫に君臣・父子・夫婦・長幼・朋友の五品あるは、天造の自然なり。五品ある時は、親・義・別・序・信の五典備はれる事、また自然の大道なり。天祖三種の神器を授け給ひ、君臣の分定りてより、忠の道著れ、是より皇統一姓にましまして、父子の恩厚く、孝の道著れたり。忠孝の敎立ちぬれば、夫婦・長幼・朋友のみちも随つて惇き事、定れる道理なり」と述べる。(11)

正志斎は忠孝の概念を人間社会で考えられる接際のすべての局面に適用し、精神面から統治の基本型を明確化しようと考えた。つまり、五品と名付けた「君臣・父子・夫婦・長幼・朋友」の関係それぞれに五典である「義・親・別・序・信」をあてはめ、賢者を尊ぶ「義」から「君臣の義」と「朋友の信」が生じ、親を親しむ「仁」から「父子の親」、「夫婦の別」、「長幼の序」が生

じたと述べる。⁽¹²⁾

　人が遵守すべき徳目に関する正志斎の論理構成は巧みである。他国に先立って最初に日が昇る日本の天祖を天照大神とし、天孫である皇室が途切れることなく続く世界に冠たる国が日本であることを強調する。

　そのうえで、人が本来持っていながら時としてないがしろにしがちな「誠」は、天祖である天照大神と鬼神である祖霊に対して祭祀をもって接する神人相感によって思い起こされ、人間が本来備えている多くの徳目のうちで重要なものが「忠」と「孝」であるとする。

　そして、忠孝は五品である「君臣・父子・夫婦・長幼・朋友」の関係に対して、「親・義・別・序・信」の5つの徳目である五典を通して展開され、社会における接際の全局面を精神面から規律づけて封建体制の安寧を図る。

　このようにみると、当然ながら正志斎の思想は尊皇思想を前提とした幕藩体制の維持を目的に書かれた為政者サイドからの論理で構成されている。問題は当時農民であった青年期の渋沢が正志斎の論理をどのように理解して自らの思想を構築したのかという点である。

第3節　徳川幕府の位置づけ

3-1　天照大神と皇室

　正志斎が天照大神を天祖、皇室を天孫と位置づける論理は前節で考察した。本節では天照大神と皇室の関係性について、(1)大嘗祭の意義、(2)三種の神器、(3)万世一系を支えた徳目の3つの観点から正志斎の考え方を検討する。

　正志斎は大嘗祭について、「祖を尊びて民に臨めば、すでに天と一たり、故に天と悠久を同じくするも、またその勢のよろしく然るべきなり。故に列聖の大孝を申べたまふや、山陵を秩り、祀典を崇ぶは、その誠敬を尽す所以のものにして、礼制大いに備りて、その本に報い祖を尊ぶの義は、大嘗に至りて極れり」と述べる。⁽¹³⁾

　正志斎は大嘗祭を祖先を尊ぶ最高の祭祀であると位置づけ、天祖である天

第Ⅱ編　会沢正志斎と渋沢思想

照大神を尊んで民に臨めば、天と一体になって政を行うことができると述べる。歴代天皇が天祖に対する孝心に基づいて御陵を祭り、祭祀を通して尊崇することは天祖に対する誠と敬を尽くすことであり、その意味において大嘗祭によって天祖を尊ぶ儀礼はその極致をなすものというのが正志斎の認識である。

　歴代天皇によって執り行われる大嘗祭は天照大神に対する尊崇を示す最大の祭祀であり、これによって天皇は天照大神と一体になれると正志斎は考える。では天照大神は天祖であるという理由のみで尊崇すべき対象となるのかという疑問が生じる。この点について、正志斎は以下のように述べる。(14)

　「夫れ嘗とは、始めて新穀を嘗めて、天神に饗するなり（古者、専称すれはすなはち天祖と日ひ、群神を該ぬれはすなはちまた天神と日ふ）。天祖、嘉穀の種を得て、以為らく以て蒼生を生活すべしと、すなはちこれを御田に種ゑたまふ。また口に繭を含みて、始めて蚕を養ふの道あり、これを万民衣食の原となし、天下を皇孫に伝ふるに及んで、特にこれに授くるに斎庭の穂を以てしたまふ。民命を重んじて嘉穀を貴ぶ所以のもの、また見るべきなり。故に大嘗の祭には、新穀を烹熟して、以てこれを殷薦す（大嘗の歳、予め悠記・主基を卜定し、稲実及び禰宜卜部を遣し、田に臨み穂を抜きて、以て供御の飯となし、自余を黒白の酒となす。その飯はすなはち祭に臨み舂きてこれを炊ぐ。天皇親から嘗殿に就き、粢盛を奉じてこれを薦めたまふ。皆その孝敬を致し、その質を存して、その本を忘れざる所以なり）。」

　正志斎は大嘗祭を最重要の祭祀とする根拠を、天照大神が民に米と絹という生活基盤を与えたことに求める。稲作と養蚕を人民に与えることは衣食住のうち衣と食を人間社会のために用意したことになる。正志斎は住について言及してはいないが、天から地が分かれそこに人間が住めるようにしたことで、生活基盤は天照大神が全て用意したことになる。

　人間の生理的欲求で生命を維持するのに最も確実に満たされなければならないのは食欲である。天照大神がその最重要な稲作を人間社会にもたらしたことに対する感謝を、歴代天皇が大嘗祭という祭祀で示せば、大嘗祭は形式

的でなくむしろ人間社会に密着した実質的な祭祀となる。

　農業が産業の主体であった時代に、人民の腹をくちさせてくれる稲作を伝えてくれた天祖に対して、歴代天皇が大嘗祭という祭祀によって真摯に感謝する姿を人民が眼にすれば、天祖たる天照大神を尊崇し、天孫たる天皇を人間社会の頂点にいただく政治的秩序が形作られる。このように考えると、正志斎が唱道する祭政一致の原点はこの点に存すると考えられる。

3－2　皇室と徳川幕府

　正志斎は幕藩体制に至るまでの歴史を振り返り、時勢の変化により人心が変化して幕府が問題を抱えるに至った経緯について警鐘を鳴らす。権力者サイドに身を置く正志斎にとって現体制が抱える問題点を指摘することは、自分が仕える水戸藩主の不作為を糾弾することになる。正志斎は徳川幕府が従来の武家政権とは異なり忠孝によって朝廷を重んじることを強調し慎重に論を進める。

　正志斎は武家が発生する以前の宮家、標代から臣・連・伴造・国造に至る統治体制の歴史を述べる。統治が進んだ時代から混沌の時代への移り行きを概観した後、武士が権勢を得て政治的実権を掌握する時代について、正志斎は以下のように述べる。(15)

　「弓馬の家、また権勢に依附し、郡を割き邑を連ねて、以て己の有となし、在る所に良民を駆りて、以て奴隷となす。天下の地は、亀分瓜裂して、割拠の勢成る。源頼朝、天下の総追捕使となるに及んで、すなはち土地人民を挙げて、ことごとくこれを鎌倉に帰す。鎌倉・室町の将軍となるや、時に盛衰治乱の同じからざるありといへども、しかも概して皆土地人民の権に拠り、ややもすれば朝命に逆ひ、恭順なる能はず。」

　正志斎は鎌倉幕府と室町幕府を非難する。両幕府の時代、武家は権勢をふるい領地を分割して自分のものとしたうえ、良民を強制的に従僕にしたと正志斎は述べる。1185（文治元）年に守護地頭が設置され、頼朝が守護任免の権限を有する総追捕使となってからは、土地人民に対する権限が全て鎌倉幕

府に帰することとなった。

　鎌倉幕府と室町幕府の将軍は土地人民に対する権限に依拠し、朝廷の命令に逆らい恭順の姿勢を失ったと正志斎は述べる。では、鎌倉や室町と同じ幕府でありながら徳川幕府は彼らと何が異なっていたのかという点が問題となる。

　豊臣氏に次いで興った徳川氏について正志斎は、「東照宮踊いで興り、専ら忠孝を以て基を立て、遂に二百年太平の業を成す。孫謀すでに胎り、遵守して墜さず、時を以て天下の国主・城主を帥ゐて京師に朝す。天皇褒賞して、官を授け爵を賜ふ。この時に当りてや、天下の土地人民、その治は一に帰し、海内一塗、皆天朝の仁を仰ぎて、幕府の義に服す。天下の勢、治れりと謂ふべし」と述べる。

　徳川幕府が鎌倉幕府や室町幕府と異なる点は、「専ら忠孝を以て基を立て」という点である。天祖である天照大神が示した最重要の徳目である「忠」と「孝」を重視して幕府の基を確立させた点が、徳川幕府と鎌倉・室町幕府の根本的な相違であるというのが正志斎の主張である。

　徳川幕府三代の家康・秀忠・家光は江戸から数度にわたって朝廷に参内し、朝廷は冠位の授与をもってその忠義に応えた。鎌倉・室町幕府は忠孝をもって朝廷に仕えるどころか、武力を盾に朝廷をないがしろにしたのに対して、徳川幕府は天祖の徳義を遵守し、名分をわきまえて朝廷を尊重して政治を行ったがゆえに200年以上の長きにわたって世の安寧を保つことができたというのが正志斎の論理である。

第4節　邪説の害

4－1　仏法の害

　正志斎は日本人の精神を惑わす邪説として、(1)仏法、(2)俗儒、(3)西洋の邪教の3つを掲げ、それぞれの問題点を指摘する。

　正志斎は、仏法が日本に導入されたのは、反対勢力を押し切って逆臣蘇我

第6章　会沢正志斎『新論』と渋沢思想⑴

馬子と聖徳太子が結託して寺院を建立したことが始まりとし、聖武天皇、孝謙天皇の御代になると朝廷の政治や行政が仏教信仰を中心に行われるようになったと述べる。さらに国分寺が国府と同格になり、法を布告することにより民心が仏教に傾いたと分析する。

　正志斎は本地垂迹説について、「本地の説作るに及んでは、嚇嚇たる神明も、冒すに仏名を以てす。天を誣ひ人を欺き、吾が民の瞻仰するところのものを挙げて、ことごとく胡神の分支末属となし、神明の邦を変じて、以て身毒の国となし、中原の赤子を駆つて、以て西戎の徒属となす。内すでに自から夷となれば、国体いづくんぞ存せんや」と述べる。

　正志斎は神教の神々に仏名を冠することで、神教を仏法の下に据えるものとして本地垂迹説を非難する。これは日本が自らをインドや中国の下に置いて夷の立場を甘んじて受け入れることであり、そうなれば日本という国体そのものが存在価値を失うというのが正志斎の考えである。

　このように日本人は内面から邪教である仏法に冒されたがゆえに、一向一揆などの暴力的な騒動を招き、それを阻止する勢力を法敵と呼ぶなどの事態に陥ったとする。忠烈な武士でありながら、仏法に侵された者が君父に反逆するなどの事態に対しても正志斎は嘆きをもって語る。

　正志斎は仏法の問題点は国法にそぐわないことであると総括する。そもそも仏法はインドの神を尊崇する教えであり、日本人が尊崇すべき天つ神とは異なる。そして、仏法の教えが民衆だけでなく朝廷や武家に伝わった時点でインドの神々を尊崇する人びとが日本の政治権力を掌握することになる。

　もし当時のインドが野望をもって日本に仏法を広めたとすれば、キリスト教の布教活動を行った西欧諸国よりはるかに容易に日本を属国化することができたであろう。日本ではそのような事態は起こらなかったが、弓削道鏡が称徳天皇を籠絡して天皇の地位を狙う事態が生じた。

　この危機は和気清麻呂の活躍によって事なきを得たが、一歩間違えれば天皇の地位が道鏡に禅譲され日本の万世一系が崩壊していた可能性があった。

　正志斎は仏法を邪教として糾弾しつつも、一種の救済文言として「もしよく僧尼をして謹んで律令を守り、仏家の法に従はしむれば、すなはち樹下右上に、楽しんで以て齢を没するもまた可なり。ただその邦憲を奉ぜず、

277

ここを以てその害ここに至るのみ」と述べる(18)。仏教徒が国法を冒すことなく個人的に修行し、楽しんで生涯をおくるのであれば特段の問題はないというのが正志斎の考えである。

4－2　俗儒の害

　正志斎は儒教が神教と考えを共有する部分が多いため、日本は神教を補完する役割として儒教を重んじてきたと認識する。しかし、近世にいたって出没した固陋な儒者や曲学阿世の学者は俗儒であり害を及ぼす者と正志斎は考えた。

　これら俗儒のうち正志斎が問題とするのは、奇をてらい根拠ない解釈をして博学をひけらかし、詩文で美文を競う連中よりは、むしろ、明や清を尊称で呼び日本の国体を辱める者たちである。正志斎は仏者と同様、儒者についても邪説が国家の安寧を毀損する場合があるとして以下のように述べる(19)。

　「しかるに或は名義に昧く、明・清を称して華夏・中国となして、以て国体を汚辱するもの、或は時を逐ひ勢に狥ひ、名を乱り義を遺れて、天を毛挙し、ただ貸利のみこれ談じて、自から称して経済の学となすもの、或は辺幅を修飾し、口に性命を談じて、言は高砂に似、行は惇謹に似たるも、その実はすなはち郷原にして、国家の安危を忘れて、時務に達せざるもの、およそこれ皆忠にあらず孝にあらずして、堯・舜・孔子の謂ふところの道なるものにあらざるなり。」

　正志斎はまず俗儒が名分を忘れ去っていることに対して憤る。明や清を「華夏」や「中国」という尊称で呼ぶことは、彼らが日本を含む他国を見下す意味で自国を尊称で表現するにもかかわらず、卑下された日本が彼らを尊称で呼ぶことになる。これは朝廷を頂点にいただく日本人としての矜持を忘れることに等しいと正志斎は考える。

　正志斎からすると神教と思想的に共通点を多く有する儒教は、あくまでも神教を補完する役割としての位置づけにある。そのことを正しく理解せず、本末転倒に陥って儒教を頂点に置き、明や清を尊称で呼ぶという許しがたい

状況に対して正志斎は憤る。この邪説を受け入れれば、尊皇思想に基づいて忠孝を遵守して朝廷に仕える徳川幕府の存在をも卑しめることになる。

　正志斎は朱子学者らしく、「ただ貨利のみこれ談じて、自から称して経済の学となすもの」を批判する。論語をはじめとする漢籍には実学としての経世済民に関する記述がある。しかし、正志斎からするとその点のみに焦点を絞って解釈し自説を展開する儒者は俗儒ということになる。

　父の代に農民から士分となっていた正志斎には、農民としての経験は欠けていた。清貧を旨とする朱子学によって教育された正志斎が、漢籍の実学的な記述に対して否定的となるのは必然であった。

　また、正志斎は朱子学に通じているふうを装って変説を説く者を、「辺幅を修飾し、口に性命を談じて、言は高砂に似、行は惇謹似たるも、その実はすなはち郷原にして、国家の安危を忘れて、時務に達せざるもの」と非難する。

　口では宋儒性理の学を説きながら、品行は賤しい俗物で国家の安危や現実への対応ができない者を正志斎は嫌悪する。正志斎は朱子学を学んだ者としての誇りを強く抱いていたのであろう。似非朱子学者に対してはことのほか厳しい姿勢を示す。

4−3　キリスト教の害

　正志斎にとって邪説の害のうちで最も警戒すべきものがキリスト教である。仏法の害は日本国内への武力による侵害がなかったため国内問題にとどまり、俗儒の害もまた俗儒を唱える者が外敵を招き入れる可能性がないため、これも国内問題として処理することが可能であった。

　しかし、キリスト教布教を名目に日本に近づく西欧の国は植民地化を目的としているため、日本の命運に直接的な害悪が生じる。このことに気がついた徳川家康とその後を継ぐ歴代の将軍は、キリスト教禁教、異国船打払令などにより西欧の接近を阻んできた。しかし、幕末に至って近代的な大規模船舶によって圧力をかけられる深刻な事態が生じた。

　正志斎のような先覚者から見れば、いわゆる正常性バイアスにとらわれて、事態の深刻さを認識しようとしない徳川幕府の姿勢は日本を滅ぼしかねない

ものであった。新論ではキリスト教に対する危機感によって生じる排他意識から攘夷思想がことのほか強調される。正志斎はキリスト教の害に関する危機感について以下のように述べる。[20]

　「西荒の戎虜に至つては、すなはち各国、耶蘇の法を奉じて、以て諸国を呑併し、至る所に祠宇を焚燬し、人民を誣罔して、以てその国土を侵奪す。その志は、ことごとく人の君を臣とし人の民を役するにあらざれば、すなはち慊らざるなり。そのますます猖獗するに及んでは、すでに呂宗・瓜哇を傾覆し、遂に神州をも朶頤す。嘗て西辺を煽動するに、呂宗・瓜哇に加へし所以のものを以てして、これを神州に加へんと欲す。その邪説の民聴を乱す所のものは、豈にただに境内奇袤の民たるのみにして止まんや。」

　正志斎はルソンやジャワに対する西欧の仕打ちと島原の乱を例にあげて読者の危機感を喚起する。そして、侵略に用いられたツールが人々の内面に侵入して人心を惑わすキリスト教であると述べる。仏法や儒教の場合は、インドや中国がそれを武器に日本の侵略を目論んでいたわけではなかったので、国内問題として解決を模索すればよかった。

　しかし、西欧諸国は日本を内部崩壊させるためのツールとしてキリスト教を用いた。西欧諸国にとっての成果は、島原の乱で幕府軍と衝突することにより反乱軍３万人余が全滅する内乱として結実した。この事実は、「嘗て西辺を煽動するに、呂宗・瓜哇に加へし所以のものを以てして」と正志斎が述べる通り、日本がルソンやジャワの二の舞になりかねないという警告に説得力を与えるものであった。

　新論の読者が海外事情に疎くルソンやジャワで起こったことを知らなかったとしても、島原の乱について知らなかった可能性は低い。正志斎の巧みなところは、島原の乱が全国規模で発生した場合の悲劇的な状況を想像させる筆致で西欧の暴挙を記述した点である。

　この危機感は読者を攘夷思想に誘導する効果を有するとともに、それが先鋭化すると、徳川幕府の無作為に対する苛立ちや反感を喚起することに結びつきかねない。正志斎から新論を受け取った徳川斉脩が抱いた懸念はまさに

第6章　会沢正志斎『新論』と渋沢思想(1)

この点にあったと考えられる。

第5節　第Ⅰ部のまとめ

　第Ⅰ部では渋沢が影響を受けたであろうポイントを中心に国体（上）における正志斎の主張を整理した。天の存在に関する正志斎の説明は巧みである。正志斎は日本の地理的条件をもとに天照大神を天祖とする論理を展開するとともに、天孫たる皇室が天孫降臨によって天から地に降り立つという記紀の神話をもって、皇室を中心に据える日本の成り立ちの正統性を強調する。

　天照大神は衣食の術である稲作と養蚕、および天の「誠」に発する忠孝を重要な徳目として地に伝えた存在であり、物心両面において「祖」であると正志斎は述べる。忠は貴人を貴ぶことであり、孝は親を親しむことであるとし、それを君臣・父子・夫婦・長幼・朋友の五品に展開するとともに、親・義・別・序・信の五典に拡張し、それらは国民が遵守すべき倫理規範になったと正志斎は述べる。

　重視すべき徳目を忠孝としたのは、天孫たる皇室が人民を統治するにあたり、個々の人民に名分を尊重して規律を守らせることが国の安寧を図るうえで最重要だからである。

　正志斎は『中庸』と『孝経』を引用して鬼神を祖霊と説明し、天地の間にあって鬼神より誠なるものはないと述べる。つまり、現世に生きる人間と天との間にあって、最上の「誠」をもって存在するのが鬼神たる祖霊であるというのが正志斎の主張である。

　正志斎は皇室の正統性を示すものとして大嘗祭と神器を重視する。そして、皇室になり代わって政治権力を行使する徳川幕府は、鎌倉幕府や足利幕府とは異なり、忠孝をもとに朝廷を尊崇するがゆえに260年余りの長期間にわたり泰平の世を維持できたと主張する。

　正志斎は邪説の害として、「仏法の害」、「俗儒の害」、「キリスト教の害」をあげてそれぞれを糾弾する。とりわけキリスト教については人心を惑わすだけでなく、日本を植民地化するためのツールとして用いられることに危機

感を抱く。

　正志斎は、西欧諸国がキリスト教と近代的な武力をもってルソン、ジャワ、清国を侵害したという歴史的事実を重視し、キリスト教に対する嫌悪感と危機感を抱いた。このキリスト教に対する認識が正志斎の攘夷思想の根底に存するのは明らかである。

第Ⅱ部　国体（上）と渋沢思想

第6節　天についての渋沢栄一の認識

6－1　渋沢栄一の天命の認識

　筆者は『義利合一説の思想的基盤』において、渋沢の天および天命の認識について検討を加えた。本節では、その検討結果と渋沢の著書に基づいて渋沢思想の特質を述べる。

　渋沢は、努力によって切り拓くことが可能な運命とは異なり、人の力では左右することができない宿命を、天が与えた命、つまり「天命」として受け入れる。渋沢は命を発する天の存在も必然的に受け入れる[21]。

　渋沢はその波乱に富んだ人生において、人間的な努力だけではいかんともし難い問題に直面し、そこに人智を超えた何らかの抗いがたい力が働いていることを天命によるものと認識した。そして、その天命の根源には天が存在するという発想に基づいて天と天命を認識した。

　渋沢の著作や言行録には天そのものの記述より、天命に関する記述が多く見られるのは係る理由によると思われる。

　渋沢は天命について、「一に曰く、天命を畏敬す。天は高きにおりて卑きに聴き、善に福し淫に禍す。しかして形のみるべきなくして、神妙測られず、ゆえに君子はみざる所に戒慎して、天命を畏敬する」と述べる[22]。この解釈は三島中洲の考え方に近いが、渋沢は天が気であるとは述べていない。

　渋沢は「天命は霊妙にして形がなく認識できないが、善と不善に鋭敏かつ

第 6 章　会沢正志斎『新論』と渋沢思想(1)

正確に反応し、それを人間の禍福に反映させる力を有するもの」と理解する。換言すると、「天界から人間界に向けて信賞必罰を及ぼす圧倒的な力を有するがゆえに畏敬すべきものが天命である」というのが渋沢の理解と考えられる。[23]

　渋沢のような現実主義者が、霊妙なる力を有する畏敬すべき存在として天と天命を理解する一方、その実体について自分が納得する理屈で理解しようとしなかったのはなぜかという疑問が生じる。

　正志斎が天の生成から説き起こし、新論の読者の宇宙物理学的、古人類学的な疑問をたくみにかわしながら、天照大神を天祖として天の成り立ちを説明したのに対して、渋沢の著作や言行録にはその点に関する解釈は見られない。それは渋沢の天に対する思いが複雑だからと考えられる。

　渋沢は天にある神を「もと人なり」とする一方、人から転じて天にある神は人格人性を越えたものと認識する。また、「ただし天災は格別である」として、人為の禍患を左右する力をも凌駕する何ものかが天にあると認識する。[24]それにもかかわらず渋沢は天を擬人化して表現するのである。

　この混乱した思いは、むしろ渋沢の天に対する認識を端的に表している。荻生徂徠（以下「物徂徠」）が表現する聖人と同じく、天は人を知ることはできても、人が天を知ることはできないというのが、まさに渋沢の天に対する思いの複雑さの実体と考えられる。[25]

6－1－1　天命と人事

　渋沢は天命と人事の関係について、「しかれどもここに天命に安んずるというは、人事を尽くして天命を俟つの謂なり。始めより努力もせず、尽くすべきことも尽くさず、何もかも天命に打任せて安閑呆然としておれというにあらざること勿論なり。天命常においてせず、勉むるに福し、怠るに禍す。人誰か努めざらんや。いわんや前途のながき、青年少女諸君においておや。学問にあれ実業にあれ、勉強努力すれば、必ずその応報あるものなり。ただ人事を尽くしたる以上の成敗は、これを天命に任せて煩悶せぬがよいというのである」と述べる。[26]

　これはまさに「人事を尽くして天命を待つ」の意であり、人事を尽くした

結果は天命に委ねることが人間に与えられた宿命であるという一種の諦観であるとともに、天命の裁量範囲に対する渋沢の認識を示すものでもある。天命の裁量範囲に対する渋沢の認識は物徂徠の考え方との比較によって明確になる。

物徂徠は論語の季子第十六第8章の注釈において、「大氏(たいてい)後世の學者は、人事を盡くすと天命を知るとを以て並べ言ふ。みな小人の歸(き)なる哉(かな)。何となれば則ち。古への人事(じんじ)に務むる者は、天を敬するに本づく。ゆゑに古への人いまだ天人並べ言ふ者あらず。天を敬するがゆゑなり。思・孟辨を好み、天人を以て並べ言ひし自(し)り(もう)、而して後(のち)敬天の義荒(すさ)めり、學者それ諸れを察(こ)せよ」と述べる。(27)

物徂徠によれば、天命と人事は切断されているがゆえに、両者を相互比較することはできず、ただ一方的に天命の定めたままに人事は整斉と進んでいくことになる。したがって、人事の裁量範囲は著しく狭く、学問ですら天命によって定められた士大夫以上の専有物であると物徂徠は主張する。

これに対して、渋沢は天命と人事を対比的に論じることは敬天の考え方を貶めることにはならないと考える。天命が定めた人事の裁量範囲は物徂徠が考えるよりはるかに大きく、その範囲内で人事を尽くすことは、むしろ地上にあってそれぞれが天命を与えられて生活する人間の務めであると渋沢は考える。

天命によって定められた「人世の事、富貴・貧賤・窮通・得喪」によるいわば枷の中において、各々が学問に勉め努力を怠らないことは、むしろ人間の使命であると渋沢は認識する。(28)

渋沢には、天命は人間によってコントロールできるものではないという一種の諦観が存在する。その一方、渋沢は「神はもと人である」という認識を有している。天にある「もと人たる神」が天命の行方になにがしか関係しているとすれば、地にあって自らに定められた範囲で最大限の努力を行っている人間に対して、人間的な情愛に基づく裁量を天に期待する意識が渋沢にはあっても不思議ではない。

もし渋沢が天命は無機質な何ものかによって人間を支配すると認識していたとすれば、物徂徠が天命と人事を全く別物と認識していたと同じく、地上

での努力に対するインセンティブは皆無となる。渋沢は寺社を尊崇する一方、願い事を一切しなかった。その深奥には人間の非力に対する諦観とともに、一種の擬人化により天を認識し、その温情に期待する心理が存在したと思われる。

6－1－2　天命を信じること

渋沢が天命を信じていることを示す事例が東京市水道鉄管事件である。東京市の水道敷設に関わる製品納入に失敗した企業は、暴漢を雇って渋沢を襲撃したが結果として未遂に終わった。渋沢は桓魋（かんたい）が孔子を圧殺しようとして果たせずに終わった故事を引用し、孔子が「天徳を予に生ず」と述べたことに自身の経験を重ね合わせた。この時、渋沢は自分にも天徳が備わっていると考えた。

暴漢を雇った側は渋沢が賄賂を受け取って納入先を決めたと誤解したが、(1)東京市水道敷設が急を要するものであったこと、(2)製品品質を考慮して堅実な納入先を選択したことなどから、納入先の決定はまさに人事をつくした結果であった。

渋沢は後日この事件の顛末について、自らに恥じない決断をした結果、天が自分に徳を生じさせたという確信をもって、「暴漢それ予を如何せん」の境地を語っている。暴漢の襲撃を免れたのは決して偶然ではなく、天の力が何らかの形で自らに達しているのだと渋沢は理解した。

「天が徳を生じさせる」という意味を、人の力が及ばないものから徳が与えられ、それによって生き永らえることができることと渋沢が判断したとすれば、渋沢は人智を超越するとともに、人間の内面を徳の有無の観点から判断する圧倒的な存在を認め、それを天と称したと考えるのが合理的である。(29)

6－1－3　天命と富

朱子学の影響を受けた正志斎が清貧を重んずるのに対して、渋沢は論語を独自に解釈し、正しく富を得ることの重要性を天命との関係から述べる。

正志斎は第4節で見た通り、「ただ貨利のみこれ談じて、自から称して経済の学となすもの」を批判した。正志斎は論語の性理学的な側面のみを尊重する朱子学者ではなく、藩経済についても一家言を持っていたが、論語の実

学的側面のみを重視する儒者は俗儒とみなした。

　対して渋沢は、孔子は論語において富を人間生活に不可欠なものと位置づけたと理解し、さらに天命との関わりから富を得る才能が天与のものであると述べる。

　渋沢は「富と天命の関係」について、「道」と「天命」の対比に基づいて自説を展開する。渋沢は、「しかれども富貴はもと天命によるものにて、我より求めても必ずしも得らるるものにあらず。されば身を賤役に辱しめて、必ずしも得られざることを求めんよりは、吾が好む所の古人の道を求めてこれに従わんとなり、道は自ら求むれば必ず得らるるものにて、富貴の天命によるがごときものにあらず。これ暗に挙世滔々として富貴を欲求するを戒しめられたるなり」と述べる。

　渋沢は、道を求めることと富を求めることには根本的な相違があるとする。道を求めるにあたっては、本人が真剣にそれを望んで邁進すれば天命は必要ないが、富を得るためには、それを目指して努力するだけではなく、富を得るための天命が必要だというのである。

　そうであるとすれば、富を得るための天命とは何かという疑問が生じる。管見によると、富との関わりにおける天命には2つの解釈が考えられる。

　天命の解釈の一つは、富を得るために必要な天命が先天的なものであるとすれば、天命を得た人物は富を得るべき何らかの定めをもってこの世に生まれてきたという解釈である。賤職であったとしても、それが富を得るために必要な職業であったとすれば、それを稼業とする家に生まれたことが天命ということである。

　もう一つの天命の解釈は、富を得るための天命をその人物の能力や器量と理解する立場である。前者が出自を天命と解釈するのに対して、後者は商才を天命と解釈する立場である。渋沢は後者の立場に立脚して天命と富の関係を論ずる。

　古今を問わず、人間が生きていくためには衣食住に関わる生活必需品を自ら造り出すか、それを得るためには稼得を確保する必要がある。しかし、通常は生活に必要なだけの富を稼得し、節約して将来に備えて貯えるのがせいぜいである。

富を得るというのは通常の人間以上の富を蓄積することであり、そのためには、富を得ることにおいて勝者となるための現世的な諸条件を身に備えていることが必要となる。例えば、商機を捉えるに敏であることや顧客の心情を先取りする洞察眼にとどまらず、ニーズが見込まれる商品サービスの開発や人使いの巧みさなどが必要となる。

　後者の意味で天命を理解するのであれば、それは生まれや血筋と関わりのない、その人物が富を得るために必要な能力、器量をもって生まれたか否かという事実が天命ということになる。渋沢は天命と富の関係をこのように理解していた(31)。

6－2　鬼神についての渋沢栄一の認識

　渋沢は論語の八佾第三第12章の注釈において、「さらに一言せんに、神はもと人なり。耶蘇教のいわゆる造物主にあらず、ゆえに神に事うるには人に接する道を以てすべし。人に接するには信を主とす。信の実体は人に対して誠を尽くし、言行一致して表裏なきにあり。神に事うるにもこの心を推して敬虔の意を表するより外に道あるべからず。しかして神を敬するはすなわち己の祖先や社会の先達を尊崇する所以にして、大和民族の一大家族的の一致結合も、郷土における淳風美俗も、実に敬神の旨より生ぜざるはなし」と述べる(32)。

　この言葉に渋沢の鬼神に対する認識のエッセンスが示されている。渋沢が理解する鬼神は朱熹が主張するように、「天地の造化の痕跡」でもなければ、理を究極まで突き詰めることによって理解する対象でもない。また、伊藤仁斎が主張するような「神異」でもない。さらに、物徂徠が主張するように「微妙なもの」でもないのである。

　渋沢にとって鬼神は「もと人なり」であって、地上の人と接するがごとく、誠意と信義と礼儀をもって接すべき対象である。

　渋沢はまた、「…あるいは『神は人によって貴し』ともいえり。その意味な人も至誠感通して神の冥護降るというに帰す」と述べる(33)。神との接際において、人と同じく誠意と信義と礼儀をもってすれば神の加護が人に下ると渋沢は理解していた。渋沢にとって神は一方的に願い事をする相手ではなく、

祭祀をはじめとする神との接際に関わる典礼を誠意をもって遂行し、日々尊崇の心を忘れずにいれば、地上の人がそうであるように、天上の神も人の誠意に対してしかるべく応えるというのが渋沢の理解である[34]。

　渋沢にとって鬼神はもと人であり、神となった後も生きていた時と同様に接することが重要である。人と人との接際において常に一方が他方に物事を依頼する関係は成立しない。常に誠実に協力し合い対等な立場で接することが人間世界の常識である。

　現世での寿命を全うした「もと人」は、「地」とは異なる「天」において鬼神となり、その姿は人間からは認識することができない。したがって、人と鬼神の接際は供物を捧げ一段ステージを上った霊妙なる存在として、尊崇をもって誠意を尽くすことによって成り立つ。

　人事を尽くすことなく、供物を捧げて祈ることによって現世利益を求める態度は、まさに努力することなく一方的に現実的な利を求めることになる。つまり、それは人同士の接際の原則からも逸脱する行為となる。鬼神に対して一方的な現世利益を願うことは、渋沢からすると尊崇をもってする接際とは大きく異なる。

　渋沢にとって鬼神とは、尊崇の心をもち祭祀の様式に則って接すべき「もと人」であり、その接際の作法は、現世と同じく人事を尽くし敬意をもってなすべきというのが渋沢の考えである。

6－3　天の認識に関する比較検討

　渋沢の天の認識は「天命」と「鬼神」の認識に集約される。渋沢は天の存在を肯定的に捉えるが、その成り立ちについての見解を明らかにしてはいない。

　一方、正志斎は新論において、天照大神の天孫降臨を経て、地における皇室を頂点とする日本の成り立ちを論理的に記述する。正志斎は天皇を頂点とする皇国の成り立ちをマクロ的観点から説明する。

　これに対して、渋沢は天の存在とその霊妙な特質を前提として、そこにある「もと人なる」鬼神と現世の人間の関係に焦点をあてて、天との接し方について見解を述べる。渋沢は天に対する祭祀や日常の身の振り方を通した天

との接際のあり方というミクロ的観点から天を語る。天の存在を肯定的に捉えるという点において、正志斎と渋沢は一致している。

渋沢は正志斎があまり多くを語らなかった天命について多角的に見解を述べる。その多くは人事や富など人間社会において直面する問題に関わるものである。

渋沢は人間に課せられた範囲内で人事を尽くすことは義務であり、その結果は最終的には天命に委ねられると考える。富を得るためには天から与えられた才能が必要であり、その才能を与えられた者が努力することで富者となると渋沢は考える。

このことから、人才は天によって与えられ、人間の精一杯の努力を前提として最終的に天がその結果を与えるというのが、天命という概念を通した渋沢の天の認識である。

正志斎と渋沢の天の認識はすべて一致しているわけではないので、渋沢の天の認識の淵源を新論に見出すことは困難である。しかし、天の存在を前提としている点において両者の認識は一致しており、少なくともその点において新論が渋沢思想に影響を与えた可能性は否定できない。

第7節　渋沢栄一が重視した徳目

7－1　渋沢栄一の忠孝の認識

本節では渋沢が重視した徳目のうち正志斎が新論で言及した「忠孝」を取り上げる。「忠」と「孝」は元来異なる徳目であるが、渋沢は両者を不即不離の関係にあると認識するとともに「礼」との関係を重視する。

渋沢は「孝」と「礼」の関係について、孔子の「父母存生の間はこれに事うるに礼を以てし、父母死去したる時はこれを葬るに礼を以てし、その後の祭にもこれを祭るに礼を以てし、終始礼に違わざるを以て孝を尽くすとなすなり」という言葉を引用して礼の大切さを示すとともに、孝道を全うするには親に対して生前、死後を通して礼をもって接するべきと主張する。[35]

第Ⅱ編　会沢正志斎と渋沢思想

　さらに渋沢は、礼に違うことで君を蔑ろにし、忠義を疎かにする孟懿子を取り上げて礼の重要性を説く。そして、その礼は親への孝養を尽くすことによって涵養されると説く。礼の淵源は孝であり、孝によって礼を身につけた人物が忠義を知り、良き忠臣になるというのが、渋沢が認識する「孝」、「礼」、「忠」の関係である。

　つまり、君に仕える忠臣であるためには、まず孝養を尽くすことで両親に仕え、そこで礼の何たるかを学ぶことが必要であり、しかる後に君に対して礼を以て忠義を尽くすのが忠臣であるというのが渋沢の理解である[36]。

　筆者は家族を最小単位とする社会の成り立ちに関する渋沢の認識をマトリョーシカ人形にたとえて認識する。日本の政治体制をマトリョーシカにたとえると、渋沢が維新直後に一時身を置いた静岡藩は、国家という最も大型のマトリョーシカ人形の内側にある中型のマトリョーシカであった。静岡藩という中型マトリョーシカの頂点にあった徳川慶喜と渋沢は忠義心で強く結ばれていた。さらに静岡藩を構成する士民の各家族は孝によって親子が結ばれる最も小型のマトリョーシカであった。

　大型・中型のマトリョーシカを統制する倫理規範を「忠」、小型のマトリョーシカを統制する規範を「孝」とすれば、忠と孝は徳目こそ異なってはいても、社会全体の統制を維持するという点において同じ目的を達成するための倫理規範である。さらに、両徳目を遵守せしめるための徳目として「礼」が一貫して重んじられれば、政治体制がいかに大きく変化しようとも社会全体の規律は守られるというのが渋沢の考えである。

　渋沢にとって「忠」と「孝」は、社会全体の統制を保つうえで不即不離の関係をもって人心に扶植されるべき徳目であり、両徳目を結びつける役割を果たすのが「礼」である。

　係る認識に基づき、忠を発揮すべき最も大型のマトリョーシカたる国家の体制がいかなる変遷をたどり、維新後いかにして渋沢が「国臣意識」を抱くに至ったのかを明らかにすることが本書の主題である。つまり、「行き場のない愛国心⇒徳川慶喜との君臣関係⇒【国家体制の変化】（明治維新）⇒国および国民との君臣関係⇒国臣意識」という経路において、青年期の「行き場のない愛国心」が国臣意識へと変化する過程で、渋沢が水戸学からいかな

第6章　会沢正志斎『新論』と渋沢思想(1)

る影響を受けたのかを明らかにすることが不可欠となる。

7－2　忠孝の認識に関する比較検討

　松﨑哲之氏は正志斎の著作をもとに「仁は親を親しむことに、義は賢者を尊ぶことを根本にして生じる行動であり、この仁と義を推し拡げて人間関係を区分けし等差を設け秩序づけることによって礼が生じ、その礼に道が含意されたとする。仁・義が礼へと変容していくとみたのである」と分析する。(37)

　松﨑氏の見解を解釈すると、仁に変容した「孝」と、義に変容した「忠」がさらに「礼」に変容し、礼が人々を道に導くことにより、3徳目が一体となるというのが正志斎の認識ということになる。筆者は同氏の見解に賛同する。

　筆者が想定する渋沢思想における大・中・小のマトリョーシカにおいても、忠孝を実践させるよう導く徳目は礼である。この意味において正志斎と渋沢の「忠」・「孝」・「礼」に対する考え方には多くの共通点がある。

　渋沢が新論以外の正志斎の著作をどの程度読んだのかは明らかでないが、少なくともこれらの類似点を勘案すると、正志斎の考え方から渋沢が何らかの影響を受けたであろうことは推察できる。

第8節　徳川幕府への思い

8－1　徳川幕府に対する渋沢栄一の評価

　正志斎と渋沢は武家と農民という異なる立場にあったため、徳川幕府に対する基本的なスタンスは異なる。渋沢が中心となって準備した横浜焼き討ち計画は、イギリス人を殺傷することを名目に最終的には幕藩体制の崩壊を意図したテロ行為であった。渋沢の徳川幕府に対する思いは複雑である。

　渋沢がもし根っからのテロリストであったとすれば、いかなる事情があろうとも一橋家に仕官することはなかったと考えられる。渋沢は徳川時代の末期にあって、幕藩体制が制度的に破綻していることを認識する一方、歴史的観点や歴代の幕府との比較、徳川家康の人物評価などの点から日本に長く安

第Ⅱ編　会沢正志斎と渋沢思想

寧をもたらした徳川幕府に対して一定の評価を与えている。本節では、渋沢の著作や言行録から徳川幕府に対する評価を抽出し渋沢の認識を分析する。
　渋沢の徳川幕府に対する複雑な思いは、開祖である徳川家康に対する評価に多くを負っている。渋沢の評価はプラス面とマイナス面が混淆する。明確化のために渋沢の評価を箇条書きで列挙すると以下の通りとなる。

⑴家康は徳川時代の基礎を築くという覇道を達成する過程において権謀術数を用い戦争もした。
⑵しかし、戦国時代を終わらせ泰平の世を実現させるという大道と比較するとそれは小疵に過ぎないと渋沢は考えた。
⑶渋沢は家康の小疵をすて大道をとることと思慮深い性格を評価した。
⑷渋沢は家康が残したいくつかの格言を論語に由来すると見抜き、家康の学問を愛する心と行動の慎重さから思慮深い人物と評価した。
⑸家康は徳川幕府という覇権を成立させた後、自ら禁中並公家諸法度の起草を命じた。家康は皇室にとって代わろうとしたわけではないが、自分が制定した法に皇室を従わせるという形で実質的に皇室の上に立って覇権を行使した。
⑹家康は王道を正しく補佐することができず、王道を蔑ろにする行為があったが、家康には大道につく大局観があり、与えられた条件下において自らの力を最大限に発揮して覇道を全うしたと渋沢は評価した。

　渋沢は上記のように家康を功罪相半ばする人物と認識した。戦乱の時代において、家康は権力を掌握するまでの過程で権謀術数を行使したが、それは太平の世を実現するという大道を得るための小疵に過ぎないと渋沢は考えた。また、皇室に対して禁中並公家諸法度を発し、権力をもって皇室に対して忠誠ならざる行いはあったが、皇室に対する忠君の精神は忘れなかった。
　このように渋沢の家康に対する思いは複雑である。戦国の世にあって天皇家に代わって世の中を治めることが実質的な秩序維持に必要であったとすれば、皇室を維持しながらあえてその権威に縛りをかけ、皇室に代わって政を行うことが日本全体のためには正しいと考えた家康の行動は深謀遠慮の最た

第 6 章　会沢正志斎『新論』と渋沢思想(1)

るものであった。

　また、渋沢は「人を責むるな」という家康の徳を評するにあたって、家康の目線や立ち位置を考慮して謙譲という言葉をあてはめた。それはまさに当時の時代背景を理解したうえでの慧眼であった。

　「人を責むる」事態を未然に防止する手段が、人を使うにあたっての適材適所の考え方である。人を適所で用いれば失敗も少なく、したがって、人を責めることも少なくなるというのが家康の人材活用法と渋沢は理解した。

　人の上に立って事を成し遂げるには、周囲の人をよく理解し適所で活躍させることが必要である。それでもなお、適所で用いた人材が失敗を犯した場合は、人を責めることなく、人の使い方を見誤った自分が謙譲の心をもって反省すべきというのが家康の人材活用の秘訣であると渋沢は理解した。

　承久の乱にみる皇室と武家の確執や足利幕府の不甲斐なさを知る家康が、徳川家の安心立命がそのまま日本の安寧に資すると考えたとすれば、徳川三百年の天下泰平は近代日本につながる家康の偉大な功績である。立憲君主制となった明治期以降の時代に身を置いて振り返った場合、渋沢としても一方的に家康の天皇家に対する不忠を責めるわけにはいかなかった。

　渋沢は戦国武将の中では、徳川三百年の泰平の基礎を築いた家康を尊重している。家康が天下をとったことを渋沢が肯定的に認めるのは、当時の武将で天下泰平を実現できる度量を唯一持っていたのが家康であったからである。また、家康がその域にまで達するまでには艱難辛苦を経ており、その過程において心身に沁みた深謀遠慮の大切さを家康は遺訓に残したと渋沢は理解した。

　複雑な思いを抱きながらも仁者と認めた家康が作った徳川幕府を渋沢が打倒すべきと考えた理由は、(1)幕藩体制の制度疲労が著しかったこと、(2)本来の使命を忘れた武士階級の頽落のさまを身近に目にしてきたこと、(3)西欧諸国からの脅威に対する幕府の不作為などの３点と考えられる。

　豪農の長男に生まれた渋沢が生活に困窮していたという事実はなく、周りの貧農の惨状を見てやむにやまれぬ心情に陥ったという記録もない。つまり、横浜焼き討ち計画は生活苦に追い込まれて起こす百姓一揆とは動機からして本質的に異なっていた。極論すると、横浜焼き討ち計画は農民インテリが名

分をわきまえず勘違いして思い立った身のほど知らずのテロ計画であった。

　幕藩体制の現状に危機感を抱かない限り、ノンポリの農民にとって横浜焼き討ちは不要不急のテロ行為であった。別言すると、幕藩体制の現状に対する志士としての渋沢の危機感は一般の農民からすると、たとえようもなくスケールの大きな企みであった。その切迫した危機感は、西欧からの脅威に対する幕府の不作為と、岡部陣屋の代官に象徴される武家の体たらくによって渋沢の内面で増幅された。

　そして、危機感の基盤となる西欧からの脅威を身につまされたものとして認識するきっかけとなったのが、新論をはじめとする水戸学の尊皇攘夷思想であり、同じ思想を抱く志士たちとの接触であった。

8－2　徳川幕府の評価の比較検討

　渋沢が攘夷の志士となったのは、豪農の長男に生まれインテリ農民としての教育を受けたことが大きく影響している。これは渋沢が農商の実務知識を身につけながら、武士以上に文武両道にいそしんだ結果でもある。文武両道のうちの「文」として渋沢が身につけたのは、漢籍や歴史の知識に加えて水戸学というイデオロギー性の強い学問であった。

　渋沢が志士と自称することは、名分論からすると農民にとっては不要不急の問題に身のほど知らずにも首を突っ込む道楽とみなされる可能性が高い。しかし、名分論から離れて客観的にみると、渋沢は学識、経験、剣術のたしなみなどを有する人材であり、憂国の士として行動を起こすに足る基本的な資質を身につけていた。

　係る観点からすると、農民である渋沢は士分である正志斎と同様、憂国の情と志士としての力量を有していたといえる。両者間で異なっていたのは、(1)正志斎が住む水戸藩は内陸の血洗島村と異なり外海に接していたため、外国船の脅威を身近に感じられる地理的条件を備えていたこと、(2)正志斎は水戸藩士という立場から幕府の政策に近く接することが可能であったことの2点である。渋沢に欠けていたこれらの点を埋めるべく、説得的かつ煽情的な文章で著されたのが新論であった。

　このように考えると、正志斎と渋沢は、漢籍や歴史の知識を基盤として、

幕府の現状や西欧の脅威について認識を共有していたが、現場感覚に基づく切迫度は大きく異なっていた。

両者は武士と農民という立場の違いから、一方は水戸藩内の闘争に巻き込まれて苦悩し、他方は憂国の志士として無謀ながら初一念を貫いて横浜焼き討ちを計画するというそれぞれの道をたどることとなった。

第9節　渋沢栄一の宗教観

9－1　渋沢栄一の仏教観

渋沢の仏教に対する認識は明確である。渋沢は仏教について、「仏教は主としてわれを棄てよとか、本来無であるとか、一切空とか、全然俗世と相離れた教旨を本としているから、自然に世間日常の事柄と縁遠くなり、したがって精神と物質との結合には、甚だ不便である。それに反し欧米の宗教は、宗教そのものが日常生活と常に相連続しているから、この点においては仏教に優っている」と述べる。

渋沢は仏教が日常とかけ離れたところで空理をもてあそぶと批判する。現実主義者の渋沢にとって仏教の哲学的な教義は人間生活と乖離しており、仏教的真理を追究する修行僧は別として一般人が仏教の教理に拘泥して時間を空費することを渋沢はこころよく思っていなかった。

渋沢はキリスト教が日常生活における人間同士の接際に関わる教義を多く含んでいるため、究理的な教義を主とした仏教より実生活における有益な示唆を多く含んでいると考えた。

渋沢はさらに別の観点から仏教を批判する。渋沢は「仏者の喜捨とか、施与とかいうことは、人智の進み来たりし今日においては、慈善のよろしきを得た方法と言うことはできぬ。人に物を与えてこれを心地よしとすることを咎めるではないが、ただ物を得た人が、ために怠慢心を増すようなことでは、その与えた人も、またその責をまぬがれることはできない」と述べる。

渋沢はそもそも人事を尽くさず神仏に頼み事をする行為を嫌悪する。しか

も仏教がそれを「喜捨」や「施与」というきれいごとに包んで教えに盛り込むことについて批判する。またそれにとどまらず、喜捨や施与によって救われたり、願い事がかなうと信じた仏教徒が努力を軽視して怠惰な状態に陥るというマイナス面についても問題視する。

渋沢はこの点について、「仏者が、わが慈善は仏の道に合うものとし、世の進歩の程度を顧みず、被慈善者の境遇をも察せず、漫然喜捨するは、あたかも老婆に甘やかされたる幼児の、ついにその身を誤まるがごとき不幸がないとは言われない」と述べる(40)。

仏教はその教義によって信者を誤って導き、導かれた信者はその教義に従うことで罪の意識がないまま行動し、人をして道を誤らせる可能性があるという最悪のシナリオを渋沢は示している。

渋沢は神教および儒教との比較から仏教について言及する。渋沢は「神教はわが国の皇祖を尊奉する教えで、広く一般国民の頭脳に宿り、仏教は多くは抽象的のもので、寺院に参詣し、祈願をこめれば幸福を得られるとか、題目を唱えれば、苦難をまぬがれるとかいうように、至って単純に教えたものだが、存外広く行われた。儒教は孔子の学にて、王朝時代からすでに行われていたが、徳川幕府では、もっぱら、武士の間に行われて、孝悌忠信、仁義道徳はすなわち武士の指針であった。これを約言すれば、わが人心を指導し維持し来ったのは、孔子教と神仏の指導的教旨とであった」と述べる(41)。

渋沢は仏教については批判的なニュアンスを込めて述べるが、一般民衆に広く受け入れられたという事実については私見を交えず客観的に言及している。

9－2　渋沢栄一の儒教観

渋沢は少年期以降多くの漢籍を読んできたが、とりわけ深く親しんだのは論語であった。したがって、渋沢の儒教観の多くは論語に対する考え方に表れている。

渋沢は論語を研究するにあたって、朱熹、荻生徂徠、伊藤仁斎、亀井南溟、山田方谷など様々な学統を代表する儒者の著作を猟渉した。しかし、多くの部分で渋沢の論語解釈と近似していたのが、同時代に生きた陽明学者の三島

中洲であった。論理構成は異なるものの渋沢と中洲はほぼ同時期に義利合一説を案出し意見交換した。

　貨殖に関する論語解釈において渋沢と対極をなすのが、正志斎が属する朱子学の祖である朱熹であった。水戸藩士である正志斎が徳川幕府の御用学問である朱子学に傾倒するのは自然の成り行きであるが、青年期から農業や商業などの実業にいそしんできた渋沢が論語の解釈に貨殖の才を重んじる側面を見出したこともごく当然である。

　父の時代に農民から士分に取り立てられた正志斎は、抽象論一辺倒で論語を解釈したわけでなく、水戸藩の行政に関わる立場から藩経済に無頓着でいられる立場になかった。つまり、正志斎が「或は時を逐ひ勢に狥ひ、名を乱り義を遺れて、天を毛挙し、ただ貨利のみこれ談じて、自から称して経済の学となすもの」と断ずるのは、論語解釈において自分と意見を異にする者でなく、論語の精神を忘れて浮利を追い金儲けにうつつを抜かす者という意味である。[42]

9-3　渋沢栄一のキリスト教観

　渋沢のキリスト教観の多くは壮年期以降のものであるので、青年期の渋沢が壮年期と同様の認識を抱いていたとは断言できない。壮年期以降の渋沢のキリスト教観は聖書を読んだうえで形成されたのに対して、渋沢が青年期に聖書を熟読した形跡がないことを勘案すると、渋沢のキリスト教観は教義内容を把握したと考えられる壮年期以降の言行録を参考にすることが合理的である。

　渋沢は一般聴衆に対する論語講義において、「己の欲せざる所は、人に施すことなかれ」という孔子の言葉の解釈を、三島中洲の「己の欲せざる所は、人に施すことなかれといえば、己の欲する所はまたこれを人に施せとの意、自らその中にあり」という解釈を引用して、「かく解釈すれば、西洋流積極道徳の意義と一致す」と述べている。渋沢は、キリスト教の教義を積極道徳と捉え、消極道徳である論語に対するキリスト教教義の優位性を述べている。[43]

　渋沢によるキリスト教の評価ポイントは、日常生活における人との接際において、相手が欲することを積極的に行うべきことを推奨している点である。

渋沢はこれを西洋流積極道徳と呼び、「己の欲せざる所は、人に施すことなかれ」という孔子の言葉を消極的道徳としてキリスト教の優位性を率直に認めている。

渋沢にはキリスト教をはじめとする他宗教の教義から、現世的な合理性を有するものを自身の道徳観に取り入れようとする姿勢が認められる。しかし、聖典や経典で語られる奇蹟や不合理な禁忌については一切評価しない。

渋沢は冷静な判断力を喪失し、超常現象を含む非現実的な宗教教義を無批判に信じることを忌避する。渋沢は論語を中心とする儒教教義を基盤に日常生活において現実的かつ合理的な教義が他宗教に見られれば、有用な部分を弁別して取り入れるという姿勢を有していた。その意味において宗教に対する渋沢の姿勢は柔軟であった。

渋沢は他宗教に対するこのようなスタンスを有する一方、他宗教の信者に対しても鷹揚な姿勢で臨んだ。渋沢は自身が体験した事例として、死の床にある実業家森村市左衛門と接したときのことを述べている。

禅学を志す者からキリスト者となった森村の言葉は、「世の中のことはすべて、神の命に従って行いさえすれば差し支えはない。今世の中がはなはだ憂うべき状態に陥っているとき死するのははなはだ残念であるが、私はやがて神の側に住かねばならぬので、残る君は大いに世のために力を尽くして貰いたい」というものであった[44]。

渋沢にとって、死後神のそばに赴くという考え方は、「神はもと人なり」という渋沢の考えに通ずるものがある。渋沢は「神の命に従って行う」ということと、「論語で語られる真実を咀嚼して考え方や行動を律する」という2つの立場の間に何らかの共通点を見出したのであろう。死後の世界を信じて従容と死を迎え、後事を自分に託した森村の姿勢に渋沢は君子の佇まいを見出し、信仰の違いを超えて感銘を受けた。渋沢は死に向かい合う森村の姿勢を君たる者の姿勢と重ね合わせた[45]。

9−4　宗教観の比較検討

仏教観

渋沢は正志斎と同じく仏教、儒教、キリスト教それぞれについて独自の見

解を有している。正志斎がもっとも深刻な仏法の害と認識するのは、日本に神教がありながら仏教徒がインドの神を信仰しているという点であり、本地垂迹説にいたってはインドの神を天つ神の上に置き、さらには朝廷にまで仏法が浸透する事態が過去に発生したという点である。

　正志斎は仏法の哲学的な教義にインテリ層が魅了され、貧困や困難に苦しむ庶民層に対しては念仏を唱えるだけで現世利益と死後の極楽が約束されると説く仏法を、まやかしを説く似非宗教と認識した。つまり、正志斎にとって仏法は宗教の名を借り、麻薬性と自己増殖性をもって日本人の精神を蝕む怪しげなるものであった。

　対して渋沢は、仏教を根拠なく民衆の依頼心を煽り立てる教義を広めるものと認識した。渋沢は人間の能力を超えるものとして天の存在を認め、霊妙なるものとして天命を重視するが、それらの超越した存在に対して依存することを潔しとしなかった。

　渋沢は現実と乖離した教義と、念仏によって現世の苦しみから救われるといった民衆への説教を、実質をともなわない浮世離れしたものとして嫌悪する。

　このように正志斎は仏法を国政と民衆の内面に与える負の側面から好ましからざるものとして認識し、渋沢は民衆の内面に与えるマイナス面から仏教を同じく不芳なるものと認識する。

　正志斎と渋沢は仏教を日本にとって好ましからざるものと認識するという点において一致してはいるが、その理由については両者間で必ずしも同じではない。

儒教観

　正志斎は神教と儒教の位置関係を誤認識する儒者を俗儒とみなす。神教と儒教に対する正志斎の認識は、あくまでも前者が主で後者が従である。

　天祖から受け継いだ忠孝などの徳目は日本固有のものであり、それを漢字文化が進んだ中国から伝来した儒教によって補完し体系化したというのが、正志斎が認識する神教と儒教の位置関係である。正志斎にとってその順序を逆に認識する俗儒は、儒教の発祥地である中国を日本の上位に置くものであ

り、その誤った認識が隣国を尊称で呼び日本を卑下する態度に表れていると述べる。

さらに、正志斎は儒教の蘊奥を究めることを放棄して現世的な金儲けを浮利によって得ることのみを考える俗儒を嫌悪する。正志斎は形而上学的な側面のみを追求する朱子学者ではなかったが、儒者の本道からそれる儒者を俗儒と呼び警戒心をもって注視すべき存在と認識した。

対して渋沢は、論語を中心に儒学を語る。正志斎の朱子学的思考に対して、渋沢は陽明学的思考を中心に論語を解釈する。特に貨殖に対する認識は同時期に義利合一説を提唱した陽明学者三島中洲と認識を共有していた。

渋沢にとって正志斎の俗儒に相当する儒者は存在しないが、清貧を尊しとする朱子学的発想に対しては明確に反対の意見を有し、論語講義においても独自の論陣を敷いて貨殖の重要性を聴衆に説いた。

このように、正志斎と渋沢では論語解釈に関するかぎりその意見は必ずしも一致しない。しかし、正志斎は水戸学者としての活動とともに水戸藩内の行政にも携わる立場にあったことから、清貧のみを尊しとする教条主義的な解釈で儒教を語ることは不可能であった。

キリスト教観

キリスト教に対する正志斎の認識はきわめて激越である。キリスト教を信奉する西欧諸国は、純粋な信仰の対象であるべきはずの宗教を侵略の道具として用い、かつ、近代兵器によって日本を植民地化しようとしていると正志斎は認識し、その危機感を新論で率直に表現した。

西欧諸国は悪意をもって日本の内部および外部から侵略を意図して接近しているというのが正志斎の認識であった。正志斎にとってキリスト教はもはや宗教でもなく、単なる人心を惑わす侵略の手段にすぎなかった。

対して渋沢のキリスト教に対する評価は相対的に高かった。渋沢が青年期に聖書に接し、その内容を深く理解したことを確認する証跡は見あたらない。したがって、キリスト教に対する認識が白紙の状態で新論を読めば、その時点では正志斎のキリスト教観に同調したであろう。

しかし、壮年期の渋沢は著書や言行録で聖書に言及しており、西洋流積極

第 6 章　会沢正志斎『新論』と渋沢思想(1)

道徳と命名して他者に対して能動的に親切に接することを述べた聖書の文言を、日常生活における接際を円滑ならしめる教えとして評価した。

　このように、残された資料からはキリスト教の教義内容に関わる正志斎からの影響は確認できない。しかし、渋沢の攘夷思想は西欧諸国の侵略に対する危機感を基盤に正志斎との間で共有されたと考えられる。

第10節　第Ⅱ部のまとめ

　第Ⅱ部では、(1)天の認識、(2)忠孝、(3)徳川幕府への思い、(4)宗教観の４点について、渋沢思想が正志斎の新論から受けた影響を考察した。以下で項目ごとに考察結果をまとめる。

天の認識
　正志斎と渋沢はともに天の存在は認識しているが、渋沢は天の生成について正志斎ほど明確に考えを示していない。正志斎が日神である天照大神が天祖であり、天孫たる皇室との関係を論理的に説明したのに対して、渋沢は天にある神は「もと人なり」として、祖霊と現世に生きる人間との霊的なつながりを重視した。

　正志斎は天孫たる皇室の正統性を論理的に説明しようとして天について記述したのに対して、渋沢は皇室が天孫であることを前提として、日常生活における祖霊たる鬼神との関わり方の実際を説いた。渋沢は現世の人間が天という霊妙にして不可知な存在と正しく接するためには、人間社会における接際のあり方を参考にすることが不可欠と考えた。

　霊妙にして不可知でかつ人智の及ばない智慧と力を有する天との関係を、現世の人間が一種の諦観をもって保つためには、天命という人間に定められた宿命を意味する概念によって天との関係を理解することが合理的と渋沢は考えた。

　神となった鬼神がもと人であるとすれば、天に在る「もと人」から人間的な側面が全てなくなることはない。したがって、人間同士の接際の作法と同

様、どちらか一方が他方に依存し続ける片務的な関係はありえない。

　目に見えぬ神に対しては、皇室の祭祀にならって供物を献上し、心よりの感謝を込めて祈ることで現世に生きる人間の気持ちを伝え、日常生活においては分に応じて最善を尽くせば、それを見た天が結果を与えてくれるというのが、「人事を尽くして天命を待つ」という言葉に託された渋沢の天に対する思いである。

忠　孝

　正志斎は忠孝を「誠」から発したものとしてその重要性を演繹的に導き出す。そして、「人間同士」の関係それぞれに「義・親・別・序・信」をあてはめて展開し、それぞれの名分に沿った倫理規範を示して社会の規律を精神面から保とうと考える。

　さらに正志斎は、賢者を尊ぶ「義」から「君臣の義」と「朋友の信」が生じ、親を親しむ「仁」から「父子の親」を説く。

　正志斎による天の徳目を新論の記述に基づいて表現すると、「(君臣・父子・夫婦・長幼・朋友)⇒五典(義・親・別・序・信)⇒(忠⇒義)・(孝⇒仁)」というように単純化される。

　つまり、誠から発した忠孝は、「広く人を愛すること(仁)と義しくあること(義)」という徳目中で最も重要な規範を生み出したというのが正志斎の認識である。正志斎のこのような論理展開は、民心の規律を図ろうとする為政者サイドの思惑に基づいている。

　渋沢は正志斎のような徳目間の関係性を認識していない。渋沢の忠孝の認識は論語と日本の歴史に基づいている。渋沢の考え方は国家・組織・家族からなる人の集まりをマトリョーシカ人形にたとえられる。渋沢はそこで機能する徳目として忠孝を位置づけた。これは正志斎が言及した五品(君臣・父子・夫婦・長幼・朋友)と同じく、人同士の接際をいくつかのカテゴリーに分けて規律づけする発想と酷似している。

　徳目としての忠孝の成り立ちに対する正志斎と渋沢の認識は異なるものの、人間社会の規律と接際において発揮されるべき忠孝の役割に対する認識は両者間で共有されている。

第 6 章　会沢正志斎『新論』と渋沢思想(1)

徳川幕府への思い

　正志斎と青年期の渋沢とでは、武家と農民という身分の違いがあった。正志斎は水戸藩士として、また渋沢は農民志士としてそれぞれが幕府の現状に問題認識を有していた。

　徳川幕府の現状に対する危機感は、相対的に幕府に近接した立場にあって、水戸藩沿岸に外国船の船影をしばしば眼にした正志斎のほうが切迫していた。対して渋沢は農民インテリという立場から理念先行の危機感を抱いていた。

　漢籍と歴史書から得た知識は豊富ではあるものの、海外事情に疎い渋沢が、岡部村陣屋の代官の体たらくを見て幕府の行く末を悲観していたとすれば、海外に関する新論の生々しい記述が渋沢をして危機感を増幅させたことは想像に難くない。

　立場の違いはあれ、正志斎と渋沢には当時の幕府の現状に対する共通の危機感があり、渋沢の危機感は新論の影響によって現実的に解決せざるをえない深刻なものとなった。

宗教観

　正志斎と渋沢の宗教観については、前節で考察した通りであるが、両者間で大きく異なるのが儒教観とキリスト教観であった。儒教観に関して大きく異なる点は、朱子学派と陽明学派の立場の違いに起因する貨殖に対する認識の違いであった。しかし、正志斎は学者としてだけでなく水戸藩行政にもかかわる立場から、儒教を教条主義的に解釈するだけで事足りる立場になかった。

　中国を異常に崇め、相対的に自国を卑下することで日本の誇りを傷つける俗儒の害については、渋沢は正志斎と認識を共有していない。渋沢は論語の著者である孔子を尊崇していた。渋沢の倫理規範の大半は論語に起源を有するといっても過言ではない。

　他国の古典であっても日本にとってそれが有用であれば、忌憚なくそれを日本仕様に変換して取り入れればよいという考え方は、渋沢のキリスト教に対する姿勢にも表れている。

正志斎がキリスト教を日本侵略の道具としかみなさなかったのに対して、渋沢は聖書を読み日本にとって有用な部分については評価した。渋沢は宗教の超常現象や呪術的な側面を忌避したが、現実の人間生活において接際を円滑ならしめる実用的な教えについてはその価値を認めた。

小　括

　本章の目的は、国体（上）に記述されている日本の成り立ちに関する正志斎の思想が、渋沢の思想にどのような影響を及ぼしたのかを明らかにすることであった。
　この目的に沿って、「天の認識」、「天の徳目」、「徳川幕府の位置づけ」、「邪説の害」の４つの観点から新論の記述内容を明らかにし、渋沢思想の特質と比較検討した。
　渋沢の国臣意識を形成した国家観の淵源にある天の認識については、正志斎と渋沢ともに天の存在を前提に、天照大神を天祖とし皇室を天孫と認識する点で一致していた。しかし、渋沢が新論を読んだ青年期においては、両者間で武士と農民という立場の違いがあった。
　水戸学者の中心的存在であるとともに藩行政にも深くかかわっていた正志斎は、幕藩体制における権力者サイドに身を置いていた。正志斎はその立場から、天の生成から地の誕生に至るまでの経緯を論理的に記述し、尊皇思想に基づいて幕藩体制の安定化を図る意図をもって、国体をいかにして外夷の脅威から守るかというマクロ的視点から国体（上）を著した。
　一方渋沢は、正志斎と同じく天の存在を認めるとともに、天の不可知性と天命について日常生活との関係からミクロ的視点で自説を展開した。重点を置く視角は異なっていたが、天の存在を認識し天孫たる皇室が万世一系で日本の頂点にあるべきとする点で両者は一致していた。
　両者間で共有されていたのは幕藩体制の現状に対する危機感であった。正志斎は幕府の不作為や対外政策に不満を抱く水戸藩内の抗争の渦中に身を置くことで多端をきわめかつ困難に直面した。一方、渋沢は倒幕を究極の目的

として横浜焼き討ちというテロ行為を計画した。

　正志斎と渋沢は、立場や年齢は異なっても、ともに尊皇思想を堅固に抱く憂国の士であり、手段は異なっても身をもって知行合一を実践した。

　正志斎が日本固有の徳目として忠孝を重視し、そこから派生する五典（親・義・別・序・信）を政治の安寧を図る規範とした。一方渋沢は、論語に基盤を置き国家、組織、家庭からなる重層構造全体に通底する倫理規範として忠孝を一体として認識した。

　正志斎と渋沢の宗教観の相違は第9節の通りである。両者で合致していたのは仏教に対する批判的な姿勢であった。正志斎はこれに加えて、本地垂迹説に象徴される神教に対する仏法の浸食性を非難する。

　儒教に対する姿勢は、正志斎が朱子学的発想、渋沢が陽明学的発想に立っているかぎり、貨殖に対する基本的な論語解釈で合致することは困難である。しかし、正志斎の貨殖に対する考えについては、所属する学統の基本姿勢から教条主義的な側面のみで判断するのではなく、藩行政に携わっていた経歴を含めて多面的に検討する必要がある。

　キリスト教に対する考え方については、両者間で一致点は確認できない。しかし、渋沢が聖書の文言について考察したことが確認できない青年期では、正志斎の見解に影響されてキリスト教を邪教の最たるものと認識していた可能性は否定できない。この点についてもさらなる検討が不可欠である。

　国体（上）の記述に関しては、正志斎と渋沢の認識に多くの合致点が見られた。しかし、その合致点が新論を通した思想の伝播によるものか否かについては、本章のみで明確な結論を析出することはできない。引き続き新論の他の篇を検討する。

【注】
（1）会沢正志斎「新論」『水戸学』（岩波書店、1973年）50頁。
（2）会沢正志斎「新論」『日本の名著29　藤田東湖　会沢正志斎　藤田幽谷』（中央公論社、昭和49年）295頁。
（3）桐原健真「会沢正志斎『新論』」『岩浪講座　日本の思想　第3巻』内と外—対外観と自己像の形成（岩波書店、2014年）263頁。

(4) 会沢、「新論」『水戸学』52頁。
(5) 臣藤田彪謹述「弘道館記述義 巻の上」『水戸学』(岩波書店、1973年) 262頁。
(6) 臣藤田彪、前掲書、「弘道館記述義 巻の上」262頁。
(7) 臣藤田彪、前掲書、「弘道館記述義 巻の上」263頁。
(8) 会沢、「新論」『水戸学』57頁。
(9) 会沢正志斎「迪彝篇」『新論・迪彝篇』(岩波書店、昭和49年) 260頁。
(10) 会沢、「新論」『水戸学』52頁。
(11) 会沢、前掲書、「迪彝篇」264頁。
(12) 松崎哲之「続・会沢正志斎の『天』について ―天と天照大神―」『中国文化：研究と教育79』(中国文化学会、2021年6月) 73頁。
(13) 会沢、「新論」『水戸学』53頁。
(14) 会沢、「新論」『水戸学』53-54頁。
(15) 会沢、「新論」『水戸学』61頁。
(16) 会沢、「新論」『水戸学』63頁。
(17) 会沢、「新論」『水戸学』66頁。
(18) 会沢、「新論」『水戸学』67頁。
(19) 会沢、「新論」『水戸学』67頁。
(20) 会沢、「新論」『水戸学』67頁。
(21) 大江清一『義利合一説の思想的基盤』(時潮社、2019年) 489頁。
(22) 渋沢栄一「季子第十六第8章」『論語講義(六)』(講談社学術文庫、1977年) 187-188頁。
(23) 大江清一『義利合一説の思想的基盤』(時潮社、2019年) 491頁。
(24) 渋沢栄一「述而第七第22章」『論語講義(三)』(講談社学術文庫、1977年) 82頁。
(25) 大江、前掲書493頁。
(26) 渋沢栄一「堯日第二十第3章」『論語講義(七)』(講談社学術文庫、1977年) 142頁。
(27) 渋沢栄一「季子第十六第8章」『論語講義(七)』(講談社学術文庫、1977年) 266頁。
(28) 大江、前掲書497頁。
(29) 大江、前掲書508-509頁。
(30) 渋沢栄一「述而第七第11章」『論語講義(三)』(講談社学術文庫、1977年) 41-42頁。

第 6 章　会沢正志斎『新論』と渋沢思想(1)

(31) 大江、前掲書514-515頁。
(32) 渋沢栄一「八佾第三第12章」『論語講義（一）』（講談社学術文庫、1977年）172頁。
(33) 渋沢、前掲書（一）、「八佾第三第12章」171頁。
(34) 大江、前掲書501頁。
(35) 渋沢栄一「為政第二第 5 章」『論語講義（一）』（講談社学術文庫、1977年）84頁。
(36) 大江、前掲書279頁。
(37) 松崎、前掲書、「続・会沢正志斎の『天』について ―天と天照大神―」73頁。
(38) 渋沢青淵記念財団竜門社『渋沢栄一訓言集』（国書刊行会、昭和61年）394頁。
(39) 『渋沢栄一訓言集』313頁。
(40) 『渋沢栄一訓言集』323頁。
(41) 『渋沢栄一訓言集』396-397頁。
(42) 会沢、「新論」『水戸学』67頁。
(43) 三島毅『論語講義』（明治出版社、大正 6 年）348頁。
(44) 渋沢栄一「泰伯第八第 4 章」『論語講義（三)』（講談社学術文庫、1977年）154-155頁。
(45) 大江、前掲書249-250頁。

第 7 章

会沢正志斎『新論』と渋沢思想(2)
—国体（中）に探る渋沢思想の淵源—

はじめに

　本章の目的は、国体（中）に記述されている会沢正志斎（以下「正志斎」）の思想が、渋沢栄一（以下「渋沢」）の思想にどのような影響を及ぼしたのかを明らかにすることである。具体的には、国体（中）で示される軍事に関する正志斎の思想を整理し、渋沢の言動と比較検討する。

　明治維新後の渋沢は大蔵官僚を経て下野し、経済界や社会事業分野で長く活躍した。渋沢は少年期から藍の栽培・集荷や養蚕と深く関わり、農業に関する実務経験は豊富であった。青年期にかけて耽読したのは水戸学以外では漢学や歴史に関する著作が多くを占めた。

　渋沢が直接・間接に関わった軍事に関する主たる出来事は、(1)横浜焼き討ち計画、(2)一橋家仕官時代の兵備強化、(3)鳥羽・伏見の戦い、(4)大蔵官吏時代の軍備増強をめぐる大久保利通との論争、(5)財界人としての日清・日露戦争および第一次世界大戦との関わりの大きく5つである。前半の3つは藩内および国内の事例であり、後半の2つは対外戦争に関わっている。

　このうち鳥羽・伏見の戦いは直接関わったものではないが、渋沢はこの戦いの正当性について、維新後に『徳川慶喜公伝』を編纂する際、慶喜と何度も面談し真相を確認するまで問題意識を長く持ち続けたという事実がある。つまり、渋沢が抱えた疑問と葛藤には渋沢の戦争観が表れている。

　新論は多様な視点から書かれた著作であり、国体（上・中・下）、形勢、虜情、守禦、長計の5論7篇の間でも互いにそれぞれの主題について言及されている。

　本章では軍事的行動に関して渋沢が国内で直接・間接に関わった事例とし

ては「横浜焼き討ち計画」、「一橋家の兵備強化」と「鳥羽・伏見の戦い」について検討する。しかし、横浜焼き討ちを計画した渋沢の動機が、正志斎が論じる武士のあるべき姿や果すべき役割のみに由来するとは考えられない。イギリス人を焼き討ちの対象とした背景には、西洋人からの危機と実情について語られた「形勢」や「虜情」からも影響を受けていると思われる。

　また、財界人として存在感を確立した後は、政界にも一定の影響力を有し、かつ世界情勢にも実地にふれる機会が多かった渋沢は、日清・日露戦争、第一次世界大戦について、長期的な観点から日本がとるべき対外政策を提言した。渋沢の世界情勢を考察する資質には「長計」が関係している可能性が考えられる。

第1節　武士の始まり

　渋沢は武士に憧れを抱く憂国の志士であった。しかし、重要であるのは渋沢が新論から武士たる者のあるべき姿や、武士が果すべき役割をどのように学んだかという点である。換言すると、渋沢が農民でありながら武士に憧れ憂国の志士となるうえで、新論がいかなる役割を果したのかという点が重要である。

　渋沢が憂国の志士としてその理念を初めて行動で示そうとしたのが横浜焼き討ち計画である。一橋家における兵備強化は、御所のある京都守衛のために兵力を整え、皇室の藩屏としての武士本来の役割を全うすべく行動して成果をあげた事績である。

　渋沢が関わった軍事に関する主たる事績を、(1)直接と間接、(2)国内と対外の2つの切り口から分類整理すると図表7－1の通りとなる。

　軍事との関係からすると図表7－1のうち富国強兵をめぐる大久保利通との確執は大蔵官吏時代のことであり、日清・日露戦争や第一次世界大戦との関わりは経済界に身を置いた後のことである。

　このような点を考えると、渋沢と軍事との関わりは、(1)渋沢自身が軍事的行動に関わった事績、(2)部外者として強い問題意識を持った事案、(3)兵站部

第 7 章　会沢正志斎『新論』と渋沢思想(2)

図表 7 - 1　渋沢栄一の軍事に関する事績

	直接関与	間接関与
国　内	(1)横浜焼き討ち計画 (2)一橋家の兵備強化	(4)鳥羽・伏見の戦い
対　外	(3)富国強兵をめぐる大久保利通との確執	(5)日清戦争との関わり (6)日露戦争との関わり (7)第一次世界大戦との関わり

【注記】（１）直接関与は渋沢自身が当事者であった事績であり、間接関与は軍事の当事者としては関わっていないが、渋沢の考え方が明確に示されている事績である。
（２）富国強兵をめぐる大久保利通との確執は大蔵省内での事績であるが、富国強兵策が対外的な戦力強化を目指したものであるので、対外に関わる事績として分類した。

門の基盤である経済を担うものとして軍事に関わった事績の３つに分類される。このうち(1)は横浜焼き討ち計画と一橋家の兵備強化、(2)は鳥羽・伏見の戦い、(3)は対外的な戦争に関わる事案である。

1 － 1　武による建国

　正志斎によると、日本は武をもって建てられた国であり、国の成り立ちと武は不即不離の関係にある。三種の神器の一つである宝剣は武の象徴である。しかし、この点だけを取り上げれば、武力を有する集団の一つが覇権を確立するために対抗勢力を従わせたと捉えられる。
　正志斎は国体（上）において、皇室は天祖たる天照大神の天孫と位置づけ、単なる武力集団とは異なる権威があると述べる。そして、皇室が武によって国を統一する行為を皇化と名付けてその正当性を論じる。
　正志斎はこの点について、「天朝、武を以て国を建て、詰戎方行せしこと、由来旧し。弧矢の利、戈矛の用は、すでに神代に見えたり。宝剣は与に三器の一に居る、故に号して細戈千足の国と曰ふ。天祖、中州を天孫に授け、押日をして来目の兵を帥ゐて行に従はしめたまふ。太祖の征戦も、また専ら来目を以て折衝の用となし、遂に中土を平定したまふ。また物部を置き、来目と相参して、以て宮城を衛り、国土を鎮めしむ。崇神天皇、将軍を四道

に遣はし、不庭を討平し、皇子豊城命(とよきのみこと)をして東国を治めしめたまふ」と述べる。[(1)]

　正志斎は仁徳天皇の時代を経て、履中・安康天皇に至り任那や朝鮮に対する朝廷の影響力が低下したことや、天智天皇による任那の維持が不調に終わったこと、斉明天皇が現在の中国東北部を征伐した事実などを淡々と述べる。

　これら海外への進出は現代の常識からすると侵略行為であるが、正志斎の論理に基づけば、これは天祖から天孫に残された善謀であり皇化を四方におよぼす行為ということになる。

１－２　兵制の推移

　国家が形作られ地方を支配する国造や県主が領地を守る必要に迫られると、彼らは兵を整えて社会や民衆の治安維持を図るようになった。これらの兵は募兵制により強大化して軍事組織となり、それが職業化することにより武家が生じたと正志斎は説明する。

　やがて地方の集団が力を持ち、互いが覇を競う戦国時代になると、知勇、謀略に優れた者が勝利をおさめて封建制度が成立したというのが、正志斎が語る武家の歴史である。ここに至って兵農分離が成立した。

　正志斎は武家の歴史を概説した後、兵の本来のあり方に言及する。正志斎は「天神の兵」つまり天兵という言葉で説明する。古代では兵器は神社に納められており、戦争があると天神地祇を祭って勝利を祈願した。天神から命を受け忠孝の志を一つにして戦う兵が天兵であると正志斎は述べる。

　渋沢等が横浜焼き討ちを計画するにあたって、首謀者の一人である尾高惇忠が神託を書き集団を神兵と名乗った。この行為は彼らの蜂起を正当化するためのこじつけと見られたが、渋沢をはじめとする農民インテリが新論を読み「天神の兵」のくだりを独自に解釈したとすれば、彼らは自らの行為を天の意に沿うものと認識していた可能性がある。

１－２－２　兵制推移の段階

　正志斎は兵制の推移を３段階で説明する。第１段階は仏教による悪影響である。正志斎は仏教を邪教としたうえで、その教義が民心を惑わせて民の志

第7章　会沢正志斎『新論』と渋沢思想(2)

すところを四分五裂させたと述べる。本来、兵は天兵であり天神の心のままに動くが、邪教である仏教によってそれが阻害され、兵は天神の心によって動くのではなく人の心によって動くようになったと正志斎は主張する。

　第2段階は、源頼朝が鎌倉に幕府を開いたことに引き続き、北条、足利が兵の力をもって支配するようになった段階を指す。そして、本来土着すべき兵が郷里を離れて四散することになった状態が第3段階である。

　正志斎は淡々と武士の歴史を概観しているようであるが、歴史的必然性はあったにせよ、徳川幕府につながる武家政権は決して本来のあり方ではないことを巧みな表現で主張している。

　正志斎の主張を修飾的な表現を排除してストレートに要約すると、(1)そもそも幕府体制下で武力によって覇権を行使する政治は本来のあり方と異なること、(2)将軍はキリスト教だけでなく仏教をはじめとする邪教の危険性を正しく認識すべきこと、(3)参勤交代は武士の土着を阻害する制度であり、武士と土地は不離一体であるべき原則に反すること、という3点となる。

　新論を呈上された第8代藩主徳川斉脩がこの真意を読み取ったとすれば、幕府の意向を慮って同書の刊行を差し控えたのは当然であった。一方、憂国の志士の立場から渋沢が正志斎の真意を上記のごとく解釈したとすれば、武士のあり方とそれを支える封建体制の矛盾を認識したと思われる。正志斎は豊臣から徳川への時代の変遷について以下のように述べる。(2)

　「豊臣氏、天下の太だ強きを患へ、有土の君を挙げて、ことごとくこれを大坂に処き、或はこれを土木に役し、或はこれを戦伐に用ゐて、これをして一日も強をその国に養ふを得ざらしむ。東照宮の興るや、その務もまた本を強くして、末を弱くするに在り。武士をしておのおの都城に聚処せしめ、これをして一日も強をその邑に養ふを得ざらしめ、庶民をして耳に金鼓を聞かず、目に干戈を見ざらしむ。ここにおいてか、兵は寡く民は愚にして、天下始めて弱し。而して一時の人豪も、屏息して命を聴けり。英算偉略の、天下を独り運せし所以のもの、その効速やかなりと謂ふべし。」

　正志斎は、本来土着すべき武士を豊臣氏が大坂に集めて土木や戦伐に用ゐ

ることにより、武家の力を殺いだのと同じことを徳川氏が行ったと述べる。天下の安寧を保つためには、武士は土着すべしという大原則をおかし、権力を集中させることを目的に、いわば必要悪を行ったという点で豊臣と徳川は同じことをやってのけたというのが正志斎の主張である。

換言すると、天下の安寧を保つため、本来の武士のあり方に反する政策をとったという点において、徳川は豊臣と何ら変わらなかった。しかし、徳川の中央集権的な政策は、各藩の兵勢を弱め幕府に対する反抗勢力を衰弱させることによって成功をおさめたと正志斎は理解していた。

正志斎の主張には２つの点において問題が存在する。それは、⑴土着を武士本来のあり方として強調しているにもかかわらず、それに反した幕府の政策の正当性を主張していること、⑵武士が惰弱になった原因が幕府の政策にあるにもかかわらず、政策の失敗が幕府の責に帰することついて触れていないことの２点である。

賢明な渋沢が新論のこのくだりを読めば、正志斎の主張が内包する矛盾に気がつくであろう。そして、権力サイドに身を置く正志斎が本来主張すべきことを曖昧な表現で包み隠していることに気がつき、正志斎の真の主張がどこにあるのかを探り当てたと考えられる。

このようにして渋沢が新論の行間を読んだとすれば、正志斎の立場を理解したうえで、新論の真の主張である幕政の誤りを指摘していたという事実にたどり着いたと考えられる。

新論を読んだ渋沢が、その煽動的な表現のみに引きつけられて横浜焼き討ちを計画したとは考えられない。少なくともイギリス人とその館を焼き討ちすることを契機に、幕藩体制に揺さぶりをかけようと考えた背後には、正志斎が幕府に不満を抱いていたのではないかという冷静沈着な裏読みが存在した。

さらに、横浜焼き討ちを決行するにあたって、自らを神託によって外夷を征伐する「神兵」と位置づけた背後には、明らかに新論で述べられた「天兵」の顰にならって自らの正当性を主張した形跡が存在する。

これらの点を勘案すると、渋沢は新論から一方的に影響され、その内容を全面的に受け入れたのか、それとも、新論で語られる論理を逆手にとって、

自らの行動の根拠として利用したのかという点をあらためて分析視角として検討する必要が生じる。

1－2－2　武士と農民と商人

　武家は惰弱にはなったものの、敵に立ち向かうにあたって潔く死を受け入れる姿勢を保ち続けられたのは、家康が武家の基礎を作るにあたって節義をもって人を励ましたからと正志斎は述べる。武士には名分と節義を重んじる姿勢が残っているというのが正志斎の主張である。

　この点について正志斎は、「夫れ天下の事は、この利あればこの害あり。弱の弊は必ず振はざるに至る。然れども当時、弱勢ありて弱形なきは何ぞや。東照宮の基を立つるや、もっぱら節義を以て士衆を磨励し、士は進んで死するあるも退いて生くるなし」と述べる。[3]

　名分と節義を保った武士が俸禄を得て都市部に集まると、その金を目当てに商人が群がる。付加価値を生まない武士が商人にかかれば否応なく利益を吸い上げられる。そして、誘惑の多い都市部では武士の堕落が始まる。このメカニズムを「武士」、「農民」、「商人」の三者関係から考察する。

　武士の俸禄は農民からの年貢米で賄われ、都市部における武士の生活物資は商人を通して供給される。年貢米という付加価値の流れは、「農民⇒武士⇒商人」となる。年貢米は主食であり武士は札差や本両替などを通して銭に替える。そうなれば三者間はリニアの関係となり基本的にループは生じない。その関係は社会の付加価値はほぼ一方的に商人に蓄積されたという事実で明らかである。

　農民は年貢米という現物を生産するので、年貢の徴収は単純で武士からの取り立てに対するごまかしはききにくい。しかし、武士にとって、物流や値決めなどの商習慣を有する商人の世界を理解することは困難である。したがって、武士と商人の間のやり取りは商人の思いのままとなり、商人が提供する珍奇なものは武士を遊惰にし、武士の使命を忘れさせる。

　この点について正志斎は、「夫れすでに天下の膏血を尽して以て武士を養へば、武士の聚る所には、貨財もまた聚り、貨財の聚る所には、商賈もまた聚る。商賈は時好に走り、花利を逐ひ、珍怪奇異、備へざるはなし。猛将・

勇士をして戦伐を忘れ、升平を楽しましむる所以のものは、固よりよろしくかくのごとくなるべしといへども、その流弊に至りては、すなはち僭奢、風を成し、情に触れ欲に従ひて、礼儀を知らず、故に富みて教なければ、すなはち驕淫蕩佚して、至らざるところなし」と述べる。

　渋沢は一橋家に仕官して兵備強化や財政改革を行った。渋沢が財政改革に力を発揮できたのは、藍と養蚕を農民として営む一方、藍の集荷・販売という商業活動に若年から従事していたからである。藍の集荷作業において適正に値踏みするためには、藍の生育状況や需要動向を把握する実務に携わらなければ身につかないノウハウが必要であった。

　一橋家の家臣という立場にあって農と商の実務知識を備えていた渋沢は、生来武士として育てられた人間には決して得られない実務能力を身につけていた。14歳から藍の集荷実務に携わり文武に精進していた渋沢が新論の上記のくだりを読んだとすれば、武士の体たらくと見識の低さに心底驚いたであろう。

　渋沢はすでに17歳の時、500両という無理筋な御用金を居丈高に要求した、安部摂津守の岡部村陣屋の代官の見識の低さと無能さを目の当たりにしていた。豪農の家に生まれた渋沢は、「農民⇒武士⇒商人」で示されるリニアな付加価値の流れを把握していた。

　安部摂津守による返すつもりがない御用金の要求は、経済システムの欠陥によって生じた富の分布の歪みを、「(豪商＋豪農)⇒武士」という非公式かつ不条理なプロセスを追加することで、「農民⇒武士⇒商人⇒(豪商＋豪農)⇒武士」という循環を強引に成立させるものであった。渋沢から見ると、これは強権を振りかざして裕福な者から富をむしり取る強盗に等しい行為であった。

　自分が仕えるべき君が存在しない時点で、渋沢はこの矛盾に満ちた幕藩体制を打倒しようと考えた。しかし、時を経て武士の立場に身を置き一橋慶喜という君主を得てからは、臣下として現状の政治体制を受け容れ、藩のため現実的に行動した。

第7章　会沢正志斎『新論』と渋沢思想(2)

第2節　武力の強化

2－1　現体制の問題点

　正志斎は「利のあるところおのずから害をともなう」という表現を用いて、幕藩体制下における国防の問題点を暗に指摘する。正志斎のいう「利」とは、徳川幕府に権限と武力を集中することによって長く安寧を保つことであり、「害」とは各藩の力が弱まるとともに武士の土着が崩れることである。

　武士の都会化は武士を遊惰にするとともに戦闘力を殺ぐこととなり、必然的に国防力が低下する。家康が徳川幕府を設立して以降、鎖国政策を堅持することによって外夷の脅威を免れていた時代は、国内が安定し「利」が有効に機能した。しかし、鎖国政策や外国船打ち払い令では脅威を免れることができない時代になると、当初は「利」であったものが「害」に転化するというのが正志斎の主張であり、それが幕府の直面する幕末の実態であった。

　正志斎が新論で提言したのは、「これまで幕府はよくやってきましたが、対外的な事情が大きく変化した現状においては、もう少し視野を広くして国防のあり方を現実的に見直しましょう」というものである。幕政の中核にいるわけでもない正志斎が、権威に凝り固まり正常性バイアスにとらわれた幕府に対してこの提言を行うにあたっては、利と害という2つの概念によって、「Yes But」話法で表現するのが精一杯であった。

　正志斎はこの点について、「しかも利の在るところ、弊もまたこれに随へば、これを矯めざるを得ず。今、幕府の議、すでに虜を攘くるに決したれば、すなはち寡を転じて衆となし、弱を更めて強となすは、その勢の得て已むべからざるものなり」と述べる。

　慧眼な渋沢が正志斎の真意を理解できなかったとは考えられない。なぜなら、文武両道に熱心に取り組み、かつ、父の渋沢市郎右衛門元助に節約の精神を叩き込まれた渋沢が、武士の実態や腰の重い幕府の姿勢に苛立ちを覚えないはずがないからである。

　幕府が正常性バイアスを抱えた背景には、「組織文化の逆機能」や「保守

317

本能」など様々な要因が考えられる。260余年の長きにわたって天下泰平を実現してきた徳川幕府は、長年好成績を維持してきた優良企業にたとえられる。徳川幕府内では、組織の硬直化、思考様式の均質化、環境変化への適応能力低下など企業衰退と同様の兆候がみられた。

環境適応能力の低下は海外事情に無知であることに起因し、それをあえて認識しようとしない心理的動因には正常性バイアスや保守本能が働いた。新論を受け入れることは幕府自身の自己否定となる。正志斎はそれを見越したうえで、「形勢」において世界情勢を語り、「虜情」では西洋人からの危機と実情について論じた。

農民である渋沢は正常性バイアスや保守本能にとらわれることなく、危機感を強く抱く憂国の志士であった。権力者が新論を遠ざける心のバリアが渋沢には存在しなかった。武家の名分と無縁な渋沢は新論を通して正志斎と危機感を共有したが、その危機感に基づいて行動するための選択肢は限られていた。

それは、無作為な幕府に対して自己犠牲により刺激を与えることであった。横浜焼き討ちを計画した背景には新論に対する共感が存在したと考えられる。

2－2　外夷への備え

正志斎は武士の土着化が後退することによって武力が低下したことを是正するため、義と節操を重んじる家康の根本精神に回帰し、各藩の武力を強化して外夷を排除すべきと主張する。

家康は義と節操を重んじて幕府を開き、天下の安寧を確保するため、各藩の経済力と武力を低下させる政策を採用した。正志斎の提言は、幕藩体制をそのままに据え置いたうえで、これまで安寧を築き上げてきた「義と節操の重視」と「幕府への武力と経済力の集中」というセットで構成される政策のうち、前者を強化し後者を後退させることであった。

正志斎はこの点について「夫れ節義を以て士衆を磨励するに、必ず東照宮の当日の意に倣倣するは、本を強くする所以なり。邦君をして強を国に養ふを得しめ、士大夫をして強を邑に養ひて、兵に土あり、土に兵あるは、末を強くする所以なり。本来共に強く、兵甲すでに衆ければ、天下の民、勇あり

第7章　会沢正志斎『新論』と渋沢思想(2)

て方を知り、義気、海内に溢る。海内の全力を用ひて、以て膺懲の師を興し、醜虜をして跡を屛け形を竄し、敢へて辺に近づかざらしめば、庶幾くは国体を忝しめざらん」と述べる(6)。

　正志斎はこれまで体制を支えていた規範や方針の一部を強化する一方、武士の土着によって辺境の地を兵備強化して国防力を高めるべきと主張する。これは従来各藩の軍事力を弱める方向で進めてきた政策を転換すべしという主張である。

　幕藩体制を建物にたとえると、それまで長く建物を支えていた同じ長さの2本の柱のうち一方を高くすると同時に他方を低くすれば建物はバランスを崩して崩壊する。都市部と辺境の防備に大きな偏りがあってはならないのである。

　さすがに自分が展開する論理と幕府の従来方針との間に矛盾を感じたのであろう、正志斎は「或ひと曰く『末をして強を養はしむれば、恐らくは尾大の患を生ぜん』と」と述べて先回りして反論を封じる準備をする(7)。

　これは、各藩の武力を強化すべしとする正志斎の見解に異を唱える人がいたことを示している。しかし、予想される反論に対する正志斎の再反論は精神論に終始する。正志斎は以下の論理を展開する(8)。

　「臣謂ふ、英雄の天下を用ふるは、時を相して弛張し、羈絆を解脱して、そのなさんと欲するところを縦にすといへども、しかも天下敢へて動揺せざるは、その襟胸を恢廓にして、天下の変に処するに足り、紀綱は振粛にして、天下の死命を制するに足ればなり。今、天下すでに幕府の英断を知り、感憤激励す。たれか敢へて俯伏して命を奉ぜざらん。ここにおいて大いに赤心を推し、天下とその休戚を同じくして、天下をしておのおの自からその強を養ふを得しむれば、天下豈に奔走して令に趨かざるものあらんや。」

　英雄が天下において事をなす場合は、緩急を自在にして絆に拘束されることなく、なすべき事を進めていく。それによって天下が動揺することがないのは、英雄の胸の内が広く朗らかで天下の変動に善処することを知悉しており、緻密に勘どころを心得ているからであるというのが正志斎の論理である。

第Ⅱ編　会沢正志斎と渋沢思想

　正志斎は英雄が誰なのかを特定していない。またその英雄が天下の一大事に際して能力を発揮するという根拠も具体的ではなく、英雄の個人的な資質のみに拠っている。正志斎の論理は英雄待望論であり具体性を欠いている。
　問題は渋沢がこの一節を読んだ時にいかなる思いを抱いたのかという点である。渋沢がこの一節に触れた年齢にもよるが、幕藩体制に不満を持つ現実主義者の渋沢が正志斎の英雄待望論に感化されたとは考え難い。影響を受けたとすれば、体制内にも因襲的な幕府の発想とは異なる痛快な理想を抱く人物が存在するという点であろう。それまで論理的に自説を展開してきた正志斎が急に英雄待望論を唱えたことに渋沢は違和感を抱いたと思われる。
　英雄待望論を述べた後の正志斎の論理はさらに混乱をきわめる。正志斎は英雄待望論を敷衍して、「且つ夫れ謂ふところの『強を国邑に養ふ』とは、豈に必ずことごとく旧制を革め、都城を空しくして、皆これを遣帰するの謂ならんや。前賢、往往兵のよろしく土着すべきを論ぜり。その見、卓なりといへども、郡県の制を以て、封建の勢を論ずれば、未だ施行すべからざるものあり。臣、別に見るところあれども、今は未だ具には論ぜず」と述べる。[9]
　正志斎は、各藩の武力を強化することは都市部の武力を弱体化させることを意味するものではないと述べる。さらに、封建制度に代えて郡県制度、つまり郡の下に県を置き中央集権的に皇帝が統治する秦の制度に倣うことも不可能と述べる。しかし、正志斎は自分には考えがあるが今その詳細は述べないとして言葉を濁す。
　正志斎が言葉を濁した理由として、幕藩体制にとって望ましくない考えを抱いていた可能性が考えられる。なぜなら、正志斎の言葉を予断なく解釈すると、将軍が率いる郡県制度が現実的でないのであれば、幕府および各藩をまとめ上げる統治者は朝廷のみということになるからである。
　換言すると、それは政治の実権を朝廷に返すことを意味する。しかし、それを言うことは幕藩体制の否定となる。正志斎が言葉を濁した背景にはこのような思惑があったと思われる。
　正志斎は論理矛盾を抱えながらひかえめに真意を述べる。正志斎は人物が特定されないように英雄という言葉を使い、その英雄が果すべき役割について自説を展開する。正志斎の真意を探るうえでポイントとなるのは、英雄を

特定しなかった点と、「臣、別に見るところあれども、今は未だ具には論ぜず」として自説を明確に示さなかった点である。

　外夷による侵略という国難に直面している現状を打開すべく、先頭に立って率いるべき英雄が将軍であると正志斎が考えていたとすれば、時の将軍を固有名詞で表現しないまでも「英雄」ではなく冒頭から「将軍」と表示したと考えられる。これは、国難に際して国を率いるべき英雄は必ずしも徳川将軍に限らないという意思表示と考えられる。

　さらに正志斎は、外夷の脅威にさらされている現状を、尾張・甲斐・相模三国に囲まれたかつての徳川家になぞらえて語る。しかし、国体（中）の最後で正志斎は、「ここにおいてか政を立て教を明らかにし、兵は必ず命を天神に受け、天人一となり、億兆心を同じくし、光を觀(あらわ)し烈を揚(あ)げ、国威を海外に宣べ、夷狄を攘除し、土宇を開拓すれば、すなはち天祖の貽謀(いぼう)と、天孫の継述との、深意の存せしところのもの、実にここにおいてか在り」と述べる。(10)

　正志斎は、「天にある天祖たる天照大神を始祖とするのが地にある天孫たる皇室である」という建て付けで国体を認識した。「天祖の貽謀と、天孫の継述との、深意の存せしところのもの」とはまさに天神の意を受けた皇室の本来業務にほかならない。

　つまり、存亡に瀕した国家の先頭に立って天祖の貽謀と天孫の継述を図る英雄の主役は天皇であるべきであり、現実的にそれが不可能な場合は、天孫たる皇室の意を受けた徳川将軍がその責を果たすべきというのが正志斎の真意と考えられる。

　問題は渋沢が正志斎の真意をどのように理解していたかという点である。新論を読んだ渋沢は尊皇攘夷思想に傾倒していた。もし、上記の英雄を徳川将軍と理解したとすれば、その内容に違和感を抱いたと思われる。しかし、それを朝廷と理解したとすれば、渋沢は国体（中）の内容を抵抗なく受け入れたであろう。

2－3　武士の義と利

　武家に育った正志斎は、武士の立場から義と利の関係について考える。正志斎による利の解釈は商取引を通して得る利とは異なる。正志斎が考える

第Ⅱ編　会沢正志斎と渋沢思想

「利を求める心が国を弱体化させるプロセス」は以下の通りである。

　⑴社会に貧富の差が生じる。
　⑵貧は弱と密接な関係がある。
　⑶貧者が身の丈以上を望むと、彼らは専ら生きることを慮る。
　⑷生きることを慮ると貨財を顧みる。
　⑸貨財を顧みると利を見る。
　⑹「利」を見れば「義」を忘れる。
　⑺義を忘れると廉恥心がなくなる。
　⑻廉恥心がなくなれば国は弱体化する。

　正志斎は義と利について、「ここを以て富溢れて貧を生じ、貧は弱と相依る。貧にして奢れば、すなはち生を営むことを慮り、生を営むことを慮れば、すなはち貨財を顧み、貨財を顧みれば、すなはち利を見て義を忘る。ここを以て上下こもごも利を征りて、また廉恥なし。国に廉恥なければ、すなはち天下に生気なくして、弱形見る」と述べる。(11)
　正志斎は義を忘れて利のみを追求する姿勢を「廉恥を忘れた状態」と表現する。そこには義と利が共存あるいは合一するという考えはない。利のみを追求する行為は利己的であり、利己的であることは他者を慮ることがない状態で、身分の上下にかかわりなく、そのような風潮が蔓延すると国が弱体化するというのが正志斎の利についての考え方である。
　正志斎にとって利とは自分の生活を守りかつ向上させることのみを考えて、他者を慮ることを忘れた利己的な行為であり、商売上の利益に限定されない。
　士農工商すべてが利己的な行動に走れば天下は弱体化するが、特に本来身を捨てて国や主君を守るべき武士が利己的な行動をとれば、その存在自体が無意味となり、国が存亡の危機に瀕することになる。正志斎は「貧」から始まる「利」への拘泥が国の存亡にまで及ぶ道筋を独自の論理で説明した。
　正志斎は、利は身分を問わずあらゆる部面における利己的行動であると広く定義し、「利」は「義」と相反すると理解した。しかし、利に走る原因である貧がいかにして生じるかという点については言及していない。この点に言

及することは、前節で取り上げた「農民⇒武士⇒商人」で示されるリニアな付加価値の流れが、幕藩体制下で生じているという事実に触れざるを得ないからである。

正志斎は利をマクロ的に捉えるという視野を有しながら、その立場上、体制論に触れることはせずもっぱら精神論に終始した。これに対して渋沢は義利合一説を営利活動の部面で捉え、義と利は相反するものではなく、合一すべきものという論理を展開した。

義利合一説が大蔵官吏から下野した後に確立されたことを勘案すると、渋沢が青年期に読んだであろう新論のこの一節が義利合一説のアイデアを直接喚起したとは考えられない。義と利は相反するという正志斎の考えは渋沢の考えと相容れない。憂国の志士を自認する若き渋沢がこの一節を熟読したとすれば、まず着目したのは貧の原因を作り出す「幕藩体制の矛盾」である。

第3節　渋沢栄一の軍事に関わる事績

本節では正志斎の軍事の考え方に基づいて、渋沢が関わった軍事に関する事績に検討を加え、新論からの影響の有無を考察する。図表7−1で(1)直接と間接、(2)国内と対外という2つの軸で分類した事績は以下の通りである。

【渋沢が直接関与した国内事案】
(1)横浜焼き討ち計画
(2)一橋家の兵備強化

【渋沢が直接関与した対外事案】
(3)富国強兵をめぐる大久保利通との確執

【渋沢が間接的に関与した国内事案】
(4)鳥羽・伏見の戦い

第Ⅱ編　会沢正志斎と渋沢思想

【渋沢が間接的に関与した対外事案】
⑸日清・日露戦争および第一次世界大戦との関わり

　上記のうち、「⑶富国強兵をめぐる大久保利通との確執」については、第8章で取り上げるので、以下では同項目を除く4項目について考察を加える。

3－1　横浜焼き討ち計画

　横浜焼き討ち計画はテロ行為を正当化するための理屈によって支えられていた。具体的には、神託によって、既存の身分制度を超越した概念を持ち出して自分たちを神兵と位置づけるとともに、襲撃の対象であるイギリス人を人間以下の害獣に貶めることであった。
　本節では渋沢等が武器と兵員をいかなる段取りで準備したのかを確認する。渋沢は横浜焼き討ちのための武器の調達について後日談で以下のように語っている。[(12)]

　「……併し其時は、極真面目で、所謂満腔の精神を籠めて諸事を謀議しました、謂はゞ此手筈は斯くすべし、彼の方法は斯様にありたし、又兵器とても、鉄砲は用意し得られぬから、槍と刀とを用ゐることにしやう、其他の用具に至るまで、春以来秘密に買調へたが、詰り万一を僥倖する仕事だから、ドウセ甘くは出来まいが、出来ぬ所が、一死以て止むといふ決心で、刀なども此処で買ひ彼処で買ひして、尾高が五六十腰、自分が四五十腰其外着込みといって、鍛い皮を鎖りで亀甲形に編み付ケた、剣術の稽古着の様なものから、提灯、其外必用の物の具までも、相応に用意して買集めた、其金は、藍の商売をした勘定の中から、父に隠して支払つたが、凡そ百五六十両位であつたと思ひます、其れから銘々竹槍を持つて、高張提灯を押立るといふ趣向だから、丸で昔しの野武士（いでたち）の様な扮装であつたらうと考へます、……」

　渋沢の後日談の内容から判断すると、約100人分の刀と槍を準備したことになる。しかし、高崎城を襲撃して武器を入手したとしても、反乱が露見すれば鎌倉街道を南下する途上で幕府軍に制圧される可能性が高い。

第 7 章　会沢正志斎『新論』と渋沢思想(2)

　しかし、「所謂満腔の精神を籠めて諸事を謀議」し、かつ父を欺いて150～160両もの戦費を本業から捻出して武器調達に投じた点を勘案すると、横浜焼き討ちにかける渋沢の本気度が認められる。
　自分が正しいと信じる行為であったとしても、藍の商売から不正にテロ資金を捻出したことに渋沢が後悔の念を抱かなかったはずはない。渋沢は小規模な内乱であろうとも戦闘行為には財務的な裏づけが不可欠であることを強く認識した。渋沢は焼き討ちに参加する兵員の確保について、後日談で以下のように述べる。

「徒党の重立つた人々は、尾高兄弟に喜作と自分との外将官株は千葉の塾で知己になった真田範之助、佐藤継助、竹内錬太郎、横川勇太郎及び海保の塾生中村三平などで、これらは孰れも文武の能を以て帷幄の議に参し、其他は尾高と予の親戚郎党の中から腕強く気壮なる者が選ばれていづれも小頭の列になつた、総勢挙つて六十有九名、之を統率するは実に藍香と喜作と予とで一発大義を天下に唱へんとする凄殺の気は、陰々として武の北辺刀水の湄に充ち盈ちた、が、号令の厳粛と規約の堅固とは、その事の気勢だも党外の者に示めさず、従容たる藍香は算盤を手にして藍を売り、予は何気なく田畑に出でゝ農事を督し、風雲の会の底事たるかを知らざるの体にあつた、されば岡部の代官も之を悟らず、八州の手先も之を探り得ず、震天動地の挙、一旦其鉾を収めたる後は寂として物無きが如く山雨来らんとして風楼に満つの慨があつた。」

　渋沢等は、親戚と一族郎党に加えて海保塾や千葉道場で意気投合した仲間を含めて約70名の同志を集めた。海保塾で知己となった真田範之助らについては「孰れも文武の能を以て帷幄の議に参画した文武に優れた人材」であると述べている。このことから、親戚や郎党以外で計画に参画させた人物の評価は時間をかけて行われたことがわかる。
　横浜焼き討ち計画は尾高長七郎（以下「長七郎」）が京都から戻った時点で、約70名の同志と約100人分の刀と槍を確保して実行可能な状態にあった。しかし、十津川浪士100名が決起し、目的を果たさず敗走した事実を知った長

325

七郎が体を張って阻止したため、横浜焼き討ち計画は未遂に終わった。結果的に長七郎の意見は正しかったのである。

　渋沢は横浜焼き討ち計画が未遂に終わったことで挫折感を味わったが、それ以上に学ぶことが多かった。このうちで最も大きな学びは、長七郎との激越なやり取りを後日振り返って得た教訓である。

　後日渋沢は計画の挫折がたとえようもない僥倖であったことを認識するとともに、事を起こすにあたっては四囲の状況を慎重に調査して判断すべきことを学んだ。真剣に取り組んだ武器と兵員の確保によって、渋沢は農商実務とは異なる軍事に関する経験と知識を得ることとなった。

　横浜焼き討ちの決行日は1863（文久3）年11月23日と決まっていた。長七郎が京都から戻ったのが同年10月下旬であるので、計画中止は決行を1か月後にひかえたまさに直前のタイミングであった。決行中止は渋沢の生涯で最も大きな分岐点であった。なぜなら、予定通りに決行されていたとすれば維新後の渋沢の活躍はなかったであろうし、日本資本主義の性格も大きく変わっていたと考えられるからである。

3－2　一橋家の兵備強化

　一橋家に仕官した渋沢は同家の兵備強化と財政改革の2点において大きく貢献した。この2つは従来から一橋家の課題であったが、具体的に手を下す家臣はいなかった。この課題を達成した渋沢は一橋慶喜から多大な信頼を得ることとなった。

　渋沢は一橋家の兵備強化と財政改革を、横浜焼き討ち計画の挫折後に経験した。時系列的に整理すると、「一橋家の兵備強化と財政改革」は、「横浜焼き討ち計画」と「鳥羽・伏見の戦い」の間に位置する結節点であり、その後の渋沢の事績に多大な影響を及ぼした。

結節点としての兵備強化と財政改革

　一橋家を国家にたとえると、渋沢は文武両道と農商実務に秀でた実務官僚であった。渋沢が兵備強化と財政改革において果たした役割は、国防大臣と大蔵大臣の下で実務の全てを取り仕切る高級官僚の仕事に相当する。

第7章　会沢正志斎『新論』と渋沢思想(2)

　渋沢が一橋家の兵備強化で成果を上げ得たのは、横浜焼き討ち計画の中心人物として、武装蜂起する仲間を招集するとともに、焼き討ちに必要な武器を収集した経験があったからと考えられる。

　横浜焼き討ち計画における同志の糾合と、一橋家の兵備を強化するための人材確保で異なるのは、前者が秘密裏に進められるテロ計画で、信頼のおける仲間を時間をかけて集める必要があったのに対して、後者は京都守衛という正当な目的を全うするため、短期間で人材を確保しなければならなかったという点である。

　横浜焼き討ち計画に参画する同志を糾合する困難さを経験した渋沢にとって、藩主の了解と藩のバックアップを得て兵力を集める作業は容易であった。なぜなら、テロ行為に参画する同志は、思想信条と秘密を共有するとともに、計画失敗時に降りかかる災厄を受け入れる覚悟を有する人材を集めなければならなかったのに対して、一橋家の兵備強化のための人材は、卑役ながら農民から武士になれるというインセンティブを刺激することで、比較的容易に人材確保が可能となったからである。

　一橋家の財政運営の問題点を探り出して改革を推進することは、農商実務に詳しい渋沢にとっては得意分野に属するミッションであった。渋沢は、(1)年貢米の価格設定、(2)白木綿の流通、(3)硝石の製造という3点において藩の財政収入を増加させる余地があることを見抜き、具体策を実践した。渋沢の問題認識は以下の通りであった。[14]

(1)年貢米の価格設定
　　播州では品質の良い米がたくさんとれるが、兵庫の蔵方は代官の注意が行き届かないところで価格を安く設定している。西の宮辺の酒造家に売ると大きく値段が相違する。
(2)白木綿の価格設定
　　大阪で売られている播州の白木綿の価格設定には工夫がなされていない。これに何らかの工夫をすれば領内の物産が盛んになるとともに利益も増加する。
(3)硝石の生産

播州では硝石がとれる。用途も多岐にわたるので利益に結びつける方法がある。

渋沢は財政改革によって現在の約6億5千万円に相当する増収を実現した。その結果、兵備強化のために播州、摂州、泉州を含めて総体で456名ほど集めた応募者の人件費を確保することが可能となった。渋沢は兵備強化とそれを可能にする財源確保を一挙に実行することで、それまで一橋家の家臣がなし得なかった真に有益なことを短時日で完遂した。

渋沢は兵備強化と財源確保は不可分であるという認識を、実践を通して新たにした。財政改革は年貢米と白木綿の価格を新たに設定することによってなされたが、硝石の生産は財源確保に大きく貢献することはなかった。

渋沢は年貢米と白木綿の価格設定の不合理を修正するイノベーティブな仕事を行ったが、新たなモノづくりによって付加価値を高め、それによって財源を確保したわけではなかった。価格設定の不合理を修正することは中長期的に一橋家領内の物産を盛んにすることに貢献したが、短期的には一橋家と商人とのゼロサムゲームであった。

藍と養蚕で付加価値を創造してきた渋沢にとって、鉱物資源である硝石はいわば専門外であった。維新後、銀行家としての軸足を保ちつつ、500社余りの企業の設立・育成に寄与した渋沢が、特に力点を置いたのが新技術の導入とそれによるモノづくりであった。

維新後において、軍事の兵站部門における財源の重要性を認識していた大蔵官吏時代の渋沢は、財源確保のあてがないまま軍事予算の増額を指示する大蔵卿の大久保利通とは必然的に意見を異にした。

大蔵大丞であった渋沢が大久保との確執を機に職を辞したのは、実践を通して獲得した信念を曲げることができなかったからであろう。維新後の渋沢の行動には兵備強化と財政改革をセットで完遂した一橋家での経験が生かされている。

3－3　鳥羽・伏見の戦い

渋沢は、1867（慶応3）年10月に徳川慶喜（以下「慶喜」）が大政奉還した

第7章　会沢正志斎『新論』と渋沢思想(2)

にもかかわらず、翌年の1868（慶応4）年1月に鳥羽・伏見の戦いを起こしたことを渡仏中に知って疑問を抱いた。その疑問は、渋沢が『徳川慶喜公伝』の発刊を主導した際、慶喜が重い口を開いて史実を語るまで完全に氷解することはなかった。

　通常、日本の一大事に際して不合理な行動をとった元君主に対する忠誠心は揺らぐ。しかし、慶喜の行動の背景には避けがたい事情と深謀遠慮があったに違いないと信じた渋沢は、疑問を抱きながらも元君主への忠誠を貫いた。この事実から慶喜と渋沢の君臣関係はきわめて強固であったといえる。

　慶喜が徳川幕府の第十五代将軍になることは、剣が峰に立つことになると考えた渋沢は、将軍就任に反対であった。しかし、それを敢えて受けた慶喜には、自己犠牲によって国家の危機を乗り越える決意があると信じた渋沢は、慶喜の矛盾した行動には必ず正当な理由があると確信した。

　慶喜の行動の背後には愛国心に基づく自己犠牲と陰徳の精神が存在すると考えた渋沢は、慶喜が逝去するまで君臣関係を持ち続けた。

　慶喜は武力をともなう複数の政治的権力がぶつかり合う中心に身を置いていた。慶喜は自分の言動しだいで日本の命運が大きく変わることを自覚していた。慶喜が大局観を有する優秀な人物であっても、先が見通せない混沌とした状況において、その行動が結果として理不尽に見えることがあるのは不可避なことであった。

　慶喜が暗中模索しながら行動する根底には、武士道に基づく自己犠牲と陰徳が存在することを渋沢は認識していた。その自己犠牲とは文字通りいざというときには自らの命を捧げることであり、陰徳とは誠意誠心をもって行動した結果、自分の評価にマイナスとなって返ってこようが、それに対して自己弁護しないことである。つまり、徳行がそれと認められないことについて不満を抱かないことである。

　渋沢はこの慶喜の懊悩を臣下として見抜いていたからこそ、慶喜の雪冤と正しい歴史認識を後世に伝えることを目的として『徳川慶喜公伝』の刊行を決意した。

　慶喜の犠牲的精神と陰徳の壁を打ち破って真実を明らかにすることは困難をきわめた。同書の発刊が慶喜没後の1918年（大正7）年に至ってやっと実

現したのは、徳川慶喜公伝を刊行するための集まりである昔夢会において、慶喜から史実を聞き出すのに時間を要したことが原因の一つである。

　自己犠牲と陰徳によって自分の名誉を犠牲にし、史実を明らかにしないまま世を去ろうとした慶喜の決意と、君主の慶喜を思いやるとともに、日本の将来のために史実を正確に残そうとした渋沢の思いのぶつかり合いに決着がつくまでには多くの時間を要した。渋沢が徳川慶喜公伝の発刊を企画した1893年（明治26）年から、同書が世に出るまでに25年の歳月を要したのである。

　慶喜をめぐる史実を明らかにするにあたって、喉に刺さった魚の骨のように渋沢の心にわだかまっていたのが、鳥羽・伏見の戦いが起こったいきさつであった。渋沢は鳥羽・伏見の戦いが始まった時の心境を以下のように述べる。(15)

　「斯(か)くて慶応三年の正月に横浜に出立して仏国に渡航し、博覧会終了の後、公子の御供で欧羅巴各国巡回中、本国に於ては、公は幕府の政権を返上なされた。此政変が追々電報若しくは新聞などで海外に伝はつて来たが、殊に驚いたのは鳥羽・伏見の出来事であつた。第一に政権返上が如何なる御趣意であらうかとの疑を持つて居る処へ、此(か)の如き開戦の事を聞いては、何故に公は斯(か)かる無謀の事をなされたかといふ憾を持たざるを得なかつた。」

　滞仏中であった渋沢は、日本の政治状況を直接体感できない状況下で、大政奉還と鳥羽・伏見の戦いという２つの事実に驚かされた。政権を朝廷に返上したということは、朝廷を頂点においた新体制の下で政治に参画するという恭順の意の表明であると渋沢は認識した。

　しかし、その後３か月もたたないうちに官軍に戦いを仕掛けるということは、朝廷への恭順を撤回し反逆の意思を示したことにほかならない。渋沢は特別な事情があると信じつつ、尊皇思想に反する慶喜の行動に疑問を抱かざるを得なかった。渋沢は昔夢会での慶喜の追憶を聞いて長年の疑問が氷解したいきさつを以下のように述べる。(16)

　「斯くして追々と歳月を経るに従つて、政権返上の御決心が容易ならぬ事であつたと思ふと同時に、鳥羽・伏見の出兵は全く御本意ではなくて、当時

第7章　会沢正志斎『新論』と渋沢思想(2)

の幕臣の大勢に擁せられて、已むを得ざるに出た御挙動である事、而して其事を遂げんとすれば、日本は実に大乱に陥る、又仮令幕府の力で薩長其他の諸藩を圧迫し得るとしても、国家の実力を損する事は莫大(たい)である、殊に外交の困難を極めて居る際に当つて左様な事をしては、皇国を顧みざる行動となると悟られた為である事、又茲に至つては弁解するだけ却(かえっ)て物議を増して、尚更事が紛糾するから、愚と言はれやうが、怯と嘲けられやうが、恭順謹慎を以て一貫するより外はない、薩長から無理と仕懸けた事ではあるが、天子を戴いて居る以上は、其無理を通させるのが臣子の分であると、斯く御覚悟をなされたのだといふ事を理解したのは、実に明治二十年以後の事であった。」

　四囲の状況から冷静に判断し大政奉還を実現したとしても、慶喜の思いを理解し、身を挺してその意向に幕臣たちを従わせるだけの力量と忠義心を持った側近は存在しなかった。薩長に対する幕臣たちの憎しみは、慶喜の制止をもってしても止めようがなかったのが鳥羽・伏見の戦いの発端であった。
　長きにわたる幕藩体制の営みから生じた「慣性の法則」は幕臣たちの暴走を招き、その暴走は英明な慶喜をもってしても止めることができなかったと渋沢は理解した。その結果を自分の責とし、自身に降りかかる恥辱をすべて受け入れて沈黙を保つ慶喜の姿を見て、渋沢は自己犠牲と陰徳からなる慶喜の武士道精神に讃嘆する同時に、真実を明らかにしないまま史実を葬ることから生じるマイナスはきわめて大きいと考えた。
　鳥羽・伏見の戦いに関する疑問と、その氷解過程から考察される渋沢の戦争観は、(1)戦争には大義が不可欠であること、(2)戦争から生じる国家の損失を回避するため、敗軍の将に甘んじてその責を一身に負った慶喜は武士道の精神を体現していること、(3)戦史は正確に記録し知的遺産として後世に遺すことが正しい歴史認識を持つ上で不可欠であることの3点に要約される。慶喜に対する渋沢の評価は以下の言葉に凝縮されている(17)。

　「畢竟(ひっきょう)　我が国民に貴ぶ所のものは、国家に対する犠牲的観念である。忠君愛国も其真髄は大なる犠牲的観念の結晶にある。大なる犠牲的観念は、私を棄てゝ公に徇ふにあるが故に、其功労の世間に表はれる事を求めず、其

331

苦心に対する報酬をも望まぬのみならず、他より毀損せられても、他より侮辱せられても、毫も其心を動かす事なく、一意国家の為に身命を擲って顧みざる偉大なる精神が即ち是れである。公が国難を一身に引受けられ、終始一貫して其生涯を終られた偉大なる精神は、実に万世の儀表であり、又大なる犠牲的観念の権化であると思ふ。」

　この一文では、忠君愛国に基づき公に殉ずる「犠牲的精神」と、他者からの評価には眼もくれない「陰徳の精神」にあふれる慶喜の人間性が渋沢の言葉で語られている。
　本章では、長く続いた幕藩体制を方向転換させることの困難さを「慣性の法則」という言葉で表現し、幕府内の経営組織の劣化については「組織文化の逆機能」、「正常性バイアス」、「保守本能」という言葉で問題点を指摘した。新論は、このような問題を抱える幕府の存続を前提とし、対外戦争を念頭に武力強化を論じる。
　幕府を倒産寸前の会社にたとえると、慶喜がとった行動は会社の延命を図るのではなく、いかに円滑に廃業しそのプロセスにおいて損害を被る利害関係者を最小限度にとどめるかを重視するものであった。会社を廃業するプロセスで伝家の宝刀である破産法を適用すると、債権放棄を余儀なくされる被害者が増える。
　慶喜が採用した手段は新たなオーナーの代理人である薩長をはじめとする雄藩に、可能な限り円滑に事業譲渡するという方法であった。それが利害関係者を守ると同時に外資たる西欧諸国による会社乗っ取りを防ぐ最善策だったからである。
　もう一頑張りすれば会社の命脈を保てたと信じる古参の役職員の中には、慶喜を、経営責任を放棄した軟弱な社長と見て氾濫を画策する者もいたであろう。渋沢はそれらの幕臣が暴走した結果が鳥羽・伏見の戦いであると理解した。
　このような回りくどい論考を経て結論として言えることは、軍事に関する正志斎と慶喜の考え方には共通点は見られず、したがって、鳥羽・伏見の戦いに関する慶喜の真意を理解した渋沢と、幕府の存続を重視する正志斎との

間には、軍事に関して共有する部分を見出すことは困難ということである。

3-4　日清・日露戦争および第一次世界大戦との関わり

3-4-1　戦争と経済

　渋沢は日清戦争が始まった1894（明治27）年7月時点で55歳になっていた。日清・日露戦争および第一次世界大戦は、渋沢が財界人として関わった対外戦争であった。したがって、この3つの対外戦争に関しては、「戦争と経済」の関係について渋沢が講演で語った内容や言行録をもとに渋沢思想を検討する。

　渋沢は折にふれて戦争と経済の関係について語っているが、その思想を広範かつ体系的に語った一つが日露戦争真っ只中の1905（明治38）年3月15日に開催された国民後援会での講演であった。

　このタイミングは日露戦争の帰趨が明らかになる同年5月の日本海海戦の2か月前であった。渋沢の講演には聴衆を戦争に向けて鼓舞する意図があった。渋沢は講演全編を「Yes But」話法を用いて聴衆に語りかけた。「Yes」に相当するのが以下の内容である。(18)

　「……如何にも能く考へて見ますると、戦争と云ふものは国家の富力を増すには大に妨害を為すのである、なぜならば先づ第一に人を殺す、又其人を殺す道具はどう云ふものを用ゆるかと云ふと、昔は刀・槍・薙刀・弓矢、近頃は鉄砲・大砲或は爆裂弾抔と、いろ〱なもので人を殺す、此殺す道具を造るのも総て生産的のものではなく、悉く不生産的のものである、其結果国に於て公債も募り租税も増し、ありとあらゆる軍費を徴収して、さうして人を殺す道具を頻りに造り、且つ送ることをするから、成程此戦争と云ふものは経済とは大変に敵薬であると解釈するも無理ならぬやうに思ひます、」

　渋沢はまず「百害あって一利なし」として戦争を否定する「Yes」を自説として述べる。その論理は一般常識と親和性があり論理も透徹している。それは「戦争は殺戮以外に役立たない武器を作って人を殺す。そのための算段は公債という借金によってまかなわれ、投じた費用が還元されることはない。

したがって戦争は国富を毀損する」という論理である。しかし、この一見反論の余地がない論理を渋沢は「But」によってひっくり返し、聴衆の喝采を浴びるのである。

渋沢は、この説に対して日本の富裕者やロシアの学者も賛同していると述べる。「But」で展開される論理を表明するにあたって、渋沢は「而し私が更に考一考しますと、前の日本の金持の判断も、後の露国のブルツポの考も、其一を知つて其二を知らぬ説である、戦争と云ふものは経済と左様に敵薬ではない、否な敵薬でないのみならず、国の進歩は戦争に依つて大に勃興するものであると云ふことを言はねばならぬ（喝采)」と口火をきる。[19]

戦争を全面否定するのは表面だけを見て戦争の効用を深奥から理解しないからであるというのである。渋沢はその論拠を日本と世界の戦史に求める。渋沢の主張を要約すると以下の通りとなる。

(1) 1870年の普仏戦争によってプロシアの富が増し国力が増し、ドイツの商工業が発展した。
(2) 普仏戦争で敗北したフランスも戦争を利用して国力を増強した。
(3) アメリカは独立戦争を通して強大な力を得た。また、1860年の南北戦争を通して雄大な国柄を得た。
(4) 中国では唐虞三代の頃から、国と世を変えて戦争があるごとに国民の富が進み国富が増した。春秋を経て秦に統一されたことで富が蓄積されたことは安房宮を見ても明らかである。
(5) 前漢・後漢・唐・宋・元・明・清に至る歴史においても必ず戦争の後には経済的に国家が進歩した。
(6) 日本においては、応仁・文明から元亀・天正に至るまで戦争が長く続いたが、豊臣の栄華や驕奢を見ると戦争が国民の経済を進めるうえで役割を果たしたといえる。
(7) 明治維新後の37年間において、王政復古の戦は戦争というほどのものではないが、経済の基礎を構築するのに貢献した。明治10年の役によって明治11、12年頃から銀行業が発展した。また、明治12、13年頃からは海外貿易が拡張した。

(8)明治27年の日清戦争に勝つことで賠償金を得て軍事・経済に益した。明治27年から37年に至る期間において経済は以下のように成長した。

1)船舶のトン数は32万トンから116万8千トンと3.6倍に増加し、巨大船の数も増加。
2)鉄道は2千百里から4千4百里に延長。
3)貿易は2億3千万円から6億9千万円と3倍に増加。
4)銀行の資本金は1億2千9百万円から5億2千万円（明治36年秋）と4倍以上に増加。
5)銀行以外の会社資本金は2億9千万円から7億千4百万円（明治36年末）と2倍以上に増加。
6)銀行預金は1億4千5百83万円から7億7千4百31万円（明治36年末）と5.3倍の増加。
7)主要交換所の商業手形の交換高は2億3千4百14万円から41億5千6百82万円と16倍の増加。

渋沢は、明治27年から37年に至る10年間の経済発展が全て日清戦争によるものとはいえないまでも、戦争がなければこのような経済発展は望めなかったであろうと述べ、戦争は経済にとって有効な助力者であると結論づける。

また、渋沢は「即ち此戦争が所謂王者の戦、国の一致したところの道理正しい義戦であったなら、其戦の後必ず国運は発達するものであると思ふのであります（喝采）」として、戦争による経済発展は義戦であることが前提であると述べる。[20]

戦争の両当事者が互いに義戦であると主張することは当然であり、侵略を目的とした戦争であってもそれを堂々と侵略戦争を標榜して戦争を仕掛けることはないので反論の余地なく「義戦」を定義することは困難である。

日本国内の戦争であれば、錦の御旗を掲げて戦えば官軍を名乗った側にとってその戦争は義戦となる。しかし、対外戦争の場合は戦争に至る経緯や利害が錯綜するので互いが義戦を主張することになる。

渋沢にとっても義戦の定義は困難であり、「いわゆる王者の戦いであり、国が一致して立ち向かう道理の正しい戦争」というきわめて漠然とした説明

しかなし得なかった。

　渋沢が戦争による経済的メリットを主張するのは対外戦争であり、応仁の乱以降の日本史における経済的なメリットについては多くを語っていない。これは西欧による侵略の可能性が高くなかった戦国時代はともかく、国内の混乱に乗じて侵略を画策する西欧の脅威が深刻さを増す幕末において、徳川慶喜が自らの誇りを犠牲にして内戦の危機を回避した経緯を渋沢が知悉していたからである。

３－４－２　戦争に対する渋沢の基本的姿勢

　渋沢の戦争観は『渋沢栄一訓言集』（以下「訓言集」）で明確に示されている。渋沢の戦争に対する基本姿勢は、「戦争を好む国家、戦争を好む君主が、ついにその社 稷 を亡ぼした例は古来たくさんある。而 して、商工業は平和によって発達進歩すべきものであるから、戦争とは決して一致すべきものでない。さりながら戦争と経済と相関連して進んで行くということはほとんど世界の常態で、経済が発達しなければ、戦争に強きを期すること能わざると同時に、またあるばあいには戦争が経済事業に、大いなる刺激を与え、大いなる発達を促した例も、また少なからぬのである」というものである[21]。

　訓言集の記述が渋沢の戦争観を示したものであるとすれば、戦争と経済に関する渋沢の基本スタンスは、「商工業は平和によって発達進歩すべきものであるから、戦争とは決して一致すべきものでない」ということになる。しかし、渋沢はここでも「Yes But」話法を用いる。

　それは、経済は本来平和裏に発達すべきものである（「Yes」）。しかし、戦争と経済は相互に関連して進歩するのが常態であり、戦争が経済を発展させた例も少なからずある（「But」）という論法である。上述の戦争と経済に関する渋沢の講演は、この「But」の部分を強調したものといえる。

　本来経済は平和裏に発達すべきものという認識を有する渋沢が、経済の発展に対する戦争の効用をことさら強調する背景にはいかなる事情があるのかという点が解明すべきポイントとなる。

　戦争と経済に関する上述の講演が日露戦争の最中に行われたという事実を勘案すると、渋沢は財界人の立場から戦意高揚を目的に、日露戦争を義戦と

して経済に資する戦争の意義を強調したと考えられる。当該講演以外でも渋沢は折りにふれて同様の趣旨を述べていることから、経済発展への戦争の効用に関する渋沢には確固たる信念があったと考えられる。

多くの人命を犠牲にする戦争に対する渋沢の姿勢から、「人命vs.経済」という新たに検討を加えるべき切り口が現れ、そこで渋沢の真意を早計に「人命＜経済」と捉えると大いなる違和感が生じる。以下で「戦争と経済」に関する渋沢思想について検討を加える。

児玉源太郎との交流

渋沢は日露戦争が始まる4か月前の1903（明治36）年10月、第一銀行兜町事務所で当時陸軍参謀次長であった児玉源太郎（以下「児玉」）の来訪を受けた。

渋沢は児玉と面談するまでの戦争に対する考えについて、「夫れから其後将軍と親しく話を交へたことは、恰度日露の戦争が愈よ始まらんとする少し前、即ち明治三十六年十月頃であつた。どうしても拠所なく、日本と露西亜が戦を交へなければならぬ、と云ふ風雲の急なるを告げつゝある時であつた。元来、私は極く平和論を主張する方で、戦は避けられるだけ避けると云ふ主義である。道理の明かなものに対しては喧嘩するの必要がない」と述べている[22]。

このように、渋沢は児玉の訪問を受けるまでは平和論者を標榜していた。軍人という畑違いに属し、それまで親密な交流がなかった児玉が前ぶれもなく自分を訪れたことに渋沢は大いに戸惑った。もし、渋沢が根っからの財界人で、横浜焼き討ち計画や一橋家での兵備強化を経験していなかったとすれば、たとえ日露戦争を目前にひかえていたとしても、児玉の財界への協力要請を拒否するか真剣に対応することはなかったであろう。

児玉はその眼力で渋沢の誠実な人柄を見抜いていたのであろう、軍の最重要機密に属する情報として、当時日本が統治していた朝鮮を譲るようロシアが要求してきた事実を渋沢に明かした。渋沢が軍人の傲慢さが寸分も見られない児玉を信頼した時点で、両者は既に肝胆相照らす中となっていた。

児玉との関係について渋沢は、「……、軍人の中でも只の戦さ人ではない、

勿論帷幕の内に計を廻らす参謀でも居なさるが、その俊敏さの中に黒幕とでも云うかね、こう油断のならない様な策士じみた処の無い、本当の智慧のある御人と云うのはこんなものかと、私もよそながら頼もしく思ひ、あちらでも又私を只の算盤はじき許りの人とも思ってござらない様子でした」と述べ(23)る。

　渋沢は児玉が「戦争ありき」で実業界の協力を要請しているのではない点についても高く評価した。渋沢はその時のやりとりから児玉の言葉を思い出して「……そうして挙国一致で、どうしてもそんな乱暴な要求は聞き入れられぬ、無理を通そうとすれば戦ひあるのみと強く出たら、あるひはロシアも一歩ゆづって、戦はずして折り合へる様になるまいものでもない、平和、戦争、いづれの為にもこゝは日本国中団結して、主戦論となる必要があるのだ」と述べる。(24)

　渋沢は児玉の人柄を見抜き信頼に足る人物と評価した。そして、戦争を回避して平和的解決を模索する児玉の提案は、自身の平和主義一辺倒よりはるかに深く対外事情を斟酌したものと理解した。渋沢は軍人と財界人が協力し挙国一致でロシアに対峙することの意義を認識したのである。

　その表れの一つが上述の1905（明治38）年3月15日に開催された国民後援会での講演である。渋沢は非戦論から一転して財界のみならず一般に対しても挙国一致でロシアに立ち向かうべきことを鼓舞した。

　以上から明らかな通り、横浜焼き討ち計画における同志の糾合や武器確保の経験は、一橋家での兵備強化と財政改革に役立っており、一橋家での経験は軍事と経済の両面にわたって渋沢の視野を広げることに大きく寄与した。渋沢は戦争における財源確保の重要性を認識しただけでなく、軍人の立場を理解し日露戦争の勝利のため財界を主導した。

　このように、一橋家での成功体験は慶喜の信頼を得るだけでなく、渋沢の視野を広げるとともに「戦争と経済」に関する渋沢思想の形成に重要な役割をはたした。

3－4－3　渋沢栄一の戦争観の考察

　筆者は「戦争と経済」に関する渋沢の考え方を合理的に説明することに困

第7章　会沢正志斎『新論』と渋沢思想(2)

難を感じていた。なぜなら、一般市民に対して論語をもとに倫理道徳を説く渋沢には、人道主義者としての側面がきわだっていたからである。

　人命の犠牲をともなう戦争と経済の関係を論ずる場合、渋沢の人道主義者としての側面が現実主義者の側面を凌駕し、戦争を回避して平和裏に経済を発展させる方向で渋沢が論陣を組むと考えるのが自然である。係る認識をくつがえして展開される戦争容認ともとらえられる渋沢思想の背後には、明確な論理が存在しなければならない。

　そして、その論理は人道主義者かつ現実主義者である渋沢の2つのプロファイルを矛盾なく説明できるものであるべきと考えられる。このような難題に呻吟しながら解明を試みたのが以下の論考である。

　戦争は人命を犠牲にするので、「戦争と経済」は「人命vs.経済」、つまり人命と経済のいずれを重視するのかという命題にたどりつく。この命題の結論を模索するにあたって、筆者はミルトン・フリードマンの『資本主義と自由』と、それを批判的に考察したナオミ・クラインの『ショック・ドクトリン』を参考に考察を加える。

　ショック・ドクトリンはナオミ・クラインがその著書において、新自由主義を主張するフリードマンの思想を独自に解釈することによって生まれた概念である。ショック・ドクトリンは、「天変地異や戦争によるショックを機に政治や経済を含む社会制度をフリードマンの理論に基づいて一挙に変革する」という概念である。

　経済学者であるケインズを信奉し、その教義に沿って経済運営を行おうとする人々を「ケインジアン」と呼ぶのと同様、フリードマンの新自由主義に沿って経済面から社会変革を実践しようとする人々は「シカゴボーイズ」と呼ばれる。

　シカゴボーイズの特徴は、フリードマンが教鞭をとっていたシカゴ大学に後進国を含めた世界各国から有為な若者が集められ、その思想が世界各国に拡散されたという点である。ナオミ・クラインはフリードマンの著書である『資本主義と自由』の一節を引用しショック・ドクトリンについて以下のように述べる。[25]

第Ⅱ編　会沢正志斎と渋沢思想

　「フリードマンはきわめて大きな影響力を及ぼした論文のひとつで、今日の資本主義の主流となったいかがわしい手法について、明瞭に述べている。私はそれを『ショック・ドクトリン』、すなわち衝撃的出来事を巧妙に利用する政策だと理解するに至った。彼の見解はこうである。『現実の、あるいはそう受けとめられた危機のみが、真の変革をもたらす。危機が発生したときに取られる対策は、手近にどんなアイデアがあるかによって決まる。われわれの基本的な役割はここにある。すなわち現存の政策に代わる政策を提案して、政治的に不可能だったことが政治的に不可欠になるまで、それを維持し、生かしておくことである』。大災害に備えて缶詰や飲料水を準備しておく人はいるが、フリードマン一派は大災害に備えて自由市場構想を用意して待っているというわけだ。」

　ナオミ・クラインが「いかがわしい」と表現するフリードマンの考え方と同様の思考を、渋沢が有していたとは考えられない。しかし、戦争は経済発展の契機であるとする渋沢の真意を明らかにするためには、いささか強引ではあるが『ショック・ドクトリン』で分析されるフリードマンの思想と渋沢思想を比較し、両者の相違を明らかにすることによって、渋沢の「戦争と経済」についての考え方を分析することが合理的と考えられる。
　フリードマンと渋沢の思想を比較するにあたってあらかじめ認識しておくべきは、両者の時代背景の相違である。フリードマンの新自由主義が喧伝されたのは資本主義が成熟した第二次世界大戦後のアメリカにおいてであり、渋沢が「戦争と経済」について広範かつ体系的な講演を行ったのは、日本資本主義が発展途上にある1905（明治38）年であった。
　フリードマンの新自由主義は、民営化と規制緩和により小さな政府を目指す市場原理主義ともいえる思想であり、公共サービスや福祉を縮小するとともに、民間企業の活動を通して社会を利する思想と理解される。
　一方、企業家であると同時に社会事業家である渋沢の経済思想は、国民の福祉を重視するとともに、経済自由主義を標榜しながら元大蔵官吏として政府機能の重要性も認識していた。
　このように、(1)時代背景、(2)経済思想の２点において、フリードマンと渋

沢の思想的背景は異なる。係る前提の下で、両者の思想をショック・ドクトリンの枠組みにおいて比較検討する。

新自由主義の実践

　ナオミ・クラインによる新自由主義批判の論点は明確である。ナオミ・クラインが主張する新自由主義の「いかがわしさ」とは、シカゴボーイズを政治の中枢に配置した発展途上国で政変や内戦が発生すれば、そのショックを機に国営企業を民営化させ規制緩和を実施することにより、それらの諸国を先進国の巨大資本の草刈り場にすることである。

　ナオミ・クラインは拷問などをともなう政治的陰謀などの説明に『ショック・ドクトリン』の紙幅を多く用いるが、経済面からの指摘ポイントは、シカゴボーイズが政策運営を行った発展途上国の経済が悪化し、その代償が巨大企業および途上国リーダーの個人的利益に転化するという点である。

　ここで留意すべきは、新自由主義を提唱したフリードマンの思想とシカゴボーイズの所業との間に線引きしてとらえるべきということである。フリードマンは学者であり新自由主義はケインズ主義と双璧をなす経済理論体系である。ケインズ理論は不況時に財政資金を有効に活用することで景気回復に効果をあげ、新自由主義は民間活力を巧みに利用することで経済を活性化することで効果が認められる。

　フリードマンの筆致は明確ではあるが極端であり、「自由」、「規制緩和」などの魅力的なキーワードによって多くの経済学徒を引きつけてシカゴボーイズが誕生した。ナオミ・クラインが指摘するのは暴走したシカゴボーイズの所業であり、フリードマンの新自由主義は経済的な侵略を排し現実を見きわめて適切に運用すれば、一定の局面においては有効な経済理論といえる。

「戦争と経済」に関する渋沢栄一の考え方

　純粋な経済理論家であるフリードマンにとって、戦争やテロなどのショックは新自由主義を広めるための好機にすぎなかった。しかし、企業家に加えて社会事業家としてのプロフィールを有し、人道主義者である渋沢がショックに直面した場合、そこで渋沢が直面する懊悩は、「戦争と経済」から「人

命vs.経済」という論考をたどることによって生じる。

　しかし、渋沢が存命中に直面した日清・日露戦争および第一次世界大戦の３つの対外戦争では、いずれも日本国内に敵が侵攻して一般国民が戦災に晒されることはなかった。つまり、渋沢が「人命vs.経済」というフレームで認識する戦争で危機に晒される人命は軍人つまり武士の命であり、一般国民の命ではなかった。

　渋沢が幕末の内戦によるショックを経済発展の契機と捉えることがなかったのは、国が疲弊するだけでなく、一般国民が巻き添えにあい経済活動の中核となる人命が危機に瀕するからである。

　いささか大胆ではあるが、ここでは「人命＝軍人（武士）の命」と置き換えて、「戦争と経済」についての渋沢の考え方をショック・ドクトリンのフレームワークに沿って考察する。

　渋沢が最初に社会変革をともなうショックと捉えたのは明治維新であった。渋沢は維新によって変化を余儀なくされた武士と商人について以下のように述べる。(26)

　「斯る機会を以て私は一言茲に申述べて見たい事がございます。それは此維新の時に総てのものが根本から組立を変へられたと云ふことは事実である、併し其中に最も甚しく打撃を受けて最も強く根本から組立が変つたと云ふのは、戦争に必要なるところの軍人、又経済に必要なるところの吾々実業家である斯う申したゝではまだ能く分らないかも知れぬが、昔の戦争に従事するのは恰も請負仕事の様なるもので、武門武士である、……」

　渋沢は武士と商人の役割と地位が、明治維新によって根本的に変化したという認識を示す。この変化は青年期の渋沢が望んだものであったが、維新時点ですでに幕臣として武士階級に属していた渋沢は、いささか複雑な面持ちでこの変化をとらえたと考えられる。

　つまり、渋沢は支配階級と被支配階級の２つの立場を理解できる状態で明治維新を迎えたのである。両階級を対等に慮ることができる渋沢は以下のように分析を続ける。

第7章　会沢正志斎『新論』と渋沢思想(2)

　渋沢は維新前まで専業で軍事を司ってきた武士階級が徴兵法によって旧階級横断的に広く軍事に携わることが可能になるとともに、武士道がいまだに息づいていることを、喜びをもって語る。⁽²⁷⁾

　「詰り申すと兵士と云ふ方は下級から混入して来て、商売人は上流から混入して来たと言ふて宜いのである、果して然らば商売人の方は維新以後には大に発達して参つて其品格も宜くなり、軍人の方は劣等になるべき訳である、然るに着々として軍事に付いては唯だ敬服するより外はないと云ふやうな実例を示されたのは、実に喜ばしいことでございますが、其喜ばしいと同時に、吾々実業家は軍人に対して後に撞着たるやうな嫌ひがございます、何に依つて然るかと云ふことは、私は頻りに自問自答して見ましたが、之を一言に判断するときは、どうも此軍人は所謂至誠以て貫くと云ふ精神が甚だ強い、幸に上御一人に対して唯一死是に報ゆると云ふ精神は、所謂武士道の継続である、今は独り武士道と云ふのみならず、下兵卒一般に其観念を強めて居る、此観念が即ち事に当つて甚だ強いと云ふ力を持つのである、……」

　渋沢は維新を機に四民平等が進行しつつある状況を、武士と商人が旧領域に相互乗り入れする様子によって表現する。階級意識が残存していたものの、武士が商売に参入することにより商人の品格が高まる一方、徴兵法によって旧武家以外の人びとが軍人となってからも、彼らに武士道精神が継続していることを渋沢は賞賛する。
　そして、軍人には「上御一人に対して唯一死是に報ゆると云ふ精神」が宿っており、兵卒一般にもその精神が横溢していると述べる。
　若き頃の自分と同じ武士道精神をもって軍人となった青年は、渋沢にとって大いに頼もしく見えたであろう。武士道が息づく軍隊に属し、命を捨てることを厭わない青年たちが国防に従事している状況は、渋沢が憧憬していた武士道を青年たちが我が意を継ぐがごとく実践していることにほかならない。
　渋沢の心境をこのように理解すると、武士の名分を自分の命よりも重んずる軍人が対外戦争に赴くにあたって、「人命＜国家の富盛」と認識していたとすれば、渋沢は彼らの認識を講演会で代弁し、「戦争と経済」に言及した

と理解することが可能となる。

　つまり、シカゴボーイズによって巨大企業や発展途上国のリーダーの私利に転じると指摘したナオミ・クラインの懸念は渋沢には該当せず、利益は専一に国家の富盛に向けるというのが渋沢の考えであった。

　日本にも利益を独占しようとした巨大財閥は存在した。具体的には「台湾征討の役」に乗じて海運を独占した三菱汽船が運賃引上げによって巨利を得たのがその一例である。しかし、渋沢は共同運輸を設立し、三菱汽船に対抗することによって運賃の正常化を達成した。

　渋沢は戦争を国家レベルで発生するショックの一つと認識し、武士道精神をもって戦いに挑む軍人に敬意を抱きつつ、戦争を契機に国家の富盛を図ることができるという意味で「戦争と経済」の関係を理解した。

　明治維新をはじめとする動乱期の出来事を著しいショックと捉え、渋沢の目線で考察すると以上の結論となる。しかし、渋沢が昭和を終戦まで生き延びて、東京大空襲をはじめとする都市の戦災や原爆によって一般市民が被害を受ける事態に直面していたとすれば、「人命vs.経済」に対する渋沢の認識は変化していたと考えられる。

小　括

　本章の目的は、国体（中）に記述されている会沢正志斎の思想が、渋沢栄一の思想にどのような影響を及ぼしたのかを明らかにすることであった。正志斎が国体（中）で展開するのは、国の成り立ちから武士のあるべき姿を説き起こす軍事に関する思想である。

　本章では渋沢が軍事に関わった事績を、(1)横浜焼き討ち計画、(2)一橋家仕官時代の兵備強化、(3)鳥羽・伏見の戦い、(4)大蔵官吏時代の軍備増強をめぐる大久保利通との論争、(5)財界人としての日清・日露戦争および第一次世界大戦との関わりの大きく5つと捉えて個別に国体（中）の影響を探った。

　これらの事績のうち渋沢が前線および兵站に重要な役割を果たしたのは、未遂に終わった横浜焼き討ち計画と、兵站に関わった一橋家仕官時代の兵備

強化であった。

　滞仏中に徳川慶喜が起こした鳥羽・伏見の戦いの大義について、渋沢は維新後も長く疑問を抱き続けた。軍備増強をめぐって大久保利通と激論を交わしたのは大蔵官吏時代であり、日清・日露戦争、第一次世界大戦との関わりは企業家として戦争の財源確保に努めた時期のことであった。

　維新前後における渋沢の社会的地位の変遷は激しく、青年期の思想を貫くことは困難であった。尊皇攘夷思想から尊皇開国思想への移り行きの中で渋沢の戦争観や軍事に関する考え方も否応なく変化せざるを得なかった。

　渋沢が横浜焼き討ちを計画したテロリストから、「日本資本主義の父」と呼ばれるまでに変身を遂げた背後には、渋沢思想に対する新論の影響が色濃く残されている部分と、その影響から脱した部分があると考えられる。

　前者の主たる思想が「尊皇思想」であり、後者の主たる思想が「攘夷思想」や「軍事に関わる考え方」である。正志斎の攘夷思想は外夷を排除するための軍事と不可分であり、軍事はそれを支える経済力と不可分である。

　軍事に関する国体（中）と、経済思想が記述される国体（下）は、本来併せて考察すべきであるが、論考が錯綜するという懸念から本書では両篇を分けて考察することとした。したがって、渋沢思想に対する国体（中）の影響を時系列的に検討する過程で国体（下）に言及せざるを得ず、国体（下）を検討する第8章においても同様である。係る事情から小括の記述としてはいささか冗長になるが、以下で本章の考察結果をまとめる。

横浜焼き討ち計画

　横浜焼き討ち計画には国体（中）の影響が色濃く表れている。同計画を主導した23歳の渋沢は尊皇攘夷思想の正当性を確信していた。しかし、正志斎が新論で唱えるのは、皇室の藩屏たる徳川幕府が政治の実権を掌握し続けることを前提とする尊皇攘夷思想であった。つまり、現行の政治体制を存続させるために西欧諸国を排除する根拠として提唱されるのが正志斎の尊皇攘夷思想であった。

　それに対して渋沢は天皇親政を理想とし、それを実現するための前段階と位置づけた幕府転覆を目指して横浜焼き討ちを企てた。正志斎と渋沢の思想

が目指す最終目的は異なっていたが、侵略の意図をもって接近する西欧諸国を排除するという目的において両者の考えは一致していた。

　後年、渋沢が当時を振り返って自らの考えの未熟さをしばしば激白したように、政権を奪取し革命を起こすのではなく、幕府転覆のさきがけとなるためのテロ行為を実行しようとしたのが横浜焼き討ち計画であった。体制側に身を置く正志斎とは異なる目的に対して尊皇攘夷思想を実践しようとしたのが横浜焼き討ち計画だったのである。

　管見によると、農民である渋沢と尾高惇忠は、自分等の名分と異なる破壊行為を正当化するため、神託を掲げ自らを神兵として害獣たるイギリス人を襲撃するという大義名分を考え出した。

　渋沢思想に対する正志斎の尊皇攘夷思想の影響は見られるが、両者の社会的立場の違いにより、渋沢たちによって尊皇攘夷思想は本来の趣旨を変改して解釈され、テロ行為を正当化する思想として実践される間際にまで至ったのが横浜焼き討ち計画であった。

　渋沢等が神託において自らを「神兵」として正統化したことが、正志斎の説く天神から命を受け忠孝の志を一つにして戦う「天兵」の鼇に倣った行為であったとすれば、横浜焼き討ち計画に対する国体（中）の影響は存在したといえる。

一橋家仕官時代の兵備強化

　一橋家の兵備強化は財政改革とセットで理解する必要がある。渋沢は兵備強化と財政改革を行うことで一橋家の兵站部門を充実させた。渋沢にとっては横浜焼き討ち計画での失敗経験が生かされ、前線と兵站を両立させる重要性を認識する契機となった。

　渋沢は一橋家仕官によって体制側に身を置くこととなり、倒幕の目論見はなりをひそめた。また、領内を巡り自分と異なる思想を有する人物と接することによって、堅固であった攘夷思想は徐々に開国思想を容認する方向に傾いた。

　ともに体制側の人間として幕藩体制の継続を目的とした尊皇思想を共有し、攘夷思想が徐々に開国思想に転ずるという点で、正志斎とこの時期の渋沢に

第 7 章　会沢正志斎『新論』と渋沢思想(2)

は共通点が認められる。

　正志斎は『時務策』を刊行した時点で開国思想に転じたことが確認できる。一方、渋沢は一橋家家臣から幕臣となり滞仏経験を経て開国思想に転じた。この時点で渋沢の国防意識にも変化が生じた。しかし、渋沢の一橋家仕官に正志斎の思想の影響は見られず時務策の影響も部分的である。

鳥羽・伏見の戦い

　渋沢は鳥羽・伏見の戦いに直接関わってはいない。しかし、この戦争は渋沢に戦争の大義を深く考えさせることとなった。戦争の発端を考えると慶喜が起こした戦争は義戦ではなかった。両軍の戦いが一旦終息した後、慶喜から官軍に戦争を仕掛けたことになっていたからである。

　慶喜の人間性と人徳の高さを知悉していた渋沢は、表面的な事象にとらわれることなく、時間をかけて歴史の生き証人である慶喜から真実を聞き出し、それを『徳川慶喜公伝』として刊行した。

　渋沢が長期間にわたる刊行事業を通して認識したことは、(1)慶喜が陰徳をもってすべての責を一身に引き受け、内戦を最小限にとどめたこと、(2)戦争の勝者によって歪められがちな歴史は、適切に修正して後世に正しい事実を伝えるべきこと、(3)戦史は正確に記録し知的遺産として後世に遺すことが正しい歴史認識を持つ上で不可欠であることの3点である。

　鳥羽・伏見の戦いによって渋沢の内面に生じた疑問は、1868（慶応4）年から25年後に『徳川慶喜公伝』が発刊されるまで、他のいかなる戦争体験よりも長く心にとどまり渋沢の戦争観を形成した。渋沢にとって戦争の大義は国内戦争、対外戦争を問わず常に朝廷にあった。官軍である薩長に対して賊軍たる幕府軍が仕掛けた鳥羽・伏見の戦いは、渋沢の戦争観を揺るがした。

大久保利通との論争

　戦争目的の達成には財政的な裏づけが不可欠という渋沢の信念は、大久保との論争を通して明確に示された。大久保との確執を機に渋沢は上司である井上馨と連袂して大蔵省を去った。下野した渋沢は銀行家、企業家として日清・日露戦争および第一次世界大戦に関わることになる。

大久保と渋沢の論争は、「富国」と「強兵」のバランスを取ることの重要性を経験に基づく実感として認識することが困難な武家出身者と、それを経験によってごく自然に認識できる農民出身者の違いを示す端的な事例といえる。

　管見によると、渋沢は単に自説に固執する頑固さを貫いて大蔵省を辞したわけではない。大久保の圧力に屈して財源の裏づけなしに財政支出に応じることは、農民としての活動や大蔵省での制度構築によって付加価値を創出し続けてきた渋沢の矜持が許さなかった。

日清・日露戦争および第一次世界大戦との関わり
　日清・日露戦争および第一次世界大戦の3つの対外戦争との関わりを通して明らかとなるのは、渋沢の「戦争と経済」に関する基本的な考え方である。

　本章では「戦争と経済」の関係を「人命vs.経済」に置き換えて考察を加えた。なぜなら、人命の犠牲という悲惨な事実がつきまとう戦争が経済の進歩に資するという渋沢の考え方を理解することが困難だからである。

　渋沢の「戦争と経済」に関する認識に影響を及ぼした人物の一人が児玉源太郎であった。渋沢と児玉は互いの信頼を基盤として、財界人と軍人という立場で日本の命運がかかる日露戦争での協力について話し合った。平和主義者を標榜していた渋沢は財界や一般市民を鼓舞し、一致団結して対外戦争に立ち向かうことの重要性を説いた。

　係る趣旨に基づいて行われた講演で渋沢の口をついて出たのが、「戦争は経済の発展に資する」という趣旨の言葉であった。人命を犠牲にする戦争が経済発展に資するという考え方が、平和主義者と目されていた渋沢から表明されたことに対する違和感を解消するためには、確固たる論理をもって納得しなければならない。

　その論理として適用できると考えられるのが、ナオミ・クラインの『ショック・ドクトリン』で取り上げられたフリードマンの新自由主義である。戦争をはじめとする国家の一大事は、それまで拱手傍観を余儀なくされ、たなざらしになっている問題や未決事項の行き詰まりの基盤を一挙に取り崩す効果がある。

　そして、振り出しに戻った状態から権力者が経済合理的な制度やシステム

を自在に創り出して経済効果を実現するというのが新自由主義の論理である。

　ナオミ・クラインが批判したのは、それがフリードマンの弟子であるシカゴボーイズによって、経済効果の果実である膨大な利益が国家の権力者や多国籍企業によって独占される仕組みが創り出されたという点である。

　渋沢がショック・ドクトリンと同様の経済効果が戦争によってもたらされると認識すれば、その経済効果を義利合一の精神に基づき社会に均霑するはずである。独占を嫌悪する渋沢が財界のリーダーの地位にあるかぎり、巨大財閥が経済効果を独り占めすることを看過することはなかった。渋沢の演説をこのように解釈すれば、「戦争は経済の発展に資する」という真意を理解することができる。

　戦争にともなう負の対価である人命の損失をどのように理解するかという点が、次なる問題として浮かび上がる。渋沢は、戦争は国家が存亡の危機に瀕した場合には、躊躇なく行うべしという考えを有していた。その場合、人命が犠牲になることは不可避である。

　しかし、渋沢が存命中に経験した日清・日露戦争および第一次世界大戦のいずれも、敵国が日本国内に攻め入って一般国民を殺傷するという事態には至らなかった。戦争で犠牲となるのは戦場の兵士の人命であった。

　渋沢にとって戦地に赴く兵士は武士道精神を持った武士であり、その使命は一命を賭して国を守ることである。武士の人命は一般国民より軽いわけではないが、少なくとも死の覚悟をもって国防の任にあたる戦士の命によって一般国民の命が保護されると考えれば、渋沢にとってそれはまさに武士道精神にかなうものであった。

　渋沢は第二次世界大戦の結果を見ることなく世を去った。しかし、渋沢が東京大空襲や原爆投下によって一般国民が犠牲となる状況に直面すれば、「戦争と経済」つまり「人命vs.経済」についての考え方も変化していた可能性がある。

第Ⅱ編　会沢正志斎と渋沢思想

まとめ

　国体（中）で展開された正志斎の尊皇攘夷思想と軍事に関する思想は、農民であった青年期の渋沢に影響を及ぼし、横浜焼き討ち計画の理論的根拠となった。正志斎の著作のうちで最も理論的かつ体系的に書かれた『新論』は、渋沢のみならず水戸藩や他藩の藩士に大きな影響を及ぼした。

　しかし、一橋家に仕官して交際範囲が血洗島村や海保塾から一橋家領内の藩士に広がると、渋沢の攘夷思想には揺らぎが生じるようになった。

　正志斎は晩年に刊行した『時務策』によって自身が開国論に転じたことを明らかにした。一方、渋沢は一橋家家臣から幕臣となり、正志斎と同じく体制側に身を置く立場で開国論者となった。

　背景事情や経緯は異なるものの、攘夷論から開国論に転じたという点で両者の思想変遷は似通っている。しかし、これは結果論であり、国体（中）の渋沢思想への影響を探るという目的に解を与えるものではない。

　明治期以降の活動において、渋沢思想に対する国体（中）の決定的な影響を見いだすことは困難である。渋沢は児玉源太郎などの軍人との関係を通して、独自に戦争観を醸成したと考えるのが合理的である。

【注】
（１）会沢正志斎「新論」『水戸学』（岩波書店、1973年）70-71頁。
（２）会沢、前掲書71-72頁。
（３）会沢、前掲書74頁。
（４）会沢、前掲書74頁。
（５）会沢、前掲書77-78頁。
（６）会沢、前掲書76頁。
（７）会沢、前掲書78頁。
（８）会沢、前掲書78頁。
（９）会沢、前掲書78-79頁。
（10）会沢、前掲書80頁。
（11）会沢、前掲書74頁。

(12)「雨夜譚」（渋沢栄一述）巻之1・第21-23丁（明治20年）渋沢青淵記念財団竜門社編『澁澤栄一傳記資料 第28巻』（渋沢栄一伝記資料刊行会、昭和30年）231-232頁。
(13)「竜門雑誌」第313号・第35-37頁（大正3年6月）渋沢青淵記念財団竜門社編『澁澤栄一傳記資料 第28巻』（渋沢栄一伝記資料刊行会、昭和30年）232頁。
(14)大江清一『渋沢栄一の精神構造』（時潮社、2022年）326-327頁。
(15)渋沢栄一『徳川慶喜公伝1』（平凡社、2004年）9頁。
(16)渋沢、前掲書14頁。
(17)渋沢、前掲書23頁。
(18)戦争と経済「竜門雑誌」第204号・第1-9頁（明治38年5月）渋沢青淵記念財団竜門社編『澁澤栄一傳記資料 第28巻』（渋沢栄一伝記資料刊行会、昭和30年）479頁。
(19)戦争と経済「竜門雑誌」、前掲書479頁。
(20)戦争と経済「竜門雑誌」、前掲書482頁。
(21)渋沢青淵記念財団竜門社『渋沢栄一訓言集』（国書刊行会、昭和61年）85-86頁。
(22)頭抜けて偉かった（男爵 渋沢栄一）「児玉藤園将軍 吉武源五郎編」大正7年8月刊（前輯・第10-13頁）渋沢青淵記念財団竜門社編『澁澤栄一傳記資料 第28巻』（渋沢栄一伝記資料刊行会、昭和30年）472頁。
(23)児玉大将について「渋沢祖父上様御話の筆記 市川晴子記」（市川晴子氏所蔵）渋沢青淵記念財団竜門社編『澁澤栄一傳記資料 第28巻』（渋沢栄一伝記資料刊行会、昭和30年）475頁。
(24)児玉大将について「渋沢祖父上様御話の筆記 市川晴子記」、前掲書476頁。
(25)ナオミ・クライン『ショック・ドクトリン 上―惨事便乗型資本主義の正体を暴く―』（岩波書店、2011年）6-7頁。
(26)戦争と経済「竜門雑誌」、前掲書482頁。
(27)戦争と経済「竜門雑誌」、前掲書483頁。

第8章

会沢正志斎『新論』と渋沢思想(3)
―国体（下）に探る渋沢思想の淵源―

はじめに

　本章の目的は、国体（下）に記述されている会沢正志斎（以下「正志斎」）の思想が、渋沢栄一（以下「渋沢」）の思想にどのような影響を及ぼしたのかを明らかにすることである。具体的には、国体（下）に示される正志斎の経済思想を整理し、渋沢の著書や言動と比較検討する。

　第7章では国体（中）を検討し、軍事に関する正志斎の思想と渋沢思想に対する影響を考察し、戦争において兵站部門を充実させるには経済的な裏づけが不可欠であることが明らかとなった。本章では必要に応じて前章で取り上げた内容に言及する。

　渋沢は大蔵官吏として財政・金融だけでなく富岡製糸場の設立などにも関与し、下野した後は銀行家、企業家として500社余りの企業の設立・育成に関わった。富国強兵のための財源確保をめぐる大久保利通との確執は大蔵官吏時代のことであり、日清・日露戦争や第一次世界大戦との関わりは経済界に身を置いた後のことである。

　正志斎の経済思想が渋沢思想に与えた影響については、両者の出自を勘案する必要がある。正志斎が経済について語る視線は、武士の立場から客観的かつマクロ的である。一方、農商実務に長く携わった渋沢の視線はミクロ・マクロ両面から複眼的である。

　大まかに分類すると、正志斎は客観的な立場からの経済学的視点を有し、渋沢は付加価値創造の現場から経営学的視点で物事をとらえていた。大蔵官吏としての経歴を有する渋沢は、財政・金融のみならず広く官僚実務に携わっていたので、実践を通してマクロ的に日本経済をとらえる視点も備えていた。

渋沢の教説や言辞は経営実務や経営倫理に関する内容が大半であるため、正志斎と渋沢の思想内容を比較することは、経済学者と経営学者の意見を比較するような趣がある。

　正志斎の経済思想は一般的な経済理論によって解釈することが概ね可能である。しかし、正志斎の経済思想の基底には水戸学があり、天祖から天孫に伝えられた衣食を中心とする「農」についての考え方には、純粋な経済理論で扱う財一般とは異なり、天祖の営為からなる特殊な精神性が宿っているという認識がある。その典型が大嘗祭で新嘗が奉納される米である。

　農本主義者である正志斎の認識には水戸学思想があり、米には食料としての機能以外に、為政者から見た俸禄、被為政者から見た年貢、さらには飢饉に備えるための貯蔵手段など多くの役割が負わされていた。係る点を考慮しなければ正志斎の経済思想に対してシンプルに経済理論をあてはめて解釈することは困難である。

　渋沢は銀行家、企業家として経営実務に秀でた人物と評価される一方、大蔵官吏として経済制度の構築、予算管理などの実務経験を積んだ経済自由主義者としての側面を有する。豊富な実務経験に裏打ちされた浩瀚な渋沢の経済思想は、正志斎の経済思想との比較だけでその全貌を把握することは困難である。

　したがって、本章では国体（下）で展開される正志斎の経済思想のうち、一般的な経済理論によって解釈可能なものを選択し、渋沢の経済理論と比較検討する。

第1節　国家経済の成り立ち

1－1　衣食の基盤

　正志斎は、人の暮らしを支えるのは衣食であり、衣食は養蚕と稲作で成り立つと考える。また、日常生活における経済の中核には農があり、農は天祖から天孫に伝えられたと考える。この基本的な国の成り立ちについての考え

方は大嘗祭によって人びとの心に刻まれ、天・地・人が一体化するというのが正志斎の認識である。正志斎は農を重視する農本主義者であった。本章では、係る基本認識に基づいて正志斎の経済思想を検討する。

正志斎は自分が生きた時代までの経済の主役の変遷を「農民⇒武士⇒商人」と捉え、農民が主役となる経済を本来の姿と考えていていた。しかし、主役の変遷は政治的実権の所在や経済規模の拡大によって不可避的に生じる歴史的必然である。

正志斎は国体（中）で武家の変遷を明らかにし、武士が天神の意に沿って武力を行使した時代では天下の富は広く民のものと考えた。しかし、武力をたのんで政治的実権を有すると物質的な富は武士に集まった。次いで徳川幕府が成立して戦乱がおさまると、商人が経済力を手にすることになったというのが大まかな正志斎の歴史観である。

1－2　財政の推移

正志斎は、社会が複雑化した後に生じた朝廷政治の功罪に触れる。正志斎は大化改新や大宝律令の制定など朝廷政治の功に言及するとともに、「朝廷漸く奢靡に尚ぶに及びて、国家の用を貶して、以て婦女の玩好に供す」と述べて、朝廷が国家の財を婦女の用にあてたと指摘する。[1]

正志斎のこの記述から明らかなことは、経済問題については天孫たる皇室といえども財用、つまり国家の財を用いるにあたっては適正を欠くことがあるということである。財産を適正に運用することは身分の上下を問わず困難であることを正志斎は主張し、皇室による財用の濫費を契機に始まった国家財政の乱れと、その原因である藤原氏と仏教を批判する。正志斎が指摘するのは付加価値を生み出さない主体が身の丈にあわない濫費をするという点である。

正志斎は仏教を邪教と考える。土地を耕すこともせず、邪説を流布する仏教が人心を惑わして得た金品で豪華な伽藍を建設することは、正志斎にとっては国家財政の濫費以外の何ものでもなかった。やがて藤原氏は権力を握り、私有財産を形成し荘園を営むようになると、納税を怠りほしいままに振る舞って財政に悪影響を及ぼした。

正志斎が理財上の主たる問題点と考えたのは、(1)権力者が付加価値を創造しないこと、(2)富の偏在、(3)濫費の3点である。これらの観点から武士のあり方を考えると、武家は質実であるべきとする正志斎の主張は合理性を有する。

　専業の武士は平時では付加価値を創造しない。武士が役割分担によって専業化する以前の古代では、民は平時において農業や物作りを行い、一朝事ある場合のみ天神の意図に基づいて戦うので経済・軍事の両面から合理的であった。しかし、専業化した武士は平時には付加価値を創造しないので、日常生活は質素にするのが経済合理的である。

　では、武士は平時に何をすべきかといえば、文武両道に精進し、緊急時に備え「武」を鍛えるとともに、「文」を深め行政実務を適切に行うことである。それを怠る武士は単なる徒食者であるというのが正志斎の考えである。

　付加価値を創造してそれを消費すること、つまり、生産と消費はバランスをとって行われるべきであり、このバランスが崩れると理財は破綻するというのが正志斎の認識であり、これは経済学的にも辻褄が合っている。しかし、付加価値創造力を有しない主体に富が偏在すると身の丈に合わない濫費を行うことになる。

　正常な消費行動であれば、付加価値に対して合理的なレベルで対価が支払われ経済が成長するが、濫費は財サービスの提供者に浮利をもたらす。浮利は奢侈に向けられ、さらなる富の偏在が生じて貧者の不満がつのるというのが、経済的なメカニズムに関する正志斎の理解である。

　武力を有する政治的な実権者や邪説を流布する仏教者はいずれも付加価値を創造せず、かつ、濫費による富の偏在の元凶になると正志斎は考える。

1－3　国家財政に関する渋沢栄一の考え方

　国家財政に関する渋沢の考え方については、大蔵官吏時代の言動によって検討が可能となる。渋沢は大蔵官吏時代の1871（明治4）年に国家予算の管理を担当していた。薩摩藩出身の大久保利通の肩書は大蔵卿であったが、実質的には行政全般に権限を有する最高権力者であった。

　渋沢は富国強兵策を推進していた大久保を、国家財政に関する見識が乏し

い人物と認識していた。大蔵卿で実質的な最高権力者であった大久保に対して、渋沢は明治4年8月から翌年の2月まで予算管理を担当する大蔵大丞という役職にあり、大久保との職制上の懸隔は著しかった。

両者の対立は、陸海軍が要求するままに予算を割り当てるべしとする大久保と、予算制度が十分整っておらず、歳入額も定かでない時点では各省の要求をそのまま受けるべきではなく、時間的な猶予を確保すべきとする渋沢の主張が対立する構図であった。予算事務の混乱期について渋沢は以下のように述べる。(2)

「廃藩置県を行った前後は、大久保が大蔵卿で井上が大蔵大輔、自分は大蔵大丞の職であったが、大蔵省の職制および事務章程も制定になり、各寮司の仕事もややその区分が立ち掛けれども、藩を廃して県にしたとて、直に歳入が増すという理もなく、要するに国庫の度支(財政をつかさどる官制、また会計官、経理官)に定限がない所から、必要があれば直に政府から支出を大蔵省へ命じて、俗にいう取ったり使ったりという有様でありました。」

この記述に見る通り、設立後間もない大蔵省はやっと職務章程ができ上がったばかりという状況で、予算事務手続や予算担当官の権限規程も定まっていなかった。このような状況下において予算事務の責任者であった渋沢は、予算要求の都度歳入額を考慮し、各省の事情を個別に判断して予算額を決定しなければならなかった。大久保が無理筋な命令を下した時点では歳入額すらも確定できていなかったのである。

渋沢は大久保とのやり取りについて、「その頃自分は切に財政の統理せぬことを憂えて、同僚と合議して歳出入の統計表を作り、専ら量入為出(入るをはかり出だすをなす)の方針に拠って各省経費の定額を設け、その定額によって支出の制限を定めようと企てたけれども、未だ歳入の総額も明瞭でなく、正確の統計も出来ないうちに、その歳の八月頃、政府で陸軍省の歳費額を八百万円に、海軍省の歳費額を二百五十万円に定めるという議があって、……」と述べて大久保が陸軍省や海軍省からの予算要求を受けた事情を説明する。(3)

大蔵省の資料によると明治4年の一般会計の歳入は22,145千円であるので、

大久保の要求である陸軍省歳費8,000千円と海軍省歳費2,500千円の合計10,500千円を割り振るとそれだけで一般会計予算の半分近くを歳出することになる。(4) 正確な歳入額が不明な状況下で大久保の要求を毅然と拒絶した渋沢の判断は正しかった。

　血気にはやる軍関係者による予算要求を、大蔵卿としてのフィルター機能を働かせることなく受け入れた大久保に対して渋沢は警鐘を鳴らした。正論が受け入れられないと悟った渋沢はこの一件をきっかけに大蔵省を辞することになる。

　渋沢が信奉するのは均衡財政主義である。年貢を徴収される側に長く身を置いていた渋沢は、農民が創出した付加価値以上の年貢を納めることはできないことを熟知していた。一国が創出する付加価値の範囲内でしか堅実な予算管理はできないことを実体験によって認識していたのである。

　農民は創り出した付加価値から年貢を差し引いた残りの範囲で切り詰めて生活する。それを当然のこととして実践してきた渋沢は、血税によってまかなわれる国家財政も当然その範囲で賄われるべきと考えた。

　納税する側にあった渋沢が述べる「量入為出（入るをはかり出だすをなす）」の「量入」は、苛酷な徴税を意味するものではない。渋沢は富国がまず実現できてはじめて適正に税収入を増やすことができると考える。渋沢はこの考えを後日訓言として「農工商は軍備の倉庫である。ゆえに軍備には必ずまずこの倉庫の充実を努めねばならないのである」と述べる。(5)

　農民であった渋沢は「衣」に関する農を営んでいた。扇状地で地味が乏しい血洗島村では、土地の特徴を生かして藍と桑の栽培で生計を立てる農家が多く、渋沢が生まれた「中の家」も同様であった。したがって、渋沢にとっての「為出」は、堅実に藍と養蚕で生計を立ててきた経験から冗費は禁物であることを知り尽くしたうえでの言葉であった。

　渋沢は訓言として、「衣食住の費用は、甲乙おのおの異なって、一定の標準は定め難い。華美に見えても贅沢に流れず、節約に見えても吝嗇に陥らず、出入均衡を失わず、すなわち入るを量りて出づるを制するにある。要するにその人の分限相応にするがよいのである」と述べる。(6)

　渋沢にとってこの当たり前のことは、武家出身で付加価値の創造も納税経

第 8 章　会沢正志斎『新論』と渋沢思想(3)

験もない大久保には全く理解できなかったと思われる。

　翻って正志斎は上記で考察した通り、武家が抱える財政上の問題点は、(1)権力者が付加価値を創造しないこと、(2)富の偏在、(3)濫費の3点と認識していた。正志斎自身は武士として育てられたが、会沢の家系は直近の代に士分に取り立てられた経緯がある。

　会沢家に農民と共感する家風が残存していたとすれば、農本主義者である正志斎の経済思想は渋沢の考え方と通底するものがあったと考えられる。このように正志斎と渋沢の財政に関わる考え方には共通する点が見られるが、少なくとも両者の出自から考えて渋沢の均衡財政主義が新論によって啓蒙されて成立したとは考えられない。

第 2 節　会沢正志斎の経済理論

2－1　会沢正志斎のミクロ経済理論

　正志斎は年貢の物納に基づいて議論を展開するので、現代経済とは前提が大きく異なる。物納の対象である主食の米は貨幣とは異なり、かさばって目につきやすく、長く貯蓄に耐えられないという性質を有する。したがって、米の流通・売買は経済の活性化度合いや景気の好不調を自ずと可視化することになる。一般の人々にとっては米の流通状況が重要な経済指標であった。

　正志斎は可視化された米の流通状況を見て、武士が年貢米を必要以上に換金していると批判する。武士は保存しておくべき米を過剰に換金して無駄使いするというのが正志斎の批判内容である。一旦換金すればその用途は自由であるがゆえに、武士は慾望を刺激されて無駄な出費を行い、兵器を整え従卒を鍛えるための費用に窮するというのが正志斎の懸念である。

　米を換金せずに保管しておいた場合は、経年劣化によって価値が下落するとともに、相場商品である米価の変動によって資産価値が不安定になる。米を必要以上に換金すると武士の欲望が刺激され冗費に流れ遊惰になる。

　しかし、米の過剰換金はあくまで精神的な問題であり、武士の経済観念を

359

厳格にすることで解決すべき課題である。米による物納を前提とするかぎり、正志斎の問題認識は制度的に解決することは困難であり、武士の経済観念と規律の厳格化によってのみ解決が可能となる。

　武士の消費意欲をいたずらに刺激する主な要因は、武士の土着化が崩れて都会化したため、換金が容易となり市場にあふれる商品に眼がいきやすくなったことである。

　正志斎は武士だけでなく農民にも言及する。正志斎は、「農民の困乏にして奢惰なるも、また歳収を挙げてこれを鬻ぐ。鬻ぐところいよいよ多ければ、すなはち米価いよいよ賤し。賤しければすなはちその鬻ぐこと多からざるを得ず、これを鬻ぐこといよいよ多けれども、直を得ること旧に益さず。ここを以て民、流亡して地に余りあり、地に余りありてしかも租賦減ぜず」と述べて、農民は奢るとともに怠惰であり、米を市場に売り放つので米価が低下し、それが結局自分に跳ね返って土地を追われるが、追われた後の未耕地にも年貢が課せられるという悪循環が生じると述べる。[7]

　この文章を読むと武士や農民の欠点ばかりを指摘しているようであるが、これも一面の真実として正志斎が問題意識を抱いた当時の実態であったと考えられる。

　世の中が戦乱から解放されると、付加価値を貯えるのは商人であり、武士や農民との貧富の格差が著しくなる。正志斎は富の偏在を問題視したうえで、富者と貧者が得る満足度の違いについて、無意識ではあるが限界効用の概念を用いて説明する。正志斎はこの点について以下のように述べる。[8]

　「およそ盈縮の数は、その実は甚しくは相遠からざれども、その勢は相霄壌するがごときものあり。これを啖ひて飽く者に譬ふるに、すでに腹に充ちて稍多きこと一分なれば、すなはち甚だ余りあるがごとく、未だ飽くに及ばずして一分を少けば、すなはち大いに足らざるがごとし。これその過不及の差たる、眇少のみ。然れどもその不足のものを取りて、これを余りあるものに比すれば、盈虚の相去ること、大いに相懸たるがごときは勢なり。故に曰く『天下の穀は未だ嘗て多からずして、都会の穀もまた未だ甚しくは多からざるなり』と。」

第8章　会沢正志斎『新論』と渋沢思想(3)

　正志斎は「すでに腹に充ちて稍多きこと一分なれば、すなはち甚だ余りあるがごとく」と述べて飽食した者が追加で食べる米から得られる限界効用は逓減すると述べる。一方、「未だ飽くに及ばずして一分を少けば、すなはち大いに足らざるがごとし」として、腹をすかした者の限界効用は甚だ大きいと述べる。

　「一分」つまり、追加的な摂食から得られる限界効用は、富者と貧者で著しく異なるという事実をもって正志斎が本来主張すべきことは、「富者と貧者の懸隔を縮小する」ということである。

　そこから導き出される論理的帰結は経済主体間の配分の平準化であり、具体的には年貢の調整あるいは経済システムの根本的な見直しがなされるべきということである。

　しかし、正志斎が結論として主張したのは、「天下の穀は未だ嘗て多からずして、都会の穀もまた未だ甚しくは多からざるなり」であった。つまり、「社会に存在する米穀は思いのほか少ない」というのが、富者と貧者の効用の差を比較して得た正志斎の結論であった。

　管見によると、正志斎が伝えるべきは富者と貧者の懸隔を是正すべしということであった。しかし、それを述べた時点で年貢引き下げの必要性や幕藩体制による社会構造の欠陥を指摘することになる。正志斎がどうしてもそれを主張することができなかったのは、自身が体制側に身を置く存在だったからである。

　社会構造の矛盾ではなく、社会全体から生み出されるべき米穀の量が少ないという指摘であれば、たとえその主張を導く過程に論理的な欠陥があったとしても、「農民を叱咤して年貢を増やす政策を採用すべし」という当たり障りのない結論に落ち着く。

　慧眼な正志斎がこのような論理矛盾をおかす可能性は低いと考えれば、徳川幕府への配慮から、新論の要所には論理操作による結論の変改が意図的に行われている可能性が存在する。

2－2　会沢正志斎のマクロ経済理論

2－2－1　会沢正志斎の物価理論

　上述の通り、限界効用理論によって解釈が可能な正志斎のミクロ経済理論は、結論として「社会全体から生み出されるべき米穀の量が少ない」というマクロ的課題に帰着した。正志斎はこの課題に基づいて以下のような独自のマクロ経済理論を展開する。[9]

　「今、夫れ天下、米穀の賤しくして、貨幣の乏しきを患ふ。米穀すなはち賤しきにあらざるなり、貨幣すなはち乏しきにあらざるなり。而して百物の甚だ貴きなり。もし斗米の価銀五銭にして、一衣裘もまた互銭ならしむれば、すなはち斗米は以て一衣裘に易ふべし。今は木綿の裘といへども、六七斗を鬻ぐにあらざれば、すなはちその直を償ふこと能はず。これ衣裘の貴くして、穀の賤しきにあらざるなり。穀なるものは、以て腹に充つるに取るのみ、これを銷するに限りあり。百物は新を競ひ奇を闘はし、いよいよ出でていよいよ窮りなし。」

　正志斎は、「今、夫れ天下、米穀の賤しくして、貨幣の乏しきを患ふ」と述べ、米の量が少ないにもかかわらず米価が低いという世間の評価をもとに、デフレマインドが広がっていることを懸念する。

　デフレとは、商品価値より貨幣価値が相対的に高いため、貨幣で測った商品の価格が低下するというのがその定義である。したがって、デフレの原因としては貨幣供給量が引き締められて貨幣価値が高くなる場合と、不況により生産活動が不活発となり商品需要が減退するケースが考えられる。

　正志斎は経済状況について、「米穀すなはち賤しきにあらざるなり、貨幣すなはち乏しきにあらざるなり」と説明する。つまり、米価が低いのではなく貨幣供給量が少ないのでもないというのが当時の経済状況に関する正志斎の認識であった。

　米の消費をめぐる富者と貧者の効用関数に相違はあるが、人間の胃袋の大きさには限度があり、食べられる量には限りがある。したがって、米の需要

は一定限度で頭打ちとなり、需要と供給の関係から必然的に米価も適正価格に収斂するというのが正志斎の理解である。

ではなぜ理論的には適正に決定されたであろう米価が低いと感じるかと言えば、それは不要不急の贅沢品の価格と比較するからであると正志斎は述べる。正志斎が「穀なるものは、以て腹に充つるに取るのみ、これを銷するに限りあり。百物は新を競ひ奇を鬪はし、いよいよ出でていよいよ窮りなし」述べる通り、百物つまり米以外の多くの奇をてらった物に対する需要は限りがなく、その価格は上昇する一方というのが正志斎の認識である。

したがって、適正価格にとどまっている米価は百物の価格と比較すると相対的に低いと感じるのはごく自然であると正志斎は結論づける。

ここで検討を要するのは、新論が著された時期が果して価格メカニズムが健全に機能する時代であったのかという点である。

新論が徳川斉脩に呈上されたのは、1825（文政 8 ）年である。徳川家斉の治世下にあった文政年間は江戸を中心に化政文化が栄え、経済的にも比較的余裕のある時期であった。享楽的で金銭的に余裕のある人々が、正志斎の言う「百物」を求める風潮がこの時代に蔓延していたとしても不思議ではなかった。

2－2－2　会沢正志斎の貨幣理論

正志斎は貨幣と商品の関係について、「貨幣は軽重を権る所以にして、物多ければ、すなはち物軽くして金重し。金重ければ、すなはちその数寡しといへども、また用に乏しからず。故に古は貨幣甚だ寡くして、しかも天下甚しくは貧は患へず。慶長以来、金を産すること極めて多く、幣を造ることもまた夥し。貨幣多ければすなはち軽く、軽ければすなはち百物随つて重し。工商の生活に、用ふるところの物すでに重ければ、すなはち必ずその造作・貿易するところのものを貴くして、以て衣食の費を償ふ。故に百物いよいよ重くして、貨幣いよいよ軽し。いよいよ軽ければ、すなはち多しといへどもまたなほ乏しきがごときなり」と述べる。[10]

正志斎は、貨幣は物の価値を測る目安にすぎず、貨幣量が増加すれば商品に多くの貨幣を支払い、減少すれば同じ商品に少ない貨幣を支払うだけと述

べる。正志斎はこの理論を慶長年間（1596年から1615年）に生じた金産出量の増加にともなって貨幣供給量が増加した過去事例によって案出したと考えられる。

現代と比べてシンプルな徳川時代の経済システムには、古典派経済学が主張する貨幣数量説が説明力を有する素地が存在する。正志斎の主張は、「マネーサプライは財・サービスの絶対価格水準つまり物価水準を決定するが、実体経済の活動には影響を与えない」とする古典派経済学者の結論と実質的に同じである。

正志斎の「故に古は貨幣甚だ寡くして、しかも天下甚しくは貧は患へず。慶長以来、金を産すること極めて多く、幣を造ることもまた夥し。貨幣多ければすなはち軽く、軽ければすなはち百物随つて重し」という記述は、貨幣量が少ない古代と貨幣量が増加した時期を比較しても実体経済に変化はなく、古代の人が生活の困窮を感じていたわけではないことを意味している。

正志斎は、貨幣価値は貨幣供給量と商品との関係で決定され、貨幣供給量が増加すれば貨幣の価値が減少するので、同じ商品に多くの貨幣を支払わなければならないという単純な事実を指摘している。

これは、貨幣供給量の増加が実体経済に影響を与えることはないと述べているに等しい。換言すると、貨幣は実体経済を覆うベールでしかなく、貨幣量の増加は物価の上昇に反映されるのみという、貨幣数量説に基づく「貨幣の中立性命題」を正志斎は自分の言葉で表現したことになる。

2－2－3　会沢正志斎の米穀統制論

国体（下）に記述された正志斎の経済理論はミクロ・マクロを問わず経済学の知見をもとに大略その主張内容を理解することが可能であった。しかし、米穀統制論に関しては経済学の知見をもとに合理的な解釈を行うことは困難である。正志斎が主張するポイントを以下に要約する[11]。

(1) 本来米穀は天祖から天孫に授けられた貴重なものであり、大嘗祭や新嘗祭などで初穂を天神に捧げてきた。天祖が万民の生活を重んじられた余沢は今日にも及んでおり、今日われわれが食している米穀は天祖が天孫

に頒与された種からできている。しかし、この仁沢は忘れ去られている。
(2)現在米穀は商人に売買権を委ねており、誰も反論することはできないのは憂慮すべきことである。
(3)商人は営利本位で米穀を管理するので、飢饉や戦争への備えがない。
(4)不心得者は外国と貿易して米穀を海外に売っている。
(5)大名・家老・一般武士をして米穀を貯蔵させれば米価は高騰し農民の生活は成り立つ。農民の生活が安定すれば一定の資産ができ、資産ができれば人間らしさを持つようになる。
(6)売り放たれる米穀が少なくなれば、都会に米穀を無意味に貯蓄することも次第になくなっていく。
(7)このようにして天命をおそれ敬い勤労に力を入れれば、天地の富の前にすべてが均等に恩恵を受け、貧富の差や狡猾な富豪が跋扈することもなくなるであろう。

　上記の要約から明らかな通り、米穀に対する正志斎の論理は経済理論を超越している。正志斎にとって米穀は経済学で取り上げられる一般的な「財」とは異なる特質を有する神聖な「天祖からの授かり物」であるため、その取り扱いを経済学的な概念で分析することは困難である。
　正志斎が抱える矛盾は、特殊な財の性格を有する米穀を経済理論に基づかない独自の論理で語っているにもかかわらず、最終的には経済合理的な最適解が得られると結論づけている点である。
　正志斎は米穀の輸出を認めない。これは貿易理論に基づく検討結果によるのではなく、天祖からの授かり物である米穀を外夷に放出すること自体が天意に反するという理由からであり、これを経済理論に基づいて合理的に説明することは困難である。
　また、正志斎は輸出せずに国内にとどめ置く米穀を貯蔵すべきと主張する。どの程度の貯蔵期間を想定しているのかは明らかにされていないが、たとえ天祖からの授かり物であるにしても穀類は経年劣化よって品質が低下し、不完全な貯蔵施設は鼠害から米穀を守ることもままならない。たとえできたとしてもそのための費用が上乗せされる。

正志斎は適正な貯蓄量の算定根拠となる商売のボリュームについては「商賈のことは、未だその詳を知らず、これを商賈に問いて可なり」として数値を把握していない。[（12）]

　正志斎が想定している適正な貯蔵期間が不明なため断定は不可能であるが、貯蔵中の米穀に対しては管理コストがかかるうえにタンス貯金と同じく利子を生むこともない。さらに相場商品である米穀は相場動向によっては貯蔵中に減価するリスクをともなう。正志斎はこれらの問題点に一切触れることなく、最終的には天地の富の前にすべてが均等に恩恵を受け、貧富の差や狡猾な富豪が跋扈することもなくなるであろうと結論づけるのである。

2－3　会沢正志斎の交易論

2－3－1　開国論に転じた経緯

　正志斎は新論を発表した時点では堅固な攘夷論者であり、米穀については外国との貿易を一切容認しない立場を貫いていた。しかし、対外関係を客観的に判断した正志斎はやがて開国論に転じ、81歳となった1862（文久2）年6月に『時務策』を徳川慶喜（以下「慶喜」）に呈上した。徳川斉脩に新論を呈上した1825（文政8）年から37年後のことであった。

　40年近くが経過したとはいえ、水戸学の尊皇攘夷思想の理論的中核を担ってきた正志斎が一転開国論を主張し、それを第15代将軍である慶喜に呈上したことに対して、客気にはやる水戸藩士が精神的支柱を喪失した思いにかられるとともに、変節漢として正志斎を糾弾したのは当然であった。

　正志斎にとって尊皇論と攘夷論では根本的な性格が異なっていた。尊皇論は正志斎が国体（上）で強調したごとく、天孫たる皇室が国体の中核をなしており、尊皇論を否定することは日本の成り立ちそのものを否定することになる。一方、攘夷論は徳川幕府の政策であり、外国との力関係が変化すれば政策内容は変化し得る性格を有していた。

　正志斎はこの点について、「答テ曰ク、外国ヲ一切ニ拒絶トイフコト、寛永ノ良法トイヘドモ、其本ハ天朝ノ制ニモ非ズ、又東照宮ノ法ニモ非ズ、寛永中ニ時宜ヲ謀テ設給ヒシ法ナレバ、後世マデ動スベカラザル大法トハイヘドモ、宇内ノ大勢一変シタル上ハ、已ムコトヲ得ズシテ時ニ因テ弛張アラ

第 8 章　会沢正志斎『新論』と渋沢思想(3)

ンコト、一概ニ非ナリトモ云難シ」と述べる。⁽¹³⁾

　尊皇論は「日本の成立と存続(Y)＝尊皇論に基づく国家運営(X)」という恒等式で示されるのに対して、攘夷論は「日本の成立と存続(Y)＝対外関係を勘案した国家運営(F(x))」という関数式で表現される。

　「Y＝X」で示される尊皇論はいついかなる状況においても成立する恒等式であるのに対して、「Y＝F(x)」で表現される攘夷論は、小文字のx（日本を取り巻く環境条件）によってYの値が変化する性格をもった関数式に相当する。

　新論を呈上した44歳時点で、正志斎はこの点を理解していた。しかし、徳川幕府への配慮から、尊皇論と攘夷論の性格的な相違を論理的に説明することは困難であった。

　明治維新を経て政治体制が立憲君主制になると、関数そのものが「F⇒F'」へと変化し、関数関係は「Y'＝F'(x')」となる。それまで幕藩体制によって支えられてきた「日本の成立と存続(Y)」が、立憲君主制下で「Y⇒Y'」へと大きく変化したのである。

　本章の分析対象は新論であるが、開国論に関する正志斎の考えは時務策に書かれているため、同書に基づいて対外貿易に関する思想を検討する。

　時務策は幕藩体制が存続している時期に書かれた短編である。正志斎が上述のような知見を有していたとしても、論理的に自説を展開できる環境下にはなかった。したがって、時務策の読者は先鋭的な水戸藩士でなくても、正志斎が急遽変節したという印象を抱いた。

　正志斎の論理はシンプルである。正志斎はまず「国家厳制アリテ外国ノ往来ヲ拒絶シ給フハ、守国ノ要務ナルコト勿論ナレドモ、今日ニ至テハ、マタ古今時勢ノ変ヲ達観セザルコトヲ得ザルモノアリ。東照宮ノ御時、西洋ノ邪教人心ニ大害アルコトヲ深察シ給ヒ、厳禁ヲ設ケ邪徒ヲ尽ク殺戮セラレシガ、其根柢未ダ絶ズシテ、寛永ノ変起ルニ及テ外国ヲ拒絶シ給フコト、号令厳粛ニシテ今ニ至ルマデ国家ノ厳制タリ」と述べて、幕府が鎖国政策を採用したことに合理性を認める。⁽¹⁴⁾

　正志斎は、関数式「Y＝F(x)」で表現した攘夷論の独立変数x（日本を取り巻く環境条件）が、幕府成立時は「東照宮ノ御時、西洋ノ邪教人心ニ大害

アルコトヲ深察シ給ヒ、厳禁ヲ設ケ邪徒ヲ尽ク殺戮セラレシ」であり、鎖国政策が合理的に成立する状況にあったと述べる。加えて正志斎は、鎖国政策に合理性を与える背景には、西洋諸国が侵略を目的として邪教であるキリスト教を布教しようとしていたという状況を述べる。

しかし、今日に至って「今時ノ如キハ、外国甚ダ張大ニシテ、万国 尽ク合従シテ皆同盟トナリ」と外国は同盟により強大になっている状況下、「是ニヨリテ一日モ孤立シテ国ヲ保ツコトアタハズ」として、日本が孤立した状態にとどまることはできないことを述べる。(15)

さらに、幕府成立当初とは異なり今日の武家については「神州ノ武勇ハ勿論ナレドモ、太平久ク、勇士モ往昔ヨリハ少ク、身体軟弱ニシテ肥甘軽煖ニ習ヒ、寒暑風雨ニ堪ヘズ、戦場ノ坐作進退ニ習ハズ、将帥タルモノ多クハ世禄ノ紈袴子弟ニシテ兵ヲ知ラズ、兵法ヲ論ズルモノハ陳跡花法ニ固滞シテ実用ニ疎ク、俄ニ戦場ニ臨テハ、山村ノ民ヲシテ舟楫ヲ操ラシメンニ、船中ノ働キモナシ得ズシテ空ク手ヲ束ルガ如ク、倉皇失措スルノミナルベシ」と述べる。(16)

質実剛健にして長く文武にいそしんできた武士が、近年心身が軟弱になったことを批判するくだりを読めば、著しい反発を招くであろう。また、西洋が有する近代兵器の威力を正確に認識していなかったとすれば、槍や刀をもって無謀な行動を起こす武士も現れる。開国論を推し進める大老井伊直弼を暗殺した水戸浪士の行動がその一例である。

正志斎は、攘夷論やそれに基づく鎖国政策が成立する条件が整っていた「東照宮ノ御時」(x)から、その条件が整わなくなった「外国甚ダ張大ニシテ」(x')への変化を、時務策において十分説得的に述べることができなかった。「x⇒x'」の環境変化について読者を納得させるためには、正志斎は以下の点を盛り込んで自説を展開する必要があった。

(1)日本を取り囲む情勢の変化と日本の立ち位置を正確かつ詳細に記述すること。

(2)環境変化に応じて正志斎自身の考えが変化したいきさつを説得的に述べること。

(3)正志斎が邪教として嫌悪していたキリスト教の弊害の度合いが低下した

第 8 章　会沢正志斎『新論』と渋沢思想(3)

　理由を説得的に述べること。

　上記の諸点を述べることは、新論で導き出した結論を修正することに等しい。論理性をもって総括的に議論を展開した新論は、水戸藩内外に多大な影響を及ぼし、尊皇攘夷論のバイブルとしての地位を得ていた。その著者が開国論に転じたことは、正志斎の熱狂的な信奉者であればあるほど開国論の合理性について納得することは困難であった。

2－3－2　通商に対する姿勢

　攘夷論から開国論に転じた時点で正志斎は外国との通商の問題に突き当たる。この点について正志斎は以下のように述べる。[17]

　「寛永ノ時トハ形勢一変シテ、今時外国ト通好(つうこう)ハ已ムコトヲ得ザル勢ナルベシ。サレドモ通好(つうこう)シテ外患ナキ時ハ、人心怠惰(たいだ)ヲ生ジ兵力弱ク外侮(がいぶ)ヲ受テ、彼ガ心ノ儘(まま)ニイカナル事ヲ要求セシモ測リ灘シ。富国強兵(ふこくきょうへい)ノ政行(おこな)ハレテ士気ヲ磨励(まれい)シ、彼ヨリ和ヲ破ルコトアラバ、速(すみやか)ニ打破ルベシトノ気焔アラバ、彼ガ虚喝(きょかつ)ヲ畏(おそ)レズ、天下衰弱ニ至ラズシテ不虞(ふぐ)ノ変ニ応ズベシ。又通好スル時ハ邪教ノ入易(いりやす)キ患(うれい)アリ。サレドモ寛永ノ時ハ、邪教ノ毒久ク人心ニ漸漬シテ天下ニ滋蔓(じまん)シタレバ、是(これ)ヲ禁ジ難シ。今ハ、邪教ノ邪ナルコトハ、天下ノ人不言(いわず)シテ是ヲ知ル。寛永ニ比スレバ禁ジ易(やす)キ勢ナキニ非ズ。邪教未ダ滋蔓セザルニ及デ、微(び)ヲ絶チ漸(ぜん)ヲ杜(ふさ)グコト、尤(もっとも)急務ナルベシ。久ク持論スル所アレドモ今此(ここ)ニ贅(ぜい)セズ。」

　正志斎は「通商」ではなく「通好」と表現するが、富国強兵という言葉を用いていることから、貿易を含む外国との関係を成立させる前提で開国による対外関係を論じた。維新後に国政の方向を明確化した「富国強兵」という言葉は、時務策においてすでに用いられており、開国は正志斎にとって国を富まし軍事力を強化するに資するものでなければならなかった。正志斎にとっての開国の意義を要約すると以下の通りとなる。

(1)開国は情勢の変化によりやむを得ず行うものである。
(2)通好して外国からの悪影響がなかったとしても、慢心すると兵力が弱体化し無理筋な要求を受ける可能性がある。
(3)富国強兵を実施し国民の士気が向上すれば、外国が和を乱して脅してくることがあっても恐れることはない。
(4)通好によって邪教であるキリスト教が入り込んでくる可能性がある。寛永年間と比較して人々の心にキリスト教が浸潤しているのでこれを禁ずることは困難である。しかし、キリスト教が邪教であることは、言わずもがなで皆が知っているので禁じやすい状況にある。
(5)邪教はその影響が軽微なうちに断ち切るべきである。
(6)外国が和親通好する中で日本が孤立すると一国で多くの国に対峙しなければならなくなる。

　正志斎は当時の状況との比較において寛永年間を引き合いに出す。1637（寛永14）年は島原の乱が勃発した年であり、キリスト教徒の結束によって発生した乱を終息させるために、多大な犠牲を払ったことを正志斎は歴史の教訓として心に刻んでいた。
　正志斎は、「寛永ノ良法トイヘドモ、其本ハ天朝ノ制ニモ非ズ、又東照宮ノ法ニモ非ズ、寛永中ニ時宜ヲ謀テ設給ヒシ法ナレバ」と述べて、1633（寛永10）年の鎖国令はそもそも朝廷が定めた制度でも家康が定めた法でもなく、キリスト教の弊害を勘案し時宜に合わせて制定したものであると述べる。
　係る事情によって出された令であるので、「己ムコトヲ得ズシテ時ニ因テ弛張アランコト、一概ニ非ナリトモ云難シ」として、正志斎は開国論に転じた背景とその正当性を強調する。
　正志斎の心中には外国の脅威が常に潜んでおり、その脅威は西欧性悪説というべき観念によって支えられていた。しかし、それは根拠なき妄想ではなく実際にルソンや清国の事例が存在した。
　正志斎は海外事情に詳しかっただけに、より実感をともなって西欧の脅威を感じていた。その脅威は、日本人の内面に浸潤するキリスト教と近代兵器を有する西欧諸国との戦力格差によるものであった。

第8章　会沢正志斎『新論』と渋沢思想(3)

　正志斎の葛藤は、寛永年間から文久年間までの200年以上にわたる歴史の流れを勘案して、今後幕府がとるべき対外政策をいかにするかという点にあった。そしてその葛藤は2つの二律背反する選択肢を含んでいた。その選択肢は、(1)鎖国を継続した場合、手を結んだ諸外国からの侵害を孤立した日本が受ける事態、(2)開国した場合、キリスト教が蔓延するとともに、交易などを通して西欧が日本の政体を侵害する事態の2つであった。

　新論を著した時点の正志斎には、(1)時務策を著すまでの40年近くの実体験、(2)寛永年間以後の200年以上の徳川幕府の歴史、(3)天孫たる皇室を頂点に継続してきた日本を中心とする歴史観があった。これら短期・中期・長期の3つの実体験や歴史観をもとに出した結論が時務策に集約されたと考えられる。

　時務策で用いられた通好という言葉には富国強兵という目的が含意されているため、開国によって海外との交易が盛んになることを正志斎は求めていたと考えられる。しかし、時務策には富国強兵を実現するための具体策や交易に関する経済理論は記述されていないので、貿易理論に関しては渋沢思想に対する時務策の影響を探ることは困難である。

　次節では渋沢の経済理論の特徴を探るとともに、開国論への転換過程について検討する。正志斎の経済理論とは比較しうる範囲で渋沢の経済理論を検討する。

第3節　渋沢栄一の経済理論

3-1　渋沢栄一の貨幣理論

　正志斎の貨幣に対する考え方は「貨幣の中立性命題」との相似性によって理解が可能であった。本節ではこの正志斎と渋沢の貨幣理論を比較検討する。
　幕藩体制下における経済活動は静態的であった。一方、渋沢が貨幣と実体経済との関係について述べた大蔵官吏時代は、富国強兵策による経済成長期であり、経済活動は動態的であった。
　渋沢は貨幣について、「要するに、金は社会の力を表彰する要具であるか

ら、これを貴ぶのは正当であるが、必要の場合に能く費消するはもちろん善いことであるが、よく集めよく散じて社会を活発にし、従って経済界の進歩を促すのは有為の人の心懸くべきことであって、真に理財に長ずる人は、よく集むると同時によく散ずるようでなくてはならぬ、よく散ずるという意味は、正当に支出するのであって、すなわちこれを善用することである」と述べる。[18]

渋沢は貨幣をよく集め、正当な支出を増やすことは社会を活発にすること、つまり実体経済を活性化することに結びつくと述べる。換言すると渋沢の考え方は、正志斎が主張する「貨幣の中立性命題」の否定である。

正志斎は付加価値を創造しない武士の冗費を問題としていた。武士階級が消滅し四民平等となって国民がなにがしかの付加価値を生んで自活する時代になると、自ら稼いだ虎の子のカネを、正志斎が懸念するような冗費に向けられる割合が少なくなった。

渋沢は冗費や遊惰という言葉を使わないまでも、「よく散ずるという意味は、正当に支出するのであって」と述べて、生きたカネの使い方が必要と主張する。

「よく散ずるようでなくてはならぬ」という渋沢の言葉は、経済成長にともなって生活水準が向上すれば吝嗇に陥ることなく必要な費用は正当に支出すべきという意味と理解される。

維新の前後で経済事情が異なることもあり、貨幣経済に関する正志斎と渋沢の考え方には大きな違いが存在する。渋沢が貨幣に対する考え方を確立するうえで、正志斎の貨幣理論が渋沢に影響を及ぼした形跡は確認できない。

3－2　渋沢栄一の交易論

3－2－1　攘夷論と対外交易

渋沢が攘夷論者となるにあたり、経済的側面から影響を受けたと考えられる主たる著作として、発刊年は不明であるが1860（安政7）年に渋沢が筆写した尾高惇忠著『交易論』と、1852（嘉永5）年に発刊された大橋訥庵著『闢邪小言』が存在する。渋沢が影響を受けたであろう著作はこの2著に限らないが、これらはいずれも渋沢が筆写した著作であることから、本章ではこの

第8章　会沢正志斎『新論』と渋沢思想(3)

2著をもとに考察を加える。

　渋沢が攘夷論者となった原因には国家観を中心とする政治的・思想的な要因と、対外交易に関する経済的要因が考えられる。この点について筆者は、土屋喬雄氏の「この『交易論』における論拠は主として経済的なものである。それは藍香の環境が経済生活の方面に強い関心を持たしめ、早くより経済学にも心を向けしめることによるものであらうと思はれる。かくて『交易論』即ち攘夷論となつたものであらう」という見解に賛同する。[19]

　対外交易への対応は攘夷論者と開国論者では大きく異なる。正志斎は『時務策』において攘夷論から開国論に転じたことを明らかにし、渋沢も後日談で攘夷論から開国論に転じた時期について述べている。

　渋沢は「……明治になる前年に欧羅巴へ旅行したのであります、欧羅巴へ旅行をする頃初めて攘夷と云ふことは出来ぬものであると云ふことを発明致しました、けれども十四五才から二十六七才迄十二三年の間は決して攘夷が出来ぬものではなからうと信じた」と述べる。[20]

　後日談によると、渋沢が開国論に転じたのは一橋家の家臣から幕臣に転進する1865（慶応元）年から1866（慶応2）年頃に相当する。一橋家に仕官していた時期の渋沢の発想は藩のレベルにとどまっていたが、幕臣から維新を経て大蔵官吏となって以降は一国全体を視野に開国論を展開した。

　渋沢の追憶が間違いでないことは、1867（慶応3）年に幕府が渋沢を滞仏随行員に指名するにあたり、当時の上席であった原市之進が意思確認を行った際、渋沢があっさりと受け入れ、むしろ光栄と述べたことに原が拍子抜けし、何度も意思確認を繰り返したという事実からも確認できる。

　慶応元年から2年にかけて渋沢が開国論に転じた契機を探るにあたっては、(1)バイブルのごとく信奉していた『闢邪小言』や『交易論』のいかなる点に矛盾を見いだしたのか、(2)国家の利害得失について攘夷と開国を比較した場合、どの時点で何をもって渋沢が「攘夷＜開国」と認識したのかという2点がポイントとなる。

　『闢邪小言』と『交易論』で展開されるいかなる主張が渋沢の攘夷論の基盤となったのかを検討し、渋沢が慶応元年以降どのような環境変化や経験によって2著が抱える矛盾や欠陥を認識するに至ったのかを探る。闢邪小言の

第Ⅱ編　会沢正志斎と渋沢思想

第一巻総論と交易論は渋沢が筆写するほど重視した著作であるので、両著が渋沢の攘夷論に及ぼした影響は大きかったと考えられる。

『闢邪小言』の検討

　闢邪小言については、渋沢が筆写した第1巻の総論を中心に検討を加える。同書の基底にあるのは西欧諸国に対する日本の政治的・倫理的優越性と、西欧の科学的知見に対する劣等感をともなった嫌悪感である。

　大橋訥庵（以下「訥庵」）は西欧諸国を性悪説で認識し、彼らの科学的知見を政治制度などの社会科学的知見と、医学などを中心とする自然科学的知見に分けて把握する。訥庵は前者を邪説として拒否し、後者については有用な範囲での導入を容認する姿勢を有しつつ基本的には拒絶する。キリスト教は邪教として嫌悪する。これらが西欧諸国の倫理観、科学的知見、宗教などに対する訥庵の基本認識である。

　訥庵は西欧の科学的知見の新奇性に惑わされて、無定見に憧れを抱いて耽溺する人物に対して、社会的責任の重さにメリハリをつけて批判する。訥庵が重大な責任を有すると考えるのは儒者と武士である。訥庵は西欧の知見を洋説と称して日本への導入過程を以下のように述べる。[21]

　「サテ其説ヲ奉スル輩ノ無識ナルハ。深ク憫ムベキ﹁ナリ。其初ハ疇人毉師ノ類ナド。洋説ノ新奇ナルニ喫驚シテ。彼是ト唱ヘツル程ノ事ナリシニ。後ハ次第ニ滋蔓シテ。其風武士ニ浸淫シ。兵法モ器械モ。西洋ノ制ナラデハ。實用ニ非ズナド云フホドコソアレ。ヤガテ儒生ト號称シテ。悍然ト百家ノ上ニ位スル者ドモヽ。其妄説ニ雷同シテ。彼徒ノ狂惑ヲ助クル輩ノアルハ。誠ニ如何ナル﹁ニヤ。」

　訥庵は洋説が日本に浸潤するプロセスを「其初ハ疇人毉師ノ類ナド」として毉師つまり薬剤によって医療行為を行う者から順次武士、儒者へと移り行くと述べる。

　この点について正志斎は国体（上）において、「しかるに耳食の徒は、西夷誇張の説を謬り聴き、盛んにこれを称揚し、或は書を著して梓に上し、

第8章　会沢正志斎『新論』と渋沢思想(3)

夷を以て夏を変ぜんと欲する者あるに至る。及び他の珍玩奇薬の、目を奪ひ心を蕩かす所以のものあり、その流弊もまた人をして反つて欣慕せしむるに至る」と述べている[22]。

　訥庵が洋説の浸潤過程を説明するにあたって、珍しい薬剤に心を惹かれたことを述べたと同様、正志斎も「珍玩奇薬の、目を奪ひ心を蕩かす」として、西洋医学で用いられる奇薬や珍奇なものに目を惹かれることから西洋文明への憧憬が始まると述べる。

　洋説を安易に受け入れていることに対する武家と儒者の責任を追及するにあたって、訥庵は正志斎と考えを共有する。両者間で異なるのは、新論における正志斎の論跡が国の成り立ちから現状打開のための対策まで論理的かつ体系的であるのに対して、訥庵は攘夷に対する情熱を全面に出し、誇張した表現で政治や精神的な面に特化して自説を展開する点である。

　新論の国体（上・中・下）との関係で言えば、闢邪小言は国体（上・中）の趣旨を訥庵の言葉で補完する著作であり、以下で検討する『交易論』は、経済的側面を論じた国体（下）を補完する位置づけにあると考えられる。『新論』、『闢邪小言』、『交易論』を熟読した渋沢は、3名の著者から攘夷思想を啓蒙されたと考えられる。

『交易論』の検討

　尾高惇忠（以下「惇忠」の）『交易論』については、井上潤氏が洋銀の価値の面から分析を加えている[23]。本章では井上氏の論文を参考にするとともに、塚原蓼洲著『藍香翁』に収録されている貨幣論を参考に交易論の内容を検討する。徳川慶喜や渋沢に近い塚原は旧幕臣で幕末に尊皇攘夷から尊皇倒幕に転じ、維新直後は静岡藩士となった。

　『藍香翁』は塚原の筆になるものであり一次資料ではないが、惇忠や渋沢の所説をもとに引用した部分も多く、信頼性の高い資料と考えられる。

　交易論は対外交易によって生じる不利について、「外国ト交易スルニ及ンデ彼円銀ヲ以テ我大定法度ノ第一タル金銀ト同ジ心得ニテ百姓汗血ヲ流シテ収（ト）リ出ス物ヲ我天地自然ノ定マリシ直ニテ交易シ、其利害ヲ知ラサルニ陥リシ事誠ニ開闢以来ノ大惑乱是ニスクル事ナシ。ワレコレヲ憂ル事深ク、

375

痛哭ニ堪ス、論弁シテ世ニ告ント欲ス」と述べる。[24]

これは円銀と洋銀の貴金属の含有量の違いによって、西欧との交易で国産物が安く買い叩かれており、その不利な状況について当事者が無自覚であることを危惧したものである。また、商人たちが無自覚であることによって国を困難に陥らせることについて、「交易ノ筋ヨリ天下ノ難義トナルヲ知ラサルハ商人ノ恥ナラスヤ」と述べて商人の知識不足を恥として糾弾する。[25]

係る実態を述べた後、惇忠は日本人商人の無知につけ込んで害を及ぼそうとする西欧諸国に対抗すべく攘夷論を展開する。交易論は対外交易によって日本の貧困化を謀り、日本を植民地化しようとする西欧諸国の意図を察知した惇忠が経済的側面から攘夷論を主張した著作といえる。

対外交易の不利から説き起こす惇忠の攘夷論の主旨は、「己が国用余リ有ニ乗テ航海ノ具ヲ製シテ四方ニ貿易シテモ、正路ニシテハ別シテ利益ナケレバ、国々ノ短カキ処ヲ附込、欺キヲ、セテ漸ク其土地ヲ奪フニイタリテ、始テ交易ノ大利ヲ得タリトナス。是皆交易ヲ名トシテ宇内ヲ呑併スルノ術ナリ」という記述に表れている。[26]

西欧諸国の交易の目的は畢竟「宇内ヲ呑併スルノ術」、つまり世界征服であると惇忠は述べる。惇忠はルソンや清国の事例に基づいて論理を展開しており、渋沢も他国の事例を把握していたであろうことから、惇忠の主張を抵抗なく受け入れたと考えられる。

惇忠は西欧諸国の交易の目的が植民地を増やすことであるという見解を歴史的事実に基づいて述べた後、有志の決起を促すとともに、交易のあり方について自説を展開する。惇忠は「今天下ノ中忠孝有志ノ士其用ニ立ツヲ望ム」として自身の交易論に賛同する権力者に向けて檄をとばす。

惇忠は具体的な解決策として、「先交易場商人ニ令シテコレ迄トリシ洋銀不残上エ引替取上ヘシ。向後決シテ潰シ割合ヨリ外交易禁制シ、物ト物ト交易モ必ス実理ニツイテイタスベキ旨命スベキナリ」と述べて、現在行われている不利な対外交易に制限をかけることを提言する。[27]

大判や小判の金の含有量を操作する幕府の貨幣改鋳によって影響を受けてきた手練れの商人が、実質的価値が低い洋銀をつかまされて無自覚に損失を被る事態を惇忠は看過することはできなかった。惇忠の危機感は交易によっ

て個々の商人が損失を被るだけでなく、不合理な交易によって国富が毀損されるという点にあった。惇忠の貨幣理論がいかにして受け容れられたのかという点について、塚原蓼洲（以下「塚原」）は以下のように述べる。

> 「……翁は不思議にも貨幣の原理を研究し、當時の幣制を痛論して、大擔にも幕府の末運を豫言せられたり。然れども、大聲は俚耳に入ずして、豫言者の郷に重んぜられざるも古へより然りとす。翁が議論も亦た衆耳の容るゝ所とならずして、『新五が何を言ふ！』とは其の知友の間に於ける評語なりしが。時日の砥礪は眞理の璞を磨きて、漸次に其の光輝を發せしむ。すなはち歲月の經過と共に、其の豫言は事實となれり。眞價を有せざる惡幣の害は物價をして騰貴せしめ、傳馬（農民の郷役）をして困難ならしめ。其極、幕府が財力の窮乏となり、威嚴の衰頹となり、雄藩の輕侮を壓ふる克はず、處士の横議を警むる能はず。外人の跋扈、適黨の跳梁を擅まゝにするに及むで、終に支柱ずして倒れたり。蓋し其の此に到れるの原因、もとより其端を多くすべきも、然もかの貨幣の改鑄、惡金通用の一事は、確かに其れが滅亡の一源として、後世の史家に觀測せらる」

塚原は、改鑄による貨幣價値の劣化が経済を弱めることについて、惇忠がかねてより警鐘を鳴らしてきたにもかかわらず、それを看過したことが幕府の財力を弱め結果的に倒幕に至ったと述べる。

惇忠の貨幣論は、貨幣を鑄潰して得た貴金屬の價値がその額面と等価であるべきであるというものである。しかし、その基本原則が改鑄によって崩される事態より深刻なのは、純度が低い洋銀が交易を通して日本に流入することであった。

対外交易による貨幣價値の低下は、(1)商人がそれを正しく認識していないこと、(2)西欧諸国の目的が交易を通して日本の経済力を弱めることによって植民地化を狙っていることの2点において、きわめて深刻であるというのが惇忠の懸念であった。

惇忠の貨幣に対する考え方に渋沢が賛同していたことは、大蔵省を辞して下野し第一国立銀行を設立運営するにあたって、太政官札を整理する目的を

第Ⅱ編　会沢正志斎と渋沢思想

もって金あるいは金貨の裏づけのある兌換紙幣を発行したことからも明らかである。渋沢は『渋沢栄一訓言集』において、「貨幣の要は昔も今も変ることなく、富を分割する作用をなし、かつ富の交換を便にするものなれば、潰しにしても価値あるものでなくてはならない」と述べる。惇忠と渋沢は、貨幣の額面はその材料である貴金属の価値によって保証されるべきという考えを共有していた。

3－2－2　攘夷論の矛盾と開国論

　渋沢が攘夷論から開国論に転じたいきさつについては、正志斎が時務策を執筆した経緯を探るのに用いた関数式によって検討する。

　前節では尊皇攘夷思想を尊皇思想と攘夷思想の合体と考え、前者を恒等式、後者を関数式で表現した。具体的には、尊皇論は「日本の成立と存続(Y)＝尊皇論に基づく国家運営(X)」という恒等式で示されるのに対して、攘夷論は「日本の成立と存続(Y)＝対外関係を勘案した国家運営(F(x))」という関数式で表現される。これを数式で示すと以下の通りとなる。

$$Y = X \quad \cdots\cdots\cdots (1)$$
$$Y = F(x) \quad \cdots\cdots (2)$$

(1)尊皇論（恒等式）：日本の成立と存続(Y)＝尊皇論に基づく国家運営(X)
(2)攘夷論（関数式）：日本の成立と存続(Y)＝対外関係を勘案した国家運営F(x)
　　　　　　　【F⇒幕藩体制、x⇒日本を取り巻く環境条件を勘案した鎖国政策】

　上記の(1)、(2)の2式が問題なく同時に成立していたのが、幕末動乱期以前の徳川時代であった。この時期においては日本の成立と存続はX（尊皇思想）、F（幕藩体制）と独立変数x（鎖国政策）によって安定的に保たれていた。尊皇攘夷思想にこり固まっていた時期の渋沢の内面では、この2つの方程式が問題なく両立していた。

第8章　会沢正志斎『新論』と渋沢思想(3)

横浜焼き討ち準備期間の渋沢思想

　1863（文久3）年、24歳の渋沢は海保塾の塾生で確固たる攘夷思想を有していた。渋沢は1887（明治20）年にこの時期の心境を振り返って以下のように語っている。⁽³⁰⁾

　「仮令和親をするにもせよ、先づ一度は戦つて、相対の力を比較した後でなければ、和親といふものではない、ナニ彼に堅艦巨砲があつても我には所謂大和魂を以て鍛錬した日本刀の鋭利があるから、手当り次第に、斬て斬て斬り捲らう、といふ向不見の野蛮な考へであつて、今から見ると寔に笑ふべき話に過ぎぬけれども、其時は攘夷一途に思込んだ頭脳だから、所詮此幕府で攘夷などは出来ぬ、其うへ最早徳川の政府は滅亡するに相違ない、何故だといふに、世官世職の積弊が既に満政府を腐敗させて、詰る処、智愚賢不肖各其地位を顛倒して仕舞つた、士気の阻喪、人心の解体した、現今の有様でも明らかに分ることである、故に此際一度天下の耳目を驚かすやうな、大騒動を起して、幕府の腐敗を洗濯した上でなければなければ、到底国力を挽回することは出来ない」

　この追憶から明らかなことは、渋沢は当時の幕藩体制下で攘夷を実行することは不可能と考えていたということである。そのような考えを抱いた理由が「智愚賢不肖各其地位を顛倒して仕舞つた、士気の阻喪、人心の解体した、現今の有様」に失望を抱いたからであった。安部摂津守の代官からご用金500両を申しつけられた際、侮蔑的な扱いをうけた17歳の頃から渋沢の幕藩体制に対する不信感は強まった。

　渋沢は自らの信念である攘夷思想を完遂するため、倒幕の嚆矢にならんとして横浜焼き討ちを計画した。この時点での渋沢の攘夷思想を上述の関数式で表すと以下の通りとなる。

　　　$Y = F'(x)$ ………(3)

(3)攘夷論（関数式）：日本の成立と存続(Y)＝対外関係を勘案した国家運営

$$F'(x)$$
【F'⇒幕藩体制に代わる他の政治体制、x⇒日本を取り巻く環境条件を勘案した鎖国政策】

　これは、攘夷を継続するための「日本を取り巻く環境条件を勘案した鎖国政策(x)」を、「幕藩体制に代わる他の政治体制(F')」によって実現しようとする思想である。

一橋家仕官後の渋沢思想
　渋沢は幕府から横浜焼き討ち計画の嫌疑をかけられることを避けるため、一時京都に隠遁した後、平岡円四郎との縁で一橋家に仕官することとなった。これにより渋沢は幕藩体制に所属することになったので、「F'」は再び「F」となった。しかし、これに代わって「x」は徐々に「x'」へと変化することになる。
　渋沢の追憶によると、一橋家の家臣から幕臣に転進する1865（慶応元）年から1866（慶応2）年頃に相当する時期に、渋沢は尊皇攘夷思想から尊皇開国思想へと徐々に転じた。これを関数式で表現すると以下の通りとなる。

$$Y = F(x') \cdots\cdots (4)$$

(4)開国論（関数式）：日本の成立と存続(Y)＝対外関係を勘案した国家運営
$$F(x')$$
【F⇒幕藩体制、x'⇒日本を取り巻く環境条件を勘案した開国政策】

　渋沢の攘夷思想が徐々に開国思想に傾く過程(x⇒x')について考察を加える。攘夷思想に凝り固まっていた時期に渋沢を取り巻いていたのは、尾高惇忠をはじめとする親戚や郎党、千葉道場の剣術修行者や海保塾の同志などであり、開国論を主張する者は皆無であった。
　渋沢は一橋家の家臣として兵備強化のために領内を回っていた1866（慶応

2)年2月に備中の興譲館を訪問し、同館教授の阪谷希八郎（以下「阪谷」）と面談している。渋沢は開国論者である阪谷と思想は異にするが肝胆相照らすがごとく互いの意見を尊重して議論した。

　渋沢は阪谷の率直で真摯な人柄を見抜いた。渋沢は自分と方法論は異なってはいても、国の将来を憂い真剣に開国か攘夷かを議論する阪谷の態度に感じ入った。渋沢は「駁撃の矢を放って議論してもなおいわゆる唾壺の挫けるをも覚えぬほどで、誠に近頃の愉快であった」と感じた。

　渋沢は約1年半前には横浜焼き討ちを実行するという攘夷論に固執し、尾高長七郎との話し合いにおいて、互いに譲らぬばかりか果し合いをする勢いで激論を交わした。しかも、尾高との論争は攘夷論という共通の思想を有する者同士のやり取りであった。

　ところが、阪谷との議論は攘夷論に対して開国論という、相反する思想同士がぶつかり合う激論にもかかわらず、両者は果し合いにおよぶことがなかったばかりか、大変愉快な議論であったと渋沢は回顧しているのである。

　渋沢は一橋家に属することで、様々な意見を有する人物と交流する機会を得て視野を広げた。渋沢が開国論に対して「聞く耳」を持ち始めたのはこの時期と考えられる。

　阪谷は渋沢がはじめて真剣にその主張に耳を傾けた開国論者であった。それは阪谷の人間性と深くかかわっていた。渋沢が阪谷の開国論に真摯に耳を傾けた様子がわかる追憶を以下に示す。渋沢は阪谷を朗廬という号で呼んでいる。

「朗廬先生は極めて真率簡易なる御人で、毫も城府抔は設けずして、直に私を引見せられた、其時は侍坐した書生は誰であつたか、其名を記憶せぬが、両三名居られたと思ふ、初対面の口誼が済むと、別段私を尊敬も軽蔑もせず、至て平易に談話され、次第に時勢談に及ぶと、先生は頻りに開国説を主張された、是は私には実に意外に感ぜられて、種々に討議を試みたけれども、先生は平然として其説を枉げない、而して其開国の主旨は今日欧米諸国の和親通商を望むのは、決して往昔の旧教派の侵略主義ではない、然るを日本では只之を排斥して、諺に謂ふ人を見れば盗賊と思ふの故態を以てするは、人道

381

に欠くるのみならず、世界協同の趣旨にも背馳する故に、朗廬は徹頭徹尾開国主義であると言はれた、私も一橋家に任官して後は当初の攘夷一点張ではなかつたけれども、是まで江戸に京都に漢学者たる人に会見すると、皆攘夷鎖港論であつたに、独り朗廬先生の此開国説には少しく怪訝の念を生ぜしも、其日は極論に至らずして、盃酒の間に種々の意見を交換し、先生が酒を嗜む為めに痛飲快談、玉山将に頽るゝといふ有様であつた、」

　渋沢の追憶から明らかなことは、阪谷の率直で権威におもねることのない人間性に尊敬の念を抱いていたということである。渋沢が意外と感じたのは阪谷の欧米に対する性善説的なとらえ方であった。渋沢は元来性善説で人と接際するが、攘夷論者であった時期は欧米性悪説であり、横浜焼き討ちを計画した時点では、イギリス人を害獣と見なすレベルまでその性悪説は徹底していた。

　阪谷との議論を有意義と感じながらも、渋沢が開国論に傾くことがなかったのは、阪谷が「今日欧米諸国の和親通商を望むのは、決して往昔の旧教派の侵略主義ではない」と主張する根拠を明確に示さなかったからであろう。阪谷の開国論は、それまで欧米人を性悪説で認識していた渋沢の考えに対して一種の刺激を与えるものであった。

　渋沢がフランス滞在を受諾したのは、渋沢の好奇心と進取の気性によるところが大きいと思われる。しかし、阪谷のような開国論者と真正面から向き合うことがなければ、渡仏を拒絶した可能性がある。その意味で阪谷との「攘夷vs.開国」論争が渋沢の視野を広げるきっかけになったことは明らかである。

幕臣としての渋沢思想

　渋沢が開国論に転じたと考えられる時期は維新前であった。渋沢は一橋家に仕官する時点ですでに幕藩体制は早晩崩壊するという予想を慶喜に直言していたので、(4)式のFは渋沢の内面では（F⇒F'）に変化していた。この時点で渋沢はF'が立憲君主制になると予想していたわけではないが、少なくとも政治体制の大規模な変革を予想していたことは明らかである。このように考

第8章　会沢正志斎『新論』と渋沢思想(3)

えると渋沢の開国論は以下のように表現できる。

$$Y = F'(x') \cdots\cdots (5)$$

(5)開国論（関数式）：日本の成立と存続(Y)＝対外関係を勘案した国家運営
　　　　　　　　　　F'(x')
　　　　　　　【F'⇒幕藩体制に代わる他の政治体制、x'⇒日本を取り巻く環境条件を勘案した開国政策】

(5)式に基づいて渋沢思想の変化要因を探ると以下の諸点が考えられる。

1．対外事情を考慮して鎖国政策の非現実性を認識したこと。
2．鎖国政策は早晩変更を余儀なくされると認識したこと。
3．上記2点により、それまで信奉していた『闢邪小言』と『交易論』の内容に疑問を抱いたこと。

　渋沢が真に開国論に転じたのは滞仏経験を経てからであった。渋沢は「……明治になる前年に欧羅巴へ旅行したのであります、欧羅巴へ旅行をする頃初めて攘夷と云ふことは出来ぬものであると云ふことを発明致しました」と述べてそのことを証言している。渋沢は滞仏経験で対外事情をつぶさに観察することで攘夷鎖港政策が非現実的であることを身をもって知ったのである。

滞仏経験と渋沢思想
　渋沢は滞仏経験で得たいかなる点に、開国論の現実性と攘夷論の非現実性を見い出したのかを明らかにする必要がある。滞仏経験を検討するにあたり、渋沢が随員に選ばれた経緯を渋沢に対する徳川慶喜の評価内容から検討する。慶喜が渋沢の人柄と思想をいかに正確に把握していたかを示すのが以下の資料である。

　「元来民部公子を海外に出したら宜からうといふ評議については、本国寺

第Ⅱ編　会沢正志斎と渋沢思想

の水藩士には大変議論があつて、なか〲それを纏めるに骨が折れた、外国旅行だから、そんなに沢山連れて行かぬといふ説が外国方ではあるけれども、水藩士の方では、決してさう御手放し申す訳にはいかぬと言うて、或は二十人も三十人も御付き申さうといふ評議であつたけれども、種々の論判から、やつと選つて七人といふことになつた、蓋し此人々は留学などゝいふことにはどうしても同化しない、其時分は同化といふ詞はなかつたやうだが……、それでとかくまだ攘夷といふ感じを持つて居るのでそれを引離して御連れ申す訳にいかない、已むを得ず附添として連れて行く訳であるから、山高も大分骨が折れるであらう、其間には丁度お前は最初は攘夷家であつて、今は攘夷ではいけないと考へついた人で、所謂中間に居るから、斯ういふ人を附けて遣つたら宜からうといふのが内々の思召なんだ、是非永く留学させたいのだから、篤太夫を附けて遣つたら宜くはないかといふことは、打明けて言ふと御沙汰があるのだから、愈受けるなら確定すると斯ういふ私に原市之進から御沙汰でありました、……」

　徳川昭武（以下「昭武」）は、1867年第2回パリ万国博覧会（以下「パリ万国博」）に日本代表の民部公子として出席した後も現地にとどまり、長期留学を予定していた。昭武は徳川斉昭の十八男で慶喜にとって異母弟にあたる肉親であった。慶喜は幕府が存続し得た場合、昭武を自分の後継者候補の一人と考えていた。その思惑もあって、広い視野と最新の学問を修得させるべく昭武が民部公子に選ばれた。

　慶喜は攘夷思想に凝り固まった随行の水戸藩士が、留学を含めた長期間にわたり昭武の世話役としての役割を果たせるとは考えていなかった。そこで留学期間を含めて昭武の側近として慶喜が指名したのが渋沢であった。

　原市之進（以下「原」）は渋沢に対して慶喜の内意を「其間には丁度お前は最初は攘夷家であつて、今は攘夷ではいけないと考へついた人で、所謂中間に居るから、斯ういふ人を附けて遣つたら宜からうといふのが内々の思召なんだ」と伝えた。

　攘夷思想に凝り固まった水戸藩士の滞仏目的は昭武の身辺警護であった。偏狭な攘夷論者である水戸藩士には、頭を柔軟にしてフランスから最新の知

第8章　会沢正志斎『新論』と渋沢思想(3)

識を学ぼうという意思がないと考えた慶喜は、パリ万国博と欧州各国の視察期間中の水戸藩士によるトラブル発生を懸念していたのであろう、開国論にも一定の理解を示す渋沢に現地との仲裁役を期待した。

　このように、自分の肉親で有望な後継者候補である昭武の世話役として、慶喜が渋沢を選んだ理由をたどれば、慶喜の渋沢に対する人物評価は明らかである。慶喜は渋沢を長く実弟の身辺に置くべき人物と評価していた。渋沢と近しい原ですら渋沢を攘夷思想一辺倒の人物と捉えていたのに対して、慶喜は将軍の地位にあっても渋沢の思想変化を的確に把握していた。

　渋沢は慶喜の思惑通り、滞仏期間中の随行員間および現地とのトラブルを適切に仲裁するとともに昭武からは慕われ、維新後もフランスにとどまって経済の知識を修得する予定であった。

滞仏期間中の学び

　渋沢は昭武と長期のフランス滞在を予定していた。しかし、明治維新によって政体が大きく変わると、昭武が第十一代水戸藩主に就任することとなったため帰国を余儀なくされた。しかし、1867（慶応3）年3月から1868（明治元）年9月までの1年半で渋沢が学んだことは多岐にわたり、滞仏経験を経て渋沢は積極的な開国論者となった。

　渋沢が滞仏中に学んだ内容については『渋沢栄一の精神構造』に記述したので重複を避け、本節では渋沢が開国論に転ずるきっかけとなったと考えられる経緯について検討する。

　攘夷論と開国論の良否を判断するための絶対的な規準は存在しない。なぜなら徳川幕府が採用した鎖国政策は、外国からの政治的、経済的、宗教的侵入を阻止し、独自の日本文化を花開かせたという意味において正しい政策であったという判断にも根拠が認められるからである。

　一方、幕末の開国政策によって日本は日米和親条約という不平等条約を締結することとなり、その改正に多大な努力を要したという点で失敗であったという判断もありうる。

　国家の発展と経済的な損得に関する判断基準を加味すると、明治期以降の日本の発展は目覚ましく、開国は大いなる成功と見る向きが大宗を占めるで

あろう。渋沢は維新後開国論を実践すべく広く海外に眼を向けて、銀行家、企業家として日本資本主義の発展に貢献した。

　渋沢個人が滞仏経験をプラスに生かせた理由を考える場合、遭難した５人の土佐漁民のうち、なぜジョン万次郎（以下「万次郎」）だけがアメリカで数学・測量・航海術・造船技術などを修得し、帰国後日本で活躍できたのかという理由を探るよりはるかに容易である。

　万次郎については、基本的な知的能力、特に言語中枢が発達しており、年若く人一倍好奇心が強かったという説明しか筆者には思い浮かばない。

　一方渋沢の場合は、知的能力もさることながら水戸藩士とは異なり、農民として農商実務の経験が豊富なうえに文武両道にも秀でていたという事実がある。武家が鄙事として軽んじていた農商実務の経験こそが渋沢の実務能力を涵養し、フランスの先進的な経済制度、法制度、政治制度などに対する積極的な興味を抱かせることとなった。

　昭武の安全と武士の体面を保つことのみに関心のある水戸藩士は、現地制度を積極的に理解することなくトラブルメーカーとなった。慶喜の見立て通り、柔軟な思考を有し体面にこだわりの薄い渋沢は、まさに随行員間や随行員と現地関係者との間に立って、「所謂中間に居る人」として仲裁機能を存分に発揮した。

　体面に関心が薄く、フランスの先進的な科学技術や社会制度に対して率直に畏敬の念を抱き、学ぼうとする姿勢を有する渋沢にとって、西欧諸国は排除する相手ではなく親交を深め優れた点を学ぶべき相手であった。この認識が渋沢を積極的な開国論者に転じさせた理由と考えられる。

　渋沢が「日本資本主義の父」と称される理由は、フランスで学んだ合本法を日本で広め、株式会社制度によって500社余りの企業を設立・育成したことである。しかし、渋沢は実業家、社会事業家としての顔とともに、国際交流に力を入れる国際人としての側面も有していた。

　当初頑なに攘夷思想に拘泥していた渋沢は、その経歴を通して徐々に開国論を受け入れ、青年期の最後に滞仏経験を通して開国論者に転じ、生涯国際交流に尽力することとなった。『闢邪小言』や『交易論』の記述は、滞仏経験によってまさに「百聞は一見に如かず」のことわざ通り、渋沢の脳裏から

第8章　会沢正志斎『新論』と渋沢思想(3)

雲散霧消し、「攘夷＜開国」は確信となった。

攘夷思想から開国思想へ
　このように時代を追って渋沢の思想変遷を検討するのは、「テロリストから日本資本主義の父へ」と変貌した渋沢の経歴の背後には「攘夷論者から開国論者へ」という思想変遷が関わっていると考えられるからである。
　青年期までの思想教育の影響は大きく、その内容が時代変遷にそぐわない場合は、思想教育を受けた人物が真摯で一途であるほど、生涯を台無しにする行動にかられるリスクが存在する。未遂に終わった横浜焼き討ち計画がその典型である。
　上記で攘夷論と開国論の適否を判断する絶対的な規準は存在しないと述べたのは、時代変遷と周辺環境によって両論の適否は変化するからである。時代の変遷は個人の力ではいかんともし難い外生変数である。その意味で渋沢は大きな変換点に生まれた「時代の子」であった。
　「テロリストから日本資本主義の父へ」と変貌した渋沢の事例は、今後起こりうる時代変化への対応について何らかの示唆を含んでいると思われる。
　関数式を用いて簡略化した渋沢の思想変遷を以下で整理する。渋沢の尊皇攘夷思想は尊皇思想と攘夷思想に分けて考察する。渋沢は尊皇思想を終生持ち続けたので恒等式で表し、攘夷思想は条件によって後に開国思想に転じるので関数式で表現する。
　「尊皇攘夷思想」は尊皇論を表現する恒等式と攘夷論を表現する関数式が同時に成立する思想であり、「尊皇開国主義」は尊皇論を表現する恒等式と開国論を表現する関数式が同時に成立する思想である。

1．渋沢が尊皇攘夷思想を信奉していた時代（〜16歳）
　　$Y = X \cdots\cdots(1)$
　　$Y = F(x) \cdots(2)$
(1)尊皇論（恒等式）：日本の成立と存続(Y)＝尊皇論に基づく国家運営(X)
(2)攘夷論（関数式）：日本の成立と存続(Y)＝対外関係を勘案した国家運営 $F(x)$

【F⇒幕藩体制、x⇒日本を取り巻く環境条件を勘案した鎖国政策】

2．攘夷論を成り立たせている幕藩体制に疑問を抱く時代（17歳〜24歳）
　　　Y＝F'(x)………(3)
(3)攘夷論（関数式）：日本の成立と存続(Y)＝対外関係を勘案した国家運営
　　　　　　　　　　F'(x)
　　　　　　　　　【F⇒幕藩体制に代わる他の政治体制、x⇒日本を取り巻く環境条件を勘案した鎖国政策】

3．一橋家家臣から幕臣となって幕藩体制側に身を置き攘夷思想に疑問を抱く時代（25歳〜27歳）
　　　Y＝F(x')………(4)
(4)開国論（関数式）：日本の成立と存続(Y)＝対外関係を勘案した国家運営
　　　　　　　　　　F(x')
　　　　　　　　　【F⇒幕藩体制、x'⇒日本を取り巻く環境条件を勘案した開国政策】

4．滞仏経験中に封建制から立憲君主制となり、渋沢が積極的な開国主義者に転じた時代（28歳〜91歳）
　　　Y＝X…………(1)
　　　Y＝F'(x')……(5)
(1)尊皇論（恒等式）：日本の成立と存続(Y)＝尊皇論に基づく国家運営(X)
(5)開国論（関数式）：日本の成立と存続(Y)＝対外関係を勘案した国家運営
　　　　　　　　　　F(x')
　　　　　　　　　【F'⇒立憲君主制、x'⇒日本を取り巻く環境条件を勘案した開国政策】

　上述の通り、渋沢は時代変化にともなう曲折を経て、尊皇攘夷論者から尊皇開国論者へと思想転換を果たした。渋沢は開国論を進展させ生涯国際人と

して国際協力や国際交流に寄与した。

　このように年齢を追い時代変遷との関わりから渋沢の思想変遷を整理すると、少年期からの思想教育が根強く浸透し、人格形成や行動に反映されていたことがわかる。時代変遷と渋沢の思想変遷の関係について、「歴史にifは禁物である」ことを承知のうえで渋沢の生涯の岐路における仮説を設定すると以下の通りとなる。

(1) 渋沢17歳の時に御用金500両を岡部村陣屋の代官から請求され罵倒されることがなかったとしたら。
(2) 横浜焼き討ちが実行されていたら。
(3) 一橋家に仕官し慶喜と出会うことがなかったら。そしてその後幕臣になることがなかったら。
(4) 滞仏経験をすることなく、幕末動乱期に日本で内乱に巻き込まれていたら。
(5) 大隈重信の目にとまり大蔵官吏になることがなかったら。

　これらの仮説が現実となっていたとすれば、現在のような日本資本主義が成立している可能性は低いと考えられる。
　渋沢が時代の波を実力で克服した点も多くあると思われる。しかし、小栗上野介、吉田松陰など明治期まで命を長らえていれば偉大な業績を残したであろう人物が、幕末の混乱で亡くなっていることを考えると、現在の日本資本主義がいかに稀有な僥倖によって成立したかが実感される。渋沢は時代の子であるとともに、時代に生かされた人物であった。

小　括

　本章の目的は、国体（下）に記述されている会沢正志斎の経済思想が、渋沢栄一の思想にどのような影響を及ぼしたのかを明らかにすることであった。
　正志斎は財に対する主導権の歴史的推移を「農民⇒武士⇒商人」という図

式で説明する。正志斎は人の暮らしを支えるのは天祖から天孫に伝えられた衣と食であるとし、当初は「農」に携わる者が経済の中核にあったと考える。農によって創り出される付加価値によって財が生まれ、納められた年貢によって皇室を頂点とする社会が営まれるのが日本の原初形態であるというのが正志斎の認識である。

　戦乱の時代に武士の役割が専門分化し、武力によって政治の実権を掌握すると、財の主導権は強い徴税権をもつ武士に移る。やがて安定的な徳川幕府が成立して戦乱が治まり経済システムが複雑化すると、商人に財の主導権が移る。政治的実権の推移にしたがって財に対する主導権が推移するという考えは、正志斎の歴史観を端的に示している。

財政に関する考え方

　幕末期の武家財政は、農民から年貢、商人からは税を徴収して財源を賄っていた。その目的は幕府や各藩の存続であった。幕末に生きた正志斎にとって財政とは国家を念頭においたものではなかった。

　正志斎が国体（下）で語る財政は、徴収に力点を置いて権力者の懐を豊かにする方針で営まれるもので、そのために用いられるノウハウはいわば徳川幕府のための官房学であった。

　一橋家の家臣であった時代に渋沢が行った財政改革も、主たる目的は一橋家の懐を豊かにすることであり、領民への還元に関して渋沢が多く語ることはなかった。農商実務の経験を生かして渋沢が用いたノウハウは、その目的を勘案すると官房学であり財政学ではなかった。

　維新後、大蔵官吏となって国家予算をはじめとする財政実務の責任者となった渋沢は、国家全体を視野に置き均衡財政主義に基づいて財政実務を運営した。税収入をいかに無理なく増やし、それを国民全体に公平かつ効率的に還元するかという財政学の本旨に基づいて渋沢は財政運営を行った。

経済理論全般

　国体（下）で正志斎が展開した経済思想のうち、一般的な経済理論によって解釈できるのは、(1)限界効用理論に基づくミクロ経済学的知見、(2)物価理

論、(3)貨幣理論、(4)交易論であり、米穀統制論については財としての米の特殊性が強調されているため、経済理論に基づく解釈は困難であった。

　経済理論によって解釈が可能であった4項目のうち、限界効用理論に基づく正志斎のミクロ経済学的知見は、本来論理的に帰着すべき結論からはずれている。

　また、正志斎が展開した物価理論は経済学的アプローチによるものであるが、実業家である渋沢にとって財・サービスの値決めは浮利を排し、原価に適正な利益を上乗せして決定する会計学的な発想で決められるので、両者の理論的な比較は困難である。したがって、正志斎と渋沢の経済思想を比較するにあたっては、貨幣理論と交易論の2点に絞って検討する。

貨幣理論
　正志斎は、貨幣価値は貨幣供給量と商品との関係で決定され、貨幣供給量の増加が実体経済に影響を与えることはないと考える。貨幣は実体経済を覆うベールでしかなく、貨幣量の増加は物価の上昇に反映されるのみという、貨幣数量説に基づく「貨幣の中立性命題」を正志斎は自分の言葉で表現した。

　正志斎はこの理論を慶長年間に生じた金産出量の増加にともなって貨幣供給量が増加した過去事例によって案出した。貨幣は物の価値を測る目安にすぎず、貨幣量が増加すれば商品に多くの貨幣を支払い、減少すれば同じ商品に少ない貨幣を支払うだけというのが正志斎の貨幣理論のエッセンスである。

　正志斎が静態的な幕藩体制において貨幣理論を主張したのに対して、渋沢は明治期の動態的な経済環境で貨幣理論を構築した。渋沢は貨幣をよく集め適正な支出を増やすことは社会を活発にすること、つまり実体経済を活性化することに結びつくと述べる。換言すると渋沢の考え方は「貨幣の中立性命題」の否定である。

　渋沢は浪費も吝嗇も嫌悪する。経済主体がそれぞれ身の丈に合った適正な消費行動をとることによって、経済は活性化され社会が豊かになるというのが渋沢にとっての価値ある貨幣の使い方である。これは、「貨幣は物の価値を測る目安にすぎない」という正志斎の主張とは真っ向から対立する考え方である。

第Ⅱ編　会沢正志斎と渋沢思想

交易論

　正志斎、渋沢ともに強固な攘夷論者であったが、正志斎は『時務策』で開国の必要性を論じ、渋沢は滞仏経験を機に開国論者に転じた。両者の交易論を比較するにあたり、本章では攘夷論から開国論に転ずるプロセスを示す関数式を用いて渋沢の思想変遷を検討した。そのうえで、開国後の対外交易をいかに推進するかという点を比較検討した。

　攘夷論の合理性を再検討するにあたって両者が採用したアプローチは異なる。正志斎は水戸学の伝統である歴史学派的なアプローチで攘夷論に検討を加えた。

　正志斎は、キリスト教禁教を主たる目的と発布された、1633（寛永10）年の鎖国令が有効に機能した当時の国際情勢が、時務策が刊行される1862（文久2）年までの220年余りの間にどのように変化したのかという点を客観的に考察し、結論を導き出した。

　正志斎が認識した歴史的事実は、(1)ルソンや清国が西欧諸国によって侵犯されたこと、(2)西欧の軍事技術が発展し鎖国令によって開国要求を拒否し続けるに足る軍事力が日本にはないこと、(3)鎖国を続けると日本は世界から孤立し発展から取り残される可能性があることなどである。

　正志斎は四囲の状況を歴史観に基づいて考察し、攘夷論と開国論を比較考量して開国論に転じた。これが正志斎の内面で攘夷論として成立していた「$Y=F(x)$」の独立変数x（鎖国政策）がx'（開国政策）に変化し、「$Y=F(x')$」となったいきさつである。

　一方、渋沢は自分の身に生じた著しい環境変化によって経済合理的に攘夷論を見直した。渋沢を取り囲む国際情勢は正志斎と同じであったが、渋沢のステータスは変転極まりないものであった。横浜焼き討ち計画が頓挫するまでの渋沢は、幕藩体制内部の空気にも触れたことがない頭でっかちの農民インテリであった。

　血洗島村という内陸で育った渋沢は、正志斎のように外海から外国船に威嚇された経験がなかった。つまり、渋沢は攘夷論を理念的に信奉していた。渋沢の周辺は攘夷論者で固められていたため、開国論に接する機会もなかった。

第 8 章　会沢正志斎『新論』と渋沢思想(3)

　思想的には「箱入り息子」であった渋沢が、自身を取り囲む環境的な桎梏から抜け出す機会が、横浜焼き討ち計画が未遂に終わった後に嫌疑を避けるために隠遁した京都での経験と一橋家仕官であった。
　一橋家に仕官して以降の渋沢の思想的変遷については第 3 節で詳述したので繰り返さない。渋沢は一橋家家臣から幕臣となり、滞仏経験を経て維新後大蔵官吏となった。この時点で渋沢は西欧先進国と良好な関係を構築して科学技術、社会制度、法律などの先進知識を日本の発展に役立てることが重要と主張する積極的な開国論者となっていた。さらに下野してからは民間レベルで国際交流に積極的に関与する国際人として活躍した。
　このように渋沢の攘夷論から開国論への思想転換の過程は、正志斎との比較によって明確となったが、正志斎の思想転換が渋沢の思想転換に及ぼした影響を確認することはできない。
　交易論は開国論を前提に展開される。正志斎は開国後の交易のあり方について「通好」という言葉で語る。正志斎が開国論に転じたのは、歴史的経緯に基づいて利害得失を勘案した結果、相対的に開国論が日本の国益に資すると考えたからであった。正志斎が「利」と「害」を比較考量して開国論に転ずるには、「通好による利」が「西欧諸国の脅威」を凌駕しなければならなかった。
　商売の経験がない正志斎が、大局的な発想によって語る交易論に具体性を期待することは困難である。正志斎が懸念するのは日本が他国と和親通好しないことによって日本が孤立し富国強兵が達成不可能になることであった。
　一方、渋沢が語る交易論は農商実務の経験に裏づけられた現実的なものであった。パリ万国博で披露された最新技術を駆使した工業技術や農機具を実務経験のない武家出身者が見ても、その壮大さや精密さに感嘆するにとどまる。しかし、渋沢にとってそれらは具体的なイメージでとらえることのできる経済活動と結びついた技術であり、即刻日本に導入すべきものであった。
　さらに、渋沢の論考は交易に用いられる貨幣に及ぶ。西欧先進国から導入する技術や機械の決済に低純度の洋銀を用いることは、額面以上の高値でそれを買わされることを意味した。渋沢の交易論は貨幣論と密接不可分である。
　貨幣の額面金額とそれを鋳潰した金属の価値は等しくあるべきという考え

は、後に下野して設立した第一国立銀行が発行した紙幣が兌換銀行券であったという事実に反映されている。渋沢の貨幣論には、貨幣の信用が金の裏づけによって担保されるべきという信念が貫かれていた。

まとめ

　国体（下）で展開された正志斎の経済思想の多くは経済理論によって解釈することが可能であった。しかし、渋沢思想との関係から見ると、正志斎の経済思想が渋沢思想に与えた影響は僅少であったといえる。
　その理由としては、正志斎の思想が歴史学派的な経済理論であるのに対して、渋沢思想は実務に裏づけられた経営学的な実践理論によって構築されているという相違が存在するという点があげられる。
　両者はともに攘夷論から開国論に思想を180度転換するが、その転換過程にも歴学派的発想と実務者的発想の違いが見られ、開国後の交易論の具体性にも大きな違いがある。
　両者の比較によってそれぞれの経済思想の特徴を明らかにすることは可能であるが、⑴財政論、⑵貨幣理論、⑶交易論、⑷開国論への転換過程のいずれの観点からも正志斎の経済思想が渋沢思想に与えた具体的な影響を確認することは不可能である。

【注】
（１）会沢正志斎「新論」『水戸学』（岩波書店、1973年）82頁。
（２）渋沢栄一『雨夜譚』（岩波書店、1984年）184頁。
（３）渋沢、『雨夜譚』185頁。
（４）大蔵省百年史編集室『大蔵省百年史 別巻』（大蔵財務協会、昭和44年）130頁。
（５）渋沢青淵記念財団竜門社『渋沢栄一訓言集』（国書刊行会、昭和61年）251頁。
（６）『渋沢栄一訓言集』340頁。
（７）会沢、前掲書、「新論」84頁。

第 8 章　会沢正志斎『新論』と渋沢思想(3)

（ 8 ）会沢、前掲書、「新論」84頁。
（ 9 ）会沢、前掲書、「新論」85頁。
（10）会沢、前掲書、「新論」85頁。
（11）会沢、前掲書、「新論」86-88頁。
（12）会沢、前掲書、「新論」87頁。
（13）会沢正志斎「時務策」『水戸学』（岩波書店、1973年）365頁。
（14）会沢、前掲書、「時務策」362頁。
（15）会沢、前掲書、「時務策」362-363頁。
（16）会沢、前掲書、「時務策」363-364頁。
（17）会沢、前掲書、「時務策」363頁。
（18）渋沢栄一『論語と算盤』（国書刊行会、平成 4 年）110頁。
（19）青淵先生筆写攘夷論文献に就いて（土屋喬雄）「竜門雑誌」第578号・第20-28頁［昭和11年11月］渋沢青淵記念財団竜門社編『澁澤栄一傳記資料　第一巻』（渋沢栄一伝記資料刊行会、昭和30年）212頁。
（20）戦争と経済「竜門雑誌」第204号・第8-9頁［明治38年 5 月］渋沢青淵記念財団竜門社編『澁澤栄一傳記資料　第一巻』（渋沢栄一伝記資料刊行会、昭和30年）164頁。
（21）訥菴居士『闢邪小言』（嘉永 5 年、江都思誠塾藏）1-2頁（頁数は総論本文の最初から順次筆者が割り振った）。
（22）会沢、前掲書、「新論」68-69頁。
（23）井上潤「少・青年期の人間形成」『新時代の創造　公益追求者・渋沢栄一』（山川出版社、1999年）334-336頁。
（24）青淵先生筆写攘夷論文献に就いて（土屋喬雄）「竜門雑誌」第578号・第20-28頁［昭和11年11月］渋沢青淵記念財団竜門社編『澁澤栄一傳記資料　第一巻』（渋沢栄一伝記資料刊行会、昭和30年）212頁。
（25）青淵先生筆写攘夷論文献に就いて、前掲書213頁。
（26）青淵先生筆写攘夷論文献に就いて、前掲書213頁。
（27）青淵先生筆写攘夷論文献に就いて、前掲書213頁。
（28）塚原蓼洲『藍香翁』（藍香翁頌徳碑建設發起人總代　高波浪太郎、明治42年）243-244頁。
（29）『渋沢栄一訓言集』94頁。
（30）「雨夜譚」（渋沢栄一述）巻之 1 ・第21-23丁［明治20年］渋沢青淵記念財団竜門社編『澁澤栄一傳記資料　第一巻』（渋沢栄一伝記資料刊行会、昭和30年）231頁。

第Ⅱ編　会沢正志斎と渋沢思想

（31）渋沢青淵記念財団竜門社編「興譲館記録」（財団法人興譲館所蔵）」『澁澤栄一傅記資料　第一巻』（渋沢栄一伝記資料刊行会、昭和30年）373頁。
（32）大江清一『渋沢栄一の精神構造』（時潮社、2022年）318頁。
（33）阪門会ニ於ル演説筆記（渋沢栄一自筆稿本）［男爵阪谷芳郎所蔵］渋沢青淵記念財団竜門社編『澁澤栄一傅記資料　第一巻』（渋沢栄一伝記資料刊行会、昭和30年）346頁。
（34）戦争と経済「竜門雑誌」、前掲書164頁。
（35）「昔夢会筆記」中巻・第33-41頁［大正4年4月］渋沢青淵記念財団竜門社編『澁澤栄一傅記資料　第一巻』（渋沢栄一伝記資料刊行会、昭和30年）439頁。

第9章
会沢正志斎『新論』と渋沢思想(4)
―横浜焼き討ち計画の予備的考察―

はじめに

　本章の目的は、『新論』を構成する形勢・虜情・守禦・長計の4篇に記述されている会沢正志斎（以下「正志斎」）の思想が、渋沢栄一（以下「渋沢」）の思想にどのような影響を及ぼしたのかを明らかにするため、渋沢等が引き起こした横浜焼き討ち計画について予備的考察を行うことである。

　渋沢思想に対する水戸学の影響を探るにあたっては、(1)横浜焼き討ち計画がテロリズムの犯罪的特質を備えていたこと、(2)形勢以下4篇が横浜焼き討ち計画を支えた思想的基盤の重要部分を担っていたこと、という2つの前提を設定する。

　横浜焼き討ち計画は未遂に終わったという理由だけで不問に伏すべきではない。なぜなら、実行寸前まで至ったこの計画は、渋沢等が真剣に取り組んだテロ計画だったからである。テロの実行ではなくテロ計画自体を「結果」と捉えれば、その「原因」と考えられるのは、渋沢等にテロが幕藩体制を変革する唯一の手段であると信じさせた思想である。

　本章で行う予備的考察とは横浜焼き討ち計画がテロリズムの犯罪的特質を備えていたことを研究者の知見に基づいて確認することである。テロ計画の原因と考えられる新論の内容については第10章から第12章で考察を加える。

　渋沢研究において横浜焼き討ち計画を不問に伏すべきでないと考えたのは、計画自体に犯罪性が見られるからであり、同計画に犯罪性があるとすれば、それはいかなる観点から結論づけられるのかを明らかにする必要がある。

　横浜焼き討ちはテロ行為と考えられるが、それは同計画を厳密にテロリズムの犯罪的特質と照らし合わせたうえで導き出された結論ではない。したが

って、横浜焼き討ち計画の犯罪的特質を専門的知見に照らして確認できれば、「新論⇒（思想的基盤）⇒横浜焼き討ち計画」という関係において、「水戸学が渋沢思想に与えた影響を明らかにする」という視点から形成初期の渋沢思想に切り込むことが可能となる。

　テロリストとしての渋沢を支えていた思想の淵源を探るためには、テロリズム研究の成果を踏まえて横浜焼き討ち計画の犯罪的特質を明らかにしたうえで、新論の内容を検討することが合理的である。筆者が検討すべき対象と考えるのが、読者に具体的な行動を喚起する啓蒙的な特徴を有する形勢・虜情・守禦・長計4篇である。

　渋沢は論語をはじめとする漢籍に深く馴染むとともに水戸学に耽溺した。渋沢の倫理思想は論語に基づき、政治思想は水戸学に拠っている。論語の倫理規範がテロリズムの淵源になり得ないとすれば、横浜焼き討ち計画を支える思想的淵源を水戸学に求めることには合理性がある。形勢以下4篇を検討対象とするのは係る論考に基づいている。

　新論は国体（上・中・下）、形勢、虜情、守禦、長計の7篇で構成されるが、国体を構成する3篇と形勢以下の4篇では記述内容の性格が異なる。国体に含まれる上・中・下の各篇にはそれぞれ、国の成り立ちや武の歴史、経済理論など、いわば正志斎の思想の基盤をなす理論編あるいは基礎編ともいうべき内容が記述されている。

　これに対して、形勢・虜情・守禦・長計にはそれぞれ世界情勢、西欧からの危機と実情、富国強兵のための必要任務、長期的な観点から日本がとるべき対外政策などいわば実践編あるいは応用編ともいうべき内容が記述されている。

　実践編は、(1)地政学、(2)侵略論、(3)国防論、(4)国家計画の4つの視角から最新知識を説得的かつ煽動的に記述したもので、日本を取り巻く四囲の情勢にうとい憂国の志士には感動と驚きをもって受け容れられた。形勢以下の4篇に共通するのは、危機感をもって世界情勢を捉え、日本に迫る西欧からの侵害に対していかに対処すべきかを語っている点である。

　形勢以下の4篇では西欧を外夷と認識し、それに対応するための具体的な知識が多く盛り込まれた、まさに正志斎の実践攘夷論ともいうべき記述が展

第 9 章 会沢正志斎『新論』と渋沢思想(4)

開されている。そこには正志斎がもっとも主張したかった日本が直面する現実への対応策が述べられている。

渋沢をして攘夷論に傾倒せしめるうえで大きな役割を果たしたのは、危機感を煽って日本がとるべき道筋を明確な表現で記述する形勢以下の実践編と考えられる。

以上より、本章では青年期の渋沢の攘夷思想を、横浜焼き討ちを計画せしめた淵源と指定して考察を進める。しかし、渋沢は青年期に多くの著作にふれており、新論はあくまでもそのうちの一著作である。

横浜焼き討ち計画は渋沢単独で実行することは不可能である。したがって、渋沢を計画の首謀者とみなしたうえで、同計画で集団の力を要する部分については「渋沢等」という表現を用いる。また、渋沢思想に関連する部分については「渋沢」と表現する。多少の混乱は免れえないが、正確性を重視する観点から主語をこのように使い分ける。

第 1 節　渋沢栄一の攘夷思想

1 － 1　攘夷思想の特質

渋沢が自らの攘夷思想を体系的に述べた著作は存在しない。しかし、青年期の渋沢が先鋭的な攘夷思想の持主であったことは、同志を募って横浜焼き討ちを計画し、実行寸前までこぎつけたという事実によって明らかである。渋沢は自らが信奉する思想を実行に移すほど深く攘夷思想にのめり込んでいた。

本節では、青年期の渋沢の行動や壮年期以降の追憶に基づいて渋沢の攘夷思想の特質を整理して数項目にまとめ、それらの淵源を形勢以下の 4 篇に探る。

渋沢が唱える攘夷論の特質を考える場合、いかなる立場からそれを唱えたのかという点を勘案することが重要である。具体的には統治者が唱える攘夷論と被統治者が唱える攘夷論の違いである。統治者サイドの人物が攘夷論を

唱える場合の前提は、現在の政治体制を維持する目的をもって海外からの侵害を排除することである。

一方、現状の統治体制に不満を抱く被統治者が攘夷論を唱える場合は、日本という国の存在を守るため外国からの侵害を防ぐとともに、攘夷を契機として政治体制を変革するために行動するという特徴がある。政治体制を変革した後は、自らの理想に基づき新たな政治体制の構築に向けて主体的に活動する人物が革命家である。

新たな政治体制に主体的に関わることなく、現体制を破壊することを目的として行動する人物は、革命家のカテゴリーには含まれない。管見によると、攘夷思想に基づき知行合一で横浜焼き討ちを実行しようとした渋沢の行動はテロリストに分類されるが革命家には分類されない。

しかし、横浜焼き討ちを計画した時点の渋沢の心中にはテロ行為を行っているという自覚はなく、自らが犠牲となって新たな日本の定礎になるという意識が先行していた。

統治者サイドに身を置く正志斎が提唱する攘夷論と同じ目線で、渋沢が攘夷論を唱えるようになったのは、横浜焼き討ち計画が未遂に終わり曲折を経て一橋家に仕官し武士となった後のことである。

１－２　攘夷思想とテロリズム

青年期の渋沢をして横浜焼き討ちという理不尽な計画を立てさせるに至った経緯を考察するにあたっては、渋沢が唱える攘夷論の特質を踏まえたうえで、その異常さの根源を解明する必要がある。渋沢を無定見な行動に駆り立てた理由を探るには、テロリストとしての渋沢がいかにして生まれたのかを考察する必要がある。

その根源を構成する要素は、(1)渋沢をテロ行為に走らせた思想的基盤としての水戸学思想、(2)被統治者サイドにあって水戸学を学んだ渋沢を取り巻く環境の２点と考えられる。

これらを解明するためには、新論をはじめとする水戸学思想について従来とは異なる視角から検討を加えることが必要となる。常軌を逸したテロリストの行動の基盤には彼等が信じる思想や教義がある。その思想は宗教思想や

政治思想あるいはカリスマが発した言葉などさまざまである。

　渋沢が水戸学の攘夷思想によってテロ行為に走ったとすれば、それと比較対象となり得るのはイスラム原理主義によって煽動され自爆テロを行うイスラム教徒であろう。いささか突飛な分析視角と思われるかもしれないが、(1)思想、(2)環境、(3)行動内容の3点を比較すると、両者間には宗教思想と政治思想という違いがあるにせよ、それぞれが身にまとう行動特性は同質である。

　係る認識に基づき、新論の実践編と位置づけた形勢・虜情・守禦・長計の4篇を中心に、その内容を渋沢の攘夷思想の特質に沿って検討し、渋沢をテロ行為にいざなった煽動性をいかなる点に見出すことができるのかを検討する。

第2節　横浜焼き討ち計画の検討

　テロリズムの定義については研究者の間でも意見が分かれており、研究者間でも共通の認識はまだ確立されていない。しかし、テロリズムの包括的な定義は確立されていないまでも、テロ行為と目される従来の犯罪を分析し、類型、性格、要因、背景などの切り口から分類・整理した研究は存在する。

　したがって、複数の視角からテロ行為の類型を認識し、その認識をもとに同計画を分析するのが合理的と考えられる。そのうえで、横浜焼き討ち計画を実行寸前にまで導いたと考えられる政治思想が形勢・虜情・守禦・長計の4篇でどのように展開されているのかを検討することが必要となる。本章では以下の「原因」、「発生」、「構造」の3つの切り口からテロリズムを類型化する。

(1)テロリズムの原因
(2)テロリズムの発生
(3)テロリズムの構造

2－1　横浜焼き討ち計画の原因

テロリズムの原因

　テロリズムの原因については、宮坂直史氏が独自に分類・整理している。宮坂氏はテロリズムの原因を「素因」、「主因」、「誘因」、「引き金」、「潮流」の5つに分類する。それぞれの内容は「図表9－1　テロリズムの原因」の通りである。(1) 宮坂氏の分類に基づいて横浜焼き討ち計画の特質を分析する。

図表9－1　テロリズムの原因

原　因	定　義
素　因 （環境要因）	(1)テロ組織、テロリストが生まれやすい土壌、社会環境の特性。 (2)何らかの社会的争点が存在し、それを巡って世論を分かつような対立が顕在化している場合。 (3)特定の勢力から見て非難の矛先が明確に定められている状況。 (4)国民のアイデンティティの違いが強く意識され、それ自体が争点として対立が生じている状況。 (5)高失業率や属性による差別という一定の状態がテロの環境要因ではない。 (6)社会的対立が顕在化している状況がテロの萌芽であり、対立の内容は国や地域で異なる。
主　因 （根底的要因）	(1)テロを厭わずに計画、実行する個々人の気質、心性。 (2)疾病にたとえると、発病の原因となる病原体に相当する。 (3)「素因」があっても「主因」がなければテロは発生しない。個々人の気質はテロリズムの原因としては決定的。 (4)問題の気質は反社会的な攻撃性に加えて、1)敵の殺害を陰謀論に基づいて正当化する思考回路、2)テロ組織を立ち上げる権力欲や自己顕示欲、3)承認欲求や破滅願望を備えている。 (5)テロリストになる経路に学歴や職歴は無関係。過激思想に取りつかれるきっかけも多様であり、それに至る時間も長短さまざまである。
誘　因 （状況要因）	(1)テロ行為を実行しやすい状況のこと。具体的には武器の入手が容易であること。 (2)民間企業や研究施設などで厳重に管理されていないことが、武器を入手したいテロリストにとって誘因となる。 (3)法執行能力が低下していれば捕まる可能性は低くなり、要人警護も隙があると思われれば拒否的抑止が効かない。
引き金 （動機要因）	(1)その時点での状況認識によって個別のテロ事件を引き起こす場合。 (2)テロ組織メンバーの逮捕や軍事力行使などの強硬策に対する報復としてテロを起こす場合。 (3)他の競合組織にテロに刺激されて自組織の宣伝や存在証明のためにテロ行為を起こす場合。
潮　流 （時代的要因）	(1)テロの頻発という時代の流れに触発されてテロ行為が活発になる場合。 (2)イスラム過激派によるテロが世界的潮流になる場合。

【注記】宮坂直史「テロリズムの原因と対策」『グローバル・ガバナンス学Ⅱ　主体・地域・新領域』（グローバル・ガバナンス学会編、2018年）227-231頁に記述される定義の要約を記載。

第9章 会沢正志斎『新論』と渋沢思想(4)

「テロリズムの原因」から見た横浜焼き討ち計画
【素因（環境要因）】

　渋沢が生まれ育った血洗島村は、テロ組織を育む土壌や社会環境の一般的な特性を備えてはいなかった。計画の中核メンバーであった渋沢や尾高惇忠は養蚕や藍の栽培を営む豪農の出身であり、少なくとも貧困が横浜焼き討ちを計画した原因とは考えられない。また、渋沢の父である渋沢市郎右衛門元助は身分制度に基づく現状を受け容れており、父からの影響も考えられない。

　血洗島村の経済的土壌や伝統的な考え方からテロの素因を見出すことは困難である。しかし、渋沢、渋沢喜作、尾高惇忠、尾高長七郎といった豪農の子弟からなるコミュニティを血洗島村の一部を構成する社会環境と考えれば、血洗島村には年長の惇忠を中心とする農民インテリ集団が形成される特殊な社会環境が存在した。

　血洗島村の農民を大まかに、(1)豪農インテリ農民、(2)小作農非インテリ農民という二分法で捉えると、同村には前者の豪農インテリ農民を生み出す経済的な土壌があり、尾高惇忠という突出したインテリがリーダーとして存在したことが素因を形成していた。

　一般的には、貧困という経済環境が農民の不満を醸成する土壌となるのに対し、血洗島村の裕福な経済環境はインテリ農民を育成する土壌となった。

　他の素因として検討すべきは「社会的対立が顕在化している状況」の有無である。士農工商による身分制度は幕藩体制以前から定着しており、農工商の多くは否応なくそれを受け容れてきた。農民一揆の原因は身分制度の変革を求めるものではなく、統治者である武家による過剰な収奪に対する不満に対するものであった。

　横浜焼き討ち計画は攘夷思想に基づいて在留英国人を殺戮し、それを契機に社会不安を惹起して幕府に対する不満分子が倒幕に動くことを期待するものであった。渋沢等は「武家vs.農工商」を社会的対立として認識していた。これらの点を勘案すると、血洗島村には攘夷思想を有し、倒幕を目指すインテリ農民集団を生み出す特殊事情が存在したといえる。

第Ⅱ編　会沢正志斎と渋沢思想

【主因（根底的要因）】

　横浜焼き討ちが計画された時代は、末期とはいえ幕藩体制下で政治が行われており、それを不当な手段で打倒しようとする勢力は今日でいうところの反社会的勢力とみなされる。したがって、渋沢等は横浜焼き討ちによって倒幕を実現しようと計画した時点で反社会的勢力であった。

　テロリズムの主因（根底的要因）とは「テロを厭わずに計画実行する個々人の気質や心性」である。このテロリストの気質は反社会的な攻撃性に加えて、(1)敵の殺害を陰謀論に基づいて正当化する思考回路、(2)テロ組織を立ち上げる権力欲や自己顕示欲、(3)承認欲求や破滅願望の3つの性格で構成される。

　第1点については、渋沢等は横浜焼き討ちを神託によって正当化した。神託により自分等を神兵とし、ターゲットであるイギリス人を害獣に貶めることで自らの正当性を主張した。このことから、渋沢等には陰謀論に基づいて正当化する思考回路が存在した。

　第2点の権力欲や自己顕示欲の有無については、参加メンバーの個性によって異なることから、外面的な行動から一律に推し測ることは困難である。しかし、横浜焼き討ちによって自らが権力の座につこうとする意思がなかったことを勘案すると、渋沢等には統治者にとって代わる権力欲はなかったといえる。また、この計画が実行された時点で死罪に問われることを覚悟していたことを勘案すると、生きながらえて名誉を得ようとする意味での名誉欲は存在しなかった。

　第3点の承認欲求や破滅願望は存在していたと考えられる。しかし、渋沢等の承認欲求は攘夷論の実行者として承認されることではなく、自らの行動が倒幕を意図したものとして承認され、かつそれによって社会を刺激することであった。渋沢等は個人的な存在確認としての承認欲求とは異なり、横浜焼き討ちが意味するところを社会に認知させるという意味での承認欲求を有していた。

　破滅願望については、死を賭して焼き討ちを実行することがそれに該当するかは不明である。渋沢等は自らの肉体が破滅すること自体を願望として有していたわけではなく、生命と引き換えにしてでも達成したい願望が存在したという意味で、身の破滅をものともしない考えを有していたと理解すべき

であろう。

　テロリストになる経路に学歴や職歴は無関係という点については、幕藩体制下における教育システムに現在の学歴という概念は存在しないことから、この定義はそのまま渋沢等に該当する。学歴や職歴ではなく、少年期から座学と仕事を通して何を学んだかという点が重要であり、学んだ内容が横浜焼き討ち計画の淵源になっていた。以上より、テロ行為の主因は渋沢を中心とするメンバーの思想自体に存在していたといえる。

【誘因（状況要因）】

　横浜焼き討ち計画の首謀者の一人である渋沢は、神道無念流の剣術修行のため千葉道場に長期滞在するほど武芸には自信を持っていた。特に中核メンバーの尾高長七郎は名うての剣術家であった。係る観点からすると、焼き討ちメンバーの気概を支える肉体的な戦闘能力が充実していたという意味でテロの誘因は存在した。

　しかし、農民で武器を持たない渋沢等が焼き討ちを成功裡に遂行するためには、「高崎城を急襲するための武器の調達⇒武器を携えて鎌倉街道を南下し横浜に到着⇒イギリス人殺戮」という段取りを踏まなければならなかった。

　高崎城急襲に用いる武器の調達費用は、渋沢が家計をやりくりして用意しただけでも160両近くに及んだ。このことから、農民が秘密裏に武器を準備するのは至難の業であった。しかも、武士ではない渋沢等が高崎城の武器庫に直接アクセスし、正確な武器の質と量を事前に把握できたとは考えられない。

　武器を運んで高崎城から横浜まで鎌倉街道を南下することは、武蔵の国をほぼ縦断する百数十キロに及ぶ長距離であり、途中で幕府に気づかれる可能性はきわめて高い。

　横浜焼き討ちの成否にかかわらずそれを実行すれば死罪は免れないという認識が渋沢等にはあった。この点を勘案すると拒否的抑止が働いても不思議ではなかった。それにもかかわらず焼き討ちを実行しようと考えたのは、渋沢等の内面が計画初期の段階で「計画実行意思＞拒否的抑止」という状態にあったからといえる。

第Ⅱ編　会沢正志斎と渋沢思想

【引き金（動機要因）】
　横浜焼き討ちは、幕藩体制下の身分制度に対する積年の不満と攘夷思想に基づき、遅かれ早かれいずれ実行することを前提として立てられた計画である。この計画は鬱積した不満が何らかのトリガーによって無計画に暴発する騒乱とは異なる性格を有していた。
　農民が引き起こす暴動の多くは、統治者の抑圧による生活苦に耐えられずに暴発し、富裕者から財産を略奪する一揆や打ちこわしであり、渋沢等の目的とは大きく異なっていた。渋沢自身は1837（天保8）年に大塩平八郎が農民たちの先頭に立ち、民衆救済を目的として起こした乱を批判している。
　しかし、十津川郷士で結成された尊皇攘夷派の天誅組が制圧された事実をみてマイナスの引き金が起動し、横浜焼き討ちを断念するに至ったのが現実である。十津川郷士の失敗を受け、その失敗事例を参考に計画を練り直し、奮起して横浜焼き討ちを成功させるという結論には至らなかった。
　「自組織の存在証明意欲＜他組織の失敗事例」というのが渋沢等の心情であり、テロ行為のトリガーたる動機要因は横浜焼き討ちの断念というマイナス方向に働いた。

【潮流（時代的要因）】
　渋沢は後日談で攘夷思想は当時の流行であったという趣旨の発言をし、その潮流に乗って横浜焼き討ちを計画したことを自虐の念を込めて回顧している。渋沢の回顧に基づくと、思想的潮流に乗って計画したという点においては、横浜焼き討ち計画は時代的要因に影響されたといえる。
　イスラム過激派によるテロが世界的潮流になるのと同じく、攘夷思想によって騒擾行動を起こすという意味では、天誅組が尊皇攘夷思想に基づいて起こした騒乱も国内の潮流に乗じたものであった。この点に関しては、イスラム過激派と尊皇攘夷派は同質といえる。
　宗教的確信と政治的確信に基づく行動の相違は、前者が失敗事例を合理的に判断することなく継続的かつ熱狂的にテロ行為に走るのに対して、後者は横浜焼き討ちのように他事例の結果に基づいて合理的思考が働く点である。

「テロリズムの原因」のまとめ

　宮坂直史氏が設定した「テロリズムの原因」に関する定義に基づいて、横浜焼き討ち計画の原因を検討すると、同計画の多くの部面が宮坂氏の定義にあてはまることが明らかとなった。5つに分類された原因のうち最も重視されるのは主因（根底的要因）であり、素因（環境要因）以下は従たる関係にあるというのが複数の定義間の関係性である。

　主因を構成する4要件と横浜焼き討ち計画を比較すると、同計画の首謀者が反社会性を有し、陰謀論に基づいて正当化する思考回路を有してはいたものの、権力欲をはじめとする欲求の存在を確認することは困難であった。

　横浜焼き討ち計画の反社会性を正当化する思考回路の存在は、客観的事実によって確認が可能であり、横浜焼き討ち計画には主因が存在したと結論づけられる。

　素因（環境要因）については、幕藩体制下の身分制度に渋沢等が強い不満を有していたという事実が存在する。血洗島村には人望ある尾高惇忠がおり、その人徳と学識に感化された若手農民が、攘夷を名目に倒幕を目的として横浜焼き討ちを計画するという特殊な環境条件が存在した。

　誘因（状況要因）については、農民という立場で武器を入手し大規模な騒乱を引き起こすには多くの障害が存在した。しかし、百姓一揆のように武芸の心得もなく、刀や槍などの武器を持たず制圧されることを覚悟して不満を表明するのとは異なり、渋沢等は豪農のメリットを生かし武器調達の資金を元手に計画を進めた。

　誘因といえるのは、渋沢等が武士以上に剣術に励んでおり、肉弾戦には勝てるという自信があったことである。横浜焼き討ちの成否に関する誘因は限定的であり、拒否的抑止が働いても不思議ではない状況にあったが、計画の初期段階においては渋沢等の内面に「計画実行意思＞拒否的抑止」が働いており、焼き討ち決行への消極的意思は存在しなかった。

　引き金（動機要因）については、十津川郷士の失敗を他山の石として計画を取りやめることとなり、天誅組の不首尾は計画断念というマイナスの動機要因として機能した。一方、横浜焼き討ち計画を後押しする動機要因は存在

しなかった。攘夷論が盛んであった当時の思想環境を勘案すると、潮流（時代的要因）は存在したといえる。

渋沢が攘夷論は流行りであったと回顧するのは、自虐を含めて青年期の自分を客観化したものであり、横浜焼き討ちを計画した時点での渋沢等は単に時流に乗ったわけではなく、志を貫こうとする真摯な考えを有していた。「攘夷論に基づく知行合一⇔倒幕の画策」という一対一対応ではなく、「攘夷論に基づく知行合一⇒イギリス人殺戮⇒倒幕運動への社会的風潮の喚起」という複数の段階からなる目的達成が渋沢等の意図であった。

以上の検討結果を総合すると、横浜焼き討ち計画には原因論に基づくテロリズムの特質が存在したと結論づけられる。

2－2　横浜焼き討ち計画の発生

テロリズムの発生

小林良樹氏はテロリズムの発生メカニズムを探るための基本枠組みを図解で明らかにした。本章では小林氏が作成した図表に基づいて横浜焼き討ち計画の特質を分析する。小林氏はテロ発生に関連する諸要素を社会レベルと個人レベルに分け、実行の動機と能力の2つの視点から攻撃の要因から機会に至る諸要素を包括的に提示した。[2]

図表9－2が示すテロ発生の道筋は、(1)社会レベルと個人レベルの発生要因が動機を形成し、その動機に基づいて攻撃を実行する能力がともなった場合にテロの準備が整い、それが攻撃の原因となる、(2)そのうえで、攻撃の標的やそれを取り巻く環境がテロの好機会となった場合にテロが実行されるというステップを要素ごとに示したものである。

社会レベルを構成する要素は「不満」であり、個人レベルは「孤立」、「思想に基づく暴力の正当化」、「トリガーイベント」でありこれらがテロの動機を形作る。動機に基づいてテロを実行するテロ組織の能力は、資金力に加えてリーダーシップやガバナンスなど、組織を効率的に運営するために求められる要素である。

動機とそれを実行する能力が整った時点で、実行の契機となるのは標的を取り巻く環境や現場空間である。具体的には標的自身の防犯意識の度合いや

図表9-2　テロの発生に関連する諸要素

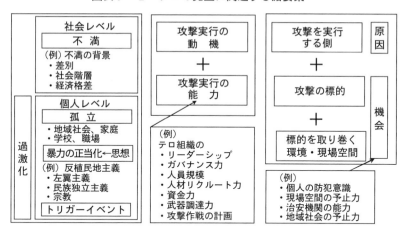

【注記】小林良樹『テロリズムとは何か―〈恐怖〉を読み解くリテラシー』（慶應義塾大学出版会、2020年）93頁に記載された図表を転載。

地域社会や治安機関などによる抑止力である。横浜焼き討ち計画をこれらの理解内容に照らし合わせてその性格を検討する。

【社会レベルの要素】

　小林氏が例示する社会レベルの不満を構成する要素は「差別」、「社会階層」、「経済格差」等である。このうち経済格差は豪農の子息で構成される渋沢等のグループにはあてはまらない。

　士農工商の身分制度は社会階層を構成する封建時代の特徴であり、渋沢等が不満を抱いていたのはこの身分制度であった。そして、渋沢自身が身分制度による理不尽さを武士による農民に対する差別として顕著に認識させられたのが安部摂津守の代官から岡部陣屋で受けた屈辱的な仕打ちであった。

　これは渋沢にとっては社会レベルというよりはむしろ個人レベルの出来事であった。返すつもりがない御用金を要求しているにもかかわらず、一つ返事で了解しないことに対して居丈高に罵詈雑言を浴びせかける代官の心中には明らかに農民に対する差別意識があり、17歳の渋沢はそれを晩年に至るまで口惜しい思い出として心にとどめていた。

この出来事は渋沢個人にとって一種のトラウマとなるほど深刻なものであり、倒幕を目的とした横浜焼き討ちを計画するうえで、複数年のタイムラグをともなうトリガーイベントであった。

【個人レベルの要素】

過激化をともなう個人レベルの動機は、「孤立」、「思想に基づく暴力の正当化」、「トリガーイベント」の３要素から構成される。渋沢を含む横浜焼き討ち計画の主要メンバーは近隣の農民をまとめる豪農であり、少なくとも血洗島村という村落共同体において彼等が孤立していたとはいえない。

思想に基づく暴力の正当化については、「攘夷論に基づく知行合一⇒イギリス人殺戮⇒倒幕運動への社会的風潮の喚起」という構造を有する横浜焼き討ち計画の特質を念頭において検討することが必要となる。

渋沢等の最終目的は倒幕であり、横浜在住のイギリス人を殺戮することは、あくまでも倒幕の流れに向けて人心のうねりを喚起するための手段であった。つまり、渋沢等の最終目的は攘夷思想を前面に打ち出しつつ天皇親政を実現することであった。

その意味では、当時の日本で尊皇攘夷思想を掲げる多くの人々のうち、最も純粋に理念を実現しようと目論んだのが、横浜焼き討ちを計画した渋沢等であったといえる。

このように複雑な目論見をもって準備された横浜焼き討ちが、自らを神兵と称する農民が主導する集団によって武士を差し置いて実行されたという事実が世間に広まれば、幕藩体制に不満を抱く武士たちを刺激しないわけにはいかない。このような思惑が渋沢等にあったと考えられる。

渋沢等は攘夷思想を前面に出しつつ、神託によって外夷たるイギリス人を殺戮した神兵というベールで自らをカムフラージュすることで、世間に与えるアナウンスメント効果を狙ったと考えられる。横浜焼き討ち計画には思想に基づく暴力の正当化が存在した。

トリガーイベントについては、「テロリズムの原因」で考察した通り、十津川郷士の失敗がマイナスのトリガーとして機能し、計画を断念することとなった。しかし、渋沢個人の深奥には代官から受けた岡部陣屋での屈辱的な

第9章 会沢正志斎『新論』と渋沢思想(4)

仕打ちがタイムラグをともなったプラスのトリガーとして存在していた。

攻撃実行の能力

　横浜焼き討ちのための組織が攻撃能力を有していたか否かについては、組織論の観点から検討することが合理的と考えられる。個人で実行するテロとは異なり、集団で力を合わせて凶行を実行する場合、その成果は集団がいかに効率的に目的に向けて機能したかに依拠する。

　したがって、組成された集団の組織力がテロ行為の成否を左右することとなる。横浜焼き討ちを計画した渋沢等の集団行動を組織論の観点から検討することは、未遂に終わったテログループの実行能力を判断するうえで不可欠である。

　横浜焼き討ちを計画した集団を組織論の観点から検討することが困難な点は、彼等がゴーイングコンサーン、つまり継続事業体を目指していないという点である。横浜焼き討ちを達成した時点で組織は崩壊し、構成員は死罪に問われるという一過性の組織が検討対象となる。

　テロ組織に固有の事情から明らかなのは、ゴーイングコンサーンであることを前提に設定される経営理念や長期の経営戦略は、横浜焼き討ちを計画した集団には不必要ということである。

　テロを成功させるという唯一の「目的」とそれを果たすための「戦術」のみが彼等の最重要課題である。テロ集団の「目的」を集団内で共有し、それを成功させるため、効率的な組織運営に必要なリーダーシップやガバナンスを強化することは彼等の「戦術」に含まれる。

　このように論考を進めると、小林氏が例示したチェックポイントは、継続事業体の要件を除いて、横浜焼き討ちを計画した集団の組織力を判断するうえで妥当な要素をカバーしている。以下でポイントごとに検討する。

【リーダーシップ】

　リーダーシップとは、「組織構成員が組織目標を達成するように方向づける際の影響力ないし影響プロセス」と定義される。年長の尾高惇忠は、渋沢をはじめ尾高長七郎、渋沢喜作等に儒教や水戸学の手ほどきをした思想的な

支柱であった。横浜焼き討ちを正当化する神託も惇忠の手になるものであった。

　集団のコーポレート・ミッション、つまり集団が果すべき使命を理念として明確化したという意味でのリーダーシップは惇忠が担っていた。

　一方、計画の準備段階で資金や人集めで具体的に活動したのは渋沢であった。その意味では、「組織目標を達成するように方向づける際の影響力ないし影響プロセス」において理想を実現させるうえでリーダーシップを発揮したのは渋沢であった。横浜焼き討ち計画は、思想面は尾高惇忠、実務面は渋沢という二頭体制でリーダーシップが発揮されたと考えられる。

【ガバナンス力】

　テロ組織のガバナンスを内部統制理論によって分析する場合、組織内部の詳細な機能に言及せざるを得なくなる。横浜焼き討ちグループの内部規律や命令系統に関する詳細を残された資料から把握することは困難であるので、ガバナンスを「組織の内部規律と命令系統の整備状況」と理解して検討を加える。

　横浜焼き討ちグループには、圧倒的なカリスマ性をもって、議論の余地なく組織の方向性を決定する人物は存在しなかった。なぜなら、計画中止か否かの決定に際して対立する渋沢と尾高長七郎の議論は激烈ではあったものの、最終的には組織の総意として意思決定がなされたからである。

　横浜焼き討ち計画を中止するまでのいきさつは、決行予定日の約1か月前に長七郎が京都から情報を持ち帰ったことに始まる。もし、思想面からリーダーシップを担う尾高惇忠が熱狂的な原理主義者的攘夷論者であったとすれば、現実を無視して実行した可能性が高い。しかし、結果的に計画は中止となった。

　この時、熱情をむき出しにして計画実行を主張したのは渋沢であった。渋沢はその意味では冷静さを備えたリーダーシップを発揮していたとは言えない。計画実行か中止かで対立する渋沢と長七郎の意見を冷静に判断して中止を主導したのは惇忠であった。

　この事実に基づけば、横浜焼き討ちグループが重要な意思決定を行うにあ

第9章 会沢正志斎『新論』と渋沢思想(4)

たって、合理的な判断ができかつメンバーを率いる人望を有する惇忠というリーダーが存在したという意味で、ガバナンス力は備わっていたといえる。

【人員規模、人材リクルート力および武器調達力】

　横浜焼き討ちの同志を糾合するうえで中核的な役割を担ったのは渋沢であった。渋沢は親戚と一族郎党に加えて、海保塾や千葉道場で意気投合した仲間を含めて約70名の同志を確保した。渋沢は海保塾で知己となった真田範之助を文武に優れた人材と評価した。横浜焼き討ち計画は、長七郎が京都から戻った時点で約70名の同志と約100人分の刀と槍を確保して決行可能な状態にあった。

　高崎城からの武器の収奪が奏功し、鎌倉街道を南下する百数十キロの移動中に幕府軍の攻撃を受けずにすんだとすれば、この人員規模はイギリス人を急襲するには十分であったと考えられる。その意味で渋沢等には、(1)人員規模の見積もり力、(2)人材リクルート力、(3)武器調達力が備わっていた。

　渋沢等が、(1)武器の性能や数量を正確に見積もっていたか、(2)鎌倉街道を南下するにあたって成功確率をどの程度正確に見積もったかの2点については明らかでない。

【資金力】

　渋沢が横浜焼き討ちのために調達した資金は150〜160両に及ぶ。それは父を欺いて養蚕や藍の商売代金から捻出したものであった。しかし、通常テロに必要な資金は麻薬取引や盗み、詐欺などの不法な手段で入手されることが大半であり、テロのための「資金力」と定義されるのはそのような手段で入手される金銭である。

　渋沢は本業で稼得した資金の一部を横浜焼き討ちという不法行為に利用しようとした。渋沢の調達方法は、いわゆるプロのテロリストの資金作りとは異なっていた。

　プロのテロリストは、裏社会で得た資金をテロという手段を用いて使用するのに対して、渋沢等は表社会で得た資金をテロという手段を用いて表社会を変革するために使用することを目論んだ。

【攻撃作戦の計画】

　横浜焼き討ち計画では、組織の構築、人員・武器・資金の調達など念入りな準備が行われた。しかし、それはあくまでも「高崎城を急襲するための武器の調達⇒武器を携えて鎌倉街道を南下し横浜に到着⇒イギリス人殺戮」からなるテロ計画の第1ステップ、つまり「高崎城を急襲するための武器の調達」が中心であった。

　しかし、「武器を携えて鎌倉街道を南下し横浜に到着⇒イギリス人殺戮」の第2、第3ステップはシミュレーションなしのぶっつけ本番であった。つまり、あわよくば計画が成功したとしても、それによって本来の目的である倒幕運動が社会的なうねりとして巻き起こるか否かは不透明であった。

　これらを総合的に判断すると、横浜焼き討ち計画は、計画自体が不完全であるとともに、計画実行後の目的達成の可能性が不透明という意味で「目的と手段の不一致」という欠陥を抱えた不完全なテロ計画であったといえる。

標的を取り巻く環境・現場空間

　横浜焼き討ち計画の複雑さは、「イギリス人を焼き討ちにすることによって倒幕運動のうねりを喚起する」という2段階からなる目的に由来する。テロの真の目的は標的以外に存在するというのが横浜焼き討ち計画の特徴である。以下では、標的をイギリス人の殺戮として、その機会が存在したか否かを4つのポイントにしたがって検討する。

【個人の防犯意識】

　横浜焼き討ちの決行日は1863（文久3）年11月23日と決まっていたが、それをさかのぼること1年3か月前の1862（文久2）年8月21日に生麦事件が発生し、イギリス人が殺傷された。事後補償の話し合いは混乱し、1863（文久3）年7月には薩摩藩とイギリスとの間で薩英戦争が勃発した。

　薩英戦争によって薩摩藩は甚大な被害を受けたが、一方のイギリスも相応の被害を被り、両者が互いに実力を認識することで新たな関係を築こうとしていた。横浜焼き討ちはそのさなかに計画されていた。もし計画を実行して

第 9 章 会沢正志斎『新論』と渋沢思想(4)

イギリス人が殺傷されていたとすれば、薩英関係が日英関係に拡大され、日本の将来に甚大なマイナス影響を与えかねない状況であった。

　このように考えると、渋沢等は横浜焼き討ちを通して日英関係を悪化させ、幕府に混乱を生じさせることによって倒幕の素地を固めようとしていた可能性がある。

　一方、標的となったイギリス人たちは、生麦事件を機に日英関係が不安定となった状況下で、身の安全に対する意識を高めた。日本の習わしに無頓着であったとはいえ、大名行列と乗馬したまますれ違っただけで切りつけられた事件に接した在留イギリス人が、身辺警護に意を用いたことは当然であろう。

【現場空間の抑止力、治安機関の能力および地域社会の抑止力】
　幕末期における横浜の現場空間の抑止力などについての詳細は把握が困難である。しかし、江戸とは異なり外国人居住区が他地域と判別しやすい環境において、武器を携えた70名余りの暴徒が目的を定めて急襲すれば、比較的容易に目的を遂げられる状況にあったといえる。

「テロリズムの発生」のまとめ
　横浜焼き討ち計画の中核メンバーは封建的な身分制度の下で武士階級の支配を受けていたが、彼等は農民という身分においては指導的な立場にあった。
　彼等が農民でありながら文武両道を身につけ、志士としての矜持をもってテロを計画するに至った背景には、インテリ農民のプロファイルを育んだ血洗島村の特殊な環境があった。
　横浜焼き討ち計画の思想的なリーダーであった尾高惇忠は、過去に徳川斉昭による軍事訓練を実地に見聞していた。外夷の攻撃を想定して実施された軍事訓練は、国内に在留する外夷であるイギリス人に対する襲撃のイメージトレーニングになったと考えられる。
　惇忠門下の優等生であった渋沢は、従兄の喜作や尾高長七郎と同じかそれ以上に惇忠の影響を受け、横浜焼き討ち計画の実務的リーダーとしての役割を果たした。

戦国時代との比較において、はるかに平和な時代に行われた徳川斉昭主導の軍事訓練は、他藩からも見学者が押し寄せるほど勇壮なデモンストレーションであり、これに感化された惇忠も渋沢と同じく頭でっかちのインテリ農民であった。

　小林氏のスキーム図に基づくと、横浜焼き討ち計画は完全なものではなかった。同計画は、(1)高崎城からの武器収奪、(2)横浜焼き討ちという2段階から構成されるが、綿密に練られていたのは高崎城を急襲するための武器と人員の確保であり、高崎城襲撃の具体的計画や、鎌倉街道の安全な南下などは極論すると運頼みであった。

　計画の不完全さにメンバーが気づいていたか否かは不明であるが、計画実施に反対する長七郎の意見が最終的に採用され、時間と費用をかけて準備した横浜焼き討ちを中止したという事実を勘案すると、世間知らずのインテリ農民が熱情にまかせて計画したテロ行為とはいえ、最後の歯止めとしての理性が働いたという点で、ガバナンスが機能していたといえる。

2-3　横浜焼き討ち計画の構造

テロリズムの構造

　パブリシティの観点から「実行者」、「犠牲者」、「ターゲット」の3当事者の構造解明に迫ったのが宮坂直史氏である。宮坂氏はテロリズムにおけるパブリシティについて、「ある特定の行為がテロリズムとなるためには、受け手が反応してくれなければならない。そこでテロリスト側としてはパブリシティ（publicity）が重要になる。パブリシティとは、宣伝、広報、あるいは知れ渡ること、衆人環視を意味する」と述べる(3)。

　宮坂氏は複数のテロリズム研究者の知見を引用して、(1)テロリストの作戦の成否はパブリシティの量次第であること、(2)小集団ほどパブリシティに依存すること、(3)テロの短期的な目的は現代のマスメディアの発達によってパブリシティの効果が得られること、(4)テロの最も基礎的な動機は承認あるいは注目を世間から獲得することであり、いくつかのテロ組織にとってパブリシティは最高の目標となること等の諸点を提示する(4)。

　パブリシティに関する係る認識に基づいて「実行者」、「犠牲者」、「ターゲ

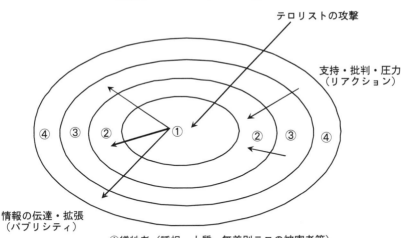

図表9-3　テロリズムの構造

【注記】宮坂直史『国際テロリズム論』（芦書房、2002年）35頁に記載された図表の一部を転載。

ット」の3当事者からなる構造を示したのが「図表9-3　テロリズムの構造」である。

横浜焼き討ち計画の特徴は、(1)自らの利益を求める行動ではないこと、(2)標榜する攘夷思想の理想とテロの目的が異なること、(3)テロ行為のパブリシティを重視していることの3点である。

横浜焼き討ち計画は渋沢等の金銭的利益や社会的優遇を求めるものではなく、身分制度の廃止による社会改革が目的であった。士農工商を統治者と被統治者で二分すると、被統治者に属する渋沢等は農・工・商を代表して社会的地位の向上を図ることを目的としていた。

その目的を達成する手段が国内で騒擾を起し、ターゲットである不平士族や雄藩の決起を促すことであった。それゆえに焼き討ちが社会に与えるインパクトは大きくなければ意味がなかった。

しかし、渋沢等の目論見はあまりにも理想主義的で、実行したとしても理

念だけが上滑りするリスクが大きかった。つまり、社会に及ぼすパブリシティを効果的ならしめるほどに一般の認識は成熟していなかった。当時の日本では社会秩序を壊してリセットするために自らを捨て石にするという理想が、テロのパブリシティを通して一般に受け入れられるには時期尚早であった。

このような理想主義的な性格をともなう計画であるがゆえに、渋沢等は横浜焼き討ち計画による真の目的を声明として明確に示すことができなかった。被統治者の代表として、幕藩体制に代わる天皇親政を目指す理念をメッセージとして明確に示すことがないまま焼き討ちを決行しようとしたのが実態であった。

渋沢等が一般に向けて発したメッセージは神託であった。しかし、それは自らを神兵とし、イギリス人を害獣に貶めることで横浜焼き討ちを正当化するためのものにすぎなかった。攘夷思想という覆面の内側には、犠牲的精神によって社会を改革すべく倒幕を目論む「志士」と、暴力によって目的を果たそうとする「テロリスト」の２つの顔があった。

未遂に終わったとはいえ、渋沢等の本気度を示すものとして、攻撃の対象をロシア人やフランス人ではなく、イギリス人にしたという点があげられる。

農民である渋沢等には西欧先進国とのしがらみは存在しない。しかし、生麦事件をきっかけに薩英戦争に発展し、その事後処理が落ち着きかけた矢先の1863（文久３）年11月を決行日としたという点を考慮すると、社会的な混乱を喚起するためには、日英関係を悪化させることが効果的と渋沢等が考えたとしても不自然ではない。

また、100名ほどを投入したにもかかわらず、十津川郷士による天誅組の蜂起が制圧されたという事実と、70名からなる自分等の戦力を比較し、失敗事例に学んで計画を断念するという決断からは、熱情だけでなく合理的に物事を進める冷徹さが備わっていたことがうかがわれる。

係る基本認識に基づいて、以下では宮坂氏が設定した図表で示されるテロの当事者と横浜焼き討ち計画の当事者を一対一対応させて検討を加える。

【犠牲者（誘拐・人質・無差別テロの被害者等）】

横浜焼き討ち計画で犠牲者に該当するのは在留イギリス人である。横浜焼

第9章 会沢正志斎『新論』と渋沢思想(4)

き討ち計画では、誘拐、人質、無差別テロのいずれでもなく、住居を焼き討ちした後にイギリス人を殺戮するという明確なターゲットを設定している。

これは社会を動揺させて倒幕を果たすという最終目的を達成するためには、イギリス人を殺戮することがパブリシティの観点から最も効果的と渋沢等が考えたからであろう。

【要求をするターゲット（政府・組織・企業等）】

要求をする主要ターゲットは不平士族や倒幕の意思を有する雄藩である。渋沢等のテロ活動の成り行きを見て幕府が自主的に政権を返上するとは考えられない。渋沢等が想定したシナリオは、テロによる混沌によって社会をリセットするきっかけを作ることであった。

渋沢等には政権を奪取し、天皇親政による新たな国造りを行うという革命家の気概はなかった。あくまでも自らが捨て石になってテロを起こし、残された慷慨家や志士に後事を託すというのが渋沢等の意図であった。

【恐怖を抱かせるターゲット（犠牲者の家族等）】

渋沢等が恐怖を抱かせるターゲットとしたのは、殺戮をまぬがれたイギリス人と在留西洋人たちである。攘夷思想の実践という観点からすれば、一時的にせよ西洋人を国外退避させることは目に見える成果となるであろう。

しかし、それはあくまでも一時的な効果であるとともに、日本に敵愾心を抱くイギリス人に日本を武力攻撃する名目を与えるリスクを含んでいる。渋沢等の本来の目的からすると、イギリス人をはじめとする在留西洋人に恐怖を抱かせることはさして重要なことではなかった。

【注意を向けさせるターゲット（一般人、マスコミ等）】

注意を向けさせるべきターゲットは上述から明らかなように、不平士族と農・工・商の被統治者および倒幕を目論む雄藩である。このうち最もパブリシティの効果が期待できるのは、西欧から武器を輸入して武力を貯えた雄藩である。

渋沢等は農民であるがゆえに武士との接触は少なく、彼等を動かすにはテ

ロのパブリシティ効果を最大限に生かすことが効果的であった。渋沢は現状に不満を抱く不平士族に対しては海保塾や千葉道場での接触を通して意思疎通し、テロ計画に参加させるべく働きかけた。

　しかし、それはあくまでも小規模で局地的な騒乱を引き起こすために同志を糾合するにすぎない。横浜焼き討ち計画を契機に国家レベルの大きなうねりを引き起こし、社会改革を行うためには強大な武力を有する雄藩の力が不可欠であり、そのためにはテロによるパブリシティ機能を最大限に活用する必要があった。

「テロリズムの構造」のまとめ

　横浜焼き討ち計画の「実行者」、「犠牲者」、「ターゲット」からなる当事者同士の関係性は複雑である。その複雑さの原因は極度に理想主義的な計画内容にあった。

　計画の実効性については不十分な点が多くあるものの、渋沢等が狙いを定めた当事者の性格を横浜焼き討ち計画の趣旨に照らして考察すると、テロによるパブリシティを最大限に活用しようとする綿密な目論見が浮き彫りとなった。

　武士に憧れながら文武両道に励んでも武士にはなれず、憂国の志士としての焦燥感のみを嵩じさせた者たちの決断は、自らが捨て石となって騒動を引き起こし、その意志を世間に伝えることであった。

　渋沢等が計画を実行したとしても、雄藩や不平士族にテロのパブリシティ効果が有効に伝わったか否かは甚だ疑問である。渋沢等もそれに気づいていた可能性がある。しかし、それにもかかわらず真摯に計画を練り、実行寸前までにこぎつけた背後には、水戸学による思想的影響が存在したと考えざるをえない。

　上記の検討結果から分析視角を析出し、第10章以下で形勢、虜情、守禦、長計の4篇を検討してそれらが渋沢に及ぼした思想的影響を探る。

第 9 章 会沢正志斎『新論』と渋沢思想(4)

第 3 節　横浜焼き討ち計画の考察

　前節では横浜焼き討ち計画が有するテロリズムの性格について複数の視角から検討を加えた。横浜焼き討ち計画の犯罪的特質を明らかにするためには、世界各地で発生するテロに関する研究者の知見を用いて、複数の視角から横浜焼き討ちを分析し、犯罪的特質を抽出することが不可欠となる。

　横浜焼き討ち計画の犯罪的特質を明らかにすることは、いわば渋沢の「心の闇」である犯罪心理の一端に切り込むことであるとともに、渋沢をして係る精神状態に陥らしめた「社会の闇」である幕末の社会秩序の混乱状態に迫ることになる。

　崩壊寸前の幕末の政治状況と渋沢の反社会的行動は密接不可分であり、志士を自称するインテリ農民が陥った犯罪心理は、そのまま当時の社会情勢を反映すると考えられる。

　渋沢を取り巻く政治体制と渋沢の関係は、複雑な経路をたどって変転する。渋沢は横浜焼き討ち計画が未遂に終わった後に武士となり、一橋家家臣から幕臣となることによって、既存の幕藩体制下で被統治者から統治者に転進する。

　次いで明治維新後は最強官庁である大蔵省の官吏となり新たな政治体制下で統治者となる。その後、大蔵省を辞して下野し被統治者となって企業家、社会事業家として大成する。このような変転のさなか、渋沢の攘夷思想は明治維新を待たずに開国思想に変化するが尊皇思想は生涯守り続ける。

　このように政治制度と渋沢の立場の変化の関係は複雑であるが、渋沢が明治維新後に大蔵官吏を経て企業家に転進し大成するに至った出発点は、転進前のテロリストとしての思想信条である。

　渋沢の華々しい活躍の歴史については多くの研究者が取り上げているが、それらの研究の多くは企業家、社会事業家としての事績を探るものである。しかし、渋沢の経歴を長期的に検討する視点に立てば、出発点そのものを深掘りし、そこに潜む渋沢の内面の変容を探る研究も同様に重視されるべきである。

第Ⅱ編　会沢正志斎と渋沢思想

　政治制度の変化は時代の流れによって生じる。それは渋沢一人ではいかんともし難い大きな流れである。「時代の子」としての渋沢の業績を探るためには、「テロリストから日本資本主義の父へ」という時系列的な視点からアプローチすることが不可欠と考えられる。以下では前節の検討結果に基づいて横浜焼き討ち計画の犯罪的特質について考察する。

3－1　横浜焼き討ち計画の犯罪的特質

　前節では横浜焼き討ち計画の犯罪的特質をテロリズムが有する反社会性の観点から考察した。「原因」、「発生」、「構造」の3つの視角からの検討結果から、横浜焼き討ち計画はテロ計画の特質を備えていたことが明らかとなった。

　テロの定義と渋沢の事績の比較による検討は、客観的であると同時に表面的であり、渋沢等をテロに駆り立てた真相に迫るものではない。つまり、彼等が正しいと信じて犯罪行為に至った心理的動因の根底にある思想信条が果した役割は解明できていない。

　この点については、渋沢等が抱いていた思想信条の多くが水戸学に由来すると考え、第10章以下で会沢正志斎の『新論』の形勢、虜情、守禦、長計4篇に焦点を絞って考察する。

　横浜焼き討ち計画における目的と手段の関係は複雑である。海外情勢、西欧人の性格や考え方に関する情報が乏しい中で、形勢をはじめとする4篇に記述されている正志斎の私見を交えた情報を渋沢等が真正なものと受け取ったとしても不自然ではない。

　新論の筆致には、終末期を迎えた幕藩体制に対する正志斎の思いが滲み出ている。その思いが形勢以下4篇に通底していたとすれば、渋沢等がそれを感じ取って影響された可能性は否定できない。

3－2　新論を検討するための分析視角

　上記の観点から、筆者は新論の形勢、虜情、守禦、長計4篇を、横浜焼き討ち計画の根源にある思想信条を形成した重要な政治思想の啓蒙書と考える。4篇の影響度を検証するポイントは以下の通りである。

第9章 会沢正志斎『新論』と渋沢思想(4)

(1)西欧を中心とする世界情勢に関する記述から受けた影響。
(2)西欧人の道徳観や領土的野望に関する記述から受けた影響。
(3)日本の防備に関する記述から受けた影響。
(4)日本の長期的な将来に関する記述から受けた影響。
(5) 4篇の記述を通して正志斎が主張する攘夷思想から受けた影響。
(6) 4篇に通底する幕藩体制の将来に関する正志斎の認識から受けた影響。

　横浜焼き討ち計画に与えた影響を探る目的で設定した形勢以下4篇に対する分析視角は、いわゆる「新論性悪説」に基づくものではない。新論の意図と異なる受け取り方をするのは読み手の責任であり、それは往々にして起こり得ることである。
　敬虔なイスラム教徒にとってコーランは日常生活を律する聖書であるが、読み手が西欧に対するテロを企む過激な原理主義者の場合は、それがテロ行為を正当化する規範書となる。この点を勘案すると、宗教的熱情をもってテロを画策する過激なイスラム原理主義者の心情と、政治的熱情をもって横浜焼き討ちを計画した渋沢等が抱いていた熱情との間には相似性が認められる。
　なぜなら、前者は宗教思想を前面に出して西欧と対峙する政治闘争の一環としてテロを実施しているのに対して、後者は攘夷思想を前面に出しながら、倒幕を目指した政治闘争の一環としてテロを実施している点において、テロを正当化することに関して両者の論理的思考に基本的な違いはないからである。
　さらに、テロに走るイスラム原理主義者にとって、米国を中心とする西欧社会はあまりにも強大であり、彼等の主張を通すにはテロという手段に頼らざるを得ないという現実がある。一方、渋沢等は日本の現状に関する明確な問題意識を持ちながら、自分等が政治的権力や武器を持たない農民であるがゆえにジレンマに陥りテロを計画した。
　テロを聖なる戦争（ジハード）と捉える原理主義者は、イスラムの大義を貫いて殉教者（シャヒード）となることを厭わない。一方、農民でありながら武士道の大義を貫く渋沢等は、テロで命を失うことを恐れない。このように大義が人命に優先するのも両者の共通点である。

第Ⅱ編　会沢正志斎と渋沢思想

　水戸学とイスラム教典をテロリストの思想的基盤として併置する一方、イスラム原理主義者（以下「原理主義者」）と渋沢の異同を明確にしておくことが必要である。

　テロに走る原理主義者と青年渋沢に共通するのは犠牲的精神である。イスラム教典が一般のイスラム教徒たちの日常生活の全てに浸透する教義で構成されているのに対して、水戸学は武家を中心とした一部のインテリ層によって支持される思想である。つまり、水戸学は一般の農民の日常生活に浸透した思想ではない。

　イスラム教は一般民衆に広まった歴史ある宗教思想であるがゆえに、その解釈の違いによってさまざまな学統がある。過激な原理主義者もあれば、イスラム教の教義を日常生活において淡々と実践する敬虔なイスラム教徒も存在する。一方、水戸学の信奉者はほぼ一律攘夷論者であり、正志斎が『時務策』を世に出すまでは開国論を主張する者はほぼ皆無であった。

　イスラム原理主義に基づいて自爆テロに走るテロリストは、死後において天国に行けると信じて「報酬性」を念頭に行動する対して、横浜焼き討ちを計画した渋沢をはじめとするテロリストの心理的動因に報酬性は認められない。

　イスラム教義と水戸学を併置してテロリストの思想的淵源を探るには、これらの相違が存在することを前提に検討を進める必要がある。

小　括

　本章の目的は、形勢・虜情・守禦・長計の4篇に記述されている正志斎の思想が、渋沢の思想にどのような影響を及ぼしたのかを明らかにするための予備的考察を行うことであった。

　具体的には、渋沢思想に対する水戸学の影響を探るにあたって設定した、(1)横浜焼き討ち計画がテロリズムの犯罪的特質を備えていたこと、(2)形勢以下4篇が横浜焼き討ち計画を支えた思想的基盤の重要部分を担っていたという2つの前提のうち前者を確認することであった。

形勢以下の4篇を検討するにあたっては、横浜焼き討ち計画の犯罪的特質を踏まえたうえで、記録に残されたテロの準備作業の段取りや渋沢の回顧談などをもとに、いかにして新論の思想がテロ計画の詳細に反映されたのかを考察する。

　社会科学の研究において「歴史にifがタブーであること」を承知のうえで渋沢の経歴を議論すると、渋沢が青年期に迷い込んだテロリストの道を一歩踏み間違えれば、死罪によって最悪のシナリオを迎えた可能性があった。そうなれば、現代の日本経済を支える「日本資本主義の父」と称される渋沢は存在しなかったことになる。

　係る観点から、渋沢の青年期を考察することは、渋沢が浩瀚な思想と膨大な事績をもって大成し、企業家、社会事業家として多大な足跡を残すことができた出発点を探ることに等しい。

　換言すると、テロをも辞さない過激な思想の呪縛から渋沢がいかにして覚醒したのかを知るためには、まず呪縛の詳細を把握しなければならないと筆者は考える。第10章から第12章では係る認識に基づいて、形勢・虜情・守禦・長計の4篇が渋沢思想に及ぼした影響を分析する。

【注】
（１）宮坂直史「テロリズムの原因と対策」『グローバル・ガバナンス学Ⅱ　主体・地域・新領域』（グローバル・ガバナンス学会編、2018年）227-231頁。
（２）小林良樹『テロリズムとは何か―〈恐怖〉を読み解くリテラシ―』（慶應義塾大学出版会、2020年）93頁。
（３）宮坂直史『国際テロリズム論』（芦書房、2002年）30頁。
（４）宮坂、『国際テロリズム論』31-32頁。

第10章
会沢正志斎『新論』と渋沢思想(5)
―形勢と虜情に探る渋沢思想の淵源―

はじめに

　本章の目的は、「形勢」と「虜情」の2篇が、横浜焼き討ち計画に与えた影響について検討することである。横浜焼き討ちを決行するには同志との協力が不可欠であり、同志の多くが新論を読んでいた可能性は高い。本章では首謀者の一人で、かつ新論を読んだことが資料で確認できる渋沢栄一（以下「渋沢」）を中心に分析を進める。

　渋沢は自らの事績に関して功罪を問わず率直に語る。しかし、横浜焼き討ち計画については若気の至りであったとして、後日談で反省の意を語るものの、計画の詳細については多くを語らない。つまり、渋沢は蛮行を計画するに至った心の動きを自己分析に基づいて多く語ることはなかった。

　横浜焼き討ち計画は未遂に終わったものの、渋沢にとっては取り返しのつかない黒歴史であり、過去のこととして忘れ去りたい出来事であった。

　しかし、渋沢という偉人がいかにして「テロリスト」から「日本資本主義の父」になったのかという、長期的観点から渋沢を研究する立場からすると、これは看過できない重要なテーマとなる。なぜなら、渋沢が日本資本主義の父となる過程こそが重要であり、その過程を明らかにするためには、キャリアの出発点にあたる無名時代の渋沢が、テロを計画するに至った経緯を探ることが不可欠だからである。

　係る趣旨から、形勢と虜情の記述内容と青年期における渋沢の記録やエピソードを比較することにより、渋沢に代わって筆者が他己分析を試みる。

　形勢と虜情にはそれぞれ地政学と侵略論の知見が記述されている。地政学はアジアにとどまらず欧米を含む世界全体を視野に置いた知見であり、侵略

論は日本に対する西欧諸国からの脅威に関する正志斎の見解である。両篇には渋沢等にとって馴染みの薄い世界情勢や侵略論に関する知識が盛り込まれており、その内容は思想を中心に記述される新論の他の5篇とはいささか趣を異にしている。

　渋沢は青年期にはすでに尊皇攘夷思想を有していたが、会沢正志斎（以下「正志斎」）の思想とは出自の違いから詳細部分で見解が異なっていた可能性がある。しかし、知識が不足している地政学や侵略論の記述については、著者に対する信頼感があり、他に信頼できる著作が乏しい場合は比較的無批判にその内容が受け入れられる。

　形勢と虜情の2篇がそれに該当するとすれば、正志斎が地政学と侵略論について、いかなる筆致でどのような論理をもって読者を説得したのかという点に留意して検討することが必要となる。

　水戸藩にあって先覚者としての名声が高かった正志斎の所には、全国から吉田松陰をはじめとする俊才が来訪し、様々な議論が交わされた。その中には外国事情に詳しい蘭学者も含まれていた。

　この点、江戸遊学先の海保塾や千葉道場を中心に、もっぱら尊皇攘夷論者と議論していた渋沢とは、海外事情や侵略論に関する知識の量は圧倒的に異なっていた。形勢と虜情が渋沢に及ぼした影響を考察するにあたっては、このような環境条件を考慮することが不可欠である。

　正志斎は形勢において、史実を織り交ぜて七雄（日本、清国、ムガール、ペルシア、トルコ、ドイツ、ロシア）を中心とする世界情勢を俯瞰した。虜情は敵対する異民族がどのような考えを有しているのかを記述したものであり、正志斎は主としてロシアを中心とする西欧諸国が日本に対して抱いている侵略者としての意図とその危険性について、論理的に自説を展開した。

　形勢の地政学的記述の後を受けた虜情には、日本にとっての西欧諸国の危険性を強調する内容が記述されている。マクロ情勢を述べた形勢を受けて、日本が抱える個別リスクへと論を進める点に虜情の特徴がある。

　虜情の説得力はその論法に多く拠っている。正志斎は反対意見を提示し、それを論破する形式で項目別に自説を展開する。西欧諸国の脅威を否定する意見を根拠のない妄説として否定し、自説では国内で発生した具体的な過去

事例や、中国の歴史をたとえとして引用し説得力を持たせた。

　正志斎に対して反対意見を発する論者には「正常性バイアス」、つまり、危機的状況にあってもそれをあえて日常的な出来事と思い込もうとする心理が働いていたと考えられる。

　正志斎は泰平に慣れて不作為に陥っている人びとを論破するため様々な論法を駆使した。時に正志斎は反対意見を詭弁と決めつけたうえで、その趣旨を自在に解釈して反論し自説の正当性を強調した。

　たとえば、「外国船は日本近海の鯨を捕獲する目的で来航したのではないかという意見」に対して、「捕鯨の目的で来航したと考えるということは外夷に対して徒手空拳で傍観しても差し支えないという意見である」と拡大解釈し、その解釈に基づいて反対意見を論駁し、自説の正当性を強調する論法である。

　このように正志斎は虜情において、相手の主張を微妙に歪め本来の趣旨とは異なる主張に変換して論駁する、いわゆる「ストローマン論法」を巧みに用いて自説を展開した。すでに確固たる尊皇攘夷論者であり、未だに遭遇したことのない西欧人に対して悪感情を抱いていた渋沢が、正志斎の巧みな論理に共感した可能性は高い。

　形勢は日本を取り巻く地政学的状況を示し、虜情は危機的状況に対する幕府や士民に正常性バイアスを捨てて真正な危機感を持たせる目的をもって書かれた。形勢は白紙状態の渋沢の脳への海外事情の刷り込みであり、虜情は巧みな論理を駆使して展開される西欧の脅威の刷り込みと考えられる。

　新論の読者である渋沢が正志斎の意図をどのように受け取ったのかを以下で検討する。第1節から第4節では形勢と虜情の内容解釈を行い、小括では渋沢がいかにそれを理解したのかについて考察する。

第1節　「形勢」の検討方針

　筆者は新論を構成する国体（上・中・下）、形勢、虜情、守禦、長計の7篇を、(1)国体（上・中・下）（理論編あるいは基礎編）、(2)形勢、虜情、守禦、長

計(実践編あるいは応用編)という2つに性格分けをした。これは水戸学思想の基底を構成する国体論と、その応用として海外情勢と日本が採るべき政策を語る形勢以下4篇に分けるという区分である。

　一方、異なる視点から新論を性格分けした研究が存在する。長尾久氏は国体(上・中・下)を、国体を脅かす「内憂」とし、形勢以下4篇を「外患」と区分した。[1]

　長尾氏による外患と内憂の区分にしたがい、「外患」を外部からの差し迫った脅威と理解して形勢を考察すると、外患は脅威に加えて渋沢の焦燥感を煽る性格を有するものと理解される。

　渋沢は武家とは異なるインテリ農民の立場から日本の内憂を認識していた。それは日本に身を置く者の肌感覚をともなう実感としての「内憂」である。しかし、政治的実権から隔絶された渋沢にとっての外患は、書物からのみ知り得る脅威であった。書物による知識から脅威を認識し、焦燥感を駆り立てて渋沢を具体的行動へと駆り立てたのが「尊皇攘夷思想」と「歴史観」であった。

　形勢で語られる海外事情と日本に差し迫った脅威を、実感をともなって認識できるのは、当時の国家間関係を歴史上の故事にたとえて語る正志斎の筆致を通してであった。つまり、当時の国家間関係と日本が直面する脅威を実感できるのは、渋沢が胸躍らせて耽読した歴史上の勢力争いのイメージを通してであった。

　論語を信奉する渋沢は、道徳倫理を尊重するとともに、善き振る舞いは善き結果に結びつき、悪しき振る舞いは悪しき結果に落ち着くという、一種の因果応報的な考えを有していた。渋沢の歴史観にはこの思考が存在し、歴史書に登場する国や権力者の行く末は歴史的必然によるという認識があった。

　織田信長や羽柴秀吉との関係から徳川家康を語る場合、渋沢は家康が天下泰平を実現できた理由が、少年期以降の「労苦」、多くの書物からの「教訓」、それらを生かす「姿勢」にあったと認識する。これは歴史の主人公の考え方と行動が歴史的必然として結実するという認識である。

　正志斎の筆致は憂国の情を喚起する。渋沢は確固とした歴史観を有していたがゆえに新論の記述内容の受容能力が高く、正志斎に共感できたというこ

とである。

　このようにして渋沢の焦燥感が高まるとともに、農民であるがゆえの無力感が重なった時、理性が後退し目的達成のためには手段を選ばない行為にはしったというのが筆者の理解である。

　そのように考えると、日本を取り巻く外患である形勢を歴史的事実にたとえて語る正志斎の筆致は、外夷からの脅威が、現実味を帯びて渋沢に伝えられることとなる。本章では係る認識をもとに形勢を考察する。

第2節　「形勢」の内容検討

2-1　形勢の概要

　形勢の起承転結は、(1)世界各地域の概要、(2)主要国の勢力図、(3)ロシアの世界戦略、(4)世界における日本の地位の4項目によって構成されており、それらには日本や中国の歴史が引用されている。[2]

　正志斎は各国勢力の状態を大局的に記述するとともに、最重要な「転」の部分ではロシアの勢力拡大の野望を記述し、読者の危機感を煽る。正志斎が語る国際情勢と主要国の概要は以下の通りである。

1．世界各地域の説明

2．主要国の勢力
(1)日本と清国の簡単な政治史
(2)帝国を名乗る世界の七雄（日本、清国、ムガール、ペルシア、トルコ、ドイツ、ロシア）
(3)帝国を名乗るその他の3国（アビシニア、モロッコ、シャム）
(4)日本国内の夷狄（熊襲、隼人、蝦夷、蝦狄）服従の歴史と海外からの朝貢（三韓、粛慎、渤海）
(5)女真、蒙古の来襲

(6)日本を囲む四面の情勢変化（天険から賊衝へ）
(7)キリスト教を信奉する西欧諸国の情勢（ドイツの衰退とロシアの勃興）
(8)ロシアの優位点と他の帝国（トルコ、ムガール、ペルシア）との関係

３．ロシアの世界戦略
(1)ロシアの現勢力（漢土を悩ました西羌（チベット）と北胡（匈奴とウイグル）を併せたような勢力）
(2)ロシアの世界戦略と日本の位置づけ（東方戦略）
 1)清国を征服する先駆けとしての日本侵略
 2)福建・浙江の攪乱と哈密（は　み）（新疆省東部）と満州の奪還と北京の襲撃
 3)満州征服後にムガール帝国を打倒
 4)ペルシアと提携してトルコを打倒
(3)ロシアの世界戦略と日本の位置づけ（西方戦略）
 1)ペルシアと提携してトルコを亡ぼす
 2)南下してムガール帝国を襲う
 3)準噶爾（じゅんがる）（新疆ウイグル地区の北西部）の争奪後、清国に迫る
 4)清国に勝利後日本に侵攻
(4)日本の沿岸をしばしば脅かすのはこのような世界戦略の一環として日本の隙をうかがうため
(5)日本の国土保全と辺境の安全は古今の形勢の変化を明らかにして対処策を探るべき

４．日本の地位
(1)現在の世界の七大国と周末の七雄との相似性
 1)ロシアとトルコの形勢は秦と楚の形勢に類似
 2)清国と斉は類似
 3)ムガールとペルシアの形勢は韓と魏の形勢に類似
 4)ドイツの実勢は衰えつつあり東周の形勢に類似
 5)日本が清の東に位置するのは燕が斉と趙を緩衝国としているのに類似
(2)フランス、イスパニア、イギリスはロシアと同じ宗教を信奉するので同

一歩調をとる
(3)各国は南洋の諸島を領土とし、海東（アメリカ）を併合するので地球上の土地は分割される形勢にある
(4)日本は単独で孤城を維持しているが、敵国は国境に築城して侵攻する形勢にある
(5)この場合、特に防禦すべき相手はロシア
(6)現在、イスラム教とキリスト教に染まっていないのは日本と清国
(7)天下の形勢は以上であるがこの形勢に対処して防禦の設備を行い、敵の謀略の裏をかくにはそれに相応しい将相を選任することが重要

２－２　主要国の勢力

　主要国の勢力を述べた部分は、形勢全体を起承転結で区分した場合の「承」に相当し、日本の対外防備の不完全さが記述されている。正志斎は主要国の勢力の変化を以下の順番で記述する。

(1)日本および中国の政治体制の変化
(2)中国における戎狄の反乱
(3)科学技術とキリスト教をもって侵攻を企む戎狄たる西欧諸国
(4)世界の七雄とその一角としての日本
(5)日本におけるかつての夷狄
(6)七雄間の関係とロシアの脅威

　正志斎は日本の政治体制の変化を「国造・県主による統治⇒郡県制度⇒群雄割拠⇒封建体制」という順序で記述する。一方、正志斎は、虞（舜）、夏（禹）、商（湯）、周は諸侯を封建したものの、秦・漢の時代には郡県制となり、春秋時代は戦国の世となった中国の歴史を引用し、政治体制の変遷は一定の周期をもって変化すると述べる。
　これまで戎狄として貶めてきた西欧諸国が国を整え、最先端の船舶や火器とキリスト教の布教をもって日本を襲おうとしている現状について、正志斎は獫狁、匈奴、吐蕃、回紇、契丹、女真、蒙古など中国の歴史に登場する

国々を例に記述する。

　中国の歴代王朝を悩ました戎狄と同様、西欧諸国が科学技術を発展させ、キリスト教を利用して外面・内面の両方から日本に対して侵略を試みている状況について正志斎は警鐘を鳴らす。

　歴史に造詣の深い渋沢は、蒙古襲来や島原の乱の詳細を熟知していた。蒙古が当時の日本に存在しなかった火器を用いて戦争を仕掛けたことや、キリスト教の信者が天草で引き起こした大規模な反乱を知る渋沢は、近代火器による侵攻や、キリスト教の布教を目論む西欧諸国の脅威を感じざるを得なかった。

　次いで、正志斎は世界における日本の位置づけを述べる。正志斎は、日本や中国の歴史における政治体制の変遷と同様のことが世界各国でも発生した結果、現在各国が群雄割拠の混沌とした状態にあると主張する。

　正志斎は世界を日本に置き換えて理解するように読者を導く。古代日本の国内事情を幕末の世界情勢に置き換えると、政治的基盤が確立していなかった当時の大和朝廷は日本国内の七雄の一角に位置していた。そして、大和朝廷を脅かすのが、熊襲、隼人、蝦夷、蝦狄などである。これらの夷狄は幕末日本を取り巻く西欧諸国に擬せられる。

　未知の近代兵器をもって熊襲が襲来すれば、大和朝廷が直面する危機は尋常ではなくなる。たとえば、ロシアを熊襲、イギリスを隼人、フランスを蝦夷、ドイツを蝦狄に置き換えると、最も剣呑なのが熊襲たるロシアであり、彼等はしばしば近代的な船舶と火器をもって日本の沿岸を脅かす。正志斎は日本を除く七雄間の関係に言及した後、ロシアの脅威について詳述する。

　正志斎は誇りをもって日本の位置づけを述べる。当時の日本は清国、ムガール、ペルシア、トルコ、ドイツ、ロシアとならんで七雄の一角にあると主張する。七雄のほかに帝国を名乗るアビシニア、モロッコ、シャムなどの国は存在するが、風俗の愚劣さや戦力などの観点から正志斎はそれらの国を重視しない。

　正志斎の論法は、「日本の政治体制の変遷⇒戎狄たる西欧の脅威増大⇒世界における日本の位置づけ⇒夷狄の反乱⇒ロシアの脅威」という順番で構成される。

第10章 会沢正志斎『新論』と渋沢思想(5)

2−3 ロシアの世界戦略

　正志斎は、当時のロシアをかつて漢土を悩ました西羌（チベット）と北胡（匈奴とウイグル）を併せたような勢力を有する国と表現する。また、ロシアは日本への侵犯を遠大な世界戦略の一貫と位置づけていると主張する。[4]

　ロシアは東方戦略と西方戦略の２つの戦略において、日本への侵犯を最終目的とはしていない。東方戦略は清国を侵略する先駆けとして日本を侵略し、福建・浙江の攪乱と哈密(はみ)（新疆省東部）と満州の奪還と北京の襲撃を経てムガール帝国に打撃を与え、ペルシアとの共同戦線によってトルコを打倒するという計画である。

　西方戦略は、ペルシアと提携してトルコを打倒した後、南下してムガール帝国を襲い、準噶爾(じゅんがる)（新疆ウイグル地区の北西部）を争奪した後に清国に迫り、清国に勝利した後、日本に侵攻するという計画である。

　正志斎は日本に対するロシアとイギリスの不当な干渉の手口から、日本侵略に関して両国は提携関係にあると見ていた。宗派こそ異なるものの、互いにキリスト教を信奉し、それを侵略の道具として用いるという点において、英露両国は基本戦略を同じくすると正志斎は考えた。

　ロシアの世界戦略に関する正志斎の知識は、蘭学者を通したものと考えられるので一次情報ではない。しかし、日本にあって西欧各国の自国への干渉の経緯を冷静に分析し、西欧諸国間の関係を考察して得た正志斎の知見は、当時の日本では信頼度が高かった。

　ロシアの世界戦略に関する正志斎の記述には詳細レベルで誤りが存在する可能性がある。しかし、西欧諸国による日本侵略の可能性を知り、それに対して命を張って立ち向かおうとする渋沢が具体的行動を起こすきっかけを得るには、いずれ何らかの形で日本が侵略されるであろうという危機感を新論の読者に抱かせるだけで十分であった。

2−4 世界情勢における日本の地位

　正志斎は、ロシアをはじめとする当時の七大国を周末の七雄と対比させることによって、中国の古代史に詳しい読者に具体的なイメージを抱かせるよ

う工夫をこらす。⁽⁵⁾

　中国の歴史に現れては消える歴代の国家同士の関係は、幕末の世界情勢を表現するための比喩にこと欠かない。楚にたとえられたトルコの打倒を画策するロシアは秦にたとえられる。中国初の統一王朝である秦が楚を打ち破るまでの歴史を知る新論の読者は、ロシアの脅威を実感することとなる。

　正志斎は清国を斉にたとえる。国家の設立が周朝の諸侯国に由来する斉は、秦、楚、斉、燕、趙、魏、韓の7か国からなる戦国の七雄の一角として比較的長く命脈を保ったが、最終的に秦に滅ぼされる運命にあった。正志斎がロシアの脅威を発信するにあたって同国を強大な秦になぞらえたのは、世界制覇を目論むロシアを中国初の統一国家と対比させ、その野望を具体的かつ明確に読者に認識させる意図があったからと考えられる。

　ムガールとペルシアはそれぞれ韓と魏になぞらえられた。秦と魏は正志斎が記述するロシアとペルシアのように連携することはなかった。しかし、韓が七雄の中で最も短命に終わったという点を勘案すると、ムガールの攻略を優先したロシアの思惑と合致している。

　正志斎は日本を七雄中の燕になぞらえる。七雄の地理的関係は西に強大な秦があり、趙をはさんで東端に燕が位置していた。これをロシアと日本の関係にあてはめると、広大なロシアと日本は陸地を通して接してはおらず、その間にはオホーツク海が存在する。

　このような地理的関係を頭に描けば、秦の攻撃を何度か撃退した趙が燕と秦の間に位置する関係は、オホーツク海をはさんだロシアと日本の関係に相当する。秦たるロシアは、趙に擬されたオホーツク海によって、燕たる日本への侵攻が妨げられているという関係である。

　冬季には流氷によって航路を塞ぎ、夏季には対馬暖流が南から北に流れて南下する艦船の行く手を妨げるオホーツク海は、まさに秦による燕への侵攻を妨げる趙に相当する。このように考えると、形勢を読んだ渋沢は、周末の七雄を頭に描くことによって、当時の七大国の力関係を生き生きと想像できたと考えられる。

　ロシアと同じくキリスト教を信仰するフランス、イスパニア、イギリスは南洋の諸島を自国の領土とした。その一典型がイスパニアによるルソンの領

有であった。

　正志斎は形勢の最後に、「夫れ方今、天下の形勢、大略かくのごとし。善くその勢に処し、その変に応じて、内は以て守禦の備を設け、外は以て謀を伐ち交を伐つの計を施すもののごときに至つては、すなはち曰く、択んで将相に任ずるのみ」と述べる(6)。

　懇切に世界情勢を説明した正志斎がもっとも強調したかったのは、「択んで将相に任ずること」であった。正志斎はどこから将相を選ぶのかについては若干曖昧に記述する。

　日本の危機に際して幕藩内から人材を選ぶのではなく、広く水戸藩および他藩から有為な人材を確保すべきというのが正志斎の真意であったとすれば、非常事態に際して世界情勢における日本の実情を最も的確に認識する人物が日本を導くべきという差し迫った状況認識が正志斎にはあったと推察される。

第3節　「虜情」の検討方針

　渋沢にとって日本侵略を企む他国の実情を知る手段は限られていた。海外事情に関する情報過疎の状況において、虜情は最も信頼のおける情報の一つであった。海外に足を運んで真実を知る機会を持たなかった渋沢をはじめとする新論の読者が、海外事情に関する複数の著作を読み記述内容の正確性を確認すべく比較検討することも当時は不可能であった。

　そのように考えると、渋沢が耽読した新論に含まれる虜情の記述内容の特徴を探り、いかにして渋沢がその内容に引きつけられたのかを考察することが重要となる。本章では以下の観点から虜情が渋沢に及ぼした影響を考察する。

(1)虜情はいかなる論理構成で記述されているのか。
(2)正志斎と渋沢が共通に有する「尊皇攘夷思想」と「歴史認識」が虜情の信頼性を高める基盤として機能したのか。

著者と思想的基盤を共有できない読者が、著作を抵抗なく受け入れることは困難である。海外事情に関する情報が限られるなかで、虜情は数少ない戦略的知見を記述した著作であった。自ら実証する手段を有しない渋沢がその内容を信頼する根拠は、著者の正志斎と思想的な基盤をどの程度共有するかという点にかかっていた。

第6章から第8章で取り上げた国体（上・中・下）の考察で明らかなように、経済思想を除いて、正志斎と渋沢は武士と農民という立場の違いはあっても尊皇攘夷思想を共有していた。しかし、国体（上・中・下）の考察を通して、両者が歴史認識をどの程度共有していたのかを詳細に解明することはできなかった。

正志斎は形勢以下の4篇で日本や中国の歴史を引用することによって自らの歴史認識を示している。渋沢も少年期から歴史書を多読したが、その多くは正志斎も読んだであろう日本外史、日本政記、十八史略、史記などであった。

新論で引用した歴史的事実から正志斎の「歴史観」を解明することは困難である。しかし、引用された歴史的事実に対する解釈内容から正志斎の「歴史認識」を推察することは可能である。

共通の歴史書によって歴史の造詣を深めた両者の一方が、著書で歴史的事実を引用すれば、他方は少なくとも筆者の意図を推し測ることはできる。歴史に造詣の深い正志斎と渋沢は、すでにこの段階で歴史認識を大略共有していたといえる。

次節では正志斎と渋沢両者が尊皇攘夷思想と歴史認識を共有している前提で、虜情の記述内容を分析する。分析視角は、(1)説得力を持たせる論理展開、(2)反対意見への論駁の2点である。

第4節 「虜情」の内容検討

4－1 虜情の論理展開

正志斎はロシアとイギリスを中心とする西欧諸国の脅威を、内面および外

面からの2つの脅威として記述する。内面からの脅威はキリスト教の布教による精神的な浸食であり、外面からの脅威は近代的な船舶と火器からなる武力による国土の侵略である。

正志斎は2つの脅威の危険性を強調するとともに、外夷からの脅威の歴史を振り返る。正志斎は西欧諸国が信仰するキリスト教を邪教とし、宗派は異なっても同じ宗教に帰依することによって西欧諸国は精神的基盤を共有すると考える。

西欧諸国は「キリスト教」と「近代的な武力」を使い分けるとともに、「通商」を餌にこれらを交互に用いて戦略的に外国を侵略すると正志斎は指摘する。そして、この戦略がどのように日本に対して用いられてきたのかを歴史をたどって読者に思い起こさせる。キリスト教に関する虜情の記述内容を整理すると以下の通りとなる。(7)

1．キリスト教の布教を名目にしたポルトガル人の渡来（邪教による人心の把握）
(1)豊後・薩摩での民衆の扇動と大友宗麟・小西行長などのキリシタン大名の誕生
(2)摂津を中心とする近畿地方への布教
(3)秀吉による宣教師の国外追放

2．キリスト教の禁教
(1)イスパニア・イギリスの排除
(2)踏み絵による国内のキリシタン管理強化
(3)島原の乱の平定による邪宗門の封じ込め
(4)ナバラ王国の来航やポーランドからの来航者の処刑

3．武力・キリスト教・通商による西欧からのアクセス
(1)イギリスからの通商要求
(2)ローマからの宣教師派遣の失敗
(3)ロシアによる蝦夷の誘惑と周辺諸島への侵略

第Ⅱ編　会沢正志斎と渋沢思想

　戦国時代から徳川時代にいたる西欧諸国からのアプローチを、正志斎は概略上記のように整理する。1637（寛永14）年に島原の乱が起こり国内に混乱をきたしたものの、幕末に至るまでは幕府の鎖国政策とキリスト教の禁教により西欧諸国からの侵略を防ぐことができた。

　しかし、幕末に至ると近代的な艦船と火器をもって接近する西欧諸国の圧力が強まり、従来の鎖国政策と禁教だけでは国の安全が確保できなくなった。近代的な艦船と火器はイギリスの産業革命を契機に開発されたので、日本に対する西欧諸国からの圧力強化は欧米への産業革命の波及進度と概ね合致している。

　正志斎は「形勢」で焦点をあてたロシアの策謀について記述する。水戸藩の第9代藩主である徳川斉昭はロシアに対する強い警戒感を抱いていた。

　ロシアの脅威に関する正志斎の記述は、他国に対する西欧諸国の一般的な戦略に加え、日本の個別地域に対する具体的な戦術にわたり詳細をきわめる。正志斎はロシアが日本を侵略するにあたってイギリスと連携していると見て両国の戦略上の分担関係に言及する。

　邪教であるキリスト教を信奉する国同士の連携関係は、それによって利益が得られるか否かという点のみに依存する。他国への侵略で互いに利益が得られるwin-winの関係が成立すれば連携し、利害が異なったり対立するとなればその連携は解消され、互いに国境の維持に努める。この意味で欧州諸国間の関係は脆いと正志斎は考える。

　しかし、これはロシアやイギリスをはじめとする西欧諸国に独特なものではなく、邪教であるキリスト教を信奉しているがゆえでもないことを正志斎は認識していた。なぜなら、戦国時代における諸侯間の弱肉強食関係を思い起こせば、権謀術策が渦巻く権力闘争の実態は日欧共通であることが明白だからである。

【ロシアの策謀に関する正志斎の認識】
　ロシアの基本戦略は、幕末の七雄（日本、清国、ムガール、ペルシア、トルコ、ドイツ、ロシア）の中で自国が突出した覇権を手に入れることであり、

第10章 会沢正志斎『新論』と渋沢思想(5)

　ロシアによる日本への侵攻はその一プロセスと正志斎は認識していた。ロシアの侵攻は基本的に他の西欧諸国と同様の戦略に則っているが、日本の弱点を衝くロシア固有の戦術を含めて正志斎は詳細に説明する。ロシアの戦術の要点は以下の通りである。[8]

(1)海上に出没し地形を測量して情勢を探る。
(2)日本国民を誘惑して礼儀正しく通商を申し込む。
(3)計略がうまくいかないと北海道を脅かし会所を焼き兵器を略奪する。

　ロシアが北海道と周辺諸島に狙いを定めるのは、日本の北に位置する自国からのアクセスが便利ということもあるが、北海道が江戸から遠くかつ松前藩の防備が手薄なことが日本の弱点と認識したからと考えられる。
　正志斎は日本に対するロシアの一貫した戦略を脅威と認識していたが、ロシアの侵攻が一時的に沙汰止みとなり、代わってイギリスが日本に対する不当な干渉を強化したことに強い疑念を抱いた。
　正志斎は、薩摩の漂流民がロシアからイギリスに引き渡された過去の事例などから、両国間には日本への侵略に関する協力関係があり、それをロシアが主導していると理解した。
　日本への侵略はロシアとイギリス両国の利益となり、それが奏功した段階で両者がメリットを分かち合う約束がなされていると正志斎は確信した。正志斎は西欧諸国が日本を侵略しようとしている現実に対する危機感が読者に伝わるよう、諸葛孔明の戦略を引用して説明する。
　諸葛孔明は魏を討つにあたり、まず南蛮を征服して兵員・兵器の充実を図ったが、魏の君臣はその事実を看過していた。戦争が始まると、魏はその事実の重大さに気がついたが時すでに遅しであった。
　諸葛孔明が軍師を勤めた蜀に擬せられる西欧諸国の目的は、ルソンをはじめとする南洋諸国を植民地にすることであった。魏に擬せられた日本はこの事実を対岸の火事として軽視しているが、事態を放置すると魏のように将来慌てふためくことになるというのが、幕末の日本が直面していたリスクについての正志斎の警告である。

第Ⅱ編　会沢正志斎と渋沢思想

　しかし、正志斎としては分かり易く説明したつもりの引用は、中国の歴史を知る読者以外には効果がなかった。魏の例を見て危機感を抱く可能性があるのは、文武に秀でた武士か渋沢等のようなインテリ農民であった。正志斎が「愚民」と称する、詭弁や流言飛語に惑わされやすい人々は、新論の読者と想定されていなかった。

　正志斎にとって「もっともらしい詭弁」に惑わされやすい愚民が、邪教であるキリスト教の信者となりやすい人々であった。多くの愚民で構成される当時の日本を、キリスト教によって内面から侵入する西欧諸国の害悪から守るのは、正志斎の主張を理解できるインテリ層であった。

　インテリ農民であった渋沢等は、自分等の知的水準が虜情の記述内容を理解できるレベルに達していたこと自体に矜持を抱いていたと考えられる。この満足感と矜持は、将来のテロリストたる渋沢等にとって新論を行動規範として尊重することで一つの精神的な支えとなった。

4－2　反対意見への論駁

　正志斎は反対意見を引用し、その論理矛盾や事実誤認などの欠点を指摘することによって、自説の正当性を強調する。正志斎による反対意見への論駁は以下の5点である(9)。

　(1)ロシアの脅威
　(2)イギリスの脅威
　(3)日本の戦力
　(4)西欧諸国の戦力
　(5)キリスト教の影響

　正志斎は西欧諸国の戦力を過小評価する人たちの意見や、ロシアとイギリスの脅威を軽視する意見を論破する形で自説を述べる。また、キリスト教の脅威を強調することによって、外面および内面からの日本に対する脅威を強調する。

　正志斎が列挙した反対意見は、泰平に慣れた人々が正常性バイアスにとら

われていることを暗示する。正志斎は無見識と危機感の欠如を示す意見を論駁する。そして、それらの意見に象徴される無関心が、広く蔓延する目に見えないリスクであることを示し、完膚なきまでに論難することによって有識者の自覚を促そうとする。

このような形式で自説を述べれば、たとえ幕府内や水戸藩内に事なかれ主義や正常性バイアスにとらわれた人々がいたとしても、それらの人々の面子を潰すことなく猛省を促すことができる。

新論は水戸学の真髄である尊皇攘夷思想を代表する警世の書であった。正志斎が虜情で取り上げた日本の現状に関する楽観論と、それに対する正志斎の論駁内容は以下の通りである。

１．ロシアの脅威[10]
【ロシアの脅威を軽視した意見】
(1)ロシアは米が欲しいだけである。
(2)したがって、心配するにはあたらない。

【正志斎の論駁】
(1)ロシアは肉食で米は食べない。したがって、米がなくても不足は感じない。
(2)米を欲するのであれば本国やロシアの同盟国から得れば良いはず。
(3)米を欲して貿易を始めると、それを手がかりに邪教を広める。
(4)貿易によって彼らの富が増せばカムチャッカ周辺の地も富を増し軍備が増強される。
(5)そうなれば東方を侵略するためには都合が良くロシアにとっては一石二鳥である。

ロシアの脅威を軽視した意見とそれに対する正志斎の論駁は、いずれも正志斎の筆になるものなので、この論争の実態を詳しく知ることはできない。西欧の事情に疎い識者が日本とロシアの食習慣を混同して理解していたとすれば、ロシアの脅威を軽視する意見があっても不自然ではない。

しかし、これが武士の発言であったとすれば、その人物は再三にわたるロシアの沿海侵犯や北海道と近隣諸島に対する侵略の事実を知らないか、偽情報と認識していたと考えられる。

　日本に対するロシアの所業や、食生活に関する知識を有する正志斎にとって論駁は容易である。正志斎は食生活に対する事実誤認に焦点を絞って論理的に相手の意見の矛盾を指摘する。

　正志斎が論駁をこの程度にとどめておけば、説得力は十分確保されたが、西欧諸国と米穀の貿易が始まると日本に対するキリスト教布教のリスクが増すとともに、カムチャッカ周辺の富が増し軍備が増強されるという、時間軸を無視した論理の飛躍は逆に説得力を殺ぐ形となっている。

２．イギリスの脅威[11]

【イギリスの脅威を軽視した意見】
　(1)イギリス人は漁師や商人である。
　(2)したがって、普通のことをやっているだけであるので深く心配するには及ばない。

【正志斎の論駁】
　(1)イギリス人は遠く海を渡って日本に来ているので、食料は敵地から調達せざるを得ず、そこで交易や漁労によって現地調達を図る。
　(2)イギリス人の目的が捕鯨であれば、彼らの近海でも鯨はいるのになぜわざわざ日本に来るのか疑問である。
　(3)イギリス船の構造は漁業や通商をできるが将来戦艦とならない保証はない。
　(4)彼らがわが国の海を往来すると、航路の難易、港湾の出入り、風土・人情を熟知することになる。
　(5)彼らが順次八丈島・屋久島・種子島などに手を広げそこに居座って拠点とするならば、日本侵略には好都合となる。
　(6)イギリスがロシアと共謀して欲望を遂げて利益を山分けするのは明確な形勢である。

第10章 会沢正志斎『新論』と渋沢思想(5)

　イギリスの脅威を軽視した論者の意見は、ロシアの場合と同じく事実誤認や認識不足を基盤とする正常性バイアスにとらわれ、日本近海に出没するイギリス人を漁師や商人であるとして彼らの危険性を否定する。

　正志斎は遠方から日本近海に滞在するイギリス人の生活事情に理解を示しながら、彼らの目的が捕鯨ではありえないこと、つまり日本近海に出没するイギリス人は漁師ではありえないことを論理的に説明する。

　そのうえで、(1)イギリスの艦船の機能が戦艦としての役割を果たしかねないこと、(2)彼らが日本の海に停泊したり往来すると、航路の難易、港湾の出入り、風土・人情を熟知するであろうこと、(3)日本の離島である八丈島・屋久島・種子島などに手を広げそこを拠点とすれば、日本侵略には好都合であること、(4)イギリスがロシアと共謀して欲望を遂げて利益を山分けするのは明確な形勢であることなど、当時の日本が抱えていた複数のリスクを、前漢の趙充国が西戎の氐・羌を制圧した歴史を例に強調する。

3．日本の戦力[12]

【日本の戦力を過大評価する意見】
　(1)昔から日本の兵は精鋭で万国に秀でている。
　(2)外夷は小国で心配するにおよばない。

【正志斎の論駁】
　(1)風土による日本の武士は勇敢で武器も鋭利であるが、世には盛衰があり時代には変化がある。
　(2)戦国時代の士卒にとって戦闘行為は日常的であったが、今の士卒は戦闘をしなくなって200年が経過する。
　(3)戦争に臨んで、戦場の千変万化に応じて適切な判断を下しうる士卒は少ない。
　(4)臆病者は逃げて陣型を乱し、勇気ある者は犬死して武勇を無駄にするので精鋭は期待できない。

正志斎は日本の戦力を過大評価する意見に対して「Yes But話法」で論駁する。正志斎自身も普段から文武両道を磨き、武については人一倍の努力を積み重ねてきたので、武士の勇敢さや武器が鋭利なことについては賛同する。
　しかし、戦争になった場合の勝ち負けは、敵と味方の相対的な戦力比較によって決まるので、西欧諸国と日本の戦力を冷静に比較して結論を導き出す必要がある。
　正志斎は日本の戦力を過大評価する論者が、蒙古の襲来を切り抜けた事例や、鎖国政策と禁教政策が外夷の侵攻に対して一定の成功を収めた歴史的事実の延長線上で、日本の戦力の優位さを語っていることを見抜いていた。正志斎は歴史を冷静に振り返ったうえで現状を記述する。
　正志斎はまず永劫の真理として世には盛衰があることを説く。そして、国ごとの盛衰のタイミングによって相対的な力関係が決定し、いずれかが有利なタイミングで戦争が勃発すれば、相対的に盛の国が衰の国を凌駕するという理屈を示し日本の現状について述べる。
　正志斎は、泰平になれた日本の武士は戦闘を実地に経験することなく200年が経過していることから、戦争が始まれば戦場の変化に臨機応変に対応することが困難と考える。適切な判断を下しうる士卒は少ないという事実から、正志斎は臆病な者は陣型を乱し、戦闘に慣れない勇者は犬死すると述べる。
　正志斎はこの考えの正しさを証明する事実として、日本の勝利に終わった元寇での戦闘を例に説明する。蒙古が辺地の島に来襲した時、武士は戦闘を忘れてはいなかった。しかし、敵の陣型や戦法については無知であったため、猛将勇士は平素の力を発揮できず、いたずらに猪突猛進して首をはねられたという事実を正志斎は示す。
　正志斎は、200年の泰平を経た現在でも日本の兵法講義の内容は未だに甲州流や越後流の旧式兵法であることを指摘し、西欧の軍隊を知らずに交戦すると予想外のことが生じる可能性があると述べる。
　このような正論で論駁されると、日本の戦闘能力を過大評価する武士は、自分たちのふがいなさを暗に指摘されるので多くは反発する。しかし、農民インテリの渋沢等は、正志斎の論理展開において農民を貶める表現が一切ないことに気づくこととなる。渋沢等は、客観的に正志斎の正論を抵抗なく受

け入れることができる立場にいたのである。

　正志斎が1825（文政8）年3月に水戸藩の第8代藩主であった徳川斉脩に新論を上程した際、同書が刊行を差し止められた理由は複数あると思われるが、「武士の戦闘能力の低下は徳川200年の泰平の世に原因がある」とも解釈できる虜情のこの一節は、明らかに刊行差し止め理由の一つと考えられる。

　その点、農民でありながら志士としての誇りを持ち、過去に拘泥することのない渋沢にとって、正志斎の見解は正論以外の何ものでもなかった。

4．西欧諸国の戦力[13]

【西欧諸国の戦力を過少評価する意見】

(1)外夷は海を越えて遠来するので兵力は多勢ではありえない。

(2)したがって、彼らは無力であるので恐れることはない。

【正志斎の論駁】

(1)「衆」と「寡」は勢いによる。孫子の言うように、巧みに勢を利用できないものは、味方の多勢によって敵の勢を助けるので多勢はあてにならない。

(2)かつて西日本の姦民は不法に出国し、明国を味方に引き入れて倭寇と称して海賊行為を行った。そこで略奪に加わった日本人は25人にすぎなかった。

(3)このような少人数で日本人は明国の命脈を縮める働きをした。

(4)戦闘においては、まず気勢によって敵を圧倒することが先決で、兵力の多少は決定的な要因ではない。

(5)巧みに兵を用いるものは兵糧を敵に依存するだけでなく、兵力も敵から獲得することができる。

(6)外夷は邪教や詭計を用いて他国の人民を誘惑するので、敵がわが国の人民を味方に引き入れれば、兵力の多寡は問題にならない。

(7)凡俗の論者は、「キリスト教は浅薄愚劣であるので愚民は欺けても有識者をだますことはできない」というが、人民のうち圧倒的に多いのは愚民であり有識者は少ない。

(8)一旦愚民の心が邪教に傾けば天下を治めることは不可能となる。
(9)流言飛語を広めて民心を惑わす者を厳罰に処したのはそれが罪悪視されていたからである。
(10)かつてキリスト教が西日本に入り愚民をたぶらかして蔓延し、100年もたたないうちに28万人を殺すことになった。
(11)これは邪教が民心に入り込むのがいかに早いかを示している。
(12)もし、小西行長や大友宗麟のような悪人がでて邪教を背景におのれの利を図るようなことになれば混乱が生じる。
(13)この場合、少数の有識者が出ても世の大勢には影響しない。

　正志斎は孫子を引用し、戦争の帰趨は必ずしも兵員の多寡によって決まるものではないと主張する。勢いを巧みに生かせない場合は、多数の兵員を抱えていることが有利であるとは限らないというのが正志斎の主張である。
　正志斎は、鎌倉時代から足利時代にかけて跳梁跋扈した倭寇が明の命脈を衰弱させた際、倭寇において中心的な働きをした日本人はわずか25名であったという事実を示して、数の優位性を重視する意見を否定する。
　渋沢等が横浜焼き討ちを計画するにあたって、倭寇のエピソードをそのまま参考にしたとは考えられない。しかし、渋沢等には憂国の志士としての情熱にかられた勢いが備わっていたことを考えると、倭寇のエピソードを否定的に捉えたと断定することもできない。
　正志斎は兵法にしたがって巧みに兵を用いる者は、兵糧を敵に依存するだけでなく、兵力も敵から獲得することができると述べる。渋沢等が横浜を焼き討ちするにあたって高崎城から武器を収奪する計画を立てていたことは、まさに幕府の武器を用いて幕府の存立基盤にダメージを与えるという目論見であり、それはそのまま正志斎の考えと合致する。
　渋沢が血洗島村近郊の農民に対して、横浜焼き討ちの正当性を喧伝するために尊皇攘夷思想を説き、理解を得るために多少の詭計を用いて神託を頒布したことは、まさに外夷がキリスト教の布教を隠れ蓑にし、詭計を用いて他国の人民を蠱惑する行為に酷似している。
　このように渋沢に対する新論の影響を考えると、「日本vs.西欧諸国」レベ

第10章 会沢正志斎『新論』と渋沢思想(5)

ルでは西欧諸国の手口に警戒することを学ぶとともに、「渋沢等インテリ農民vs.徳川幕府」レベルにおいては、西欧の対日戦略をヒントにテロ行為でそれを実践すべく自分等に都合の良い解釈をしていたことがわかる。

つまり、渋沢等にとって新論は、対立する２つの主体間での戦争あるいは暴力的手段を用いた対立関係において、自分の立場をどのように位置づけるのかを示す規範書であった。

正志斎は、政治や社会情勢に関心の薄い愚民とキリスト教の関係を懸念する。これは凡俗の知識人が「キリスト教は浅薄愚劣であるので愚民は欺けても有識者をだますことはできない」と主張することへの論駁である。当時、新論を読んで内容を理解できるのは士族の一部と渋沢等のようなインテリ農民に限られ、一般国民が理解することは困難であった。

インテリ層がキリスト教を浅薄愚劣と認識することは可能であるが、被支配階層に属し思想的基盤を持たない大多数の民にとって、生まれながらにして人は平等と説き、甘言をもって説得するキリスト教の教えは十分に心を惑わす力を有していると正志斎は考えた。

大多数が邪教に惑わされれば、権力者や一部の識者が彼らを説いたとしても、もはやコントロール不能になるというのが正志斎の懸念であった。

一方、渋沢が聖書を通してキリスト教に接したのは壮年期以降と考えられる。渋沢は聖書の文言には論語には見られない金言があることを認めたが、青少年期にキリスト教の教義をどのように理解していたかは不明である。渋沢が小西行長、大友宗麟の行動や島原の乱の顛末を負の歴史的事実として認識していたとすれば、正志斎の主張は抵抗なく受け入れられたと思われる。

５．キリスト教の影響(14)

【キリスト教の悪影響を軽視する意見】

(1)キリスト教は厳禁となっているので人民をたぶらかすことはできない。

(2)彼らが小手先の知恵を振り回しても心配ない。

【正志斎の論駁】

(1)外夷がその技術を発揮することができずに今日に至ったのは、幕府がキ

リスト教を厳禁したことによることは確かである。しかし、悪魔じみた妖術の浸透は名目や形を変えて人心をたぶらかす。
(2)利益を欲し神霊を恐れるのは民の人情として免れがたいので厳罰を受けても禁止できない。
(3)博奕や徒党は禁令があるのにやめさせられないのは人民が利益を好むからである。
(4)祈禱やまじないの類が仲間や徒党を呼び集めるのは人民が神霊を恐れるからである。
(5)万一外夷が利益と神霊を手掛かりに、その名目と形を変えて民心を誘惑し処罰を受けない方法で術策を行い民心が引き込まれれば、禁令は効果を持たなくなる。
(6)凡俗な連中が長広舌でとりとめがないのは以上の通りである。
(7)西洋の様々な国が日本を狙って次々と来航するが、彼らが敬い崇めるのはキリスト教である。
(8)キリスト教が日本を狙うのは300年間一定不変であるが、日本はこれに対処するにあたって時代ごとの議論の動向によって、時に断固とした政策をとり、時に一時しのぎの策をとるという有様であった。
(9)これは、日本の隙をうかがう外夷は終始一定の方針に基づいて日本に侵入しようとしているのに対して、日本は前後の統一がない政策をとっていることになる。したがって、長く隙がない状態が続くという保障はない。
(10)それを解決するためには外夷の実情を明らかにすることである。

　正志斎はキリスト教を邪教として嫌悪し、その危険性をことのほか認識しているので、キリスト教の悪影響を軽視する意見に対しては完膚なきまでに論駁する。
　正志斎はキリスト教を人間が抱える弱さにつけ込んで惑乱する妖術と称し宗教とは認めない。正志斎は、神教以外は認めないので、仏教に対しても批判的である。仏教も人心を惑わすという意味ではキリスト教と同様であるが、仏教を伝えた大陸の諸国は、日本を侵略するために人心を惑わす手段として仏教を用いたわけではなかった。

第10章 会沢正志斎『新論』と渋沢思想(5)

　正志斎がキリスト教を妖術と称したのは、人間の本能に潜む「利益を求める心」と「神霊を恐れる心」を刺激することによって、まさに妖術使いのように人心を意のままに操るという側面があるからと考えられる。利益の追求をやめられない人間の本質を分かりやすく説明するのに正志斎は博奕の例を用い、人間が神霊を恐れる心理を説明するのに祈禱やまじないの類が仲間や徒党を呼び集めるという事実を示す。

　幕府の法度によってキリスト教を形式的に禁止するだけで悪弊をすべて排除できるという認識は、正志斎からするとキリスト教の本質を理解していないことになる。正志斎がキリスト教を妖術と称するのは、それがいつの間にか人間の弱さにつけ込んで精神の均衡を乱す博奕や祈禱と本質的に変わりがなく、西欧諸国はその麻薬的な効果を日本の侵略に利用しようとしていると考えるからである。

　正志斎は従来のキリスト教の禁教政策の弱点についても批判する。正志斎からすれば、キリスト教は油断しているうちに家を食い尽くすシロアリか、長い間に地下浸潤する毒水のようなもので、一貫した消毒や予防措置をとらないかぎり、日本は腐食した土地の上にかろうじて建っている崩れかけの廃屋のようになってしまう。

　キリスト教に対する正志斎の嫌悪の度合いは、まさにこのシロアリや毒水を忌み嫌うレベルであり、それに気がつかない為政者に対する憤懣は虜情の行間から滲み出ている。

小　括

　本章の目的は、「形勢」と「虜情」の2篇が、渋沢等による横浜焼き討ち計画に与えた影響について検討することであった。横浜焼き討ち計画について考察した第9章では、(1)横浜焼き討ち計画がテロリズムの犯罪的特質を備えていたこと、(2)形勢以下4篇が横浜焼き討ち計画を支えた思想的基盤の重要部分を担っていたことの2点を前提として、横浜焼き討ち計画のテロリズム的特質を検討した。

第Ⅱ編　会沢正志斎と渋沢思想

　形勢、虜情、守禦、長計 4 篇のうち本章で検討対象とした形勢と虜情は、渋沢の知識が不十分であった地政学や侵略論に関する知見が記述されており、同分野に関する啓蒙的な側面を有していた。

　本章では、形勢による渋沢への啓蒙を海外事情に関する刷り込みと考えた。また、虜情による啓蒙は巧みな論理を駆使した西欧諸国の侵略に対する危機感の刷り込みと考え、本来は渋沢自身が行うべき自己分析に代わって筆者が他己分析を行い形勢と虜情の影響を検証した。他己分析の前提は以下の 2 つである。

【精神構造】

　自己分析とは、物心ついた時点から現在までの出来事を振り返り、自分史を客観的に捉えたうえで適性や知的興味に基づいて将来あるべき姿を客観的に判断することである。

　渋沢に代わって第三者が自己分析を行う場合、本人と同じ厳密さで自分史を作成することは困難である。しかし、渋沢の後日談からは横浜焼き討ちを計画した時期を黒歴史として封印しようとする姿勢が見られるため、筆者が他己分析を試みた。

　筆者は前著『渋沢栄一の精神構造』によって、渋沢の自己実現者適性の有無を考察した。渋沢は維新後に大蔵官吏となり下野した後は企業家、社会事業家として自己実現者の特質を発揮して公利公益を目指して活動した。[15]

　しかし、本章で検討対象とする青年期の渋沢は自己実現者適性を有してはいなかった。自己実現者とはマズローの欲求五段階説の頂点に区分され、一般とは一線を画する進化的な特徴を有する人格である。

　横浜焼き討ちを計画した当時の渋沢は、道徳的観点からテロ行為を悪と認識することすらもできない精神状態にあり、自己実現者とはほど遠い人格を有していた。

　このような状態においては当然ながら自省心は機能せず、盲目的に自分が信じる目的に向かって突進するという特性が言動に強く表れる。新論を耽読した時期の渋沢はこのような精神状態にあったと考えられる。

第10章 会沢正志斎『新論』と渋沢思想(5)

【社会的地位】

　青年期の渋沢は、徳川時代の身分制度において農民という被統治者の立場にあった。渋沢は身分制度に強い反発心を抱く反面、本業のかたわら武士以上に文武両道に励む憂国の志士としての気概を有していた。

　武士が主君や家によって考え方や行動が縛られるのに対して、渋沢の志は社会的束縛からは自由であった。命を捨てる覚悟さえあれば、渋沢は信念にしたがって自在に行動できる立場にあった。自己犠牲を厭わない仲間を募り、互いの信念の方向性と強固さが確認できれば、比較的自由に集団行動を起こすことができる立場に渋沢は身を置いていたのである。

　大日本史の書写生であった正志斎は皇室の歴史や祭祀に詳しかった。日本の道徳倫理は皇国の歴史とともにあり、漢籍はあくまでもそれを説明する補助教材であるという認識を正志斎は有していた。その意味で正志斎の尊皇思想は純国産の保守本流であった。

　それに対して渋沢は、論語をはじめとする漢籍から倫理思想の基礎を学び、新論をはじめとする後期水戸学の書籍から水戸学を学んだ。渋沢の尊皇思想は漢籍と水戸学からなるハイブリッドであり、正志斎の尊皇思想と比較するといわゆる亜流と位置づけられる。

　渋沢は漢籍から道徳倫理の基礎を修得し、水戸学によって国の成り立ちと尊皇思想を学ぶ中で、農民でありながら武士としての自覚が芽生え、やがてそれが憂国の志士としての矜持に発展した。

　渋沢が老年期に至って開催した論語講義で例にあげた歴史上の偉人の大半は武士である。それらの偉人の共通点は、皇室を尊崇し国のために命を惜しまなかったことであった。渋沢は水戸学とともに、歴史書からも尊皇思想と憂国の志士としての気概を学んだ。

「形勢」と「虜情」の影響

　正志斎は、倭寇の内部で中核的な役割を果たした25名の日本人が、明の命運を脅かした事例を引用し、「衆」と「寡」つまり戦闘員の数は勝敗を決する最重要な要素ではなく、むしろ勢いが重要と述べる。これは戦闘においては、まず気勢によって敵を圧倒することが先決であり、兵力の多寡は決定的

な要因ではないという趣旨である。

　正志斎は巧みに兵を用いる者は兵糧を敵から収奪するだけでなく、兵力も敵から獲得することができると述べる。これは少数の戦力でかつ武器が不足していても、巧みに戦略を実行すれば敵の武器を奪い、その武器で敵を打ち破ることができるという趣旨である。

　渋沢が横浜焼き討ち計画で採用した戦略は、結果的に正志斎が記述した内容に沿ったものとなっている。横浜焼き討ち計画に参加を予定していた戦力は70名余りであり、武器も不十分であったため、渋沢は高崎城を襲撃して武器を奪いイギリス人を殺傷することを計画した。

　しかし、武器の扱いに不慣れな志士70名からなるテロ集団が、奪った武器を携えて高崎城から100キロ以上離れた横浜に到着するまでにはほぼ確実に計画が露見し、幕府軍によって制圧されるであろうことは明らかである。横浜焼き討ち計画は尾高長七郎の反対によって中止されたが、正常な精神状態で理性を働かせれば、ほぼ同規模で行われた十津川郷士の反乱制圧の事実を見るまでもなく、横浜焼き討ち計画が非現実的であることは明白であった。

　正志斎の記述が渋沢の異常行動に影響を及ぼしたとすれば、それは巧みな論理を駆使した虜情の啓蒙によって、西欧諸国の侵略の脅威が渋沢の脳裏に刷り込まれた結果と推察される。

　形勢と虜情のみの影響ではないが、イギリス人を外夷とみなし嫌悪の感情を明らかにした証跡は、横浜焼き討ち計画の際に頒布した神託に見られる。[16] 神託は尾高惇忠の作であるが、計画の中心にあった渋沢がこの内容に同意していたことは明白である。

　神託は「近日高天ケ原より神兵天降り」という書き出しに始まり、「外夷の畜生共を不残踏殺し」という過激な言葉が続く。さらに「天下追々彼の欺に落入石瓦同様の泥銀にて日用衣食の物を買とられ自然困窮の至ニテ畜生の手下に可相成苦難を御救被成候間神国の大恩相辨ひ異人ハ全狐狸同様と心得征伐の御供可致もの也」として、金の含有量が少ない洋銀を受け取ることによって日本経済が困窮に陥る事態を警告する。

　これは日本から金が流出することを懸念した正志斎の考え方と軌を一にするもので、外夷を畜生の中でも人を化かす狐や狸になぞらえて貶める。これ

第10章 会沢正志斎『新論』と渋沢思想(5)

も西欧人を嫌悪した正志斎と同様の感情である。

さらに「是迄異人と交易和親致候者ハ異人同様神罰可蒙儀ニ候得共早速改心致軍前に拝伏し身命を抛御下知相待候ハヽ以寛大の神慈赦免可有之候事」と続けて、改心すれば許されるものの、外夷と交易和親した者には神罰が下るとまで述べている。

このように神託の筆致を見ると、横浜焼き討ち直前の渋沢および惇忠には、形勢と虜情による刷り込みがなされていたと考えられる。

新論は危機感をもって世界情勢を捉え、日本に迫る西欧からの侵害に対していかに対処すべきかについて、真剣に取り組むことを余儀なくされるよう巧みな記述で構成されている。

では新論を読んでも具体的な行動に駆り立てられなかった読者と、横浜焼き討ちというテロ行為を計画するに至った渋沢等ではいかなる相違があったのかという点が検討すべきポイントとなる。

新論の記述の巧妙さは、地政学や侵略論などの分野について歴史的事実を織り込んで記述している点である。正志斎が形勢を地政学的知識のみによって論旨を展開していたとすれば、読者にとっては内容のすべてが目新しい知識であり、その知識の正しさを判断する尺度が記述内容から得られないことになる。

つまり、それは難問を解く理論物理学者の解答を見た数学的知識のない素人が、表面的な式の美しさのみに感動している状況にたとえられる。物理学と数学は分野こそ異なるが密接に関係している。

地政学と歴史学もこれと同様である。地政学的な諸国の現状や国際関係についての理解は、正確な歴史認識なしには得られない。正志斎は歴史的事実や自らの歴史観を織り込んで、地政学や侵略論に関する自説を展開したため、歴史に造詣が深い渋沢にとってはわかりやすく説得的な内容として受け入れられた。

正志斎が地政学や侵略論とともに記述した歴史的事実に渋沢が共感したとすれば、歴史認識を共有する人物が記述した地政学や侵略論のみならず、国防論、国家計画に関する記述も正しいものとして受け容れられた可能性が高い。

第Ⅱ編　会沢正志斎と渋沢思想

　渋沢が信頼する仲間とともに横浜焼き討ちを計画した背景事情の一端が明らかになれば、「テロリストから日本資本主義の父へ」という渋沢の経歴の出発点が解明され、そこからの変容プロセスをより正確に把握することが可能となる。

　さらに、それが可能となれば、神格化されることのない「人間渋沢」の真実に、より確実にたどり着くことができる。そうなれば、後世に生きるわれわれが渋沢を特別な存在としてではなく人間臭い人生の先達としてとらえ、その姿勢を学ぶことが可能となる。

【注】
（１）長尾久「会沢正志斎の『新論』（三）」『相模女子大学紀要 V53』（相模女子大学学術研究会、1990年3月）41頁。
（２）会沢正志斎「新論」『水戸学』（岩波書店、1973年）88-94頁。
（３）会沢、前掲書「新論」89-90頁。
（４）会沢、前掲書「新論」92-93頁。
（５）会沢、前掲書「新論」93-94頁。
（６）会沢、前掲書「新論」94頁。
（７）会沢、前掲書「新論」94-97頁。
（８）会沢、前掲書「新論」98-99頁。
（９）会沢、前掲書「新論」99-106頁。
（10）会沢、前掲書「新論」99-100頁。
（11）会沢、前掲書「新論」100-102頁。
（12）会沢、前掲書「新論」102-103頁。
（13）会沢、前掲書「新論」103頁。
（14）会沢、前掲書「新論」104-106頁。
（15）大江清一『渋沢栄一の精神構造』（時潮社、2022年）。
（16）「神託」（尾高定四郎所蔵）渋沢青淵記念財団竜門社編『澁澤栄一傳記資料　第一巻』（渋沢栄一伝記資料刊行会、昭和30年）244頁。

第11章

会沢正志斎『新論』と渋沢思想(6)
―守禦に探る渋沢思想の淵源―

はじめに

　本章の目的は、『新論』の一篇である「守禦」が、横浜焼き討ち計画に与えた影響を検証することである。守禦は日本の国防をいかにするかということに焦点をあてて記述したもので、国防論の著作として単独で成立するほど精緻な内容で構成されている。

　会沢正志斎(以下「正志斎」)は学問だけでなく武道に人一倍熱心に取り組んだ人物であり、決して青白き秀才ではなかった。西欧諸国による日本侵攻を想定して書かれた守禦は、浩瀚な知識と情報収集によって書かれたものであるが、その内容を実行に移すだけの権限は正志斎には与えられていなかった。

　守禦は戦闘の実践を経て彫琢された戦術書ではない。しかし、泰平の時代が200年余り続いた後の戦術書としては、日本が直面する危機に対処すべく実践的かつ説得的に論旨が展開されており多くの志士の心を捉えた。

　守禦の説得力は新論各篇の構成に多くを負っている。正志斎は国外事情の情報弱者であった武士を中心とする読者に対して、「形勢」で日本を取り巻く世界情勢について述べ、「虜情」で主要国間の力関係と日本の位置づけを述べた。新論の著者は先覚者として名をはせた正志斎であり記述には権威があった。記述内容の正確性を検証する手段を持たない読者は、形勢と虜情の内容を受け入れたうえで守禦を読むことになる。

　このような手順を踏んで説得的な文章でかつ、熱のこもった攘夷思想を前面に打ち出した著作は煽動的な啓蒙書としての特質を備えており、正志斎と同じく攘夷思想の基盤を有する志士たちを奮起させた。攘夷思想を有するイ

457

ンテリ農民であった渋沢栄一（以下「渋沢」）も新論の読者であった。

　しかし、農民の地位にあり権力サイドに身を置く武士たちとは異なる視角から日本の建て直しを考えていた渋沢等は、テロリストとしての視点から守禦を読み、そこから自分たちの目的を達成するためのヒントを得ようと考えた。

　つまり、権力サイドにある武士たちは、たとえ志士としての熱情をかき立てられとしても、厳格なヒエラルキーにおいてトップに君臨する幕府が具体的行動を起こさないかぎり自ら行動することはできなかった。彼らは家の名誉も背負っていた。

　それに対して、武家のヒエラルキーからは自由な渋沢等は、身を捨てる覚悟さえあれば、武家社会の桎梏や家の名誉とは無関係に大胆な行動をとることができた。

　本章は係る認識に基づいて、渋沢が守禦をどのように読み、その記述から自分たちの目的を成功させるためのヒントをいかにして得たのかという視角から検討を加える。

　本章では主語として「渋沢等」と「渋沢」が混同して使われている。渋沢等は「渋沢を中心としたテロリストのメンバー」を意味し、渋沢は文字通り渋沢自身を意味する。テロ行為は渋沢単独で成し遂げることは不可能であり、渋沢の考え方に賛同する仲間との協力が不可欠であることからこのように表現する。

第1節　「守禦」の検討方針

　「はしがき」で述べた通り、本章では正志斎と攘夷思想を共有するテロリスト集団たる渋沢等が、守禦をどのように理解したのかという点を分析視角として検討を加える。

　渋沢等は生命を捨てる覚悟を秘めた戦闘集団で、横浜のイギリス人館を襲撃して彼らを殺戮することを目的としていた。渋沢等が目的達成のために欲していたのは、テロを実行するための具体的知識であったが、テロの教科書

が存在しない状況下で渋沢等が参考にできるのは、孫子や韓非子などの中国の古典に限られていた。

しかし、戦術書の多くは勝利を目的とする大規模な戦闘のあり方を説くものであり、社会の安定を揺るがし、政体にダメージを与えることを目的とするテロ行為の手法を説くものではなかった。

その点、戦闘行為だけでなく、日本をターゲットとする西欧からの侵略にいかに対応するかという観点から書かれた守禦は、テロ集団である渋沢等にとってはより具体的で有用な内容を有する著作であった。

漢籍にテロを成功させるためのヒントを見出せなかった渋沢等にとって、守禦は数少ない指南書の一つであった。

第 2 節　国内政策

守禦は大きく「国内政策」、「新たな国防政策」、「守禦の基本精神」の 3 つの部分で構成される。本章ではこの 3 つの部分からなる守禦の記述がいかに横浜焼き討ち計画に影響を与えたのかを検討する。正志斎が提示する政策論は当時の日本が抱えていた問題点を指摘するものであり、その政策が実際には行われていない現状に対して、渋沢等は不満を抱いていた。

正志斎は国内政策を、(1)和戦の方針、(2)内政改革の 2 つの切り口から記述する。和戦の方針とは、敵国とみなす相手と和議を結ぶか、それとも戦争によって決着をつけるかの二択から方針を明確に決定することであり、内政改革とは、戦争を想定した内政の整備を適切に行うことである。

和戦の方針に関する記述には、正志斎の攘夷思想が明確に示されている。正志斎は「然れども世の通市の害を知らざる者は、その心、戦を畏れ、その策、必ず和に出づる者なり。よく痛く通市を拒絶する者は、その勢、戦に至るといへども、畏れざる者なり。およそ事は予めすれば、すなはち立つ。二者予め決せざるを得んや。今や攘夷の令、天下に布かれ、和戦すでに決し、天下向ふところを知れり」と述べる。

2-1　和戦の方針

　正志斎は、通市つまり外国との通商は日本に害を及ぼすという認識に基づいて自説を展開する。「通商によっていかなる害が日本に及ぶのかを知らない者は和議を推進する」というのが正志斎の主張である。

　ロシアやイギリスをはじめとする西欧諸国が日本の沿岸に出没し、機を窺って日本を侵害しようと画策しているという正志斎の主張に基づけば、西欧諸国が提案する通商はあくまでも日本侵略の前段階ということになる。

　係る危機感を抱くことなく通商に応じ、彼らを迎え入れれば、日本の実情を詳細に把握した西欧諸国は、次の段階として近代的な武力とキリスト教によって外面および内面から日本に侵攻するというのが正志斎の主張である。

　幕府はなしくずし的に外国船の寄港を認めてはいるものの、外国船打払令による「攘夷の令」が出されていることを勘案すれば、日本の方針は公式には鎖港で決していると正志斎は述べる。

　正志斎は攘夷の令の本旨に立ち返り、「外夷たる西欧を敵として戦闘態勢に入るべし」という主張を幕府に向かって言外に投げかけている。優柔不断な幕府の姿勢は、密かに進行する西欧諸国の侵略を看過することとなり、それが重篤な結果に結びつく危険性を正志斎は警告する。

　当時、海外事情に疎かった渋沢等が守禦を読み、和戦に関する幕府の優柔不断な姿勢を、危機感をもって読み取ったとすれば、現状に関する焦燥感を正志斎と共有した可能性は高いと思われる。

2-2　内政改革

　正志斎は国内政治を改革するためのポイントを、「士風の作興」、「奢侈の禁止」、「民の生命」、「人材の登用」の4つとする。正志斎の主張をポイントごとに検討する。

2-2-1　士風の作興

　正志斎は幕末の武士が抱える問題を「士風の堕落」と認識していた。士風の堕落を矯正して作興するための手段として、正志斎は信賞必罰をあげる。

第11章 会沢正志斎『新論』と渋沢思想(6)

　功をあげても賞されず、罪を犯しても罰せられない社会制度では、次第に士風が堕落するのは必然であり、正志斎はその原因を門閥や家柄によって保護される封建制度の悪弊に由来すると認識していた。

　この悪弊を断ち切るためには、武士階級内の身分制度や家柄制度を廃止することが必要である。しかし、体制側に身を置くがゆえに、大胆な改革案を示すことが困難と考えた正志斎は、武士の倫理観に訴えるべく五倫（父子の親、君臣の義、夫婦の別、長幼の序、朋友の信）のうち「信」と「義」を尊重することを提言する。

　武家に信賞必罰を厳格に適用するにあたっては、生まれながらに湧き出る父親の慈に対して子が孝をもって応えるがごとく、信賞必罰をもって人物評価する側には慈、評価される側は孝をもって応えるという関係が「信」であり、君臣関係は互いに慈をともなう「義」にかなった関係であるべきというのが正志斎の考えである。

　このように信と義をもって信賞必罰を実践すれば、そこには身分制度や家柄制度によって判断がねじ曲げられることはないと正志斎は考えた。

2－2－2　奢侈の禁止

　奢侈の禁止は正志斎が日頃から注意喚起している教訓である。しかし、守禦で語られる奢侈の禁止は和戦の方針を明確に示した国家の緊急時のことである。正志斎が士風の作興において例にあげるのは、元の使者を斬り捨て、元と対峙することを内外に向けて明確に示した元寇時の日本の有様である。

　正志斎は奢侈を慎むべき対象が幕府や藩の上層部であることを暗に示唆する。正志斎は、「奢靡の国におけるや、士民は貧しからざるを得ず、風俗は壊れざるを得ず。請謁以て行はれ、怨讟以て興る。故に財を理め辞を正し、入るを量りて出すをなし、邦用、常あり、尊卑、分あり、身自から群下に率先し、宮壺を治め、府務を清め、冗官を損じ、煩苛を除き、土木玩好の無用の費を省く、これ古今の通論なり」と述べる。

　正志斎が武家全体の奢侈を戒めるのであれば、「奢靡の国におけるや、士民は貧しからざるを得ず」とは表現しないであろう。農・工・商だけでなく武士も貧困に悩まされるのは、裕福な商人と結託した幕府や藩の上層部が賄

略政治を行い人心が惑乱していることが原因と正志斎は暗に指摘する。

　正志斎は元寇を例に「蒙古嘗て無礼を我に加へしとき、北条時宗、断然として立ちどころにその使を戮し、天下に令してまさに兵を発してこれを征せんとし、亀山帝、万乗の尊を以てして、身もて国難に代らんと祈りたまへり」と述べて、天皇と鎌倉幕府の執権がともに国難に対峙すべく一方は神仏に祈り、一方は全国の武士に号令して戦争に備えたという歴史的事実を示す。[3]

　正志斎は泰平に馴れた徳川幕府に対して鎌倉幕府の士風を思い起こさせるべく元寇の例を示した。

　さらに元寇時における節倹について正志斎は、「兵旅を簡練し、軍実を修備し、上下黽勉し、常に戦陣に臨むの日のごとくせば、天下警戒するところを知らん。然る後に制度を奉じ、勤倹を尚べば、すなはち奢靡の習、革まらざることあらんや」と述べて節倹の重要性を強調する。[4]

2－2－3　民生の安定

　正志斎は民生の安定を農本主義によって実現しようと考えた。正志斎の農本主義の特徴は、(1)通商の軽視、(2)資源配分の適正化による農業効率の改善の2点である。正志斎はもともと通商を重視しない考えを有しており、特に外国との通商は日本に対する侵略の手段と位置づけていた。

　正志斎は自身の農業政策について、「農は民命の係るところなり。故に末を抑へ本を貴び、産を制し職を頒ち、時に使ひ斂を薄くし、田里を均しくして兼併を除き、姦民を去りて罷惰を懲し、情好を通じて患難を恤み、その什伍を明らかにして、これに保任を敎へ、富庶にしてしかも孝弟、老幼孤寡をして収養するところあらしむるは、皆民を安んずる所以にして、古人の論ずるところ具れり」と述べる。正志斎が主張する農業政策の内訳は以下の通りである。[5]

(1)通商を抑制して農業を重視すること、
(2)民産を管理することによって貧富の差をなくすこと、
(3)農民に対する賦役は農閑期に課すること、
(4)均田の法によって貧農の土地が富農に取られることを避けること、

第11章 会沢正志斎『新論』と渋沢思想(6)

(5)悪だくみをする者を排除し、働く意欲のない者を懲らしめること、
(6)近所同士は仲良くし、家計を立てることが困難な者に対しては施しを与えること、
(7)十人組、五人組の制度を明確にして自己責任を自覚させること、
(8)皆が富み人口が増えて父母に孝、年長者を尊敬すること、
(9)老人や幼児、孤児や寡婦を引き取って守り育てること。

正志斎の農業政策は多項目に及ぶが、(8)と(9)は農業に限らず倫理的行動として推奨されるべき項目である。(1)から(7)の特徴は、幕府の厳格な管理下で富の偏りを排除することで不労所得者をなくし、労働力に応じた土地を農民に与えることで生産効率を上げようとしている点である。

土地を応能主義によって分け与える考え方は、第二次世界大戦後の農地解放政策に類似し、十人組、五人組制度の運用により責任意識を植え付ける考え方は、戦時中に強化された隣組制度に類似している。

資本主義制度下で大規模化によって効率経営が可能な現代と異なり、自分の土地を持たないがゆえに不満が募る貧農の平等欲求に応えようとする正志斎の農業政策には共産主義的な一面もうかがわれる。

豪農として藍の栽培と養蚕によって農と商を担っていた渋沢等からすると、通商を軽視する正志斎の考え方に全面的に賛同することはできなかった。渋沢自身は不労所得で生計を立てる地主ではなく、農業の現場で農民の技術指導を行うとともに、藍農家を番付表で順位付けをして競争原理を導入するなど、自ら行動する地域のリーダーであった。

農業に携わったことがない正志斎の農業政策は、渋沢等からすれば机上の空論に近いものと認識された可能性が高い。農業政策そのものとは一線を画する(8)と(9)は道徳倫理に基づく内容であり、渋沢にとって違和感はなかった。

2－2－4　人材の登用

幕府の人材強化に関する正志斎の提案は以下の通りである

(1)賢才が外部に存在すると幕府を軽視する者が現れる可能性があるので、

天下の賢才を引き抜いて幕府の役職に任じ、幕府の人望を高めるべきである。
(2)賢才を広く登用せず一国一郡にとどまれば、一面的な雷同の言論が多くなるので、天下全体にとっての善を総合的に判断することが不可能となる。
(3)賢才を登用する方法は、意見を述べさせて実効によって能力を見きわめ、功ある者は表彰することである。
(4)天下の賢才たちが思うところを競って余りなく述べさせ、実績によって判断すれば才能を判断することができる。
(5)実績によって判断すれば内容が空疎な人物の昇進は不可能となり、人に対する謙遜、謙譲の美徳も生まれる。
(6)才能ある者が評価されればその有能さに学ぼうとする。
(7)上記を実践すれば天下の賢才は幕府に集まる。

　正志斎は日本の大宝律令や古代中国の虞・夏・商・周の制度、舜や禹の政治を例に、幕府に優秀な人材を広く集めて自由に意見を述べさせ、合理的な政策判断をすべきと主張する。

　正志斎は国政に関する自分の考えを新論で詳細に記述する。正志斎は新論を書き上げた1825（文政8）年、すでに45歳になっていた。その年齢までに達成した活動実績や著作活動から、正志斎が自らを賢才と自認していたことは疑いようがない。

　新論が徳川斉脩を通して幕府に提出され、高位の幕臣の眼にとまれば、新論の趣旨が伝わるとともに幕政に有為な人材として正志斎に声がかかった可能性があった。

　このように考えると、新論は幕府に対する建白書であるとともに、幕府での役職を望む正志斎の履歴書としての側面があったと考えられる。

2－3　軍令改革

　正志斎は国内政策の一つとして軍の綱紀を引き締めるべきことを強調する。そして、軍令改革の方法として、(1)驕兵の整理、(2)兵員の増大、(3)精兵の訓

第11章 会沢正志斎『新論』と渋沢思想(6)

練の3点をあげる。

　これらの政策が日本の軍事力を強化するために必要であるということは、日本が改善を余儀なくされる多くの問題を抱えていたことを示している。正志斎は当時の現状について、「今、無行の民は、長刀を帯び銃鎗を提げ、烏聚星散し、飲博劫盗して、以て良民を賊害する者は、村野に充斥し、流賊の形成れり」と述べる。[6]

　横浜焼き討ちを計画した渋沢等は反社会的勢力であり、テロリストとしての活動を成功させるためには、国内外の治安を守る軍の綻びは自分等に有利となる。高崎城を襲撃して武器を奪い、鎌倉街道を横浜まで100キロ余りを下るという2つの行程において、精鋭な幕府軍に阻止される事態は極力回避したいというのが渋沢等の思惑であった。

　このように考えると、軍令改革に関する正論よりむしろ、改革を必要とする幕府の軍紀に関する正志斎の現状認識の方が、テロ行為を画策する渋沢等にとっては有益な情報であった。

2－4　藩の富強

　藩の富強を図るべきことは、軍の綱紀を引き締めることと同じく内政改革を行ううえで必須であることに変わりはない。正志斎の提案は、国を富まし兵を強くする富国強兵と同趣旨である。しかし、外国との交易が本格的に始まる前の幕末期における藩財政の実態は国内的な要因によるものであった。

　加えて、藩財政が不振に陥っている原因は、付加価値の生産活動に従事する農民ではなく、武士階級によると正志斎は述べる。正志斎は、(1)財政運営、(2)武士の育成過程における教育の欠陥、(3)奢侈と旧弊、(4)商人への富の集中、(5)江戸一極集中などの諸点について経済運営上の問題点を指摘する。

　正志斎は、「天下の人牧、率ね皆怠傲驕奢にして、誅求常なく、財を用ふるに制なく、以て自から貧困を致す。これ皆その宮掖の婦人の手に長じ、生れてはすなはち逸し、目にはただ令色のみ、耳にはただ巧言のみ、未だ嘗て艱難を知らざればなり」と述べて、多くの人君が艱難を経ずに育てられた結果、民の苦労を知らず傲慢にして驕奢な態度で気まぐれに財政を操ると批判する。[7]

第Ⅱ編　会沢正志斎と渋沢思想

　正志斎は商人に富が集中しているという点については、「且つ邦国の困しむところは、耀糴の権、商賈に在りて、給を仰がざるを得ざることなり。百需、皆市に資りて、毎に物価の貴きを患ふ」と述べて、米穀の売買権を与えられた商人が富を独占し、武士が商人からの借入に頼らざるを得ない状況を懸念する(8)。

　主要産品である米の生産高と価格によって経済が運営される仕組みにおいては、米の管理とカネを一手に握る商人が市場でイニシアティブをとることで物価が上昇するというのが正志斎の認識である。

　しかし、正志斎といえども幕府が定めた制度の変更を提言することは困難だったのであろう、その提言は、「要するに邦国をしてことごとく憂恤するところを知らしむ。すなはちこれをしてまた士風を興し、奢靡を禁じ、百姓を安んじ、賢才を挙げしめて、節するに制度を以てし、財を傷らず、民を害せざれば、その国豈に富み且つ強からざるあらんや」という建前論にとどまらざるを得なかった(9)。

　藩の富強に関する正志斎の記述は、渋沢等からすると武士の不甲斐なさを強調するのみで、根本的な解決策を提示できない中途半端なものであった。とりわけ渋沢は、安部摂津守の岡部村陣屋で代官からご用金500両を申しつけられたうえに、罵詈雑言を浴びせかけられた過去の一件で、武士の能力と徳性の低さについて怒りをもって記憶していた。

　渋沢は正志斎の立場を理解して新論を読んだであろうが、建前論ときれいごとに終始する守禦のこの記述については、納得感をもって読み進めたとは考えられない。幕藩制度の根本的な改革について言及できない正志斎の思いとは対照的に、武士とは立場の異なる渋沢等のインテリ農民からすれば、「身を捨ててこそ浮かぶ瀬もあれ」の心境に至ることは比較的容易であった。

　渋沢等のこのような思いが横浜焼き討ち計画の基底にあったとすれば、守禦において記述された武士の不甲斐なさは、テロという暴力によって現状打開を目論む渋沢等にとってはむしろ好機と映った。

2－5　兵力の分散

　正志斎は江戸に集中しすぎている兵力を地方の要害の地に分散し、効果的

第11章 会沢正志斎『新論』と渋沢思想(6)

に外国勢力からの侵略に備えるべきことを主張する。この点について正志斎は、「天下の大名、聚会して共に江戸を守る、その内を重んじ外を軽んずるの意は、すなはち在るあり。然れども兵は常に事なくして食ひ、驕奢淫佚して、以て天下の力を弱むるに足る。しかも天下の要害は、守らざる所あれば、すなはちまた夷狄を待つ所以の備にはあらざるなり」と述べる。[(10)]

徳川三代によって確立された幕藩体制の目的は、戦乱によって混乱した国内の秩序を保つことであった。そのために制定された参勤交代をはじめとする各藩の負担は、財政的および人事的に江戸一極集中を狙いとするものであった。幕藩体制の初期から中期にかけた政策は内政的な観点からは目的合理的であった。

しかし、徳川末期になると内乱の心配よりもむしろ西欧諸国からの外圧が高まり、日本の弱点を狙って戦略的に侵略を画策するようになった。江戸一極集中政策は時代にそぐわない陳腐なものとなりつつあったことを受けて、先覚者の視点から、危機感をもってこの事態に対処することを提言したのが新論であった。守禦のこの一節は言外に幕府の時代錯誤的な政策を批判するものであった。

兵力の地方への分散配置は全体的な国力は高めるものの、力を蓄えつつある雄藩との関係からすると、二律背反的な側面を有し、幕府の存立を重視する立場からは受け入れ困難であった。

そこで正志斎が考え出したのが巧みな論理のすり替えであった。外国に対する防御体制が遅れているのは幕府の江戸一極集中政策の綻びによるのではなく、江戸に集中配置された武士たちの綱紀の緩みが原因と主張する正志斎の論理は以下の通りである。

(1) 江戸に配置されている武士の一部は徒食するのみで、武芸に励むこともなく一朝事ある場合には役に立たない余剰人員である。
(2) そうであるとすれば国内に反乱が生じた場合でも彼らの戦力をあてにすることはできない。
(3) ならば、その余剰人員を地方の防備に回し、あらためて綱紀を引き締め、内外からの脅威に対する軍事力を高めれば一石二鳥となる。

正志斎は幕府の顔を立てるべく、戦力配置に関する政策ミスにはふれず、また綱紀が緩んだ武士を特定することもなく、八方丸くおさまる形の提言をした。これは正志斎の苦肉の策であった。しかし、徳川斉脩の命により新論が刊行禁止となることでこの趣旨が幕府に届くことはなかった。

正志斎が戦力を補強すべきと主張した地方は、大阪、京都など政治経済の中心地と、神霊の精気が宿る伊勢と熱田、加えて江戸の喉元にあたる相模と房総、さらにはロシアが狙う北海道と外国船の往来が輻輳する長崎であった。

渋沢等は正志斎が苦肉の策として提示した地方の兵力増員の趣旨は正しく理解したと思われる。しかし、反社会的勢力としての彼らが狙うのは横浜であり、その地が兵力増強の対象地であるか否かがむしろ重要であった。

当時の相模は概ね現在の相模原市にあたり、外国人居留地である現在の横浜市中区は厳密には相模に含まれていなかった。幕府が正志斎の提言を受け入れて実行することはなかったが、正志斎の提言においてもイギリス人居留地はかろうじて兵力を強化すべき地域から外れていた。そうなれば横浜はテロのターゲットとして都合の良い場所ということになる。

渋沢等が果してこのような詳細な点にまで留意して新論を読みこんだのかは不明であるが、少なくとも守禦のこの記述が渋沢等の計画を躊躇させることはなかったといえる。

第3節　新たな国防政策

正志斎は新たな国防政策を、(1)屯田兵の設置、(2)敵情偵察と海軍の整備、(3)兵站戦略の3項目に分けて提言する。正志斎が述べる政策は、その内容から「国防政策」と「軍事戦略」の2つのカテゴリーに分かれる。屯田兵の設置と海軍の整備の2項目は、国防のための体制整備に関する項目である。兵站戦略は戦闘行為を「戦場」と「兵站」に分けた場合の後者に相当する。

横浜焼き討ちを計画した渋沢等の目的はテロ行為を成功させることであり、必要とするのはイギリス人館を焼き討ちし彼らを殺戮するための知識である。

渋沢等にとってはテロを準備するための兵站戦略に関する知識が有用であった。

3－1　屯田兵の設置

屯田兵の派兵に関する正志斎の提言は、兵力の分散をいかに行うかについての具体的内容である。屯田兵を派兵する理由は以下のように要約される。

(1) 敵の進攻路である海岸地帯は普段から堡塁の整備、駐屯予備軍の設置を制度化しておかなければ、敵が侵攻してきたときに間に合わない。
(2) 豊臣の治世下の慶長・元和以降、諸大名は一国一城に限られた。これは内乱を避けるのに役立ったが、辺境の地を守るに際しては国の垣根を超えて人員を傾斜配分し、城壁と防衛組織を創る必要がある。
(3) 大宝令の一編である「軍防令」には、辺境の郡に城堡を建てて住居を置き、農時・農閑に応じて城堡の内外で過ごすべきことが記述されており、「令義解」にも堡塁に関する記述が見られる。これらを取捨して適したものを採用すべし。
(4) 辺境の防備には様々な困難が伴うが、海岸地方を兵士に耕作させ、租税を減らし農機具類の支給等を措置して、地場の者が屯田に参加する場合は屯田の面積に応じて免税すれば屯田の効果が得られる。
(5) 船を造り漁網を供給することで海を利用すれば、無限の利益を得ることができるとともに水戦にも役立つ。海を利用して兵を教練し食料を現地で得て兵を養えば、強壮な人員と訓練された士卒を得ることも夢ではない。しかし、士卒だけに責任を負わせるべきではない。
(6) 都会に住む武士にも軍事や種々の労役に就かせ、気ままに楽しむことができないようにし、農・工・商には天下の一大事を意識させ倹約勤勉を実行させるべきである。
(7)「城塁の制度」、「民間防衛の命令」、「屯田防衛兵」、「苦楽の運用」はいずれも海防の必要事項である。

正志斎は「軍防令」や「令義解」など、過去の国防施策を記述した資料を

引用するが、幕末における屯田の制は新たな試みでもあり、提言内容は総じて理想論である。正志斎の提言を実現できるのは権力の頂点にある幕府であるが、そのためには長年墨守してきた身分制度を根本的に見直す必要がある。

　正志斎の提言は有閑階級である都市部の武家の存在に問題意識を抱いたことに端を発しており、その主旨は、⑴階級横断的なシナジー効果の発揮、⑵西欧の脅威に対する意識改革の２点である。正志斎が考えるシナジー効果は単なる経済的なシナジー効果とは異なり、対外防衛力と経済力の二兎を追うものであった。

　これは経済価値の創造に寄与してこなかった武士階級に国防と経済的付加価値を求めるシナジーであり、極論すると武士が専業となる前の状態に回帰することを意味する。

　現実的にこれを実施しようとすると、身分制度を見直して郷士制度に類似した働きを武士に求めることになる。正志斎はこれを屯田制度として提言し、当時喫緊の課題であった海防の要所に同制度を適用すべきとした。

　この提言は理想論としては合理的であるため、その理屈に正面から反対意見を述べることは困難だったであろう。しかし、身分制度を中心とする現体制を継続することを優先する守旧派が、体制継続の観点からこれに難色を示すのは明らかであった。

　それにもまして困難であるのは、正志斎が目指した西欧の脅威に対する意識改革である。長年にわたって太平楽に浸ってきたのは武士だけでなく農・工・商もしかりである。幕府とのつながりが深く、相対的に情報強者の都市部の大商人は別として、幕府は民に対して国内外の情報や政治に関する情報開示を極力制限してきた。そのような中で彼らに日本が置かれている危機的状況について正確に認識せよと要求するのは無理筋であった。

　日本が置かれた状況について危機感をもって認識できたのは、幕府の重役や正志斎のような先覚者と、渋沢等のようなインテリ農民であった。渋沢等は屯田兵に関する正志斎の提言を理解したと考えられるが、実際に農民として経済価値創造の難しさを身をもって経験している彼等からすれば、それは理想論としか認識できなかった。

　渋沢等にとって現実的な解決策は、旧態依然たる死に体の幕藩体制を崩壊

第11章 会沢正志斎『新論』と渋沢思想(6)

させるべく、反社会的行動によって社会に揺さぶりをかけることであった。係る観点から、屯田兵に関する正志斎の提言は渋沢等にとっては有用なものとしては認識されなかったと考えられる。

3－2　敵情偵察と海軍の整備

　正志斎は斥候に関する技術論を記述する。正志斎が展開する斥候に関する内容は、敵地に赴いて敵情視察するのではなく、日本に接近する「みなし敵国」の実態を把握し、いかにして早期に情報を共有するかという観点から記述されたものである。

　正志斎は日本の沿岸を徘徊する西欧諸国の艦船に関する情報が的確に把握されていない現状について、「浜海の地に、候望なきにあらざるなり。然れどもその布置、甚だ稀疎にして、列墩の以て相応ずるなく、烽燧・旌旗・号砲の以て相望み相聴くなし。器械備らず、号令明らかならざれば、瞭卒ありといへども、用ひて以て風帆を遠洋に望むに過ぎず。虜の地方に近づくの及べば、すなはち報告するに脚力を以てす。虜舶は瞬息にして数十百里し、しかるに徒歩報告す、その事に及ばざるや固よりなり」と述べる。⁽¹¹⁾

　正志斎の指摘は、日本の沿岸に接近する西欧艦船の動向を正確に把握するインフラが整っていないということである。正志斎は「軍防令」を例に、かつては烽火などにより外国船の情報が共有される機能が備わっていたことを述べる。

　幕末においては係る機能すら不十分であり、たとえ烽火による通報システムが整備されたとしても、蒸気機関によって俊敏に航行する西欧艦船の情報を適宜に把握して行動するのは、迅速性の観点から困難であった。

　正志斎は国内の駅逓の迅速性については評価する一方、西欧と密かに接触した民衆が有する海上の情報を引き出すことが困難なことを懸念する。

　斥候に関する正志斎の記述が、渋沢等の横浜焼き討ち計画に重大な影響を及ぼしたとは考えられない。唯一考えられるとすれば、高崎城襲撃から横浜にたどり着くまでの間に、飛脚がどの程度迅速に幕府に情報を伝えることができるかという点であろう。

　海軍の整備に関する記述は大砲を中心とする火器の技術論である。正志斎

は大砲が近距離での戦いには非効率であることを述べる一方、使い方によっては敵の意気を阻喪させる効果があり、日本もその技術を修得すべきと主張する。

　正志斎は火器の製造方法などを詳細に論ずるが、この記述が横浜焼き討ち計画に直接の影響を及ぼしたとは考えられない。

3－3　兵站戦略

　正志斎は突発的事変に対して適宜に対応するための軍需資材と食糧備蓄について語る。その内容は金を中心とする金属の取扱いと、米の備蓄に関する記述である。正志斎は各藩に甲冑や楯、刀剣などの武具を製作させ、金銀・鋼鉄・鉛錫や硝石・硫黄など武器の材料となる鉱物や天然資源を確保することを推奨する。

　正志斎の兵站戦略は、戦闘行為において後方部隊が採るべき戦略というよりは、将来起こり得る戦闘に向けて予め準備すべき事柄についての事前準備戦略である。

　正志斎は金の貴重性を豊富な知識を披瀝して強調する。他の金属類とは異なり金は富の蓄積手段として使用される。正志斎は金が蓄積手段としてではなく、奢侈のため様々な装飾品に用いられることを問題にする。突発的事変に即応するためには金の装飾などの奢侈を慎めば、金が効用を発揮することになる。

　正志斎は金銀のような貴金属と鋼鉄などを明確に区別せずに論じるので、金銀は価値の保存のための金属であり、鋼鉄などは武器材料としての金属であることを新論の読者は認識する必要があった。金の場合はそれを用いて装飾品を生産して消費するという浪費の原因を絶つとともに、蓄積手段としての金本来の機能を強化することが正志斎の狙いであった。

　正志斎は、「番舶(ばんぱく)の交易は、多く無用に属して、金銅を海外に棄つ、停(とど)めざるべからざるなり」と述べて海外との交易によって金と銅が流出することを懸念する。第8章で国体（下）について考察した通り、正志斎にとって交易による開国は、国を富まし軍事力を強化するに資するものでなければならなかった。

第11章 会沢正志斎『新論』と渋沢思想(6)

　正志斎が通商ではなく通好と呼ぶ交易による開国は、情勢の変化によりやむを得ず行うものであった。しかし、海外交易を無用として金と銅の流出を止めれば、日本に存在しない武器を購入することが不可能となる。

　正志斎にとって富国強兵は日本というクローズドシステムにおいて実現されるべきものであり、海外との交易を軸とするオープンシステムによって得られるべきものではなかった。

　クローズドシステムによって戦力を高めようとすれば、海外交易による付加価値の増加は望めないので、(1)奢侈を戒め倹約を遂行すること、(2)国内の綱紀を引き締めることという国内限定の手段に限られることになる。守禦の文脈がほぼこの自制的なトーンで統一されているのは係る理由からである。

　静態的な社会構造においては、クローズドシステムにおける内面的な統治手法が効果を及ぼすが、オープンシステムにおいては、海外との交流を活性化しない限り国内経済の衰退は免れ得ないこととなる。正志斎にとっての外国は敵対国を意味するので、友好国という概念自体が存在しなかった。

　新論の筆致からは西欧を外夷とみなしその脅威を警戒しながらも、日本の戦闘能力を信ずる意気込みが感じられる。しかし、新論を上梓した1825（文政8）年から年月を経るうちに、世界情勢における日本の立場を正しく認識した正志斎は、オープンシステムにおいてしか日本の未来はないことを察知し、時務策によって開国論を提唱することとなった。

　兵士の糧食である米穀についても、都市部への人員の偏在と同じく、正志斎はその偏りを指摘する。武士を中心とする遊休人材が江戸に集中すれば、彼らを養うための米穀も江戸に集中することになる。

　正志斎からみると、遊休人材である彼らを養うための米穀が都市部に偏在しているのは、日本が直面する対外的な脅威に対する危機感が不十分なためであり、それを唯一主体的に改善できるのが徳川幕府であった。

　視点を変えて、渋沢等が正志斎の兵站戦略をどのように理解したのかを、(1)攘夷論者の立場、(2)テロリストの立場の2点から考察する。

　攘夷論者の立場からすると、守禦で展開される正志斎の攘夷論に渋沢等が反発する素地は見当たらない。テロリストである渋沢等が得たいと望んでいるノウハウは、正志斎が述べる「守る立場からの戦略」ではなく「攻める立

場からの戦術」であった。

　渋沢等が求めていたのは、正志斎が敵国とみなす西欧諸国が日本を攻める場合のノウハウであるので、戦闘における技術論として渋沢等が得たものはほぼ皆無であったと考えられる。テロを実行するうえで渋沢等が求めていたのは「守禦」ではなく、「攻撃」あるいは「破壊や殺戮」のノウハウであった。

第4節　「守禦」の基本精神

4－1　会沢正志斎の義利の理解

　正志斎は国防戦略を実践するにあたって心得るべき基本精神を、義と利との関係から記述する。屯田兵や敵情視察および兵站戦略による新たな国防戦略は士風を作興することによってなされるべきであり、「士風の作興」の基盤となるのが義であると正志斎は主張する。また、正志斎は義と利の関係を独自の視点から記述する。

　義と利の関係については、渋沢が提唱する義利合一説があり、形式的には正志斎の考え方との相似性が看取されるが、義利に関する両者の関係性を探るためには、それぞれが義と利をどのように理解していたのかを検討することが必要となる。

　正志斎の義利に関する理解には広義と狭義の２つが存在する。正志斎は義利を広義に定義するにあたって『易経』を引用し、「夫れ天下の事、この利あらば必ずこの害あり、二者相倚(あいよ)らざるはなし。易に曰く『利は義の和なり』と。苟(いや)しくも義を以て利となすにあらざるよりは、すなはち所謂(いわゆる)、利なるものは、未だその利たるを見ざるなり。今、士風を興さんと欲して、義利、弁ぜざれば、すなはち忠邪混淆(こんこう)し、その賞罰予奪する所以のものは、皆その当を失し、以て世を擾(みだ)すべくして、以て俗を励ますべからず」と述べる。(13)

　正志斎は「義の積み重ねが利になる」という易経の言葉を引用して、目先の利のみを求めた場合を想定すると、忠と邪、賞と罰などが混乱し、士風を作興するどころか世間が乱れることになる。

第11章　会沢正志斎『新論』と渋沢思想(6)

　さらに、正志斎は『論語』の里仁第四第16章を引用し、「語に曰く『君子は義に喩り、小人は利に喩る』と。苟しくも義利をして弁ぜず、小人にして君子の器に乗らしめば、すなはち天下の利は、未だその変じて害とならざるを見ざるなり。
　臣、故に守禦の策を論ずるに、必ず士風を興すを首とす、その義を以てして天下を率ゐんと欲せばなり。義を以て天下を率ゐんと欲せば、すなはちよろしく天下の公義に杖りて、以てその好悪を示すべきなり」と述べる。(14)
　正志斎は易経を引用して義と利の違いについての考え方を明確にしたうえで、利を求める小人が君子を装って君臨すれば、義の積み重ねによって本来得られるはずの天下の義が得られなくなるとして、頂点に立つ者を慎重に選ぶべきことを主張する。
　正志斎は利との関係によって義の広義の定義を明確化する。つまり、利とは私心に発する物の道理に外れるものであり、義とは物の道理にかなうものである。そして、利を追求するのが小人であり義を追求するのが君子である。したがって、世を正しく治めるには君子が頂点に立つべきというのが正志斎の主張である。
　正志斎の義の定義は広義から狭義へと展開する。義の狭義の定義とは何かといえば、それは天下の公義たる「攘夷論」であるというのが正志斎の考え方である。そして、攘夷論を実践するための諸施策の基盤にあるべきものが「士風の作興」であると正志斎は主張する。
　換言すると、国防政策を実践するには、まず士風を作興することが第一歩であり、士風の作興は「天下の公義」をもってなすべきである。その天下の公義とは、まさに徳川幕府が貫いてきた攘夷論である。つまり、天下の公義たる攘夷思想を武士層に徹底することによって士風の作興を図ることが、国防政策を成功裡に推進する鍵であるというのが正志斎の主張である。
　このように、易経や論語を引用して義の意味を広狭両面から重層的に論ずる中で、徳川将軍のあり方や心構えをさりげなく織り込む点に正志斎の巧妙さが窺える。正志斎は義である攘夷論に基づいて士風を作興し、守禦で示した諸施策を実施すべきは徳川将軍の政治課題であることをさりげなくかつ明確に主張した。

4−2　渋沢栄一の義利の理解

　「義」と「利」の関係性についての渋沢の考え方を正志斎と比較検討するためには、テロリストとしての渋沢にとっての義利と、壮年期以降に提唱した義利合一説における義利を分けて検討することが必要となる。

　正志斎は義を広義と狭義の両面から定義し、後者では義を幕府の公義つまり攘夷論と考えた。テロリストとしての渋沢は攘夷論者であったので体制側に身を置く者が幕府の存続を前提に義を攘夷論と主張することは理解したと思われる。

　しかし、正志斎にとって公義が士風の作興を喚起するための基盤であったのに対して、渋沢の大義である攘夷論は、倒幕のきっかけを作り天皇親政を実現するための規範であった。正志斎が新論で主張する義とテロリストとしての渋沢の義は相反する目的を有するものであった。

4−2−1　テロリストとしての義利の理解

　テロリスト時代の渋沢の義には、経済活動や社会事業活動の観点からの義の定義は存在しなかった。しかし、渋沢は明治維新後に自身の適性は政治ではなく経済にあると認識し、大蔵官吏を経て活動の基盤を実業界に移した。

　渋沢にとっての義は、自身の適性を正しく認識した時点で大きく変化した。その変化の原因としては、(1)明治維新による政治体制の変化、(2)攘夷論者から開国論者への転換の２点があげられる。前者は渋沢にとって手の届かないところで起こった変化であるが、後者は滞仏経験を機に開国論から積極的な国際交流を推進する内面の変化であった。

　テロリストとしての渋沢の義は、維新によって立憲君主制が実現し、信奉していた攘夷論は開国論に変化することで存立基盤が失われた。渋沢が人生をかけて追求してきた政治体制の変革が、自分のあずかり知らないところで達成されてしまったのである。

　自らが死を賭して実現を追求してきた目的が、手の届かないところで立憲君主制という形で実現し、信奉していた攘夷論があっけなく自分の内面で開国論へと変化した時点で、渋沢の内面には空疎なものが残った。滞仏から帰

第11章 会沢正志斎『新論』と渋沢思想(6)

国した時点て、空しい思いに耐えかねて渋沢が自死を考えたのも、これらの事情を勘案すると無理からぬことと思われる。

　正志斎も渋沢と同じく開国論者に転換したことを『時務策』で明らかにしている。正志斎は時務策で義について、「或(あるひと)又曰ク、国家ノ法制ヲ失(うしない)テ和好ヲ通ズルハ神州ノ恥ナレバ、死ヲ以テ其制ヲ守ルベシ。文永・弘安ノ如キモ、蒙古ノ使ヲ斬リ、天下必死ニ決シテ遂ニ是ヲ撃尽(げきじん)セリ。宋ノ岳飛(がくひ)等ノ如キモ、心ヲ戦ニ決シ誓(ちかっ)テ金虜(きんりょ)ヲ破リ、国恥ヲ雪(きよ)メントス。是等ノ大義ニ当テハ、万民トイヘドモ生ヲ捨テ死ヲ効スベシ、民命ヲ顧ルニ違(いとま)アラズ」と述べる。(15)

　正志斎は元寇の史実を引用し、「或(あるひと)又曰ク、国家ノ法制ヲ失(うしない)テ和好ヲ通ズルハ神州ノ恥ナレバ」と述べて攘夷論の精神を記述する。しかし、攘夷論の大略を述べる「或(あるひと)」は、とりもなおさず正志斎自身であり、その内容はまさに『新論』の守禦の趣旨そのものである。

　正志斎は自分がかつて新論において情熱をもって記述した攘夷論を再論したうえで、「答テ曰ク、外国ヲ一切ニ拒絶トイフコト、寛永ノ良法トイヘドモ、其本ハ天朝ノ制ニモ非ズ、又東照宮ノ法ニモ非ズ、寛永中ニ時宜ヲ謀(はか)テ設給ヒシ法ナレバ、後世マデ動(うごか)スベカラザル大法トハイヘドモ、宇内ノ大勢一変シタル上ハ、已ムコトヲ得ズシテ時ニ因テ弛張アランコト、一概ニ非ナリトモ云難(いいがた)シ」と述べて自己否定する。(16)

　正志斎は自分がかつて「士風の作興」の基盤となる義の真髄を、公義たる攘夷論としたにもかかわらず、「其本ハ天朝ノ制ニモ非ズ、又東照宮ノ法ニモ非ズ」として、攘夷論に実効性をもたらした鎖国令の立法経緯を否定的に論じる。そのうえで、寛永の良法といえども国際情勢を踏まえた四囲の変化に応じて「時ニ因テ弛張アランコト」、つまり鎖国令は柔軟に解釈することがより重要であると述べる。

　正志斎はさらに「時勢ヲ料(はか)ラズシテ、寛永以前ノ政令ヲモ考ヘズ、其以後ノ時変ヲモ察セズシテハ、明識トハ云難(いいがた)カルベシ」と述べて、鎖国令のみに執着して同令の前後の歴史的経緯や環境変化を考慮しないのは見識が高く理に明るいとはいえないと明言する。(17)

　ここに至って、正志斎の義は公義たる攘夷論ではなく、国際情勢を正しく

477

認識し臨機応変に国家の舵取りをすることに変化した。換言すると、正志斎はクローズドシステム信奉者から、不承不承ながらもオープンシステムを容認する開国論者へと変化したのである。

　正志斎は四囲の情勢を考慮せず攘夷論に固執する不合理を理解し、論理的に思想転換した。これに対して、渋沢は滞仏経験を通して海外事情を体感して開国論者に転換した。

　自らが死を賭して実現を追求してきた目的が手の届かないところで立憲君主制という形で実現し、信奉していた攘夷論が滞仏経験といういわゆる「至高体験」によって開国論に転ずることで、渋沢は自らの思想転換を頭の中で整理して納得することができなかった。[18]滞仏からの帰国後、渋沢が精神のバランスを崩したのはある意味必然であった。

4－2－2　壮年期における義利の理解

　壮年期以降の渋沢にとって義は「利と合一するところの義」であり、経済活動や社会事業活動を基盤とする実務レベルの義であった。したがって、渋沢は義利合一説に基づいて一貫して実務における義を追求しながらも、様々な局面において現代の基準からすると議論を呼ぶ行動も見られた。

　渋沢は自著の『論語講義』において、正志斎も新論で引用した『論語』の里仁第四第16章の講義でインサイダー取引に相当する債券売買を行ったことについて以下のように述べている。[19]

　「明治三十九年二月三十日の法律によって、鉄道は国有となったが、その買収代金は政府より鉄道債券（てつどうさいけん）を以て買収せられた会社へ交附した。その債券は追って鉄道公債に引き替えらるることになっておった。しかして該債券がまだ公債にならなかった際、三十九年の暮から四十年にかけて債券の市場は大いに下落（げらく）した。この時この債券を買い込んでおけば、将来大儲けをするに極っていたのである。余は銀行業者として、金融状態をよく知っておって、金融界は政府が鉄道公債を発行し得ぬ程に、四、五年内に金利が昂騰（こうとう）するようすもなく、また政府の財政状態が公債を償還し得ぬ程に窮迫しておらぬこととも知っていたのであるから、一時下落した鉄道債券の市価は、鉄道公債に

第11章 会沢正志斎『新論』と渋沢思想(6)

引き替えらるると共に必ず騰貴することを予知しておった。ゆえに第一銀行や愛国婦人会や慈恵会などに勧めて鉄道債券を買わせた。果せるかな鉄道債券の鉄道公債に引き替えるるや、市価は著しく騰貴し、買い込んでおいた人は大いに利益を占めたのである。」

　渋沢は金融界の事情を詳細に知る立場にあるとともに、多くの鉄道会社を設立・育成した経験と政府とのつながりから、鉄道債券が鉄道公債に転換されるタイミングで債券価格が昂騰することを熟知していた。
　渋沢は多角的に債券市場の動向を正確に予想することができる限られた情報強者であり、現代でいうところのインサイダーであった。渋沢はインサイダー取引を行ったことを論語講義で述べているのである。
　しかし、渋沢の講義内容からは誠実さと先見性が表れている。渋沢は個人の利益のために鉄道債券の売買を行ったわけではない。ただし、第一銀行、愛国婦人会、慈恵会などの限られた組織に利益を与えるべく債券売買のタイミングを教示したことが完全に義に悖ることのない行動とは考えていなかった。
　渋沢は鉄道債券に関する自分の行動に対して内心忸怩たる思いを抱きながら、個人の利益を図ったわけではないことを自らに言い聞かせていたと考えられる。渋沢には、鉄道債券に関する行為が、「法律よりも倫理に照らして行動すべし」と周囲に説いてきた自身の言葉に悖っているという思いがあったのであろう。
　現代に至って法律で禁止されるおよそ100年前から、渋沢はインサイダー取引の違法性を漠然とではあるが認識していた。そのような思いを抱きながら、渋沢は告白するかのごとく論語講義で鉄道債券の取引に関する一件を述べた。
　その一方、渋沢は鉄道債券に関わる自らの行為について、「かく人には勧めて買わせたけれども、余自身にはこれを一枚も買い入れなかったのである。この際余は利に喩りて鉄道債券をうんと買い込んでおけば、必ず大儲けをしたに相違なし。しかるを余は一枚も買い入れなかったのは、後来の騰貴を予知してこれを買い込み、果してそれが騰貴して儲けたのでは、余は投機をし

て金儲けをしたことになる」と述べて個人的利益を得ることは皆無であったと述べる。[20]

　渋沢の内面に存在した逡巡は、個人的利益を追求する行為でないならば、一部の組織に対して利益誘導することが許されるか否かという点である。債券市場における公平性は市場参加者全員に担保されなければならない。ましてや、渋沢が売買を勧めた組織には自らが頭取を務める第一銀行が含まれていた。

　渋沢ほどの識見があれば、第一銀行の利を図ることは間接的にではあれ、頭取である自らの利に結びつくことを認識していたはずである。

　倫理基準に照らした自らの行動に対する懸念と一種の慚愧の念は、義利合一説の解釈の迷いに表れている。渋沢はこの点について、「さて今日世に処するに、義に喩った方が利益であるか、将た利に喩った方が利益であるか、この問題はちょっと解決し難い問題である。利に喩るのが必ずしもその人の不利益とならぬのみか、むしろその人の利益になる場合がある。少なくとも目前の利益は確実なる場合があるのである」と述べる。[21]

　義に基づく行いを専一に主張してきた渋沢の、「義に喩った方が利益であるか、将た利に喩った方が利益であるか、この問題はちょっと解決し難い問題である」という言葉は、義に悖る自分の行動を義利合一説の拡大解釈によって糊塗しているように思える。

　なぜなら、義利合一説の趣旨を文字通りに解釈すれば、「義ではなく利に喩るのがむしろその人の利益になる場合」は想定されておらず、「利を義に優先させること」などあり得ないからである。

　完璧な人間は存在しないのは真実であり渋沢もしかりであった。渋沢は胸を張ってこの取引が義に悖るものではないと断言することができなかった。いささか言い訳じみたコメントを付しながらも、渋沢は鉄道債券に関する自身の行いを隠し立てなく率直に披瀝した。

　正志斎が易経を引用して「利は義の和なり」と述べたことと、渋沢が提唱した「義利合一説」は、義と利のあり方を述べたという点において形としては類似性が見られる。しかし、正志斎と渋沢の義利の考え方を個別に比較検討すると、(1)義利の定義の相違、(2)政治的目的の相違、(2)経験の相違などか

ら渋沢の義利合一説の淵源を新論の記述に求めることは不可能と結論づけられる。

小　括

　本章の目的は、『新論』の一篇である「守禦」が、横浜焼き討ち計画に与えた影響を検証することであった。渋沢が新論から影響を受けたと考えられる時期は、尊皇攘夷思想を修得していた青年期である。論理的かつ説得的に記述された新論は渋沢等の思想形成に影響を及ぼし、横浜焼き討ち計画というテロ行為に彼等をはしらせる煽動的な役割を果たしたと考えられる。
　係る前提で新論を検討する場合、戦術書としての内容を含む守禦は、テロ行為に向けて費用を捻出し兵站準備を整えるべく活動していた渋沢等にとって、実務的な手引書としての役割を果たしたと考えられる。
　テロの教本が存在しない当時において、守禦にはその役割が期待された。本章はこの認識の確からしさを検証するため、守禦を構成する「国内政策」、「新たな国防政策」、「守禦の基本精神」の３つのテーマごとに検討を加えた。
　「国内政策」では、きたるべき西欧諸国の侵攻に対して幕府はいかに対処すべきかという観点から「ヒト・モノ・カネ」にわたって正志斎の政策論が展開されている。正志斎は、ヒトに関しては兵力の強化を目的とした士風の作興や人材の登用、民の保護などに言及し、モノとカネについては藩の富強をはかるべきことを強調した。
　渋沢等は、国内政策に関する正志斎の見解の正当性を認識するとともに、それを実行に移すことを困難にしている幕藩体制の問題点も認識した。テロを計画した渋沢等の目的が幕藩体制崩壊のさきがけとなることであったとすれば、正志斎による国内政策の記述はむしろ現体制打倒を目指す渋沢等の意志を強化する役割を果たしたと考えられる。
　「新たな国防政策」は、日本に対する西欧諸国の侵攻を防ぐための戦場および兵站両面に関わる戦術を述べたものである。この戦術は外敵に対する防備の具体的方法を論じたものであるが、テロによって国内の混乱を引き起こ

す内なる敵である渋沢等にとってはむしろ防備の弱点を知る材料になった。

　防備の必要性を述べることは、裏を返すと国内防備の不完全さを晒すことになる。テロを計画する渋沢等にとっては、正志斎が認識する日本の防備の不備こそが重要な情報であった。

　正志斎は「守禦の基本精神」において「士風の作興」の必要性を強調し、その基盤となる「義」を広義および狭義の両面から述べた。正志斎の義は幕府の「公義」たる攘夷思想であり、弛緩した士風を作興し、幕藩体制を立て直すべきというのが正志斎の主張である。

　それに対して、渋沢等の「大義」は倒幕によって天皇親政を実現することであり、それが渋沢等にとっての「義」であった。したがって、守禦で正志斎が主張する義の目的と、テロを計画した当時の渋沢等にとっての義の目的は相反するものであり、渋沢等が正志斎が主張する義の意味を正確に理解して啓蒙されたとは考えられない。

　上記のように、守禦が横浜焼き討ち計画を支えた思想的基盤を担ったことを検証することはできなかった。しかし、渋沢等が横浜焼き討ち計画を念頭に新論を読んでいたとすれば、当時の日本の現状に関する正志斎の懸念を綴った記述内容は、皮肉なことに渋沢等がテロ計画を立てるうえで貴重な情報源になったと考えられる。

【注】
（１）会沢正志斎「新論」『水戸学』（岩波書店、1973年）108頁。
（２）会沢、前掲書、「新論」108-109頁。
（３）会沢、前掲書、「新論」107頁。
（４）会沢、前掲書、「新論」109頁。
（５）会沢、前掲書、「新論」109頁。
（６）会沢、前掲書、「新論」111頁。
（７）会沢、前掲書、「新論」112頁。
（８）会沢、前掲書、「新論」113頁。
（９）会沢、前掲書、「新論」112頁。
（10）会沢、前掲書、「新論」113頁。
（11）会沢、前掲書、「新論」118頁。

(12) 会沢、前掲書、「新論」129頁。
(13) 会沢、前掲書、「新論」131頁。
(14) 会沢、前掲書、「新論」132頁。
(15) 会沢正志斎「時務策」『水戸学』(岩波書店、1973年) 365頁。
(16) 会沢、前掲書、「時務策」365頁。
(17) 会沢、前掲書、「時務策」365頁。
(18) 大江清一『渋沢栄一の精神構造』(時潮社、2022年) 194-198頁。
(19) 渋沢栄一「里仁第四第16章」『論語講義 (二)』(講談社学術文庫、1977年) 53頁。
(20) 渋沢、前掲書、「里仁第四第16章」54頁。
(21) 渋沢、前掲書、「里仁第四第16章」53頁。

第12章

会沢正志斎『新論』と渋沢思想(7)
―長計に探る渋沢思想の淵源―

はじめに

　本章の目的は、『新論』の一篇である「長計」の内容を検討し、同篇が横浜焼き討ち計画および渋沢思想に及ぼした影響を探ることである。長計は『新論』を構成する国体(1)から(3)、形勢、虜情、守禦の6篇の趣旨をまとめ、会沢正志斎の尊皇攘夷思想の要諦を記述した点に特徴がある。

　長計は会沢正志斎の主張が凝縮された新論の結論部分に相当する。正志斎は皇化の歴史を振り返って祭祀の重要性を体系的に説明し、日本における祭祀のあり方について提言する。そのうえで、政治の中心に祭祀を置く祭政一致を理想の政治体制と主張する。

　正志斎の攘夷論は日本の地勢的優位性に根拠を置いて展開される。新論で攘夷論を展開した正志斎は、やがて『時務策』によって開国論に転じ、水戸藩士を中心に攘夷論者から強い非難を受けることとなる。

　渋沢が攘夷論から開国論に転じたのは滞仏経験後であり、時務策の刊行から5～6年が経過していた。したがって、正志斎と渋沢の開国論への思想転換がどのくらい同期していたのかを時務策の影響から探ることは困難である。

　本書の目的が水戸学による渋沢思想への影響を探ることである点を勘案すると、確固たる信念に基づいた正志斎と渋沢の攘夷論が、いかなる経緯で開国論に転ずることになったのかを比較検討することは重要と考えられる。

第Ⅱ編　会沢正志斎と渋沢思想

第1節　「長計」の検討方針

　長計は、(1)皇化の歴史、(2)祭祀についての考察、(3)祭政一致と国家の長久策の大きく3つの部分から構成され、新論の終章に相当する。長計には正志斎の主張が凝縮されているので、構成部分ごとに渋沢の思想や考え方と比較検討する。

　長計を構成する3つの部分に通底する正志斎の懸念は、外夷たる西欧諸国からの侵略について、いかにして士民の認識を高め幕府の覚醒を促すかという点である。

　正志斎は形勢や虜情で日本を取り巻く情勢を述べた後、守禦で国防の具体策を示した。そのうえで、正志斎は長計において国体（上・中・下）の内容を復習するかのごとく、自身の尊皇攘夷思想の基盤を支える主要な概念について論理的かつ煽情的に述べる。

　新論の各篇は巧みに構成されている。正志斎は国体の3篇で尊皇攘夷思想の基盤となる考え方を、「国体」という概念に基づいて記述し、形勢、虜情、守禦で具体論を展開した後、長計で再び尊皇攘夷思想の正統性を主張する。長計では「祭祀」の重要性を強調するとともに、日本を「華」とする一方、外国を「夷」とみなす「華夷思想」ともいえる考え方を打ち出す。

　このように、新論の構成は「起・承・転・結」ならぬ「結・転・結」という構成で成り立っている。読者は「転」に相当する形勢、虜情、守禦の各篇で日本が置かれた現状に危機感を抱いた後、「結」に相当する長計によって再び国体（上・中・下）に記述された尊皇攘夷思想を認識することになる。

　長計で取り上げられる祭祀は神皇の大業を表わす典礼であり、尊皇思想の基本概念である。日本の地勢的優位性は攘夷思想の正しさを主張する根拠となる。

　徳川幕府の最末期に至って、正志斎と渋沢はともに攘夷論から開国論に転じる。正志斎の開国論は『時務策』によって明らかにされ、渋沢は滞仏経験を経て積極的な開国論者となった。

　渋沢は維新後も尊皇思想を信奉し続けて、いわゆる「尊皇開国主義者」となり、大蔵官吏から下野した後は経済、社会、文化などの各方面で積極的に

第12章　会沢正志斎『新論』と渋沢思想(7)

海外との交流を推進する国際人として活躍した。渋沢のこのような思想転換に正志斎が関わっているとすれば、それは『新論』ではなく、1862（文久２）年に徳川慶喜に提出された『時務策』の影響と考えられる。

　滞仏以前の段階で渋沢が時務策を読んでいたとすれば、渋沢は正志斎の思考の軌跡に共感した可能性がある。それは新論で展開された攘夷論に渋沢がどの程度同調したかを推し測る目安にもなる。係る理由から、本章では正志斎と渋沢の開国論への思想転換について検討を加える。

第２節　皇化の歴史

　正志斎は、神皇が天業をおし進めるべく皇化を行った経緯を神武天皇の東征に遡って述べる。天孫たる神皇が天業を全うする過程で国内外の夷狄を帰服させることは国家を統一するうえで不可欠と正志斎は理解した。

　正志斎は、皇化が神武東征に始まり、崇神天皇の天業を中興とし、元正天皇が靺鞨に使節を派遣した事実を具体的に記述する。また、正志斎は神皇が天下を大観して永久の歴史を見通し、一定不変の恒久策を立て、さらにそれを綿密に実践したことを尊崇の念をもって述べる。神皇が夷狄と異なるのは、(1)大局観、(2)歴史観、(3)戦略的に練られた恒久策の３点であるというのが正志斎の認識である。

　正志斎は神皇の美質を英雄になぞらえて、「英雄の事を挙ぐるや、必づまづ天下を大観し、万世を通視し、而して一定不易の長策を立つ。規模まづ内に定り、然る後に、外、無窮の変に応ず。ここを以て変生ずるも愕かず、事乖くも困まず、百折千挫すといへども、終に成功に帰するは、その由るところは万塗といへども、その趣くところは、始終一帰にして、未だ嘗て間断あらざればなり。昔者、神聖の夷狄を攘斥し、土宇を開拓せし所以のものは、この道に由らざるはなし」と述べる。

　正志斎は、神武天皇から皇化が広がる過程を歴史的事実として述べるとともに、近世に近づくにつれて変化する天下の情勢を大観した。そのうえで歴史を見通して恒久策を実践する神皇本来のあり方が失われつつあることを、

第Ⅱ編　会沢正志斎と渋沢思想

夷狄である西欧諸国の脅威と重ね合わせて主張する。正志斎はこの点について以下のように述べる。

　「近世のごときに至つては、すなはち夷狄の強梁(きょうりょう)なる、また大勢に見るあり、素定の略を挾(さしはさ)みて、以てその呑噬(どんぜい)を逞(たくま)しくすること三百余年、傲然(ごうぜん)として敢へて糠を神州に舐(な)め、神聖の夷狄を御せし所以の略を倒用し、反つて以て中国を謀らんと欲す。しかるに中国、未だ一定の策を画(かく)せず、朝野の論、一たびは是とし一たびは非として、因循苟且(いんじゅんこうしょ)、以て姑息(こそく)の慮をなすを免れず。赫赫(かくかく)たる神明の邦(くに)を以てして、坐して睚眥の異類をして我が辺陲(へんすい)に陸梁せしむ、また羞づべからざるや。夫れ億兆に君師し、その気は世を蓋(おお)ふに足り、胸臆(きょうおく)は四海を容るるに足り、従容(しょうよう)として天下の事に処して余りある者は、人を制する者なり。見るところ目前の利害に過ぎざる者は、事は多く思慮の外に出で、天下を胸中に運(めぐ)らす能はず、人に制せらるる者なり。」

　正志斎は、かつて神皇が皇化をおし進めるにあたって発揮した、大局観、歴史観、戦略的な恒久策などを夷狄たる西欧諸国が発揮し、日本を侵略しようと企んでいることについて焦燥感をもって警告する。
　正志斎は日本のこのような不甲斐なさの原因が、政治の実権者である徳川幕府にあることを暗に示唆する。そのうえで、今後の国防のあり方について、孫子などの古典を引用して戦術論を展開し、神皇が天業を推進すべく皇化を行った古代の好例に倣うべきことを強調する。
　正志斎は、「廟謨(びょうぼ)すでに定り、上下心を同じくして、千塗万轍(せんとばんてつ)も、必ずこの道に由(よ)りて変ぜず。ここにおいてか、我の夷狄を御する所以のものは、すなはち神聖の夷狄を御せし所以にして、内には一定の略ありて、外には乗ずべきの虚なし。點虜(かつりょ)をして千群(せんぐん)して我を窺(うかが)はしむといへども、将た何を以て我が辺陲(へんすい)に陸梁(りくりょう)するを得しめんや」と述べる。
　正志斎は幕府が打ち出す政策については、かつて神皇が皇化の過程において長期的構想に基づいて夷狄を統御したことに比すると評価する。幕府の攘夷方針は、(1)大局観、(2)歴史観、(3)戦略的に練られた恒久策の３点からして、皇化を全うした神皇の構想に比すべきであり、今後やるべきことは、国民の

第12章　会沢正志斎『新論』と渋沢思想(7)

心を一つにして外夷たる西欧諸国の侵略に立ち向かうことであるというのが正志斎の主張である。

「守禦」が外夷から国を守るための具体論を述べた戦術書としての特徴を有するのに対して、「長計」は尊皇思想に範をとり、国家の存立を守るべき戦略の基盤にまで論考を突き詰めている点に特徴がある。

長計における正志斎の主張がいかなる意味を有するかといえば、泰平によって弛緩した精神を引き締めて現実を直視し、国防意識を強化して実戦の準備をすべきことを提言した点にある。その際に立ち戻るべきは天業たる皇化を実行した神皇の鑾に倣うことである。

正志斎にとって尊皇攘夷思想は、国家存亡の危機に直面した緊急事態において、天業を実行することによって成り立つ日本という国家を、外夷から守るための思想であった。この思想に基づいて記述された新論が、志士たちの心を高揚させたことは疑いないと思われる。

正志斎の尊皇攘夷思想を「尊皇思想」と「攘夷思想」に分けて整理すると、正志斎の尊皇思想は神皇による天業の初めに遡って皇国を守護すべきことを説いた原理論であり、攘夷思想は守護を確実に実行するための方法論ということになる。

日本は独立した国家として存続し続けなければならないとする正志斎の考えの基底には、いわゆる華夷思想が存在する。日本は天祖に始まり、遠大な国家構想に基づいて国内の夷狄との征戦を経て形成された世界に範たる国である。したがって、日本にとって西欧諸国は外夷であり、正志斎にはそれらの国に日本が征服されることは断じてあってはならないという信念があった。

第3節　祭祀の体系

3−1　征戦と祭祀

3−1−1　地神の尊重

正志斎は、征戦により国を統一平定するにあたって神皇が執り行った祭祀

を重視する。当初は神皇が内部の儀式として行っていた祭祀は、天業を全うすることの意義を民に知らしめるため、広く一般に行われるようになった。

　そのきっかけとなったのが、崇神天皇時代に起きた反乱である。正志斎はこのいきさつについて、「崇神天皇即位の初め、人或は背叛するものあり。時方に上古の風を襲ぎ、天祖を殿内に祭りたまふ。天皇敬畏して自から安んぜず、すなはち移して、神器を笠縫に奉安し、顕然、外に祭り、天下をして瞻仰するところあらしめたまふ。その敬事尊奉する所以の意は、天下とこれを共にしたまひて、天下皆、天祖を尊び以て朝廷を敬するを知れり」として、神器を外で祀ったのは伊勢の笠縫が始まりであると述べる。(4)

　神皇が征戦によって国内を統一するにあたって祭祀を重視した手法について、正志斎は畿内を平定した時の事例をもとに「大物主・倭国魂を祭りしは、土人の敬尊するところに因りて、その祀を秩するなり。而して畿甸の民心、繋属するところありて、以て同じく朝廷を奉ぜり」と述べる。(5)

　神皇は畿内を平定するにあたり、その地で民の尊敬を集めていた大物主や倭国魂を尊重した。畿内の民の心を摑んで統一平定するにあたっては、民の信仰を尊重し、彼らが尊崇する者を祭祀の対象とすることを認めるとともに、それらを統一する神として天祖たる天照大神を据えることとなった。

　このようにして地域の神と祭祀を尊重して征戦を進めていけば、日本には神が多数存在することとなる。しかし、この地神の扱いは土地だけでなく、平定した地の人心を収攬するうえで合理的であった。

　正志斎は神皇が天業を広めてその意義を一般に知らしめることについて、「夫れ善く万世を維持するものは、念慮永遠にして、必ずまづその大経を立つ。而して天命人心、物則民彝、瞭然として火を観るがごとく、然る後に教訓化導し、序に循つてこれを施す」と述べる。(6)

　天業を広めることの意義を神皇が心にとどめるとともに、一般に知らせる手段が祭祀であり、祭祀という形式をもって物則民彝、つまり事物の法則と人倫の道を知らしめることが民に対する教導の始まりであると正志斎は述べる。

　単に格物致知や道徳倫理を説くのではなく、祭祀という形式に則ることによって天祖を仰ぎ見ることを教え、天祖に対して神皇と天下万民がともに崇

敬することで、天照大神と天孫である神皇を敬うことを民に教え広めるべきと正志斎は主張する。

　幕末に西欧諸国が日本の侵略に用いようとした手法は、かつて神皇が征戦によって国土を統一した手法と同じと正志斎は述べる。しかし、両者間で大きく異なるのは、西欧諸国がキリスト教を日本人の精神を惑わす道具として用いるのに対して、神皇は畿内の例のように、地の民が尊崇する英雄を神として祭祀することを容認したという点である。

　この点については、西欧が一神教であるキリスト教を奉ずるがゆえに、それ以外の神を認めることができないという説明が一定の説得力を有する。しかし、それは西欧側の論理であり、土地々々の神を尊重しつつ天照大神を最高神とする正志斎からすれば、地神の地位を否定する宗教はキリスト教にかぎらず仏教を含めて容認することはできなかった。

　キリスト教を日本人の精神を浸食する道具として用いようとする西欧諸国は、正志斎にとってはまさに蛮夷以外の何ものでもなかった。正志斎にとってキリスト教は、長い歴史を経て構築された日本の根幹を浸食するシロアリのような害虫であった。正志斎がキリスト教を蛇蝎のごとく嫌悪する理由はこの点にあった。

　キリスト教が人心に扶植し民を欺罔すると正志斎が断ずるのは、西欧諸国が下心をもって魂の救済を前面に出して布教し、人心を惑わす点にある。このような教えは神教にはなく、神教を奉ずることによって人心が欺罔されることもない。

　日本では天孫として祀られるものを「天つ神」、伝統ある一族で地方を平定していたものを「国つ神」とし、それぞれは「天神」と「地祇」として体系化される。これは神皇が土地々々の祭祀を尊重して天業を広めた集積であり、国の根幹を形成する日本固有の神々からなる体系であった。

3－1－2　神皇の教化の変遷

　正志斎は、かつて祭祀を通して民に与えられた、神教に基づく「事物の法則」や「人倫の道」に関する学びが、幕末に至ってどのように変化したのかを記述する。正志斎が神武天皇以降の皇化の事業を鴻業として讃美したのは、

第Ⅱ編　会沢正志斎と渋沢思想

尊皇攘夷思想を伝えるとともに、幕末の対外政策が抱える問題について警鐘を鳴らす目的があったからと考えられる。正志斎は以下の諸点を明らかにして日本が直面する危機について注意喚起する。

(1) 神武天皇による皇化とともに、根本の道を立てて万世を維持する祭祀の典礼が明らかとなった。
(2) しかし、異端によって天業の大道は徐々に不明確となった。
(3) 近世に至って異端は万世を維持する朝廷の意志に背き、悠久の配慮が失われて政治は衰え民心は軽薄となった。
(4) 異端たる西欧諸国は天地の根本義を明らかにしたかのごとく振る舞い、キリスト教という妖術で民心をたぶらかした。
(5) 西欧諸国は神社仏閣を焼き捨て、蛮神を礼拝させて民衆の心をつかもうとする。
(6) なぜそのようになったかといえば、日本には「不易の基」たる恒久不変の基本原則がないからである。
(7) かつて不易の基を有していた神皇が、それを持たない夷狄を征戦によって皇化せしめたのと同じ手法で、西欧諸国は日本を侵略しようとしている。

　正志斎は幕末の日本が不易の基を有しないことについて、「しかるに中国未だ不易の基を立てず、衆庶の心は、離合聚散し、架漏牽補(かろうけんぽ)して、以て一日の計をなすに過ぎず。赫赫(かくかく)たる神明の邦を以てして、坐して腥羶異類(せいせんいるい)をして我が人民を欺罔(ぎもう)せしむ、また羞づべからずや」と述べる(7)。
　このように、正志斎は遠大な構想に基づく恒久不変の基本原則を有しない日本は、日々を一時しのぎで暮らしており、獣同然の外夷が日本の民を欺罔するにまかせている実態を恥ずべきことと訴える。問題は正志斎が何を指して「不易の基」と言うのかを明らかにすることである。
　新論を刊行した時期の正志斎は厳格な攘夷論者であった。この時期の正志斎にとって「義」は攘夷思想であった。正志斎にとってかつての神皇は、遠大な方針を立ててそれを実行する力強さをもって日本を建国する存在であっ

た。神皇の精神は祭祀という形式をもって連綿と続いている。したがって、不易の基が神皇の精神を指すとは考えられない。

　そうであるとすれば、正志斎にとって不易の基とは、「義である攘夷思想を実践する強い意志に基づく具体的行動」と考えるのが妥当である。このような理解に基づけば、不易の基を実践できない責任は徳川幕府にあるということになる。なぜなら、本来天皇親政によるべき政を代わって行っているのが徳川幕府だからである。

　幕府は朝廷からの受託業務の遂行をおろそかにしているというのが、正志斎が暗に指摘した内容である。正志斎はその実態を「架漏牽補して、以て一日の計をなすに過ぎず」と厳しく批判する。幕府は遠大な見通しに基づいて、朝廷から受託した政を行うことをせず、直面する危機に対して徒手空拳で事態の推移を傍観しているにすぎないというのが正志斎による幕府批判の内容である。

3－2　祖霊の祭祀

　祖霊を尊崇し祭祀を重視する正志斎の思想は、「天」、「祖霊」、「生者」が存在することが前提で成り立っている。天を頂点に時空を貫いて存在する三者の間には、規律をともなう日本独自の関係性が存在し、その事実を確認する典礼が祭祀であるというのが正志斎の理解である。

　日本が皇化によって成り立つ高貴な国であり、建国の過程で祖霊となった先人が多く貢献したことを考えれば、祖霊の祭祀を重視するとともに、神皇を尊崇し日本を侵略しようとする外国を夷狄として排除する思想が正当性を有することとなる。係る認識に基づいて、正志斎の尊皇攘夷思想について考察を加える。

3－2－1　祭祀と道徳に基づく尊皇思想

　正志斎は、⑴目に見えない「天」、⑵死して姿が見えなくなった「祖霊」、⑶現存する「生者」の三者が時空を超えて繋がっていることを「気」の概念を用いて説明する。天と祖霊と生者が、得体の知れない気を媒介として時空を貫いて存在するという説明は科学的根拠に乏しく、常識的には受け入れが

たい。正志斎はこの理屈を当時の知識人の必読書である『中庸』を引用して説明する。

　漢籍に親しんできた知識人であれば、幼少期から音読によって学んできた漢籍の語句に対して、科学的根拠に基づいて批判する可能性は低い。科学的にはその存在が疑問視される気の存在を、漢籍を引用することによって疑問を疑問でなくする手法を用いるのが正志斎の巧みなところである。

　天祖が身を置く天は最も威ある存在で、その威を地上で受け継いで天業を全うするのが天孫たる神皇であるというのが正志斎の理解である。天孫である神皇は命が尽きれば神として祭祀の対象となり、その時代を神皇と共有した民も死してからも同じく祖霊として祭祀の対象となる。姿なき両者は現存する生者と気によってつながっているというのが、正志斎の理解に基づく天と祖霊と生者の関係である。

　生者はこの目に見えない関係性についての理解をもとに、目に見える形式に則った祭祀を行うことが不可欠であり、それを堅実に実践すれば、生者は皇化によって創り上げられた国の成り立ちを後世にわたって心にとどめ続けられると正志斎は考えた。

　天業を全うする神皇の大業が朝廷によって引き継がれ、常に国家の頂点に存在することが祭祀を通して民に徹底できれば、次の段階として、民に規律を与える道徳倫理を徹底することが必要となる。つまり、姿なきものを形式に則ることで認識させる「祭祀」によって、民の内面に規律を与える道徳倫理を学ばせれば、民の総意に支えられた国の成り立ちはより確固たるものになるというのが正志斎の考えである。

　正志斎はこの点について、「報祭祈禳し、上、その事に任じて、民、上に聽かば、すなはち君を敬すること天を奉ずるがごとく、遠きを追ひて孝を申ぶ。人、その族を輯めて、情、内に尽さば、すなはち祖を念ふこと父を慕ふがごとく、民心、下に純にして、怪妄不経の説、由りて入ることなし」と述べる(8)。

　いささか晦渋な言い回しであるが、これを筆者なりに解釈すると、「人君が天を祭って善を祈り悪を祓う（祭祀）⇒民はそれに従う⇒民が主君を敬することは天に奉仕するごとくなる⇒民が神皇に倣って祖先を祀れば、それは

第12章　会沢正志斎『新論』と渋沢思想(7)

父に対する孝と同じ心の働きである」ということになる。

　つまり、神皇にのみ認められた祭祀によって善を祈り悪を祓えば、民は神皇を尊敬して従うとともにそれに倣う。そして、神皇に対する敬意に基づき民が祖先を祀るようになれば、それは「孝」をあらわすことになる。このようにして身内に情を尽くせば、祖先を思うことは父を慕うのと等しいものとなるというのが正志斎の論理である。

　民は心底から自分等の幸いを願って祭祀に携わる神皇を、親を慕うがごとく敬愛する。民は神皇の行いに倣い「礼」をもって祖先を祭祀する。そうなれば、民の心情には、父を慕って孝を尽くす子の情愛と同じ感情が祖先に対して生じると正志斎は述べる。

　「天祖および天孫の祖霊に対する神皇の祭祀⇒民の祖霊に対する孝をともなった生者の祭祀⇒子の親に対する孝」という、「祭祀」と「孝」と「礼」によって秩序づけられる、「天」と「祖霊」と「生者」から成る国の形が正志斎の理想である。

　正志斎は自分が理想とする国の成り立ちが幕末に至って崩壊しつつあると警告する。正志斎は係る事態に陥ったのは、祭祀の本質を理解することなく、単に形式的に行っていることに原因があると述べる。

　祭祀の意義を理解しなければ、日本人としての基軸が失われると正志斎は警告する。これは天と人の関係が切断されるとともに、祖霊を祀る礼が廃れることを意味する。そのような状態が続くと邪教が入り込む隙が生まれ、人心が惑わされるというのが正志斎の警告である。

　正志斎はこの点について、「祀礼廃(すた)らば、すなはち天人隔絶して、民は易漫を生じ、游魂(ゆうこん)安きを得ずして、生者も身後を怵(おそ)れ、民に固志なく、冥福陰禍の説、これに由りて入る。幸を死後に徼(もと)めて、義を生前に忘れ、政令を避(さ)くること冠を避くるがごとく、異言を慕ふこと、慈母を慕ふがごとし」と述べる。(9)

　係る事態に陥らないようにするためには、日本が皇化によって創られた国であることを、祭祀を通して民に知らしめることが重要となる。国の頂点たる神皇の地位は代々天皇によって受け継がれる。朝廷を尊崇し、孝と礼によって秩序が保たれれば、外夷に対する鉄壁の守りが可能になるというのが正志斎の認識である。

第Ⅱ編　会沢正志斎と渋沢思想

3－2－2　地勢的優位性に基づく攘夷思想

　正志斎は祭祀の意義を忘れ、形式に陥ることによって人心が節義を失うという警告を発して攘夷論を展開する。正志斎の攘夷論は日本を「華」、外国を「夷」と位置づける華夷思想に基づいている。正志斎は新論でも日本をしばしば中国と呼び、夷狄たる外国を貶めることによって日本の優越性を強調する。

　正志斎が夷狄を貶める筆致は読者がいささか辟易するほどである。正志斎の貶視によって並べ立てられた夷狄の性格は、(1)天を侮り鬼神に媚びる、(2)でたらめな言葉を喜ぶ、(3)万物を虚無として暗黒でいかがわしい道をたどる、(4)道を亡ぼす、(5)神々を汚辱する、(6)天を欺き人をたぶらかす等であり、罵詈雑言に近い内容である(10)。

　正志斎の華夷思想に基づく攘夷論は、(1)日本の地勢的優位性、(2)夷狄たる外国との比較優位性の2点に根拠が置かれている。外国との比較優位性は海外に関する詳細な研究に基づくものではなく、情緒的な見解が述べられており、これを読んだ者が外国に対して悪感情を抱くことになる。

　正志斎が華夷思想に基づいて攘夷思想を主張する根拠は、日本が世界の頭首に位置し、太陽の恩恵を最も早く豊富に享受する地勢的優位性に存する。

　この点について正志斎は、「夫れ神州は大地の首に位す、朝気なり、正気なり（神州は本、日神の開きたまひしところにして、漢人、東方を称して日域となし、西夷もまた神州及び清・天竺・韃靼の諸国を称して、亜細亜と曰ひ、また朝国と曰ふ。皆、自然の形体に因りてこれを称するなり）。朝気・正気はこれ陽となす、故にその道は正大光明なり。人倫を明らかにして以て天心を奉じ、天神を尊んで以て人事を尽し、万物を発育して以て天地の生養の徳を体す」と述べる(11)。

　正志斎の攘夷思想を支える2つの特質のうち、夷狄たる外国に対して比較優位性を主張する点については偏向が認められる。しかし、地勢的優位性については、誰もが認めざるを得ない日本の地理的条件に基づく議論であり、日神たる天照大神を天祖とする根拠となっている。

第12章　会沢正志斎『新論』と渋沢思想(7)

3－2－3　会沢正志斎の尊皇攘夷思想の特質

　正志斎の尊皇攘夷思想は、科学的見地からの疑問を巧みに回避して論理的かつ煽情的に展開される。正志斎の尊皇思想は、「天祖および天孫の祖霊に対する神皇の祭祀＞民の祖霊に対する孝をともなった生者の祭祀＞子の親に対する孝」と階層化される。

　時空を貫く「天」と「祖霊」と「生者」の三者を結びつける「気」の存在は、当時の知識人の必読書である『中庸』に根拠が置かれる。また、攘夷思想の特徴である外国に対する日本の地勢的優位性は、日本が極東に位置するという、議論の余地がない地理的条件に根拠を置いて展開される。

　漢籍と地理的条件に根拠を置いて展開される正志斎の尊皇攘夷思想に詭弁は含まれていない。正志斎は自身の尊皇攘夷思想が理想とする国の成り立ちを示した後、現実論へと議論の舵をきり、西欧諸国からの脅威に晒されている現状に言及する。

　正志斎は憂国の士として、侵略を企てる西欧諸国の思惑にまで思考をめぐらして懸念を述べる。日本に対する西欧の戦略はまさに、遠大なる計画に基づいて夷狄を帰服させた神皇の征戦をそのまま採用しているというのである。

　ただし、神皇による征戦と西欧の侵略とで異なるのは、前者が天業を全うすべく天祖の意向に基づいてなされているのに対して、後者は夷狄が征戦の手法のみを真似ているという点である。つまり前者が「正道」であるのに対して後者は「詐の術」によって日本を侵略しようとしているのが相違点である。

　日本が直面する危機を訴える正志斎の手際は巧みである。正志斎の尊皇攘夷思想に賛同した読者が、天業を全うすべく行われた神皇の征戦の手法を西欧諸国が悪用していると認識すれば、西欧に対する嫌悪感は倍加せざるを得ない。正志斎は尊皇攘夷思想を展開するとともに、「憂国の情」と「西欧に対する嫌悪感」が相乗効果によって増大するよう巧みな筆さばきで読者を誘導する。

3－3　日本の祭祀

　日本の祭祀に関する正志斎の記述は、幕末当時の祭祀の現状について警鐘を鳴らすとともに、祭祀に関する基本的な知識をわかりやすく説明している

第Ⅱ編　会沢正志斎と渋沢思想

点に特徴がある。

　祭祀に関する正志斎の思いは、幕末において祭祀が形式化してその本質が見失われるとともに、天業の偉大さと神皇の働きに関する一般の認識が著しく低下しているという危機感で満たされている。

　係る認識に基づき、祭祀に関する正志斎の記述が、渋沢にいかなる影響を及ぼしたのかを検討するため、本節では以下の点を中心に考察を加える。

　⑴日本の祭祀の本質に関わる基本的知識の記述と渋沢の認識の比較。
　⑵新論の記述と、渋沢の寺社に関する事績や発言の比較。

　正志斎の尊皇思想は概念論のみで成り立つものではなく、神皇と祭祀の歴史に関する浩瀚かつ精細な知識に裏づけられた思想である。正志斎は自身の尊皇思想の根拠を示すために、祭祀に関わる説明に多くの紙幅を割く。

　皇室を中心とする日本が天業によって成り立ち幕末に至っていることを、士民に向けて明らかにするのが祭祀であり、それが形式化すると国の土台が崩れ、外夷たる西欧の侵略をゆるすというのが正志斎の懸念である。正志斎が読者と想定する知識人たる「士」に対して日本の祭祀の本質を理解させ、本質を理解した士が農・工・商たる「民」に対してもっぱら礼を説くことで、士民がともに祭祀を理解して尊皇思想が日本に定着することを正志斎は目論んだ。

　正志斎は1799（寛政11）年、18歳で彰考舘生員となり、『大日本史』の書写生を勤めた経歴を有するので、歴代天皇の事績や日本の祭祀については当時最高レベルの知識を有していた。[12]

　天皇家の歴史や祭祀の詳細な知識がなかった尊皇論者たちは、正志斎の祭祀に関する記述を通して尊皇思想の基盤となる知識を修得するとともに、自分が信ずる思想の正しさを再確認する機会を得た。

　新論の読者を当時の知識人と考えた正志斎は、漢籍を引用して祭祀に関する説明を補完した。具体的には、漢籍の教養を有する読者の理解を補完すべく唐虞三代の事績や論語、孝経、中庸などを引用した。

第12章　会沢正志斎『新論』と渋沢思想(7)

3－3－1　渋沢栄一の祭祀に関する理解

　渋沢は「農」に属する民の身分でありながら、能力的には祭祀に関する長計の記述を理解することができる「士」の立場にあった。渋沢が日本の祭祀に関する正志斎の記述を真に理解したとすれば、大蔵官吏や企業家としての渋沢の事績や発言にもその片鱗が表れているはずである。

　渋沢にとって理解の助けとなるのは、幼少期から親しんできた漢籍である。長計で取り上げられているのは唐虞三代の事績や論語、孝経、中庸である。以下で渋沢が深く理解した『論語』について考察する。

　正志斎は天皇が天神地祇を祭祀する重要性を、「天神」と「地祇」に分けて説明する。つまり、天神である天照大神を祭祀するのは天に報い皇祖を貴ぶからであり、地祇である地主神（とこぬしのかみ）と保食神（うけもちのかみ）などの地神を祭るのは民の生活を尊重するからと正志斎は説明する。

　この説明を補完するため、正志斎は唐虞三代の祭祀の格式を例に取り上げる。正志斎は唐虞三代の格式は「嘗」（新穀をゆっくり味わうこと）、「禘」（祖先を始祖の廟で併せ祀ること）、「郊」（天を祀り祖先をこれに配すること）、「社」（女神が司る土地で功ある者を祀ること）の4つの格式から成り立っており、穀神の功ある者を祀ることが「稷」であると説明する。

　正志斎は、漢籍の教養を有する読者のために、日本の祭祀と類似性を有する唐虞三代の祭祀の格式で用いられる概念を示す。さらに、日本で馴染みの深い論語の章句に表れるそれらの概念によって日本の祭祀の重要性を説明する。

　正志斎は、「論語に称す『禘の説を知る者の天下におけるは、これを掌に視るがごとし』と。孝経にもまた、周公の后稷（こうしょく）を郊祀し、文王を宗祀するを以て、父を厳（たっと）ぶの至りとなす。その意は皆相同じければ、すなはちまたその最も重んずるところのここに至るを見るべきなり」と述べる。[13]

　正志斎が言う「その最も重んずるところのここに至るを見るべきなり」の「ここ」とはとはまさに祭祀であり、これを形式に堕すことなく真剣に行うべきことを主張する。

　正志斎が引用したのは論語の八佾第三第10章「子曰く、禘すでに灌（しいわ）してより往（のち）は、吾これを観ることを欲（ほっ）せず」と、第11章「或るひと禘（てい）の説（せつ）を問う。

第Ⅱ編　会沢正志斎と渋沢思想

子曰く、知らざるなり。その説を知る者の天下におけるや、それこれをここに示すがごときかと。その「掌を指す」である。渋沢はこの章について論語講義で詳細な説明を行っているので、渋沢による八佾第三の字解や講義内容から新論の影響の有無を探る。(14)

渋沢は、「そもそも禘の祭は先祖を祭り、その先祖のよりて出でし所の帝を推してこれを祭るものにて、子孫が遠きを追い、報本反始の大孝を申ぶる所以なり。その仁孝誠敬の至情こもらざれば、この祭の本意に叶わず、孔聖豈にこれを知らざらんや」と述べる。(15)

「仁孝誠敬の至情こもらざれば」と同趣旨の解釈が、宇野哲人による「禘の祭は酒を地に灌いで神を招降するまでは誠意があって、観ていられるけれども、これより以後になると、次第に怠って誠意がなくなるから、わしは観るのがいやだ」という解釈である。(16)

この解釈からは、日本の祭祀が年を経て形式化し、その本質を忘れる状況と同じことが、春秋時代の魯でも起こっていたことがわかる。渋沢は論語の解釈を通して正志斎と日本の祭祀に関する懸念を共有していた。

さらに渋沢は、八佾第三第11章に対する字解において、「思うに報本反始の大孝を申ぶるに、仁孝誠敬の至情を以てすれば、鬼神を感格すべく、従うて民徳も厚きに帰し、天下は自然に治まるべし」と述べる。(17)

渋沢は「報本反始の大孝」という表現を用いて天祖や天孫など、日本の存在の根本を尊敬し感謝の思いを致す大いなる孝が重要であることを述べる。さらに「鬼神を感格すべく」と述べて、祖霊の思いを実感して自らの思いに迎え入れることが重要とする。

渋沢が祭祀の意義について正志斎と認識を共有していたことは、魯の例に見られる形式化した「酒を地に灌いで神を招降する儀礼」に関する論語の解釈内容からも明確である。論語講義を行った壮年期以降の渋沢は、正志斎が長計で述べた趣旨を論語の解釈を通して理解していた。

天に関する渋沢栄一の認識

渋沢の天に関する認識については、前著『義利合一説の思想的基盤』で考察を加えたので、本節では同書の内容をもとに再考し、正志斎の考えと比較

第12章　会沢正志斎『新論』と渋沢思想(7)

検討する。
(18)

　渋沢は天の存在を前提に、天と人間との関係を「天命」および「鬼神」という概念によって語る。天命は天という偉大な存在によって定められる人間の命運であり、鬼神とは天にあって同じく偉大な力をもって存在する「もと人なり」と渋沢は考える。

　「もと人たる鬼神」とは、あたかも生きた人と接するかのごとく、お供えや祈りなどの日常的な祭祀を通して向かい合うべきと渋沢は考える。このように渋沢は鬼神を擬人化して捉えるが、その能力は人格人性をはるかにしのぐと認識する。

　正志斎は天という茫漠たる概念について、天祖をおよび天孫という概念によって国の成り立ちから説き起こしたが、渋沢は人間が与えられる天命という概念から天を理解した。正志斎は天祖に始まる国の成り立ちから、人間のあるべき姿を「俯瞰的」に論じたのに対して、渋沢は人間の立場から「仰視的」に天の存在を認識した。

　人間の立場から仰視的に天を認識すれば、その思考は天に在る「もと人たる鬼神」との関係に及ぶことになる。このように擬人化された鬼神とは、地上での作法に倣い尊敬をもって接することが不可欠であるが、鬼神が天に存在し天命を司る役割を担うことを考えれば、その人格人性は当然ながら人間をはるかにしのぐことになる。

　渋沢にとっての祭祀は日常的かつ実践的で、人間同士の接際では、相手に気持ちを伝えるための贈り物や心遣いがその役割を果たすように、擬人化された鬼神と心を通じるためには、供物や心のこもった祈りが必須であるというのが渋沢の考えである。

　天と人間との関係を俯瞰的に認識する正志斎からすれば、天業による日本の成り立ちを根本に立ち戻って再認識するにはいかにすべきかという発想から、祭祀を重視することになる。攘夷思想に基づくクローズドシステムを前提とした発想に基づけば、まずは内部規律を見直すことが優先される。正志斎にとってはその具体的手法が祭祀であった。

　一方、テロリスト時代の渋沢にとって、国家再興に有効な手段は横浜焼き討ちであったが、維新後も渋沢は天と鬼神に対する認識を変わらず持ち続け、

501

尊皇思想から派生した国家観と国臣意識に基づいて企業家、社会事業家として国家に貢献することを生涯の目的として活動した。

　このように正志斎と渋沢はともに天の存在を肯定していたが、天と人間との関係については、俯瞰的に対して仰視的と視座が異なっていた。また、祭祀を重視する姿勢にも両者で異なる点があった。正志斎は大嘗祭を頂点とする祭祀の体系を再構築しようとしていたのに対して、渋沢は日常における祭祀を通した鬼神との接際を重視した。渋沢は自らも日常の祭祀を重視するとともに、神社に対しては運営全般について多角的に援助した。

地祇に関する渋沢栄一の認識

　渋沢は奇蹟に関する事柄や、神仏の力がわが身に備わると称して行われる祈禱などは信じなかったが、教えに含まれる道徳倫理に関する記述のうち有用なものは、宗教を問わず積極的に取り入れる姿勢を有していた。また、歴史的背景を有する素朴な信仰や、神社仏閣に対しては敬意をもって接した。

　正志斎が述べる地祇に相当する地場信仰は土地に根付いたものであり、渋沢はふるさとである血洗島村の寺社と、村人の素朴な信仰心を尊重した。

　渋沢は、「地の霊」ともいうべき、いわく説明しがたいものの存在を肯定的に捉えていた。それは地の霊、人の霊、時の霊の存在を前提に、本来霊的な存在である人間と、霊的存在としての土地が互いに霊を通して正の方向で結びついたときに仁厚なる村が出現するという考えである。

　渋沢の考えを解釈すると、人の内面にある仁徳という場所に、人が本来持っている心を住まわせることによって、人の心は安住の地を得て精神的に豊かに過ごすことができるということになる。

　渋沢は、「人々が住む場所としての土地」、「人の内面にあって人の心が棲む場所としての仁徳」という形で、土地と仁徳を対置させることによって「仁」と「仁厚の美俗を有する土地」の関係を理解する。渋沢は、良き「地の霊」を持った土地に純真無垢な人という有機体が住み、人の内面にあって良き「人の霊」である仁徳という場所に純真無垢な心という霊体を棲まわせることによって、その土地や人々にはごく自然に諸々の良いことがやってくると解釈した。(19)

このように、渋沢の地祇に関する考え方は、血洗島村の地場信仰に対する姿勢に表れている。渋沢の「地の霊」と「人の霊」の交流に関する認識は、まさに正志斎が述べる、土地に生きた祖霊と村人との関わりそのものである。渋沢にとっては祖霊を敬って生きる人々が住むのが、「仁厚の美俗を有する土地」である血洗島村ということになる。

渋沢はふるさとを離れ、企業家および社会事業家として活躍するようになっても、村の祭祀に対して援助を惜しまなかった。それは祭祀こそが祖霊と村人の心を結びつける重要な機会であると認識していたからにほかならない。

渋沢の神社との関わりは、寄付、評議員や顧問への就任、記念事業の援助、扁額の揮毫、祭典への参加など多岐にわたり、記録に残されているだけでも全国各地23社に及んでいる[20]。

ふるさとへの思いや全国の神社への貢献などで明らかなように、地祇に対する渋沢の事績は、正志斎が長計で主張する祭祀の実践に匹敵するといって過言でない。

3－3－2　祭祀の衰退と活性化方策

正志斎は祭祀の衰退の原因について、「後世は事簡易に従ひ、悠紀・主基には定国あり、限るに近畿を以てし、その儀は独り京師に行はれて、四方の民は、天皇の意と、この礼の義とを知るを得ざるなり。護送するところも数十里に止れば、道路も知らざるなり。雑用もこれを各国に取らざれば、国郡も知らざるなり。大祓・供幣（きょうへい）の使（つかい）廃せられて、潔を致すの意と、天祖の群神を統ぶるの義とは、世これを知るなきなり。すなはちそのこれを敬重する所以の意は、家ごとに譬（さと）し戸ごとに説くといへども、天下たれか得てこれを知らん。その礼は存すといへども、その用はすでに廃（た）る、嘆ずるに勝ふべけんや」と述べる[21]。

祭祀が形式化し本質を見失いがちになるのは、日本に限らず正志斎が論語の八佾第三を引用して例示した魯の禘祭の場合も同様である。正志斎は時を経るにしたがって物事の本質を見失いがちになるのは世の常であり、国をまたがる共通の現象であることを示した。

天皇を頂点にいただく国の成り立ちに根拠を置く、いわゆる華夷思想を有

第Ⅱ編　会沢正志斎と渋沢思想

する正志斎にとって、日本が滅亡することは許しがたいことであった。正志斎は長計においてこの事態を回避するための提案を行う。

　祭祀の活性化は朝廷が主体となって推進するのが本来のあり方である。なぜなら祭祀の頂点に位置するのが朝廷だからである。しかし、朝廷を尊崇する正志斎にとって朝廷が行うべき具体的な方策を述べることは、一藩士が朝廷に祭祀の活性化方策を指示するという不遜きわまりない行為となる。

　したがって、正志斎にとって可能となるのは主に、(1)過去の好例をしめすこと、(2)民が祭祀に対して積極的姿勢を有すべきことの２点であった。

　過去の好例として正志斎が示したのは、神社の宝物藏に神宝だけでなく兵器や文書、食糧などを貯蔵し、不測の事態に備えて軍備の拠点とし、祭祀の本質について民を教導した時代である。正志斎は生活物資、文化的資料、武器など民の生活に必要なすべてを神社の宝蔵に集めることにより、生活に密着した形で自然に祭祀の本質を広めることができた時代に回帰することを理想とした。

　仏教との関係についても正志斎はあくまで自説を貫く。正志斎は、「その他、民をして祭祀に従事せしむる所以のものは、枚挙に勝へず。後世に至りては、義・社の倉あり、また以て民に便するに足れり。およそかくのごときの類は、苟しくもよく古今の制度を斟み、神威に因りて以て民事を便せば、すなはち固より民心の響ふところ、そのこれに従ふは、まさになほ水の下きに就くがごとくならんとす。今世、或は仏事に因りて以て民を聚め事を作すに、その応ずるや響のごとし。また以てその効の速やかなるを見るべし。況んや神威の以て民を動かすべきは、仏の比にあらざるをや」と述べる。[22]

　しかし、これは理想論であり実践可能な具体論にはなり得ない。なぜなら、正志斎が邪教として糾弾する仏教はすでに民衆の信仰を集めており、冠婚葬祭や宗門人別帳による檀家の管理など民の生活の詳細に至るまで浸透しているからである。正志斎の過去の好例として義倉や社倉の例を示すが、いずれも現実的な解決策を提示するものではない。

第12章　会沢正志斎『新論』と渋沢思想(7)

第4節　祭政一致と国家の長久策

4－1　会沢正志斎の長久策

　祭祀と国家の長久策について記述された部分には、日本を讃美する正志斎の華夷思想的特色が強く表れている。この点に関しては、尊皇思想を抱く読者であっても、正志斎の考えに対する同調の程度は均一ではないと思われる。

　新論の結論部分を読み、国体（上）に始まる正志斎の思想の煽情的な部分に影響された読者は、過激な行動にはしる可能性がある。それが桜田門外の変を起した水戸浪士や、横浜焼き討ちを計画した渋沢等であったとすれば、後者についてはその理由を考察することが必要となる。

　横浜焼き討ち計画のいきさつをみると、国家長久を実現するための最重要な施策は祭祀であるとする正志斎の主張を、渋沢等が理解していたとは考えられない。なぜなら、横浜焼き討ちの準備段階において祭祀に関する議論がなされた形跡を見出すことができないからである。

　正志斎は、「政令刑禁は、典礼教化と、並び陳ね兼ね施して、民を軌物に納れ、正気に乗じて正道を行ひ、皇極すでに立つて、民心主あり。民の欲するところは、すなはち天の従ふところなり。民従ひ天従はば、神聖の夷俗を変ぜし所以の方は、彼倒用するを得ずして、彼の我を図る所以の術は、我まさにこれを倒用せんとす。教令の権、我よりこれを制す。廟謨すでに定り、上下心を同じくし、千塗万轍、必ずこの道に由りて変ぜず。ここにおいてか我の皇化を布く所以は、すなはち神聖の皇化を布きたまひし所以にして、内に不抜の業ありて、外に乗ずべきの間なくば、腥羶異類をして百万我を誤らしむといへども、将た何を以て我が人民を欺罔するを得んや」と述べる。(23)

　正志斎は、国家の規律を正すためには「刑政」と「典礼」が重要と述べる。法で刑罰を定め違反した者を罰するとともに、典礼たる祭祀によって神皇による天業を心にとどめれば、治世の大方針は立ち、外夷たる西欧に欺罔されることもないというのが正志斎の主張である。

　正志斎は自説を補完するうえで漢籍を引用する。それは漢籍の素養を有す

505

る読者の理解を容易にする。正志斎は論語や孝経、中庸などで語られる道徳倫理は、天孫たる神皇が天業を遂行するにあたってすでに実践されており、文字が未発達であった古代日本において、それらを整理して形に遺すために補助的に利用されたのが漢籍であると考える。

　天業をまっとうしてきた神皇の歴史は、道徳倫理を実践してきた歴史そのものであり、それを正しく認識するための典礼が祭祀であるというのが正志斎の考えである。

　人間社会での決まりを法で定め、それに反した場合は刑を執行するとともに、典礼によって天業によって実践された道徳倫理を明らかにすることが、正志斎が主張する国家の長久策である。「刑政＝法治」、「典礼＝徳治」とすれば、刑政と典礼を実施することは、法治と徳治を並行して国を治めることを意味する。

　この解釈が的を射ているとすれば、同様の解釈をした読者が暴力をともなう極端な行動にはしることはないと思われる。なぜなら祭祀に関する正志斎の考えに対して異論があるのであれば、その点に議論が集中し、祭祀に代わる方策を実行すべく前向きな姿勢が見られるはずだからである。

　しかし、そうはならなかったのには時代環境も大きく関係しているであろうが、何よりも当時の尊皇攘夷思想を抱く志士たちの血気が正志斎の真意を探るための論理を凌駕したことが原因と考えられる。

　さらに、正志斎は背後に有する論理に基づいて自説を展開する反面、啓蒙書としては度を越した煽情的な表現を用いた。その特質は新論の魅力であるとともに、純粋な若き志士を過激な行動に駆り立てる一面も有していた。

4－2　渋沢栄一の長久策

　正志斎と渋沢の間で、天や地祇に対する考え方が異なっていたのと同じく、国家の長久策についても両者間には違いがみられる。渋沢は祭祀の意義を認めるが、正志斎のように華夷思想に基づくのではなく、むしろ論語をはじめとする古代中国の先哲が書き残した漢籍が日本に及ぼした影響を重視する。渋沢は「論語講義」において法治と徳治に関して以下のように述べる。[24]

第12章　会沢正志斎『新論』と渋沢思想(7)

「そもそも人君の民を治むるは、皆これをして善をなし悪を行わしめざらんとす。しかしてこれを善導する手段方法として、もっぱら法制禁令をこととし、人民ことごとくこれを遵守(じゅんしゅ)して、善に帰せんことを期し、これに違犯する者に、制裁の刑罰を加うるとすれば、人民は遯心(とんしん)を生じ、いやしくも刑罰を免るるために悪事をなさざるまでにて、真心より不善を恥ずる念なく、悪事をなすの心を根絶するに至らず。これに反して、もし人君、己の徳を修め道徳を以て人民を導けば、人民自然に感化せられて善に赴(おもむ)くや必(ひっ)せり。しかして下愚の遷(うつ)らざる徒(と)に至るまで一様に善に帰せしめんがために礼を以てこれを率いれば、人民みな自ら不善を恥じてなさず、真心より善良の民となるべし。」

　上記から明らかな通り、渋沢は徳治主義を法治主義の上位に置き、人々に道徳倫理について善導することが重要であることを強調する。
　正志斎が「法治＋徳治」を理想とするのに対して、渋沢は法律の必要性を否定しないまでも、「法治＜徳治」を理想とする。両者の主張はいずれも理想主義的ではあるが、渋沢は徳治による社会を実現すべく、言行一致で一般に門戸を広げ長期間にわたって論語講義を開催し道徳教育に邁進した。
　横浜焼き討ちを計画した時期の渋沢が、刑政と典礼による正志斎の思想を理解してテロを準備したとは考えられない。たとえ理解したとしても正志斎の主張の核心部分をあえて閑却したと考えられる。なぜなら、祭祀を重視する正志斎の主張は幕藩体制の継続を前提としており、倒幕の契機となることを目的とした渋沢等のテロ計画とは根本的に相容れないからである。時間を要する祭祀の再興は、渋沢等が抱えていた切迫感からするといかにも悠長で非現実的であった。
　では、新論が渋沢等をしてテロ行為に走らせたとすれば、それは何かということになる。新論を通して発せられる正志斎の主張と、渋沢等の考えが唯一完全に合致するのは、西欧人を排除すべきという排外思想である。そして、正志斎が感情を込めて煽情的に記述するのはまさにこの点であった。
　狂信的な宗教信者がテロなどの非合法な破壊行為におよぶ場合、その背景には係る行為を正当化する宗教書の解釈や、無謬と信じられている権威者の

言葉が存在する。しかし、道徳倫理や社会規範を説く漢籍にその根拠を求めることは不可能である。

　そうであるとすれば、渋沢等の行為を正当化する根拠は、尊皇攘夷思想を幕藩体制初期から体系的に構築してきた水戸学以外に考えられない。渋沢が傾倒したのは、新論をはじめ『弘道館記述義』、『常陸帯』、『回天詩史』など本書で検討対象とする後期水戸学の主要著作である。

　とりわけ論理的かつ煽情的な筆致で書かれた新論は、いわゆる「尊皇攘夷原理主義」を打ち出した著作であった。新論の行間から感じ取られる幕府への批判的姿勢と西欧人に対する排外思想は、渋沢等のテロ行為を根拠づけるに十分な役割を果たしたと考えられる。

第5節　開国論への思想転換

5-1　会沢正志斎の開国論

　正志斎の尊皇思想と攘夷思想は、それぞれが確固とした論理で構成され互いに深く結びついていた。しかし、堅固な論理で構成されていたはずの攘夷思想は、やがて開国思想にとって代わられることとなる。互いに深く結びついていた尊皇思想と攘夷思想のうち、後者が開国思想に変わった時点で尊皇思想にも多少の揺らぎが生ずると考えられるが、正志斎は開国思想に転じた後も従来通り尊皇思想を貫いた。

　この理由に関する有力な説明の一つは、尊皇思想は神皇が天業を全うして国を創り上げた日本の歴史に根差した思想であるのに対して、攘夷思想は徳川幕府の鎖国令に端を発する政策的思想であるというものである。つまり、条例は比較的柔軟に変えられても憲法を改正することはよほどの事情がない限り困難であるという説明である。

　しかし、この説明は統治者サイドに身を置く者の説明としては納得感があるが、被統治者であった渋沢とっては十分な説得力を有するとはいえない。なぜなら、渋沢は武士である正志斎とは異なり、農民として政治権力の外部

に身を置く立場で攘夷論を主張していたからである。

　統治者サイドに身を置く者の攘夷論と、被統治者サイドに身を置く者の攘夷論がともに開国論に転じた理由を探るためには、それぞれの立場からさらに検討を加えることが必要となる。

　正志斎は開国論に転じた後も西欧諸国を外夷とみなす姿勢を崩すことはなかった。なぜなら、正志斎は水戸藩士という立場に身を置く限り、攘夷論は徳川幕府の政策であるとともに、藩主の徳川斉昭が強く主張してきた思想であり、かつ孝明天皇が攘夷を強く望んでいたからである。

　開国論を論じた『時務策』の結語には正志斎の本音と無念さが表れている。正志斎は、「右ニ論ズル所モ、必シモ外国ヲ拒絶スベカラズトイフニアラズ。万国ノ形勢ヲ審察シテ、拒絶シテ宜シキニ当ル時アラバ拒絶スベシ。必シモ戦フベカラズトイフニアラズ。孫子始計ノ如ク、廟算シテ彼ヲ知リ我ヲ知リ、我ニ算ヲ得ルコト多クバ戦フベシ。算ナクシテ妄ニ戦フベカラズ。孔士モ、暴虎馮河シテ死ヲ悔ナカランモノニハ与シ給ハズ、事ニ臨テ懼レ、謀ヲ好テ成サンモノニ与シ給フ。サレバ万事ニ就テ、其難キヲ知テ後ニ行フベシ。軽易無謀ニシテ暴虎馮河センハ、実ニ危キ事ニシテ、天下ノ大事ヲ敗ルニ至ルベシ」と述べる。

　正志斎は、日本が西欧諸国と交流するのであれば、国防と経済のいずれを重視すべきかという観点から比較考量し、経済重視の観点から仕方なく開国に応ずべしという結論に至った。

　正志斎には、このような事態に陥ることがないように、大局的に将来を予想し、新論で国防力を強化すべきことを声高に主張してきたという自負があった。自分の主張がまともに取り上げられなかったことに対する悔しさと、統治者サイドに身を置く者の矜持から、正志斎は不本意な妥協の産物として開国論に転じたのである。

5－2　渋沢栄一の開国論

　渋沢は、正志斎よりはるかに身分的な桎梏から自由な立場で開国論に転じることができた。渋沢には水戸藩士のような縛りもなく、朝廷や幕府の意向を考慮する必要もなかった。

第Ⅱ編　会沢正志斎と渋沢思想

　渋沢が最終的に開国論に転じたのは滞仏経験を通してであった。渋沢は農商実務に携わり経済的付加価値を創り出してきた人間として、欧米の科学技術や優れた社会制度を学ぶことには抵抗がなく、むしろ積極的な開国論に転じた。

　渋沢のこのような発想は、幕藩体制における身分制度において、⑴統治者内部での桎梏から自由な被統治者に身を置いていたこと、⑵農商実務を通して付加価値を創造する仕事に従事していたことの2点によって可能となった。渋沢が農民時代に不満を抱いていた身分制度は、時代の変換期において渋沢に優位に働いたのである。

　正志斎が開国論に不承不承転じたのに対して渋沢の開国論は、開国が日本に及ぼす影響を正確に認識したものであった。渋沢は西欧から学ぶべきことと、日本が誇りをもって従来通り継承すべきことを明確に区分していた。前者が「物質的科学」であり、後者が「精神的道徳学」である。

　渋沢は鎖国によって遅れていた最新の科学技術を積極的に西欧から学ぶことによって、経済力をつけるべしとする一方、西欧にない日本の優れた精神文化は、先達が確実に後進に伝えるべきと考えた。これはまさに渋沢版の「和魂洋才」である。

　正志斎はキリスト教を邪教として峻拒したものの、思想教育のあり方について具体的に自説を展開することはなかった。なぜなら、正志斎は「今、これを施行せんと欲すれば、よろしく民をしてこれに由らしむべくして、これを知らしむべからず。もし夫れ民をしてこれに由らしむる所以のものを論ぜば、すなはち曰く礼のみ」という考えを有していたからである。(26)

　「民は由らしむべし、知らしむべからず」として、民に伝えるべき徳目を「礼」のみとする考えからは、キリスト教から民を守るための具体的発想は生まれなかった。

　この点、農民でありながら武士にも優る教養を身につけた渋沢の発想は全く異なっていた。渋沢は論語を教材として精神的道徳学を広めるべく「論語講義」と題して頻繁に講演を開催し、第一銀行の行員には論語学習を強く推奨した。

　渋沢には、明治期の若者が西欧由来の物質的科学のみに傾倒して精神的道

徳学をおろそかにしているという強い危機感があった。この事態を放置すれば、日本古来の美点が忘れ去られ、日本人としてのアイデンティティが失われるというのが渋沢の危機意識であった。

渋沢は論語を用いて道徳教育を行ったが、その内容は論語の章句の解釈にとどまらず、日本の歴史や故事を多く取り入れた講義であった。つまり、論語の徳目を学ぶとともに、その徳目を実践し尊皇思想を貫いた楠木正成や新田義貞、戦国時代の武将、明治の元勲などの多士済々の人物を渋沢自身の規準に基づいて吟味し、講義中で取り上げた人物の具体的行動や発言を評価することで、日本人として尊重すべき道徳倫理を理解させるよう努めた。

正志斎と渋沢はともに開国論に変節した。しかし、思想転換の背後にはそれぞれの事情や背景が存在した。出自や身分および経験の差に注目して検討を加えると、両者の思想的特徴が明らかとなる。

渋沢が開国論に転じるうえで、正志斎の影響を受けたか否かは、滞仏前の段階で、渋沢が『時務策』を読んで影響を受けたか否かに依拠する。

しかし、この点を資料によって確認することは困難であり、推察の域を脱することはできない。したがって、正志斎の影響によって渋沢が開国論に転じたと結論づけることは困難である。

小　括

本章の目的は、『新論』の一篇である「長計」の内容を検討し、同篇が横浜焼き討ち計画および渋沢思想に及ぼした影響を探ることであった。小括では、正志斎の主張が凝縮されていると考えられる、(1)皇化の歴史、(2)祭祀についての考察、(3)祭政一致と国家の長久策などから、「尊皇思想と祭祀」、「攘夷論の特質」、「開国論」、「宗教観」の４つのポイントを抽出し、正志斎と渋沢の考えを整理して比較検討する。

会沢正志斎の尊皇思想と祭祀

正志斎の尊皇思想は、皇化の歴史や歴代天皇の事績に関する浩瀚な知識に

裏づけられた、まさに水戸学の王道を代表する思想である。正志斎は天皇家によって執り行われてきた祭祀の本質的意義を深く理解していた。正志斎にとって皇室が行う祭祀は、天祖を祀り皇化によって成立した日本の基盤を確認するための典礼であった。

朝廷が征戦によって夷狄を従える過程で地神を尊重し、地場信仰を容認することによって人心を収攬すると、天照大神を頂点とする神々のヒエラルキーが成立した。そうなると、祭祀は朝廷内の典礼にとどまらず、皇室を頂点にいただく国家体系を維持し、人心をまとめるために不可欠な存在意義を有するものとなった。

武家に政治的実権が移行した後も、国家の頂点にあるのは連綿と続く皇室であり、朝廷を奉じて人心をまとめ国家を維持するために必要不可欠な典礼が祭祀であると正志斎は認識した。正志斎にとって朝廷の内外で執り行われる祭祀は形式的な典礼ではなく、孝と礼という徳目によって社会を秩序づけるものであった。

正志斎にとって孝と礼は、漢籍からの借り物ではなく、皇化の歴史とともに存在する日本固有の道徳倫理であった。このように正志斎にとって尊皇思想と祭祀は不可分であり、形式化している祭祀の重要性を士民が再認識することは、国民が団結し皇国日本の国防力を強化する最善策と正志斎は考えた。

渋沢栄一の尊皇思想と祭祀

渋沢は尊皇思想によって独自の国家観を確立し、さらにそれを国臣意識にまで発展させて企業家、社会事業家として国家の繁栄と幸福を追求した。

渋沢を尊皇思想に導いた要因として、幼年期から親しんだ書籍や教養の師である尾高惇忠の影響があった。渋沢は正志斎のように体系的な皇室の知識に基づいて尊皇思想を抱いたわけではなく、むしろ惇忠の指導や尊皇思想に関する書籍によって自らの思想を形成した。

正志斎の尊皇思想は、その牙城である水戸藩で純粋培養された保守本流であるのに対して、渋沢の尊皇思想はいわば亜流であった。正志斎にとって皇室の歴史を学び尊皇思想を研究することは、水戸の彰考館に勤務する『大日本史』の書写生の本業であった。

第12章　会沢正志斎『新論』と渋沢思想(7)

　それに対して、農民であった渋沢にとって、尊皇思想は直接生業に関係のない空理空論として周囲から閑却されても仕方がない思想であった。つまり、大部分の農民のように、時代の流れに逆らうことなく本業に徹している者にとって、尊皇思想はいわば不要不急の思想であった。その意味でも渋沢は亜流の尊皇論者であったといえる。

　しかし、尊皇思想だけでなく攘夷思想も有する志士であった渋沢は、不甲斐ない幕政を放置すれば、日本が外夷に侵略されるのは時間の問題と認識していた。新論によって幕府の実態を知らされ焦燥感を抱いた渋沢は、志士としての気概を有する仲間とともに現状打破に向けて現実的に関与する道を模索した。

　農民である渋沢が現実的に関与するためには、仲間を募り現状を打破するきっかけをつくることが唯一の方法であった。それはテロによって自分等の考えを世間に知らしめ、身を捨てて倒幕のさきがけとなることであった。

　渋沢は江戸遊学によって多くの同志と意見交換し、自分の考えの正しさに確信を抱くようになった。それは幕政から遠い地位にあり、しかも自分と同じ思想を有する仲間との意思確認であった。正志斎の著作は、渋沢の考えの正しさを確認する教科書の役割を果たした。

　横浜焼き討ち計画は、身分制度の桎梏から自由であったがゆえに可能であったともいえるが、渋沢には自らが信奉する尊皇攘夷思想を知行合一で実践する強い思いがあった。

　保守本流の正志斎にとって尊皇思想の知行合一は、祭祀によって国を再建することであり、青年期の渋沢にとっての知行合一は、横浜焼き討ちというテロによって幕藩体制を崩壊させ天皇親政実現のさきがけとなることであった。横浜焼き討ちは誤った信念に基づく知行合一であったが、一生を通して尊皇思想を持ち続けた渋沢は、維新後その思想を国家観や国臣意識に発展させて、国家への貢献を目的に企業家、社会事業家として知行合一を実践した。

　渋沢は祭祀についても知行合一を実践した。渋沢は歴史的背景を有する素朴な信仰や、神社仏閣に対しては敬意をもって接した。正志斎が述べる地祇に相当する地場信仰は土地に根付いたものであり、渋沢はふるさとである血洗島村の寺社と、村人の素朴な信仰心を尊重した。

渋沢は、「地の霊（たま）」ともいうべき、いわく説明しがたいものの存在を肯定的に捉えていた。それば地の霊（たま）、人の霊（たま）、時の霊（たま）なるものの存在を前提に、本来霊的な存在である人間と、霊的存在としての土地が互いに霊を通して正の方向で結びついたときに仁厚なる村が出現するという考えであった。

渋沢の考えを解釈すると、人の内面にある仁徳という場所に人が本来持っている心を住まわせることによって、人の心は安住の地を得て精神的に豊かに過ごすことができるということになる。

渋沢の祭祀に関する知行合一は、ふるさとの寺社の祭祀に対する貢献だけでなく、全国の寺社に対する全般的な援助に及んだ。正志斎が主唱する祭祀の活性化は、皇室と祭祀の関係性とその歴史に関する浩瀚な知識から論理的に析出された理想論であるのに対して、渋沢の祭祀への関わりは各地の神社を多面的に支援する実践論であった。

会沢正志斎の攘夷論の特質

正志斎の攘夷論は華夷思想の特質を有し、(1)日本の地勢的優位性、(2)夷狄たる外国との比較優位性の2点に根拠が置かれている。

日本の地勢的優位性に基づく正志斎の知見は、極東に位置する日本の地理的条件に根差している。日本が太陽の恩恵を最初に享受する国であるという事実は、日本の天祖は日神たる天照大神であるとする思想の確固たる根拠となる。

外国との比較優位性は、海外に関する詳細な研究に基づくことなく情緒的な見解が述べられており、これを眼にした読者が外国に対して悪感情を抱いても不思議ではない。孝明天皇、徳川幕府、水戸藩のすべてが攘夷論を信奉している状況において、正志斎が上位者の意向を忖度し、ことさら声高に攘夷論を主張せざるを得ない事情を抱えていたことも事実である。

正志斎が徳川幕府の最末期に至って開国論に転じ、その論拠を『時務策』によって明らかにした事実を勘案すると、攘夷思想は正志斎にとって絶対に放棄できないものではなかった。

このように考えると、時務策は正志斎の誠実さを示すものであるとともに、身分的な桎梏と時流に流されて攘夷論を主張したことに対する懺悔の書と位

置づけることもできる。

渋沢栄一の攘夷論の特質

　横浜焼き討ち計画は、いわば尊皇思想と攘夷思想を一挙に実践しようと試みたものといえる。渋沢等は「尊皇思想」に基づいて天皇親政を実現するため幕府に揺さぶりをかけるべく、「攘夷思想」の実践としてイギリス人を殺戮することを計画した。

　攘夷思想の実践としてイギリス人の殺戮を計画するということは、青年期の渋沢には西欧人に対する激烈な嫌悪感があったと考えられる。そのような嫌悪感が醸成された理由としては、(1)現実にイギリス人と出会ってその剣呑さや邪悪さを実感したこと、(2)書籍によって西欧人に対する嫌悪感が植え付けられ、攘夷思想を抱く同志との議論を通してその感情が高揚したことの2つが考えられる。

　少なくとも幕末における渋沢の事績において西欧人と直接接触した記録は存在しないので、影響を受けたとすれば、上記の理由の後者ということになる。

　長計は日本を礼讃することによって攘夷論を展開し、年若い読者の感情を揺さぶる文体で西欧人を貶めた。長計は純粋な読者に対して、愛国心とともに西欧人に対する嫌悪感を抱かせるに十分な表現力をもって記述されている。

　攘夷思想を有しかつ徳川幕府に不満を抱いていた渋沢が長計のくだりを読めば、幕府の失政に対して強い不満を抱くであろう。日々の小事に拘泥するばかりで、遠大な構想に基づいて日本が直面する西欧諸国からの危機に正面から向き合わない幕府に対して、渋沢は正志斎と同様に強い不満を抱いた。

　渋沢が幕政に関する見識を得たのは新論のみからではないと考えられるが、論理的かつ説得的な長計の表現は、青年渋沢に対して少なからず啓蒙的な影響を与えたと考えられる。

開国論への転換

　『時務策』によって正志斎の攘夷思想は開国論に転じたことが明らかとなり、渋沢は滞仏経験を契機に開国論に転じた。しかし、渋沢の尊皇思想は長

く渋沢思想の中核にあり、渋沢の国家観と国臣意識の基盤であり続けた。

　渋沢思想には国臣意識だけでなく、武士道から学んだ陰徳や、論語を中心とする漢籍から学んだ道徳倫理など複数の特質がある。開国思想が尊皇思想が一体となって「尊皇開国論」が生まれ、渋沢思想に新たな特質が加わった。

　農民であった渋沢にとって、攘夷か開国かの議論は本業とは本来直接的に関わりのないものである。しかし、農民でありながら憂国の志士としての矜持を抱くようになると、渋沢は攘夷論を主張する水戸学の影響から攘夷論者となった。

　正志斎にとって攘夷論者になることは、孝明天皇、徳川幕府、水戸藩などとの関わりから定められた、いわば宿命的なものであったのに対して、渋沢が攘夷論者になることは、環境的要因による運命的なものであった。

　宿命から脱するには命がけで臨まなければならない。正志斎が『時務策』を発表し、攘夷論から開国論への変節を表沙汰にするにあたっては、過激な水戸藩士から誅殺される覚悟が必要であった。

　それに対して渋沢の出自は農民である。その発想の原点は、いかにして効率的に価値創造するかという点にあった。海外の実態を知ることなく、攘夷論に心酔してテロという大罪を犯す寸前で断念したことで、渋沢の運命は大きく切り替わった。

　渋沢が滞仏経験を通して海外事情をつぶさに知り、日本の現状と比較した時点で、発想を切り替えるのに大きな葛藤はなかった。付加価値創造者としての立ち位置に戻って思考を巡らせれば、開国論への思想転換が渋沢に大きな迷いを生じさせることはなかったのである。

　正志斎にとっての宿命としての攘夷論と、渋沢が運命的に出会って心酔した攘夷論にはこのような相違があり、開国論への思想転換の経緯も両者間で大きく異なった。

会沢正志斎と渋沢栄一の宗教観

　新論を構成する他の篇と同じく、長計には正志斎の宗教観が記述されている。正志斎は神教以外の宗教を邪教とみなして排除すべき対象とする。特にキリスト教は日本に対する侵略の道具として嫌悪する。この嫌悪は正志斎の

第12章　会沢正志斎『新論』と渋沢思想(7)

攘夷論の基底に否が応でも存在する。そして、この感情が正志斎をして論理的な反面、煽情的に攘夷論を主張する要因の一つとなっていた。

　それに対して、壮年期以降の渋沢は、キリスト教や仏教に対して真っ向から否定する姿勢を有してはいない。キリスト教の教義には、日本人が見習うべき道徳倫理が存在するというのが渋沢の認識である。渋沢は仏教については、日本に定着し民間の生活に入り込んで信仰の対象になっているという歴史的経緯を尊重し、キリスト教については教義内容を精査し、長所は巧く取り込むべしという姿勢を有している。

　渋沢が神教や仏教に向かう姿勢は、神仏に対して努力をともなわない僥倖を祈ることを厳に戒めるという点に特徴がある。すべての結果は人事を尽くすことから生じ、それを公平に判断して努力相応の結果を人間にもたらすのが天であるというのが渋沢の理解である。

　渋沢は天に在る絶対者の存在を認めるとともに、「もと人」である祖霊とは、地において人と接するのと同じ礼をもって接するべきであり、それが神仏に向かい合う正しい作法と考えた。

　仏教やキリスト教に対する姿勢を正志斎と渋沢で比較すると、正志斎が「絶対的拒絶」であるのに対して、渋沢は「選択的受容」という違いがある。しかし、個人的利益や努力の裏づけがない僥倖を祈る姿勢を排除するという点に関しては、両者間に認識の共有がみられる。

　渋沢は姉が精神を患った原因が無縁仏によるものと語った祈祷師の矛盾を衝いてやり込めた経験を有しており、少年期においてすでに似非宗教が纏う非科学的な側面を否定的に捉える考えを身につけていた。正志斎と渋沢の宗教観はそれぞれが独自に涵養した。

まとめ

　長計は新論の終章に相当する篇であるので、同編を構成する、(1)皇化の歴史、(2)祭祀についての考察、(3)祭政一致と国家の長久策の3つの部分について正志斎の主張と渋沢の考え方を比較し、さらに小括で「尊皇思想と祭祀」、「攘夷論の特質」、「開国論」、「宗教観」の4つのポイントについて正志斎と渋沢の考え方を整理した。

第Ⅱ編　会沢正志斎と渋沢思想

　正志斎と渋沢はともに尊皇攘夷思想を信奉し、祭祀についても思想を共有していた。しかし、幕藩体制下での両者の身分や出自の相違によって、尊皇攘夷思想を抱くに至った経緯や思想の理解内容に異なる点が多く見られた。その相違をもって渋沢思想に対する新論の影響を否定することは早計である。

　係る認識に基づき、第14章の「第Ⅱ編のまとめ」において、新論を構成する全7篇を考察した第6章から第12章を通覧する。

【注】

（1）会沢正志斎「新論」『水戸学』（岩波書店、1973年）134頁。
（2）会沢、前掲書、「新論」136頁。
（3）会沢、前掲書、「新論」139頁。
（4）会沢、前掲書、「新論」140頁。
（5）会沢、前掲書、「新論」141頁。
（6）会沢、前掲書、「新論」140頁。
（7）会沢、前掲書、「新論」143頁。
（8）会沢、前掲書、「新論」144頁。
（9）会沢、前掲書、「新論」144頁。
（10）会沢、前掲書、「新論」146頁。
（11）会沢、前掲書、「新論」145頁。
（12）西村文則『會澤伯民』（大都書房、昭和13年）433頁。
（13）会沢、前掲書、「新論」148頁。
（14）渋沢栄一「八佾第三第10・11章」『論語講義（一）』（講談社学術文庫）1977年）168-170頁。
（15）渋沢、前掲書、「八佾第三第10・11章」169頁。
（16）宇野哲人『論語新釈』（講談社、1980年）71頁。
（17）渋沢、前掲書、「八佾第三第10・11章」170頁。
（18）大江清一『義利合一説の思想的基盤』（時潮社、2019年）489-523頁。
（19）大江、前掲書625-626頁。
（20）渋沢青淵記念財団竜門社編『澁澤栄一事業別年譜　全』（国書刊行会、昭和60年）212-215頁。
（21）会沢、前掲書、「新論」150-151頁。
（22）会沢、前掲書、「新論」152頁。
（23）会沢、前掲書、「新論」155頁。

（24）渋沢栄一「為政第二第4章」『論語講義（一）』（講談社学術文庫、1977年）77-78頁。
（25）会沢正志斎「時務策」『水戸学』（岩波書店、1973年）266-367頁。
（26）会沢、前掲書、「新論」147頁。

第13章

第Ⅱ編のまとめ
―会沢正志斎と渋沢思想―

はじめに

　本章の目的は、第Ⅱ編を構成する7つの章の検討結果を通覧し、会沢正志斎（以下「正志斎」）の主著である『新論』が渋沢思想に及ぼした影響を明らかにすることである。

　具体的には本書で定めた、(1)国臣意識、(2)陰徳、(3)論語解釈への水戸学の影響、(4)名分論の解釈等という4つの分析視角にしたがって、第Ⅱ編を構成する各章の内容を整理する。詳細化した分析視角は以下の通りである。

(1)尊皇思想：国臣意識の淵源を探る視角。
(2)攘夷思想：国際貢献への転化プロセスを探る視角。
(3)武　士　道：陰徳を倫理規範と認識する視角。
(4)論　　　語：名分論を含む水戸学が論語から受けた影響を探る視角。

　第6章から第12章にわたる7章の目的を図表13－1に一覧表示し、4つの分析視角からの各章の検討結果をまとめたうえで第Ⅱ編の結論を導き出す。

図表13－1　第Ⅱ編を構成する各章の目的

	各章の目的
第6章	国体（上）に記述されている会沢正志斎の思想が、渋沢栄一の思想にどのような影響を及ぼしたのかを明らかにすること。具体的には、国体（上）で示される日本の成り立ちに関する正志斎の思想を整理し渋沢の言動と比較検討する。

第Ⅱ編　会沢正志斎と渋沢思想

第7章	国体（中）に記述されている会沢正志斎の思想が、渋沢栄一の思想にどのような影響を及ぼしたのかを明らかにすること。具体的には、国体（中）で示される軍事に関する正志斎の思想を整理し、渋沢の言動と比較検討する。
第8章	国体（下）に記述されている会沢正志斎の思想が、渋沢栄一の思想にどのような影響を及ぼしたのかを明らかにすること。具体的には、国体（下）に示される正志斎の経済思想を整理し、渋沢の著書や言動と比較検討する。
第9章	「形勢」、「虜情」、「守禦」、「長計」の4篇に記述されている会沢正志斎の思想が、渋沢栄一の思想にどのような影響を及ぼしたのかを明らかにするため、渋沢等が引き起こした横浜焼き討ち計画について予備的考察を行うこと。
第10章	「形勢」と「虜情」の2篇が、横浜焼き討ち計画に与えた影響について検討すること。本章では首謀者の一人で、かつ新論を読んだことが資料で確認できる渋沢栄一を中心に分析を進める。
第11章	「守禦」が、横浜焼き討ち計画に与えた影響を検証すること。守禦は日本の国防をいかにするかということに焦点をあてて記述したもので、国防論の著作として単独で成立するほど精緻な内容で構成されている。
第12章	「長計」の内容を検討し、同篇が横浜焼き討ち計画および渋沢思想に及ぼした影響を探ること。長計は『新論』を構成する国体(1)から(3)、形勢、虜情、守禦の6篇の趣旨をまとめ、会沢正志斎の尊皇攘夷思想の要諦を記述した点に特徴がある。

【注記】第9章では、第10章から第12章で取り上げる、「形勢」、「虜情」、「守禦」、「長計」から渋沢が影響を受けたと考えられる、横浜焼き討ち計画の犯罪的特質を考察した。

第1節　『新論』のまとめと横浜焼き討ち計画

1－1　『新論』国体（上）と渋沢思想

1－1－1　国体（上）の内容検討

　国体（上）は日本の成り立ちを記述した篇である。本書第6章では第Ⅰ部と第Ⅱ部に分け、前段で正志斎の思想、後段で渋沢の思想を中心に検討を加

えた。
　正志斎は日本の地勢的優位性をもとに天照大神を天祖とする国の成り立ちを説明するとともに、天孫たる皇室が天孫降臨によって天から地に降り立ったという記紀の神話に基づいて、皇室を国の中心に据える思想の正統性を強調した。
　天照大神は衣食の術である稲作と養蚕、および天の「誠」に発する忠孝を重要な徳目として地に伝えた存在であり、物心両面において天照大神は「祖」であると正志斎は述べる。国体（上）の基底を構成する考え方は以下の通りである。

神教の倫理道徳
　正志斎は、日本にはその成り立ちとともに道徳倫理が存在し、漢学は文字を持たなかった太古の日本の道徳倫理を補完するものと位置づけた。
　「忠」は貴人を貴ぶこと、「孝」は親を親しむことであり、正志斎はそれらを君臣・父子・夫婦・長幼・朋友の五品に展開し、さらに義・親・別・序・信の五典に拡張して理解した。正志斎は五典を士民が遵守すべき倫理規範と考えた。
　具体的には、「君臣・父子・夫婦・長幼・朋友」の関係に、それぞれ一対一対応で「義・親・別・序・信」の徳目をあてはめ、遵守すべき倫理規範が示される。これは社会の規律を精神面から保つものと正志斎は理解した。
　正志斎が重視すべき徳目を忠孝としたのは、皇室が人民を統治するにあたり、名分を尊重して規律を守らせることによって階層社会の安定を確保し、国の安寧を図ることが合理的と考えたからである。

祖霊と誠
　正志斎は祖霊となった亡き人を鬼神と呼び、天地の間にあって鬼神より誠なるものはないとする。現世に生きる人間と天の間にあって、最上の「誠」をもって存在するのが鬼神たる祖霊であるというのが正志斎の認識である。
　国の安寧を図るうえで重要な「忠・孝」は、「誠」から発したものと正志斎は考える。正志斎は「忠」から「君臣の義」と「朋友の信」が生じ、「孝」

は「父子の親」、「夫婦の別」、「長幼の序」と展開し。親に対する「親」からは「仁」という徳目が生まれると説く。

　正志斎による天の徳目を新論の記述に基づいて表現すると、「誠⇒忠・孝⇒（忠⇒義・信）・（孝⇒親・別・序⇒仁）」と図式化され、その根底には五品（君臣・父子・夫婦・長幼・朋友）とそれに対応する五典（義・親・別・序・信）があるとする。

　誠から発した忠・孝は、「広く人を愛すること（仁）と義しくあること（義）」という重要な規範を生み出したというのが正志斎の認識である。正志斎のこのような論理展開は、民心の規律を図ろうとする為政者サイドの思惑に多く基づいている。

祭祀と宗教観

　正志斎は皇室の正統性を示すものとして大嘗祭と三種の神器を重視する。そして、皇室になり代わって政治権力を行使する徳川幕府は、鎌倉幕府や足利幕府とは異なり、忠孝をもとに朝廷を尊崇するがゆえに200年以上の長期間にわたり泰平の世を維持できたと正志斎は主張する。

　正志斎は邪説の害として、「仏法の害」、「俗儒の害」、「キリスト教の害」をあげてそれぞれを糾弾する。とりわけキリスト教の害については人心を惑わすだけでなく、西欧諸国が日本に侵攻するためのツールとして用いられることに危機感を抱く。

　正志斎はキリスト教に対して嫌悪感と危機感を抱いた。このキリスト教に対する認識が正志斎の攘夷思想の根底に存するのは明らかである。

1－1－2　国体（上）と渋沢思想

　第Ⅱ部では、(1)天の認識、(2)忠孝、(3)徳川幕府への思い、(4)宗教観の4点について、渋沢思想が新論から受けた影響を考察した。

天の認識

　正志斎と渋沢はともに「天」の存在は認識しているが、渋沢は天の生成について正志斎ほど明確に考えを示していない。正志斎が日神である天照大神

が天祖であり、天孫たる皇室との関係を論理的に説明したのに対して、渋沢は天にある神は「もと人なり」として、祖霊と現世に生きる人間との霊的なつながりを重視した。

　正志斎は天孫たる皇室の正統性を論理的に説明しようとして天について記述したのに対して、渋沢は皇室が天孫であることを前提として、日常生活における祖霊たる鬼神との関わり方の実際を説いた。渋沢は現世の人間が天という霊妙にして不可知な存在と正しく接するためには、人間社会における接際のあり方を参考にすることが不可欠と考えた。

　霊妙にして不可知でかつ人智の及ばない智慧と力を有する天との関係を、現世の人間が一種の諦観をもって保つためには、天命という人間に定められた宿命を意味する概念によって天との関係を理解することが合理的と渋沢は考えた。

　神となった鬼神がもと人であるとすれば、天に在る「もと人」から人間的な側面が全てなくなることはない。したがって、人間同士の接際の作法と同様、どちらか一方が他方に依存し続ける片務的な関係はありえない。

　目に見えぬ神に対しては、皇室の祭祀にならって供物を献上し、心よりの感謝を込めて祈ることで現世に生きる人間の気持ちを伝え、日常生活においては分に応じて最善を尽くせば、それを見た天が結果を与えてくれるというのが、「人事を尽くして天命を待つ」という言葉に託された、天と天に在る鬼神に対する渋沢の思いである。

忠　孝

　渋沢は正志斎のような徳目間の関係性を認識していない。渋沢の忠孝の認識は論語と日本の歴史に基づいている。渋沢が認識する国家・組織・家族からなる人の集まりはマトリョーシカ人形にたとえられる。そこで機能する徳目は忠孝である。

　これは正志斎が言及した五品（君臣・父子・夫婦・長幼・朋友）と同じく、人同士の接際をいくつかのカテゴリーに分けて規律づけする発想と酷似している。徳目としての忠孝の成り立ちに対する正志斎と渋沢の認識は異なるものの、人間社会の規律と接際において発揮されるべき忠孝の役割に対する認

識は両者間で共有されている。

徳川幕府への思い

　武家と農民という身分の違いから、正志斎と渋沢の徳川幕府への思いは異なっている。正志斎は水戸藩士として、渋沢は農民志士としてそれぞれが幕府の現状に問題認識を有していた。

　徳川幕府の現状に対する危機感は、相対的に幕府に近接した立場にあって、水戸藩沿岸に外国船の船影をしばしば眼にした正志斎のほうが切迫していた。対して渋沢は農民インテリという立場から理念先行の危機感を抱いていた。

　漢籍と歴史書から得た知識は豊富ではあるものの、海外事情に疎い渋沢が、岡部村陣屋の代官の体たらくを見て幕府の行く末を悲観している状況で新論の生々しい記述を読めば、渋沢が危機感を増幅させたであろうことは想像に難くない。

　立場の違いはあれ、正志斎と渋沢には当時の幕府の現状に対する共通の危機感があり、渋沢の危機感は新論の影響によって現実的に解決せざるをえない深刻なものとなった。

宗教観

　正志斎と渋沢の「宗教観」で大きく異なるのが儒教観とキリスト教観である。儒教観に関して大きく異なる点は、朱子学派と陽明学派の立場の違いに起因する貨殖に対する認識であった。しかし、正志斎は学者としてだけでなく水戸藩行政にもかかわる立場から、儒教を教条主義的に解釈するだけで事足りる立場になかった。

　中国を異常に崇め、相対的に自国を卑下することで日本の誇りを傷づける俗儒の害については、渋沢は正志斎と認識を共有していない。渋沢は論語の著者である孔子を尊崇していた。渋沢の倫理規範の大半は論語に起源を有するといっても過言ではない。

　他国の古典であっても日本にとってそれが有用であれば、忌憚なくそれを日本仕様に変換して取り入れれば良いという考えは、渋沢のキリスト教に対する姿勢にも表れている。正志斎がキリスト教を日本侵略の道具としかみな

さなかったのに対して、渋沢は聖書を読み日本にとって有用な部分については評価して取り入れようとした。

渋沢は宗教の超常現象や呪術的な側面を忌避したが、現実の人間生活において接際を円滑ならしめる実用的な教えについてはその価値を認めた。

1-1-3 国体（上）のまとめ

天の認識については、正志斎と渋沢ともに天の存在を前提に、天照大神を天祖とし皇室を天孫と認識する点で一致している。しかし、渋沢が新論を読んだ青年期においては、両者間で武士と農民という立場の違いがあった。

水戸学者の中心的存在であるとともに藩行政にも深くかかわっていた正志斎は、幕藩体制における権力者サイドに身を置いていた。正志斎は天の生成から地の誕生に至るまでの経緯を論理的に記述し、尊皇思想に基づいて幕藩体制の安定を図る意図をもって、国体をいかにして外夷の脅威から守るかというマクロ的視点から国体（上）を著した。

一方、渋沢は正志斎と同じく天の存在を認めるとともに、天の不可知性と天命について、日常生活との関係からミクロ的視点で自説を展開した。重点を置く視角は異なっていたが、天の存在を認識し天孫たる万世一系の皇室が日本の頂点にあるべきとする点で両者は一致していた。

両者間で共有されていたのは幕府体制の現状に対する危機感であった。正志斎は幕府の不作為や対外政策への不満を抱く水戸藩内の抗争の渦中に身を置くことで多端をきわめかつ困難に直面した。一方、渋沢は倒幕を究極の目的として横浜焼き討ちというテロ行為を計画した。

正志斎と渋沢は、立場や年齢は異なっていても、ともに尊皇思想を堅固に抱く憂国の士であった。しかし、両者の宗教観は異なっていた。両者で合致していたのは仏教に対する批判的な姿勢であった。正志斎はこれに加えて、本地垂迹説に象徴される神教に対する仏法の浸食性を非難した。

儒教に対する姿勢は、正志斎が朱子学的発想、渋沢が陽明学的発想に立っているかぎり、貨殖に対する論語解釈で合致することは困難である。しかし、正志斎の貨殖に対する考えについては、所属する学統の基本姿勢から教条主義的な側面のみで判断するのではなく、藩行政に携わっていた経歴を含めて

第Ⅱ編　会沢正志斎と渋沢思想

多面的に検討する必要がある。

　キリスト教に対する考え方については、両者間で一致点は確認できない。しかし、渋沢が聖書の文言について考察したことが確認できない青年期では、正志斎の見解に影響されてキリスト教を邪教の最たるものと認識していた可能性は否定できない。

1－2　『新論』国体（中）と渋沢思想

　正志斎が国体（中）で展開するのは、国の成り立ちから武士のあるべき姿を説き起こす軍事に関する思想である。第7章では渋沢が軍事に関わった事績を、(1)横浜焼き討ち計画、(2)一橋家仕官時代の兵備強化、(3)鳥羽・伏見の戦い、(4)大蔵官吏時代の軍備増強をめぐる大久保利通との論争、(5)財界人としての日清・日露戦争および第一次世界大戦との関わりの大きく5つと捉えて個別に国体（中）の影響を探った。

　これらの事績のうち渋沢が前線および兵站に重要な役割を果たしたのは、未遂に終わった横浜焼き討ち計画と、兵站に関わった一橋家仕官時代の兵備強化であった。

　滞仏中に徳川慶喜が起こした鳥羽・伏見の戦いの大義について、渋沢は維新後も長く疑問を抱き続けた。軍備増強をめぐって大久保利通と激論を交わしたのは大蔵官吏時代であり、日清・日露戦争、第一次世界大戦との関わりは企業家として戦争の財源確保に努めた時期のことであった。

　維新前後における渋沢の社会的地位の変遷は激しく、青年期の思想を貫くことは困難であった。尊皇攘夷思想から尊皇開国思想への移り行きの中で渋沢の戦争観や軍事に関する考え方も否応なく変化せざるを得なかった。

　渋沢が横浜焼き討ちを計画したテロリストから、「日本資本主義の父」と呼ばれるまでに変身を遂げた背後には、渋沢思想に対する新論の影響が色濃く残されている部分と、その影響から脱した部分があると考えられる。前者の主たる思想が「尊皇思想」であり、後者の主たる思想が「攘夷思想」や「軍事に関する考え方」である。

第13章　第Ⅱ編のまとめ

１－２－１　横浜焼き討ち計画

　横浜焼き討ち計画には国体（中）の影響が色濃く表れている。同計画を主導した23歳の渋沢は尊皇攘夷思想の正当性を確信していた。しかし、正志斎が新論で唱えるのは、皇室の藩屏たる徳川幕府が政治の実権を掌握し続けることを前提とする尊皇攘夷思想であった。つまり、現行の政治体制を存続させるために西欧諸国を排除する根拠として提唱されるのが正志斎の尊皇攘夷思想であった。

　それに対して、渋沢の尊皇攘夷思想は天皇親政を理想とし、それを実現するための手段である倒幕を目的とする思想であった。正志斎と渋沢の思想が目指す最終目的は異なっていたが、侵略の意図をもって接近する西欧諸国を排除するという目的において両者の考えは一致していた。

　政権を奪取し革命を起こすのではなく、幕府転覆のさきがけとなるためのテロ行為を実行しようとしたのが横浜焼き討ち計画であった。渋沢は体制側に身を置く正志斎とは異なる目的に向けて尊皇攘夷思想を実践しようとした。

　農民である渋沢と尾高惇忠は、自分等の名分と異なる破壊行為を正当化するため、神託を掲げ自らを神兵として害獣たるイギリス人を襲撃するという大義名分を考え出した。

１－２－２　一橋家仕官時代の兵備強化

　一橋家の兵備強化は財政改革とセットで理解する必要がある。渋沢は兵備強化と財政改革を行うことで一橋家の兵站部門を充実させた。渋沢にとっては横浜焼き討ち計画での失敗経験が生かされ、前線と兵站を両立させる重要性を認識する契機となった。

　渋沢は一橋家仕官によって体制側に身を置くこととなり、倒幕の目論見はなりをひそめた。また、領内を巡り自分と異なる思想を有する人物と接することによって、堅固であった攘夷思想は徐々に開国思想へと傾いていった。

　ともに体制側の人間として幕藩体制の継続を目的とした尊皇思想を共有し、攘夷思想が徐々に開国思想に転ずるという点で、正志斎とこの時期の渋沢には共通点が認められる。

　正志斎は『時務策』を発刊した時点で開国思想に転じたことが確認できる。

一方、渋沢は一橋家家臣から幕臣となり滞仏経験を経て開国思想に転じた。この時点で渋沢の国防意識にも変化が生じた。しかし、渋沢の一橋家仕官に正志斎の思想の影響は見られず時務策の影響も明らかではない。

1－2－3　鳥羽・伏見の戦い

　渋沢は鳥羽・伏見の戦いに直接関わっていない。しかし、この戦争は渋沢に戦争の大義を深く考えさせることとなった。戦争の発端を考えると慶喜が起こした戦争は義戦ではなかった。両軍の戦いが一旦終息した後、幕軍が官軍に戦争を仕掛けたことになっていたからである。

　慶喜の人間性と人徳の高さを知悉していた渋沢は、表面的な事象にとらわれることなく、時間をかけて歴史の生き証人である慶喜から真実を聞き出し、それを『徳川慶喜公伝』として刊行した。

　渋沢が長期間にわたる刊行事業を通して認識したことは、(1)慶喜が陰徳をもってすべての責を一身に引き受け、内戦を最小限にとどめたこと、(2)戦争の勝者によって歪められがちな歴史は、適切に修正して後世に正しい事実を伝えるべきこと、(3)戦史は正確に記録し知的遺産として後世に遺すことが正しい歴史認識を持つ上で不可欠であることの3点である。

　鳥羽・伏見の戦いによって渋沢の内面に生じた疑問は、1868（慶応4）年から25年後に『徳川慶喜公伝』が発刊されるまで、他のいかなる戦争体験よりも長く心にとどまり渋沢の戦争観を形成した。

　渋沢にとって戦争の大義は国内戦争、対外戦争を問わず常に朝廷にあった。官軍である薩長に対して慶喜が率いる賊軍たる幕府軍が仕掛けた鳥羽・伏見の戦いは、渋沢の戦争観を揺るがした。

1－2－4　大久保利通との論争

　戦争目的の達成には財政的な裏づけが不可欠という渋沢の信念は、大久保との論争を通して明確に示された。大久保との確執を機に渋沢は上司である井上馨と連袂して大蔵省を去った。そして、下野した渋沢は銀行家、企業家として日清・日露戦争および第一次世界大戦に関わることになる。

　大久保と渋沢の論争は、「富国」と「強兵」のバランスを取ることの重要性

を経験に基づく実感として認識することが困難な武家出身者と、それを経験によってごく自然に認識できる農民出身者の違いを示す端的な事例といえる。

　管見によると、渋沢は単に自説に固執する頑固さを貫いて大蔵省を辞したわけではない。大久保の圧力に屈して財源の裏づけなしに財政支出に応じることは、農民としての活動や大蔵省での制度構築によって、付加価値を創出し続けてきた渋沢の矜持が許さなかった。

1－2－5　日清・日露戦争および第一次世界大戦との関わり

　日清・日露戦争および第一次世界大戦の3つの対外戦争との関わりを通して明らかとなるのは、渋沢の「戦争と経済」に関する基本的な考え方である。

　第7章では「戦争と経済」の関係を「人命vs.経済」に置き換えて考察を加えた。なぜなら、人命の犠牲という悲惨な事実がつきまとう戦争が経済の進歩に資するという渋沢の考え方を理解することが困難だったからである。

　渋沢の「戦争と経済」に関する認識に影響を及ぼした人物の一人が児玉源太郎であった。渋沢と児玉は互いの信頼を基盤として、財界人と軍人という立場で日本の命運がかかる日露戦争での協力について話し合った。平和主義者を標榜していた渋沢は財界や一般市民を鼓舞し、一致団結して対外戦争に立ち向かうことの重要性を説いた。

　人命を犠牲にする戦争が経済発展に資するという考え方が、平和主義者と目されていた渋沢から表明されたことに対する違和感を解消するためには、確固たる論理をもって納得しなければならない。

　その論理として適用できると考えられるのが、ナオミ・クラインの『ショック・ドクトリン』で取り上げられたフリードマンの新自由主義である。戦争をはじめとする国家の一大事は、それまで拱手傍観を余儀なくされ、たなざらしになっている問題や未決事項の行き詰まりの基盤を一挙に取り崩す効果がある。そして、振り出しに戻った状態から権力者が経済合理的な制度やシステムを自在に創り出して経済効果を実現するというのが新自由主義の論理である。

　ナオミ・クラインが批判したのは、それがフリードマンの弟子であるシカゴボーイズによって、経済効果の果実である膨大な利益が国家の権力者や多

国籍企業によって独占される仕組みが創り出されるという点である。

　もし渋沢がショック・ドクトリンと同様の経済効果が戦争によってもたらされると認識すれば、その経済効果を義利合一の精神に基づき社会に均霑するはずである。独占を嫌悪する渋沢が財界のリーダーの地位にあるかぎり、巨大財閥が経済効果を独り占めすることを看過することはなかった。渋沢の演説をこのように解釈すれば、「戦争は経済の発展に資する」という真意を理解することができる。

　戦争にともなう負の対価である人命の損失をどのように理解するかという点が、次なる問題として浮かび上がる。渋沢は、戦争は国家が存亡の危機に瀕した場合には、躊躇なく行うべしという考えを有していた。その場合、人命が犠牲になることは不可避である。

　しかし、渋沢が存命中に経験した日清・日露戦争および第一次世界大戦のいずれも、敵国が日本国内に攻め入って一般国民を殺傷するという事態にはならなかった。戦争で犠牲となるのは戦場の兵士の人命であった。

　渋沢にとって戦地に赴く兵士は武士道精神を持った武士であり、その使命は一命を賭して国を守ることである。武士の人命は一般国民より軽いわけではないが、少なくとも死の覚悟をもって国防の任にあたる戦士の命によって一般国民の命が保護されると考えれば、渋沢にとってそれはまさに武士道精神にかなうものであった。

　渋沢は第二次世界大戦の結果を見ることなく世を去った。しかし、渋沢が東京大空襲や原爆投下によって一般国民が犠牲となる状況に直面すれば、「戦争と経済」つまり「人命vs.経済」についての考え方も変化していた可能性がある。

1－2－6　国体（中）のまとめ

　国体（中）で展開された正志斎の尊皇攘夷思想と軍事に関する思想は、農民であった青年期の渋沢に影響を及ぼし、横浜焼き討ち計画の理論的根拠となった。正志斎の著作のうちで最も理論的かつ体系的に書かれた『新論』は、渋沢のみならず水戸藩や他藩の藩士に大きな影響を及ぼした。

　しかし、一橋家に仕官して交際範囲が血洗島村や海保塾から一橋家領内の

藩士に広がると、渋沢の攘夷思想には揺らぎが生じるようになった。

正志斎は晩年に刊行した『時務策』によって自身が開国論に転じたことを明らかにした。一方、渋沢は一橋家家臣から幕臣となり、正志斎と同じく体制側に身を置く立場で開国論に傾き始めた。

背景事情や経緯は異なるものの、攘夷論から開国論に転じたという点で両者の思想変遷は似通っている。しかし、これは結果論であり、国体（中）の渋沢思想への影響を探るという目的に解を与えるものではない。

明治期以降の活動において、渋沢思想に対する国体（中）の影響を見出すことは困難である。渋沢は児玉源太郎などの軍人との関係を通して、独自に戦争観を醸成したと考えるのが合理的である。

1－3　『新論』国体（下）と渋沢思想

正志斎は財に対する主導権の歴史的推移を「農民⇒武士⇒商人」という図式で説明する。正志斎は人の暮らしを支えるのは天祖から天孫に伝えられた衣と食であるとし、当初は農に携わる者が経済の中核にあったと考える。農によって創り出される付加価値によって財が生まれ、納められた年貢によって皇室を頂点とする社会が営まれるのが日本の原初形態であるというのが正志斎の認識である。

戦乱の時代に武士の役割が専門分化し、武力によって政治の実権を掌握すると、財の主導権は強い徴税権をもつ武士に移る。やがて安定的な徳川幕府が成立して戦乱が治まり経済システムが複雑化すると、商人に財の主導権が移る。政治的実権の推移にしたがって財に対する主導権が推移するという考えは、正志斎の歴史観を端的に示している。

1－3－1　財政に関する考え方

幕末期の武家財政は、農民から年貢、商人からは税を徴収して財源を賄っていた。その目的は幕府や各藩の存続であった。幕末に生きた正志斎にとって財政とは国家を念頭においたものではなかった。

正志斎が国体（下）で語る財政は、徴収に力点を置いて権力者の懐を豊かにする方針で営まれるもので、そのために用いられるノウハウはいわば徳川

幕府のための官房学であった。

　一橋家の家臣であった時代に渋沢が行った財政改革も、主たる目的は一橋家の懐を豊かにすることであり、領民への還元に関して渋沢が多く語ることはなかった。農商実務の経験を生かして渋沢が用いたノウハウは、その目的を勘案すると官房学に属するものであり財政学ではなかった。

　維新後、大蔵官吏となって国家予算をはじめとする財政実務の責任者となった渋沢は、国家全体を視野に置き均衡財政主義に基づいて財政を運営した。税収入をいかに無理なく増やし、それを国民全体に公平かつ効率的に還元するかという財政学の本旨に基づいて渋沢は財政運営を行った。

1－3－2　経済理論全般

　国体（下）で正志斎が展開した経済思想のうち、一般的な経済理論によって解釈できるのは、(1)限界効用理論に基づくミクロ経済学的知見、(2)物価理論、(3)貨幣理論、(4)交易論であり、米穀統制論については財としての米の特殊性が強調されているため、経済理論に基づく解釈は困難であった。

　経済理論によって解釈が可能であった4項目のうち、限界効用理論に基づく正志斎のミクロ経済学的知見は、本来論理的に帰着すべき結論からはずれている。

　また、正志斎が展開した物価理論は経済学的アプローチによるものであるが、実業家である渋沢にとって財・サービスの値決めは浮利を排し、原価に適正な利益を上乗せして決定するという会計学的な発想で決められるので、両者の理論的な比較は困難である。したがって、正志斎と渋沢の経済思想を比較するにあたっては、貨幣理論と交易論の2点に絞って検討する。

1－3－3　貨幣理論

　正志斎は、貨幣価値は貨幣供給量と商品との関係で決定され、貨幣供給量の増加が実体経済に影響を与えることはないと考える。貨幣は実体経済を覆うベールでしかなく、貨幣量の増加は物価の上昇に反映されるのみという、貨幣数量説に基づく「貨幣の中立性命題」を正志斎は自分の言葉で表現した。

　正志斎はこの理論を慶長年間に生じた金産出量の増加にともなって貨幣供

給量が増加した過去事例によって案出した。貨幣は物の価値を測る目安にすぎず、貨幣量が増加すれば商品に多くの貨幣を支払い、減少すれば同じ商品に少ない貨幣を支払うだけというのが正志斎の貨幣理論のエッセンスである。

正志斎が静態的な幕藩体制において貨幣理論を主張したのに対して、渋沢は明治期の動態的な経済環境で貨幣理論を構築した。渋沢は貨幣をよく集め正当な支出を増やすことは社会を活発にすること、つまり実体経済を活性化することに結びつくと述べる。換言すると渋沢の考え方は「貨幣の中立性命題」の否定である。

渋沢は浪費も吝嗇も嫌悪する。経済主体がそれぞれ身の丈に合った適正な消費行動をすることによって、経済は活性化され社会が豊かになるというのが渋沢にとっての価値ある貨幣の使い方である。これは、「貨幣は物の価値を測る目安にすぎない」という正志斎の主張とは真っ向から対立する考え方である。

1－3－4　攘夷論から開国論

正志斎、渋沢ともに強固な攘夷論者であったが、正志斎は『時務策』で開国の必要性を論じ、渋沢は滞仏経験を機に開国論者に転じた。両者の交易論を比較するにあたっては、攘夷論から開国論に転ずる思想変遷と、開国後の対外交易をいかに推進するかという点を検討した。

攘夷論から開国論に転じるまでの思考プロセスは両者間で異なる。正志斎は水戸学の伝統である歴史学的な思考プロセスを経て攘夷論に検討を加えた。

正志斎は、キリスト教禁教を主たる目的として発布された、1633（寛永10）年の鎖国令が有効に機能した当時の国際情勢が、時務策が刊行される1862（文久2）年までの220年余りの間に、どのように変化したのかという点を客観的に考察し結論を導き出した。

正志斎が認識した歴史的事実は、(1)ルソンや清国が西欧諸国によって侵犯されたこと、(2)西欧の軍事技術が発展し鎖国令によって開国要求を拒否し続けるに足る軍事力が日本にはないこと、(3)鎖国を続けると日本は世界から孤立し発展から取り残される可能性があることなどであった。正志斎は四囲の状況を歴史観に基づいて考察し、攘夷論と開国論を比較考量して開国論に転じた。

一方、渋沢は自分の身に生じた著しい環境変化を勘案して経済合理的に攘夷論を見直した。国際情勢は両者に共通の環境であったが、渋沢を取り巻く環境は変転極まりないものであった。横浜焼き討ち計画が頓挫するまでの渋沢は、攘夷論者に囲まれた頭でっかちの農民インテリであった。

血洗島村という内陸で育った渋沢は、正志斎のように外海から外国船に威嚇された経験がなかった。渋沢は攘夷論を理念的に信奉していた。渋沢の周辺は攘夷論者で固められていたため、開国論に接する機会もなかった。

思想的には「箱入り息子」であった渋沢が、自身を取り囲む環境的な桎梏から抜け出す機会が、横浜焼き討ち計画が未遂に終わった後、嫌疑を避けるために隠遁した京都での経験と一橋家仕官であった。

渋沢は一橋家家臣から幕臣となり、滞仏経験を経て維新後に大蔵官吏となった。この時点で渋沢は西欧先進国と良好な関係を構築して科学技術、社会制度、法律などの先進知識を日本の発展に役立てることが必須と主張する積極的な開国論者となっていた。さらに下野してからは民間レベルで国際交流に積極的に関与する国際人として活躍した。

このように渋沢の攘夷論から開国論への思想転換の過程は、正志斎との比較によって明確となったが、正志斎の思想転換が渋沢の思想転換に及ぼした影響は限定的と考えられる。

１－３－５　開国後の交易

交易論は開国論を前提に展開される。正志斎は開国後の交易のあり方について「通好」という言葉で語る。正志斎が開国論に転じたのは、歴史的経緯に基づいて利害得失を勘案した結果、相対的に開国論が日本の国益に資すると考えたからであった。正志斎が「利」と「害」を比較考量して開国論に転ずるには、「通好による利」が「西欧諸国の脅威」を凌駕しなければならなかった。

商売の経験がない正志斎が語る、大局的な発想に基づく交易論に具体性を期待することは困難である。正志斎が懸念するのは日本が他国と和親通好しないことによって日本が孤立し富国強兵を達成できないことであった。

一方、渋沢が語る交易論は農商実務の経験に裏づけられた現実的なもので

あった。パリ万国博で披露された工業技術や農機具を実務経験のない武家出身者が見ても、その壮大さや精密さに感嘆するにとどまる。しかし、渋沢にとってそれらは具体的なイメージでとらえることのできる最新技術であり、即刻日本に導入すべきものであった。

さらに、渋沢の論考は交易に用いられる貨幣に及ぶ。西欧先進国との交易において低純度の洋銀を受け入れることは輸出面に関し日本が不利になることを意味した。

渋沢の交易論は貨幣論と密接不可分である。貨幣の額面金額とそれを鋳潰した金属の価値は等しくあるべきという考えは、後に下野して設立した第一国立銀行が発行した紙幣が兌換銀行券であったという事実に反映されている。渋沢の貨幣論には、貨幣の信用が金の裏づけによって担保されるべきという信念が貫かれていた。

1－3－6　国体（下）のまとめ

国体（下）で展開された正志斎の経済思想の多くは経済理論によって解釈することが可能であった。しかし、渋沢思想との関係から見ると、正志斎の経済思想が渋沢思想に与えた影響は僅少であったといえる。

その理由としては、正志斎の思想が歴史学派的な経済理論であるのに対して、渋沢思想は実務に裏づけられた経営学的な実践理論によって構築されているという相違が存在するという点があげられる。

両者はともに攘夷論から開国論に思想を180度転換するが、その転換過程にも歴学派的発想と実務者的発想の違いが見られ、開国後の交易論の具体性にも大きな違いがある。

両者の比較によってそれぞれの経済思想の特徴を明らかにすることは可能であるが、(1)財政論、(2)貨幣理論、(3)交易論、(4)開国論への転換過程のいずれの観点からも正志斎の経済思想が渋沢思想に与えた具体的な影響を確認することは不可能である。

1－4　横浜焼き討ち計画の予備的考察

横浜焼き討ち計画を取り上げるのは、形勢・虜情・守禦・長計の4篇が渋

沢等をして暴挙に走らせた原因を探るにあたって、横浜焼き討ち計画がテロの要件を備えていたことを確認することが必要と考えられるからである。

　渋沢思想に対する水戸学の影響を探るにあたっては、(1)横浜焼き討ち計画がテロリズムの犯罪的特質を備えていたこと、(2)形勢以下4篇が横浜焼き討ち計画を支えた思想的基盤の重要部分を担っていたこと、という2つの前提のうち第9章では前者、第10章から第12章では後者を確認した。

　横浜焼き討ち計画の犯罪的特質と反社会性については、「原因」、「発生」、「構造」の3つの視角から検討した結果、同計画がテロリズムの特質を備えていたことが明らかとなった。しかし、テロの定義と渋沢の事績や追憶との比較によって客観的な事実を確認することはできたが、それは渋沢等をテロに駆り立てた真相に迫るものではない。

　つまり、彼等が正しいと信じて犯罪行為に至った心理的動因の根底にある思想信条が果した役割は解明できていない。この点については、渋沢等が抱いていた思想の多くが水戸学に由来すると考え、第10章から第12章で形勢、虜情、守禦、長計4篇に焦点を絞って各篇の内容を考察した。

　海外情勢、西欧人の性格や考え方に関する情報が乏しい中で、形勢をはじめとする4篇に記述されている正志斎の私見を交えた情報を渋沢等が真正なものと受け取ったとしても不自然ではない。

　新論の筆致には、終末期を迎えた幕藩体制に対する正志斎の思いが滲み出ている。その思いが形勢以下4篇に通底していたとすれば、渋沢等がそれを感じ取って影響された可能性は否定できない。

　社会科学の研究において「歴史にif」がタブーであることを承知の上で渋沢の経歴を考えると、渋沢が青年期に迷い込んだテロリストの道を一歩踏み間違えていれば、死罪によって最悪のシナリオを迎えた可能性があった。そうなれば、現代の日本経済を支える「日本資本主義の父」という渋沢の存在はなかったことになる。

　渋沢の青年期を考察することは、渋沢が浩瀚な思想と膨大な事績をもって大成し、企業家、社会事業家として多大な足跡を残すことができた出発点を探ることに等しい。換言すると、テロをも辞さない過激な思想の呪縛から渋沢がいかにして覚醒したのかを知るためには、まず呪縛の詳細を把握しなけ

第13章 第Ⅱ編のまとめ

ればならない。係る観点から形勢・虜情・守禦・長計の4篇が渋沢思想に及ぼした影響を探ることは不可欠である。

1－5 『新論』形勢および虜情と渋沢思想

1－5－1 渋沢栄一の他己分析

　自己分析とは、物心ついた時点から過去の出来事を振り返り、自分史を客観的に捉えたうえで適性や知的興味に基づいて将来あるべき姿を客観的に判断することである。

　渋沢に代わって第三者が分析を行うこと、つまり他己分析に基づいて本人と同じ厳密さで自分史を作成することは困難である。しかし、渋沢の後日談からは、横浜焼き討ちを計画した時期を黒歴史として封印しようとする姿勢が見られるため、筆者が他己分析を試みた。

　渋沢は維新後に大蔵官吏となり、下野した後は企業家、社会事業家として自己実現者の特質を発揮して公利公益を目指して活動した。しかし、青年期の渋沢は自己実現者適性を有してはいなかった。自己実現者とはマズローの欲求五段階説の頂点に区分され、利他的な性格をはじめとする一般とは一線を画する進化的な特徴を有する人格である。

　横浜焼き討ちを計画した当時の渋沢は、道徳的観点からテロ行為を悪と認識することすらもできない精神状態にあり、自己実現者とはほど遠い人格を有していた。

　このような状態においては当然ながら自省心は機能せず、盲目的に自分が信じる目的に向かって突進するという特性が言動に強く表れる。横浜焼き討ちを計画した時期の渋沢はこのような精神状態にあったと考えられる。

1－5－2 青年期の渋沢栄一の社会的地位

　青年期の渋沢は農民という被統治者の立場にあった。渋沢は身分制度に強い反発心を抱く反面、本業のかたわら武士以上に文武両道に励む憂国の志士としての気概を有していた。

　武士が主君や家によって考え方や行動が縛られるのに対して、渋沢の志は武士でありながら、武士特有の社会的束縛からは自由であった。命を捨て

第Ⅱ編　会沢正志斎と渋沢思想

覚悟さえあれば、渋沢は信念にしたがって自在に行動できる立場にあった。

　自己犠牲を厭わない仲間を募り、互いの信念の方向性と強固さが確認できれば、比較的自由に集団行動を起こすことができる立場に渋沢は身を置いていた。

　大日本史の書写生であった正志斎は、皇室の歴史や祭祀に詳しかった。日本の道徳倫理は皇国の歴史とともにあり、漢籍はあくまでもそれを説明する補助教材であるという認識を正志斎は有していた。その意味で正志斎の尊皇思想は純国産の保守本流であった。

　それに対して渋沢は、論語をはじめとする漢籍から倫理思想の基礎を学び、新論をはじめとする後期水戸学の書籍から水戸学思想を学んだ。渋沢の尊皇思想は漢籍と水戸学からなるハイブリッドであり、正志斎の尊皇思想と比較するといわゆる亜流と位置づけられる。

　渋沢は漢籍から道徳倫理の基礎を修得し、水戸学によって国の成り立ちと尊皇思想を学ぶ中で、農民でありながら武士としての自覚が芽生え、やがてそれは憂国の志士としての矜持に発展した。

　渋沢が論語講義を通して例にあげる歴史上の偉人の大半は武士である。それらの偉人の共通点は、皇室を尊崇し国のために命を惜しまなかったことであった。渋沢は水戸学とともに、歴史書からも尊皇思想と憂国の志士としての気概を学んだ。

1－5－3　横浜焼き討ち計画への「形勢」と「虜情」の影響

　正志斎は、倭寇の内部で中心的な役割を果たした25名の日本人が、明の命運を脅かした事例を引用し、「衆」と「寡」つまり戦闘員の数は勝敗を決する最重要な要素ではなく、むしろ勢いが重要と述べる。これは戦闘においては、まず気勢によって敵を圧倒することが先決であり、兵力の多寡は決定的な要因ではないという趣旨である。

　正志斎は巧みに兵を用いる者は兵糧を敵から収奪するだけでなく、兵力も敵から獲得することができると述べる。これは少数の戦力でかつ武器が不足していても、巧みに戦略を実行すれば敵の武器を奪い、その武器で敵を打ち破ることができるという趣旨である。

第13章　第Ⅱ編のまとめ

　渋沢が横浜焼き討ち計画で採用した戦略は、結果的に正志斎が記述した内容に沿ったものとなっている。横浜焼き討ち計画に参加を予定していた戦力は70名余りであり、武器も不十分であったため、渋沢は高崎城を襲撃して武器を奪いイギリス人を殺傷することを計画した。

　武器の扱いに不慣れな志士70名からなるテロ集団が、奪った武器を携えて高崎城から100キロ以上離れた横浜に到着するまでにはほぼ確実に計画が露見し、幕府軍によって制圧されるであろうことは常識的にも明らかである。横浜焼き討ち計画は尾高長七郎の反対によって中止されたが、正常な精神状態で理性を働かせれば、ほぼ同規模で行われた十津川郷士の反乱制圧の事実を見るまでもなく、横浜焼き討ち計画が非現実的であることは明白であった。

　正志斎の記述が渋沢の異常行動に影響を及ぼしたとすれば、それは巧みな論理を駆使した虜情の啓蒙によって、西欧諸国の侵略の脅威が渋沢の脳裏に刷り込まれた結果と推察される。

　形勢と虜情のみの影響ではないが、イギリス人を外夷とみなし嫌悪の感情を明らかにした証跡は、横浜焼き討ち計画の際に頒布した神託に見られる。

　神託は尾高惇忠の作であるが、計画の中心にあった渋沢がこの内容に同意していたことは明らかである。神託の筆致を見ると、横浜焼き討ち直前の渋沢および惇忠には、形勢と虜情による刷り込みがなされていたと考えられる。

　新論は危機感をもって世界情勢を捉え、日本に迫る西欧からの侵害に対していかに対処すべきかについて、真剣に取り組むことを余儀なくされるよう巧みな記述で構成されている。

　では新論を読んでも具体的な行動に駆り立てられなかった読者と、横浜焼き討ちというテロ行為を計画するに至った渋沢等ではいかなる相違があったのかという点が検討すべきポイントとなる。

　新論の記述の巧妙さは、地政学や侵略論などの分野について歴史的事実を織り込んで記述している点である。もし正志斎が形勢を地政学的知識のみで論旨を展開していたとすれば、読者にとっては内容のすべてが目新しい知識であるとともに、その知識の正しさを判断する尺度が記述内容に含まれていないことになる。

　渋沢の地政学的知識は不足していたが、歴史には造詣が深かった。正志斎

が地政学や侵略論とともに記述した歴史的事実に渋沢が共感したとすれば、歴史認識を共有する人物が記述した地政学、侵略論、国防論、国家計画を正しいものとして受け容れた可能性が高い。

渋沢が信頼する仲間とともに横浜焼き討ちを計画した背景事情の一端が明らかになれば、「テロリストから日本資本主義の父へ」という渋沢の経歴の出発点が解明され、そこからの変容プロセスをより正確に把握することが可能となる。

さらに、それが可能となれば、神格化されることのない「人間渋沢」の真実に、より確実にたどり着くことができる。そうなれば、後世に生きるわれわれが渋沢を特別な存在としてではなく、人間臭い人生の先達としてとらえ、その姿勢を学ぶことが可能となる。

1－6 『新論』守禦と渋沢思想

渋沢が新論から影響を受けたと考えられる時期は、水戸学によって尊皇攘夷思想を修得していた青年期である。論理的かつ説得的に記述された新論は渋沢等の思想形成に影響を及ぼし、横浜焼き討ち計画というテロ行為に彼等を走らせる煽動的な役割を果たした。

係る前提で新論を検討する場合、戦術書としての内容を含む守禦は、テロ行為に向けて費用を捻出し兵站準備を整えるべく活動していた渋沢等にとって、手引書としての役割を果たしたと考えられる。

テロの教本が存在しない当時において、守禦にはその役割が期待された。第11章はこの認識の確からしさを検証するため、守禦を構成する「国内政策」、「新たな国防政策」、「守禦の基本精神」の３つのテーマごとに検討を加えた。

「国内政策」では、きたるべき西欧諸国の侵攻に対して幕府はいかに対処すべきかという観点から、「ヒト・モノ・カネ」にわたって正志斎の政策論が展開されている。正志斎は、ヒトに関しては兵力の強化を目的とした士風の作興や人材の登用、民の保護などに言及し、モノとカネについては藩の富強をはかるべきことを強調した。

渋沢等は、国内政策に関する正志斎の見解の正当性を認識するとともに、それを実行に移すことを困難にしている幕藩体制の問題点も認識した。テロ

第13章　第Ⅱ編のまとめ

を計画した渋沢等の目的が幕藩体制崩壊のさきがけとなることであったとすれば、正志斎による国内政策の問題点に関する記述は、現体制打倒を目指す渋沢等の意志を強化する役割を果たしたと考えられる。

「新たな国防政策」は、日本に対する西欧諸国の侵攻を防ぐための戦場および兵站両面に関わる戦術を述べたものである。この戦術は外敵に対する防備の具体的方法を論じたものであるが、テロによって国内の混乱を引き起こす内なる敵である渋沢等にとってはむしろ防備の弱点を知る材料になった。

防備の必要性を述べることは、裏を返すと国内防備の不完全さを述べることになる。テロを計画する渋沢等にとっては、正志斎が認識する日本の防備の不備こそが重要な情報であった。

正志斎は「守禦の基本精神」において「士風の作興」の必要性を強調し、その基盤となる「義」を広義および狭義の両面から述べる。正志斎の義は幕府の「公義」たる攘夷思想である。弛緩した士風を作興し、幕藩体制を立て直すべきというのが正志斎の主張である。

それに対して、渋沢等の「大義」は倒幕によって天皇親政を実現することであり、それが渋沢等にとっての「義」であった。したがって、守禦で正志斎が主張する義の目的と、渋沢等にとっての義の目的は相反するものであり、渋沢等がこれによって啓蒙されたとは考えられない。

守禦が横浜焼き討ち計画を支えた思想的基盤を担ったことを検証することはできない。しかし、渋沢等が横浜焼き討ち計画を念頭に新論を読んでいたとすれば、当時の日本の現状に対する正志斎の懸念を綴った記述内容は、渋沢等がテロリストとしての目的を達成するうえでの貴重な情報源になったと考えられる。

１−７　『新論』長計と渋沢思想

長計については、正志斎の主張が凝縮されている、(1)皇化の歴史、(2)祭祀についての考察、(3)祭政一致と国家の長久策などから、「尊皇思想と祭祀」、「攘夷論の特質」、「開国論」、「宗教観」の４つのポイントを抽出し、正志斎と渋沢の考え方を比較検討する。

第Ⅱ編　会沢正志斎と渋沢思想

1−7−1　会沢正志斎の尊皇思想と祭祀

　正志斎の尊皇思想は、皇化の歴史や歴代天皇の事績に関する浩瀚な知識に裏づけられた、まさに水戸学の王道を代表する思想である。正志斎は天皇家によって執り行われてきた祭祀の本質的意義を深く理解していた。正志斎にとって皇室が行う祭祀は、天祖を祀り皇化によって成立した日本の基盤を確認するための典礼であった。

　朝廷が征戦によって夷狄を従える過程で地神を尊重し、地場信仰を容認することによって人心を収攬すると、天照大神を頂点とする神々のヒエラルキーが成立し、祭祀は朝廷内の典礼にとどめることができなくなった。そうなると、祭祀は皇室を頂点にいただく国家体系を維持し、人心をまとめるために不可欠な存在意義を有するものとなった。

　武家に政治的実権が移行した後も、国家の頂点にあるのは連綿と続く皇室であり、朝廷を奉じて人心をまとめ国家を維持するために必要不可欠な典礼が祭祀であると正志斎は認識した。正志斎にとって朝廷の内外で執り行われる祭祀は形式的な典礼ではなく、孝と礼という徳目によって社会を秩序づけるものであった。

　正志斎にとって孝と礼は、漢籍からの借り物ではなく、皇化の歴史とともに存在する日本固有の道徳倫理であった。このように正志斎にとって尊皇思想と祭祀は不可分であり、祭祀の重要性を士民が再認識することは、国民が団結し皇国日本の国防力を強化する最善策と正志斎は主張した。

1−7−2　渋沢栄一の尊皇思想と祭祀

　正志斎が自身の尊皇思想を日本の国土を防衛するための思想として展開したのに対して、渋沢は尊皇思想によって独自の国家観を確立し、それを国臣意識にまで発展させて企業家、社会事業家として国家の繁栄と幸福を追求した。

　渋沢を尊皇思想に導いた要因として、幼年期から親しんだ書籍や、学問の師である尾高惇忠の影響が考えられる。渋沢は正志斎のように体系的な皇室の知識に基づいて尊皇思想を抱いたわけではなく、むしろ惇忠の指導や尊皇思想に関する書籍によって自らの思想を形成した。

正志斎の尊皇思想は、その牙城である水戸藩で純粋培養された保守本流であるのに対して、渋沢の尊皇思想はいわば亜流であった。

正志斎にとって尊皇思想を研究することは、水戸の彰考館に勤務する『大日本史』の書写生の本業であった。それに対して、農民であった渋沢にとって、尊皇思想は直接生業に関係のない空理空論として周囲から閑却されても仕方がない思想であった。

つまり、大部分の農民のように、時代の流れに逆らうことなく本業に徹している者にとって、尊皇思想はいわば不要不急の思想であった。その意味でも渋沢は亜流の尊皇論者であったといえる。

しかし、尊皇思想だけでなく攘夷思想も有する志士であった渋沢は、不甲斐ない幕政を放置すれば、日本が外夷に侵略されるのは時間の問題と認識していた。新論によって幕府の実態を知らされ焦燥感を抱いた渋沢は、志士としての気概を有する仲間とともに現状打破に向けて現実的に関与する道を模索した。

農民である渋沢が現実的に関与するためには、仲間を募り現状を打破するきっかけをつくることが唯一の方法であった。それはテロによって自分等の考えを世間に知らしめ、身を捨てて倒幕のさきがけとなることであった。

渋沢は江戸遊学によって多くの同志と意見交換し、自分の考えの正しさに確信を抱くようになった。それは幕政から遠い地位にあり、しかも自分と同じ思想を有する仲間との意思確認によってであった。幕政に近い水戸藩の先覚者である正志斎の著作は、渋沢の考えの正しさを確認する役割を有していたと考えられる。

保守本流の正志斎にとって尊皇思想の知行合一は、祭祀によって国を再建することであり、青年期の渋沢にとっての知行合一は、横浜焼き討ちというテロによって幕藩体制を崩壊させ天皇親政を実現することであった。

横浜焼き討ち計画は、身分制度の桎梏から自由であったがゆえに可能であったともいえるが、渋沢には自らが信奉する尊皇攘夷思想を知行合一で実践する強い思いがあった。横浜焼き討ちは誤った信念に基づく知行合一であったが、一生を通して尊皇思想を持ち続けた渋沢は、維新後その思想を国家観や国臣意識に発展させて、国家への貢献を目的に企業家、社会事業家として

知行合一を実践した。

渋沢は祭祀についても知行合一を実践した。渋沢は歴史的背景を有する素朴な信仰や、神社仏閣に対しては敬意をもって接した。正志斎が述べる地祇に相当する地場信仰は土地に根付いたものであり、渋沢はふるさとである血洗島村の寺社と、村人の素朴な信仰心を尊重した。

渋沢は、「地の霊(たま)」ともいうべき、いわく説明しがたいものの存在を肯定的に捉えていた。それば地の霊(たま)、人の霊(たま)、時の霊(たま)なるものがあるとすれば、本来霊的な存在である人間と、霊的存在としての土地が互いに霊を通して正の方向で結びついたときに仁厚なる村が出現するという考え方であった。

渋沢の考えを解釈すると、人の内面にある仁徳という場所に人が本来持っている心を住まわせることによって、人の心は安住の地を得て精神的に豊かに過ごすことができるということになる。

渋沢の祭祀に関する知行合一は、ふるさとの寺社の祭祀に対する貢献だけでなく、全国の寺社に対する全般的な援助に及んだ。正志斎が主唱する祭祀の活性化は、皇室と祭祀の関係性とその歴史に関する浩瀚な知識から論理的に析出された理想論であるのに対して、渋沢の祭祀への関わりは、各地の神社を多面的に支援する実践論であった。

1－7－3　会沢正志斎の攘夷論の特質

正志斎の攘夷論は華夷思想の特質を有し、(1)日本の地勢的優位性、(2)夷狄たる外国との比較優位性の2点に根拠が置かれている。

日本の地勢的優位性に基づく正志斎の知見は、極東に位置する日本の地理的条件に根差したものである。この事実は、他国に先立って太陽の恩恵を享受する日神たる天照大神が、世界の頭首たる日本の天祖であるということの確固たる根拠である。

一方、外国との比較優位性は、海外に関する詳細な研究に基づくことなく情緒的な見解が述べられており、これを眼にした読者が外国に対して悪感情を抱いても不思議ではない。しかし、孝明天皇、徳川幕府、水戸藩のすべてが攘夷論を信奉している状況において、正志斎が上位者の意向を忖度し、ことさら声高に攘夷論を主張せざるを得ない事情を抱えていたことも事実である。

正志斎が徳川幕府の最末期に至って開国論に転じ、その論拠を『時務策』によって明らかにした事実を勘案すると、攘夷思想は正志斎にとって絶対に放棄できないものではなかった。

　このように考えると、時務策は正志斎の誠実さを示すものであるとともに、身分的な桎梏と時流に流されて攘夷論を主張したことに対する懺悔の書と位置づけることもできる。

１－７－４　渋沢栄一の攘夷論の特質

　横浜焼き討ち計画は、いわば尊皇思想と攘夷思想を一挙に実践しようと試みたものといえる。渋沢等は「尊皇思想」に基づいて天皇親政を実現するため幕府に揺さぶりをかけるべく、「攘夷思想」の実践としてイギリス人を殺戮することを計画したからである。

　攘夷思想の実践の一端としてイギリス人の殺戮を計画するということは、渋沢には西欧人に対する激烈な嫌悪感があったと考えられる。そのような嫌悪感が醸成された理由としては、(1)現実にイギリス人と出会ってその剣呑さや邪悪さを実感したこと、(2)書籍によって西欧人に対する嫌悪感が植え付けられ、攘夷思想を抱く同志との議論を通してその感情が高揚したことの２つが考えられる。

　少なくとも幕末における渋沢の事績において西欧人と接触した記録は存在しないので、影響を受けたとすれば、上記の理由の後者ということになる。

　渋沢が読んだ長計は日本を礼讃することによって攘夷論を展開し、年若い読者の感情を揺さぶる文体で西欧人を貶めた。長計は純粋な読者に対して、愛国心とともに西欧人に対する嫌悪感を抱かせるに十分な表現力をもって記述されている。

　攘夷思想を有しかつ徳川幕府に不満を抱いていた渋沢が長計のくだりを読めば、幕府の失政に対して強い不満を抱くであろうことは容易に推察される。日々の小事に拘泥し、遠大な構想に基づいて日本が直面する西欧諸国からの危機に正面から向き合わない幕府に対して、渋沢は正志斎と同様に強い不満を抱いた。

　渋沢が幕政について認識したのは新論のみからではないと考えられるが、

論理的かつ説得的な長計の表現は、渋沢に対して少なからず啓蒙的な影響を与えたと考えられる。

1－7－5　開国論への転換

　正志斎は『時務策』によって開国論に転じたことが明らかとなり、渋沢は滞仏経験を契機に開国論に転じた。しかし、尊皇思想は長く渋沢思想の中核にあり、渋沢の国家観と国臣意識の基盤であり続けた。

　渋沢思想には国臣意識だけでなく、武士道から学んだ陰徳や、論語を中心とする漢籍から学んだ道徳倫理などいくつかの特質が見られる。渋沢思想は開国論と尊皇主義が一体となることによって、いわゆる「尊皇開国論」へと思想転換が果たされた。

　農民であった渋沢にとって、攘夷か開国かの議論は本業とは直接的に関わりのないものであった。しかし、農民でありながら憂国の志士としての矜持を抱くようになると、渋沢は攘夷論を主張する水戸学の影響から攘夷論者となった。

　正志斎にとって攘夷論者になることは、孝明天皇、徳川幕府、水戸藩などとの関わりから定められた、いわば宿命的なものであったのに対して、渋沢が攘夷論者になることは、環境的要因による運命的なものであった。

　宿命から脱するには命がけで臨まなければならない。正志斎が『時務策』を発表し、攘夷論から開国論への変節を表沙汰にするにあたっては、過激な水戸藩士から誅殺される覚悟を決めたと考えられる。

　それに対して渋沢の出自は農民である。その発想の原点は、いかにして効率的に付加価値を創造するかという点にあった。海外の実態を知ることなく、運命的に攘夷論に心酔してテロという大罪を犯す寸前で断念したことで、渋沢の運命は大きく切り替わった。

　渋沢にとって、海外の実情と日本の現状を比較して発想を切り替えるのに大きな葛藤はなかった。価値創造者の立ち位置で実利的思考を巡らせれば、開国論への思想転換が渋沢に迷いを生じさせることはなかったのである。

　正志斎にとっての宿命としての攘夷論と、渋沢が運命的に出会って心酔した攘夷論にはこのような相違があり、開国論への思想転換の経緯も両者間で

大きく異なっていた。

1－7－6　会沢正志斎と渋沢栄一の宗教観

　新論を構成する他の篇と同じく、長計には正志斎の宗教観が記述されている。正志斎は神教以外の宗教を邪教とみなして排除すべき対象とする。特にキリスト教は日本に対する侵略の道具と看做して嫌悪する。この嫌悪は正志斎の攘夷論の基底に否が応でも存在する。そして、この感情が正志斎をして論理的な反面、煽情的に攘夷論を主張する要因となっている。

　それに対して、壮年期以降の渋沢は、キリスト教や仏教に対して真っ向から否定する姿勢を有してはいない。キリスト教の教義には、日本人が見習うべき道徳倫理が存在するというのが渋沢の認識である。渋沢は仏教については、日本に定着し民間の生活に入り込んで信仰の対象になっているという歴史的経緯を尊重し、キリスト教については教義内容を精査し、長所は巧く取り込むべしという中立的な姿勢を有している。

　渋沢が神教や仏教に向かう姿勢は、神仏に対して努力をともなわない僥倖を祈ることを厳に戒めるという点に特徴がある。すべての結果は人事を尽くすことから生じ、それを公平に判断して努力相応の結果を人間にもたらすのが天であるというのが渋沢の理解である。

　渋沢は天に在る絶対者の存在を認めるとともに、「もと人」である祖霊とは、地において人と接するのと同じ礼をもって接するべきであり、それが神仏に向かい合う正しい作法と考える。

　仏教やキリスト教に対する姿勢を正志斎と渋沢で比較すると、正志斎が「絶対的拒絶」であるのに対して、渋沢は「選択的受容」という違いがある。しかし、個人的利益や努力の裏づけがない僥倖を祈る姿勢を排除するという点に関しては、両者間に認識の共有がみられる。

　渋沢は姉が精神を患った原因が無縁仏によるものと語った祈禱師の矛盾を衝いてやり込めた経験を有しており、少年期においてすでに似非宗教が纏う非科学的な側面を否定的に捉える考えを身につけていた。正志斎と渋沢の宗教観はそれぞれが独自に涵養したと考えられる。

1−7−7　長計のまとめ

　長計は新論の終章に相当する篇であるので、(1)皇化の歴史、(2)祭祀についての考察、(3)祭政一致と国家の長久策の3つについて正志斎の主張と渋沢の考え方を比較し、さらに「尊皇思想と祭祀」、「攘夷論の特質」、「開国論」、「宗教観」の4つのポイントについて正志斎と渋沢の考え方を整理した。

　正志斎と渋沢はともに尊皇攘夷思想を信奉し、祭祀についても思想を共有していた。しかし、幕藩体制下での両者の身分や出自の相違によって、尊皇攘夷思想を抱くに至った経緯や思想の理解内容に異なる点が多く見られた。

第2節　『新論』と渋沢思想

　本節では第Ⅱ編を構成する7つの章の結論を総合的に考察し、(1)尊皇思想（国臣意識の淵源を探る視角）、(2)攘夷思想（国際貢献への転化プロセスを探る視角）、(3)武士道（陰徳を倫理規範と認識する視角）、(4)論語（名分論を含む水戸学が論語から受けた影響を探る視角）の4つの視角から、水戸学による渋沢思想への影響を探る。

2−1　国臣意識の淵源

　渋沢の国臣意識は尊皇思想に淵源があり、尊皇思想には水戸学の影響が多分にあるというのが筆者の認識である。この認識の正しさを確認するのが、新論で語られる正志斎の尊皇思想と渋沢の尊皇思想を比較検討する作業である。

　正志斎と渋沢の尊皇思想を比較するにあたって、前提として認識すべきことは両者の社会的身分の相違である。正志斎は水戸学の理論的支柱として統治者サイドに身を置く武士であり、渋沢は豪農のインテリ農民であった。

　正志斎にとって尊皇思想は、皇室の藩屏たる武士が幕藩体制の存続を前提として則るべき政治思想であり、渋沢にとって尊皇思想は、倒幕によって天皇親政を実現するために則るべき政治思想であった。

　両者は異なる立場で「知」たる尊皇思想を「行」う「知行合一」を実践したが、正志斎にとっての「行」は現状をつつがなく守るための行動であった

のに対して、渋沢の「行」は現状を根本から打破するための行動であった。

　渋沢が手段を選ばず則るべき政治思想と認識した尊皇思想に攘夷思想が加わって尊皇攘夷思想となり、天皇親政を実現するための倒幕のさきがけとして計画したテロが横浜焼き討ちであった。さらにそのために血祭にあげようとしたのが害獣と位置づけたイギリス人であった。

　新論全編を貫く煽動的な文体で展開される論理は、読者をして尊皇攘夷思想の信奉者にする魅力があった。渋沢の漢籍、水戸学、歴史などの学問の師であった尾高惇忠は、水戸斉昭の考え方や行動に深い感銘を受けた水戸学フリークであるとともに、横浜焼き討ち計画の首班の一人として中心的な役割を担った。

　渋沢の水戸学の師たる惇忠は憂国の士たるインテリ農民であり、渋沢と協力して横浜焼き討ちを計画したという事実から、両者は正志斎の意図に反して、尊皇攘夷思想を自分等の理想を実現するための過激思想として利用した。

　筆者が「渋沢等」と表現する渋沢と惇忠を中核とする横浜焼き討ち計画の推進グループが、新論の尊皇攘夷思想から影響を受けたことは事実と考えられる。しかし、影響を受ける側の渋沢にはすでに、(1)農民として生まれた境遇、(2)憂国の士としての気概、(3)文武農商の四道を修めたインテリ農民の矜持などが自我の基盤に存在していた。

　渋沢が水戸学の中核思想を、自我を形成した既存の知識を基盤に理解したとすれば、両者の出自の違いからも正志斎が意図する尊皇攘夷思想をそのままの形で取り入れることはあり得なかった。

　渋沢の尊皇攘夷思想は横浜焼き討ち計画が未遂に終わった後、政治的環境や社会的地位の変化に応じて著しく変質した。攘夷思想は開国思想にとって代わられ、幕藩体制に代わって立憲君主制が実現すると、当初の尊皇思想は天皇親政を実現するための過激思想から、立憲君主制下で天皇を頂点にいただく国家の富盛と国民の安寧を企業家、社会事業家として推進するための実践思想に変質した。

　正志斎が主張する尊皇攘夷思想は、渋沢の白紙状態の脳にインプラントされたのではなく、6歳から培われた漢学、歴史、国学などの岩盤知識のうえで自在に解釈され吸収されたと考えられる。やがて、渋沢の尊皇攘夷思想は

明治維新を経て、暴力を厭わない過激思想から、国を開いて外国と交流し国家の富盛と国民の安寧を追求する実践思想としての国臣意識へ進化した。これが「渋沢思想のメタモルフォーゼ」である。

2－2　攘夷思想から開国思想への変化

　正志斎と渋沢は幕末期の終盤に相前後して攘夷思想から開国思想に変節した。正志斎が新論で展開した攘夷論は、(1)日本の地勢的優位性、(2)夷狄たる外国との比較優位性などに則った一種の華夷思想に基づく思想であった。正志斎にとって尊皇思想は天皇を中心とする日本の成り立ちに関する普遍的な思想であったが、攘夷思想は徳川幕府が四囲の情勢から日本に対する西欧の侵入を切断するための政治思想であった。

　正志斎の華夷思想は西欧諸国を性悪説で断ずるもので、日本への侵攻を画策することはまさに夷狄の所業であり、感情的に西欧人を蛇蝎のごとく嫌悪する様子が新論の筆致から察することができる。

　正志斎が『時務策』で表明した開国論への変節は、心底から開国を良策と認めたものではなく、断腸の思いでやむなく転じたと理解される。

　正志斎が新論で展開した攘夷論の根拠のうち、極東に位置する日本の地勢的優位性には変化はないが、外国に対する比較優位性については、産業革命によって発達した西欧の科学技術と近代的な軍事力によって、優劣が反転したことを認めざるを得なくなった。

　正志斎の攘夷論の根拠は、それを支えていた2つの条件の一方が破綻することによって、開国論への変節を余儀なくされたことになる。日本的精神の優位性は、近代的な科学技術の前に膝を屈することとなった。このように、正志斎が攘夷論から開国論に転じた背景には、「日本的精神の優位性が西欧の科学技術の前に膝を屈した」という屈辱的な事実があった。正志斎は忸怩たる思いをもって開国論に転じざるを得なかったのである。

　一方、渋沢の攘夷論は、正志斎のように日本の沽券を両肩に背負って西欧と対峙するというような大上段の考えによるものではなかった。維新前に西欧人と接触することがなかった渋沢にとって、性悪な西欧人のイメージはもっぱら書籍や人伝えによって形成されたものであった。

渋沢は憂国の志士として武士以上に文武両道を身につけ武士道の精神も学んではいたが、農商実務に長く携わってきた経験から、発想の原点には付加価値の創造を重視する考えが存在した。これが文武農商四道を身にまとったインテリ農民志士の特質であるとともに、対外関係については実利を重視した柔軟な発想ができる能力でもあった。

　渋沢は一橋家家臣になった時点で交際範囲が著しく広がり、柔軟な思考で開国論者とも縦横にかつ自由に議論する機会を得た。その経験は滞仏経験を機に開国思想に転じる伏線の役割を果たした。

　渋沢は正志斎のように忸怩たる思いで開国論に転じたわけではない。渋沢は滞仏経験を機に世界的な視野で日本の位置づけを認識した。そのうえで渋沢は日本を西欧と肩を並べる一流国に引き上げるには、開国によって科学技術や政治経済に関する各種制度の良いとこ取りすることが合理的であるという発想に転換した。

　渋沢が正志斎の時務策を読み、その趣旨に賛同した可能性を否定することはできない。しかし、両者が開国論に転じた経緯を考察するかぎり、変節の理由に両者の共通点を見出すことはできない。

2－3　武士道と陰徳

　陰徳に関する正志斎の考え方を新論の記述から確認することは困難である。しかし、正志斎は国防戦略を語る際に「義」と「利」の関係に言及する。

　正志斎は、西欧諸国の侵攻から日本を守るための屯田兵や敵情視察および兵站戦略による新たな国防戦略は士風を作興すること、つまり、武士道を喚起することによってなされるべきであり、その基盤となるのが義であると主張する。正志斎は義と利の関係を独自の視点から捉えていた。

　正志斎の義利に関する理解には広義と狭義の2つが存在する。正志斎は義利を広義に定義するにあたって『易経』を引用し、「義の積み重ねが利になる」と述べ、目先の利のみを求めると忠と邪、賞と罰などが混乱し、士風を作興するどころか世間が乱れると主張する。

　正志斎は義と利の違いについての考え方を明確にしたうえで、利を求める小人が君子を装って君臨すれば、義の積み重ねによって本来得られるはずの天下

の義が得られなくなるとして、頂点に立つ者を慎重に選ぶべきことを主張する。

　正志斎は利との関係によって義の広義の定義を明確化する。つまり、利とは私心に発する物の道理に外れるものであり、義とは物の道理にかなうものである。利を追求するのが小人であり義を追求するのが君子であるので、世を正しく治めるには君子が頂点に立つべきというのが正志斎の主張である。

　正志斎の義の定義は広義から狭義へと展開する。義の狭義の定義とは何かといえば、それは天下の公義たる「攘夷論」である。そして、攘夷論を実践するための諸施策の基盤にあるべきものが「士風の作興」であると正志斎は主張する。国防政策を実践するには、まず本来の武士道に回帰することが第一歩であり、士風の作興は「天下の公義」をもってなすべきであるというのが正志斎の主張である。

　正志斎は、天下の公義たる攘夷思想を武士層に徹底することによって士風の作興を図ることが、国防政策を成功裡に推進する鍵であると述べる。

　このように、易経や論語を引用して義の意味を広狭両面から重層的に論ずる中で、徳川将軍のあり方や心構えをさりげなく織り込む点に正志斎の巧妙さがうかがえる。正志斎は義である攘夷論に基づいて士風を作興し、守禦で示した諸施策を実施すべきは徳川将軍の政治課題であることを新論でさりげなくかつ明確に主張した。

　一方、渋沢が提唱する義利合一説は、形式的には正志斎の考え方と相似性が認められる。しかし、「義」と「利」の関係性について、渋沢の考え方を正志斎と比較検討するためには、テロリストとしての渋沢にとっての義利と、壮年期以降に提唱した義利合一説における義利を分けて検討することが必要となる。

　正志斎にとっての攘夷論は士風の作興を喚起するための思想であったのに対して、渋沢の大義である攘夷論は、倒幕のきっかけを作り天皇親政を実現するための思想であった。正志斎が新論で主張する公義と、テロリストとしての渋沢の大義は相反する目的を有するものであった。

　しかし、壮年期以降に論語の独自解釈から生み出した渋沢の「義利合一説」は、国臣意識に基づいて国家の富盛と国民の安寧を実現するための基本的な商業道徳として提唱された。渋沢は義をもって利を追求すべきであり、究極

的には義と利は合一すべきと説き、自らも実践することで知行合一を示した。

義と利の関係を「義の積み重ねが利になる」と説く正志斎と、「義と利は合一すべし」と説く渋沢の思想は、人間の行動において義を尊重する姿勢においては共通である。

しかし、正志斎の場合は、「士風の作興による国防の強化」であったのに対して、渋沢は「国家の富盛を図るための商業道徳の浸透」というように両者の目的は異なっていた。正志斎は国防、渋沢は経済を目的として義と利の関係を論じたのは、維新前後で国家体制が大きく変化したことが大きいと考えられる。

正志斎は『易経』、渋沢は『論語』をもとに義利の関係を独自の解釈として打ち出した点を考慮すると、両者の発想の原点は異なっている。係る考察結果から、渋沢の義利合一説が新論の影響によって確立したと結論づけることはできず、陰徳および義利の関係について、新論から渋沢が影響を受けた証跡を見出すことは困難である。

2－4　名分論の解釈

正志斎と渋沢は、武士と農民の立場からそれぞれが名分を尊重していた。名称と分限の一致を必須とする名分論は、君臣や父子の別をはじめとする上下の秩序を重視する考え方で、幕府が推奨する朱子学が重んじた思想である。朱子学は論語解釈を基盤とする学統であることから、名分論は論語に起源を有する。

壮年期の渋沢の論語解釈には陽明学の影響が見られ、朱子学の解釈とは相反する点が際立っていた。一方、青年期の渋沢が藤田幽谷の『正名論』から影響を受けた可能性は大きい。

青年期の渋沢がその言動において名分論を重視したことは、憂国の志士として行動するために武士の身分を望んだことや、横浜焼き討ちに際して神託によって自らを神兵と位置づけたという事実から確認できる。

正志斎は、皇室を中心とする安定的な国家運営を可能にするための倫理規範が、貴人に対する「忠」と父子間の「孝」であり、かつ忠孝が一体となることであると述べる。正志斎は天と地との関係から貴人や親との関係性を

「忠」と「孝」という徳目に移し替えて、社会秩序の規範を合理的で根拠あるものとして提示する。

　正志斎は、天照大神は忠孝の道を建てその教えを万世におし広めたと述べるとともに、忠孝の定義を明確化した。正志斎によれば、忠は貴人を貴ぶことであり、孝は親に親しむことである。貴人にも貴ぶに足りない者もあり、親にも親しむに足りない者がいるであろうが、静態的な社会においては身分に応じて段階を設定する名分論が機能し、その頂点に皇室を置けば基本的に社会の安寧が図りやすくなる。

　天照大神は衣食の術である稲作と養蚕、および天の「誠」に発する忠孝を重要な徳目として地に伝えた存在であり、物心両面において「祖」であると正志斎は述べる。忠は貴人を貴ぶことであり、孝は親を親しむことであるとし、それを君臣・父子・夫婦・長幼・朋友の五品に展開するとともに、親・義・別・序・信の五典に拡張し、それらが国民が遵守すべき倫理規範になったと正志斎は述べる。

　正志斎が重視すべき徳目を忠孝としたのは、天孫たる皇室が人民を統治するにあたり、個々の人民に名分を尊重して規律を守らせることが国の安寧を図るうえで最重要だからであった。

　正志斎は忠孝を「誠」から発したものとしてその重要性を演繹的に導き出す。そして、「君臣・父子・夫婦・長幼・朋友」の関係それぞれに「義・親・別・序・信」をあてはめて展開し、それぞれの名分に沿った倫理規範を示して社会の規律を精神面から保とうと考える。

　また、正志斎は『中庸』と『孝経』を引用して祖霊を鬼神と説明し、天地の間にあって鬼神より誠なるものはないと述べる。現世に生きる人間と天との間にあって、最上の「誠」をもって存在するのが鬼神たる祖霊であるというのが正志斎の認識である。

　一方、渋沢は「孝」と「礼」の関係について、孔子の「父母存生の間はこれに事うるに礼を以てし、父母死去したる時はこれを葬るに礼を以てし、その後の祭にもこれを祭るに礼を以てし、終始礼に違わざるを以て孝を尽くすとなすなり」という言葉を引用して礼の大切さを示すとともに、孝道を全うするには親に対して生前、死後を通して礼をもって接するべきと主張する。

さらに、渋沢は礼に違うことで君を蔑ろにし、忠義を疎かにする孟懿子を取り上げて礼の重要性を説く。その礼は親への孝養を尽くすことによって涵養されると説く。礼の淵源は孝であり、孝によって礼を身につけた人物が忠義を知り、良き忠臣になるというのが、渋沢が認識する「孝」、「礼」、「忠」の関係である。

　つまり、君に仕える忠臣であるためには、まず孝養を尽くすことで両親に仕え、そこで礼の何たるかを学ぶことが必要であり、しかる後に君に対して礼を以て忠義を尽くすのが忠臣であるというのが渋沢の理解である。

　渋沢にとって「忠」と「孝」は、社会全体の統制を保つうえで不即不離の関係をもって人心に扶植されるべき徳目であり、両徳目を結びつける役割を果たすのが「礼」であった。

　正志斎は日本固有の徳目として忠孝を重視し、そこから派生する五典（親・義・別・序・信）を政治の安寧を図る規範とした。一方渋沢は、論語に基盤を置き国家、組織、家庭からなる重層構造全体に通底する倫理規範として忠孝を一体として認識した。

　このように、徳目としての忠孝の成り立ちに対する正志斎と渋沢の認識は異なるものの、人間社会の規律と接際において発揮されるべき忠孝の役割に対する認識は両者間で共有されている。

　また、天地の間にあって鬼神より誠なるものはなく、現世に生きる人間と天との間にあって、最上の「誠」をもって存在するのが鬼神たる祖霊であるという正志斎の考え方は、鬼神に対する渋沢の認識と通底している。

まとめ

　新論が渋沢思想に及ぼした影響を、(1)尊皇思想（国臣意識の淵源を探る視角）、(2)攘夷思想（国際貢献への転化プロセスを探る視角）、(3)武士道（陰徳を倫理規範と認識する視角）、(4)論語（名分論を含む水戸学が論語から受けた影響を探る視角）の４つの視角から検討した結果は上述の通りである。

　水戸藩士が新論を純粋に受け入れる姿勢と、渋沢が新論と向かい合う姿勢は大きく異なっていた。武士としての名分を共有する水戸藩の若手藩士が、正志斎という先覚者の思想に共感を覚えるのと、武士に憧れながらもインテ

第Ⅱ編　会沢正志斎と渋沢思想

リ農民として身につけた見識を基盤に渋沢が新論を読むのでは、読者としての批判力に差異が生じるのは当然である。

　しかし、渋沢が修得した学問や見識は論語を中心とする漢籍や歴史書、国学などによるものであり、水戸学者の見識も同様に漢籍や歴史書から得たものである。その意味では渋沢と水戸学者の学問的知識の淵源に大きな違いはなかったと考えられる。

　両者間で異なっていたとすれば、渋沢には水戸学者にない農商の実務知識があり、水戸学者には渋沢が知り得ない前期水戸学から継承した知識があった。

　このように両者間の異同を再確認したうえであらためて考察すると、尊皇思想と攘夷思想の解釈には武士と農民という社会的地位の違いが反映され、攘夷思想から開国思想への変化の経緯にも正志斎と渋沢の出自の違いが見られた。尊皇思想から国臣意識への渋沢思想の進化の兆しを新論に見出すことは不可能であった。

　尊皇攘夷思想については、渋沢があえて曲解したという疑念が生じるほど、本来の趣旨を違えて解釈し、横浜焼き討ちというテロ計画の思想的な根拠として用いた。つまり、渋沢等はテロを正当化するための規範として尊皇攘夷思想を掲げ、自らの名分を正当化するための理屈として神託を持ち出したのである。

　渋沢が自らを憂国の志士と自認したことで、渋沢が武士道の基本を理解していたことは推察できるが、企業家、社会事業家として維新後に渋沢が発揮した陰徳の萌芽を新論の記述に見出すことは不可能である。

　国家の安寧を担保するための徳目である忠孝の解釈については、日本に固有の道徳倫理と考える正志斎と、漢籍からその重要性を認識する渋沢との間で相違が見られた。しかし、その重要性に対する認識は両者間で一致していた。

　このように、新論が渋沢思想に及ぼした影響は限定的ではあったが、渋沢の、⑴天の認識、⑵鬼神たる祖霊に対する認識、⑶国家の安寧を支える徳目に対する認識については新論の影響が見られる。また、解釈のスタンスは異なってはいたが、尊皇思想は新論を含む水戸学によってもたらされ、後に開国思想に変化する攘夷思想も同様に、当初は水戸学思想からもたらされたと考えられる。

第Ⅲ編

正名思想と倫理規範

第14章

渋沢栄一の正名思想

はじめに

　本章の目的は、渋沢栄一の正名思想の特質を明らかにすることである。渋沢の正名思想は、主に『論語』と藤田幽谷の『正名論』の2著作から影響を受けたと考えられる。

　渋沢の考え方や記録に残された言動には、正名思想の影響が随所に見られる。渋沢の正名思想の変遷をその生涯にわたって時系列的に検討し、いかなる経緯をたどって正名思想を完成させたのかを考察する。

　正名思想は水戸学のみならず、論語をはじめとする多くの漢籍で取り上げられた思想であり、その解釈もさまざまである。『論語』および藤田幽谷の『正名論』の内容解釈は、研究者間で百論続出している。本章では、論語については宇野哲人の『論語新釈』を通釈として用い、朱熹『論語集注』、荻生徂徠『論語徴』、三島中洲『論語講義』の解釈を引用し、それらとの比較において、渋沢が『論語講義』で展開した正名思想に関する見解を分析する。

　幽谷の『正名論』については内容を概観するとともに、水戸学研究者が引用し議論の対象となることの多い、丸山眞男氏と尾藤正英氏の見解を参考にして渋沢の正名思想解釈の内容を検討する。

　具体的には、「名分論」と「名実論」を新たに定義し、「当為」と「事実」の2つの面から正名思想を捉えることにより、渋沢による正名思想の理解内容の推移を時系列的に考察する。

　青年期における渋沢の正名思想理解は不十分かつ錯綜しており、未遂に終わった横浜焼き討ち計画の正当性を同思想から根拠づけることは困難である。しかし、時を経るにしたがって渋沢の正名思想はその言動と整合し、渋沢の

生涯を通して思想面から渋沢の事績を支えた。

　渋沢の正名思想の推移をその生涯に沿って時系列的に考察することは、渋沢が横浜焼き討ちを計画した「テロリスト」から「日本資本主義の父」にのぼり詰めるまでの進化過程を解明するうえで重要な示唆を与えてくれる。

　本章では、思想自体を意味する正名論と、幽谷の著作である『正名論』の混同を回避するため、後者は二重鍵括弧で表示する。

第1節　『論語』の正名思想

　正名思想が取り上げられている論語の代表的な章は、「顔淵第十二第11章」と「子路第十三第3章」である。両章のうち『論語講義』で渋沢が詳細に解説を行っているのが子路第十三第3章であるので、同章を中心に孔子の正名思想に対する渋沢の理解内容を探る。

　水戸学の正名論解釈に影響を及ぼしたと考えられる朱子学、徂徠学、陽明学の解釈内容を確認するため、朱熹の『論語集注』、荻生徂徠の『論語徴』の論語解釈に加えて、渋沢と同時代の陽明学者である三島中洲の『論語講義』の3著作を検討対象とする。通釈としては宇野哲人の『論語新釈』を用いる。

1－1　子路第十三第3章の通釈─名分論と名実論─

　子路第十三第3章は、「子路曰く、衛の君、子を待って而して政をなさば、子まさに奚をか先にせんとするや。子曰く、必ずや名を正しうせん。子路曰く、これあるかな子の迂なるや。奚ぞそれ正しうせん。子曰く、野なるかな由や。君子はその知らざる所において、蓋し闕如す。名正しからざれば、則ち言、順ならず。言、順ならざれば、則ち事成らず。事成らざれば、則ち礼楽興らず。礼楽興らざれば、則ち刑罰中らず。刑罰中らざれば、則ち民、手足を措く所なし。故に君子はこれに名づくること必ず言うべきなり。これを言う、必ず行うべきなり。君子その言において、苟くもする所なきのみと」というものである。

　まず、宇野哲人（以下「宇野」）の『論語新釈』に基づいて同章に関する通

釈を検討する。宇野は、衛に仕えるにあたって弟子の子路が政を行う上で最も重要なことは何かと問うたことに対する「必ずや名を正しうせん」という孔子の答えを、「わしは必ずまず君臣父子の名を正して、『名と実とが相称うようにしようと思う』」と解釈する。

　宇野は「名を正しくすること＝名と実を一致させること」と解釈する。つまり、孔子の正名思想を述べた子路第十三第3章によって語られる孔子の正名思想の内容は「名を正しくすること」であり、その具体的な意味は「名と実を一致させること」である。

　この場合、「実」をどのように解釈しているのかという点が問題となる。論語新釈の語釈では「名を正す＝君・臣・父・子等の名分を正すことをいう」とされている。この内容をそのまま解釈すると、名を正すことは名と実を一致させることであり、「名分を正すこと＝名と実を一致させること」となり、「分を正すこと＝実」という結論になる。

　ではこの場合、具体的に「実」とは何かといえば、君・臣・父・子がそれぞれその名に相応しい能力と道徳倫理を備えていることではなく、「それぞれの地位に就くべき人物がその地位に就いていること」ということになる。そして、それはまさに、「それぞれの血脈に応じた『名』にふさわしい人物が、ふさわしかるべき『分』つまり地位におさまること」である。

　この点は同書の解説で明らかにされる。解説では当時の衛の政治状況について、「当時輒は父の蒯聵が国に入ろうとするのを拒ぎ、父を父とせざるのみならず祖父の霊公を父として祭りなどして名実が乱れていたのである」と説明している。

　この政治状況の説明で明らかなように、孔子は衛君の出公輒が父の蒯聵ではなく、祖父を父としている実態を名分、すなわち名実が不一致な状況と認識した。

　次に、孔子が考える「実」の意味に基づいて、実際の国政において「実」が抱える他の意味について考察する。孔子は衛に仕官し、同国の政治を正しく運営することを目指して衛君の出公輒に助言しようと考えていた。しかし、孔子の助言を効果的に国政に反映させることができるか否かは政治家としての君主の実力に依存する。

この場合、文脈から判断すると、孔子が求める「実」とは、君たる地位にある人物が君たるに相応しい善政を敷くだけの実力を有しているか否かではなく、「血脈に従って君たる地位に就くべき人物がその地位にあるべきこと」である。
　このような理解に基づくと、確実に善政を敷くためには新たな「実」の定義が必要となる。係る論考を経て正名思想を考察するため、本章では以下の通り独自に概念を定義する。

(1) 名分論：君臣父子等の社会的地位を示す「名」と、血脈や家柄等の外形的条件である「分」が一致すべきとする考え方。
(2) 名実論：名分を満たした人物には徳性や実力がともなうべきとする考え方。

　上記の定義に基づくと、名分論は本来あるべき身分的秩序に従って、権力構造内部の人材を適切に配置すべきという制度論的な主張であり、名実論はその次の段階として、配置した人材の質を問う主張と位置づけることができる。
　現代のように地位に相応しくない人材を配置換えすることが容易なのとは異なり、幕藩体制下では名分が固定的であり、名と分が一致すればその関係を基盤として幕政や藩政が営まれていた。当時は実質的な能力を示す「実」より、地位や身分などの外形的事実である「分」が重んじられるという意味で「分＞実」であった。
　中国王朝や日本の戦国時代においては、非力で倫理観の薄弱な君主が国を亡ぼす事態に直面すると、放伐や下剋上によって君主が交代した。
　丸山眞男（以下「丸山」）は「『君臣の義』における服従義務の絶対性と相対性」と題した一文で、孔子と孟子の言葉を引用し、「『君臣の義』は一方では天地上下の秩序として絶対化される（名分論）が、他方で君臣は『義』により結合するものであり、規範的結合という点からその関係は、相対性・双務性の意味を内包する。『君は君たり、臣は臣たり』（「論語」顔淵）であるが、逆にすれば『君君たらざれば、臣臣たらず』ということになる。孟子も『君

の臣を視ること犬馬の如くなれば、臣の君を視ること国人（他人）の如く、君の臣を視ること土芥の如くなれば、臣の君を視ること寇讐の如くす』（離婁下）と述べて、相互性を強調した」と述べる[4]。

　丸山の言う「君臣の義」とは、君たる者がそれに相応しい徳性と実力を備えていなければ国が崩壊するという意味と理解される。本章で定義した名実論も同様に、君が徳性や実力を備えるべきであるという点で、君臣の義を成立させる実質的な条件を示したものである。

　日本の歴史では朝廷における禅譲や放伐は存在しなかったが、武家が群雄割拠する戦国時代には下剋上が行われ君主が交代した。これが意味するところは、君臣関係において君という分を満たした人物の徳性や能力が不十分な場合には、君主の交代が起こるということである。

　渋沢が青年期を過ごした幕末には身分制度が存在した。特殊な事情がないかぎり、農民階級に属していた渋沢が武士階級の上位層に身を置くことは困難であった。つまり、「分＞実」が成立しているという点において、孔子の時代と渋沢が青年期をすごした幕末の社会状況は同質であった。

　しかし、孔子の時代と渋沢が過ごした時代の社会環境で異なるのは、明治維新を経た時点で日本では身分制度が廃止され、固定的であった名分が緩和されることにより、「分」に相応しくない人材を異動させることが容易になったことである。これにより、制度的には「実」を満たす人材を「名」に相応しい地位に就かせることが可能となった。つまり、「分＝実」が成立する社会が維新後の日本に出現した。

　渋沢思想の変遷を正名思想の視角から検討するにあたっては、このように名分論と名実論の定義を明確化するとともに、時代変遷による環境要因の変化を考慮することが不可欠となる。

1－2　朱熹『論語集注』の解釈

　朱熹は『論語集注』において謝良佐の『論語精義』を引用し、「謝氏曰わく、名を正すは、衛君の為にして言うと雖も、然れども政を為すの道、皆な当に此を以て先と為すべしと」（謝氏曰、正名雖為衛君而言、然為政之道、皆当以此為先）と述べる[5]。

論語集注の記述を字義通りに解釈すると、「政を行うにあたっては名を正すことを優先させるべきである」ということになる。しかし、子路第十三第3章の解釈に関するかぎり「名分の一致」についての朱熹の考えは明確ではない。

また、朱熹は「名正しからざれば、則ち言、順ならず。言、順ならざれば、則ち言成らず」という論語の記述について、楊時の言葉を引用して「楊氏曰わく、名其の実に当らざれば、則ち言順わず。言順わざれば、則ち以て実を考うること無くして、事成らず」（楊氏曰、名不当其実、則言不順。言不順、則無以考実、而事不成）(6)と述べる。

朱熹は名分ではなく「名と実」が一致しなければならないと主張する。名と実の不一致が言葉を無効にし、言葉の混乱がそれに対応する物事の成就を阻害するというのが朱熹の見解である。

朱熹が主張する名実の一致が、本章で定めた名実論の定義に合致するか否かという点については、論語集注の内容をみるかぎり本章の名実論の定義には合致しない。

朱熹は紙幅を割いて衛公一家内の確執や倫理道徳の乱れを記述する。衛の世子である蒯聵が霊公の夫人である南子の淫乱を恥じて殺そうとして失敗し出奔した事実や、父子間の確執などがその内容である。朱熹はこれらの事実に基づいて「則ち人倫正しくして、天理を得、名正しく言順にして、事成る」（則人倫正、天理得、名正言順、而事成矣）(7)と述べる。

分を満たした人物に実質的能力がともなっているか否か以前に、朱熹は衛公一家を見て、名を正す前に基本的資質である道徳倫理を正す段階にあると認識した。この点からも明らかな通り、朱熹のいう実を本章で定義する名実論で説明することは困難である。

1－3　荻生徂徠『論語徴』の解釈

荻生徂徠（以下「物徂徠」）は、名を正しくするという子路第十三第3章の記述について詳細に解説してはいないが、「出公その父を仇とし、その祖を禰とす、父にして名づくるに仇を以てし、祖にして名づくるに禰を以てするは、名正しからざるなり」と述べる(8)。

物徂徠の文章をみるかぎり、父を仇としたことを「名正しからざるなり」

第14章　渋沢栄一の正名思想

と述べているので、君臣父子等の社会的地位に応じて名分を正すことを重視したと理解される。物徂徠は本章で定めた名実論ではなく名分論を主張している。

さらに物徂徠は、「その父を拒(こば)み、國中に命じて師を興さば、將(まさ)に何を以て號令せんとする。みな言順ならざるなり」と述べる。名分を疎かにして政をおこなっても、国中の人びとはその言葉を真剣に聞くことはないだろうという意味である。また、「先王の禮樂は、孝焉(かうこ)れに尚(くは)ふるは莫し。孝道立たずんば、禮樂得て興す可(べ)からざるなり。先王の禮樂は、民の爲(た)めに防(ばう)を立つ。堤防(ていばう)立たずんば、放辟邪侈(ほうへきじゃし)の行ひ生ず」と述べる。(9)

物徂徠は、「祖父⇒子⇒孫」と続くべき名分を出公輒が守らず、父の荘公（蒯聵）を蔑ろにしたことは名分の一致を乱すものであると述べ、先王の礼楽に言及して出公輒が荘公に対して孝徳を行わなかったことを問題にする。

つまり、孝徳を含む先王の礼楽は民を守るための堤防であり、その一角である孝を蔑ろにすることが名分の一致を妨げるというのが物徂徠の主張である。名分を正していることを率先垂範して君主が示さないかぎり、政はその機能を果たさないと物徂徠は主張する。

1－4　三島中洲『論語講義』の解釈

三島中洲（以下「中洲」）は、「名と實と相當らずして正しからざれば、則ち言ふこと義理に順はず、言ふこと義理に順はざれば、則ち之れを行ひ難くして、政事成らず」と述べるが、「實」の内容については君たる者の資質ではなく父子の序に関して言及するのみである。名分の一致に関する中洲の理解内容は、本章の名分論の定義と異ならない。(10)

中洲は名実が乱れた衛の政治をいかにして立て直すのかという点について、朱熹と王陽明の説を比較して自説を展開する。

中洲は朱熹の論語集注の記載について、「集注に、胡氏を引き、之れを天王に告げ、方伯に請ひ、公子郢に命じて之れを立てんとすと曰へども、臆説たるを免れず」と述べる。(11)

中洲が朱熹の説を批判するのは、衛の混乱原因を明らかにして正攻法で解決するのではなく、新たな君主をたてることによって事態を収拾しようとす

567

る弥縫策を提起している点である。
　一方、中洲が王陽明の説を評価するのは、出公輒の不徳を戒めて反省を促し、自分の非を明らかにしたうえで本来あるべき名分を回復することが、衛の健全な存続に最も望ましい解決法と説いている点である。中洲の見解は以下の通りである。⁽¹²⁾

「然れども王陽明の擬定或は聖意を得るに近し、故に猪飼敬所も、陽明を取れり、陽明曰く、孔子既に肯て輒を輿けて政を爲せば、必ず已に是れ他能く心を傾け國を委せて聽かん、聖人の聖德至誠必ず已に衛輒を感化して、父を無みするの以て人たるべからざるを知らしめば、必ず將に痛哭奔走して往て其の父を迎へんとす、父子の愛は天性に本づく輒能く悔痛眞切此の如くなれば、蒯聵豈に感動して豫を底さゞらん、蒯聵既に還りて、輒乃ち國を致して戮を請はん、聵已に子に化せられ、又夫子の至誠其の間を調和するあらば、當さに亦決して受るを肯ぜざるべし、仍て以て輒に命じ、群臣百姓又必ず輒を得て君と爲すを欲せん、輒乃ち自ら其の罪惡を暴はして、天子に請ひ、方伯諸侯に告げ、而して國を父聵に致さんと欲せん、聵と群臣百姓と亦皆輒が悔悟仁孝の美を表して、天子に請ひ、方伯諸侯に告げ、而して國を父聵に致さんと欲せん、是に於て輒に命を集め、之れをして復復衛國に君たらしめは、輒已むを得ず、乃ち後世上皇の故事の如くし、群臣百姓を率ひ、聵を尊で太公と爲し、物を備へて養ひを致し、而して始めて退て其の位に復らば、則ち君君臣臣、父父子子、名正く言順ひ、一擧して政を天下に爲すべし、孔子の正名或は是れ此くの如くならん。」

　中洲は、聖人たる孔子が衛輒（以下「出公輒」）を感化して自らの行いが誤っていることを學ばせれば、父の蒯聵を国に迎え入れることとなり、群臣百姓はそれを望むと述べる。そうなれば君臣父子の名は正しくその言葉に順って孔子の唱える正名は整うことになるというのが中洲の見解である。
　朱熹は出公輒を内面から更生させることを軽視し、君主をすげかえることで事態を解決することを提言したのに対して、王陽明は出公輒の内面から倫理的思考に変えさせることを主張する。陽明学者である中洲が後者を支持し

第14章　渋沢栄一の正名思想

たのは当然といえる。

　上記の通り、朱熹『論語集注』、荻生徂徠『論語徴』、三島中洲『論語講義』の内容を検討した結果、本章の「名分論」と「名実論」の定義に沿った見解はいずれの学説にも見られなかった。この結果を受けて、以下では本章の定義に基づいて渋沢の正名思想を独自に検討する。

第2節　『正名論』の解釈

　渋沢は、『論語』と藤田幽谷の『正名論』によって正名思想を理解し、独自の解釈を確立したと筆者は考える。論語については正名思想に関する渋沢の講義録が『論語講義』として遺されているのでその理解内容を知ることができるが、『正名論』については、渋沢による講義録や注釈書が遺されていないので、言行録や事績を参考に考察を加える。

　本章では、「『論語』や『正名論』に記された正名思想」と、「渋沢による正名思想の解釈」を比較検討し、その差異を明らかにすることで渋沢の正名思想の特徴を探るという手法を採用する。

　具体的には、(1)論語の正名思想、(2)『正名論』、(3)幕末から維新後に至る日本の社会情勢下で渋沢が理解した正名思想の三者の相違から、渋沢の正名思想の特徴を明らかにする。渋沢も時代の子であるかぎり、当時の社会情勢に不可避的に影響を受け、それが正名思想の理解に反映されるのは必然である。

　本章では、渋沢による正名思想の解釈に重要な役割を果たしたのが『正名論』であると考え、その内容を検討する。『正名論』の解釈は多様であり、専門研究者の間でも議論が分かれる。

2－1　『正名論』の概要

　『正名論』は藤田幽谷が18歳の時、老中松平定信に呈上した漢文1,300字余りの著作である。本章では読み下し文をもとに8つの段落に区分して検討を加える。[13]『正名論』を解釈するにあたっては梶山孝夫氏の著作を参考にする。[14]

569

第Ⅲ編　正名思想と倫理規範

【第一段落】
　幽谷は「名分の天下国家において、正しく且つ厳ならざるべからざるや」と述べて、名分が国家において重要であることを冒頭で強調する。名分は論語の趣旨に忠実に「君臣の名と上下の分」と注釈されており、名分の解釈に日本固有の事情は反映されていない。

【第二段落】
　幽谷はこの段落で古代中国に存在した列国の盛衰について述べる。これは日本との違いをきわだたせるための前段としての意味合いがある。日本の朝廷ではおこったことのない湯武放伐について記述されている。

【第三段落】
　この段落は日本の皇室への礼賛がなされる。礼賛ポイントは以下の通りである。
　⑴日本の皇祖は開闢から四海に君臨する。
　⑵国土は広く国民は多く、力と知恵にあふれている。
　⑶長い歴史において天皇の地位をおかそうとした者はいない。
　⑷皇統と国の長久はほかに例がない。

【第四段落】
　この段落で幽谷は武家の歴史と皇室との関係を述べたうえで徳川幕府を礼賛する。
　⑴藤原氏は権力を掌握したが、天皇が幼少の場合は摂政として輔佐し、成長後は関白として輔佐に徹した。
　⑵鎌倉、足利幕府は覇権をもって政治を牛耳り官位も高かったので公卿を蔑ろにし、摂政・関白も名ばかりとなった。これは「武人、大君となる」に近く、明識のない武人が君主となることはきわめて危険なことであった。
　⑶豊臣氏は匹夫から関白までになったが、名分を理解していたため皇室に仕え自ら王と称することはなかった。

(4)東照公（徳川家康）は日本を制定し征夷大将軍となったが、皇室を翼戴して天下を平定した。文武に秀でた子孫は善政を敷き民衆は帰住した。
(5)君臣の名を正しくし、上下の分を厳格にした東照公の至徳は文王のもとにある。

【第五段落】
　この段落で幽谷は中国の古典を引用して天子の政に関わる儀礼について述べる。
(1)古代の聖人が天子に謁見する礼を制するのは、人臣を教育する所以である。
(2)天子は至尊であり国都の郊外で天と地を祭る儀式の礼により上天に尊敬の念をもって仕え、祖先を祭る霊廟の礼により祖先の神象（かたしろ）で君としての神事を行う。
(3)これによって天子であってもその命をどこから受けたのかを明らかにする。
(4)聖人、君臣の道において謹むのはかくのごとくである。

【第六段落】
　この段落で幽谷は古代中国の事例をうけて日本の天皇について述べる。
(1)日本の朝廷は開闢以来、皇統一姓で無窮にそれを伝え、神器を擁し天業を把握し、古来の制度や礼式を守って誤ることがない。
(2)天皇の尊いことは天下に二つとない。尊奉して儀礼に仕えることは、古代中国とは比較にならない。日本では君臣の義が明らかである。
(3)したがって、将軍が皇室を尊べば、諸侯は将軍を崇び、諸侯が将軍を崇べば、卿、大夫は諸侯を敬する。

【第七段落】
　この段落では将軍の摂政論が展開される。
(1)今将軍は天下国家を治めている。
(2)上に天子を戴き、下に諸侯を撫するのは覇王の業である。

(3)天下国家を治めるものは、天子の政を摂する役目を担っている。
(4)天子垂拱(すいきょう)、つまり天子が手持無沙汰となり政に関わらなくなって久しい。久しければ現状を変えることも難しくなる。
(5)異邦人も「天皇は国事に与(あずか)らず、ただ国王の供奉を受くるのみ」と述べており実態を捉えている。

【第八段落】
　この段落は『正名論』の結論部分である。
(1)「天に二日なく、土に二王なし」、つまり天は二つなく、天下に二人の王は存在しない。
(2)皇朝は真実の天子であるので将軍は王を名乗るべきではない。
(3)たとえ王と名乗らずとも天下の政は王道に拠らなければならない。
(4)周の文王は西伯の地位にあって天下の三分の二を保有していたにもかかわらず王と名乗らなかった。これは文王の至徳の所以である。
(5)王にして覇術を用いるより、覇にして王道を行う方が良い。
(6)日本は古来より君子・礼儀の国と称される。礼は分より重要ではなく、分は名より大きくない。慎むべきである。
(7)天子の政を摂すればこれは摂政という。
(8)名が正されると言葉が順当になる。名が正されれば言葉が順当でないはずがない。
(9)名が正しく、言葉が順当ならば礼楽が隆盛となる。
(10)礼楽が隆盛となれば天下はよく治まる。
(11)名を正すことは迂遠なことではない。

2－2　渋沢思想に対する『正名論』の影響

　『正名論』に出会った青年期の渋沢は、正名思想だけでなく水戸学の尊皇攘夷思想や論語をはじめとする漢籍の影響を多分に受けていた。様々な思想や考え方に影響された青年期に渋沢がとった行動のうちで特筆すべきは横浜焼き討ち計画である。
　身分制度が存在した幕末に計画された横浜焼き討ちは、農民である渋沢が

中心人物の一人となって憂国の志士を集め、実行寸前までに至ったテロ行為であった。名分を正すことを最重視する正名思想の観点からすると、これは農民の分を著しく逸脱する行為である。

　もし渋沢が正名思想の真髄を理解し、それを全面的に受け入れていたとすれば、農民としての分を守ることに専らで農に励み、横浜焼き討ちを計画することはなかったと考えられる。

　つまり、現象面から見ると、横浜焼き討ちを計画した時点の渋沢による『正名論』の解釈はきわめて変則的であった。しかし、身分制度が廃止されて以降の渋沢の生涯を通覧すると、適性を生かして社会活動を行い、各持ち場で名分を正すべきことの重要性を説き自らも実践していた。

　渋沢は商売の世界で自分の天分が発揮できると確信して以降、大蔵大臣や日本銀行総裁への就任要請を頑なに拒絶した。渋沢は、自分の「分」は野にあって国家の富盛に貢献することであると考え、その「分」から生涯逸脱することはなかった。

　渋沢が名分を重視する姿勢は、女子教育の内容にも表れている。女性の社会進出が進む現代では受け入れることが困難であるが、渋沢は「男子は外を勤め、女子は内を治むるは、自然の約束にして、その間に尊卑の別はない、おのおのその分を守りて相互に敬愛することが人の道である」と述べる。(15)

　渋沢は男尊女卑の観点から女子の役割を説いているのではなく、男女の身体的、心理的な特性から分を正し、かつそれを有効に生かすべきことを説いた。これは正名思想の真髄を女子の場合にあてはめて説いた言葉である。

　青年期の渋沢がなぜ正名思想に反するテロ行為を計画したのかという点については理由があり、それを考察することで『正名論』が渋沢思想に及ぼした影響を明らかにすることが可能となる。

　八つの段落で構成される『正名論』のうち、第三段落までは名分論の要諦と日本の皇室の歴史への礼賛が語られる。この部分については尊皇思想を信奉していた渋沢が『正名論』に反発を抱く要素は存在しない。

　渋沢の琴線に触れたとすれば、徳川幕府を礼賛した第四段落と、幕府の摂政論が展開される第七段落である。幕末に青年期を過ごした渋沢は農民であり、身分制度上は武士の下に位置する階級に属していた。しかし、それは階

第Ⅲ編　正名思想と倫理規範

級制度上の上下関係であり、農民が武士を君と仰ぐ関係にはなかった。
　尊皇思想を信奉する青年期の渋沢にとって君は天皇であり、武士は渋沢にとって身分制度上の一部分に過ぎない一種の夾雑物であった。そしてその夾雑物たる武士階級を制度的に固定し、身分制度を確立した張本人がほかならぬ徳川幕府であった。
　係る制度上の桎梏を勘案すると、直接仕えるべき君主を持たなかった青年期の渋沢が、自分にあてはめて「名分を正す」とすれば、農民としての分を果たすという職分論に拠ることになる。
　「正名思想⇒名分論⇒職分論」という論考の流れにおいて、君臣間の上下関係から自由な農民という立場にあった渋沢は、君臣関係を第三者的な立場で認識せざるを得なかった。それを自分事として認識するには名分論を職分論として捉え、農民の職分から名分論を理解するしかなかったのである。
　憂国の志士として横浜焼き討ちを計画することは明らかに農民としての分を逸脱した行為である。農民としての渋沢の職分は、農に徹して付加価値を創出することであったが、豪農の長男であった渋沢は藩からの日常的な苛斂誅求に苦しんだわけではなかった。
　自分を農民という身分に固定せしめた徳川幕府を打倒するための契機となるテロ行為を実行することは、天皇親政を実現することに資するとともに、渋沢の幕府に対する私怨を晴らすことでもあった。渋沢は覇者に対する放伐をテロという形で実行しようと試みたのである。
　名分論を信奉する一方、名分論に反する行為を企むという矛盾に満ちた横浜焼き討ち計画は、夾雑物である徳川幕府は倒して当然と認識する渋沢にとっては、自己完結的かつ整合的な行為であった。そして、その自己完結性を補完する理論的著作が『正名論』であった。
　第七段落で展開される幕府の摂政論は、「王にして覇術を用いる」徳川幕府を暗に批判する幽谷渾身の主張であった。『正名論』を受け取った慧眼な老中松平定信がその真意を見抜き、幽谷を幕臣に採用しなかったのは当然であった。
　徳川幕府に意趣を抱えていた渋沢が第七段落を読んだとすれば、その真意を見抜くとともに「わが意を得たり」と考えたとしても不思議ではない。

名分論を信奉し、分をわきまえることを生涯実践するとともに周囲に説き続けた渋沢が、青年期において名分論の本旨に反する行動をとらざるを得なかった原因は幕藩体制の存在にあった。

　『正名論』の第八段落は幽谷による正名思想の要点を述べた部分である。渋沢思想に対する『正名論』の影響を検討するにあたっては、思想内容よりも青年期の渋沢の行動を中心に考察した。

　結論として言えることは、第一段落から第三段落までと第八段落は、渋沢の正名思想の基盤を確認するうえで意義があった。しかし、徳川幕府を礼賛する第四段落と、幕府の摂政論が展開された第七段落は、徳川幕府に対して渋沢が抱いていた認識を改めて自覚させ、心に秘めていた意趣を補強する役割を果たしたと考えられる。

第3節　渋沢栄一の正名思想―分析の枠組み―

3－1　渋沢栄一の正名論解釈

　論語の解釈から渋沢の正名思想を探るため、子路第十三第3章に対する諸学統の解釈を踏まえて渋沢の正名論解釈の特徴点を析出する。

渋沢栄一による子路第十三第3章の解釈

　渋沢は『論語講義』の字解および講義において、馬融、皇侃、物徂徠、孔安国、包咸、三島中洲、王陽明、朱熹の説を幅広く引用して詳細に自説を述べる。渋沢が多く取り上げているのは中洲の見解である。

　渋沢は中洲の説を引用して、「三島中洲先生またこの説を精しくして曰く『衛君輒、祖の霊公に継いで立ち、祖を以て父となし、父のちょうを拒ぎて入れず。父子の名紊れて実とあい当らず。その本すでに乱れては、政のなすべきなし。しかれどもその国にありてはその君を黻るべからず。ゆえに汎く名を正しくせんというて、明かに衛君の非を指さず。しかしてその意は深く衛君の身にあるなり』と」と述べる。(16)

第Ⅲ編　正名思想と倫理規範

　中洲は、「ゆえに汎く名を正しくせんというて、明かに衛君の非を指さず」として、名を正しくすることは一般的に不可欠であるが、孔子は子路第十三第3章において出公輒の非を責めているわけではないと述べる。その一方、中洲は「しかしてその意は深く衛君の身にあるなり」として、原則的な正名論に立ち返ってわが身を振り返るのが出公輒の勤めであったと釘を刺す。

　孔子は子路の質問に対して正名論の原則論を述べたのであり、現実的には出公輒に仕えて衛の建て直しに尽力することはなかった。なぜなら、衛国内の紊乱を考えると、たとえ孔子が出公輒に仕えて原則論で折伏し得たとしても、8年にわたって国を治めた出公輒に代わって蒯聵が衛君になれば、孔子は国政の権限を喪失した出公輒に仕えることになるからである。

　つまり、孔子が原則論を貫徹すれば、国政を補佐する役割を自ら放棄することになるのである。その意味で衛に仕えなかったのは孔子が現実主義者であった証左といえる。そして、これを最も正確に理解していたのが同じく現実主義者の渋沢であった。この点について渋沢は以下のように述べる。[17]

　「孔子その不義を悪(にく)まば、始めより仕えざるにしかず、いやしくもこれに仕うる以上は、またまさにその道を尽して以てこれを輔(たす)くべきのみ。仕えてすなわち己を待つ者を廃する理あるべからざればなり。仮りに一歩を譲り、その説のごとくならしめば、父子の名あるいは正しうすべし。独り君臣の義を奈何(いかん)せん。かつ仕うる前に言わずして、仕うるのちにわかに匡救(きょうきゅう)の道に出づるのは、操心の険なるものにあらずや。聖人なおこれをなすというか、孔聖決してかかる挙に出でざるなり。」

　渋沢は、「仕えてすなわち己を待つ者を廃する理あるべからざればなり」と述べて、もし自分が出公輒に仕えたとしても、仕えた相手を廃位させることは不合理であることを明確に述べる。現実主義者にして合理主義者である渋沢の一面が認められる主張内容である。

　渋沢は出公輒に仕えない理由として、同人が不義の人であることをあげる。渋沢は出公輒が不義の人であることを述べるのに、仁人の例を挙げて論証する。渋沢は仁人の事例について自身が述べた述而第七第14章の講義内容に言

第14章　渋沢栄一の正名思想

及する。

　殷代末期の孤竹国の君主であった亜微は長男の伯夷ではなく、三男の叔斉に国を継がせる意向を有していた。このことを知った伯夷は父に対する孝心から出奔し、一方の叔斉も兄を慮って出奔したというエピソードに基づき、孔子は伯夷と叔斉を仁人と評価した。

　翻って父が衛に入ることを拒んだ出公輒は、伯夷や叔斉とは真逆の不義の人物と渋沢は考える。渋沢はさらに出公輒は蒯聵を迎え入れるべしとする王陽明の見解に反論する形で当時の現実を多角的に分析する。

　渋沢はこの点について、「陽明の説、巧はすなわち巧なりといえども、なお迂遠の見たるを免れず。何となれば、衛は、衛の衛なり。輒一人の衛にあらず。巨室あり、世家あり、あい議して以て輒を立て君となすことすでに八年なり。輒一人の力これを如何ともすること能わず。孔子いかに聖徳を備うといえども、羈旅の客臣に過ぎず、巨室世家よりみればさほどに重からず、ゆえに孔子にして一旦その君を廃せんと欲するも、父兄群臣決して首を俯してこれを聴かざるべし」と述べる。渋沢の主張をまとめると以下の通りとなる。

(1)衛は出公輒一人の衛ではない。
(2)権勢のある一族や世襲の地位の高い一族などと議論しながら衛の政治は
　　８年間営まれてきた。
(3)したがって、出公輒一人でいかんともすることはできない。
(4)孔子は聖徳を備えてはいるが古くから仕える臣下ではなく、各国を渡り
　　歩く客臣にすぎない。
(5)孔子が権勢のある一族や世襲の地位の高い一族から重視されるわけでは
　　ないので、孔子が出公輒を衛君から廃しようとしてもこれが受け入れら
　　れることはない。
(6)これらの理由から陽明の説は迂遠である。

　渋沢の説は現実を正視し説得的かつ論理的である。渋沢は孔子の臣下としての能力の限界について言及しており遠慮がない。
　このように、衛の実情を勘案した渋沢の結論は冷徹であるが、正名論の根

第Ⅲ編　正名思想と倫理規範

本義を否定したわけではない。そこで、渋沢は「大経常法」と「第二義門」という概念を用いて、正名論の「原則」と、衛のような「個別ケース」に適用すべき考え方を区別して整理する。この点について渋沢は以下のように述べる。⁽¹⁹⁾

「要するに孔子の仰せらるる所は、大所高所より論じたる政治上の大経常法(たいけいじょうほう)なり。政治家たる者はいかなる世にても、またいかなる処にも、この心を以て心とし、公明正大の政を行う抱負なかるべからず。しかれども時に汚隆(おりゅう)あり、国に盛衰あり。大経常法の行い難きものあれば、暫く第二義門に下りて按排(あんばい)せざるべからず。政治は固より変遷常なき俗社会に即して、その幸福を護持すべきものとす。」

このように『論語講義』を執筆した老年期の渋沢は、論語の正名思想の根本義を理解するとともに、それを応用するにあたっては現実を正視し合理的に判断したうえでその運用を正しく行うべしとの認識に到達した。

検討すべきは、青年期から老年期に至る渋沢の正名思想の理解レベルの変遷である。なぜなら、渋沢が重視した正名思想は渋沢の言動に常に影響を及ぼしたと考えられるからである。渋沢の正名思想理解の変遷を把握すれば、渋沢の各年代における言動の背後にある思想を解明する糸口を見出し得る。

3－2　正名思想に対する分析視角

渋沢の正名思想がその経歴においてどのように変化し晩年に至ったのかを解明するため、本章の「名分論」と「名実論」の定義に基づいて検討の枠組みを設定する。本章では、検討の枠組みの構成要素として、(1)名分論と名実論、(2)当為と事実の2つの視角を用いる。

正名思想について当為命題に言及したのは丸山眞男(以下「丸山」)である。丸山は論語の顔淵第十二第11章を引用して、「したがって『周易』家人卦、彖伝さらには『論語』顔淵篇の『君君たり、臣臣たり、父父たり、子子たり』という命題は、君は君であるという同義語反復ではなく、君であるべき者が現実に君となっていることを前提とした当為命題をふくんでいる。そしてこ

こに『名分』あるいは『正名』という、儒教政治理念のもう一つの根本観念が成立する」と述べる[20]。

丸山は、「君君たり、臣臣たり、父父たり、子子たり」という孔子の言葉には、「君は君たるべし」という当為命題が含意されるという意味と理解した。しかし、君たる者が君に相応しい資質を有していない場合も事実として存在するはずである。

つまり、「君たる者が君たるに相応しい資質を備えていない場合」が存在することになる。換言すると、正名論で描かれる世界は、当為のみならず事実で説明しなければならない場合があるということになる。

当為と事実で説明すべき正名思想を、本章で定義した名分論と名実論で定式化すれば、正名思想に基づいて行動するケースを4つにカテゴリー分類することが可能となる。

正名思想を「当為」と「事実」の2つのカテゴリーで認識し、かつ、「名分論」と「名実論」で定義すると、これら2つの視角からアプローチした正名思想は「図表14－1　正名思想のカテゴリー」で表示される。

本章で提示した名分論と名実論に関する新たな定義に基づいて、正名思想を当為と事実いう2つの側面からとらえた場合、いかなるカテゴリー分けが可能かを示したのが「図表14－1」である。本章で定義した「名分論と名実論」、「当為と事実」の意味するところを渋沢にあてはめて考察する場合の前提条件を以下で整理する。

図表14－1　正名思想のカテゴリー

	当為で捉えた正名思想	事実で捉えた正名思想
名分論	【A】	【B】
名実論	【C】	【D】

【注記】4つのセルに対して以下の名称を付する。
　A：名分論の定義に基づいて当為で捉えた正名思想。
　B：名分論の定義に基づいて事実で捉えた正名思想。
　C：名実論の定義に基づいて当為で捉えた正名思想。
　D：名実論の定義に基づいて事実で捉えた正名思想。

第Ⅲ編　正名思想と倫理規範

【名分論と名実論】
(1)名分論：君臣父子等の社会的地位を示す「名」と、血脈や家柄等の外形的条件である「分」が一致すべきとする考え方（たとえば、大納言という役職（名）には、「一条家の血筋を引いた人物」（分）が就くべきという考え方）。
(2)名実論：名分を満たした人物には徳性や実力がともなうべきとする考え方（大納言（名）となった一条清麻呂には、十分な「徳性と実力」（実）が備わっているべきという考え方）。

【当為と事実】
(1)当為：当為は（sollen ～べし）、つまり、必然的であること、またはありうることに対して、「かくあるべし」、「かくすべし」としてその実現が要求されると理解し、「名分あるいは名実は一致すべし」と考えるのが正名思想を当為の観点からで捉えた考え方である。
(2)事実：当為（sollen）に対応するのは存在（sein）であるが、本章では「～という事実が存在する」と変換して認識する。社会や世界や宇宙で過去に生じたか、現に生じているか、または将来必然的に生じることを、端的に記述したものと理解し、「名分あるいは名実が一致しているという事実が存在している状態」と考えるのが正名思想を事実の観点から捉えた考え方である。上記の名分論と名実論はいずれも当為（～べし）で語られるが、名分および名実ともに「事実」として成立している場合が存在する。それが「事実で捉えた名分論」と「事実で捉えた名実論」である。

【渋沢栄一の事績を検討する場合の前提】
(1)幕末に青年期を過ごした渋沢の「名」は農民であり、「分」は農商業務を通して付加価値を創り出すことである。しかし、渋沢の真の志は武士という「名」において、幕藩体制を終わらせるという「分」を全うすることであった。
(2)幕末に一橋家に仕官してからの「名」は武士となり、「分」は家臣とし

第14章　渋沢栄一の正名思想

　　て同家に奉公することとなった。
　(3)維新後に大蔵官吏となった渋沢の「名」は公僕であり、その「分」は新たな国家の基盤を構築することであった。
　(4)下野した後の渋沢の「名」は企業家、社会事業家であり、その「分」は国家の富盛に貢献することであった。

　幕末に青年期を過ごした渋沢は士農工商という身分制度に縛られており、「士」を貴とすると、「農」は貴賤のうちの賤に属していた。しかし、直接的な上下関係として武士に仕えていたわけではないので、この時代の渋沢には事実上仕えるべき君が存在しなかった。係る状況において名分の観点から渋沢の立場を考えると、名分論は職分論で理解せざるを得なくなる。丸山眞男は職分論について以下のように述べる。[21]

　「だから『分』または『分限』という概念は、名分論としては上下貴賤の別として現われ、職分論としては全体秩序における個の位置づけと役割として現われるのである。士農工商それぞれの職分を天職とみる点でcallingという観念を思い出させるが、近代的職業観とは異って、ここにはもとより選択の自由はなく、職分は所与である。また業績価値〈メリトクラシー〉からする天職観ではなくて、本質的に地位あるいは身分という属性価値として職業が見なされる。人間は全体社会から指定された一定の『地位』を守ることによってはじめて人間の本分を尽しうるのであるから、自由なmobility［流動性］という考えそのものが、この職分観に反することになる。今日でも、職業が地位・身分と同視され、業績価値よりも属性価値で『仕事』がはかられる傾向があることを思えば、幕藩体制のように細分化され（身分的・地理的に）固定化された社会で、こうした職分観が定着するのはきわめて自然といわねばならぬ。」

　直接の上下関係として君を有しなかった青年期の渋沢にとっては、自分の職業である「農」が名であり、農商業務を通して付加価値を創造することが「分」であった。このように職分論の観点からすると、農民志士として大望

581

を抱き、幕藩体制を打倒すべく横浜焼き討ちを計画することはまさに農民本来の名分に反する行為であった。

　渋沢は生涯で500社余りの企業の設立・育成に関わり、600件以上の社会事業に貢献した。論語や水戸学を基盤とする渋沢思想は老年期に至るまでのプロセスにおいて完成された。

　この事実に基づき、本章では老年期の渋沢は図表14－1の【D】のカテゴリーにあると考え、次節でその理由を明らかにする。名実が一致するとともに、渋沢の「実」には分を満たすだけでなく実質的な能力がともなっていた。

　渋沢は企業家、社会事業家に加えて国際人としての「名」を、思想的資質、精神的資質、実務的資質を存分に生かし「実」として結果を出した。この点については拙著『渋沢栄一の精神構造』で明らかにした。[22]

　渋沢がその生涯において果たした実績と、上記で考察した老年期における正名思想の理解内容を勘案すると、老年期の渋沢は「事実で捉えた正名思想」を「名実論」として実践していたと考えられる。

　渋沢の青年期と壮年期の間には明治維新という環境変化があり、それを契機に身分制度も廃止された。このエポックメイキングな環境変化を経て渋沢は大蔵官吏、企業家、社会事業家として事績を積み、図表14－1で示した正名思想の個々のカテゴリーを経由して老年期に至った。

　上述の通り、功成り名を遂げた老年期の渋沢は国際人として企業家、社会事業家の「名」に恥じない実績を「実」として積み上げたことから、図表14－1の【D】のセルに位置していた。

　一方、横浜焼き討ちを画策した青年期の渋沢は、農民という「名」のもとで果たすべき付加価値の創造という「実」を果たすどころか、憂国の士という農民に相応しくない「名」を掲げ、しかも計画を頓挫させることにより「実」どころか「分」すら果たせなかった。この時期の渋沢は図表14－1の外側に位置していた。

　青年渋沢が、老年期となって【D】に至るまでには、壮年前期、壮年後期の道程が存在する。この間の成長プロセスを探るためには、時系列的に渋沢の事績をたどることが不可欠となる。

　したがって、本章では、拙著『渋沢栄一の精神構造』で取り上げた一橋家

家臣、幕臣、大蔵官吏、企業者、社会事業者としての事績に基づいて、渋沢の正名思想の進化プロセスをたどる。

そのためには、まず青年期の渋沢がなぜ【A】にすら届かないレベル位置していたのかを解明することが重要である。その点に関しては、幽谷の『正名論』が与えた渋沢思想への影響をもとに、経歴の出発点である青年期の渋沢思想を検討することが不可欠となる。

名分すらも一致しない青年期の渋沢が、経歴を積み重ねて名実が合致する人物に成長するプロセスを明らかにすることは、将来のビジョンを見出せない現代の青年に道標を示すことになると考えられる。

次節では、渋沢の青年期、壮年前期、壮年後期、老年期などの年代ごとに特徴的な事績を取り上げて、渋沢の正名思想がどのカテゴリーにあったのかを考察する。

第4節　渋沢栄一の正名思想の変遷

上述の通り、渋沢の正名思想の変遷をたどるため青年期、壮年前期、壮年後期、老年期の事績をもとに分析を進める。『渋沢栄一の精神構造』で渋沢の経歴に沿って取り上げた事績は以下の通りである。(23)

1．渋沢栄一の青年期（一橋家出仕から駿府定住まで）
　(1)一橋家仕官時代
　(2)滞仏経験
　(3)静岡商法会所の設立

2．渋沢栄一の壮年前期（大蔵官吏時代）
　(1)立会略則の基本思想
　(2)富岡製糸場の設立と運営
　(3)国立銀行条例の作成経緯

3．渋沢栄一の壮年後期（企業家としての活動）
　⑴第一国立銀行の経営改革
　⑵抄紙会社の設立と運営
　⑶共同運輸会社の設立と合併

4．渋沢栄一の老年期（社会事業と思想の確立）
　⑴東京市養育院

　『渋沢栄一の精神構造』の目的は、年代別の事績を順番に検討することにより、渋沢が自己実現者適性を身につけるプロセスを明らかにすることであったので、一橋家仕官時代から検討を始めた。一方、本章の目的は、渋沢の正名思想の理解プロセスをたどることを目的としているので、名分ともに不一致であった青年期の渋沢が中心となって企てた横浜焼き討ち計画を検討対象に加える。
　本章の目的に沿って事績を選択するという観点からは、渋沢の「名」つまり、社会的地位が変化した時点と考えられる以下の5つの事績を検討対象とする。

【青年期】
　1．横浜焼き討ち計画
　2．一橋家仕官時代
【壮年前期】
　3．富岡製糸場の設立と運営
【壮年後期】
　4．抄紙会社の設立と運営
【老年期】
　5．東京市養育院

4－1　青年期の正名思想

4－1－1　横浜焼き討ち計画

　横浜焼き討ち計画については、その犯罪的特質がテロリズムとしての要件

第14章　渋沢栄一の正名思想

を備えていることを第9章で確認した。横浜焼き討ち計画が実行寸前で頓挫した時、渋沢は24歳の青年であった。

　論語をはじめとする漢籍や歴史書を読み、水戸学に傾倒していた渋沢は、藍を栽培するとともに近隣各所から集荷する業務と、養蚕に関わる仕事をこなしていたが、農民としての自分の名分には満足していなかった。幕藩体制下における身分制度下の渋沢の「名」は農民であり、「分」は農業を通して社会に付加価値を提供することであった。

　しかし、渋沢の志は憂国の志士として幕藩体制を倒し、天皇親政を実現することであった。正名論の観点からすると渋沢は農民としての「名」を放棄するとともに、「分」である付加価値創造ではなく、横浜のイギリス館を破壊し館員を殺傷するというテロによる破壊活動を計画した。

　横浜焼き討ちを計画した時点での渋沢は、「自らが倒幕の契機となるテロを実行して天皇親政を実現するべきである」という「当為」に駆られて、農民という「分」を逸脱した暴挙にはしろうとしていた。しかも、その計画も寸前で頓挫することにより、テロを成功させるという「実」を達成することもできなかった。つまり、名実ともに未達成だったのである。

　以上の論考を経た結論は、この時期の渋沢の正名思想の理解レベルは図表14－1で検討する対象にも達していなかったと結論づけられる。

4－1－2　一橋家仕官時代

　渋沢は25歳となった1864（元治元）年、平岡円四郎の推挙で従兄の渋沢喜作とともに一橋家の家臣となった。横浜焼き討ち計画が頓挫した後、京都での隠遁を経て間もない時期の武士への転身であった。

　徳川御三卿の一つである一橋家の家臣となることで渋沢が抱えた葛藤と、仕官を決断するに至った事情については、『渋沢栄一の精神構造』で考察を加えた[24]。

　一橋家出仕で渋沢はかねてから望んでいた武士という「名」を手に入れることができた。しかし、渋沢の能力を見出した一橋慶喜が渋沢に与えた「分」は武芸ではなく、渋沢が農民として身につけた実務能力を生かすものであった。

渋沢が上申し認められた役割は、(1)一橋家の兵備強化、(2)同家の財政改革の2つであった。前者については、一橋家が担当していた京都守衛総督の任務を遂行するに必要な歩兵が不足している事態を改善するための対策であり、渋沢が仕官に際して慶喜に建言していたものであった。

財政改革は渋沢の得意分野であり、(1)年貢米の価格設定、(2)白木綿の流通、(3)硝石の製造などによって5,000両、現在の通貨価値で約6億5千万円の増収が実現した。この増収によって歩兵に応募した兵卒の人件費を確保することが可能となった。

兵備強化のための歩兵募集は一見武士の得意分野と思われるが、募集対象者は一橋家領内の農民であり、農民の性情に疎い武士が高圧的に募集業務に従事してもその目的を達成することは困難であった。それはまさに農民の心情に詳しく、武州、上州、信州などの農家を巡り歩いて藍の集荷に携わった経験を有する渋沢ならではの業務であった。

上記を勘案すると、一橋家の家臣時代の渋沢は、かねてから望んでいた武士という「名」を手に入れることはできたが、与えられた「分」は農民としての資質を生かすものであった。渋沢は農民時代に養った実務能力を発揮して与えられた「分」を成功裡に遂行した。

つまり、葛藤を抱えたまま「武士という名を得るべし」とする「当為」による正名思想は満足したが、その「分」は渋沢が望んだ政治への直接的な関与ではなく、農民としての実務能力を活かした、まさに「名実論」の定義を満たすものであった。結論的にこの時期の渋沢は図表14−1の【B】にあった。

4−2　壮年前期の正名思想

青年期の渋沢は、生まれながらに定められた農民という身分から脱却すべく武士を目指した。渋沢は農民の名分を理解しつつ、身分制度に反駁するがごとく農民志士として横浜焼き討ちを計画した。農民時代の渋沢が理解した名分論は父子、師弟、長幼などの身近な人々との関係に基づくものであり、君臣関係については一橋家に仕官し、徳川慶喜を君主と仰ぐまで実感をもって認識することはできなかった。

維新後、身分制度が廃止された時点で、渋沢の名分に対する考え方は、「己を知りその才能を最も効果的に発揮できる領域で分を守ること」に変化した。渋沢はこの点について以下のように述べる。⁽²⁵⁾

「世の中には随分自分の力を過信して非望を起す人もあるが、余り進むことばかり知って、分を守ることを知らぬと、飛んだ間違を惹き起すことがある、私は蟹は甲羅に似せて穴を掘るという主義で、渋沢の分を守るということを心掛けておる、これでも今から十年ばかり前に、ぜひ大蔵大臣になってくれだの、また日本銀行の総裁になってくれだのという交渉を受けたこともあるが、自分は明治六年に感ずるところがあって実業界に穴を掘って這入ったのであるから、今更その穴を這出すこともできないと思って固く辞してしまった」

渋沢のこの言葉には、青年期の反省と、維新後、壮年期に至ってからの綿密な自己分析に基づく正名思想が示されている。「世の中には随分自分の力を過信して非望を起す人もあるが」というのは、勝算と実効性が乏しい横浜焼き討ちを計画した青年期の自分について反省を込めて語った言葉と受けとることができる。

また、「私は蟹は甲羅に似せて穴を掘るという主義で」という言葉は、維新後、企業家、社会事業家としての自分の適性を客観的かつ正確に見出し、その信念に揺るぎがない状態を述べている。

もし、渋沢の信念にいささかでも揺るぎが生じれば、大蔵大臣や日本銀行総裁という名誉ある地位を提示されたことに心が動いていたであろう。渋沢が大蔵大臣に就任することは、大蔵官吏時代の上司であった井上馨が総理大臣に名乗りを上げるための条件であった。渋沢の信念は尊敬する元上司に対する情すらも断ち切るほど堅固であった。

4－2－1　富岡製糸場の設立と運営

渋沢は31歳となった1870（明治3）年に官営工場である富岡製糸場の事務主任を命じられ、同製糸場の設立運営に従事した。1869（明治2）年11月か

ら1874（明治6）年5月まで、4年半在籍した大蔵省での活動において、渋沢は多大な実績を残したが、富岡製糸場の事務主任という役割は大蔵省が管掌する業務から逸脱するものであった。

当時の大蔵省の上席は伊藤博文と大隈重信であったが、(1)大蔵省が最高官庁で多くの権限を有していたこと、(2)各官庁の官吏の多くは武家出身者であり、蚕糸業の経験を有する人物が限られていたことなどから、大蔵省の職掌としては変則的ながら富岡製糸場の設立実務を渋沢が引き受けることとなった。

上記の事情から明らかな通り、大蔵官吏という「名」は渋沢が望んだものではなかったので、当為、事実ともにあてはまらない。しかし、渋沢は大蔵官吏が果すべき実務は富岡製糸場のみならず、地租改正の原案作り、郵便制度の原案作りなど多岐にわたると考え、農商業務の経験を生かして突出した実績をあげた。この事実から渋沢は名実のうち「実」については十分な実績を残した。

したがって、渋沢が望まない大蔵官吏という「名」を心ならずも申しつけられたという意味で「〜なかるべし」という否定の「当為」に相当し、望まない名の下ではあるが大蔵官吏としての職責を十二分に果たしたという意味で「実」は満足したと考えられる。したがって、この時期の渋沢は図表14－1の【C】にあてはまると結論づけられる。

4－3　壮年後期の正名思想

4－3－1　抄紙会社の設立と運営

渋沢は下野して3か月後の1874（明治6）年8月、34歳で第一国立銀行の総監役となり、実質的な最高経営責任者として同銀行の設立・育成に尽力した。渋沢は大蔵官吏時代の1872（明治5）年6月には、上司の井上馨、大蔵省3等出仕の上野景範らと連名で太政官職制の最高機関である正院に、王子製紙株式会社の前身である抄紙会社の設立を建議していた。抄紙会社の設立経緯を通して渋沢の自己実現者適性を見出した詳細は『渋沢栄一の精神構造』に記載した。[26]

抄紙会社は、渋沢が銀行家に転じてから企業の設立・育成に携わった最初

のケースである。同社の育成過程においては官からの強引な要請に従わざるを得ない局面も経験した。しかし、下野した渋沢は企業者としての天分を自覚し、「事実」としての商人という「名」において、「分」を縦横に駆使して「実」をあげ、抄紙会社の経営を軌道に乗せた。この点を勘案すると渋沢の正名思想はこの時期すでに図表14－1の【D】に相当する域に達していたと結論づけられる。

4－4　老年期の正名思想

4－4－1　東京市養育院

　渋沢は500社余りの企業の設立・育成と、600件以上の社会事業に携わった。渋沢は35歳となった1874（明治7）年から、92歳で逝去する1931（昭和6）年まで、半世紀以上にわたり東京市養育院に関わり続けた。したがって、600件以上の社会事業の中で東京市養育院は代表事例と位置づけられる。

　渋沢が社会事業家として目指したのは社会の安寧秩序の実現であった。安寧秩序を乱す原因の一つが社会に取り残された人々の存在であり、それらの人々を救う手段が主体的な富の再分配であるというのが渋沢の考えである。

　渋沢が想定するのは極貧状態である。社会の安寧秩序には富者による富の再分配が不可欠であるという論理の要点は以下の通りである(27)。

(1) 人は飢えたとしても黙して死を待つものではない。
(2) 人は食べるためには幾多の罪悪を犯す。
(3) 貧富の差が拡がれば拡がるほど社会の安寧秩序を保つことが困難となる。
(4) したがって、貧民救済は広義に解釈すると社会の安寧秩序を保つための必要条件である。

　これらの点は渋沢独自の人間理解に基づいて導き出された結論である。人間の生理的欲求は強く、貧すれば道徳に反することでも生き抜くためにはやってのけてしまうことを知悉しているからこそ、渋沢は貧困が社会の安寧秩序を乱す原因になると確信した(28)。

　渋沢が壮年前期から社会事業家という「名」を有するに至った経緯は上述

の通りであり、渋沢の社会事業家という名は当為ではなく「事実」である。

半世紀以上にわたって渋沢が関わった東京市養育院は、現在東京都健康長寿医療センターとして社会福祉活動に従事して成果をあげており「実」を生み出し続けている。社会事業家としての渋沢の正名思想は【D】に相当すると結論づけられる。

小　括

本章の目的は、渋沢栄一の正名思想の特質を明らかにすることであった。渋沢の青年期は農民である自らの名分を逸脱し、憂国の士としての理想を追求するあまりテロ行為を計画するなど、正名思想の本旨と大きく異なる行動が特徴的であった。

渋沢が「日本資本主義の父」として尊崇されたのは、政官界から重要なポストを提示されたにもかかわらず、頑なにそれを拒否し、企業家、社会事業家としての分を生涯貫いたからと筆者は考える。渋沢は滞仏経験を経て、自らの天分を生かす道は野にあって商業活動に従事することであり、それによって多くの効用を社会に還元できると確信した。

維新後まもなく大蔵省に招聘され、それに応じた時点でも渋沢の確信に揺らぎはなかった。しかし、当初は唯々諾々として応じた大蔵省出仕であるが、渋沢は大蔵官吏として多大な実績を残すとともに、政官界で重要なポストに就く人物と人的なつながりを構築することができた。それが渋沢をして「官と民の間に横たわる越え難き深淵に差しかけられた存在」たらしめる契機となった。

大蔵省を辞職した後、渋沢が壮年後期から逝去するまでの長きにわたって企業家、社会事業家としての分を守り続けたのは、企業家としての才を天分と自覚し、それを生かすことが国家の富盛に貢献する最良の道であるという信念が揺らぐことがなかったからである。渋沢はその信念を貫いて正名思想を進化させた。

つまり、『論語』と『正名論』から得た正名思想は、渋沢の内面で独自の

第14章　渋沢栄一の正名思想

進化を遂げ、渋沢思想の根幹の一部をなす重要な実践思想の役割を果たした。

渋沢が壮年前期に至って自己実現者適性を備えるまでの経緯は、『渋沢栄一の精神構造』で考察した。同書では精神的資質の進化過程を自己実現者適性という観点から考察し、自己実現者適性を備えるに至った時期的なタイミングを渋沢の代表的な事績を考察することで明らかにした。

しかし、それがいかなる理由でそのタイミングとなったのかという点については、渋沢の内面に関わる問題であるため、精神的資質の進化という切り口から明確化することは困難であった。

この課題については、別の切り口からアプローチすることによって、渋沢思想の進化過程に関するヒントが得られるのではないかと筆者は考えた。それが渋沢の思想的資質の変遷を考察するという観点から、渋沢の正名思想の進化プロセスを探るという本章の狙いである。

渋沢思想の進化プロセスは正名思想だけではなく、水戸学の尊皇思想や攘夷思想などの影響も併せて考察することが重要であり、それを試みたのが本書の第Ⅰ編と第Ⅱ編である。本章での考察は両編での検討結果に基づいている。

渋沢の事績に基づいた本章の結論は、「大蔵官吏を経て野に下った時点で渋沢の正名思想は概ね完成され、その後長きにわたって正名思想は渋沢の行動指針としての役割を果たした」というものである。そして、そのタイミングは渋沢が自己実現者適性を身につけた時期とほぼ同期している。

前著『渋沢栄一の精神構造』では、抄紙会社の設立・育成の事例から、渋沢が自己実現者適性を身につけた年齢を34歳前後と推定した。正名思想の進化過程から導き出した本章の結論も、渋沢の正名思想が概ね完成したのが同じ年齢であるという結論となった。

横浜焼き討ち計画が頓挫してから短期間で明治維新が起こり、渋沢の「名」も「農民⇒一橋家家臣⇒幕臣⇒大蔵官吏⇒企業家・社会事業家」と目まぐるしく変転した。また、それに応じて渋沢の「分」も変化した。

渋沢も時代の子であり社会環境に大きく影響される。しかし、渋沢は自分の身に起こった出来事を契機に、正名思想を彫琢し、渋沢思想の中核思想の一つとして育み実践し続けた。

第Ⅲ編　正名思想と倫理規範

【注】
（１）渋沢栄一「子路第十三第3章」『論語講義（五）』（講談社学術文庫、1977年）113頁。
（２）宇野哲人『論語新釈』（講談社、1980年）372-373頁。
（３）宇野、前掲書374頁。
（４）丸山眞男『丸山眞男講義録　第七冊』日本政治思想史1967（東京大学出版会、1998年）245-246頁。
（５）朱熹著、土田健次郎訳注『論語集注3』（平凡社、2014年）404-405頁。
（６）朱熹、土田、前掲書407頁。
（７）朱熹、土田、前掲書411頁。
（８）荻生徂徠著、小川環樹訳注『論語徴2』（平凡社、2011年）157頁。
（９）荻生、小川、前掲書157頁。
（10）三島毅『論語講義』（明治出版社、大正6年）276頁。
（11）三島、前掲書277頁。
（12）三島、前掲書277頁。
（13）藤田幽谷「正名論」『水戸学』（岩波書店、1973年）10-14頁。
（14）梶山孝夫［水戸史学選書］『若き日の藤田幽谷―その学問形成―』（錦正社、令和3年）99-110頁。
（15）渋沢青淵記念財団竜門社『渋沢栄一訓言集』（国書刊行会、昭和61年）321頁。
（16）渋沢、前掲書（五）、「子路第十三第3章」116頁。
（17）渋沢、前掲書（五）、「子路第十三第3章」117頁。
（18）渋沢、前掲書（五）、「子路第十三第3章」119頁。
（19）渋沢、前掲書（五）、「子路第十三第3章」121頁。
（20）丸山、前掲書209頁。
（21）丸山、前掲書216頁。
（22）大江清一『渋沢栄一の精神構造』（時潮社、2022年）。
（23）大江、前掲書4-24頁。
（24）大江、前掲書299-333頁。
（25）渋沢栄一『論語と算盤』（国書刊行会、平成4年）24-25頁。
（26）大江、前掲書759-799頁。
（27）渋沢栄一『青淵百話　乾』（国書刊行会、昭和61年）288頁。
（28）大江、前掲書871-872頁。

第15章

渋沢栄一の陰徳と犠牲的精神
―徳川慶喜に学んだ倫理規範―

はじめに

　本章の目的は、渋沢栄一が徳川慶喜から受けた影響を、「陰徳」、「犠牲的精神」の2つのキーワードに基づいて探ることである。これらは渋沢栄一（以下「渋沢」）が企業家、社会事業家として活動するうえで不可欠な倫理規範であった。

　筆者は、渋沢がこれらの規範を実践するに至った契機が、主として明治維新前後の徳川慶喜（以下「慶喜」）の行動に感化されたことによると考える。そして、その認識の妥当性を両者の関係性から検証する。

　渋沢は企業家としての大義を義利合一説に見出し陰徳をもって実践するとともに、社会事業においても同様に陰徳を実践した。渋沢は企業を設立・育成し、経営が軌道に乗ったことを確認した後は、まるで「弊履を脱ぎ捨つるがごとく」恬淡として役員を辞任し後進に道を譲った。

　これは企業の経営を他者に譲ることによって財閥形成を放棄することを意味する。それは、「得べかりし個人的利益を犠牲にしてそれを社会に還元する行為」と言い換えることができる。渋沢は自分の行動を誇ることなく、新たな企業設立に取り組んだ。これは利に淡泊というだけでは説明できない、まさに陰徳と犠牲的精神なくしては成り立たない行為である。

　維新前後の慶喜にはいくつかの謎めいた行動があり、歴史家のみならず一般的にも評価が分かれる。渋沢が慶喜の行動を高く評価するとともに尊崇し、「陰徳」と「犠牲的精神」を学んだことを実証するためには、両者の君臣関係の推移を時系列的に検討し、かつ渋沢が合理的根拠に基づいて慶喜の行動からこれらの倫理規範を学んだことを確認することが必要となる。

第Ⅲ編　正名思想と倫理規範

　一橋家の当主であった一橋慶喜は、渋沢が初めて仕えた君主である。慶喜が第十五代将軍徳川慶喜になると渋沢は幕臣となり、維新後に慶喜が権力の座から降りた後も、君臣の礼を失うことなく尊崇の念をもって接し続けた。
　渋沢は慶喜が政治の世界から離れて、いわば世捨て人として生涯をおくるようになってからも、慶喜を元君主として尊崇するにとどまらず、徳川幕府を滅亡に導いた将軍として貶められることに対して雪冤活動を行い、名誉回復に奔走した。
　その行動の結果として生まれたのが、『徳川慶喜公伝』と『昔夢会筆記』である。渋沢が編集責任を負って刊行されたこれらの著作は、長期間にわたり綿密に検証された面談をもとに書かれた歴史書であるが、内容の真実性に対しては批判も存在する。
　慶喜が徳川宗家を相続した1866（慶応2）年8月から、維新後に駿府で面談する1868（明治元）年12月までの約2年半は、幕府という巨大組織において慶喜と接する機会が激減した。徳川昭武の随員としてフランスに滞在していた時期に起こった大政奉還や鳥羽・伏見の戦いについては、国外から傍観することしかできなかった。
　渋沢がフランスから帰国した後、駿府で面談した時の慶喜は敗将となっていた。それは渋沢からすると、維新前後の2年半がそのまま抜け落ちた非連続期間に生じた変貌であった。渋沢は慶喜と接する機会が激減した非連続期間を、維新の大業を成し遂げるにあたって慶喜が画期的な役割を果たした時期と認識した。
　フランス滞在から帰国して見た新生日本は、渋沢からすると慶喜が中核的な役割を果たした奮闘の賜物であった。渋沢はその過程に参画することはできなかったため、非連続期間の空隙を埋めるがごとく慶喜の維新への貢献を見直し、元君主の雪冤を果たすべく『徳川慶喜公伝』の編纂事業を立ち上げた。
　慶喜に対する渋沢の思いは多様に推移し、最終的には雪冤活動に結実して『徳川慶喜公伝』と『昔夢会筆記』を刊行するに至った。しかし、慶喜の雪冤を果たすための編纂事業は、明治維新が成立したという事実に基づいてなされる後講釈との批判がなされる可能性が存在する。本章ではこれらの懸念

第15章　渋沢栄一の陰徳と犠牲的精神

を払拭すべく以下のアプローチを採用する。

本章のアプローチ

　渋沢が企業家、社会事業家として活躍するうえで倫理規範とした、「陰徳」と「犠牲的精神」を慶喜から学んだことを論証するためには、以下の3点を明らかにする必要がある。

(1) 慶喜に対して渋沢が尊崇の念をもって君臣の義を貫いた経緯、
(2) 維新前後の慶喜の行動に義があると渋沢が認識するに至った経緯、
(3) 慶喜の義が、尊皇思想に基づき「陰徳」と「犠牲的精神」をもって実践されたことを渋沢が確信するに至った経緯。

　渋沢が陰徳と犠牲的精神を慶喜から学び、それを実践するまでには、様々な心理的動因が働いた。慶喜に対する尊崇の念は一橋家家臣の時代から続く君臣関係の上に成り立ち、慶喜が逝去するまで続いた。
　人が他者を倫理的な手本とする場合は、他者に対する尊崇が基盤となる。慶喜に対する渋沢の尊崇が君臣の義を基盤として成り立っているとすれば、両者間の君臣関係がいかなる経緯をたどって深められたのかを確認することが必要となる。
　一般的に、尊崇する相手の行為は正しく映り、たとえ疑惑を招く行為があったとしても、そこには合理的な理由があると考え疑念を無意識に封印する傾向がある。
　渋沢の滞仏中に起こった、大政奉還や鳥羽・伏見の戦いにおける慶喜の行動に対しては、当時からさまざまな批判がなされた。渋沢は疑念を抱く一方、慶喜の行動には合理的な理由があると考えた。しかし、渋沢の非凡な点は、その疑念を封印することなく実証的に確認し合理的な理由を詳らかにしたことである。その具体的行動が、『徳川慶喜公伝』の編纂事業であり、編纂経緯を詳細に記録した『昔夢会筆記』の刊行であった。
　『徳川慶喜公伝』が歴史的事実を慶喜に都合よく解釈した偏向的な著作であったとすれば、渋沢が歴史の真実から目を背けたことになる。この点に関

する事実関係を明らかにするためには、渋沢が選定した執筆者の歴史認識や政治思想の公正性を確認することが合理的である。

渋沢が慶喜を尊崇していたがゆえに、その行動に疑問を抱かず、維新の結果のみからその業績を評価したとすれば、渋沢は疑問から目をそむけて『徳川慶喜公伝』の編纂に取り組んだことになる。

しかし、渋沢は大政奉還のいきさつや鳥羽・伏見の戦いのきっかけ、およびその途上で慶喜が江戸へ逃げ帰ったことについて疑念を抱き、その点について解明しようと試みた。そして、複数の編纂者の眼を通して慶喜の回顧談を検証し、それを歴史的事実として『徳川慶喜公伝』に記述した。渋沢は慶喜の回顧談が自分に都合の良い後講釈に陥っていないかを確認して編纂作業を進めた。

慶喜が逝去するまで続いた渋沢の尊崇の念と、維新前後の慶喜の行動に対する渋沢の認識内容が明らかになった時点で、次になすべきは慶喜が尊皇思想に基づき「陰徳」と「犠牲的精神」をもって実践したことを、渋沢が維新後に実践するに至った経緯を考察することである。

本章は「第Ⅰ部　君臣関係の成立過程」、「第Ⅱ部　疑念から尊崇へのプロセス」の二部構成とするが、同じ課題を異なる視角からアプローチするので随所で検討結果や言い回しが重複する。

第Ⅰ部では、渋沢が慶喜から陰徳と犠牲的精神を学んだことを実証するため、(1)慶喜と渋沢の君臣関係の時系列的検討、(2)『徳川慶喜公伝』編纂者の公正性を確認するための歴史観の検証という２段階のアプローチを採用する。

第Ⅱ部では、渋沢が強く反対した慶喜の第十五代将軍就任と、渋沢の滞仏中の出来事である大政奉還や鳥羽・伏見の戦いに対して抱いた疑念がどのように変化し、尊崇の念を抱くようになるのかを検討する。

小括では、第Ⅰ、Ⅱ部の検討結果に基づいて、渋沢が慶喜から「陰徳」と「犠牲的精神」を学んだ経緯を考察する。

第15章　渋沢栄一の陰徳と犠牲的精神

第Ⅰ部　君臣関係の成立過程

第1節　徳川慶喜と渋沢栄一の君臣関係の推移

　慶喜に対する渋沢の忠義心は、必ずしも平坦な道程によって形成されたものではなく、さまざまな偶然も重なって強化されたと考えられる。
　水戸学の影響を受けて尊皇攘夷思想に凝り固まり、倒幕を目指していた青年期の渋沢にとって、徳川御三卿の一つである一橋家当主の一橋慶喜は本来不倶戴天の敵であった。横浜焼き討ちを断念した後、幕府から嫌疑をかけられなければ、渋沢は決して一橋家に仕官することはなかった。
　なぜなら、渋沢が平岡円四郎（以下「平岡」）の手引きで一橋家仕官を決心した経緯を見ると、平岡との人間関係と横浜焼き討ち計画の頓挫が重ならなければ、渋沢が一橋家に仕官するチャンスはめぐってこなかったからである。
　以下では渋沢が一橋家に仕官してから『徳川慶喜公伝』の編纂事業を始めるまでの期間について、慶喜と渋沢の君臣関係がどのように推移したのかを時系列的に検討する。

1－1　一橋家仕官を決心した時期

　渋沢は従兄の渋沢喜作（以下「喜作」）とともに一橋家に仕官するにあたって、倒幕を目指していた自らを納得させるかのごとく大胆にも条件を提示した。一橋家仕官を決めた後、平岡に条件提示した経緯について渋沢は以下のように回想する。[1]

　「……然るに今般仕官の周旋をして遣ろうという御沙汰は、実に存じも寄らぬ御好意であります。併しながら我々両人は、農民風情から成立った人間でありますが、一個の志士を以て自ら任じて居ります。それ故、義に依って捨てる命なら鴻毛よりも軽い、事あるの日には水火の中も厭わぬという気節を磨励して居ながら、この窮腕（きゅうやく）の極点に陥ったからと申して初志を翻して食禄を希うということは甚だ好みませぬ。去（さ）りながら若し一橋公に於て当世に

第Ⅲ編　正名思想と倫理規範

志あるものを召抱えて、而して若し一朝天下に事のあった時にはその志士を任用して、御現任の禁裏守衛総督の職掌を御尽しなされたいという御思召の在る訳ならば、我々は仮令鎗持でも草履取でも、その役目の高下は毫も厭いませぬ。若し又これに反対の御趣意なら、恐れながら如何様立派な官職に任ぜられましても、甘んじて御奉公は出来ませぬ。果して前段の御趣意であるならば、私共両人に於ても聊か愚説もありますからそれを建言致した上で御召抱えということにして戴きたいものであります、……」

　横浜焼き討ち計画を頓挫させて間もない25歳の渋沢は、終末を迎えつつある徳川幕府の行く末を想定し、一橋家のあり方を大上段から慶喜に説いた。
　渋沢のこの行動は、ともに倒幕を目指したかつての仲間を意識し、唯々諾々と仕官したのではないことを自分に言い聞かせるための自己正当化と考えられる。おそらく渋沢はこの時点で横浜焼き討ち計画の不合理性に気がつき、ほどなく終末を迎えるであろう徳川幕府の行く末と一橋家のあり方について、権力サイドの視点から認識していたと思われる。
　渋沢が中心となって横浜焼き討ちを企てたことを平岡が知ったうえで、慶喜にその事実を隠していたとすれば、渋沢と喜作は経歴を偽って一橋家に仕官したことになる。その疑念を腹に納めて渋沢らの仕官を進めた平岡の人物を見る目はまさに慧眼であった。平岡はさらに慶喜にお目通りを希望した渋沢の申し出をも受け入れる。
　渋沢のこの回想は功成り名を遂げた後のものであるがゆえに、渋沢の成功談の始まりと捉えられがちである。しかし、実際には若き日の渋沢が一橋家仕官にあたって多くの葛藤を抱えていたことを示すものである。
　この時期の慶喜と渋沢の君臣関係は緒についたばかりで、渋沢に忠義心が芽生えていたことを確認することは困難である。

1－2　一橋家の軍備拡充と財政改革を実現した時期

　渋沢が仕官するにあたって慶喜に提出した上申書は散逸したので、その内容を知るには渋沢の記憶に頼らざるを得ない。渋沢は「……詰り国家有事の時に方（あた）り、御三卿の御身を以て京都の守衛総督に任ぜられ給いしは実に古今

第15章　渋沢栄一の陰徳と犠牲的精神

未曾有の御盛事ながら、申さば非常の時勢がこの非常の御任命を生み出しし次第なれば、この御大任を全うせらるるには亦非常の御英断なくては不相成事、而してその英断を希望するの第一着は人才登用の道を開いて天下の人物を幕下に網羅し、各々その才に任ずるを急務とする、云々の大意であったように記憶して居ます」と述べる[2]。

渋沢の記憶が正確であるとすれば、「人才登用の道を開いて天下の人物を幕下に網羅し」とする渋沢の提言は、同家に有能な人材が払底していることを指摘したと捉えられかねないもので、受け取り方によっては賢才の誉れ高い平岡円四郎や原市之進に対して不敬な話である。

血気盛んな自信家であった渋沢は、彼等に忖度することなく、自分を召し抱えることによって人材登用の目的が達せられるというアピールを慶喜に対して行った。

慶喜に提言したような「天下の人物」を登用したわけではないが、渋沢は一橋家の兵備強化のための人材集めを申し出て同藩の領地から歩兵456名を集めることに成功した。

渋沢は人材登用の重要性を述べた上申書の内容を兵備強化という形で実践したことに加えて、財政改革を行い藩の収入を増やすことにも貢献した。渋沢は、(1)年貢米の価格設定、(2)白木綿の価格設定、(3)硝石の生産を実施して5,000両、現在価値に換算すると約6億5千万円の増収によって財政改革を実現させた。

この時期の渋沢は充実した活動を展開していた。渋沢は実務で培った農商実務や財務の知識と、円滑な人間関係を構築する技術によって実績を積み上げ、慶喜の信頼を得るべく努力した。しかし、この時点では慶喜との君臣関係が確固たるものになっていたことを確認することは困難である。

1－3　一橋慶喜が禁裏御守衛総督の時期

渋沢が一橋家の家臣であった1864（元治元）年12月、禁裏御守衛総督となった慶喜は大津に出陣し、水戸藩の天狗党を鎮圧した。慶喜と対峙することとなった武田耕雲齋と藤田小四郎をはじめとする130名は敦賀で斬罪となった。

第Ⅲ編　正名思想と倫理規範

　渋沢はこの時、平岡の後を受けて用人となった黒川嘉兵衛に従って出陣し、陣中で秘書役を務めていたので、水戸藩士に対する慶喜の対応を戦地で見る機会を得た。

　反乱を起こして各所に被害をもたらしたとはいえ、自分を頼って京都まで来た水戸藩士への対応は、慶喜の禁裏御守衛総督としての立場と、身内の水戸藩士への思いのいずれを重視するかの試金石となった。換言すると慶喜が「情」と「理」のいずれに重きを置く人物であるかを知る機会となった。

　君臣間の情を重視する渋沢にとって、このリトマス試験紙がどのように変色するかによって、慶喜に対する忠義心が決まるといっても過言ではなかった。

　渋沢は『青淵回顧録』でこの一件について、「一橋公としては餘りに人情を解せぬ處置であるといふ批評もあつたが、慶喜公の立場としては、さうするより外に已むを得なかつた事と推察される」と述べる。渋沢は慶喜の対応を積極的には評価しないが、慶喜の立場を勘案すると天狗党に対する処置は仕方がなかったと認めている。

　『雨夜譚』で渋沢は、「その跡で京都の有志家中には、一橋公として、水戸浪士が軍門に降伏したのを直に幕府へ引渡すというは、幕府を畏敬するに過ぎて人情を酌量せぬ処置であるという評論でもあった趣だが、これは只その難きを公にせしむるというものであろうと考えます」と述べている。

　渋沢は慶喜に批判的な意見があったことを認めたうえで、それを否定する形で慶喜の行為を是認する意見を述べている。しかし、雨夜譚における「これは只その難きを公にせしむるというものであろうと考えます」という表現はきわめて曖昧であり真意は不明確である。この時期の渋沢は、天狗党への対応について真っ向から支持する姿勢を見せておらず、むしろ慶喜の情に対して疑念を抱いていたと考えられる。

1－4　幕臣期

　渋沢は徳川幕府が早晩倒れることを見越して慶喜の第十五代将軍就任に反対した。渋沢の反対意見と対応策を要約すると以下の通りとなる。

第15章　渋沢栄一の陰徳と犠牲的精神

(1)慶喜公を将軍に据えて幕府の再興を図るのは、倒壊寸前の家の脇から添柱を建てるようなもので、慶喜公がいかに賢君であっても再興は不可能である。

(2)慶喜公が将軍となって幕府が倒れるとその責は将軍に集中する。つまり、慶喜公の将軍就任は自ら死地に赴くようなもので失策の極みである。

(3)幕府の命脈を一日でも長く保つには、他の親藩から幼い人を選んで将軍に据え、慶喜公は引き続き禁裏守衛総督の職掌を継続するのが得策である。

(4)この職掌を全うするためには、「兵力」と「財用」を充実させることが必要で、そのためには畿内およびその近傍で50万石から100万石を加増することが不可欠である。

渋沢の提言は、慶喜個人のみならず幕府の命脈を保つうえでも合理的であったため、慶喜の側近である原市之進も賛同したが、渋沢の意見が慶喜に届く前に第十五代将軍就任への道筋は決まってしまった。

渋沢は心ならずも幕臣となったうえ、幕府という巨大組織に所属することで一橋家の家臣であった時のように慶喜と直接話しをする機会は激減した。渋沢は徐々に不満を募らせ、職務に対する情熱も減退した。この時期の心境を渋沢は以下のように回想する。(6)

「右の次第にて終に一橋公が将軍家相続ということに決して、その事を藩中へ仰渡されたから、自分等もその事を承知したが、誠に歎息といおうか、残念といおうが、その時の心中は今考えても実に失望の極でありました。これも尋常人の考えから申せば、自身の仕うる君公が将軍家相続になったのだから、或は幕府へ召連れられて相当な役人になれるかも知れぬ、さすれば出世の道が広くなる訳だに依って大きに仕合せだと喜ぶ筈であるが、独り自分等両人は、最早大事去りぬ、この上は如何したら好かろう、又元の通り浪人になろうか、イヤ待て、浪人になっても行く先きはない、去ればとて、長くこうしても居られぬ、既に一橋家に仕官して両三年延びたから、これから又死ぬ工風を廻らそう。」

第Ⅲ編　正名思想と倫理規範

　この回想からも明らかな通り、慶喜が第十五代将軍に就任したことに対する渋沢の失望は大きく、慶喜に対する忠義心も落ち込んだ。「独り自分等両人は、最早大事去りぬ、この上は如何したら好かろう、又元の通り浪人になろうか、イヤ待て、浪人になっても行く先きはない」という言葉の通り、渋沢は喜作と相談のうえ、幕臣を辞して浪人になることも選択肢に入れて将来のことを考えていた。

　幕臣になることは、倒幕を目指し憂国の志士として活動していた当時の自分と、現在の自分が自己矛盾に陥いるジレンマが、渋沢の心中に存在していた。

　慶喜が一橋家の当主にとどまっていれば、たとえ御三卿の一家であったとしても、幕府が倒れた後、慶喜は半ば中立の立場で新体制において主要な役割を担い得た。つまり、慶喜はかろうじてその地位を確保し、渋沢は臣下として新たな政治体制下で貢献し得る可能性があった。

　幕臣となった時点で倒幕の素志を全うするには、自らが獅子身中の虫となり幕府に不利な働きをすることが必要となる。渋沢の懊悩はまさにこの点にあった。

　渋沢はこの時期の懊悩を、「前に話したやうな譯（わけ）で、一橋慶喜公は愈々將軍職（しゃうぐんしょく）を襲はれる事となつたが、私は此際程困（こま）つた事はない。從來倒さう倒さうと心掛（こころが）けて來た幕府であり、現在もそれを心掛（こころが）けて居るのであるから、假令（たとへ）是迄仕へて來た君公が將軍（しゃうぐん）になられたからとて、おめおめと幕府に仕へて其の祿を食（は）むわけには行かぬ」と述べている。

　徳川昭武の訪仏随員の指名は懊悩の真っ只中にもたらされた。それは渋沢にとってまさに天恵であった。渋沢はこの時の気持ちを、「棚（たな）から牡丹餅（ぼたもち）のやうな、私にとつては此上もない結構（けっこう）な相談だつたのである。私の其時の嬉（うれ）しさといふものは、實際（じっさい）何とも譬へやうのないものだつた。處で私に斯うした命令（めいれい）が下るに至つたに就いては、實は慶喜公の御聲掛（おこえが）かりがあつた爲めであつた事が後で判（わか）つた」と述べている。

　このように、昭武の随行者に指名されたことと、それが慶喜の指示によるものであることが明らかになった時点で、身の処し方に悩んでいた渋沢の忠

義心は高まった。

1－5　渡仏期

　慶喜に対する忠義心に揺らぎが生じていた時期の滞仏メンバー指名は、渋沢の鬱屈した思いを一気に払拭するとともに、それが慶喜の指示であったことで忠義心は復活する。渋沢の忠義心の低下は慶喜とのコミュニケーション不足に起因するところが大きかった。

　幕臣時代の両者の関係はまさに「君の心臣知らず」の状態にあったといえる。慶喜とのコミュニケーションが疎遠になった時期に感じた隔靴搔痒の心境を渋沢は以下のように述べる[9]。

　「そこでつくづく考えて見るに、今一二年の間には屹度徳川の幕府が潰れるに相違ない、迂闊にこのまま幕府の家来になって居る時は、別に用いられもせず、又敢て嫌われもせず、謂わば可もなく不可もなくして終に亡国の臣となるに相違ない。就てはここを去るより仕方がないが、ここを去るには如何するがよかろうか、と只色々と屈託して居たが、何分思案が附かぬから、急に出奔することも出来ず、一橋に居た時分には度々君公に拝謁も出来たのが、御相談後には願っても拝謁は出来ず、原市之進などさえ何か垣根越しに物をいう様な姿で、充分の後輔佐も出来ぬ様子であるから、殆ど懐いた玉を奪われたような心持で、種々に愚痴が増して来る。さればとて何時までも因循して居れば亡国の臣となることは必然であるから、モウドウモ仕方がない、いよいよ元の通り浪人になると覚悟を定めたのはその年の十一月頃でありました。」

　渋沢が幕臣を辞めて浪人になると決意したのが1866（慶応2）年11月であり、原市之進を通して徳川昭武（以下「昭武」）の訪仏随員に指名されたことを知ったのが同月29日であった。渋沢は幕臣を辞めることを決心した直後に、慶喜が自分を深く信頼していたという事実に気がつき、忠義心を新たにすることとなった。

　慶喜が訪仏のトップに実弟を指名し、さらに昭武がつつがなくフランス留

学を全うするための随員として自分を指名したことを知らされた渋沢は、訪仏を見聞を広める絶好の機会と捉えるとともに、その大役を任されたことに深く感謝した。慶喜と渋沢の君臣関係はギリギリのところで繋がった。

1－6　駿府に徳川慶喜を訪ねた時期

　渋沢は昭武の信頼を得て、短期間ながらもフランス滞在と欧州各国歴訪を終えて職責を全うした。渋沢が帰国後に慶喜と面会するのは、駿府で慶喜が謹慎している時であった。

　渋沢にしてみれば、慶喜がこのような姿になるのは自分の意見と異なる行動をとった結果であった。しかし、慶喜が将軍職に就かなければ滞仏と欧州歴訪によって見聞を広めることができなかったのも事実である。

　渋沢が慶喜との面談で抱いたのは憐憫と無念の感情であった。また、渋沢が抱えていたのは、大政奉還の経緯と、王政復古の後に慶喜が鳥羽・伏見の戦いを始めたことに対する素朴な疑問であった。特に開戦後に慶喜が少数の老中等と江戸に退却したことは渋沢の理解を超えていた。

　渋沢がフランスからの帰国後に見た日本は、渋沢が青年期に思い描いていた天皇親政による政治体制とは異なり、公家や藩士、草莽の志士が入り乱れる一種のカオスであり、その中に渋沢の知己は存在しなかった。従兄の喜作は幕臣としての素志を貫徹すべく箱館戦争で奮戦していた。

　フランスから志半ばで帰国した渋沢は、身の置き所がない不安定な状況下で、自分の進むべき道を決めなければならなかった。

　渋沢はこの時の心境を、「仮令当初の素志ではないにもせよ、一旦に前君公の恩遇を受けた身に相違ないから、寧そ駿河にいって一生を送ることに仕よう、又駿河へいって見たら何ぞ仕事があるかもしれぬ、若し何にもする事がないとすれば農業をするまでの事だと、始めて決心をしました」と述べる。[10]

　倒幕を志した青年期に遡って考えると、維新後に成立した新政府の役人に活路を見出すのが、渋沢の能力を最も生かせる道筋であった。しかし、帰国後眼にした明治維新は渋沢の手が届かないところで実現されたもので、かつ、自分は前体制における幕臣だったため、社会が混沌とした中で渋沢は生きるためのレゾンデートルを見失っていた。渋沢が自死を考えたのもこの時期で

第15章　渋沢栄一の陰徳と犠牲的精神

あった。

　このような混乱した精神状態において、渋沢が選択したのは元君主の慶喜が蟄居する駿府で商人として自活することであった。つまり、この時点で渋沢は慶喜への忠義を最重視した。

　渋沢をしてこの選択をなさしめたのは、帰国直後に駿府に滞在した時期に慶喜と接したことであった。慶喜に対する渋沢の個人的尊崇を含む忠義心は、以下のような両者間の誤解に端を発しさらに高められた。

　滞仏中に昭武から全幅の信頼を得た渋沢は、昭武から慶喜への信書をあずかるとともに、詳細に滞仏中の様子を報告し、慶喜の返書をもって水戸の昭武を訪ねることで滞仏に関する仕事が完結すると考えていた。

　慶喜と昭武の間で兄弟愛の機微に立ち入り、その職務を全うできるのは自分を除いていないという矜持も有していた。それは慶喜が望むところであると信じた渋沢は、水戸への返書を届ける慶喜の指示を待っていた。

　このような兄弟間の心情を慮って待機していた渋沢への指示は、他の者を返書の使者に指名するというものであった。この指示に含まれる慶喜の深謀遠慮を理解できなかった渋沢の反応は以下の通りである。(11)

　「然るをその返書はこの方から出す、その方には当庁で用が有るからそのまま勤務しろとは、実に御情合を御存じないなされ方であります。仮令前公からその御命令が出たに致せ御側に付いて居る者が若しも人情と道理を弁えて居たならば、こんな処置は出来ぬものだ、それを知らぬというような人達ばかり揃って居るからこの通りの有様になって、君は辱しめられ、国は削られて、その臣下はというと尚生を偸み哀を請うて、この上百万石にもなりたいというのが藩中の知恵を奪った上のことだ。」

　慶喜と昭武の関係に誠意をもって介在しようと考えていた渋沢が怒りを含んだ反応を示すのは当然といえる。しかし、慶喜は実弟とのやりとりよりも、昭武の信頼を得た渋沢が水戸藩士の嫉妬をかうリスクを考えて渋沢の身の安全を優先した。慶喜に対する誤解が解けた時のことを渋沢は以下のように回想する。(12)渋沢は事実関係を静岡藩中老の大久保一翁から聞かされた。

605

第Ⅲ編　正名思想と倫理規範

　「大久保氏曰く『実は前将軍（慶喜公）から、お前は水戸に遣わさず静岡に留め置くように取り計えとのご内意があったために、勘定組頭に採用することになったのである。前将軍はお前の身の上を深くお気遣いになり、もし民部公子への返事を持たせてお前を水戸に遣れば、公子は兼ねてお前を信頼せられているから、必ず重く任用するに相違ない、水戸は朋党の盛んなる藩なれば、お前が重用せらるれば重用せらるるほど、お前の身があやうくなる。前将軍はこれをお気遣い遊ばされて、静岡に留め置けとのご内意があったのである』と。余はこのことを聞いて深く慶喜公の余をお労わり下さるるの篤きに感激したのである。」

　この事実を知った渋沢は、自身の短慮を恥じるとともに慶喜の温情に感激した。必然的に慶喜に対する忠義心は高まり両者の君臣関係は確固たるものとなった。
　この場合、慶喜のコミュニケーション不足が誤解を生み、それが氷解したことで結果的に君臣関係がさらに強固なものになるという効果を生み出した。いわゆる「雨降って地固まる」が君臣関係に生じたといえる。
　渋沢はこの一件が慶喜に対する忠義心を改めて深いものにしたことについて、「思へば慶喜公には自分の如き身分の低い者に対してまでも、斯くの如き用意周到なる御心遣ひをせられたのである。此の英明なる仁心深き舊主に対して及ばずながらも自分の力で出來るだけの御奉公をしなければならぬと決心を新たにしたのである」と述べている。(13)
　この後、渋沢は当初の計画通り、合本法によって静岡商法会所を開いて商業活動を展開する。しかし、その後しばらくして慶喜に後足で砂をかけるようにして大蔵官吏に転進する。この間の事情を以下に記述する。

大蔵省出仕の経緯と徳川慶喜への忠義心
　渋沢が大蔵省出仕を決心するに至ったプロセスにおいては、(1)慶喜との君臣関係を重視し静岡商法会所の経営を継続すること、(2)大蔵官吏となって国家の制度的な礎を築くことのいずれを選択するかという葛藤が存在した。

渋沢が青年期において人生を左右する選択を強いられたのは、「一橋家仕官」と「大蔵省出仕」である。前者は平岡円四郎の勧めにしたがったが、後者は大隈重信に折伏された結果である。
　前者の場合は、世間ずれしていない渋沢が武家に憧れを抱いていたという事情があったが、後者の場合は天職を見出しかつ慶喜の君恩に応えようとする最中での方向転換であった。つまり、慶喜への忠義心をある意味断ち切る覚悟がなければ大蔵省出仕を決断することは困難であった。
　係る観点から、渋沢が大蔵省出仕を決断する前後の心境を検討することは、慶喜との絆を知るうえでも重要と考えられる。渋沢は静岡で商法会所を創設するに至ったいきさつを以下のように述べる。[14]

　「多年恩顧を蒙った慶喜公は駿河で御謹慎中の御身分であると知つては、新政府の役人になるのも甚だ心苦しいので、当時駿府と申した静岡に退隠し、一生を送ることにしようと私は考へたのである。
　仏蘭西に留学中多少見聞したところもあるので、敢て整然たる八釜しい理論の上から考へたのでは無かつたが、商工業を盛んにして国を富まし兵を強くするには、之に当るものに報酬を多く与へるやうにせねばならぬ。然るに、小さな資本で商工業を営んだのでは、多くの報酬を引き出す道がない。依て小資本を集めて大資本とし、合本組織の会社法で商工業を営まねばならぬものであると思ひつくに至つた事は前回にも既に申述べた如くである。」

　このように、渋沢は自分の天職を商人と認識し、フランスで学んだ合本法を実践すべく、慶喜のお膝元で静岡商法会所を開設した。しかし、「新政府の役人になるのも甚だ心苦しいので」という言葉の通り、渋沢の選択肢には政府の官吏としてこれまでの経験やフランスで学んだことを生かそうという思いが密かに芽生えていた。
　渋沢は元を正せば倒幕派であり、その忠義心はもっぱら慶喜個人に向けられていたことから、主君の家に先祖代々から仕える幕臣とは異なり、新政府で自分の能力を発揮することにさほどの抵抗はなかった。
　渋沢の内心に、(1)慶喜の膝下で商人として活動する、(2)新政府の官吏とし

第Ⅲ編　正名思想と倫理規範

て国家の基盤づくりに貢献するという2つの選択肢が存在したとしても、渋沢の最終目的はあくまでも「商工業を盛んにして国を富まし兵を強くすること」であった。

　当初、渋沢の内面では2つの選択肢のうち前者に比重が偏っていた。そのような状況において渋沢に向けられたのが大隈重信からの勧誘であった。渋沢はこのいきさつについて以下のように述べる。(15)

　「十二月初旬東京に着いて、一ト晩如何にして任官を勧められた時に断らうかと充分に熟慮してから、其頃大蔵大輔であつた今の大隈伯に遇つて見ると、一地方に引つ込んで居つては兎ても志の行はれるものでは無い、志を行はんとするには全国に勢力の行き渡る中央政府に這入る方が可いと、色々に説き聞かせられたのである。その時大隈伯は八百万の神達が天の安の河原に神つどひにつどひ、神はかりにはかるやうにしてこれからの新政を行つてゆくのだと盛んに論談せられて、従来幕人に対しては何れかと云へば私の方から意見を話して聞かせることになつて居つたところを、大隈伯からは私の方が反対に諄々と話して聞かされるわけになり、大隈伯の八百万の神達論で吹き飛ばされでしまつたものだから、私も近頃の言葉にいふ一寸面喰つた形で、遂に断りきれず、大蔵省租税正といふ職を仰付けられる事になつたのである。」

　この証言を見ると、渋沢が一方的に大隈に折伏された様子が伝わってくる。大隈の説得は巧みである。「八百万の神達が天の安の河原に神つどひにつどひ、神はかりにはかるやうにしてこれからの新政を行つてゆく」という大隈の論法は、渋沢を八百万の神の一角を担う人材であることを認めたもので、渋沢の自尊心をいたく刺激した。

　「新政府の官吏として制度造りに貢献する」という選択肢は、「自分は中央政府での活躍に資する能力を有している」という渋沢の矜持によって支えられていた。大隈の「八百万の神達論」は渋沢が暗黙裡に抱いていた矜持を顕在化させるキラーワードを含んでいた。

　そうなれば、あとは大隈のペースで面談は進行する。渋沢がその時の心境を述懐するように、「私も近頃の言葉にいふ一寸面喰つた形で、遂に断りき

れず」となるのは自然の流れであった。寸面喰ったという言葉には大隈が渋沢の深層心理を図星言い当てた時の驚愕と一種の感激がみごとに表現されている。

　渋沢は別の証言で、大蔵省出仕を断ることは、新政府の意向に反逆するため、慶喜が渋沢を押しとどめたという嫌疑がかかると脅されたと述べているが、これは渋沢が大蔵省出仕を引き受けた主たる理由ではないと思われる。

　このように考えると、大蔵省出仕はある意味慶喜に対する渋沢の裏切りであった。慶喜に対する忠義はその膝下を離れたことに対する悔恨によって倍化され、一種の償いを含む行動として『徳川慶喜公伝』を編纂し、慶喜の雪冤を果たす大事業に取り組む一因になったと考えられる。

第2節　『徳川慶喜公伝』の編纂事業

2-1　編纂事業の経緯

　渋沢は1893（明治26）年に企画してから、1918（大正7）年の刊行に至るまでの25年という長期にわたり、『徳川慶喜公伝』の編纂事業に従事した。その根底には、鳥羽・伏見の戦いにおける慶喜の行動に対する疑念を解消し、真実を明らかにすることが後世に正しい歴史を伝えることになるという思いがあった。

　正しい歴史を後世に遺すことは、歴史家でない渋沢にとっては荷が重かったが、雪冤を果たすという情熱は渋沢の旧君に対する「君臣の義」によって支えられた。徳川慶喜公伝の編纂事業を支えた旧君に対する思いについて渋沢は以下のように述べる。(16)

　「徳川慶喜公伝の編纂は明治二十六年頃、初めは故福地源一郎氏に托したが、氏は明治三十九年一月四日、六十六歳で歿せられたから、文学博士三上参次氏を頼み、大学教授文学博士萩野由之氏を編纂の主任者とし、事務所は余の兜町の事務所に置き、おおよそ二十年を経て、大正七年一月に至り成

第Ⅲ編　正名思想と倫理規範

就せり。……これまた一に謝恩のためである。余はもとより一橋家譜代の臣でもなければ、またその禄を食(は)んだと申しても前後を通じてわずかに五年に過ぎぬが、死すべき命を慶喜公によって助けられ、余の今日あるは、実に一橋家仕官時代に出発したと思うので、その高恩の万が一でも報じたいと考え、世間には慶喜公を誤解しておる人もあり、その誤りを後世に伝えられてはならぬと存じ、かたがた以て余が自ら進んで慶喜公の伝記を編纂したのである。」

　渋沢が一橋家に仕官したのは、横浜焼き討ち計画が頓挫し、嫌疑をかけられることを畏れて京都に隠遁している時期であった。平岡円四郎の仲立ちがあったにせよ、最終的に渋沢の仕官を認めたのは慶喜である。この仕官を機に渋沢の運命は劇的に変化した。

　どん底にあった渋沢の運命が一橋家仕官によって好転したことについて、渋沢は「死すべき命を慶喜公によって助けられ」と表現する。慶喜に対する渋沢の思いは、君臣の義だけでなく深い恩義に基づいていた。

2－2　編纂の動機

　渋沢にとって慶喜は、辞官納地に応じただけでなく、尊皇思想を実践し政治的、経済的のみならず名誉さえも犠牲にして水戸藩の藩是を貫いた人物であった。

　横浜焼き討ちによってわが身を犠牲にして倒幕の先兵にならんとして果たせなかった自分と比べると、慶喜は遥かに大きな視点から自らを犠牲にし、それを誇ることなく陰徳を体現した。渋沢にとって慶喜の行動は聖人の行動以外の何ものでもなかった。

　係る観点からすると、渋沢にとって鳥羽・伏見の戦いにおける一見怯懦に思える慶喜の行動は大醇小疵の「小疵」であり、明治維新という「大醇」を成し遂げるにあたって、不可避的に生じた取るに足りない欠点であった。慶喜と比較すると渋沢は自分がいかにも小人物に思えた。

　フランスからの帰国後に再会した慶喜は、全てを取り上げられ茅屋で謹慎していた。渋沢は駿府で慶喜と対面した時の思い出を、「私が暫く御待ち申して居る間に慶喜公は其醜い狭い薄暗い室へ御出座に相成つて、私の直ぐ顔

第15章　渋沢栄一の陰徳と犠牲的精神

前に御坐りになられたのであるが、羽織袴の御姿で、座布団さへも召されず、直接に一本藁の汚れた畳の上に座られ、私に拝謁を賜はつたのである。二年前に十五代将軍として拝謁した時とは、全く打つて変つた御姿である。私は此の御姿を拝見した時には、頭がハッと下つたままで上らず、なんといふ情けない御姿になられたのだらうと思ふと、泣けて泣けてたまらなくなり、しばしの間は何と申上げやうもなかつたのであるが、漸く口を開けるやうになると、まづ出たものは愚痴で、私はいろ〱泣き言じみたことを申し上げようとしたのである」と述べる。(17)

　尊崇する慶喜の零落した姿を見た渋沢の心中には、君恩、憐憫、無念、悔恨など様々な感情が一気に溢れ出し、渋沢は慶喜に対する終生変わらない忠義心を抱き雪冤を誓った。渋沢は「徳川慶喜公の境遇に同情す」と題した一文で慶喜を以下のように評価する。(18)

　「慶喜公は余に取つての大恩人である。此の事は詳細に後章○略スに掲げてあるが、兎に角余が浪人時代より救はれて一廉の人間となつたのも、一に慶喜公の御蔭と謂はねばならぬ。然るに此の大恩人たる慶喜公は少からず世間から誤解されて居る。

　公は能く順逆の理を明かにし、尊王の念厚き英主であつた。彼の維新の際政権の奉還をしたのも、実に慶喜公自身の発意になつたものであつた。然るに討幕論を主張せし側からは逆賊乱臣といふ汚名を受け一時は死罪にでも処せられようとしたのを、漸くのことで軽減されたのである。中には之にも猶飽足らずして『慶喜将軍は命が惜しさに、戦争が怖さに大坂から関東へ逃帰つた。そして静岡藩に封ぜられ、終に此処に隠退して今では洒々として居る』などと悪口を吐く者もあつた、如何に時勢の変とは謂へ、公に取つては此の上もなき不詳のことで、又正史を誤る点に於て苟且に附す可らざる事実ではあるまいか。」

　維新前後の混乱期において、慶喜が与えられた状況下で不可避的に清濁をあわせ飲みながらも、聖人に相応しい身のこなしによって維新の大業を成し遂げたという事実は渋沢にとってきわめて重要であった。換言すると、慶喜

が２つの徳目をもってすることなかりせば達成できなかったのが維新の鴻業であった。慶喜が維新前後で実践した「陰徳」と「犠牲的精神」は、渋沢が実業界でこれらを実践する際の手本となった。

　渋沢は自著において慶喜を聖人として取り上げ、半ば神格化した人間像を描いている。自分が描いた人物像が虚像であったとすれば、渋沢が身につけた倫理規範は根拠を喪失することになる。

　その意味からすると、歴史的観点のみならず倫理的観点からも慶喜の行動の正当性を証明することは渋沢自身にとって必須であった。渋沢とって慶喜は大恩ある人物であるだけでなく、本来その行動には瑕疵があってはならなかった。『徳川慶喜公伝』の編纂事業を実施するにあたって、渋沢の心底には慶喜に対するこのような思いがあった。

側近が見た渋沢栄一の徳川慶喜への思い

　親族以外で渋沢に最も近い存在であったのが、第一銀行に勤務した後、渋沢栄一事務所で20年間にわたり秘書を務めた白石喜太郎（以下「白石」）である。

　1887（明治20）年に生まれた白石は、1914（大正３）年、27歳で渋沢栄一事務所に入り、渋沢の晩年をつぶさに知る立場にあった。渋沢の没後は孫の渋沢敬三に仕え、1945（昭和20）年）58歳で没するまで渋沢に関連する著作を複数出版した。

　白石は、財界引退後75歳となった渋沢に仕え始めたため、慶喜に対する渋沢の思いについては、先入観なく客観的な視点で認識することが可能であった。また、渋沢が各方面からの要請に応じて行った講演内容や訓示等も先入観なしに理解した。

　白石には渋沢の身近に仕える秘書としての感情移入もあったと考えられるが、慶喜に対する渋沢の思いについては、日常の接触や講演内容から客観的に理解した。白石は自著において慶喜の雪冤を誓った渋沢の漢詩を掲載し自説を述べている。[19]

第15章　渋沢栄一の陰徳と犠牲的精神

維新の偉績、痕無きを欲す、
剔抉（ていけつ）未だ、本原を探るを知らず。
公議、輿論、果して何の用ぞ、
千秋、誰か、大冤魂（だいえんこん）を慰せん。

維新偉績欲無痕
剔抉未知探本原
公議輿論果何用
千秋誰慰大冤魂

　渋沢は青年期から詩作に親しんでおり、感情が大きく揺さぶられるたびに喜怒哀楽を漢詩に託した。慶喜を尊崇しその雪冤を切に願う渋沢の気持ちを白石は漢詩から感じ取った。白石は渋沢が『徳川慶喜公伝』の編纂を決意した経緯とその途中経過についても熟知していた。白石は以下のように述べている。[20]

　「翁のいわゆる『御伝記』は、『公』の政治上における心事を深く理解したあとであるから、もちろん明治二十年（一八八七）以後であることは当然である。
　しかし、その前、具体的にいえば静岡において、『公』の翁自身に対する深き配慮と厚き情を知ったとき、何とかして酬いたいと思ったと想像するのは誤りであろうか。伝記刊行という形をとるまでの前提——萌芽をこのときに得たと見るのは、認識不足であろうか。誤りでもなく認識不足でもなく、想像にあらず、曲解でないと明確に記し得るのは本懐である。
　静岡の条は、さきに親しく翁の校閲を請い、幸いに誣言（ふげん）にあらざるを確かめたからである。ゆえに、強いて翁の心理的沿革を辿ることを許さるるならば、
　『さきに、静岡において深く感じた慶喜に対する報恩の念は、爾来十数年、翁の胸中に燃えていたけれども、いまだ具体的な方法を案じ得なかったが、大政奉還に関する公の大精神のしだいに理解せらるるにおよんで、正確なる伝記によってその冤罪（えんざい）を明らかにせんとするに至り、伝記編纂をもって、具

第Ⅲ編　正名思想と倫理規範

体的表現の方法とすることになった。実に明治二十年（一八八七）以後のことである』としたいのである。」

　私見と断ったうえでの白石の考察は、渋沢の慶喜に対する認識と思いを的確に表現している。慶喜と渋沢の間には、元君主に対する臣下という関係に基づく尊崇の念に加えて強い信頼関係が存在した。渋沢の非凡なところは、抱いた疑問を内面で正当化して納得するのではなく、科学的に歴史的事実を明らかにして得心がいくまで疑問を解明する作業を行ったことである。
　慶喜の雪冤と、正しい歴史的事実を後世に遺すという2つの目的をもって編纂された『徳川慶喜公伝』は、渋沢が自身の疑問を払拭するための壮大な検証作業でもあった。
　渋沢は慶喜を信頼し続けながらも、その信頼を裏づける科学的根拠を『徳川慶喜公伝』の編纂事業を通して探し求めた。その結果、渋沢の疑問は当事者との面談を通して実証的に解明された。

2－3　編纂実務における恣意性の排除

　本節では、渋沢が語った『徳川慶喜公伝』の作成経緯の検討を通して、同書の内容が偏向しているか否かを考察する。『徳川慶喜公伝』の作成動機が、(1)徳川慶喜に対する謝恩、(2)正確な歴史を記録に残すことの2点であることは渋沢の説明から明白である。慶喜に対する謝恩は雪冤によってはたされることになる。渋沢はこの点について以下のように述べる。[21]

　「私が舊主徳川慶喜公の御傳記を編纂するやうになつたのも、一に謝恩の爲めである。私は素より一橋家譜代の臣でも無ければ、又その禄を食んだと申しても、前後を通じて僅に五年に過ぎぬのだが、死ぬべき生命を慶喜公によつて助けられ、私の今日あるのは、一に一橋家仕官時代に發したものと思ふので、その大恩が何してしても忘れられず、世間に慶喜公を誤解して居る人々が多く、若しや誤つて後世に傳へらるゝやうなことになりでもすれば、誠に御氣の毒でもあり遺憾でもあり、後世を誤ることも多からうと存し、私が進んで慶喜公の御傳記を編纂することにしたのである。」

第15章　渋沢栄一の陰徳と犠牲的精神

『徳川慶喜公伝』の執筆における恣意性の排除

　『徳川慶喜公伝』が、勝者によって語られる歴史のひずみを是正することを目的としていたとしても、慶喜の雪冤が同書の編集目的に含まれているかぎり、慶喜に有利な記述を優先する恣意性が存在するという疑惑を払拭することは困難である。編纂事業には、正しい歴史を後世に遺すという「歴史認識を正す目的」と並んで、雪冤という「君恩に報いる目的」が併存していたからである。

　渋沢は自序を除いて直接執筆していないので、著作内容は慶喜の証言に対する執筆者の解釈に依存する。したがって、渋沢が指名した複数の執筆者の思想的傾向や歴史観が公正であることがこの疑念を払拭することとなる。

　『徳川慶喜公伝』以外に著作を残している主な執筆者は三上参次、萩野由之、井野辺茂雄等であり、このうち『徳川慶喜公伝』の執筆と編集にあたった萩野由之と井野辺茂雄は幕末史に関する著書を遺している。

　本章では、それらの著書を検討することで執筆者の思想的傾向と歴史観にアプローチする。その結果により、彼らを執筆者に指名した渋沢の意図が明らかとなる。

　逆説的になるが、執筆者の思想的、理論的立場に一定の傾向が見られた場合、つまり、慶喜の雪冤を晴らすための布陣が極端な形で意図的に整えられていたとすれば、歴史書としての『徳川慶喜公伝』の価値に疑問符がつく。

　萩野は26回にわたって開催された昔夢会に24回出席し、井野辺は第6回以降から全部で16回出席している。萩野と井野辺は『徳川慶喜公伝』の編纂者および執筆者として慶喜と最も頻繁に接触した人物といえる。以下で執筆者の選定経緯を確認する。

2－4　執筆者の選定経緯

　渋沢は『徳川慶喜公伝』の編纂責任者であるが執筆者ではない。したがって、(1)徳川慶喜に対する謝恩、(2)正確な歴史を記録に残すという2つの目的を正確に理解して、執筆作業に従事する人物をどのような方針で選択したかが重要となる。

第Ⅲ編　正名思想と倫理規範

　慶喜への謝恩という目的には、新政府によって捻じ曲げられた慶喜の史実を修正するという意図が含まれており、その意図を共有できるのは本来気心の知れた元幕臣である。

　渋沢が最初に白羽の矢を立てたのは、この条件を満足する福地源一郎（以下「福地」）であった。渋沢はこの点について、「德川慶喜公傳編纂の事は、明治廿六七年頃、故櫻痴居士福地源一郎氏と會して談つた時に、その端を發したもので、福地氏より此の事業を始めては何うかと話された所より思ひ起つたのであるが、同氏ならば舊幕の人でもあり、且つ達文家で、歴史上の造詣も深い故、編纂者として適任だらうと思ひ、穂積・阪谷の兩氏とも協議の上、愈々福地氏に依囑して編纂に着手する事に決したのである」と述べる。[22]

　福地を選択した時点で渋沢の目的は、正確な歴史を記録に残すことより、むしろ慶喜の雪冤に重点が置かれていた。なぜなら、中立的な立場で正確な歴史を記録することを目的とするのであれば、旧幕臣からではなく、いずれの側にも属さない人物か、あるいは旧幕臣と旧討幕派からバランスをとって人材を選択することが合理的だからである。

　しかし、執筆を託された福地は執筆にとりかかる前に他界したので、渋沢は新たに執筆者を選定せざるを得なくなった。渋沢は後任の執筆者を選ぶにあたって、東京帝国大学史料編纂官を経て東京帝国大学教授となった三上参次（以下「三上」）と協議して決定することにした。

　渋沢は三上の提言を容れ、客観的な視点を有する執筆者を採用することに同意した。三上との協議のいきさつについて渋沢は、「三上氏の意見は、折角德川慶喜公傳を編纂して後世に遺しても、それが若し偏頗なものになつては後世の譏を受くる恐れもあるから、舊幕の人に依囑するよりも、歴史の専巧家をして編纂事業に當らしむるが宜しかるべく、然らば自分は多忙なるを以て親しく其の衝に當ることは出来ぬけれども、顧問役の格で編纂事業を監理しても苦しく無いからとて、同氏は主任者として文學博士萩野由之氏を推薦せられたのである」と述べる。[23]

　福地に代わる執筆者を選択した時点から、渋沢の目的は正確な歴史を記録に残すことに、より重点が置かれることとなった。この渋沢の意向通りに『徳川慶喜公伝』の編纂事業が推進されたのかを確認するために、福地に加

えて、三上が指名した主要な執筆者である萩野由之（以下「萩野」）と、井野辺茂雄（以下「井野辺」）の歴史観を、幕末史に関する彼らの著作に基づいて確認する。

第3節 『徳川慶喜公伝』の執筆者の歴史観

3－1 福地源一郎の歴史観

　福地は元幕臣であり、鳥羽・伏見の戦いにおいても幕府軍の一員として慶喜の動きを把握できる立場にあった。維新後、福地は渋沢と同じく大蔵官吏として活躍した人物で両者の信頼関係は深かった。大蔵省退官後、福地はジャーナリストとして東京日日新聞社の主筆を経て社長を勤めるなど、客観的な視点から事実を判断する資質を有していた。

　係る事情から、渋沢は当初『徳川慶喜公伝』の執筆を福地に依頼したが、福地は言論界から政界に転じ、衆議院議員として多忙をきわめる中で逝去し、徳川慶喜公伝の執筆は頓挫した。

　徳川慶喜公伝の執筆途上で逝去したにもかかわらず、福地の歴史観を検討するのは、渋沢が『徳川慶喜公伝』を編纂するにあたって、いかなる観点から執筆者を選定したのかを考察するためである。維新前後の慶喜の行動を福地がどのように認識していたのかを検討することは、『徳川慶喜公伝』の編纂事業における渋沢の基本姿勢を探るうえで不可欠である。

　渋沢が滞仏中であったがゆえに知ることができなかった慶喜の行動について、幕府軍の一員として大坂城で待機していた福地は知り得る立場にあった。慶喜の言動に対する福地の認識内容を知ったうえで、渋沢が福地を執筆者に選んだとすれば、それがすなわち渋沢の『徳川慶喜公伝』編纂の基本姿勢を示すことになる。

徳川慶喜の大坂城脱出に関する福地源一郎の認識

　福地は鳥羽・伏見の戦いにおいて、慶喜が朝廷に対する恭順の意を有して

いたことについて以下のように述べる。[24]

「前将軍家(慶喜公)東帰以来の事は、明治史の詳（つまびら）かにすべき所たるを以て、余はここにこれを叙し、これを論ずる事をせざるべし。
　けだし前将軍家が勢いに迫られて、伏見・鳥羽の戦を開かしむるに及びたるも、戦乱は素（もと）よりその志にあらざるを以て、恭順謹慎の念はすでに大坂城を出でさせたるの時よりして定まりたるものか。ただし、伏見・鳥羽の戦に幕兵が散々に打敗られて退きたること、実に天運の然らしむる所なりとは云えども、そもそも出兵の策、その宜しきを得ざりしに出でたるの敗なりと云わざるべからず。」

　これは『幕府衰亡論』という著書の一文である。本書は徳川幕府の衰亡の経緯とその原因を解明したものであるが、書名からして元幕臣によるものとは思えない客観的な視点から書かれている。しかし、福地は「前将軍家(慶喜公)東帰以来の事は、明治史の詳かにすべき所たるを以て、余はここにこれを叙し、これを論ずる事をせざるべし」として、慶喜が大坂城から江戸への脱出以降の事情を本書で語ることを回避している。
　つまり、維新前後の歴史の流れにおいて、鳥羽・伏見の戦いにおける慶喜の行動が及ぼした影響を述べることを避けているのである。この間の記述は戦争の過程において、慶喜の行動が合理的ではなかったことを実証することになるからと考えられる。この点に元幕臣としての福地の忖度が見られる。
　一方、歴史書というよりは回顧録としての色彩が強い『懐往事談』において、福地は大坂城脱出の経緯を詳細に述べている。福地は慶喜が大坂城を脱出した1868(慶應4)年1月6日夜半の事情を以下のように活写している。[25]

「西も余も倶に冷笑して烟草を燻らせ果ては雑話にも倦みて毛布にくるまり居睡りして居たるに夜半に及び松平太郎(組頭)は戎服に容を改めて來り余輩一同が悠然として落付たるを見て余と西に向ひて君たちは何で落付て居るか(と親指を出して)、モウ疾にお立退に成ましたぞ早く落る用意を仕たまへと告げたり、西は此語を聞て怪しめる色を爲したるに余は早く語を發して

第15章　渋沢栄一の陰徳と犠牲的精神

太郎殿そんな不吉な戯言は仰せられぬもので御座ると一本やり込て見たれば松平はどつちが戯言だ嘘と思ふなら御用部屋へなり御座の間へなり往て見たまへ御老若方も奉行衆も皆お供で立退かれたぜ僕は今遽に陸軍の歩兵頭に轉じて是から出陣する所だ君たちは早く立退たまへと云捨て急ぎ役所を出往たり。是にて満座一同も大に驚き騒立たるを西は制し止めて兎も角も太郎が詞の虛實を見證すべしとて余と共に役所を出で御用部屋の方へ赴きて見たるに内閣は寂として一人の影も見えざりけり」

　この記述からは、福地、西周ともに慶喜の大坂城脱出を夢想だにしていなかったことがわかる。戦争を率いるトップが戦線を離脱することにより、幕府軍の戦意が著しく喪失される様子が福地の証言からうかがわれる。
　この証言からは、急場における西の冷静さは伝わってくるものの、慶喜の脱出に対する福地および西の考えや受け取り方は不明である。
　主戦論者であった福地の心情は、江戸に帰着後、新政府に対する外交事務引継ぎを命じられた時の無念さから伝わってくる。福地はその時の口惜しさを以下のように述べる。[26]

「當時政務引渡に付き責て外交事務だけは外國に關係あるを以て整頓して以て新政府に交付すべしと云ふ局議にて其事に執掌したるが故に脱走に加はると能はざりしは今日より顧れば余が幸にてありき
　然れども余は初より主戦説の一人にてありければ引渡事務を擔當するを屑とせずして猶も同志の群衆と共に囂々たる中に、或は相率ゐて脱走する者もあり、或は勝安房守は降服論の主張者なれば暗殺すべしと叫ぶ者もありて人心益々昂激し、幾ど全幅の感情にのみ左右せられて道理は自他の耳に入らざる程の有様にてありき」

　福地は幕臣として自分が担当していた外交事務を新政府に引き渡すことに強い抵抗を感じていた。管見によると、勝海舟の暗殺計画の噂や、新政府に降伏することを潔しとせず脱走する幕臣が存在し、混沌とした状況にあったことを述べているのは、当時の社会の状況を福地自身の心境と重ね合わせて

いたからと思われる。

　渋沢と福地はともに元幕臣でありながら、箱館戦争に参加して幕府に対する忠義を貫いた仲間とは一線を画した。渋沢はフランスから帰国したタイミングの関係から、渋沢喜作が奮戦する箱館戦争に加わらず、福地は断腸の思いで新政府に外交事務を引き継いだ。渋沢と福地は初志を貫いた元幕臣に対して引け目を感じ、かつ新政府の官吏となることに忸怩たる思いを抱いていたと考えられる。

　渋沢は福地が自分と同じく論語に学問的興味を抱いていることに親近感を抱いていた。渋沢は、「その時福地櫻痴氏も見えられて『孔夫子』と言ふ演題で一場の講演を試みられてあつたが、非常に文筆の達者な人だけあって、門人との問答を巧に引證したり、論語の學問を哲學的に解釈したり、所謂談話の背景が頗る面白く引例が該博なだけに、一段と興味深く聞かれたのであつたが……」と述べている。(27)

　渋沢は同じ元幕臣として福地と共感し、歴史の真実を偏りのない視線で追求する点を評価していた。係る諸点を勘案すると、渋沢が『徳川慶喜公伝』の執筆を気心の知れた福地に依頼したのは、底意のない自然な流れと考えられる。

3−2　萩野由之の歴史観

　萩野由之（以下「萩野」）は尊皇論者である。東京帝国大学で開催された公開講座の内容を著書としてまとめた『王政復古の歴史』で、萩野は自身の思想について、「私はこれまで十囘に渉つて王政復古の原因と經過とを述べて、ほゞ其大要を盡し得たとおもふ、是に於て其結論としては、第一囘に述べた所を顧みて、重ねて注意して置かなければならないのは、皇室が國家の中心として、いかに國民の心を支配して居たといふ事實である。一體江戸時代から幕末にかけての王政復古の計畫は、概ね皆建武の中興を理想とせるものであつた、當時の識者は申合せたかの如くに此理想に到達せんとして努力したのである」と述べている。(28)

　萩野の尊皇思想の特質は、「王政復古」を天皇親政を目指した「建武中興」になぞらえて認識している点である。萩野は、公家の実力者として維新に重

要な役割を果たした岩倉具視（以下「岩倉」）が、維新後、徳川幕府に代わって雄藩が新たに幕府を開く可能性があることを懸念していたことを述べる。鎌倉幕府が倒れた後に室町幕府が成立した過去の歴史の轍を踏むリスクを岩倉が心配していたことについて、萩野は以下のように述べる。(29)

「また實際を顧みれば、幕府を倒すの後、之に代らうとする野心を抱いた大藩がないともいはれぬ、然しながら世の中が段々切迫すると共に、建武中興のごとき小規模の復古策は、今日に適應すべきものでない、寧ろ神武創業の昔に遡つて根本から組織をやりかへねばならぬといふ事に氣が付くやうになつて來た。具視の参謀たる玉松操が、慶應年間に具視に入説したのは即ち其說で、維新の大業は實に此理想の下に行はれたのである。」

萩野は、岩倉が建武中興を理想として天皇親政を目指す一方、その失敗に鑑みて確固たる政府組織をつくり上げることが必要と考えたことを強調する。その根本には「神武創業の昔に遡つて根本から組織をやりかへねばならぬ」という岩倉の強固な尊皇思想があった。

このように、福地に代わって『徳川慶喜公伝』の編纂者となった萩野は、佐幕派の思想を有していたわけではなく、むしろ倒幕によって天皇を頂点とする新たな政治体制を理想とする尊皇論者であった。萩野が中核となって編纂する『徳川慶喜公伝』が、慶喜に忖度して徳川幕府寄りの傾向を有する可能性は、思想傾向を勘案するかぎり低いと考えられる。

徳川慶喜に対する萩野由之の評価

萩野は、慶喜が水戸藩の伝統である尊皇思想に基づいて大政を奉還し、外国勢力からの侵害を防ぐべく、国内の騒乱を避けて恭順したことを評価する。萩野はこの点について以下のように述べる。(30)

「然るに徳川慶喜が、かの鳥羽・伏見の變後に、ひたすら恭順謹愼して罪を朝廷に謝した際、佛國公使ロッシュが兵力其他の援助を與へて、薩長を征伐するの好意ある申立をも卻け、又此援助を藉りて事を爲さうとした幕府の

第Ⅲ編　正名思想と倫理規範

有力なる人々の希望をも却け、遂に何等の抵抗をも試みないで江戸城を明け渡したのは、何の故であるか。これ全く天皇が國家の中心にておはしますといふ意識の力である。若し慶喜に此意識がなかつたならば、維新の大業は、かく速に成就せざるばかりでなく、或は意外の不幸を醸したかも知れぬ。此意義に於て王政維新の勲功は、只獨り討幕派の人々のみの私すべきものでなく、一時逆臣と呼ばれた慶喜も、また當然其功を頒たるべきものであるといふ結論に達するのであらう。」

　このように萩野は慶喜の証言に疑問を呈することなく、慶喜が尊皇思想に基づき当初から恭順の意をもって維新に寄与したと理解している。これは、萩野が昔夢会で開催された26回におよぶ会合で慶喜と面談し、その肉声から導き出した結論である。
　真摯な尊皇論者である萩野は倒幕派に共感する一方、同じ尊皇思想を有する慶喜の至誠を感じ取り、その証言に何らの底意もないことを見抜いた。このような姿勢で『徳川慶喜公伝』の編纂に携わった萩野には、慶喜に忖度して歴史的事実をゆがめて執筆する誘因はなかったと考えられる。

3－3　井野辺茂雄の歴史観

3－3－1　維新期に対する認識

　井野辺茂雄（以下「井野辺」）は、萩野とともに福地の後を受けて『徳川慶喜公伝』の編纂実務に携わった人物である。井野辺の歴史観は徳川慶喜公伝の客観性や中立性に大きく影響する。以下では井野辺の歴史観をその著作に基づいて検討する。井野辺は『維新史』において、維新期の歴史を探求するうえでの自身の研究姿勢の一端について以下のように述べる(31)。

　「この時に當り、我が國最大の悩みは、外に對して、内を衞る用意の缺けてゐたことである。この悩みを解くが爲めに、國民の一致協力しての努力は、富國強兵に集中せられた。政令の歸一が、與論となつたのも、萬國と並立することが急務となつたのも、徳川慶喜が、政権を奉還したのも、諸大名が、版籍を奉還したのも、廃藩置縣の行はれたのも、總て皆政令の歸一によつて、

萬國と並立すべき境涯に達せんが爲めの過程と見られる。」

　井野辺は維新期において最も留意すべきは、「外に對して、内を衛る用意」であったとして、維新期の国内の混乱に乗じて日本に対する侵害を画策する外国勢力に注意を向ける。この点、維新期の混乱した状況において、外国勢力からの侵略を阻止するために穏便な政治体制の転換を最優先に考えていた慶喜と相通ずるものがある。

　井野辺はさらに、「徳川慶喜の政権奉還の上表に、『當今外國の交際、日に盛んなるにより、愈朝權一途に出不申候而は、綱紀難立候間、從來之舊習を改め、政權を朝廷に奉歸、廣く天下之公議を盡し、聖斷を仰ぎ、同心協力、共に皇國を保護仕候得ば、必ず海外萬國と可並立候』といへるが如く、海外の萬國と並立すべき基礎工事が、必要とせられた」と述べて、慶喜が政権奉還の上表という朝廷に提出する書類に対外関係の重要性を強調したことを指摘している(32)。

　井野辺は主著の一つである『幕末史榷説』の冒頭に掲げた「例言五則」の第四則で、歴史学者のあるべき姿勢について、「版を重ねるごとに、其後の新らしい研究によつて修正することは、著者の志であるけれども、今俄に大斧鉞を加へ難い事情の爲めに、特に重要の場所のみを改訂した。但紙型象篏の許す限り、出來得るだけの注意を加へて置いたから、前版に比して、多少面目を異にするものがあらうと思ふ」と述べている(33)。

　幕末史榷説が刊行されたのは1930（昭和5）年である。この年は、前年の米国ウォール街の株大暴落による世界恐慌の影響を受けて日本が大不況に陥った年であるので、井野辺が「今俄に大斧鉞を加へ難い事情の爲め」と述べるのはこの影響と思われる。

　井野辺はこの時期、国学院大学教授と東京帝国大学歴史資料編纂官を兼任していた。このような公的立場にあった井野辺は、新たな発見により歴史認識は修正されるべきものという基本的なスタンスを有しており、『徳川慶喜公伝』の編纂においても歴史的事実を最重視する柔軟なスタンスで臨んだものと考えられる。

3−3−2　国論の把握

　井野辺は維新期の国論を2つの様式で捉えて、「されば海外勢力の脅威に目覺めた當年の識者は、いづれも皆國力の充實、政治の革新を圖るが爲めに、鋭意努力したのである。而してその手段方法に、二つの樣式があつた。一つは尊王攘夷論であり、一つは開國佐幕派である」と述べる。⁽³⁴⁾

　井野辺は「尊王」という言葉に倒幕勢力を含意させ、「佐幕」という言葉で幕府勢力を示した。佐幕派にも攘夷思想を抱く人物がおり、慶喜のような幕府の頂点に位置する人物も堅固な尊皇思想を有するので、この分類はいささか簡略化が過ぎると思われる。

　しかし、井野辺にとって重要なのは攘夷か開国かという視点であり、海外勢力といかに対峙するかという課題とともに、欧米と肩を並べるためには、いかにして国力を高めるかという点に思考の原点を置いていた。

3−3−3　大政奉還時の徳川慶喜の心情に対する認識

　井野辺は大政奉還に至るまでの慶喜の心情について以下のように考察する。⁽³⁵⁾

　「水戸藩は慶喜の生家であつた。故に慶喜は少年の時代から、既にその感化を受けてゐる。それがこの際に、最も力強く働いた。かくて慶喜は、一は庭訓に基き、一は日本の國情が、幕府の存在を不可とするやうになつた實際に鑑み、將軍職就任の際、既にその覺悟が定まつてゐた。然るに如何にして政權奉還の善後策を講ずべきかについては、全く成算がない。故に暫く幕府を持續したけれども、土藩の公議政體論を聞くに及んで深く共鳴し、これならば、將來の國是とするに差支ないといふので、遲疑するところなく、直にその志を決し、僅かに十日の後なる十月十四日に政權奉還の上表を朝廷に呈出した。蓋し私を捨てゝ公に殉ずる精神から出たものである。」

　井野辺は慶喜による大政奉還の真意を、(1)水戸藩の尊皇思想、(2)幕府が存続し得ない日本の国情の2点から考察する。さらに井野辺は大政奉還後の具体的な政策について慶喜は何らの考えも有していなかったと述べる。

　「庭訓」とは一般的に家庭でのしつけという意であるが、慶喜に対する水

戸徳川家でのしつけは、徳川斉昭の訓戒および水戸藩が信奉してきた尊皇思想が中心であった。

　父の斉昭は言葉だけでなく、朝廷を尊崇する姿勢を日常生活において示すとともに、慶喜が一橋家の当主となって手元を離れた後も、書翰によって日常生活の詳細に至るまで事細かに指導していた(36)。

　しかも、斉昭は水戸藩主として自分が信じる尊皇攘夷思想に基づいて幕府に幾度も提言し、時に謹慎を命じられた。水戸徳川家の庭訓は斉昭の実践躬行を通して深く慶喜に浸透した。

　そのような折、自らの意志に反して徳川幕府第十五代将軍となった慶喜が、外国勢力と雄藩の勢いを勘案して幕府体制の終末を覚悟したとすれば、最優先すべきは、⑴海外からの侵攻を妨げるための国力保持と、⑵穏便な政権交代となるのは当然であった。

　『徳川慶喜公伝』の編纂実務者として、慶喜から話を直接聞く立場にあった井野辺は、慶喜の真情を偏りなく理解する歴史観を有していた。

3−3−4　徳川慶喜の大坂城脱出に対する認識

　井野辺は慶喜が鳥羽・伏見の戦いにおいて大坂城を脱出したことについて以下のように述べる(37)。

　「其夜密かに大坂城を脱して兵庫に赴き、翌日開陽艦に投じ、八日錨を抜いて江戸に帰る。（戊辰の夢、徳川慶喜談話。）是に於て坂兵は主將を失ひて再擧の志なく、大坂城また遂に官軍の手に歸したのである。（妻木多宮手記、戊辰の夢、復古記。）はじめ薩長二藩の戰を徳川氏に挑むに當り、必勝の成算を有せず、敗軍の場合には主上の御動座を促し奉るべき計畫を立てゝ居る。斯の如く容易く勝利を收めることの出來たのは、寧ろ意外とする所であった。これ蓋し慶喜に必戰の覺悟なく、作戰計畫意の如くならざるによる。故に欸を徳川氏に通ずる諸藩も亦、策應の機會を得なかったのであった。」

　井野辺が「これ蓋し慶喜に必戰の覺悟なく」としているのは、慶喜が『徳川慶喜公伝』で語った通りであり、当初から恭順の意図をもって江戸に向け

第Ⅲ編　正名思想と倫理規範

て脱出し、開陽艦の船上で供の老中に真意を打ち明けたとする慶喜の激白と一致する。

『徳川慶喜公伝』が1918（大正7）年に刊行されてから12年後の、1930（昭和5）年に刊行された『幕末史榮説』で、井野辺は慶喜の証言を正しいものとして自説に織り込んでいる。「新たな発見により歴史認識は修正されるべきもの」という井野辺の歴史観を勘案すると、同氏は客観的な事実に基づいて吟味し、徳川慶喜公伝を編纂したと考えるのが妥当である。

『徳川慶喜公伝』編纂者の中立性に関する考察

本章では、『徳川慶喜公伝』の編纂事業をなし遂げた渋沢の歴史観の中立性を確認した。具体的には、渋沢が選定した編纂実務者の歴史観と政治思想を確認することにより、『徳川慶喜公伝』の記述方針を判断した。

編纂作業に従事した学者のうち、著書によって歴史観や政治思想を確認したのは、当初渋沢が執筆を依頼した福地源一郎と、編纂実務で中核的な役割をはたした萩野由之および井野辺茂雄である。福地はジャーナリストであり、萩野と井野辺は大学において教鞭をとり、歴史的事実に基づいて知見を析出する学者である。

実際に執筆を担当した萩野と井野辺に関しては、慶喜との利害関係は存在しない。また、著作内容から歴史観や政治思想に著しい偏向を見出すこともできない。

係る観点から、渋沢が『徳川慶喜公伝』編纂者として選定した人物に歴史認識および政治思想の偏向は認められず、したがって、それらの人物を編纂者として選定した渋沢にも、慶喜の業績について事実を曲げて誇大に書き立てる意図はなかったといえる。

編纂者の選定から判断するかぎり、渋沢は慶喜の雪冤と正しい歴史的事実を後世に遺すことを目的として『徳川慶喜公伝』の編纂事業を行ったと結論づけられる。

第Ⅱ部　疑念から尊崇へのプロセス

第4節　徳川慶喜の第十五代将軍就任

4－1　将軍就任時の状況

　慶喜の苦悩は徳川幕府第十五代将軍に就任した時から始まった。慶喜は将軍職に就くことを躊躇したが最終的に引き受けた。渋沢は慶喜に直言できる立場にはなかったものの、明確な反対意見を有していた。なぜなら、将軍職を引き受けることは、徳川幕府最後の将軍となる不名誉だけでなく、慶喜自身の破滅も意味したからである。

　渋沢は君主である慶喜を心底から慮り、慶喜の側近を通して反対意見を呈出した。それは裏を返せば、渋沢が慶喜の立場にあったならば決して将軍職を受けないことを意味した。

　渋沢は自分には到底できない決断を慶喜が行ったと認識し、身を捨てて日本の命運を不利な立場で引き受けた慶喜に尊崇の念を抱いた。慶喜が将軍職を引き受けた時の状況を要約すると以下の通りとなる。

⑴慶喜は徳川家宗家を継ぐ人間として同家の資産と官職を次代に引き継ぐ使命を帯びていた。
⑵将軍となってからは、水戸藩の伝統的な思想である尊皇思想を守って天皇家を尊崇し、時代の要請によっては政治の実権を天皇家に譲るべき事態に直面していた。
⑶攘夷か開国かの議論が交錯する中で、慶喜は日本の利権を独占しようとする西欧諸国に対処すべき立場にあった。
⑷また、慶喜は倒幕を狙う雄藩に対処するという立場にあった。しかもこれらの難題を乗り越えかつ生きながらえなければならなかった。
⑸なぜなら、政権交代によって慶喜自らが命を落とすようなことがあれば、それは維新ではなく革命となり、徳川家が消滅することを意味するから

第Ⅲ編　正名思想と倫理規範

である。
(6)国内の騒乱を最小限に食い止め、外国からの侵略をゆるさず、かつ、徳川家が最小限の譲歩で生き残ることが、慶喜に課せられた使命であった。

　余人をもって代えがたいと目された慶喜が、将軍職を引き受けた時の事情は上記の通りである。この時点で慶喜は自分の天命を悟り、わが身を空しくして水戸徳川家の庭訓にしたがって行動することを決意した。

４－２　将軍就任に対する渋沢栄一の認識

　渋沢は徳川慶喜が第十五代将軍職を受けるに至った経緯について、「……ただ一橋慶喜公だけは傑出の御人であらせられるから豪族政治の中に割込み得らるる御人と窃(ひそ)かに思いおり、ゆえに公が一旦将軍にお成りになれば、幕府が倒れた時に、如何(いかん)とも志の伸べようがない。そこで余は公の将軍職にお就(つ)きになることに、あくまで反対したのであるが、その陳言(ちんげん)は徹底しなかった。後年公に接近して確聞する処によれば、公は当時すでに大勢の赴(おもむ)く所を察知あらせられ、大政を奉還してご親政の道を開きたいとの深慮から、将軍職に就かれたとのことであった」と述べる(38)。

　渋沢は慶喜が徳川宗家を継いだ時の自らの心境を、「……殊に公が幕府の滅亡に瀕して宗家を嗣がせられる事は、公の為には実に不利な御地位に立たれるのであると感じたから、頗る憂慮に堪へず、是れ程の利害得失が御解りのない御方ではない、又御側に居る輔佐の重臣も、是れ等の事が前知出来ぬ筈はない、原市之進などゝいふ、識見も学問も経歴も相当にある人が御側に居て、何故に御諫め申さぬかと思つて、原氏に会見して切に反対の意見を進言したけれども、進言は遂に貫徹しなかつた」と述べる(39)。

　君主を慮る渋沢の忠義は慶喜一身に向けられ、慶喜が置かれた立場や一国全体を思う心情を正しく理解することはなかった。

　これは、渋沢が自分を慶喜の立場に置き換えて当時の状況を判断していたことを意味する。換言すると、「もし自分が慶喜の立場にあったら、このような割の合わない役目を引き受けることは絶対にない」というのが当時の渋沢の認識であった。

第15章　渋沢栄一の陰徳と犠牲的精神

　このような認識を抱えて、渋沢は慶喜の弟である徳川昭武に随行して滞仏経験を積み、帰国した後、全てを失った慶喜と駿府で再会する。そして、零落してもなお渋沢の身を慮る慶喜の真心に触れて渋沢は涙する。

　慶喜が悪戦苦闘した大政奉還から鳥羽・伏見の戦いにいたる期間は、渋沢の滞仏期間と重なっていることから、渋沢には明治維新前後の現場体験は欠落していた。

　係る事情を踏まえて渋沢の思いをたどると、「慶喜は火中の栗を拾うという自分には決して真似できない決断をなし、身を亡ぼしてまで維新の大業をなし遂げた聖人である」ということになる。しかも、零落した慶喜は帰国した渋沢の一身上について慮っているのである。自ずと渋沢は慶喜を君主としてさらに尊崇した。

　渋沢にとっては、「慶喜は犠牲的精神を発揮して明治維新を日本にもたらした」という事実が全てであった。慶喜がたどったプロセスは、維新の大業を成就するために運命づけられた必然であった。きれいごとでは説明のつかない様々な事情もあったであろうが、それに対して自らは言い訳がましいことを一切口にしない慶喜の姿勢を、渋沢は「陰徳」によるものと理解した。

　つまり、渋沢にとって慶喜は、「犠牲的精神」に基づいて敗軍の将となり、全てを失うことと引き換えに維新の大業を成し遂げ、しかもその功績について口を閉ざす「陰徳」の聖人であった。

　慶喜の迷いには様々な要因があった。失うものが全て一身に属するのであれば、自分の身を犠牲にすれば良いので迷いが生じる余地はない。その場合、慶喜は奇矯とも思える行動をとることはなかった。

　しかし、慶喜はその両肩で、徳川宗家のみならず御三家、御三卿、親藩、譜代、家臣など270年近い徳川恩顧の人びとの命運を支えていた。さらに朝廷や米英仏に加えてロシアやオランダなど、日本から何らかのメリットを得ようと狙う諸外国、さらには薩長をはじめとする雄藩との関係など、あたかも多元連立方程式から最適解を見つけ出すかのような難題を慶喜は抱えていた。

　しかも、最適解を得るためには幕藩体制を終焉させるという条件が付いていた。慶喜は条件付の多元連立方程式を解くという使命を与えられていたのである。

これをポアンカレ予想のような数学上の難問にたとえると、慶喜はこの問題を解いたグリゴリー・ペレルマンに相当する。多くの数学者が難問に挑戦したあげく、しばしば人格が変わったり、極端な場合は廃人になったりするように、難問を解くことに成功したグリゴリー・ペレルマンもその例に漏れなかった。

　慶喜は幕末から明治維新に至る日本史上まれに見る難問である多元連立方程式を、中核となって解いた人物である。しかも、その功を主張することなく、三十代半ば以降は趣味人として余生をおくった。世紀の難問を解き終わった後、フィールズ賞の受賞を拒絶して、人知れず隠棲するグリゴリー・ペレルマンと慶喜には、大業を成し遂げた人物に共通する特徴があるように思われる。

　幕藩体制の利害を背負う慶喜が、新たな政治体制下で可能なかぎり徳川家の権力を保持しようと考えるのは当然であった。渋沢には、このような複雑な利害関係の中核に身を置く慶喜がとった奇矯とも思える行動は、ごく末節の事柄と映った。

　渋沢は、慶喜の行動の中で唯一不自然と感じた鳥羽・伏見の戦い前後の事情を明らかにすることを含めて、私財を投じて『徳川慶喜公伝』の編纂事業を立ち上げた。

第5節　渋沢栄一の疑念

5－1　大政奉還の経緯

　慶喜は大政奉還を決意した時点の心境を『昔夢会筆記』で以下のように述べている。[40]

　「土州の後藤象二郎（元輝）・福岡藤次（孝弟）等が松平容堂（山内豊信）の書を持ち来りて政権奉還を勧めし時、予はこれかねての志を遂ぐべき好機会なりと考えければ、板倉・永井等を召してその旨を告げしに、二人も『今

第15章　渋沢栄一の陰徳と犠牲的精神

は余儀なき次第なり。然か思し召さるる上は決行せらるる方がよろしからん』と申す。予また、『本来いえば、祖宗三百年に近き政権を奉還することなれば、譜代大名以下旗本をも召して衆議を尽すべきなれども、さありてはいたずらに紛擾を招くのみにて、議の一決せんことを望むべからざれば、むしろまず事を決して、しかる後知らしむるに如かざるべし』といいしに、三人またこれに同じたれば、後藤・福岡はもちろん、薩州の小松帶刀（清廉）をはじめ、諸藩の重役を召してこの由申し聞けたるに、後藤・小松等は『未曾有の御英断、真に感服に堪えず』といえり。」

　慶喜の証言によれば、大政奉還は慶喜の発意によるものではないが、土佐藩主の山内容堂の進言を容れて、かねてから考えていた大政奉還を承諾した。
　渋沢は慶喜のこの決断こそが明治維新を成功裡に遂行し得た原因であるとして、「惟うに王政維新の偉業は、近因を公の政権返上に発したのである。しかして公の爾来の御謹慎はさる事ながら、旧臣の目から見れば、朝廷の公に対する御仕向はあまりに御情ない、畢竟これは要路に居る人々が冷酷の致すところであると思うについて、……」と述べる。[41]
　慶喜に対する渋沢の思いはこの発言に集約される。渋沢は、徳川幕府が倒幕派の雄藩より軍事的に優位にあるにもかかわらず、外国勢力の侵害を阻止すべく国内での衝突を避けて大政奉還したことが、明治維新を成功裡に遂行できた根本原因と考えていた。
　しかも、王政復古前後の身の振り方次第では、明治新政府において慶喜が相応の地位を確保し、国政に参画できた可能性があったにもかかわらず、現実にはみじめな謹慎生活を余儀なくされていることに渋沢は怒りを覚えた。
　渋沢からすれば、慶喜の立ち回りの不器用さは怯懦や自己保身からくるものではなかった。鳥羽・伏見の戦いを回避できなかったことや、大坂城から江戸に脱出したことは慶喜の不器用さからくるものであった。
　渋沢が近従としてその場に居合わせたら絶対にそのような行動は回避できたという自負があったのであろう、渋沢はかえすがえすも残念な思いで慶喜の行動の理由を解明しようと考えた。
　慶喜は一貫して尊皇思想に基づき、合理的にかつ徳義によって行動したと

第Ⅲ編　正名思想と倫理規範

渋沢は考えた。慶喜の行動が新生日本を誕生させた主たる原因であったにもかかわらず、新政府による慶喜への処遇があまりにも冷淡であることに渋沢はさらなる怒りを覚えた。

尊皇思想に基づいた慶喜の行動は、270年近く続いた徳川幕府の時代を終わらせ、幕臣を路頭に迷わせるだけでなく、慶喜自身の個人的名誉も地に貶めるものであった。

尊皇思想を貫くことは多くの犠牲をともなうが、慶喜はそれを自身の決断によって遂行することで責を一身に負った。そこで発揮したのが「陰徳」であった。渋沢は維新後において慶喜が一切自己弁護も愚痴も言わず、ひたすら恭順を貫く姿勢に陰徳の極致を見た。

渋沢が『徳川慶喜公伝』によって、徳川慶喜の真実を明らかにしようとすることは、全ての責を一身にかぶり、誤解されたまま世を去ろうとした慶喜の「陰徳の美学」に反する行動といえる。渋沢の編纂事業に対して慶喜は最後まで抵抗し、『徳川慶喜公伝』の刊行を逝去後にすることを条件にようやく協力を承諾した。

旧君主に対する渋沢の忠義心が長く継続したのは、慶喜のこのような一貫した姿勢に終始尊崇の念を抱き続けたからと考えられる。

5－2　鳥羽・伏見の戦い

5－2－1　開戦に関する徳川慶喜の証言

滞仏中の渋沢が疑念を抱いた点の一つが、王政復古の後に鳥羽・伏見の戦端が開かれたことであった。渋沢が『徳川慶喜公伝』で明らかにしたい点にもこの一件が含まれていた。慶喜は鳥羽・伏見の開戦のいきさつを以下のように証言している[42]。

「前に朝廷から輕裝で私に上京しろといふことであつた。輕裝で行くなら殘らず行けといふ勢で、そこで尚上京しろといふ命令があつたから、それを幸ひ、先供でござると言つて出て來た。處が關門があつて通ることがならぬ、是は上京するやうにといふ朝命だ、朝命に依つて上京するのだから關門を御開きなさい、いや通すことはならぬ、朝命だから御通しなさいといふのだね。

第15章　渋沢栄一の陰徳と犠牲的精神

そこで押問答をして居る中に、其談判をして居る向ふの隊が後へ引いた、陣屋へ引いてしまふと、後から大砲を撃つた、そこで前から潰れた、すると左右に藪がある、藪の中へ豫て兵がすつかり廻してあつた、それで横を撃たれたから、此方(コッチ)の隊が殘らず潰れ掛つた、それで再び隊を整へて出た、斯ういふ譯である。其時の此方の言ひ分といふものは、上京をしろと仰しやつたから上京をするんだ、それをならぬといふのは朝命違反だといふ。向ふの方の言ひ分は、上京するなら上京するで宜いが、甲冑を著て上京するに及ばぬ、それだから撃つたと斯う言ふ。それはつまり喧嘩だ。まあさういふやうな鹽梅で、唯無茶苦茶にやつたのだ。」

　慶喜が敗者となった戊辰戦争については、歴史家が様々な切り口からその特質について見解を示している。保谷徹氏は著書である『戊辰戦争』において、主要な研究者の見解の要旨を以下のようにまとめている。(43)

(1)原口清『戊辰戦争』（1963年）
　「日本の統一をめぐる個別領有権の連合方式とその否定および天皇への統合を必然化する方式との戦争」
(2)石井孝『維新の内乱』（1968年）
　「将来の絶対主義政権をめざす天皇制権と徳川政権との戦争」
(3)佐々木克『戊辰戦争』（1969年）
　「地方政権としての列藩同盟と『敗者の視点』を強調する見解」

　上記の研究者以外では、野口武彦氏が『徳川慶喜公伝』で慶喜が述べた鳥羽・伏見の戦いのきっかけについて、以下のように自説を展開している。(44)

「戦闘が勃発してからは皆からあっさり忘れ去られてしまったが、もともと慶喜の上京は中央政界での復活をめざす高等戦術の一環だったはずである。それには微装上京か開戦を辞さぬ率兵上京かの二者択一が可能であった。現実に取られたのは、大軍をもって威嚇しながら行軍する《威力入京》とでもいうべき中途半端な方策であった。慶喜は会桑両藩と旗本主戦派の独断専行

633

を阻止しようとしなかった。勝手にやらせておけば自分の責任にならず、うまくいけば京都で地歩を固められるという妙な《色気》がなくもなかったのである。一方また、北上した諸部隊も兵力の優勢を恃(たの)み、まさか先方から戦端を開くとは予想していなかったお粗末さだ。」

　野口氏は慶喜の上京を「威力入京とでもいうべき中途半端な方策」として、入京の作法からすでに慶喜が間違っていたと指摘する。また、会桑両藩と旗本主戦派の独断専行を阻止しなかったことを、責任回避による保身でありかつ、それが好結果を生めば京都に地歩を築けるという「棚から牡丹餅」を期待した他力本願の姿勢と述べる。さらに、開戦を辞さぬ率兵上京をしたにもかかわらず戦略において敵の動きを先読みできない慶喜の無能さを指摘する。
　野口氏の慶喜に対する指摘ポイントは、(1)入京作法の不心得、(2)配下を犠牲にする自己保身、(3)他力本願、(4)戦争における将としての無能の４点であり、鳥羽・伏見の戦いにおける慶喜の行動を批判的に見る論者の最右翼と思われる。
　慶喜は鳥羽・伏見の戦いにおいて負けを喫しており、短期的視点では慶喜の無能さを糾弾する見解は一定の説得力を有する。しかし、４点の指摘のうち、「入京作法の不心得」と「戦争における将としての無能」の２点は歴史的事実によって確認できるので客観性が存在するが、「自己保身」と「他力本願」の２点については、慶喜の内面に関する事柄であり、資料に基づいて結論を導き出すことは困難と思われる。
　野口氏は鳥羽・伏見の戦端に関する個別かつ短期的な指摘を行うとともに、維新前後を通して慶喜が果した長期的な役割については渋沢の見解を引用して以下のように述べる(45)。

　「なるほど後に『徳川慶喜公伝』を編纂した渋沢栄一のように、慶喜逃亡をどこまでも一つの戦略的選択としてとらえ、『さきには怯懦(きょうだ)の疑いがあったが、もしもかの時に公が小勇に駆られ、卒然として干戈(かんか)を執って起たれたならば、この日本はいかなる混乱に陥ったか、真に国家を思うの衷情(ちゅうじょう)があれば、黙止せられるより外に処置はなかったのであるという事を、しみじみ

第15章　渋沢栄一の陰徳と犠牲的精神

と理会したのである』（自序）といった歴史解釈も可能であろう。だがまた逆に、慶喜逃亡を決定的な不作為の事例と見て、それが閉ざしてしまった歴史の回路について思いをめぐらせておくことも決して無益ではあるまい。」

　野口氏は全面的ではないにしろ、慶喜が維新に果した役割を長期的視点から見た場合、それを戦略的選択として捉える渋沢の認識に同調している。
　その渋沢ですら鳥羽・伏見の戦いにおける慶喜の行動に疑問を抱き、その背景事情を明らかにしようとしたのであるから、野口氏に代表される幕末史の専門家が個別の歴史的事実を解明するプロセスで、合理的行動の範疇に属さない慶喜の振る舞いに対する知見が否定的になるのはごく自然である。
　管見によると、渋沢のように慶喜の徳性と人格を知悉する人物が、維新前後の混乱時にわが身を慶喜の立場に置き換えて、苦悩の中で決断した深謀遠慮を肯定的に評価する視点もあってしかるべきと考える。

5－2－2　開戦に関する渋沢栄一の認識

　渋沢が大政奉還から鳥羽・伏見の戦いに至る日本の状況を知ったのは滞仏中であった。渋沢は『青淵回顧録』においてこの時の心境を以下のように述べる。(46)

　「軈て其年も暮れて西暦一八六八年（明治元年）の正月頃になると、追々日本から確實な報知が到着し、去年十月十二日將軍家には政權を朝廷に返上し、朝廷も亦之れを御聽届けになつた事が確實となつた。故國の政變が斯う急變したならば、何れ一騒動は免れまいと心配して居ると、三四月の頃になつて鳥羽伏見の戰ひの模様やら、慶喜公が水戸に退隠された事やら、其他政變に伴ふ委しい報知に接し、意外千萬な政局の展開に差し當つて、民部公子初め吾々の善後策に就いて、何とか方法を構じなければならぬ事となつた。」

　渋沢はこのように日本の様子がフランスに届いたことについて淡々と語っており、特段の感情を表現していない。渋沢は祖国の政情が風雲急を告げる事態となっていることを客観的に受けとめているため、上記の引用から渋沢

第Ⅲ編　正名思想と倫理規範

の心情を推し測ることは困難である。

　一方、渋沢は『雨夜譚』において、「大政奉還」、「鳥羽・伏見の戦い」それぞれに対する当時の様子を詳細に語っている。大政奉還の知らせを受けた時の渋沢の反応は以下の通りである。

「処でこの歳の十月中に日本の京都に於て大君が政権を返上したという評判が仏国の新聞に出てから、様々の事柄が続々連載されて来るのを見たが、御旅館内外の日本人は勿論、公子に附添の仏国士官（この人はコロネルピケットといって公子が留学となりし時に仏帝から御附添として遣わされた人で常に御旅館に止宿して学問の御世話をして居ました）までが皆虚説であろうといって、一向に信じませんだなんだが、独り自分は、兼ねて京都の有様は余程困難の位地に至って居るから、早晩大政変があるに相違ないということはこれまでにも既に屢々唱えて居ったことであるから、……」

　このように、渋沢は大政奉還という形式は予想しなかったものの、大きな政変があるということは事前に予想していた。したがって、この報に接しても驚嘆した様子はうかがえない。この渋沢の反応が誇張のない率直なものであることは、渋沢が一橋家に仕官する際、慶喜に対して徳川幕府の命運がつきかけていることを言上したという事実からも明らかである。一方、鳥羽・伏見の戦いが始まったことに対する渋沢の反応は以下の通りである。

「軈てその翌年の一月頃になると追々に御国から報知があって、去年の十月十二日に将軍家には政権を朝廷へ返上になって、朝廷もこれを御聞届になり、薩摩と長州との間柄も一致して幕府に当るという有様であるとのことだによって、この上は一層急変を見るであろうと憂慮して居る中に、三四月になると、正月の始めに鳥羽口で幕府の兵と薩長の兵と戦を始めて幕兵が敗走したによって、将軍家は大坂城を立退かれて海路より江戸へ御帰りになり、謹慎恭順の御趣意を幕府の諸士へ御示諭の上、水戸へ御退隠になったという一部始終の報知に接しました。誠に数千里を隔てた海外に在ってかかる大変事を聞いたときの心配というものは、中々言語に絶した次第であった。」

第15章　渋沢栄一の陰徳と犠牲的精神

　この証言からは、鳥羽・伏見の戦いにおいて慶喜が江戸へ逃げ帰り、謹慎恭順したことについて渋沢が心を痛めている様子がうかがわれる。渋沢は帰国後速やかに謹慎中の慶喜を駿府に訪問しこの点を質問した。
　慶喜が渋沢の質問には答えず、淡々として現状を受け入れている態度に渋沢は感銘を受け、尊崇の念を新たにした。しかし、肝腎の疑問は解消されないまま月日が経過した。

5-3　大坂城からの脱出

　慶喜が鳥羽・伏見の戦いにおいて大坂城を少数の取り巻きとともに秘密裡に脱出したことは、渋沢のみならず一般的にも謎の行動と認識されることが多い。したがって、以下では慶喜の証言に基づいて事実関係を確認するとともに、この一件に対する渋沢の認識を整理する。

5-3-1　脱出に関する徳川慶喜の証言

　戊辰戦争における慶喜の行動に関して、渋沢が疑問を抱いていたのが、大坂城から江戸に脱出したことであった。この点について慶喜は以下のように証言している。(49)

　「予、開陽丸に搭じて江戸に帰る時、船中にて、この上はひたすら恭順の外なき旨、はじめて板倉以下に申し聞けたり。もちろんこの決心は既に大阪を発する前に定まりいたれども、当時はいささかもこれをば漏らさざりき。されば帰府の後、勝安房守（義邦、海舟と号し後に安芳と称す）予に勧めて、『公もしあくまで戦い給わんとならば、よろしくまず軍艦を清水港に集めて東下の敵兵を扼し、また一方には薩州の桜島を襲いて、敵の本拠を衝くの策に出ずべし』といいたれども、予は『既に一意恭順に決したり』とて耳をも傾けざるより、勝も『しからばそれなりに尽力仕るべし』とて、遂に西郷吉之助と会見して、江戸討入りを止むるに至りしなり。勝のこの時の態度は、世に伝うる所とはいささか異なるものあり。すべて勝の談話とて世に伝うるものには、多少の誇張あるを免れず。」

637

この証言から、幕府政治を終わらせ恭順の姿勢を貫く慶喜の姿勢が一貫していたことは明らかである。しかも慶喜は、「当時はいささかもこれをば漏らさざりき」としてその意図を内に秘めていた。恭順の姿勢を徹底することにより、国内の犠牲を最小限にとどめるという慶喜の考えは、配下の幕府軍兵士を欺いてでも実行すべき最重要事項であったため、側近の勝海舟(以下「勝」)ですらこれを聞いて戸惑った。

慶喜は、大坂城脱出時の経緯に関する勝との認識相違については、歴史的事実を正確に後世に遺すという『徳川慶喜公伝』の趣旨から事実を明確にしておく必要を感じたのであろう、慶喜は「すべて勝の談話とて世に伝うるものには、多少の誇張あるを免れず」として勝の誇張癖を批判している。

慶喜は「すべて勝の談話」と述べているので、大坂城脱出に関する勝のいかなる発言を指しているのかは明確でない。しかし、勝は慶喜について、「それがあゝいふ事におなりなすつた。『私は、それで、コウいふ御奉行をするのであります。あなたに御奉公するのぢやアりません』ツテ。それは、ひどく言つたよ。慶喜公が、三度も頭を下げて、『お前に全く任せるから、善いやうにしてくれ』、といふことであつたからで、それであゝしたのサ」と述べている(50)。

勝のこの発言を見ても慶喜に対して尊崇の念を抱いていないことは明らかである。江戸前のべらんめい調はおくとしても、「あなたにご奉公するのではない」、「三度も頭を下げて」という発言からは前将軍に対する敬意は微塵も感じられない。ともに元幕臣でありながら、勝と渋沢の慶喜に対する姿勢を比較すると、渋沢の忠義心の深さが一層際立つ。

大坂城内での徳川慶喜の心情

慶喜は大坂城で薩長を中心とする反幕府軍と対峙している時、感冒により体調を崩し孫子を読みながら体調の回復を期していた。『徳川慶喜公伝』はその時の慶喜の様子を以下のように伝えている(51)。

「京軍と坂兵とは斯かる配置によりて相対し、互に機会を窺へる折しも、

第15章　渋沢栄一の陰徳と犠牲的精神

公は感冒にて蓐中におはしけるが、板倉伊賀守罷り出でゝ、『将士の激昂大方ならず、此まゝにては済むまじければ、所詮兵を率ゐて御上京あるよる外、せんすべなかるべし』との旨を反復言上せり。公乃ち読みかけて伏せ置きたる孫子を披きて示し、『知彼知己百戦不殆といふことあり、今日に於ても緊要なる格言と思ふなり。試に問はん、譜代・旗本の中に、西郷吉之助に匹敵すべき人材ありや。』伊賀守暫く考へて、『さる人は候はず』と答ふ。『さらば大久保一蔵に匹敵すべき者ありや。』伊賀守また無しと申す。公は更に同藩の名のある者数人を数へて、『此人々に匹敵し得る者は如何に』と次第に尋ね給ふに、伊賀守も一々に考へて『さる人物は候はず』と答へし時、公は『如何にも其通ならん、斯く人物の払底せる味方が、薩州と開戦すとも、いかでか必勝の策あるべき、結局は徒に朝敵の汙名を蒙りて祖先を辱むるのみなれば、決して戦を主張すべきにあらず』と、固く制止せられしに、……」

　慶喜は自分を支える人材の不足が決定的な欠陥であると述べる。島津久光を支える西郷隆盛や大久保利通のような人材が、慶喜の配下には存在しないことが、幕府軍を不利な戦局に導く原因としたのである。
　人材不足は将軍職に就いて間もない慶喜に全面的な責任があるとはいえない。しかし、身分の上下にかかわらず下士階層から人材を登用してきた薩摩藩や長州藩と比較すると、身分の上下によって責任分担が固定化している幕府において、人材育成が効果的になされてこなかったことは人的資源が払底した主たる原因といえる。
　慶喜に問われた板倉伊賀守も、暗に慶喜から自分が西郷や大久保に伍す人物ではないと決めつけられたも同然であるので、返答に窮したことは想像に余りある。
　慶喜は、戦争の指揮にあたる「人材が豊富な敵」を知り、「人材が払底している味方」を知ることで、戦争の行方を予想した。それが「知彼知己百戦不殆」（彼を知り己を知れば百戦殆からず）という孫子の章句を引用して不戦を選択する表向きの理由であった。
　しかし、孫子には「孫子曰、凡用兵之法、全國爲上、破國次之、全軍爲上、

破軍次之、全旅爲上、破旅次之、全卒爲上、破卒次之、全伍爲上、破伍次之、是故百戰百勝、非善之善者也、不戰而屈人之兵、善之善者也」（孫子曰く、凡そ用兵の法は、國を全うするをもって上と爲す、國を破るは之に次ぐ、軍を全うするを上と爲し、軍を破るは之に次ぐ、旅を全うするを上と爲し、旅を破るは之に次ぐ、卒を全するを上と爲し、卒を破るは之に次ぐ、伍を全うするを上と爲し、伍を破るは之に次ぐ、是故に百戰して百勝するは、善の善なる者にあらざるなり、戰はずして人の兵を屈するが、善の善なる者なり）いう章句が存在する。[52]

　これは戦わずして勝つことが善の善であるという教えである。慶喜は孫子の章句によって配下に不戦を説いて納得させるとともに、同じく孫子の章句によって「戦わずして負ける」ことを選択した。

　管見によると、孫子の章句を引用して幕府側の人材不足を不戦の理由としたのは、坂倉伊賀守ら側近の老中を説得するための詭弁であり、不戦は当初から決心していたと考えられる。なぜなら、この期に及んで人材不足を持ち出す理由は乏しく、討幕軍と一戦交える決心があれば、慶喜自身が陣頭指揮をとって戦えばよいからである。

　孫子の章句を引用するまでもなく、慶喜の真意は尊皇思想を全うすべく、すべての非難を自らが負うことを覚悟して、穏便に政権交代を実現することであった。渋沢はそれを『徳川慶喜公伝』の編纂事業を通して明確に理解した。

5－3－2　脱出に関する渋沢栄一の認識

　渋沢は、慶喜の行動には一国を思う気持ちがあり、行動の背景には合理的な理由があると信じていた。しかし、王政復古後の間もない時期に鳥羽・伏見の戦いを起し、戦いの最中に幕府軍を残して江戸に逃げ帰ったことについては、合理的な理由を見出すことができなかった。

　『徳川慶喜公伝』を執筆する動機の一つには、この点を明確にすることが含まれていたが、同書を刊行し終わった時点の渋沢の証言を見ても、歴史的事実に基づいた合理的解釈をもって完全に納得した様子は見られない。慶喜が江戸にもどったことに対する渋沢の認識は以下の通りである。[53]

　「徳川慶喜公が、伏見鳥羽で幕府が官軍を敵にして戦つてる最中に大阪か

ら軍艦で江戸へ御廻りになり、上野の山内へ籠つて恭順の意を表せられたのは実に突然のことで、幕軍の者どもも、之には驚かされたのであるが、慶喜公は其際自身のとつた態度に就て、その理由をクドクドと説明せらるるやうな事をせられなかつたのである。為に幕軍の者共は公の御意を解する事ができず、其後もいろいろと穏かならぬ挙動に出でたのであるが、あの際に慶喜公が恭順の態度を取られるに至つた事に就いての真意を、一般幕軍の者共へ御語りにならなかつたのは当時幕軍の者共へ御真意を御話しになつても到底諒解せられず、誤解を招くばかりだと思はれたのにも因るだらうが、必ずしも中人以下には以て上を語るべからずとせられた為では無からうと思ふのである。

　慶喜公は一種変つた心持を持つて居られたお方で、自分で自分を守る処をチヤンと守つて居りさへすれば、世間が何んと謂はうが、他人が何と非難しようが、そんな事には一向頓着せられなかつたものである。之が、恭順の真意を幕軍の者共へ打ち明けて御話しにならず、突然大阪から船で江戸へ廻られ、上野に籠つて恭順の意を表せらるるに至つた所以であるだらうと思ふ。慶喜公は、世間が如何に誤解しても、知る人は知つてくれるからといふ態度に出られる方であつたのである。」

　渋沢は脳内の霞を払いのけて、自らを納得させるかのごとく、慶喜の性格に言及する。渋沢は慶喜の行動の真意を理解することは困難であっても、慶喜の思考回路を勘案すれば、自ずと行動の無謬性が示されるであろうという一種の信念を述べる。
　慶喜の思考回路について渋沢が認識するポイントは、(1)慶喜が特異な心理的傾向を有すること、(2)正しい行動をとっていれば世間の評判を気にする必要はないことの2点である。つまり、慶喜はわが道を行く人であり、その道を正しいと確信しているというのが渋沢の理解である。
　筆者の疑問は慶喜に対する渋沢の認識に合理性が認められるか否かである。端的にいうと慶喜に対する渋沢の認識が認知バイアスによって歪められていないかという点である。
　慶喜に対して渋沢は恩義だけでなく君臣の情を強く抱いていた。慶喜との

出会いがなければ維新後の自分はないと断言するほどその思いは強かった。渋沢も人間であるかぎり、大恩があり尊崇する慶喜の人物評価に私情が入り込む余地が存在しないとは断言できない。この疑問と渋沢の理解内容に関する筆者の解釈は以下の通りである。

大坂城脱出に関する渋沢栄一の理解内容

　滞仏中の渋沢が日本からの知らせに触れて疑問を抱いたのは、王政復古によって政治的実権が徳川幕府から剥奪された後に鳥羽・伏見の戦いが勃発したことであった。そして、この疑問は長く渋沢の内面にとどまった。

　渋沢はこの疑問について、論語の雍也第六第19章を引用して説明する。同章は、「子曰。中人以上。可以語上也。中人以下。不可以語上也」（子曰く、中人以上には、以て上を語るべきなり。中人以下には、以て上を語るべからざるなり）というものである。(54)

　渋沢はこの章の意味を「民は由らしむべし知らしむべからず」とほぼ同じ意味と述べる一方、その真意については独特の解釈を示す。

　渋沢は、「單に教育のある者に聞かせるやうなことを、無教育の者に說き聞かせても、勞して功の無いもの故、何事も人を見て法を說くやうに致すが可いといふ丈の意味に過ぎぬものであらうと私には思はれる」と述べる。(55)

　渋沢は論語の章句にある「中人以上」と「中人以下」という表現を、「教育があり理解力を備えた人物」と「教育が行き届かず理解力のない人物」と読み替えて理解する。

　さらに渋沢は、「昔から大聲は俚耳に入らずといふ語もあるが、六ケしい事の解る頭の無い者へは、六ケしい理窟を語り聞かせるよりも、斯くせよと言ひ付けて之を實行させる方が遙にマシである。六ケしい理窟を滔々と語り聞かした處で、迚も解るもので無いからだ。豚に眞珠を投げてやつた處で、何の役に立つものでも無いのである」と述べる。(56)

　渋沢は、鳥羽・伏見の戦いにおいて慶喜が少数の取り巻きと密かに大坂城を脱し、海上から江戸城に逃げ帰ったことを理解するため、論語の章句を引用する。

　つまり、大坂城で陣を構えた幕府軍のうち、「教育があり理解力を備えた

第15章　渋沢栄一の陰徳と犠牲的精神

人物」が慶喜であり、「教育が行き届かず理解力のない人物」が老中を含む配下であるという解釈である。渋沢は鳥羽・伏見の戦いにおける慶喜の行動を以下のように述べる。⁽⁵⁷⁾

「徳川慶喜公が、伏見鳥羽で幕軍が官軍を敵にして戦つてゐる最中に、大阪から軍艦で江戸へ御廻りになり、上野の山内へ籠つて恭順の意を表せられたのは、實に突然のことで、幕軍の者共も之には驚かされたのであるが、慶喜公は其際御自身の取つた態度に就て、その理由をクドクドと説明せらるゝやうな事をせられなかつたのである。爲に幕軍の者共は公の御意を解する事が能ず、其後もいろいろと穏かならぬ舉動に出でたのであるが、あの際に慶喜公が恭順の態度を取られるに至つた事に就ての眞意を、一般幕軍の者共へ御語りにならなかつたのは當時幕軍の者共へ御眞意を御話しになつても、到底諒解せられず、誤解を招くばかりだと思はれたのにも因るだらうが、必ずしも中人以下には以て上を語るべからずとせられた爲めでは無からうと思ふのである。」

　渋沢の解釈によると、鳥羽・伏見の戦いにおいて幕府軍が武士らしからぬぶざまな姿で敗走したのは、国内で無駄な戦いを回避するためであった。慶喜は自分の振る舞いがいかに糾弾されようとも、被害を最小限にとどめて政権交代を成し遂げることこそが重要であり、頭に血が上った幕府軍の兵士にそれを説いても到底理解されることはないと考えた。それはまさに渋沢が理解する慶喜の行動動機であった。
　渋沢にとって慶喜は、「身を捨ててこそ浮かぶ瀬もあれ」を実践した聖人であった。慶喜にとって「身を捨てること」とは敗将となって徳川幕府を終わらせることであり、「浮かぶ瀬」とは水戸学の真髄である尊皇思想を実践し、明治維新を最善の形で成し遂げることであった。
　渋沢は自分が慶喜を真に理解できる唯一の臣下であると考え、慶喜が陰徳によって自らを陰の歴史の闇に潜ませようとしている事態を雪冤運動によってくつがえそうと考えた。その具体的行動が『徳川慶喜公伝』の編纂事業であった。

第Ⅲ編　正名思想と倫理規範

小　括

　本章の目的は、渋沢栄一が徳川慶喜から受けた影響を、「陰徳」、「犠牲的精神」の2つのキーワードに基づいて探ることであった。この目的を達成するため、本章では第Ⅰ部と第Ⅱ部の2つの視角からアプローチを試みた。それらは、⑴慶喜と渋沢の君臣関係の推移を時系列的に検討する視角、⑵維新前後の慶喜の行動に対して渋沢が抱いた疑念をもとに考察する視角の2つであった。

　慶喜に対する渋沢の尊崇の念は一橋家の家臣時代から徐々に醸成された。渋沢の尊崇は慶喜が逝去するまで続く君臣関係の基底にあり、慶喜から陰徳と犠牲的精神を学ぶ素地を形成した。小括では慶喜の倫理的特質について、複数の視角から検討を加えるとともに、渋沢との君臣関係の特質について考察する。

　慶喜が置かれていたのは、朝廷に対する「臣」であると同時に、幕臣に対する「君」であるという立場であった。一方、親藩、譜代、外様の各大名には、仕えるべき君として朝廷と徳川幕府があり、2つの君に対する思いは藩ごとに様々であった。

　そのような中、慶喜と同じく尊皇思想を抱く渋沢は、朝廷を君と仰ぐ慶喜の姿勢に臣の理想型を見出し、臣のあるべき姿を学んだ。慶喜が体現した数々の徳行には、慶喜の朝廷に対する臣としての振る舞いがあった。

　渋沢から見た慶喜の生きざまは一貫していた。すべてを犠牲にして維新を実現させた後、慶喜は朝廷に対する恭順の姿勢を態度で示し、『徳川慶喜公伝』の編纂過程においても朝廷に対して一切繰り言を漏らすことはなかった。以下では、⑴徳川慶喜と渋沢栄一の君臣関係、⑵徳川慶喜の徳行、⑶陰徳と犠牲的精神の順で考察する。

1．徳川慶喜と渋沢栄一の君臣関係

　渋沢は君である慶喜に対する臣としての真情を以下のように述べる。(58)

第15章　渋沢栄一の陰徳と犠牲的精神

　「其頃で言ふと昔の武士道の主人家来と云ふ間柄は、今の国民と政府との関係とは大分違ひまして、殆ど親子の関係である。故に百姓から出た者ではあるけれども、徳川慶喜と云ふ人の家来になつた以上は、どうも此人の為に節を尽すが臣たる分だと、斯う私は思つたものですから、其人が逆賊と云ふやうに迄貶されて居る場合に、若し自分が政府に出るやうにでもなつたならば、是位不人情な事はないと、斯う云ふ観念が最も強かつた。故に、さう云ふ力を尽す事は好まなかつた。そこで漫然居る訳にも参りませぬので、何か自分がやらなければならぬ。そこで志したのは、国の富を作る為めに力を尽すと云ふことをやつて見たい。故に私は、自分が富豪にならうと云ふやうな目的ではなかつたので、日本の位地、日本の商工業を進ませて見たいと云ふのが私の主眼であつた。」

　渋沢は慶喜との君臣関係を親子関係にたとえてその紐帯の強さを述べる。この紐帯の強さは渋沢が慶喜を尊崇していたことによる。そこには君臣関係とは無関係であった百姓の身分から武士となり、奇縁によって出会ったのが慶喜であったという事実が存在する。
　武士階級に属する者にとって、君主は生まれながらに定められている。一方、百姓であった渋沢と慶喜の出会いは平岡円四郎の仲介による奇縁に恵まれたものであり、慶喜に仕えるか否かは渋沢の決断次第であった。水戸学を学び君臣関係の理想を胸に描いていた渋沢にとって、慶喜がその理想を満たす人物であるか否かは一種の賭けであった。
　渋沢が親子関係にたとえた慶喜との君臣関係は、武士階級に属する者にとっての親子関係とは大きく異なっていた。通常生まれてくる子が親を選ぶことはできない。武士階級に属する者にとっての君臣関係はまさに本来の意味での親子関係であった。
　渋沢の場合は、慶喜を親とするか否かについては選択の余地が残されていた。つまり、物心ついた渋沢が、自分が望む慶喜という親を自らの意志で選択したというのが事実である。
　慶喜との君臣関係において個人的な紐帯が弱ければ、渋沢には慶喜のもと

第Ⅲ編　正名思想と倫理規範

を離れて再び農民として生きる道も残されていた。しかし、渋沢はそれをせず駿府の慶喜の膝下で商人として生きる道を選択した。「若し自分が政府に出るやうにでもなつたならば、是位不人情な事はない」というのは、まさに本心から出た言葉であった。

　また、「国の富を作る為めに力を尽すと云ふことをやって見たい。故に私は、自分が富豪にならうと云ふやうな目的ではなかつた」という言葉も渋沢の本心であった。

　社会インフラが未整備であった維新直後の日本において、「国の富を作る為めに力を尽すと云ふことをやつて見たい」という目的を達成するためには、大蔵省で国家の基盤づくりを行うことが当面の課題であると説く大隈重信の言葉は、渋沢にとって説得的であった。渋沢にとって大蔵官吏になることは、商人として国家の富盛に役立つという究極目的を達成するためのいわば準備作業であった。

２．徳川慶喜の徳行

朝臣としての徳川慶喜

　渋沢は子路第十三第25章に基づいて、慶喜の「君」および「臣」としての徳行について述べる。慶喜にとって前者は徳川幕府第十五代将軍としての君であり、後者は朝廷に対する臣である。

　同章は「子曰。君子易事而難說也。說之不以道不說也。及其使人也。器之。小人難事而易說也。說之雖不以道。說也。及其使人也。求備焉」（子曰く、君子は事え易くしかも説ばしめ難し。これを説ばしむるに道を以てせざれば、説ばざるなり。その人を使うに及んでや、これを器にす。小人は事え難くしかも説ばしめ易し。これを説ばしむるに道を以てせずと雖も、説ぶなり。その人を使うに及んでや、備わらんことを求む）というものである。[59]

　これは君子は心が公正で思いやりがあるため、下の者がこれに仕えるのは容易であるが、喜ばせるのは困難である。一方、小人は心が私曲で厳しいので、下の者が仕えるのは困難であるが、喜ばせることは容易であることを述べたものである。[60]

　臣としての慶喜について渋沢は、「光圀卿の血を承けて、夙に大義名分を

第15章　渋沢栄一の陰徳と犠牲的精神

明かにし、将軍職に就きし始めより奉還の内心ありしとはいえ、天下大諸侯の衆議を喜ばず、ひたすら臣道に合するを求めてこの挙に出づ。真正の君子人にあらざれば能わず。これその悦ばしめ難き所以である」と述べる。[61]

　渋沢は慶喜が将軍職を引き受ける時点で大政奉還を決意していたと理解した。慶喜は朝廷の臣下である将軍のあるべき姿を認識して知行合一を実践した。この場合の「知」は徳川光圀公による藩政以降、水戸学の中核にあった尊皇思想であり、「行」は大政を奉還し徳川幕府を穏便に終焉に導くことであった。

　慶喜はこの行を実行するにあたって、国内の騒乱を最小限にとどめて外国からの侵略を防ぐことを最優先し、将軍としての矜持を二の次にした。そして、そのことについて一切言い訳をしない陰徳を貫いた。

　渋沢は一橋家に仕官して以降、慶喜の仁徳に触れてきたので、その苦悩に寄り添うとともに、徳行を後世に遺すべく『徳川慶喜公伝』を刊行することに尽力した。

　渋沢は慶喜が将軍職を引き受けることに反対であった。それは君である慶喜を案ずる臣下としての気持ちからであった。しかし、慶喜は過渡期における国家の安寧を優先し、自らを犠牲にすることを承知で将軍職に就いた。渋沢の懸念は臣としては当然であったが、朝廷の臣としての慶喜の覚悟は国に対する仁に基づくものであった。

　渋沢は慶喜の仁と自分の仁の違いを認識した。渋沢は孔子が説く仁には2通りの使い方があると考えた。この点について渋沢は以下のように述べる。[62]

　「孔子の説かれる仁は、これを大用すれば天下国家を治むる道となり、これを小用すれば一身一家を治むる道となる。さればその言う所は終始人間の実際生活に密附し、極めて卑近なる適切なる教訓であって、男も女も、老も幼も、富貴の人も貧賤の人も、政治家も実業家もすべて乗らねばならぬ汽船や汽車、また吸飲せねばならぬ空気や水のごときものである。しかるに宋儒空理を喜びし以来、世の学者ややもすれば、これを実際より引き離して死物にしてしまい、すなわち孔子の主張せられたる仁を単一の学理的に解釈して、実際の衣食住に没交渉となす。これは釈氏のもっぱら心を説いて身を説かざ

647

第Ⅲ編　正名思想と倫理規範

る流儀にかぶれたものにて、孔子の道を距(き)ることはなはだ遠し、孔子の教は学問と実行とが、伴随するを貴ぶ。これを称して知行合一という。あるいは言行一致ともいえるであろう。」

　慶喜が国を思う仁は仁を大用したものであり、渋沢が慶喜を思う仁は仁を小用したものといえる。将軍と幕臣という立場の違いはあるにせよ、将軍職を引き受けることによって、自らに降りかかる国家の命運を左右する重責を承知で、しかもわが身を犠牲にする覚悟でその環境に踏み込んだ慶喜とのスケールの違いを渋沢は痛感した。

徳川慶喜の公平性

　渋沢は論語の八佾第三第22章において、管仲の長所と短所について孔子が公平な人物評価を行ったことを事例として取り上げる。また、雍也第六第28章の「……眞正の仁は、自分の徳を立てんとするよりも、社會の徳を立て、自分が向上進歩するよりも、社會を向上進歩させる處にあるものだといふのが、孔夫子の御趣意であつたに相違ないのである」と述べて、社会の徳を個人の徳に優先すべきことを述べる。[63]

　さらに渋沢は同様の趣旨を、公冶長第五第6章の「道不行、乘桴浮于海」(道行はれず、桴(いかだ)に乘りて海に浮ばん)を引用して、「……孔夫子の道は素と一身を修むるよりも、治國平天下を目的とするもので、近頃の言葉を以て謂へば國家的であつたのである」と述べる。[64]

　これらから渋沢が認識した孔子の徳性は、(1)公平な人物評価、(2)一身の向上よりも社会の向上進歩を最優先することの2点であることがわかる。

　渋沢は孔子の徳を備えている人物が徳川慶喜であると述べる。慶喜に対する渋沢の評価は以下の通りである。[65]

　「他人を批評するに當り、孔夫子が管仲に對せられたる如き心事を以てし、毫も偏る所無く、公平の態度に出で缺點は缺點として指摘し、長所は長所として之を稱揚する人は、却々世間にあるもので無い。節度を守つて中庸を得たる人と等しく、容易に見當り難いもので、矢張其事あるも其人に接せざ

の類である。大抵の人は、自分の好む人物に對すれば、假令之に缺點あるを知つても責めず、少くとも之を寬るし過ぎる傾きを有するものである。然し孔夫子には斯る傾きが無かつたのである。德川慶喜公が節度のあつた御仁であらせられたことは、既に前々回の談話の中にも、申述べ置ける通りであるが、他人に對しても、常に公平の態度を持たせられ、人の缺點を知らるゝと共に、又能く其長所をも知られたものである。」

　渋沢は慶喜の公平性を重んじる德を孔子に比肩すべきものと認識する。渋沢による慶喜の評価の多くは自分と慶喜との相対比較から得た結論である。慶喜は農民出身である渋沢を正当に評価し、一橋家の兵備強化や財政改革などの重要業務を託した。幕臣となった後も、思考の柔軟性や調整能力、進取の気性など渋沢の長所を評価し、徳川昭武の滞仏随行員に指名した。
　出自にこだわることなく優秀な人材を要所に起用することは、公平な人物評価の基本である。それが慶喜による渋沢の評価結果のみに基づいて結論づけられたとすれば、客観性に欠ける点が存するといわざるを得ない。しかし、慶喜の側近には平岡円四郎や原市之進などの賢臣が多いという事実から、慶喜は人物の資質を正視していたといえる。
　「一身の向上よりも社会の向上進歩を最優先すること」という点については、水戸学が主張する尊皇思想に基づいてわが身を犠牲にして維新による新生国家の誕生を優先した事実から明らかである。

徳川慶喜の決断力

　渋沢は慶喜の決断力に疑問を呈する山路愛山（以下「山路」）に対して反論を試みる。渋沢は山路に対して、「成る程慶喜公は不世出の英雄を以て目せらるゝに足るほどの大人物では素より無かつたらうが、少くとも公の決斷力だけは非凡のものであつたのである」と述べる。[66]
　渋沢は慶喜が「不世出の英雄を以て目せらるゝに足るほどの大人物では無いこと」を消極的にではあるが認める。この点に、慶喜を無条件で崇拝していない渋沢の姿勢がうかがわれる。
　渋沢が歴史的事実に触れたのは、「……慶喜公が大將軍の職に任ぜられて

第Ⅲ編　正名思想と倫理規範

から、天下の形勢の趣く所を察知し、断乎として大政奉還に意を決し、一派の反対ありしに拘らず飽くまで之を実行せられたのは、公は非凡の決断力が無ければ能きぬことであつたのである。それから一旦大政を奉還せられてからは、一切明治の御新政に立ち触らぬことに決意せられ、薨去まで四十有余年間、一切政治に干与せられなかつたことなぞも、一見何でも無いやうではあるが、非凡の決断力ある人物に非ずんば、遂行し得られぬものである」という部分である。[67]

　渋沢は、「一旦大政を奉還せられてからは、一切明治の御新政に立ち触らぬことに決意せられ」と述べているが、歴史的事実を時系列的に検討すると、実際には大政奉還を行った後、王政復古の大号令が発せられてから鳥羽・伏見の戦いをきっかけに戊辰戦争が勃発している。

　しかし、上野の東叡山寛永寺で謹慎して以降の慶喜は、渋沢が指摘する通り、明治新政府の活動に一切関与せず、渋沢以外の旧幕臣との面談を避けた。その意味において尊皇思想を実践した慶喜の決断力と信念を貫く精神力は傑出していたといえる。

3．陰徳と犠牲的精神

　渋沢は、(1)慶喜が苦悶の末に「犠牲的精神」によって維新の大業を成し遂げたこと、(2)徳川幕府の命運と自らの尊厳を犠牲にして「陰徳」をもって謹慎したことの2点に心を打たれた。渋沢にとって慶喜は、誰もなし得ない大業を成し遂げた尊崇すべき聖人であった。

　慶喜の人格および思想の基盤は、水戸で過ごした少年期に形成された。慶喜に影響を及ぼした主たる人物は、父の徳川斉昭、教育担当であった会沢正志斎、および藤田幽谷・東湖父子である。

　慶喜の心の奥底に横たわる思想とそこから導き出される規範は、慶喜の行動指針であると同時に桎梏であった。水戸学に由来する「行動規範」と、慶喜が導き出した「独自規範」との間で生じる揺らぎは、維新前後における迷いや逡巡となり、それが世間から怯懦によるものと受け取られた。

　尊皇思想に基づく水戸学の「行動規範」は、幕藩体制の存続を前提に朝廷を尊崇する思想である。一方、慶喜が置かれていた状況下で則るべきは、外

第15章　渋沢栄一の陰徳と犠牲的精神

国からの侵害を防ぐべく、いかにして穏便に幕藩体制を終わらせ、政治的権限を朝廷に移行するかを自らが考えるべき「独自規範」であった。

いかに慶喜が英明な君主であっても、最良の道筋を探って暗中模索する中で迷いが生じ、それが疑念を生む行動と捉えられるのは不可避なことであった。

3歳年下の渋沢は、慶喜と同じく漢学、国学、歴史、水戸学などを学んだ。この点において、両者は思想や価値基準を共有していた。

しかし、青年期の渋沢は学んだ思想を横浜焼き討ちというテロ計画の理論的基盤としたのに対して、慶喜は明治維新という日本史上の地殻変動の真っ只中にあって、水戸学思想と現実との相克に懊悩することとなった。渋沢は自分と慶喜の行動の違いを徳性と人間的なスケールの違いよると認識し、慶喜を君主として限りなく尊崇した。

慶喜に対する渋沢の尊崇は、慶喜の公の行動だけでなく、臣下である自分に対する慶喜の深い思いやりにも依拠している。それは渋沢が個人として慶喜に心服するとともに、君臣関係をより密にすることとなった。

徳川幕府の開祖である徳川家康に対して渋沢が評価する点は、徳川幕府を開き安寧の時代を実現したことにある。その過程で家康が犯した非人道的な行いは、安定した社会を築くという大業に対する些事として閑却された。

同様の理屈で渋沢が慶喜を評価する場合、維新の大業を達成する過程において生じた迷いや一見不合理な行動は、些事として閑却し得ることになる。維新の過程における「慶喜の失点」をあげつらうより、「犠牲的精神」と「陰徳」によって懊悩しながら維新の大業を成し遂げた「慶喜の功」に眼を向けることが正しいと渋沢は考えた。

徳川慶喜の行動に由来する渋沢栄一の陰徳と犠牲的精神

徳川慶喜は検討対象とするには厄介な人物である。なぜなら、慶喜の維新前後の行動に対する歴史家の評価が分かれるからである。それにもかかわらず、渋沢は慶喜を尊崇するだけでなく、その行動から陰徳と犠牲的精神を学び維新後の自らの行動に反映させた。

渋沢は企業を設立・育成し、経営が軌道に乗ったことを確認した後、まる

第Ⅲ編　正名思想と倫理規範

で「弊履を脱ぎ捨つるがごとく」恬淡として役員を辞任し後進に道を譲った。渋沢はそれを誇ることなく、新たな企業の設立に取り組んだ。これは利に淡泊というだけでは説明できない、まさに陰徳と犠牲的精神なくしてはあり得ない行動といえる。

　慶喜はわが身と徳川家を犠牲にして維新の大業を達成し、陰徳によってそれを口外することがなかった。渋沢は慶喜のこの行動を仁者の振る舞いと理解した。

　慶喜にとっての大義とは水戸の藩是である尊皇思想であり、それを陰徳によって実践することであった。渋沢はこれに倣い、企業家としての大義を義利合一説に見出し陰徳によって実践するとともに、社会事業においても同じく陰徳を実践した。

陰徳と犠牲的精神を重視する渋沢栄一の考え方
　渋沢は維新後に出会った人々についても、その人物に陰徳があるか否かを冷静な眼で判別した。渋沢は多角的に人を評価するが、尊敬する人物に関しても陰徳の有無については厳格に判断した。渋沢が述べる事例は以下の通りである。(68)

　「日本では陰徳を積むを最上とし、自己の責任のみならず、他人の責務でも引き受けて任ずるが武士道の本意であるとしておる。我が邦明治維新前後には随分人物も多く現われたが、伊藤公でも、大隈候でも将た井上候でも、みな善に伐(は)りたがる方であって『おれはこれほど豪(え)いぞ』といわぬばかりに吹聴せられ、善に伐(ほこ)らぬ人ははなはだ少なかった。

　しかるに西郷候兄弟などは、まず似て善に伐らぬ人であったように思われる。先年薨去(こうきょ)国葬になった大山巌公に至っては実に善に伐らぬ大器の人であった。」

　渋沢は維新後に出会った人々についても、その人物に陰徳があるか否かを冷静な眼で判別した。陰徳に関して渋沢が低い評価を与えたのは、伊藤博文、大隈重信、井上馨であった。彼らはいずれも渋沢が大蔵官吏時代に仕えた上

司であり、井上にいたっては上下関係を越えて肝胆相照らす間柄であった。渋沢の人物評価の公正さは、係る人物に対してもその欠点を躊躇なく指摘する点に表れている

　自分とは畑違いの軍人大山巌を好事例としてあげたことも、まさに渋沢が人物を正視した結果と考えられる。係る事実を勘案すると、渋沢が生涯君主と仰いだ徳川慶喜に対しても、率直な人物評価がなされたと考えられる。

　渋沢は維新にまつわる悪評をすべて一身に引き受け、「他人の責務でも引き受けて任ずる武士道の本意」を全うする慶喜をあらためて尊崇し、自身も陰徳をもって企業家、社会事業家として行動した。

　渋沢は客観的な歴史的事実に基づいて慶喜の行動の正当性を論証することが困難な場合は、いささか詭弁じみた説明を行った。渋沢は慶喜を孔子に準じる聖人とし、その認識に基づいて論語の章句を根拠として慶喜の維新前後の行動の正当性を主張した。

　渋沢は歴史家ではない。したがって、歴史的事実に基づいて誰もが納得する考えを述べることが困難な場合は、儒者としての一面が表れ、「孔子に準ずる仁者である慶喜はしかるべき行動をとるはずである」という教条主義的な思考に頼った。

　渋沢には慶喜が仁者の道にしたがい、犠牲的精神に基づく自己犠牲によって明治維新の大業を成し遂げた中心人物であるという確信があった。その確信は、歴史的事実に関する断片的な疑念によって揺らぐことはなかった。

　尊崇する人物は完全無欠であることが望ましい。渋沢は同書中のいくつかの箇所に多少の詭弁があっても、それを小疵として看過した。この意味において、『徳川慶喜公伝』は慶喜の業績とその特質を反映させた大醇小疵の歴史書といえる。

　渋沢は大きな歴史の流れの中で慶喜の業績を評価し、尊崇する君主として慶喜が示した陰徳と犠牲的精神を学び、それを企業者および社会事業者として生涯実践した。

第Ⅲ編　正名思想と倫理規範

【注】
（１）渋沢栄一「雨夜譚」『渋沢栄一「雨夜譚/渋沢栄一自叙伝（抄）」』（日本図書センター、1997年）51頁。
（２）渋沢、前掲書、「雨夜譚」52頁。
（３）渋沢栄一述『青淵回顧録　上巻』（青淵回顧録刊行會、昭和2年）126頁。
（４）渋沢、前掲書、「雨夜譚」68-69頁。
（５）渋沢、前掲書、「雨夜譚」92頁。
（６）渋沢、前掲書、「雨夜譚」93-94頁。
（７）渋沢述、『青淵回顧録　上巻』96頁。
（８）渋沢述、『青淵回顧録　上巻』101頁。
（９）渋沢、前掲書、「雨夜譚」97頁。
（10）渋沢、前掲書、「雨夜譚」119頁。
（11）渋沢、前掲書、「雨夜譚」122頁。
（12）渋沢栄一「八佾第三第22章」『論語講義（一）』（講談社学術文庫、1977年）197-198頁。
（13）渋沢、前掲書、「雨夜譚」244頁。
（14）「静岡に商法会所を起す」実験論語処世談（二）「竜門雑誌　第三二六号代償四年七月」渋沢青淵記念財団竜門社編『澁澤栄一傳記資料　別巻第六　講演・談話（二）』（渋沢栄一伝記資料刊行会、昭和30年）651-652頁。
（15）「大隈伯の八百万の神論」実験論語処世談（二）「竜門雑誌　第三二六号代償四年七月」渋沢青淵記念財団竜門社編『澁澤栄一傳記資料　別巻第六　講演・談話（二）』（渋沢栄一伝記資料刊行会、昭和30年）652頁。
（16）渋沢栄一「公冶長第五第22章」『論語講義（二）』（講談社学術文庫、1977年）127頁。
（17）「泣いて頭が上らなかつた」実験論語処世談（12）「209　竜門雑誌」（第336号大正5年5月）渋沢青淵記念財団竜門社編『澁澤栄一傳記資料　別巻第六　講演・談話（二）』（渋沢栄一伝記資料刊行会、昭和30年）37頁。
（18）「徳川慶喜公の境遇に同情す」87　老後の思ひ出「青淵百話」渋沢青淵記念財団竜門社編『澁澤栄一傳記資料　別巻第六　講演・談話（二）』（渋沢栄一伝記資料刊行会、昭和30年）259-260頁。
（19）白石喜太郎『渋沢栄一　92年の生涯　夏の巻』（国書刊行会、2021年）339頁。
（20）白石、前掲書342頁。
（21）山本勇夫編纂『澁澤榮一全集　第二巻』（平凡社、昭和5年）270頁。
（22）山本、『澁澤榮一全集　第二巻』270頁。

(23) 山本、『澁澤榮一全集 第二巻』273頁。
(24) 福地源一郎著、石塚裕道校注『幕府衰亡論』（平凡社、昭和42年）254頁。
(25) 福地源一郎『懐往事談』（大空社、1993年）174-175頁、原典の大半に傍点が付されているので引用文ではそれらを省略する。
(26) 福地、『懐往事談』。
(27) 山本、『澁澤榮一全集 第二巻』（福地は福地櫻痴の名で知られる）。
(28) 萩野由之『王政復古の歴史』（明治書院、大正7年）209頁。
(29) 萩野、『王政復古の歴史』210頁。
(30) 萩野、『王政復古の歴史』213頁。
(31) 井野辺茂雄『維新史』（厚文社、昭和38年）2頁。
(32) 井野辺、『維新史』160頁。
(33) 井野邊茂雄『幕末史榘説』（中文館書店、昭和5年）2頁。
(34) 井野辺、『維新史』156頁。
(35) 井野邊茂雄『新訂維新史考』（中文館書店、昭和18年）273-274頁。
(36) 大庭邦彦『父より慶喜殿へ ―水戸斉昭一橋慶喜宛書簡集―』（集英社、1997年）117-297頁。
(37) 井野邊、『幕末史榘説』620-621頁。
(38) 渋沢栄一「為政第二第23章」『論語講義（一）』（講談社学術文庫、1977年）129頁。
(39) 渋沢栄一『徳川慶喜公伝1』（平凡社、2004年）8頁。
(40) 渋沢栄一編、大久保利謙校訂『昔夢会筆記』（平凡社、1966年）17頁。
(41) 渋沢栄一編、大久保利謙校訂「徳川慶喜公伝 自序」『昔夢会筆記』（平凡社、1966年）21頁。
(42) 日本史籍協会編『【新装版】徳川慶喜公伝 史料篇三』（東京大学出版会、1997年）278-279頁。
(43) 保谷徹『戊辰戦争』（吉川弘文館、2007年）3頁。
(44) 野口武彦『鳥羽伏見の戦い』（中央公論新社、2010年）303-304頁。
(45) 野口、『鳥羽伏見の戦い』316頁。
(46) 渋沢栄一述『青淵回顧録 上巻』（青淵回顧録刊行會、昭和2年）225-226頁。
(47) 渋沢、前掲書、「雨夜譚」106頁。
(48) 渋沢、前掲書、「雨夜譚」106-107頁。
(49) 渋沢栄一編、大久保利謙校訂『昔夢会筆記』（平凡社、1966年）21頁。
(50) 勝海舟『海舟語録・付海舟詩歌集抄』（講談社、昭和50年）159頁。
(51) 渋沢栄一編『徳川慶喜公伝4』（平凡社、2004年）175頁。

第Ⅲ編　正名思想と倫理規範

(52) 孫子、金谷治訳注「謀攻篇」『孫子』（岩波書店、2023年）44-45頁。
(53) 「慶喜公恭順の態度」実験論語処世斷（29）「竜門雑誌」（第353号大正6年10月）渋沢青淵記念財団竜門社編『澁澤栄一傳記資料　別巻第七　講演・談話（三）』（渋沢栄一伝記資料刊行会、昭和30年）197-198頁。
(54) 渋沢栄一「雍也第六第19章」『論語講義（二）』（講談社学術文庫、1977年）190頁。
(55) 山本、『澁澤榮一全集　第二巻』354頁。
(56) 山本、『澁澤榮一全集　第二巻』355頁。
(57) 山本、『澁澤榮一全集　第二巻』355頁。
(58) 「演説」（大正八年一月二十六日於国民新聞社依游会職工慰安会）渋沢青淵記念財団竜門社編『澁澤栄一傳記資料　別巻第五　講演・談話（一）』（渋沢栄一伝記資料刊行会、昭和30年）268頁。
(59) 渋沢栄一「子路第十三第25章」『論語講義（五）』（講談社学術文庫、1977年）171頁。
(60) 宇野哲人『論語新釈』（講談社、1980年）401頁。
(61) 渋沢、前掲書、「子路第十三第25章」141頁。
(62) 渋沢栄一「顔淵第十二第1章」『論語講義（五）』（講談社学術文庫、1977年）19頁。
(63) 山本、『澁澤榮一全集　第二巻』141-144頁。
(64) 山本、『澁澤榮一全集　第二巻』144-145頁。
(65) 山本、『澁澤榮一全集　第二巻』145頁。
(66) 山本、『澁澤榮一全集　第二巻』263頁。
(67) 山本、『澁澤榮一全集　第二巻』264頁。
(68) 渋沢栄一「公治長第五第25章」『論語講義（二）』（講談社学術文庫、1977年）138頁。

第16章

第Ⅲ編のまとめ
―正名思想と倫理規範―

はじめに

　本章の目的は、第Ⅲ編を構成する2つの章の検討結果を通覧し、渋沢思想の一角をなす「正名思想」および、渋沢栄一の倫理規範を構成する「陰徳」と「犠牲的精神」の淵源を考察することである。

　正名思想については、渋沢が『論語』と藤田幽谷の『正名論』から正名思想を学び、青年期以降の経歴を通してどのように発展させたのかを考察した。また、尊崇する徳川慶喜から渋沢がどのように「陰徳」と「犠牲的精神」を学び、それを企業者、社会事業者として実践したのかを考察した。両者の君臣関係の基盤には慶喜に対する渋沢の尊崇の念が存在した。

　本章では第14章で検討した渋沢の「正名思想」および、第15章で検討した渋沢の「陰徳」と「犠牲的精神」を振り返るとともに、この「思想」と「倫理規範」が維新後の渋沢の行動にいかなる影響を及ぼしたのかを総括的に考察する。

　第1節では、渋沢の正名論解釈と正名思想の推移を振り返る。第2節では、慶喜との君臣関係と尊崇について振り返り、渋沢が慶喜から「陰徳」と「犠牲的精神」を学んだ経緯を確認する。

　本章では、この2つの節で、「渋沢の正名思想」および「慶喜との君臣関係」の推移を時系列的に整理し、時間経過の中でそれらがどのように推移するかという視点から考察を加える。

第1節　渋沢栄一の正名思想

1-1　渋沢栄一の正名論解釈

　渋沢の正名論解釈は、農民階層に属しながら憂国の志士として倒幕を目指し、それを己の「分」として活動した青年期に始まる。つまり、農民としての分を逸脱して国政に関与するという志を抱いた時期から、渋沢の正名思想は迷走をともなう模索が始まる。

　渋沢の正名思想が完成型に至る経緯を探るには、農民という「名」と、倒幕を志す「分」がいかに不整合であったかを考察することが必要となる。この点については身分制度下での職分論に基づいて検討を加える。

　青年期の正名思想の特徴を職分論の観点から考察するにあたって比較対象となるのが、渋沢の父、渋沢市郎右衛門元助（以下「元助」）の考え方である。元助は農民の分を守る典型的な豪農の当主で、倹約を旨とする謹厳を絵に描いたような人物であった。元助は当時の身分制度を受け容れ、領主からの命令を堅守する人物であった。

　渋沢は元助から農商実務の多くを教わり父として尊敬したが、農民の名分に関する両者の考え方は全く異なっていた。徳川時代の身分制度下においては元助が優等生であるのに対して、渋沢は優秀ではあるが体制におさまらない異分子であった。

　この父子が互いの信念と人生観をぶつけ合って夜通し語りあったのが、渋沢が出奔を決意して勘当を願い出た時であった。元助は渋沢が自分よりスケールの大きな人物であることを認めていたのであろう、勘当は保留する一方出奔を許し金銭を与えて渋沢を送り出した。

　このように農民としての名分を厳守する元助と、それを逸脱し倒幕を目的として横浜焼き討ちを計画する渋沢を職分論の観点から比較すると、青年期の渋沢の正名思想がいかに当時の社会制度から逸脱していたかが明らかとなる。

　初期の渋沢の正名思想の特質を踏まえたうえで、第14章で検討した渋沢の

第16章 第Ⅲ編のまとめ

正名思想推移の要点を再掲し、渋沢の正名思想が完成型に至るまでを考察する。

1－2 渋沢栄一の正名思想の変遷

1－2－1 青年期

横浜焼き討ち計画

　論語をはじめとする漢籍や歴史書を読み、水戸学に傾倒していた渋沢は、本業の藍を栽培し近隣各所から集荷する業務と、養蚕に関わる仕事を堅実にこなしていたが、農民としての名分には満足していなかった。幕藩体制下における身分制度下の渋沢の「名」は農民であり、「分」は農業を通して社会に付加価値を提供することであった。

　しかし、渋沢の志は憂国の志士として幕藩体制を崩壊させ、天皇親政を実現することであった。横浜焼き討ちを計画した時点での渋沢は、「自らが倒幕の契機となるテロを実行して天皇親政を実現するべきである」という「当為」に駆られて、農民という「分」を逸脱した暴挙にはしろうとして挫折した。

一橋家仕官時代

　25歳となった渋沢は、平岡円四郎の推挙によって従兄の渋沢喜作とともに一橋家の家臣となった。横浜焼き討ち計画が頓挫した後、京都での隠遁を経て間もない時期の武士への転身であった。

　一橋家出仕によって渋沢はかねてから望んでいた武士の「名」を手に入れることができた。渋沢の能力を見出した一橋慶喜が渋沢に与えた「分」は警備など武芸を生かすものではなく、渋沢が農民として身につけた実務能力を生かすものであった。渋沢が上申し認められた役割は、(1)一橋家の兵備強化、(2)同家の財政改革の２つであった。

　一橋家の家臣であった時代の渋沢は、かねてから望んでいた武士という「名」を手に入れることはできたが、与えられた「分」は農民としての資質が生かすものであった。渋沢は農民時代に養った実務能力を発揮して与えられた「分」を成功裡に遂行した。

659

1-2-2 壮年前期

31歳となった渋沢は、大蔵官吏として官営工場である富岡製糸場の事務主任を命じられ、同製糸場の設立実務に従事した。当時の大蔵省の上席は伊藤博文と大隈重信であったが、(1)大蔵省が最高官庁で多くの権限を有していたこと、(2)各官庁の官吏の多くは武家出身者であり、蚕糸業の経験を有する人物が限られていたことなどから、大蔵省の職掌としては変則的ながら富岡製糸場の設立実務を渋沢が担当することとなった。

大蔵官吏という「名」は渋沢が最終的に望んだものではなかった。しかし、渋沢は大蔵官吏として富岡製糸場のみならず、地租改正や郵便制度の原案作りなど多岐にわたり、農商業務の経験を生かして突出した実績をあげた。この事実から渋沢は名実のうち「実」については十分な実績を残した。

したがって、渋沢が望まない大蔵官吏という「名」を心ならずも申しつけられたという意味で、「～なかるべし」という否定の「当為」に相当し、望まない名の下ではあるが大蔵官吏としての職責を十二分に果たしたという意味で、「実」は満足したと考えられる。

1-2-3 壮年後期

34歳となった渋沢は第一国立銀行の総監役となり、実質的な最高経営責任者として同銀行の設立・育成に尽力した。渋沢は大蔵官吏時代に、上司の井上馨、大蔵省3等出仕の上野景範らと連名で太政官職制の最高機関である正院に、王子製紙株式会社の前身である抄紙会社の設立を建議した。

抄紙会社はその後渋沢が銀行家に転じてから企業の設立・育成に携わった最初のケースである。同社の育成過程においては官からの強引な要請に従わざるを得ない局面も経験した。しかし、下野した渋沢は企業者としての天分を自覚し、商人という「名」において、「分」を縦横に駆使して「実」をあげ、抄紙会社の経営を軌道に乗せた。

1-2-4 老年期

渋沢は生涯で500社余りの企業の設立・育成と、600件以上の社会事業に携

わった。渋沢は35歳となった1874（明治7）年から、92歳で逝去する1931（昭和6）年まで、半世紀以上にわたり東京市養育院に関わり続けた。

　渋沢が社会事業家として目指したのは社会の安寧秩序の実現であった。安寧秩序を乱す原因の一つが社会に取り残された人々の存在であり、それらの人々を救う手段が主体的な富の再分配であるというのが渋沢の考えである。

　渋沢が想定するのは極貧状態である。社会の安寧秩序には富者による富の再分配が不可欠であるという渋沢の論理は以下の通りである。

(1)人は飢えたとしても黙して死を待つものではない。
(2)人は食べるためには幾多の罪悪を犯す。
(3)貧富の差が拡がれば拡がるほど社会の安寧秩序を保つことが困難となる。
(4)したがって、貧民救済は広義に解釈すると社会の安寧秩序を保つための必要条件である。

　これらの点は渋沢独自の人間理解に基づいて導き出された結論である。人間の生理的欲求は強く、貧すれば道徳に反することでも生き抜くためにはやってのけてしまうことを知悉しているからこそ、渋沢は貧困が社会の安寧秩序を乱す原因になると考えた。

　壮年前期から社会事業家の「名」を全うするという渋沢の考えは上述の通りである。半世紀以上にわたって渋沢が関わった東京市養育院は、現在も東京都健康長寿医療センターとして社会福祉活動に成果を上げ続けている。

第2節　渋沢栄一の陰徳と犠牲的精神

2-1　徳川慶喜との君臣関係の推移

　慶喜に対する渋沢の忠義心は、必ずしも平坦な道程によって形成されたものではなく、さまざまな偶然も重なって強化された。

　水戸学の影響を受けて尊皇攘夷思想に凝り固まり、倒幕を目指していた青

年期の渋沢にとって、徳川御三卿の一つである一橋家当主の一橋慶喜は本来不倶戴天の敵であった。横浜焼き討ちを断念した後、幕府から嫌疑をかけられなければ、渋沢は決して一橋家に仕官することはなかったはずである。

なぜなら、渋沢が平岡円四郎の手引きで一橋家仕官を決心した経緯を見ると、平岡との人間関係と横浜焼き討ち計画の頓挫が重ならなければ、渋沢が一橋家に仕官するチャンスはめぐってこなかったからである。

以下では、渋沢が一橋家に仕官してから『徳川慶喜公伝』の編纂事業に取り組むまでの期間を対象に、慶喜と渋沢の君臣関係がどのように推移したのかを時系列的に検討する。

2−1−1　一橋家仕官を決心した時期

渋沢は従兄の渋沢喜作とともに一橋家に仕官するにあたって、自らを納得させるかのごとく大胆にも条件を提示した。横浜焼き討ち計画を頓挫させて間もない25歳の渋沢は、終末を迎えつつある徳川幕府の行く末を想定し、一橋家のあるべき姿を大上段から慶喜に説いた。

渋沢のこの行動は、ともに倒幕を目指したかつての仲間を意識し、唯々諾々と仕官したのではないことを自分に言い聞かせるための自己正当化と考えられる。おそらく渋沢はこの時点で横浜焼き討ち計画の不合理性に気がつき、ほどなく終末を迎えるであろう徳川幕府の行く末と一橋家のあり方について、権力サイドの視点から認識していたと思われる。

これは若き日の渋沢が一橋家仕官にあたって多くの葛藤を抱えていたことを示すものである。この時期の慶喜と渋沢の君臣関係は緒についたばかりで、渋沢に忠義心が芽生えていたことを確認することは困難である。

2−1−2　一橋家の軍備拡充と財政改革を実現した時期

渋沢は慶喜に対する上申書で優秀な人材を強化すべきことを説いた。慶喜に提言したような「天下の人物」を登用したわけではないが、渋沢は一橋家の兵備強化のための人材集めを申し出て、同藩の領地から歩兵456名を集めることに成功した。

渋沢は人材登用の重要性を述べた上申書の内容を兵備強化という形で実践

したことに加えて、財政改革を行い藩の収入を増やすことにも貢献した。渋沢は、(1)年貢米の価格設定、(2)白木綿の価格設定、(3)硝石の生産を実施して5,000両、現在価値に換算すると約6億5千万円の増収によって財政改革を実現させた。

この時期の渋沢は充実した活動を展開していた。渋沢は実務で培った農商実務や財務の知識と、円滑な人間関係を構築する技術によって実績を積み上げ、慶喜の信頼を得るべく努力した。しかし、慶喜との君臣関係が確固たるものになっていたことを確認することは困難である。

2－1－3　一橋慶喜が禁裏御守衛総督の時期

渋沢が一橋家の家臣であった1864（元治元）年12月、禁裏御守衛総督となった慶喜は大津に出陣し、水戸藩の天狗党を鎮圧した。慶喜と対峙することとなった武田耕雲齋と藤田小四郎をはじめとする130名は敦賀で斬罪となった。

渋沢はこの時、平岡の後を受けて用人となった黒川嘉兵衛に従って出陣し、陣中で秘書役を務めていたので、水戸藩士に対する慶喜の対応を戦地で見る機会を得た。

反乱を起こして各所に被害をもたらしたとはいえ、自分を頼って京都まで来た水戸藩士への対応は、慶喜の禁裏御守衛総督としての立場と、身内の水戸藩士への思いのいずれを重視するかの試金石となった。換言すると慶喜が「情」と「理」のいずれに重きを置く人物であるかを知る機会となった。

渋沢は慶喜に批判的な意見があったことを認めたうえで、それを否定する形で慶喜の行為を是認する意見を述べている。この時期の渋沢は、慶喜の天狗党への対応について真っ向から支持する姿勢を見せておらず、むしろ慶喜の情に対して疑念を抱いていたと考えられる。

2－1－4　幕臣期

渋沢は徳川幕府が早晩倒れることを見越して慶喜の第十五代将軍就任に反対した。渋沢の反対意見は、慶喜個人のみならず幕府の命脈を保つうえでも合理的であったため、慶喜の側近である原市之進も賛同した。しかし、渋沢の意見が慶喜に届く前に第十五代将軍就任への道筋は決まってしまった。

第Ⅲ編　正名思想と倫理規範

　渋沢は心ならずも幕臣となったうえ、巨大組織に所属することで一橋家の家臣であった時のように慶喜と直接話しをする機会は激減した。
　慶喜が第十五代将軍に就任したことに対する渋沢の失望は大きく、慶喜に対する忠義心も落ち込んだ。慶喜が一橋家の当主にとどまっていれば、たとえ御三卿の一家であったとしても、幕府が倒れた後、慶喜は半ば中立の立場で新体制において主要な役割を担い得た。慶喜はかろうじて地位を確保し、渋沢は臣下として新たな政治体制下で貢献する可能性があった。
　しかし、幕臣となった時点で倒幕の素志を全うするには、自らが獅子身中の虫となり幕府に不利な働きをすることが必要となる。渋沢の懊悩はまさにこの点にあった。

2－1－5　渡仏期

　慶喜に対する忠義心が最低レベルに達していた時期、渋沢は慶喜の実弟である徳川昭武（以下「昭武」）の訪仏随員に指名された。これは渋沢の鬱屈した思いを一気に払拭するとともに、それが慶喜の指示であったことで忠義心は復活する。渋沢の忠義心の低下は慶喜とのコミュニケーション不足に起因するところが大きかった。
　幕臣を辞めて浪人になると決意したのが1866（慶応2）年11月であり、原市之進を通して昭武の訪仏随員に指名されたことを知ったのが同月29日であった。つまり、渋沢は幕臣を辞めることを決心した直後に、慶喜が自分を深く信頼していたという事実に気がつき、忠義心を新たにすることとなった。
　慶喜が訪仏のトップに実弟を指名し、さらに昭武がつつがなくフランス留学を全うするための随員として自分を指名したことを知らされた渋沢は、訪仏を見聞を広める絶好の機会と捉えるとともに、その大役を任されたことに深く感謝した。慶喜と渋沢の君臣関係はギリギリのところで繋がった。

2－1－6　駿府に徳川慶喜を訪ねた時期

　渋沢は昭武の信頼を得て、短期間ながらもフランス滞在と欧州各国歴訪を終えて職責を全うした。渋沢が帰国後に慶喜と面会するのは、駿府で慶喜が謹慎している時であった。

渋沢にしてみれば、慶喜がこのような姿になるのは自分の意見と異なる行動をとった結果であった。しかし、慶喜が将軍職に就かなければ滞仏と欧州歴訪によって見聞を広めることができなかったのも事実である。

　渋沢が慶喜との面談で抱いたのは憐憫と無念の感情であった。また、渋沢が抱えていたのは、大政奉還の経緯と、王政復古の後に慶喜が鳥羽・伏見の戦いを始めたことに対する素朴な疑問であった。特に開戦後に慶喜が少数の老中等と江戸に退却したことは渋沢の理解を超えていた。

　渋沢がフランスからの帰国後に見た日本は、渋沢が青年期に思い描いていた天皇親政による政治体制とは異なり、公家や藩士、草莽の志士が入り乱れる一種のカオスであり、その中に渋沢の知己は存在しなかった。従兄の喜作は幕臣としての素志を貫徹すべく箱館戦争で奮戦していた。

　フランスから志半ばで帰国した渋沢は、身の置き所がない不安定な状況下で、自分の進むべき道を決めなければならなかった。

　渋沢が青年期までに身につけた資質を考えると、維新後に成立した新政府の役人に活路を見出すのが、渋沢の能力を最も生かせる道であった。しかし、帰国後に眼にした明治維新は渋沢の手が届かないところで実現されたもので、かつ、自分は前体制における幕臣だったため、社会が混沌とした中で渋沢は生きるためのレゾンデートルを見失っていた。渋沢が自死を考えたのもこの時期であった。

　このような混乱した精神状態において、渋沢が選択したのは元君主の慶喜が蟄居する駿府で商人として自活することであった。つまり、この時点で渋沢は慶喜への忠義を最重視した。

　渋沢をしてこの選択をなさしめたのは、帰国直後に駿府に滞在した時期に慶喜と接したことであった。慶喜に対する渋沢の個人的尊崇を含む忠義心は、以下のような両者間の誤解に端を発しさらに高められた。

　滞仏中に昭武から全幅の信頼を得た渋沢は、昭武から慶喜への信書をあずかるとともに、詳細に滞仏中の様子を報告し、慶喜の返書をもって水戸の昭武を訪ねることで滞仏に関する仕事が完結すると考えていた。慶喜と昭武の間で兄弟愛の機微に立ち入り、その職務を全うできるのは自分を除いていないという矜持も有していた。それは慶喜が望むところであると信じた渋沢は、

第Ⅲ編　正名思想と倫理規範

水戸への返書を届ける慶喜の指示を待っていた。

　このような兄弟間の心情を慮って待機していた渋沢への指示は、他の者を返書の使者に指名するというものであった。慶喜と昭武の関係に誠意をもって介在しようと考えていた渋沢が怒りを含んだ反応を示すのは当然といえる。しかし、慶喜は実弟とのやりとりよりも、昭武の信頼を得た渋沢が水戸藩士の嫉妬をかうリスクを考えて渋沢の身の安全を優先した。

　この事実を知った渋沢は、自身の短慮を恥じるとともに慶喜の温情に感激した。必然的に慶喜に対する忠義心は高まり両者の君臣関係は確固たるものとなった。

2-2　君臣関係と尊崇

　渋沢は慶喜との君臣関係を親子関係にたとえてその紐帯の強さを述べる。この紐帯は渋沢が慶喜を尊崇していたことによる。そこには君臣関係とは無関係であった百姓の身分から縁あって武士となり、さらに縁あって出会ったのが慶喜であったという事実が存在する。

　武士階級に属する者にとって、君主は生まれながらに定められている。一方、百姓であった渋沢と慶喜の出会いは平岡円四郎の仲介による奇縁に恵まれたものであり、慶喜に仕えるか否かは渋沢の決断次第であった。水戸学を学び君臣関係の理想を胸に描いていた渋沢にとって、慶喜がその理想を満たす人物であるか否かは一種の賭けであった。

　渋沢が親子関係にたとえた慶喜との君臣関係は、武士階級に属する者にとっての親子関係とは大きく異なっていた。通常生まれてくる子が親を選ぶことはできない。武士階級に属する者にとっての君臣関係はまさに本来の意味での親子関係であった。

　しかし、渋沢の場合は慶喜を親とするか否かについては選択の余地が残されていた。いわば物心がついた渋沢が、慶喜という親を自らの意志で選択したというのが事実である。

　慶喜との君臣関係において個人的な紐帯が弱ければ、渋沢には慶喜のもとを離れて再び農民として生きる道も残されていた。しかし、渋沢はそれをせず駿府の慶喜の膝下で商人として生きる道を選択した。

慶喜に対する尊崇の念は、両者の君臣関係の歴史の中で育まれた。渋沢は一橋家において臣下として農商実務を通して培った実力を最大限に発揮して慶喜に仕え、慶喜はそれを正当に評価して報いた。その繰り返しを通して相互信頼に基づいた両者の君臣関係は深まった。

　しかし、慶喜が徳川第十五代将軍となることで、両者の直接的なやり取りによる君臣相互の意思疎通は困難となった。渋沢は火中の栗を拾うことになる慶喜を案じて将軍就任に反対したが、反対理由の一つには尊崇する慶喜との関係性が幕府という巨大組織によって希薄になるという懸念もあったと考えられる。

　現代組織のように稟議制度による下意上達が可能であるのとは異なり、厳格な身分制度に基づいて構築された幕府において側近以外の幕臣からの下意上達はほぼ不可能であり、可能であるのは上意下達による将軍の意志の伝達であった。その上意下達によって伝えられたのが、慶喜の指示による渋沢の滞仏随員への指名であった。

　渋沢はこの指示によって相互信頼に基づく慶喜との君臣関係が確固として存続していることを認識し、慶喜に対する忠義と尊崇の念を新たにした。

　慶喜との直接的な関係は明治維新後に駿府で再会するまで非連続期間が続くため、渋沢は維新期前後における慶喜の行動の是非を身近で判断することはできなかった。このため、渋沢は尊崇によって支えられた君臣の義をもって、慶喜の行動を客観的に判断せざるを得なかった。

　その判断は、渋沢は慶喜の行動を「陰徳」と「犠牲的精神」による義に基づく聖人の振る舞いとするものであった。渋沢はこの判断を正しいと確信し、慶喜が逝去するまで君臣関係を守り、雪冤と正しい歴史を後世に遺すことを目的として『徳川慶喜公伝』の編纂事業を立ち上げた。

　生まれながらに運命づけられた関係とは異なる慶喜との君臣関係は、君たる慶喜に対する臣たる渋沢の尊崇の念がなければ存続し得なかった。それはまさに尊崇の念に支えられた君臣関係であった。

2－3　陰徳と犠牲的精神

　渋沢は、(1)慶喜が苦悶の末に「犠牲的精神」によって維新の大業を成し遂

げたこと、(2)徳川幕府の命運と自らの尊厳を犠牲にしながら「陰徳」をもって謹慎したことの2点に心を打たれた。渋沢にとって慶喜は、誰もなし得ない大業を成し遂げた尊崇すべき聖人であった。

慶喜の人格および思想の基盤は、水戸で過ごした少年期に形成された。慶喜に影響を及ぼした主たる人物は、父の徳川斉昭、教育担当であった会沢正志斎、および藤田幽谷・東湖父子である。

慶喜の心の奥底に横たわる思想とそこから導き出される規範は、慶喜の行動指針であると同時に桎梏であった。水戸学に由来する「行動規範」と、慶喜が導き出した「独自規範」との間で生じる揺らぎは、維新前後における迷いや逡巡となり、それが世間からは怯懦によるものと受け取られた。

尊皇思想に基づく水戸学の「行動規範」は、幕藩体制の存続を前提に朝廷を尊崇する思想である。一方、慶喜が置かれていた状況下で則るべきは、外国からの侵害を防ぐべく、いかにして穏便に幕藩体制を終わらせ、政治的権限を朝廷に移行するかを自らが考えるべき「独自規範」であった。

いかに慶喜が英明な君主であっても、最良の道筋を探って暗中模索する中では迷いが生じ、それが疑念を生む行動と捉えられるのは不可避なことであった。

3歳年下の渋沢は、慶喜と同じく漢学、国学、歴史、水戸学などを学んだ。この点において、両者は思想や価値基準を共有していた。しかし、青年期の渋沢は学んだ思想を横浜焼き討ちというテロ計画の理論的基盤としたのに対して、慶喜は明治維新という日本史上の地殻変動の真っ只中にあって、水戸学思想と現実との相克に懊悩することとなった。

渋沢は自分と慶喜の行動の違いを、両者の徳性と人間的なスケールの違いよると認識し、慶喜を君主として限りなく尊崇した。慶喜に対する渋沢の尊崇は、慶喜の公の行動だけでなく、臣下である自分に対する深い思いやりにも依拠していた。それは渋沢が個人として慶喜に心服するとともに、君臣関係をより密にすることとなった。

徳川幕府の開祖である徳川家康に対して渋沢が評価する点は、徳川幕府を開き安寧の時代を実現したことにある。その過程で家康が犯した非人道的な行いは、安定した社会を築くという大業に対する些事として閑却された。

同様の理屈で渋沢が慶喜を評価する場合、維新の大業を達成する過程において生じた迷いや一見不合理な行動は、些事として閑却し得ることになる。維新の過程における「慶喜の失点」をあげつらうより、「犠牲的精神」と「陰徳」によって懊悩しながら維新の大業を成し遂げた「慶喜の功」に眼を向けることが正しいと渋沢は考えた。

徳川慶喜の行動に由来する渋沢栄一の陰徳と犠牲的精神

　徳川慶喜は検討対象とするには厄介な人物である。なぜなら、慶喜の維新前後の行動に対する歴史家の評価が分かれるからである。それにもかかわらず、渋沢は慶喜を尊崇するだけでなく、その行動から陰徳と犠牲的精神を学び維新後の自らの行動に反映させた。

　渋沢は企業を設立・育成し、経営が軌道に乗ったことを確認した後、まるで「弊履を脱ぎ捨つるがごとく」恬淡として役員を辞任し後進に道を譲った。渋沢はそれを誇ることなく、新たな企業の設立に取り組んだ。これは利に淡泊というだけでは説明できない、まさに陰徳と犠牲的精神なくしてはあり得ない行動といえる。

　慶喜はわが身と徳川家を犠牲にして維新の大業を達成し、陰徳によってそれを口外することがなかった。渋沢は慶喜のこの行動を大義のために徳川幕府とわが身を犠牲にし、それを陰徳によって公にしない仁者の振る舞いと理解した。

　慶喜にとっての大義とは水戸の藩是である尊皇思想であり、それを陰徳によって実践することであった。渋沢はこれに倣い、企業家としての大義を義利合一説に見出して、それを陰徳によって実践するとともに、社会事業においても同じく陰徳を実践した。

陰徳と犠牲的精神を重視する渋沢栄一

　渋沢は維新後に出会った人々についても、その人物に陰徳があるか否かを冷静な眼で判別した。陰徳に関して渋沢が低い評価を与えたのは、伊藤博文、大隈重信、井上馨であった。彼らはいずれも渋沢が大蔵官吏時代に仕えた上司であり、井上にいたっては上下関係を越えて肝胆相照らす間柄であった。

渋沢の人物評価の公正さは、係る人物に対してもその欠点を躊躇なく指摘する点に表れている。

　自分とは畑違いの軍人大山巌を好事例としてあげたのも、まさに渋沢が人物を正視した結果と考えられる。係る事実を勘案すると、渋沢が生涯君主と仰いだ徳川慶喜に対しても、率直な人物評価がなされたと考えられる。

　渋沢は維新にまつわる悪評をすべて一身に引き受け、「他人の責務でも引き受けて任ずる武士道の本意」を全うする慶喜をあらためて尊崇した。そして、自身も陰徳をもって企業家、社会事業家として行動した。

　渋沢は客観的な歴史的事実に基づいて慶喜の行動の正当性を論証することが困難な場合は、いささか詭弁じみた説明を行った。その説明の多くは論語の章句を引き合いにしたものであった。渋沢は慶喜を孔子に準じる聖人とし、その認識に基づいて論語の章句を根拠に慶喜の維新前後の行動の正当性を主張した。

　渋沢は確固たる歴史的事実に基づいて知見を析出する歴史家ではない。したがって、歴史的事実に基づいて誰もが納得する考えを述べることが困難な場合は、儒者としての一面が表れ、「孔子に準ずる仁者である慶喜はしかるべき行動をとるはずである」という教条主義的な思考に拠らざるを得なかった。

　渋沢には慶喜が仁者の道にしたがい、自己犠牲によって明治維新の大業を成し遂げた中心人物であるという確信があった。その確信は、歴史的事実に関する断片的な疑念によって揺らぐことはなかった。

　尊崇する人物はある意味完全無欠であることが望ましい。しかし、渋沢は『徳川慶喜公伝』のいくつかの箇所に多少の詭弁があっても、それを小疵として看過した。この意味において、『徳川慶喜公伝』はまさに大醇小疵の歴史書といえる。

　渋沢は大きな歴史の流れの中で慶喜の業績を評価し、尊崇する君主として慶喜が示した陰徳と犠牲的精神を学び、それを企業者および社会事業者として生涯実践した。

まとめ

　本章の目的は、第Ⅲ編を構成する２つの章の検討結果を通覧し、渋沢思想

の一角をなす「正名思想」と、渋沢栄一の倫理規範を構成する「陰徳」と「犠牲的精神」の淵源を考察することであった。

正名思想については渋沢が『論語』と藤田幽谷の『正名論』から正名思想を学び、青年期以降の経歴を通してどのように発展させたのかを考察した。

「陰徳」と「犠牲的精神」については、徳川慶喜から渋沢がどのようにこれらを学び、それを企業者、社会事業者として実践したのかを考察した。以下でそれぞれについて考察結果をまとめる。

【渋沢栄一の正名思想】

青年期における渋沢の正名思想は不十分かつ錯綜しており、未遂に終わった横浜焼き討ち計画の妥当性を同思想から根拠づけることは困難である。しかし、時を経るにしたがって渋沢の正名思想はその言動と整合し、渋沢の生涯を通して思想面から渋沢の事績を支えた。

渋沢の正名思想の推移をその生涯に沿って時系列的に考察することは、渋沢が横浜焼き討ちを計画した「テロリスト」から「日本資本主義の父」にのぼり詰めるまでの進化プロセスを解明するうえで重要な示唆を与えてくれる。

青年期の渋沢は正名思想の概念を理解する一方、農民という地位にあったがゆえに、憂国の志士としての志を果たすにあたって、思想と現実の乖離に悩んだ。つまり、農民という「名」において果たすべき「分」は農業活動によって付加価値を提供することであるにもかかわらず、倒幕という農民にあるまじき「分」を果たそうとして頓挫した。正名思想を「知」とすれば、渋沢は「行」を誤ることで知行合一をなし得なかったことになる。

渋沢は偶然が重なり一橋家の家臣となることで、武士という「名」は得たものの、本来の素志であり「分」と考えていた倒幕が不可能になっただけでなく、御三卿の一家を支えることにより、むしろ体制維持に貢献することとなった。この時点で渋沢は正名思想を自らの素志に基づいて実践することはできなくなった。

滞仏経験を経て身分制度が崩壊した維新後、自らの「分」を商人として国家の富盛に貢献することと定めた渋沢は、大蔵官吏となり成果を上げる。しかし、この時点の渋沢は大蔵官吏という公僕の「名」において、企業家とし

第Ⅲ編　正名思想と倫理規範

ての「分」を心に抱くという意味で名分は一致してはいなかった。

　大蔵省を辞して下野した後に銀行家となった渋沢の正名思想は、そこではじめて名分が一致し、正名思想を知行合一で実践する素地が整った。下野した34歳から逝去する92歳までの60年近く、渋沢は企業家、社会事業家として正名思想を知行合一で実践し続けた。この間の推移は第14章で「名分論と名実論」、「当為と事実」をそれぞれ縦横の軸に配した図表を用いて分析した。

【渋沢栄一の陰徳と犠牲的精神】

　「陰徳」と「犠牲的精神」は渋沢が企業家、社会事業家として実践し続けた倫理規範である。渋沢は維新前後の混乱期でこれらの倫理規範を実践した慶喜を尊崇した。慶喜との君臣関係は尊崇によって支えられ、両者の君臣関係は渋沢が一橋家に出仕して以降、様々な変遷をたどって確固たるものとなった。

　両者の君臣関係を確固たるものとしたのは、1866（慶応2）年8月から1868（明治元）年12月までの2年半にわたる慶喜の行動を渋沢が客観的に評価し、尊崇の念を抱いたことが影響している。

　慶喜との直接的な接触機会が激減したこの期間、渋沢は滞仏期間を含む離れた位置から慶喜の行動を見る機会を持ったため、明治維新という大業に対して慶喜が果した役割を客観的な立場で判断することが可能となった。客観的な立場にありながら、慶喜の行動を尊崇の念をもって認識できたのは、一橋家家臣の時代から慶喜の謦咳にふれ、その人間性と徳性を知悉していたからであった。

　慶喜の内面を知らずに勝者の立場から慶喜を貶める歴史認識とは異なり、敗者である慶喜の人間性を知ったうえで維新前後における慶喜の行動を判断することができた渋沢は、勝者である明治新政府側の人物が決して知ることのできない慶喜の真実を知り、それを公正に評価した。

　慶喜との接触頻度が著しく低下した2年半は、渋沢の客観的な歴史認識を可能にしたが、それは謎や疑問が生じる非連続期間でもあった。それらの謎や疑問のゆえに渋沢の忠義心や尊崇の念が揺らぐことはなかったが、渋沢が謎や疑問をそのままにしておくことはなかった。

第16章　第Ⅲ編のまとめ

　渋沢が疑問を抱いたのは王政復古後の鳥羽・伏見の開戦であり、謎であったのは開戦直後に慶喜が少数の取り巻きとともに密かに大坂城を脱出し江戸に逃げ帰ったことであった。

　慶喜の雪冤を果たし、正しい歴史を後世に遺すという目的で『徳川慶喜公伝』の編纂事業を立ち上げるかぎり、これらの謎や疑問についても慶喜から直々に証言をとり、真実を明らかにすることが必要と渋沢は考えそれを実践した。具体的には、編纂実務者の歴史観や政治思想の公正性を確認するとともに、慶喜との面談には渋沢自身が出席し、面談内容とその記録を確認した。

　『徳川慶喜公伝』の編纂事業は編纂者の選定を適切に行い、適正な編纂方針のもとに行われたが、慶喜の記憶に拠るところが多く、傍証が不可能な事実については記憶違いや詭弁が疑われる部分も存在した。渋沢はそのような場合は論語の章句を引用して解釈した。

　渋沢は徳川幕府の開祖である徳川家康を慶喜同様に尊崇した。家康は幕府を開いて泰平の世を実現する過程において「小疵」を犯した。それは徳川幕府を開くという「大醇」を実現するためには不可避なことであった。

　渋沢は家康、慶喜ともに大醇小疵によって大業を成し遂げた人物として尊崇した。その考え方からすると慶喜の事績を公正に記述した『徳川慶喜公伝』に大醇小疵の表現が含まれるのは現実主義者の渋沢にとって必然であった。また、そのことによって慶喜に対する尊崇の念や君臣関係が揺らぐことはなかった。

　渋沢は企業家としての大義を義利合一説に見出し陰徳をもって実践するとともに、社会事業においても同様に陰徳を実践した。渋沢は企業を設立・育成し、経営が軌道に乗ったことを確認した後は恬淡として役員を辞任し後進に道を譲った。

　渋沢は論語を中心とする漢籍で語られる徳目から、義利合一説に代表される倫理規範を生み出して実践し、藤田東湖や会沢正志斎の著作からは尊皇攘夷思想をはじめとする後期水戸学の政治思想を学んだ。

　渋沢は『論語』と藤田幽谷の『正名論』から正名思想を身につけ、徳川慶喜の行動から「陰徳」と「犠牲的精神」を学び、企業家、社会事業家として活動するにあたりそれらを生涯実践した。

終　章
まとめと展望

はじめに

　本書の目的は、前著『義利合一説の思想的基盤』と『渋沢栄一の精神構造』の研究成果をもとに、水戸学が渋沢思想に与えた影響を探ることであった。具体的には、渋沢思想の特質である、(1)国臣意識、(2)正名思想、(3)陰徳と犠牲的精神等について水戸学がどのような影響を及ぼしたのかを探った。

　本書は前2著と併せて「渋沢研究三部作」を構成する最後の著作であることから、終章は本書の課題に関するまとめと展望を記述するとともに、三部作全体を総括する役割を担っている。

　三編に分けて取り上げた本書の課題については、編ごとの検討結果を第5章、第13章、第15章で要約したので重複を避け、終章では本書の振り返りを第1節でまとめ、第2節以下では「渋沢研究三部作」で取り上げた課題について検討する。

　渋沢研究三部作を対象とした記述は補論として別途まとめる方法もあるが、本書の各章では頻繁に前2著で析出した知見をもとに考察したので、終章で渋沢研究全体を対象として総括的に考察することが合理的である。第2節では渋沢の資質を客観的に検討し、第3節では渋沢思想の主要概念について検討を加える。

第1節　水戸学と渋沢思想

1－1　渋沢思想に対する水戸学の影響

　渋沢思想に対する水戸学の影響を考察するにあたって再認識すべきことは、水戸学者と渋沢の経歴の違いである。青年期の渋沢は国事に関わることを目的として武士に憧れ、農民志士として文武両道の修得に励んだ。

　この時期の渋沢は藍の栽培・集荷・販売と養蚕の傍ら文武に励んでいたため、文武農商四道に加えて藍玉の製造作業を主とする「工」にも従事していた。つまり、文武両道に加えて渋沢は農・工・商の三業務に取り組んでいた。

　青年期の経験と修行は、渋沢が維新後に下野した後に企業家、社会事業家として活動する基盤となった。武士となり政治を通して国事に関わることを目指していた青年期の渋沢は、農・工・商三業務に真剣に取り組んだことが将来自分の長所になるとは認識していなかった。

　価値創造者である渋沢が価値を創造しない武士階層の水戸学者が書いた著作を読んだ場合、違和感を抱く可能性は十分にあった。渋沢が農民としての名分を守り、地域の良きリーダーとして徳性を発揮することを人生の目的としていたとすれば、中江藤樹や二宮金次郎の著作は違和感なく読み進められたと考えられる。

　しかし、武士として国事に関わることを目指していた渋沢にとっては、学問の師匠である尾高惇忠が傾倒している水戸学こそが自らの政治思想の根幹となるべき学統であった。

　志すべき道は政治ではなく経済であると渋沢が気づいたのは、滞仏経験を終えて帰国した維新後であった。この時、渋沢はそれまで意識していなかった農・工・商三業務の経験が自分の最大の長所であることに気がついた。

　渋沢は青年期から壮年期を経て老年期に至る経歴において、自分の思想をスクラップアンドビルドによって変化させかつ彫琢し続けてきた。これは一見節操のない行為とみなされかねないが、渋沢も時代の子であることを考えると、明治維新という大変革を経て、思想信条にいささかも変化がないのは

むしろ不自然である。

　渋沢は無節操に思想内容を変化させたわけではない。論語を基盤とする倫理思想と、水戸学を基盤とする政治思想に影響を受けた渋沢の攘夷思想は、一橋家家臣を経て幕臣となり、滞仏経験を経て開国思想に変化した。その結果、渋沢が信奉する思想は尊皇開国主義となった。

　滞仏経験を通して西欧の科学技術を駆使した工業製品や経済制度に触れた渋沢は、農・工・商実務の経験に基づいてそれらを日本に導入することの重要性を即座に理解した。つまり、開国思想への思想転換と相前後して、渋沢の政治志向は経済志向に変化し、それまで重視していた政治思想は経済思想にとって代わられた。

　この間、尊皇思想と論語に基盤を置く倫理思想は不変のまま渋沢思想の中核を形成していた。政治思想にとって代わった経済思想の中核を構成する義利合一説は論語解釈をもとに確立された。

　また、当初天皇親政を目指していた渋沢の尊皇思想は、維新後立憲君主制が実現し、天皇による親政が議会による立法機能や内閣による行政機能に委託される制度が確立するに至って変化した。渋沢にとっての君主は、天皇個人から天皇を頂点にいただく国家となり、自らを国家の臣とする「国臣意識」が渋沢思想の中核となった。

　渋沢はこの国臣意識に基づき、企業家、社会事業家として国家の富盛と安寧を目指して活動することとなる。渋沢は企業家や社会事業家としてのプロフィールに加えて、国際的な活動や文化活動に八面六臂の活躍をした。渋沢は合本法によって日本に資本主義を定着させるとともに、500社余りの企業を設立・育成した貢献が広く認められ、「日本資本主義の父」という称号を与えられることとなる。

　以上が水戸学に傾倒した青年期から老年期に至る渋沢の経歴の概略である。この経歴に基づいて、渋沢が水戸学から何を学んだのかを水戸の諸学者と渋沢を「身分」と「経験」の違いに基づいて比較すると、学びの中心は尊皇攘夷思想をはじめとする政治思想にあったことに気がつく。

　農民であった渋沢は、農・工・商三業務に真剣に取り組む一方、文武両道にも励んだため、青年期に文武農商四道を身につけることができた。それに

対して会沢正志斎や藤田東湖ら水戸学者は、武士であるがゆえに文武両道に特化し、水戸学者として著作を藩内外に向けて刊行した。

水戸学は武士である水戸藩士の名分に合致する学問であり、農・工・商三業務の実務知識は付加価値の創造を本務とする農民の名分に合致するノウハウであった。

渋沢は農民の名分とは合致しない水戸学を書籍から学ぶことはできたが、実務経験からしか身につけることができない農・工・商の実務知識を水戸学者が修得することは不可能であった。その点に、文武両道に特化せざるを得ない水戸学者と、努力と心がけ次第で文武農商四道に通ずることができる渋沢の違いがあった。

明治維新後に武士階層が廃止された後、渋沢の名が中央政界にまで届き、大蔵省に招聘され武家出身の官吏を差し置いて実力を縦横に発揮できた理由は、まさに青年期までに涵養した農・工・商の実務経験にあった。

本書を構成する三編の検討結果をもとに考察すると、藤田幽谷、藤田東湖、会沢正志斎の著作で語られる経済や商業に関する記述からの影響は必ずしも多くない。また、水戸学の宗教観は偏狭であるが、渋沢の仏教やキリスト教に対する姿勢は鷹揚である。

渋沢が心酔した水戸学の攘夷思想は、欧米各国との関係から徐々に変化を見せ始めた。後期水戸学の理論的支柱である会沢正志斎ですら開国論に転じ、渋沢も滞仏と欧州歴訪を機に開国論に転じた。一方、尊皇思想は渋沢の内面で国臣意識へと変容し、国家の富盛に貢献する渋沢の基本理念の根幹を形成した。

『論語』と藤田幽谷の『正名論』に影響を受けた渋沢の正名思想は渋沢の内面で発展を遂げ、徳川慶喜から学んだ「陰徳」と「犠牲的精神」は、企業家、社会事業家としての活躍を支える倫理規範となった。

渋沢思想に対する水戸学の影響内容をまとめると大略以上である。この内容を踏まえて本章の冒頭で述べた通り、複数の視角から渋沢思想を検討する。

1－2　水戸藩の特質に対する渋沢栄一の認識

現代でも社風や校風など、人の集まりには自ずと独自の組織風土が生まれ

終　章　まとめと展望

る。ましてや水戸学という確固たる学問や思想によって教育された武士からなる水戸藩には、独特の学風を基盤とするいわゆる「藩風」があった。渋沢は水戸学を学ぶ傍ら水戸藩の過激な一面を認識していた。

　渋沢は徳川幕府が成立した後も、元亀天正の争乱に象徴される諸侯間に潜んでいる軋轢について語った文脈において、水戸藩について以下のように述べる。(1)

　「元亀天正以来のありさまが遂に三百諸侯となったのだから、相凌ぎ相悪むという弊がとかくに残っておって温和の性質が乏しいのではないが、これがだんだん長じていくと、勢い党派の軋轢が激しくなりはしないかという意味であっ――私もこの封建制度の余弊ということはあるいはしからんと思う、既に近い例が、水戸などが大人物の出た藩でありながら、かえってそのために軋轢を生じて衰微した、もし藤田東湖、戸田銀次郎のごとき、あるいは会沢恒蔵のこと、またその藩主に烈公のごとき偉人が無かったならば、かばかり争もなく衰微もせなんだであろう」

　渋沢が述べる趣旨を解釈すると、水戸藩が輩出した烈公、藤田東湖、戸田銀次郎、会沢正志斎など、前期水戸学を興した義公から続く後期水戸学の俊英が尊皇攘夷思想を唱え、それが深く広まると藩士間の解釈の違いによって様々な異分子が勃興し、藩を騒動の渦に巻き込むことになる。
　そもそも、禁中公家諸法度によって朝廷を管理する一方で尊皇思想を唱えること自体が矛盾を内包しており、国外情勢を考慮せず攘夷思想に固執することは現実離れしている。
　水戸藩士がそれらの矛盾に気がつかないほどに水戸学が教条主義的であったとすれば、水戸藩内に偏狭な反乱分子が起こったことについても説明がつく。
　現実には多くの矛盾を抱えながらも尊皇攘夷思想を信奉し、桜田門外の変を起した水戸浪士や、天狗党の乱を起した藤田小四郎や武田耕雲斎の一派は、まさに「水戸学原理主義者」ともいえる狂信的な一団であった。
　青年期の渋沢も自身が農民でありながら国政に影響を及ぼそうと考えて、尊皇攘夷思想に則って横浜焼き討ちを計画した。尾高惇忠や渋沢を中心とし

て騒乱を起こそうとした一団の思考回路は、水戸学を絶対と信じて行動した点においては水戸学原理主義を掲げる反乱分子と同根である。

　渋沢は水戸藩の藩風を見抜きながらも、熱情のままに原理主義思考に影響されたと考えられる。渋沢が維新後の回顧談で過去の自分を客観的に語ることができるのは、テロ計画を実行するか否かの瀬戸際で、かろうじて思いとどまった紙一重の判断であった。

第2節　渋沢栄一の批判的検討

2−1　渋沢栄一の自己分析

　陰徳を重視した渋沢が自らを誇ることは少なかった。ここでは渋沢が自分自身をプラス評価した数少ない事例をもとに渋沢の内面にアプローチする。渋沢は論語講義において故郷の血洗島村を語る際に以下のように自身を評価した。[(2)]

　「余のごとき譾劣(せんれつ)の者でも、郷里武州血洗島(ちあらいじま)に帰った時は、本文と同じ感を起し、血洗島にも余のごとく忠良の人は必ずあろう、また余のごとく信義を守る人は必ずあろう、また余と同じ程度の学問を修めた人も必ずあろう、しかれども余のごとく実学に志して常に怠らず、余のごとく道を愛して自分を向上させようとの熱心家はなかろうといいたくなるのである。」

　渋沢は自分程度の忠良と信義および学識を備えた人物は存在するが、実学に志して常に怠らず、道を愛して自らを向上させようとの熱心家はいないと述べる。

　実学に基づいて実践するとともに道を愛してやまない姿勢は、まさに筆者が渋沢の特徴としてあげた「思想と事績の累積的因果関係」を実践する姿にほかならない。

　思想と事績の累積的因果関係とは、(1)内的エネルギーたる思想が、論語に

終　章　まとめと展望

基づく道徳的規範をもって経済的活動で発揮され、成果を上げるプロセス、(2)経済的活動を通して得た経験と知識が、渋沢の論語解釈と思想を深め、それが新たな内的エネルギーに転化するプロセス、の2つのプロセスが順次繰り返される中で、渋沢の思想は深みを増し、経済的活動が社会に付加価値を与え続けるという関係である。

「実学に志して常に怠らず」とは、渋沢が絶え間なく実践した経済活動や社会事業活動であり、「道を愛して自分を向上させようとする姿勢」とは、倫理思想や経済思想を深め、それが新たな内的エネルギーに転化するプロセスに相当する。渋沢は、この両者が絶え間なく継続し自分を高めていくプロセスを実践する人物は、自分をおいて他に存在しないであろうという自負をもっていた。

筆者は、渋沢が矜持をもって語るこの言葉こそが、自らの本質をついた自己分析と考える。忠良と信義および学識を備えた人物が、国家の富盛を目的として利他的行動を継続して実践する特質は、まさにアブラハム・マズロー（以下「マズロー」）の人間性心理学の自己実現論における自己実現者適性を有する人物のプロファイルである。

自己実現者適性を有する人物はきわめて稀有な特性を有する人物であり、まさに渋沢が「余のごとく道を愛して自分を向上させようとの熱心家はなかろう」と表現した通りである。

渋沢はマズローより68年早く生を受けており、両者が健在であった時期は23年ほど重なっている。しかし、渋沢がマズローと面談したことを示す資料も、渋沢が人間性心理学について語った資料も存在しない。つまり、渋沢は自己実現論に関する知識を有することなく、無意識に自己実現者適性を有していたことになる。

渋沢が自分の特質をあたかも誇るがごとく語った内容は、実は渋沢が自己実現者適性を有する人物であるという客観的事実を述べたにすぎない。渋沢がさりげなく述べた言葉は本質的特徴を的確に表現する自己分析であった。

2－2　渋沢栄一の自己批判

渋沢は論語の泰伯第八第10章の講義において、横浜焼き討ちを計画したこ

とを自己批判している。同章は「子曰。好勇疾貧。亂也。人而不仁。疾之已甚。亂也」（子曰く、勇を好みて貧しきを疾（にく）めば、乱するなり。人にして不仁なる。これを疾（にく）むこと已（はなは）だ甚（はなは）だしければ乱するなり）というものである。

渋沢は講義において、「貧を疾（にく）む者は、天命を知らず。その分に安んずる能（あた）わざる狭量の人なり。不仁を疾む人は、その本心は善なれども、これを疾むこと過甚なるは、狭量にして人を包容（ほうよう）する能わざる者なり」と説明する。(3)

渋沢が述べる「不仁を疾（にく）む人」とは、尊皇攘夷思想を信奉し横浜焼き討ちを計画した青年期の渋沢自身である。渋沢は天皇親政復活のさきがけとなるため、自らを犠牲にして横浜のイギリス人を殺戮するテロを計画した。

渋沢が排除しようと考えていたのは、朝廷を蔑ろにしてきた徳川幕府と外夷たるイギリス人であった。「これを疾（にく）むこと已（はなは）だ甚（はなは）だしければ乱するなり」とは、幕府とイギリス人を憎むこと甚だしかった渋沢がテロ行為にはしることを意味する。

老年期に至った渋沢は、青年期に企てた横浜焼き討ち計画を念頭に置いて、自分が犯しかけたテロ行為を計画した人物について「狭量にして人を包容する能わざる者なり」と厳しく批判する。一方、渋沢は「不仁を疾む人は、その本心は善なれども」として救済文言を付け加える。青年期の渋沢は狭量ではあったが、乱を計画した志は一途かつ純粋な意図に基づくものであった。

結果的に渋沢はテロを実行することはなかったが、渋沢の内面に黒歴史として残存していた横浜焼き討ち計画の記憶は、論語講義における聴衆への訓戒として生かされることとなった。

前段の「勇を好みて貧しきを疾（にく）めば、乱するなり」について渋沢は、「貧を疾（にく）む者は、天命を知らず。その分に安んずる能（あた）わざる狭量の人なり」と解説する。

渋沢は圧政と貧困に悩む民の先頭に立って救おうと乱を起こした大塩平八郎を批判する。大坂町奉行組与力の大塩が民を率いて乱を起こすことは、渋沢からすると天命を知らず、武士という分に安んずることなく犯した犯罪であった。

青年期の渋沢が泰伯第八第10章の趣旨を正確に理解していたとすれば、目的こそ異なってはいても横浜焼き討ち計画と大塩平八郎の乱はともに許され

682

ざる蛮行であるという点において変わりがないことを理解したはずである。
　しかし、青年期の渋沢は他者の振る舞いは不正と認識できても、自身が企てたことは不正と認識することはできず、むしろ正義と考えていた。これこそまさに自分を見失った狭量の徒のなせるわざであった。渋沢は青年期に計画した横浜焼き討ちを、老年期に行った論語講義において自己批判を込めて総括した。

2−3　横浜焼き討ち計画の考察

2−3−1　計画の概要

　横浜焼き討ちを計画し、仲間を集めて決起した青年期の渋沢はいわばテロリストであった。農民であった当時の渋沢は尊皇攘夷思想に凝り固まった頭でっかちの青年であった。
　横浜焼き討ちの目的は、横浜のイギリス館を焼き討ちし外国人を殺戮することで社会に混乱をきたし、幕藩政治崩壊の嚆矢となることであった。これは、自分たちが事を起こした後は、それに触発された倒幕派の人びとが幕府打倒に動くことを根拠なく期待する無謀な計画であった。
　攘夷思想を信奉していた渋沢がイギリス人を殺戮することには特段の抵抗はなかったものの、名分論を重視する立場からすると、農を本分とする農民が過激な政治活動を行うには理屈が必要であった。渋沢とならんで計画を率いた尾高惇忠は、「神託により害獣である異人とその住まいを襲撃する」という理屈を考え出した。
　神託に基づいて決起するのに武士と農民の区別は存在せず、農地を荒らす害獣に貶めた外国人を襲撃することには正当性があるというのが、神託によって義挙を遂行するという彼らの理屈であった。
　この場合、渋沢にとっての「利」は倒幕によって天皇親政を実現し身分制度を崩壊させることであり、「義」はテロ行為を正当化する神託であった。
　当時の渋沢にとっての「利」はその実現が不確かなものであり、破壊と殺戮を目的とする「義」は明らかに倫理規範に反していた。この時点で、論語をはじめとする漢籍の道徳倫理は青年期の渋沢の内面に定着してはいなかった。横浜焼き討ちを計画した当時の渋沢には、後年に確立する義利合一説の

かけらも存在しなかった。

2－3－2　テロリズムから義利合一説へ

　渋沢は膨大な業績を結実させるまでに複数の合一を実現させた。その主なものは「義利合一」と「知行合一」である。渋沢はさらに2つの合一をさらに合一させて渋沢思想を確立した。

　渋沢思想が成立する以前の状態とは、渋沢が義利合一説を主張する以前、つまり、義と利が乖離しかつ倫理的な観念が未発達の状態であった。その後の進化により義利合一を実践するまでの期間が、渋沢の壮年前期から壮年後期である。思想成立の始期は横浜焼き討ちが頓挫した後の20代半ばであり、思想形成の兆しが確認できるのは30代半ばの壮年後期である。

　この期間に生じた渋沢の内面の変化を考察するにあたって事前に考察すべきは、渋沢が20代半ばまでに身につけた思想内容と実務能力である。渋沢は農民であるにもかかわらず、農業と商業の知識と経験に加えて武士が学ぶべき文武両道を身につけた。

　渋沢が20代半ばまでに身につけた知識で検討すべきは文武の「文」であり、これは水戸学や漢学、歴史などに関する知識などで構成される。

　その時期に学んだ思想が横浜焼き討ち計画前の渋沢の「知」であり、未遂に終わったものの、焼き討ちを計画し仲間を募って決起したことが「行」に相当する。青年期の渋沢にとっての「知行合一」は、身につけた「知」に基づいて、横浜焼き討ちという「行」を実践することで、結果的に社会に害を及ぼすという本末転倒の愚行を決行することであった。

　義利合一、知行合一ともに未確立であった時期からそれぞれがいかにして確立され、さらにそれらが合一することによって渋沢思想が成立するまでのプロセスが本書で追求した内容である。

　富岡製糸場の立ち上げや東京市養育院との関わりは、大蔵官吏時代に端を発していることから、渋沢の企業者および社会事業者としての萌芽は下野するまでの時期に存在したと考えられる。大蔵省官吏から下野した後は企業者、社会事業者としてのステータスに変化はなく、晩年まで渋沢思想を彫琢し続けた期間である。

終　章　まとめと展望

　横浜焼き討ちを計画するまでの期間は、渋沢が文武農商の四道を身につける基礎教育期間であり、壮年前期から壮年後期がいわゆる渋沢が「大化け」する期間であるとすれば、20代半ばまでは渋沢が大化けするためのエネルギーを蓄積する準備期間と考えられる。

【東京市養育院と渋沢栄一】

　渋沢は1874（明治7）年から逝去する1931（昭和6）年まで、半世紀以上にわたって東京市養育院に関わり続けたことから、渋沢が携わった600件以上の社会事業の中で東京市養育院は中核的な事例と位置づけられる。

　東京市養育院によって保護された人々は様々な困難を抱えており、渋沢はこれらの人々の救済において、教育、更生、医療、職業訓練、保護などほぼ考えられる手段をすべて講じており、渋沢の社会事業に対する考え方と行動内容を分析するうえで同養育院は最適の事例と考えられる(4)。

　渋沢が社会福祉事業を推進するにあたって基盤に存在したのは、西欧流のnoblesse oblige（ノブレス・オブリージュ）に近似する考え方である。社会的地位と富に恵まれた者には社会貢献の義務と責任があるというのがその精神である。明治期においてそれを実践できるのは、公にあっては政治家や官吏、野にあっては企業者であった。

　渋沢は、当然の義務として果たすべき社会貢献は武士道に淵源を有する「陰徳」によってなされるべきと考えた。これは自らを誇ることや社会的名声などの反対給付を求めてはならないという考え方である。

　地位や富に恵まれた社会的強者が当然の義務を果たすがごとく、社会に貢献しなければならないと考える基盤には、「社会」があってこそ個人や企業で構成される「個」が存在基盤を与えられ、「個」があってこそ「社会」が成立するという「社会と個の相互依存関係」の存在を前提とする考えがある。

　この考えは、企業が「倫理的責任」を果たすことを求める「義利合一説」や、社会的に正当な目的を立てて行為し、行為の初めから結果に至るまで責任を負うことを企業に求める「責任倫理」の考え方のさらに上位にある思想である。

　なぜなら、倫理的責任は営利原則とマーケット・ルールの遵守を求めるも

のであり、責任倫理は利害関係者を広くとらえて社会との関係性を広義に解釈するのに対して、渋沢の社会福祉事業の基底を形成するのは、「個」に対して社会全体つまり「国家」を対峙させる考え方だからである。

渋沢はこの点について「個人の富はすなわち国家の富である。個人が富もうとするのではなく、国家の富を得るべきである。国家を富まし、自己も栄達しようとすればこそ、日夜勉励するのである」と述べている(5)。

第3節　渋沢思想の多角的検討

3－1　義利合一説の考察

3－1－1　弁証法的考察　―「利」の考察―

企業者および社会事業者として渋沢が義利合一説を確立させたのは壮年期であった。身分制度が崩壊し商人として活動していたこの時期、渋沢の名分は一致していた。

義利合一説は性善説を前提に成り立つ思想である。七情（喜、怒、哀、楽、愛、悪、慾）の一角にあって利を求める心の働きである「慾」は、善と同義性を有する「義」とともに人の内面に存在する。

義を「規矩準縄」、慾を「七情の一角」とすれば、両者の関係は人体内部で格闘する善玉菌と悪玉菌の関係にたとえることができる。つまり、前者が後者を統御するという「統御vs.被統御」という関係が両者間で成立する。これは倫理的な価値判断に基づく関係性である。

このような「慾」と「義」の関係から倫理的な価値基準を排除すると、両者間には「慾（テーゼ）vs.義（アンチテーゼ）」という二項対立的で対等な関係が成り立つ。

しかし、一方の利の根源である慾には5つの種類があり、その最高位にある自己実現者の慾は利己でなく利他に向かうという理論を適用すると、利他を求める慾を義が敢えて統御する必要がなくなり両者はアウフヘーベン（止揚）される。つまり、慾と義は合一するという「義利合一」がジンテーゼと

して成立することになる。

問題となるのは、渋沢にアウフヘーベンの根拠である自己実現者としての自覚がなかったことである。渋沢にとって当然なこととして提唱される義利合一説は、一般人にとっては建て前としては納得できる優れた説であってもそれを実行することはきわめて困難であった。

つまり、自分には当然のようにできることが、一般人にはなぜできないのかという疑問を明確に解決できないまま渋沢は義利合一説を唱えていた可能性がある。義利合一説が教説としては迎え入れられた一方、実践規範として十分一般に浸透しなかった原因の一端は係る事情に存すると思われる。

3－1－2　経営学的考察 ―「義」の考察―

義利合一説について経営学的に考察を加える。具体的には、「義」と「利」を合一させる企業家としての渋沢の行動は、経営学的にどのように解釈すればよいのかを考察する。

社会的責任を負う企業が担う企業倫理には大きく以下の2つの定義がある。

(1)「倫理的責任」：自己の信じる「倫理」にしたがって行為し、その限りで「責任」を負うこと。
(2)「責任倫理」　：社会的に正当な「目的」を立てて行為し、行為の初めから結果に至るまで責任を負うこと。

これら2つの定義について、倫理的責任を「狭義の定義」、責任倫理を「広義の定義」とすると、前者は「企業の『営利原則』や『市場倫理（競争倫理）』を遵守すること」を意味し、後者は「倫理基準を社会の常識に置き、社会にとって正当な目的を遂行すべく行為し、責任をとること」を意味する。これは広くステークホルダーの利害を考慮して行動することである。

狭義の「倫理的責任」のみを果たしている企業は、倫理基準が自己に存在するので、往々にして社会の「常識」との乖離に起因して問題が発生する。例えば、市場倫理と営利原則のみを遵守すべき倫理原則であると企業が理解したとすれば、市場外で発生する公害などの外部不経済には頓着しなくなる。

しかし、それは工場周辺に居住するステークホルダーたる周辺住民の健康を著しく阻害することとなる。

「義利合一説」の一般的な理解は、「利を得るにあたって貪ることなく、義という道徳倫理の縛りをもってなすべし」というものであり、これは狭義の企業倫理の定義に相当する。渋沢はまず「はじめの一歩」として当時の商人にこの倫理基準を遵守するよう指導した。一方、渋沢自身はごく自然に広義の企業倫理を実践していた。

【王子製紙の前身である抄紙会社設立時の事例】

渋沢が抄紙会社の設立計画を立案したのは、渋沢が大蔵省を辞する前年の1872（明治5）年6月、渋沢33歳の時であった。渋沢は抄紙会社の設立候補地として水利に恵まれた王子村を選択し、開業するまでのプロセスにおいて原材料の仕入先、洋紙の販売先などに加えて、近隣の他企業、下流住民というステークホルダーに対して細かく配慮した[6]。

渋沢は王子付近の石神井川と千川のどちらかを利用して抄紙会社を設立しようと考えた。水質の良い千川は音無川に流れ込み下流には多くの住民がいたため、渋沢は下流住民が少ない石神井川を改浚して利用しようと考え、住民の了解を得るとともに、すでに製糸業を営んでいた鹿島万兵衛の会社の下流に抄紙会社を設立し改浚費用を負担した。

製紙業を営む会社の起業は日本にとって初めての国家的事業であった。紙幣のための洋紙製造という錦の御旗を掲げれば、多少無理筋で強引な企業設立が許されてしかるべきと考えがちである。しかし、渋沢は全ての利害関係者に配慮した行動をとった。

本来渋沢が目指していた本質的価値の提供は、紙幣製造のみでなく洋紙製造による文運隆盛、つまり知識と情報の入手を容易にするため良質な洋紙を製造することであった。国民に知識や情報を正確かつ迅速に伝えるためのインフラ構築という使命を帯びた企業を設立するにあたり、渋沢は抄紙会社を社会における一企業市民と位置づけ、「責任倫理」を全うすべくすべてのステークホルダーに配慮した。

渋沢は国民の民度を底上げするために良質な洋紙を供給するという目的を

遂行するとともに、責任倫理を確実に全うして抄紙会社を設立したのである。渋沢は抄紙会社を取り巻くステークホルダーである「国家」、「原材料提供者」、「販売先」、「周辺住民」、「近隣他企業」など、全ての利害関係者の利害を考慮して起業した。

3−1−3　社会による義利合一説の受容

利己と利他

義利合一説は「利を得るにあたって貪ることなく、義という道徳倫理の縛りをもってなすべし」と主張する説である。道徳倫理をもって商業活動を展開すべしという誰もが否定し得ない内容は広く支持されているが、それを確実に実行することは必ずしも容易ではない。

したがって、義利合一説を実践して膨大な事績を遺した渋沢と、同説を支持する人びととの認識にいかなる相違があるのかが次に解明すべきポイントとなる。両者間に相違があるとすれば、それは自己実現者適性の有無と考えられる。この点を明らかにするため、両者の定義を示したうえで分析を加える。

(1)渋沢栄一：義利合一説を生涯実践した人物。
(2)一般の人：同説の趣旨は理解できるが身をもって実践することに困難を感じる人物。

「義とは道徳倫理の縛りをもって商売することである」という点については、渋沢と一般の人の間で認識相違はない。一般の人にとっての利は「利己」、つまり、自分および自分が属する組織の利益を図ることである。商売相手を欺くような不道徳な行動によって浮利を貪らないまでも、彼らにとっての義は「倫理的責任」を果たすことにとどまる。

一方、渋沢にとっての利は「利他」、つまり、商業活動の目的を「国家の富盛に資すること」に置くことである。渋沢にとって義とは、合理的な範囲で得るべき利益を確保して「責任倫理」を果たすことである。つまり、社会的に正当な目的を立てて行為し、行為の初めから結果に至るまで責任を負って商業活動を行うことである。

このように、渋沢と一般の人では「利」と「義」の意味するところが異なる。ごく自然な欲望に素直にしたがって行動すれば自ずと自利を目指して利己的な行動をとることが一般的で、不正行為を働かないかぎりそれを責めることはできない。
　一方、渋沢にとっては「自然な欲望に素直にしたがって行動すること」が、すなわち「国家の富盛を目的に責任倫理を果たし利他を図って行動すること」になるのである。
　この違いを合理的に説明するためには、渋沢をして利他を図る行為をとらせる心理的動因に言及せざるを得ない。この心理的動因は、自己実現者適性を有する人物に固有の特質である。

当為と事実
　渋沢の心理的動因の特殊性は自己実現者適性によるという分析結果に基づき、一般の人との相違について、「当為（sollen）：〜ねばならない」と「存在（sein）：〜である」という2つの概念を用いて考察する。本章では当為に対する存在を便宜的に「事実が存在する」と読み替えて、「当為vs.事実」という対比を用いる。
　自己実現者適性を有する渋沢の内面では「利己ではなく利他を追求する」という心理的動因が働いている。これを「義利」にあてはめると、「利」は利他を追求することを意味する。渋沢にとって利他を追求する行為はごく自然な振る舞いであり「事実」である。つまり、「渋沢にとっての利は利他的行為を意味する」という事実である。
　それに対して、自己実現者適性を備えていない一般の人々にとっての「利」は文字通り「利己」であり、他者ではなく自分に向けられている。人類の大半を占めるこのような人々にとって実業を通して自己の利益を求めることは当然であり、そのためには他者の利益を損なうことも意に介しない事態も生じ得る。
　この場合は明らかに「利」と「義」は乖離したものとなる。場合によっては他者の利益を阻害しても自己の利益を追求することは「事実」として一般的に起こり得ることである。一般の人々の心理的動因を前提に義利合一説を

終　章　まとめと展望

考えると、彼等にとって利他を追求することはまさに当為（〜ねばならない）行為となる。

このように考えると、義利合一説を事実として主張する渋沢と、それを当為として受け止めざるを得ない一般の人々との間には基本的認識に大きな相違が存在する。

管見によると、渋沢には自分が自己実現者適性を有する人物であるという自覚がなかった可能性がある。つまり、「笛吹けど踊らず」の心情を抱きながら、実務を通して、あるいは論語講義によって「義」の重要性を説く渋沢が最初に気づくべきであったのは、自分の精神的資質の特異性であった。

渋沢が自分の精神的資質の特異性に気がつかないまま、「事実」（義と利は合一する）として提唱した義利合一説は、自己実現者の域に達していない一般の人びとには「当為命題」（義と利は合一すべし）として受けとめられる。それゆえ、渋沢にとってはごく自然に義と利を合一させて達成した事績は、一般人にはとても達成できない大偉業と認識される。

問題となるのは、渋沢に対する「尊崇の念」が、手の届かない人物に対する「崇拝の念」に置き換わることである。これを回避するためには、渋沢がかくも膨大な事績を遺すことができた理由を解明することが不可欠となる。

そこで筆者が説明を試みたのが、渋沢の資質を「思想的資質」、「精神的資質」、「実務的資質」の三資質に分類し、「精神的資質に含まれる心理的動因」と「思想と事績の累積的因果関係」、および「官と民の間に横たわる越えがたき深淵に差しかけられた存在」としての渋沢の立ち位置である。

渋沢は大蔵官吏としての経験を積んで下野した後、つまり、此岸に足場を固めた後も、彼岸である政官界と密接な関係を保って効果的に事業に取り組んだ。

では、なぜ渋沢に固有の「思想と事績の累積的因果関係」と「官と民の間に横たわる越えがたき深淵に差しかけられた存在」によって浩瀚な思想と膨大な事績が達成されたのかという点が疑問として残る。

渋沢がこのような業績を残すためには長い時間を要する。渋沢が野にあって遺した業績は30代半ば以降60年近くに及ぶ期間にわたっている。渋沢は30代半ばで企業家および社会事業家としての活動を始めている。渋沢はこの期

間すでに自己実現者適性を身につけて活動していた。

　筆者の分析によると、渋沢は少なくとも抄紙会社の設立・育成に携わった30代半ばですでに自己実現者適性を身につけるとともに、「責任倫理」つまり、「社会的に正当な目的」を立てて行為し、行為の初めから結果に至るまで責任を負う精神を有していたと考えられる。

　つまり、渋沢は自己実現者適性に加えて、現代の経営者が目指すべき企業の社会的責任を重視した企業経営を行い、かつ企業活動を通してだけでなく自らが社会事業に直接関与する活動を60年近くにわたって継続した。これが、渋沢が浩瀚な思想と膨大な事績を遺し得た理由と考えられる。

渋沢栄一の漢詩に見る義利合一説への思い
　渋沢は自らが提唱した義利合一説の社会への浸透度について、90歳を迎えた元旦に創作した七言絶句で心境を吐露している。[7]

義利何時能両全
毎逢佳節思悠然
回頭愧我少成事
流水開花九十年

義と利はいつになったら完成するのだろうか。
良い季節がめぐってくるたびに悠然たる思いになる。
思い起こせば自分の成したことが少ないことに恥じ入るばかりだ。
水が絶え間なく流れ花が年ごとに繰り返し開いているうちに九十年が経ってしまった。

　自分の内面ではごく自然に成立している義利合一説が、未だに社会一般に浸透していない現実に対して、渋沢は嘆きをもって漢詩を創作した。渋沢と社会一般の大半の人々との間には、若くして自己実現者適性を身につけた者と、そうでない者の歴然たる差が存在した。

　渋沢は、「官と民の間に横たわる越えがたき深淵に差しかけられた存在」

として、自らが懸け橋となることによって官民間のシナジー効果を発揮することができた。しかし、「自己実現者である自分とそうでない人々との間に横たわる越えがたき深淵」については、逝去する2年前の最晩年に至っても埋めることができないという実感を抱いた。

　500社余りの企業の設立・育成と600件以上の社会事業を成し遂げた渋沢にとって、義利合一説を社会に普及することができなかったことは、まさに「愧我少成事」(成事の少なきに我愧じざらん)であった。この渋沢の心境は、中国古代の楚の政治家にして詩人であった屈原が、その有りあまる才能に恵まれながら世間に受け容れられず、悲嘆の末に汨羅に身を投じた心境と相通ずるものがある。

　しかし、その深淵を完全に埋めることができなかったとしても、義利合一説の趣旨は「道徳経済合一説」あるいは「論語と算盤」というわかりやすい表現で流布され、金言あるいは人生の指針として現代に息づいている。

　渋沢の四男である渋沢秀雄氏によれば、当初渋沢は結句を「流水落花」と表現していたが、漢詩の先生の提言で「流水開花」に修正したとのことである。[8]

　当初の「落花」という表現には、義利合一説を社会に浸透させることがままならなかった無念と、人生の終焉を予期した老爺の哀歓が巧みに盛り込まれている。このエピソードを知ったうえで再読すると、渋沢の漢詩は涙なくしては味わえない七言絶句の傑作と感じられる。

3－2　義利合一と知行合一

　「義利合一」と「知行合一」の2つの合一は、渋沢が生涯を通して実践した行動規範である。渋沢はこの2つの合一を並行して実践した。つまり、「義と利は合一すべし」というのが論語解釈から析出した知見であったとすれば、「義に拠って導き出された知はためらうことなく行動に移すべし」というのが知行合一の考え方である。

　「義利合一」と「知行合一」は渋沢にとって不即不離の関係にあり、渋沢は2つの合一を合一させる、いわば「合一の合一」を実践したということができる。

　「義に拠って導き出された知」、つまり、義を基盤に渋沢が試行錯誤の末

に析出した知は、義利合一説に限らず、国臣意識や正名思想などの知があり渋沢はそれらを実践した。その意味で、行動規範としての知行合一は渋沢が実践した規範の最上位にあるといえる。

　義利合一説については倫理的側面から検討を加えたので、以下では前著『義利合一説の思想的基盤』に基づいて思想的側面から内容をまとめる。知行合一についてはその特質を明らかにしたうえで、「合一の合一」がいかにして実践されたのかを検討する。

3－2－1　義利合一説のまとめ

　渋沢思想に関する筆者の見解は、主に水戸学と渋沢の論語解釈から析出される。論語解釈から推察できる内容は、渋沢の倫理思想に関する研究である『義利合一説の思想的基盤』が中心となる。論語に基盤をおいた渋沢の倫理思想は、論語500章に対する渋沢の注釈内容に表れている。渋沢の注釈の特徴は以下の2点である。

(1)従来の諸学統とは一線を画する独自性が際立っていること。
(2)渋沢の人間観、国家観、歴史観、宗教観などに実務経験を加えた幅広い思想が盛り込まれていること。

　渋沢の注釈がこのような特徴を有するのは、聴衆の反応や講演会場の雰囲気を踏まえて講述した内容を書籍にしたという事情が関係している。『論語講義』には、訓詁学的な論語解釈に加えて歴史上の事実や実務経験に基づく挿話が随所に含まれている。これが、同書の内容から渋沢の知識や経験に根差した実践的な倫理思想を学べる理由である。

　『義利合一説の思想的基盤』の当初の目的は、企業者としての渋沢の中核的な理念である「義利合一説」の倫理的基盤を、渋沢の論語解釈の特質から探ることであった。換言すると、商業活動の目的である「利」を得ることと、道徳倫理の徳目である「義」という相反する概念が渋沢の内面でどのように「合一」されたのかを探ることが目的であった。

　義利合一説を完成させた晩年の渋沢が自己実現者適性を備えていたとすれ

ば、その心境はまさに孔子の言葉である「七十にして心の欲するところに従えども矩を踰えず」であったと考えられる。つまり、自己実現者の欲求が我慾以外の慾であったとすれば、利他を求めるその慾にしたがって心の欲するままに行動しても矩を踰えることはあり得ない。

「渋沢を理想化された偉人として祭り上げるのではなく、現代人がリアリティをもって真似ることのできる一模範生としての地位に引きずり下ろすことこそが、渋沢の本意」であると考える筆者にとって、このギャップをどのようにして埋めれば良いのかという厄介な問題が生じる。そこで凡人代表としての筆者と渋沢の仮想対談を試みる。

渋沢栄一との仮想対談

筆者は義利合一説に関する渋沢の思いの一端を確かめるため、谷中霊園にある渋沢の墓所を訪ねて仮想対談を試みた。渋沢との対話の内容は以下の通りである。

筆者：渋沢先生、義利合一説は「言うは易く行うは難し」です。小生をはじめ70歳に達した者の多くは先生のような心境に達していませんので、義利合一説を実践するには大変な困難をともないます。

渋沢：フムム。それは困ったね。ところで君はなぜそのような事態に陥ったかわかるかね。

筆者：わかりません。

渋沢：私は孔子が70歳で得た心境に自分も達したいと考え日々努力を重ねてきたんだ。それは至極単純なことだけど重要な日課なんだ。それはね、一日の終わりに日記をつけて自分を客観的に振り返り、倫理道徳に反することをしなかったかどうかを反省することだよ。もし思いあたることがあれば、その行いを改めて次の日以降に反省を生かして生活するんだ。

筆者：それで先生は「七十にして心の欲するところに従えども矩を踰えず」の心境に達せられたのですね。

渋沢：そうだ。君はそのような努力をしているかね。

筆者：していません。でも、私も先生にならってこれから実践したいと思いますが、今からでも間に合うでしょうか。
渋沢：フムム。まあ無理だろうな。君はすでに70歳をこえているのだろう。
筆者：はい。では私はどうすれば良いのですか。
渋沢：私の生き方が参考になると思うのなら、若い人にそれを勧めることが良いと思うよ。そう教育だね。
筆者：では具体的にはどうすれば良いのですか。
渋沢：仕方がないので、私に関する研究成果を論文にまとめて発表することだね。
筆者：よくわかりました。お教えいただいたことをこれからも実践いたします。お休みのところお邪魔しました。

　この対談で語られる「七十にして心の欲するところに従えども矩を踰えず」の心境は、人間性心理学の観点から述べると、これはまさに自己実現者適性を有する人物の心境である。心の欲するところが利他に向かっていれば、それが矩を踰えることはあり得ない。むしろ、心の欲するところにしたがって実践したことが他者に喜びを与えることになる。
　仮想対談において渋沢は70歳を目途にその心境に至ろうと努力したと述べているが、筆者の分析によると渋沢は30代半ばですでにその心境に達していた。大蔵官吏から野に下って銀行経営者として抄紙会社の設立運営に関わった時期である。この点については前著『渋沢栄一の精神構造』で検討を加えた。
　また渋沢は、「一日の終わりに日記をつけて自分を客観的に振り返り、倫理道徳に反することをしなかったかどうかを反省することだよ。もし思いあたることがあれば、その行いを改めて次の日以降に反省を生かして生活する」と語っている。これは渋沢が実践していたことであり、これがまさに筆者が渋沢の行動特性としてあげた「思想と事績の累積的因果関係」にほかならない。
　渋沢は一日単位で自分の行動を日記に記し、就寝前にはその出来事の一つ一つを倫理規範と照らし合わせて反省し、改めるべきところは翌日から実践した。また、一日の実践を通して新たに発見した倫理規範の実践事例はそれを記憶して自らの倫理思想をより奥深いものとした。この連動した行為を一

日単位で繰り返し実践すれば、それが累積して渋沢の「思想」と「事績」をともに高め続けることとなる。

それを30半ばから逝去するまで継続した渋沢に対して、70歳を過ぎた筆者が発した「私も先生にならってこれから実践したいと思いますが、今からでも間に合うでしょうか」という問いかけはあまりにも身のほど知らずであった。

筆者の問いかけに対して、渋沢から「まあ無理だろうな」というすげない答えが返ってくるのは当然であった。なぜなら、「君はそのような努力をしているかね」という渋沢の問いかけに、筆者は「していません」と答えるしかなかったからである。

このように、渋沢は義利合一説を含む倫理規範を知行合一によって実践するにとどまらず、その成果を地道な努力の積み重ねによって自らの内面に蓄積し続けたのである。

3－2－2　知行合一の考察

知行合一の解明

渋沢が設立・育成に関わった500社余りの企業や、600件以上の社会事業の中には、現在でも活動を継続している企業や団体が多く存在し、渋沢思想を経営理念や社是に反映させている。渋沢の業績は現在活動している企業や社会事業の実態に反映されていることから、経営史や財務数値に基づく実証研究が盛んに行われている。

一方、渋沢の内面を「見える化」することは容易でなく、未解明な部分が多く存在する。渋沢が設立・育成に関わり現在も活動している企業や社会事業など、「見える化がなされたもの」を「事績」とし、渋沢の事績を内面で支えた思想や精神構造など、「見える化が困難なもの」を精神および思想とすると、筆者が主に研究対象とするのは後者である。

渋沢が成し遂げたものを、(1)思想、(2)精神、(3)事績に分けたうえでその全体を「業績」と定義する。思想は「倫理思想」と「経済思想」に分けて渋沢の内面にアプローチする。このような切り分けによって認識される渋沢の業績は、以下の3つの資質によって支えられていた。

(1)思想的資質：渋沢思想（倫理思想・政治思想）を支える資質。
(2)精神的資質：渋沢の精神構造を支える資質。
(3)実務的資質：渋沢の事績を支える資質。

　渋沢が生涯を通して実践した「知行合一」のメカニズムを探るため、筆者の渋沢研究では渋沢の内面における「思想と事績の累積的因果関係」の存在を措定する。
　渋沢は生涯を通して以下に示す2つのプロセスを順次繰り返して累積させることにより、渋沢思想は深みを増し、かつ経済活動や社会事業活動などの実践活動が社会に付加価値を与え続けるという関係が成立した。
　筆者はこれを「思想と事績の累積的因果関係」と命名した。生涯を通してこの「累積的関係」を倦まず駆動させる役割を果たしたのが、渋沢の精神構造に固有の心理的動因である。

(1)「知」に相当する思想（倫理思想・政治思想）が実践的活動で発揮され成果を上げるプロセス。
(2)「行」に相当する実践的活動を通して得た経験と知識が思想を深化させるプロセス。

　「知行合一」を実践した渋沢は、「知」は「行」わなければ意味がなく、「行」うことにより「知」はさらに深みを増して身につくと考えていた。「知」を思想、「行」を経済活動や社会事業活動などの実践活動とすれば、渋沢は「知と行」を絶え間なく繰り返してその成果を累積させた。92年間にわたる絶え間ない「知」と「行」の累積的因果関係は与えられた寿命によって中断された。
　知と行を「合一」させるためにはエネルギーが必要である。それが渋沢の内面に存在する心理的動因であると考えれば、そのメカニズムを解明する手がかりは心理学的知見にある。渋沢が逝去する数か月前まで公職を引き受けたという事実を勘案すると、その精神的エネルギーは「知」と「行」を絶え間なく高め合う永久運動の原動力である。

終　章　まとめと展望

　生涯を通して知行合一を実践した渋沢の行動は、自己実現者の行動特性と似通っている。渋沢の「知と行の累積的因果関係」を支えた心理的動因を説明するための知見を筆者はマズローの自己実現論に求めた。

　人間の精神構造を分析しようとすれば、複数の学派から構成される正統的な心理学のなかでも、人間の本能に深く切り込んだフロイトの精神分析学や、限定的な条件下で実験的かつ操作的に人間行動を分析する行動主義心理学などが規範とすべき候補として浮上する。

　しかし、フロイトの学説は精神的欠陥を抱える患者から得た知見をもとに健常者の心理構造を分析する点に特徴があり、行動主義心理学は限定的な条件下で行われる実験科学としては厳密であるが、人間の精神構造を社会との関わりから考察するには応用可能性の面で不十分と考えられた。

　その点、人間性心理学の系譜に連なる自己実現論は、主として健常者を分析対象としており、学際的研究の系譜からも経営学との親和性が認められ、かつ多くの先行研究が存在する。係る経緯から、筆者はマズローの自己実現論を渋沢の精神構造を分析するうえでのツールとして採用した。

連続的かつ同時進行的な知行合一

　渋沢は、論語の学而第一第1章の前半「子曰。學而時習之不亦說乎」（子曰く、学びて時にこれを習う。また説ばしからずや）の解釈を通して、自らが主張する知行合一の特質を述べる。具体的には、朱熹の解釈との比較によって知行合一の連続的かつ同時進行的な側面を主張する。渋沢は朱熹の解釈について以下のように述べる。(9)

　「朱子曰く『蓋し士となるに始まりて聖人に至るに終る。孔夫子の志す所、顔子の学ぶ所、子思孟子の伝うる所、皆この学なり』。〇時習之—習は、鳥の雛が巣を離れんとして、飛ぶことを学ぶの称なり。雛幾度も飛んで、自由自在に巣を離れ得るに至らざれば止めず。これと同じく学ぶ所を復習して、ついに熟達するに至る義に用う。時の字については古来二説あり、朱子は時々これを習うなりと解す。すなわち我が邦俗に所謂ときどきの意あるいはおりおりの義に解す。猪飼敬所曰く、『正業の余、行事の暇を以て、時々習

うてこれを熟するをいうなり』。この説朱子に同じ。」

　朱熹や猪飼敬所の説によると、まず道を学んでしばらく間をおいて業務の余暇に学んだところを復習する次第となり、「学」と「行」が個々別々になると渋沢は主張する。つまり、朱熹の学統は知行合一を「知」と「行」が非連続なものとするというのが渋沢の認識である。
　渋沢によると、朱熹の解釈は知と行それぞれが乖離した状態であり、実生活においてつながりが少なく、学問と実業が分離する空理空論であるという結論になる。これに対して、渋沢は謝良佐の見解を引用して以下のように自説を述べる。(10)

　「しかるに謝良佐曰く、『時習之とは、時として習わざることなきなり』と。これ時々刻々の謂にして常住座臥しばらくも習わざる時なきの意なり。渋沢はこの第二説すなわち謝氏の説に従う。その理由は、人の道を学ぶはすなわち日々の実生活に適用するがためなり。しからばすなわち学は行うの半ばにして、学ぶ所を実際に行施するに間断あるべからず。時々刻々習熟して始めて知行合一の本意に叶うべし。」

　この解釈に従うと、知行合一は連続的かつ同時進行的なものとして認識し実践すべきであるということになる。渋沢は上記の２つのプロセスを間断なくかつ継続的に行うことが知行合一の真意であり、これを実生活に生かすことで価値が生じると認識していた。
　このように、知行合一の意義に関する朱熹の解釈と渋沢の解釈を比較すると、前者が非連続的かつ理想論的であるのに対して、後者は連続的かつ同時進行的である。

知行合一の現実

　渋沢は実務的資質によって築き上げてきた事績について、「動機と結果」という観点から自説を展開する。渋沢はこの点について以下のように述べる。(11)

終　章　まとめと展望

「私は志の曲った軽薄才子は嫌いである。いかに所作が巧みでも、誠意のない人は与(とも)に伍するを快ばないが、しかし神ならぬ身には人の志まで見抜くということは容易でないから、自然志の良否(よしあし)はとにかく、所作(しょさ)の巧みな人間に利用されぬとも限らぬのである、かの陽明説のごときは、知行合一とか良知良能とか言って、志に思うことがそれ自身行為に現われるのであるから、志が善ならば行為も善、行為が悪ならば志も悪でなければならぬが、私共素人考えでは、志が善でも所作が悪になることもあり、また所作が善でも志が悪なることもあるように思われる、……」

　渋沢は知行合一を信奉しそれを実践しつつも、「志の善悪」と「行為の善悪」が整合しない現実について自らの経験をもとに言及する。渋沢はパウルゼンの説を引用して、志と行為の関係性は、動機と結果を仔細に較量してみることが必要であるという結論に達した。
　また、渋沢はオリバー・クロムウェルが清教徒革命を指導して国王チャールズ１世をスコットランドに追放し、議会派を勝利に導いた歴史的事実を例に、結果が良ければ果して国王を追放するという動機が正しかったと言えるのかどうかを詳細に検討する必要があると述べる。(12)
　渋沢の脳裏には共同運輸と三菱汽船の一件が浮かんでいたと考えられる。海運業の独占によって暴利をむさぼる三菱汽船を牽制し、海運業界に競争原理を定着させるとともに、高い運賃に苦しむ利用客を救済しようと共同運輸を設立した渋沢の目論見は正しかった。
　しかし、実際には両者の競争は先鋭化してダンピング競争が起こり、渋沢の目論見は三菱汽船と共同運輸の両社を経営破綻させる方向に進んでいった。つまり、渋沢の当初の志は正しかったものの、激化する競争が嵩じて両社が共に疲弊すれば、そこに外国籍の海運会社が参入し、日本の海運業は彼らに席巻される恐れがあった。
　もしこの恐れが現実化すれば、まさに「志が善でも所作が悪になる事態」が実際に起こる可能性があった。渋沢は最悪の事態が現実化する一歩手前までを経験していたのである。渋沢を除く共同運輸の役員大半が反対する中、渋沢はこの事態を回避すべく三菱汽船との合併を受け入れ日本郵船を誕生さ

せると、新会社の経営に携わることなく恬淡としてこの競争から身を引いた。

その結果、共同運輸と三菱汽船の共倒れが回避されるとともに、海運業界には健全な競争原理が導入されることとなった。渋沢が関わったこの事案は結果的に「善の志に基づいて善なる行為がなされること」となった。しかし、最終的にこの結果が実現されるまでの渋沢の心中は、「志が善でも所作が悪になる」脅威にさらされ続けた。

係る経験を有するがゆえに、渋沢は知行合一を最重要の信条の一つとして尊重するとともに、実務での運用については現実妥当性を十分に考え、動機と結果を仔細に較量したうえで実践活動を展開しようと考えた。

3－2－3 「合一」の合一

筆者は渋沢が重視した「知行合一」と「義利合一」の2つの「合一」についてそのメカニズムを解明すべく研究を進めてきた。知行合一は陽明学が主張する考え方で、渋沢は生涯その実践を心がけた。義利合一説は渋沢独自の論語解釈によって生まれた、「利を得るにあたって貪ることなく、義という道徳倫理の縛りをもってなすべし」という考え方である。

渋沢は知行合一の精神に基づき、「知」たる思想を実践することによって「行」たる事績を積み重ね、その「行」から得た教訓を「知」に生かすという循環を累積させる「思想と事績の累積的因果関係」を体現した。そして、企業活動の結果として手元に残る「利」は、知たる思想において重視すべき「義」を実践した結果と合一すべきであるという「義利合一」を実践した。

つまり、渋沢は2つの合一を別個のものではなく、「合一の合一」を実践することにより、浩瀚な思想と膨大な事績を後世に遺したのである。

3－3　渋沢栄一の国臣意識

本書では水戸学に学んだ尊皇思想が、環境変化に即して変化を遂げ、国臣意識として渋沢思想の中核に定着するプロセスを考察した。ここでは国家観という異なる視角から渋沢の国臣意識を考察する。

終　章　まとめと展望

渋沢栄一の国家観

　渋沢は天皇を頂点とする国家全体を論じる一方、国家を構成する諸単位にも眼を向ける。渋沢は国家から最小の構成単位である家庭まで、いずれも人の集まりであるという点において同質性を認める。人と人との関係性を規定する徳目については、構成単位ごとに重視すべき徳目を個別に認識する。

　渋沢の国家観を人体になぞらえてイメージ化すると、人体を形作る臓器が国内に存在する各種の組織体に相当する。人体を形成する細胞を国民とすれば、各細胞が機能するにあたって従うべき準則は臓器ごとに異なる。細胞たる国民は自らが所属する臓器や部位の機能を覚知し、各々の分に応じて使命を果たすことが求められる。

　心臓にあって心筋を動かす使命を帯びた細胞が従うべきルールは、腎臓にあって老廃物を濾過する役割を担う細胞が従うべきルールとは異なる。

　たとえば、「一家」を心臓というコミュニティにおける心筋に対比させると、一家にあっては孝に基づくことが心臓において心筋を正常に動かすための準則に従うことに相当する。また、一国を構成する「組織」の一つを腎臓に対比させると、組織にあって忠に基づくことが、腎臓の濾過機能を果たすためのルールに従うことに相当するという具合である。

　国家、人体ともに、それぞれを構成する最小単位である国民や細胞が、自身の所属する組織や臓器の目的を覚知し、各自が分に応じて使命を果たすことが、国家や人体を全体最適に導くことになるというのが、渋沢の国家観に基づく、「国家」、「組織」、「国民」の役割についての考え方である。

国家における富の均霑

　社会インフラが整備され経済が活性化された国家を、栄養が行き届いて体軀が大きくなった人体に例えると、栄養が人体の一部の臓器に偏在することなく健全で均整のとれた体軀が成長するのと同じく、富の蓄積が国内で適切に平準化され、均整のとれた近代国家として国力が増大することが渋沢の理想である。

　日本が立憲君主制を基盤とする近代国家として生まれ変わった時点で、静態的な環境下で教条主義的な国家観を論じるのではなく、動態的な時代変化

を背景として、渋沢が自身の国家観をめぐって重視した価値は何かを探ることが、渋沢の国家観の本質を探るうえで重要となる。

　維新後、明治天皇は「万機公論に決すべし」として、政に関する国君の権限の多くを政府に委譲した。前近代においては君たる徳川幕府に属していた政に関わる権限は、立憲君主制下では万機にわたり公論の結果に委ねられることになった。

　経済面においては、欧米先進国からの先進技術や知識の流入により、工業化の兆しが顕著になるとともに、企業が簇立し資本主義経済下における経済活動の重要性が高まりつつあった。政治、経済の両面において国家をめぐる内的および外的な環境が著しく変化しつつあったのが、維新後の日本の状況であった。

国臣意識の萌芽

　尊皇思想に基づき政を主催する天皇を君とし、自身を臣と自認していた渋沢にとって国家の形が変容を遂げた時点で君と仰ぐべきものが、「天皇」から「天皇を頂点とする政を委譲された国家」というように変化せざるを得なくなった。つまり、国を「君」、自らを「臣」とすれば、国の臣である渋沢は自身を「国臣」と位置づけること、つまり「国臣意識」を有することが必然的な流れとなった。

　君としての国には多くの機能が存在する。立法、司法、行政だけでなく国にはその財政基盤を支える経済活動を担う企業や個人が存在する。国の多くの機能のうち、維新後その重要性を著しく増してきたのが経済を支える企業活動であり、その中核を担うのが企業者である。

　国益を視野におき、国臣としての企業者を自認する渋沢にとって重視すべき行動規範は何であろうかと考えると、それは国家の富盛を第一義におく国臣意識であった。

3－4　渋沢思想の諸側面

　渋沢思想は浩瀚であり、「渋沢研究三部作」を構成する著作で詳しくふれることができなかった点も存在する。これらの点を体系的に述べることは困

終　章　まとめと展望

難であるが、渋沢思想の一側面を示す複数の特徴点について個別に取り上げる。

3－4－1　渋沢思想の宿命論と運命論

　青年期の渋沢が希求していた天皇親政は、滞仏中に明治維新が起こり、明治22年の大日本帝国憲法の成立をもって正式に立憲君主制国家として実現した。渋沢が中心となって倒幕を実現するための捨て石になろうとして決起し未遂に終わった横浜焼き討ち計画は、渋沢が農民という名分を超えた暴挙であった。

　老年期に至った渋沢は、「人生の生活に先だつものは財産金銭なり。これなければ一日も立ち行かざるべし。人の地位もまた然り。なるべく上流に立たねば、世の信用少く思うことも就らざるべし。されど正当の道によらず無理をして得たる富や地位は永続のせぬものぞかし。この反対にていかに貧窮してもまたいかに下賤の地位におるもそれが自然に来たれる運命ならば、致し方なしと観念して善行を積むより外に致し方なし。無理にその境界を擺脱せんとすれば、必ず法を犯し人を害する底の悪業に陥るべし」と述べる(13)。

　渋沢は富や地位は大事ではあるが、無理をして得た自分に相応しくないものは長続きしないと述べる。むしろ、富裕でなくまた高貴な地位でなくても、身に則した富や地位に一種の諦観をもって甘んじ、善行を積むことが重要と述べる。これは富や地位は分相応が望ましいという趣旨と考えられる。富を得るための「分」とは商業活動の才であり、地位を得るための「分」とは人を率いる才と人間的な魅力を指すと考えられる。

　天命を宿命と捉える渋沢が宿命論者であることは明らかであるが、「いかに貧窮してもまたいかに下賤の地位におるもそれが自然に来たれる運命ならば、致し方なしと観念して善行を積むより外に致し方なし」という言葉に表れる「運命」という言葉を渋沢がどのように認識していたのかを検討する必要がある。

　渋沢の「下賤の地位におるも」という言葉を「農民の地位におるも」に置き換えて渋沢の境遇を振り返ると、老年期の運命論者的な発言に対して、青年期の渋沢が運命に逆らうがごとく名分を逸脱して決行したのが横浜焼き討

ち計画であった。
　天によって定められた宿命、つまり天命に関する渋沢の発言を見ると、「人事を最大限に尽くしてもなお不確実な事柄に対して、天の公平な判断が働きそれによって左右される結果」が天命の力によるものであると理解される。つまり、人事を尽くした結果に対して最終的に判断を下すのが天命であり、当然ながらそれは人格人性を超越した何ものかの力によるということになる。
　人格人性を超越した力を有するものが天命たる「宿命」であり、自分の力ではいかんともし難い出自の尊卑が「運命」によるものとすれば、老年期の渋沢にとって、宿命と運命は人の力を超越した何ものかであるという点において同じカテゴリーに属する概念であった。
　これに対して青年期の渋沢は、運命は変えられると過信し、自らの分を超えて横浜焼き討ちを計画し挫折した。しかも、渋沢は革命児としての運命を背負って生まれた人物ではなかったので、明治維新は自分のあずかり知らぬところで成し遂げられた。これらの経験を通して、渋沢は自分に備わった資質は政治ではなく経済にあると認識することになる。
　自分の適性に気がつき大蔵官吏を辞して下野すると、企業家、社会事業家としての渋沢の運命は定まった。その運命にしたがって渋沢はすべての事業に対して人事を尽くした。その結果、成功した事業も失敗した事業もあったがそれを渋沢は天命によるものとして受け入れた。
　このように宿命論や運命論の観点から渋沢思想を考察すると、維新後の渋沢は天命を尊重して企業家、社会事業家を自身の運命として受け入れて活動したということになる。

３－４－２　天と人の関係
　渋沢は論語の述而第七第20章「子不語怪力亂神」（子怪・力・乱・神を語らず）という短い文章について考えをめぐらせる。(14)
　怪・力・乱・神を語らずという表現からは、孔子がそれらを全否定するのか、それらを否定せず敢えて語ろうとしないのかなど様々な解釈がある。孔子が論語の他の章で語った内容をもとに各学統は様々な解釈を行う。

終　章　まとめと展望

　渋沢は謝良佐と三島中洲の解釈を引用して、「謝良佐曰く『聖人常を語りて怪を語らず。徳を語りて力を語らず。治を語りて乱を語らず。人を語りて神を語らず』と。この説よく本章の趣旨を発揮すというべし。三島中洲先生曰く『孔子神を語るには神在すがごとくといえば、絶対に神を語らざるにあらず。ゆえに不語は常に語らざるのみ。辞にかかわること勿れ』と」と述べる。[15]

　謝良佐と三島中洲（以下「中洲」）ともに、孔子は怪・力・乱・神を全面否定しているのではないと解釈する。特に中洲は孔子が神の存在を否定しているわけではないと述べる。渋沢は両者の説に賛同する立場から述而第七第20章を解説する。

　渋沢は、別名白河楽翁と称され寛政の改革を行った松平定信（以下「定信」）を合理的精神に富む人間として尊崇していた。渋沢は定信が本所吉祥院の歓喜天に起誓文を奉納するという神頼み的な行動をとったことについて詭弁を交えた苦しい解釈を展開する。[16]

　「これ公のご出生が元来殿様なるため、幼少の頃より奥女中などに、かくのごとき迷信じみた思想を吹き込まれて生い立った結果、外より見れば馬鹿げて見ゆる件の起誓を、正心誠意の迸った余り、あえてせらるるに至ったものかと思うのである。戦国の武将が戦勝を祈る起誓文を神に捧げし例は数々あるが、これは人事を尽くして天命を待つの意ありて、強ち迷信ともいえぬであろう。」

　渋沢は定信が本所吉祥院に起誓文を奉納したことを「かくのごとき迷信じみた思想を吹き込まれて生い立った結果」によるものとしながら、結論としては「強ち迷信ともいえぬであろう」としている。敬神じみた思想に基づく起誓文があながち迷信ともいえないとする論理に合理性は認められない。この点に「怪」に関する渋沢の解釈には若干曖昧な点が存在する。

　渋沢は孔子が神の存在を否定しなかったと考える根拠について、「孔子は神を語らずといっても、神に対する敬虔の念は十分あったのである。論語八佾篇には『祭るには在すかごとくにし、神を祭るには神在すがごとくにす』

とあり、また『大廟(たいびょう)に入っては事毎に問う』とあり、これらによってこれを証明し得べし。しかれどもこれは孔夫子が心を正しうしてご自分の務めを疎(おろそ)かにせざらんことを心懸けられた、正心誠意の発露に外ならず、神に祈ってどうしようのこうしようのという精神からではないのである」と述べる。(17)

　神に対する孔子の姿勢はまさに、神を尊崇するとともに人間としての務めを誠心誠意尽くして行い、一方的に神に頼ることをしない渋沢の姿勢そのものである。

　孔子は日本人ではないので、天照大神を天祖、皇室を天孫とする考え方を有していない。したがって、「天」や「神」は漢字表記では同じであっても、その内容は孔子と渋沢では異なっている。しかし、天と神はともに不可視であり、かつ人格人性を超越した何ものかであるという点について両者の認識は一致している。

　そのように考えると、月を見て中国人は美女と一緒に住む兎を想像するに対して、日本人は臼で餅をつく兎を想像するという違いはあるものの、月を愛でる気持ちに変わりはない。天と神を月に置き換えて考えると、月に対する思いが国の違いによって変わらないのと同様、天と神に対する人間のあるべき姿勢とその基底にある尊崇の気持ちは孔子と渋沢で異なってはいない。

　いささか本題からそれるが、月の中に兎がつく餅をイメージした日本人には、天祖である天照大神がもたらした稲作によって得た神聖な米で作った食物という認識が存在するように思える。月から餅のイメージを感得する日本人の感性は独特であり、その根底には神教が影響していると考えれば、月と同じく人間の手が届かない天と神に対する渋沢の認識に、神教が影響していても不思議ではない。

　渋沢は、孔子が天と神に対して抱いた認識と、根底において同じ認識を抱いていた。渋沢は神教によって天と神のイメージを抱き、論語によって天と神の本質的な意義を学んだ。

　この結論を裏づける言葉として渋沢は、「これ孔夫子のいわゆる天に対する道であって、かくさえしておれば、祈らずとても神や守らんと固く信じておる。人に信念がなければならぬことは言を待たず、余の信念なるものは、義務観念責任観念の自覚を指したもので、決して人性人格あるゴッドとか仏(ぶっ)

陀とか、あるいは神明とかを信ずるという意味ではないのである」と述べる。[18]

渋沢が言う「義務観念責任観念の自覚」とはまさに人事を尽くすことであり、その努力なくして結果のみを神仏に祈る行為を渋沢は戒める。

3－4－3　祈禱の意義

天と神に対する渋沢の考え方を考察したところで、次に検討すべきは、人事を尽くすことなく神に祈る行為、つまり祈禱に関する渋沢の考えである。

渋沢はこの点について、論語の述而第七第34章「子疾病。子路請禱。子曰。有諸。子路對曰。有之。誄曰。禱爾于上下神祇。子曰。丘之禱久矣」（子の疾病なり。子路禱らんことを請う。子曰く、これありや。子路対えて曰く、これあり。誄に曰く。爾を上下の神祇に禱ると。子曰く、丘の禱ること久し）を引用して述べる。[19]

述而第七第34章は、孔子が病気になった際、弟子の子路が祈禱を行う許しを孔子に問い、孔子がそれを益のないことと戒めたことを述べた章である。

渋沢は菅原道真公の事例などをもとに、「もし平生勝手気儘な行動をなし道義に悖り人倫を戮りながら、病気が危篤になったからとて、にわかに神仏へ禱っても神仏がこれを聞き届けて下さろうはずがない。南泉和尚が『平常心これ道』と喝破したのも、論語八佾篇に『罪を天に獲れば禱る所なし』と夫子の仰せられているのも、この消息に外ならず、俄信心は虚空裏に向って釘橛し去るにあい似たり。なんの利目かこれあらん」と述べる。[20]

孔子と渋沢は、にわか信心や困った時の祈禱を無益とすることについて認識を同じくしている。

一般的に善男善女と称される人びとの中には、尽くすべき人事を尽くしていない人だけでなく、人事を尽くした後に自分の希望を神仏に祈願する人も存在する。

人事を尽くした結果を神仏は叶えてくれるはずと考える人、つまり自分の希望を能動的に神仏に祈る人を「能動的な祈願者」、孔子や渋沢のように人事を尽くした後の結果はすべて天や神に任せる人を「受動的な祈願者」と２つに分類すると、両者の違いは、(1)天や神に対する敬意と信頼、(2)自分の日頃の行いに対する自信、(3)自らの分に対する認識の３点に存すると考えられる。

この分類に基づいて検討すると、述而第七第34章で描かれる孔子と子路の違いもこの3点に存する。子路は優秀ではあったが、孔子の無事を祈るあまり弟子の分を忘れ、師匠の天や神に対する敬意や信頼、日頃の行いに対する自信を正しく認識できていなかった。
　渋沢は天や神に対する姿勢において、孔子の躾にならい自らも実践した。渋沢の天と神に対する信仰の基本的な態度は論語で語られる孔子の姿勢にその淵源が存すると考えられる。

3－4－4　学の本質
　渋沢は、美徳である六言（仁・知・信・直・勇・剛）に偏った場合に生じる六蔽を是正する役割を有する「学」についてその本質を語る。渋沢がこの点を講義した論語の陽貨第十七第8章は以下の通りである。[21]

　「子曰。由也。女聞六言六蔽矣乎。對曰。未也。居吾語女。好仁不好仁不好學。其蔽也愚。好知不好學。其蔽也蕩。好信不好學。其蔽也賊。好直不好學。其蔽也絞。好勇不好學。其蔽也亂。好剛不好學。其蔽也狂。」
　（子曰く、由や、女六言の六蔽を聞くやと、対えて曰く、未だしと。居れ、吾、女に語げん。仁を好んで学を好まざれば、その蔽や愚。知を好んで学を好まざれば、その蔽や蕩。信を好んで学を好まざれば、その蔽や賊。直を好んで学を好まざれば、その蔽や絞。勇を好んで学を好まざれば、その蔽や乱。剛を好んで学を好まざれば、その蔽や狂。）

　渋沢はこの章の意味を自分の言葉で六言それぞれに対する六蔽について事例をあげて説明する。これらの説明の中で渋沢が特に強調する知行合一に関連する「知」の蔽について渋沢の真意を探る。渋沢は知の蔽について、「知の蕩は、荘周の自然を語り、仏家の後生を談じ、神道の高天原をいい、浩蕩として反らざるがごときこれなり」と述べる。[22]
　渋沢が事例にあげた、(1)荘周の自然、(2)仏家の後生、(3)神道の高天原はいずれも浩蕩とした自然や生まれ変わった世、神話で神々が集う高天原に関する知識に基づくものである。

終　章　まとめと展望

　しかし、渋沢はこれらを談ずるのみでは「反らざるがごときに過ぎない」と批判する。つまり、なぜそれらの知識を現実の行動に生かさないのかと批判する。つまり、言葉遊びとも捉えられかねない詩作について、渋沢はどのように認識していたのかという点がポイントとなる。渋沢は詩について以下のように述べる。(23)

　「詩の用果して何くにあるや。それ詩を学ぶの要は人情を知り、変通事に従うを以て最となす。しかるに政をなして変通の妙用に達せず。四方に使いし、機宜に応じて専対する働きなきは、その人は詩三百の多きを暗誦するも、全く暗誦甲斐のなき庸才といわざるべからず。論語読みの論語知らずと同一の愚人たり。これ、孔夫子の大いに憂いて本章の言ある所以なり。あえて何人のためにこうということではない。一般の学者を訓戒したものである。
　今日では詩や楽を学びたりとて、これを以て政治家たりまたは外交官たる条件とはなし難し。その時勢相応の学問や言語や技術が存するなり。世と推移して拘泥すべからず。」

　この講義は、政に関わる詩を多く暗誦しても、詩から感得した示唆を政に生かすことがなければ何の効果もないことを述べた、子路第十三第5章の趣旨を渋沢の言葉で解説したものである。
　詩は、温厚な言い回しで人情の機微に寄り添い、道理や風俗、政治などについて韻を踏んで表現する文学作品であるので、これを学べば政を行う上で大いに効用がある。しかし、その効用を生かそうとせず、詩の味わいのみを愛して暗誦しても、それは「論語読みの論語知らず」の愚人と同じであるというのが渋沢の講義の趣旨である。
　渋沢は精神的道徳学とともに、近代国家に生まれ変わろうとしていた当時の日本において重要な学問分野は物質的科学であることを忘れなかった。渋沢は詩や楽を学ぶことだけでは十分でないことを、当時の社会情勢に合わせて聴衆に訴えかけたのである。
　渋沢にとって学の本質は実学であって、詩のような文学作品ですらそれを政治に生かさない限り、単なる娯楽に堕してしまうことを渋沢は主張すると

ともに、時代推移にしたがって実学の内容も変化することを注意喚起した。

まとめ

　筆者の渋沢研究は、『義利合一説の思想的基盤』、『渋沢栄一の精神構造』、『渋沢思想の成立基盤』の三部作をもってとりあえず一段落とする。

　残された課題は、三部作で得た成果を今後若い世代にどのように伝えていくかということである。渋沢の高度な精神的資質を見ても明らかな通り、実務の現場や大学教育を通して第二、第三の渋沢を生み出すことは、まさに「言うは易く行うは難し」である。

　筆者は、勤務先の大学でゼミ学生に対する卒論論文指導を行う際、大所高所から渋沢思想を説くのではなく、渋沢が日常生活において重視した「鄙事」や「綿密な段取り」というキーワードを重視した。

　鄙事とは孔子、渋沢ともに若年から実践した日常の基本的な実務である。孔子は必ずしも裕福でない家庭において、家計や家事に熱心に取り組んだことで幼年期から庶民生活を体感し、実践倫理を体系化した論語を後世に遺した。

　孔子を尊崇した渋沢も鄙事をたゆまず実践して農商業務に取り組んだ結果、孔子の言説を心底から理解し、それを自分の思想の中核に置いて渋沢思想を確立した。

　大学における卒業論文の作成においては、3年次までに学ぶ経済および経営の基礎知識や専門知識が鄙事であり、それを身につけることなくして経済学あるいは経営学の学士号を付与するに足る論文を完成させることはできない。つまり、自分が興味を持つテーマを選択してそれを卒業論文として仕上げるにあたって、経済理論や経営理論の裏づけを欠けばそれは単なる随筆になってしまう。

　3年次までの専門分野の学習で単位を取得するためだけに一夜漬けで間に合わせた知識は、いざ卒論を作成する段になると一向に役立たない。つまり、それは鄙事を軽視した負の見返りである。

　この経験を通して学生が学ぶべきことは、入社後に任される一見単調な業務は、大学における専門分野の基礎理論や応用理論に相当するものであり、

終　章　まとめと展望

まさにそれが鄙事である。その鄙事を丁寧に学ぶことは、まさに綿密な段取りを踏むことに等しい。このことを学生時代の卒論作成プロセスで学ばせることは、渋沢研究の成果を生かして大学で実学教育を実践する一歩と考えられる。

しかし、大学にも定年制度が存在する。定年に達するといやがおうでも大学を去らなければならず、学生との接触を通して教育を施すことが不可能となる。

筆者は「渋沢研究の現代的意義」をテーマとして、「渋沢研究三部作」で展開した実証研究の成果をまとめるとともに、今後の研究テーマの方向性を模索する。

渋沢思想との関係において新たな資本主義の行方を見定めるためには、AIが中核的な役割をはたす第四次産業革命と称される大きな社会変動を考慮することが不可欠となる。将来にわたって渋沢思想が資本主義の精神的支柱であり続けることを論証できればと筆者は考える。

【注】
（１）渋沢栄一『論語と算盤』（国書刊行会、平成4年）32-33頁。
（２）渋沢栄一「公冶長第五第27章」『論語講義（二）』（講談社学術文庫、1977年）144頁。
（３）渋沢栄一「泰伯第八第10章」『論語講義（三）』（講談社学術文庫、1977年）180頁。
（４）大江清一『渋沢栄一の精神構造』（時潮社、2022年）869-911頁。
（５）渋沢、『論語と算盤』180頁。
（６）大江、前掲書759-799頁。
（７）「己元旦書感　昭和四年」（第二款　漢詩　第四節　趣味）渋沢青淵記念財団竜門社編『澁澤栄一傳記資料　第五十七巻』（渋沢栄一伝記資料刊行会、昭和30年）189頁。
（８）澁澤秀雄『攘夷論者の渡欧』（双雅房、昭和16年）95-96頁。
（９）渋沢栄一「学而第一第1章」『論語講義（一）』（講談社学術文庫、1977年）26頁。
（10）渋沢、前掲書（一）、「学而第一第1章」26頁。

(11) 渋沢、『論語と算盤』78頁。
(12) 渋沢、『論語と算盤』78-79頁。
(13) 渋沢栄一「論語総説」『論語講義（一）』（講談社学術文庫、1977年）21頁。
(14) 渋沢栄一「述而第七第20章」『論語講義（三）』（講談社学術文庫、1977年）70-79頁。
(15) 渋沢、前掲書（三）、「述而第七第20章」71頁。
(16) 渋沢、前掲書（三）、「述而第七第20章」73頁。
(17) 渋沢、前掲書（三）、「述而第七第20章」78-79頁。
(18) 渋沢、前掲書（三）、「述而第七第20章」79頁。
(19) 渋沢、前掲書（三）、「述而第七第20章」117頁。
(20) 渋沢、前掲書（三）、「述而第七第20章」119頁。
(21) 渋沢栄一「陽貨第十七第8章」『論語講義（七）』（講談社学術文庫、1977年）22-23頁。
(22) 渋沢、前掲書（七）、「陽貨第十七第8章」25頁。
(23) 渋沢栄一「子路第十三第5章『論語講義（五)』（講談社学術文庫、1977年）127頁。

おわりに

　筆者が完成を目指した「渋沢研究三部作」は、『義利合一説の思想的基盤』、『渋沢栄一の精神構造』に加えて本書を刊行することで一段落となる。

　筆者が渋沢研究において心がけたことは、内面に湧き上がってくる興味や疑問について誠実に検証を積み重ねることである。臆断によって結論を導いたと気づいた場合は、自著であってもその結論を再検証することが必須となる。

　『渋沢栄一の精神構造』の刊行後、臆断によって結論を導いたのではないかという懸念が彷彿として沸き上がったのが、渋沢の国臣意識の淵源に関する知見である。論語と並んで青年期の渋沢に多大な影響をおよぼした水戸学に関する研究が不十分であったことに気づいた時点で本書の課題は定まった。

　膨大な事績と浩瀚な思想によって渋沢が成し遂げた業績の全貌を明らかにする作業には限りがない。特に渋沢の内面に切り込む研究では一定程度の想定に基づく見解を示すことが不可避である。しかし、その見解が臆断に基づくものでないことを担保するための検証作業は困難をきわめる。

　渋沢の業績が結実するまでの初期プロセスが明らかになれば、若年層の人々がそれを参考にすることで第２、第３の渋沢を輩出することが期待できる。本書はこの問題認識に対する解を得ることを目的として、渋沢の青年期から壮年後期に至る内面の変化プロセスに焦点をあてて分析を進めた。

　従来の渋沢研究は、完成された渋沢の企業者および社会事業者としての事績を対象とするものが大半である。一方、20代半ばに渋沢が中心となって決起し未遂におわった横浜焼き討ち計画については、若気の至りとして深掘りしない傾向がある。『義利合一説の思想的基盤』と『渋沢栄一の精神構造』もこの例にもれず完成後の渋沢思想や成熟した渋沢の精神構造を主たる研究対象とした。

　筆者の問題認識は、渋沢が現代に至るまで多くの人の尊崇の的になってい

る理由を解明し、その成果を現代の企業経営と健全な資本主義社会の発展に生かす道筋を探ることである。渋沢研究の成果を生かすとすれば、それを担うのは若き人材である。

　若き人材に完成された渋沢思想や事績を分析して提示することは意義あることではあるが、より重要なことは、いかなる努力をどのようにして行うのかという、正しい努力の道筋を示すことである。

　渋沢研究においてその目的に最も適合する成果は、若き渋沢がたどった道筋を解明し、そこから得た知見を現代の渋沢を育成するためのヒントにすることと筆者は考える。

　係る観点からすると、未熟であった青年期の渋沢が身に備えていた資質、知識、経験がいかなるもので、それがいかなる経緯をたどって渋沢の業績に結びついたのかを解明することが必要となる。

　横浜焼き討ち計画が未遂に終わった後、渋沢はいわゆる「大化け」して自己実現者適性を備えた人物となった。10年足らずの間に渋沢の身にそれが起こったとすれば、青年期までに修得した文武農商の四道が環境変化に応じて渋沢の内面で変容し、良循環が機能し始めたと考えるのが合理的である。

　今後はまずこれまでの研究成果を分かり易くまとめた啓蒙書を作成し、AIが中核的な役割をはたす新たな資本主義の展開と渋沢思想の関係を考察する。

用語索引

【あ行】

天照大神　2,154,172,209,211,227,228,241-243,252,253,262-266,268,270,272-276,281,283,288,301,304,306,307,311,321,490,491,496,499,512,514,523,524,527,544,546,556,708

陰徳　1,22-27,30-33,35,42-44,54,62,69-71,73,75,91,100,124,130,215-219,239,249,252,255,329-332,347,516,521,530,548,550,553,555,557,558,593,595,596,610,612,629,632,643,644,649-653,657,661,667-673,675,678,680,685

【か行】

開国思想　26,28,30,31,35,62,66,70,112,113,212,213,239,247,252,254,346,347,380,387,421,508,516,529,530,551-553,558,677

貨幣理論　363,371,372,377,391,394,534,535,537

鬼神　42,229,262,269-271,273,281,287,288,301,496,500-502,523,525,556-558

犠牲的精神　1,23,24,27,30-32,43,44,70,86,101,102,106,244,245,247,249,254,329,332,418,424,593,595,596,612,629,644,650-653,657,661,667,669-673,675,678

キリスト教　104,116,142,144,146,190,191,228,229,235,264,267-269,277,279-282,295,297,298,300,301,303-305,313,368,370,371,374,432-436,439,440,442,447-451,460,491,492,510,516,517,524,526,528,549,678

経営学的考察　687

交易論　372-376,383,386,391-394,534-537

後期水戸学　1,2,24-26,29,30,34,45,79,177,214,215,230,453,508,540,673,678,679

弘道館記　2,31,34,35,92,177,178,190,239

国臣意識　1,22-25,28,31,35,42,50,51,62,69,70,77,79,81,83-85,91,96,234,239,252,253,260,261,290,304,502,512,513,516,521,544,545,548,550,552,554,557,558,675,677,678,694,702,704,715

【さ行】

祭祀　41,114,115,126,229,266,271,273-275,288,302,453,485,486,489-507,511-514,517,518,524,525,540,543-546,550

三決死　95,99,100,244,247,253,254

時務策　30,41,42,347,350,366-369,371,373,378,392,395,424,473,477,483,485-487,509,511,514-516,519,529,530,533,535,547,548,552,553

朱子学　36,56,128,156,228,241,259,279,285,297,555,562

攘夷思想　2,23,25,26,28,30-33,35,40,46,50,62,64,66,70,71,73,84,85,91,101-105,111-113,123-126,128,129,135-137,141,143,144,146,185,209,211-213,235,239,240,242-247,249,251-255,280,282,301,345,346,350,375,378-380,384-388,399-401,403,406,410,417-419,421,423,448,457-459,475,482,486,489,492,493,496,497,501,508,513-515,521,524,528,529,533,543,545,547,550-552,554,557,558,591,624,677-679,683

抄紙会社　24,227,584,588,589,591,660,688,694,696

ショック・ドクトリン　339-342,348,349,351,531,532

717

仁愛　1,22,23,26-28,31,50,69,76,77,83-85,
　194,197,209,216,249
神託　64-66,108-111,126,130,138,175,185,
　186,312,314,324,346,404,410,412,418,
　448,454-456,529,541,555,558,685
前期水戸学　25,29,35,177,558,679
正名思想　23-27,30-32,42-46,255,256,561-
　565,569,572-575,578-580,582-587,589-
　591,657-659,671-673,675,678,694
正名論　1,31,32,42-46,92,107-109,248-250,
　256,555,561,562,569,572-579,583,585,
　590,592,657,671,673,678
徂徠学　45,562
尊皇思想　1,2,22,23,25,26,30-33,35,46,50,
　51,62,69-71,78,79,81,84,85,91,96,112,
　113,115,124-126,134-138,143,150,154,
　155,186,188,194,197,208-215,219,227,
　228,230,231,234,235,239-244,246,247,
　251-253,261,273,279,304,305,330,345,
　346,378,387,421,453,486,489,493,497,
　498,502,505,508,511-513,515-517,521,
　527-529,540,543-545,547,548,550-552,
　557,558,573,574,591,595,596,610,620-
　622,624,625,627,631,632,640,643,644,
　647,649,650,652,668,669,677-679,702,
　704
尊皇攘夷思想　2,22-25,27-29,33,38,41,45,
　46,49,50,52-54,61,62,69,71,73,74,83,84,
　86,87,91,96,106,110,112,113,120,121,
　124,125,129,173-175,185,209-212,225,
　226,233,234,242,243,246,252,253,263,
　294,321,345,346,350,366,378,380,387,
　406,410,428,430,437,438,443,448,481,
　485,486,489,492,493,497,506,508,513,
　518,528,529,532,542,545,550,551,558,
　572,597,625,661,675,677,679,682,683

【た行】
地祇　491,499,502,503,506,513,546
忠孝　137,150,151,155,196,218-221,223,
　230,231,233,241,250-252,255,256,261,
　267,272,273,275,276,279,281,289,291,
　299,301,302,305,312,346,523-525,555-
　558
迪彝篇　30,36,259,261,269,306
天命　183,184,186,187,228,229,234,282-
　289,299,301,302,304,365,501,525,527,
　628,682,705-707
当為と事実　578-580,672,690
東京市養育院　584,589,590,661,684,685
富岡製糸場　37,68,353,583,584,587,588,
　660,684

【は行】
武士道　26,33,35,50,54,62,69,70,73,91,106,
　124,130,218,240,244,247-251,254,255,
　329,331,343,423,516,548,550,553,554,
　557,558,645,652,653,670,685
物価理論　390,391,534
仏教　107,114-117,126,170-172,175,178,
　187,189-193,200,204,205,228,229,235,
　247,277,295,296,298,299,305,312,313,
　355,356,450,491,504,517,527,549,678
米穀統制論　364,391,534
闢邪小言　372-375,383,386,395
弁証法的考察　686

【ま行】
マクロ経済理論　362
ミクロ経済理論　359,362
水戸学　1,2,22-33,35,38,39,42,45,46,49-
　51,53,54,60,62-64,67-79,83,87,91,92,95,
　109-113,121,124-127,129,138,139,146,
　147,153,167,174,177,178,193,205,208,

718

214-216,218,219,230,231,234,236,239,
240,260,261,290,294,305-307,309,350,
354,366,392,394,395,397,398,400,401,
411,420,422,424,443,453,456,482,483,
485,508,512,516,518,519,521,535,538,
540,540,542,544,548,550,551,557,558,
561,562,572,582,585,591,592,597,643,
645,647,649-651,659,661,666,668,675-
680,684,694,702,715
水戸学思想　33,46,49,73,91,92,124-127,
127,129,130,137,146,178,204,354,400,
430,540,558,651,668

水戸学者　1,2,29,31,45,46,62,71,73,79,
147,205,261,300,304,527,558,676,678
名実論　43,46,561,562,564-567,569,578-
580,582,586,672
名分論　35,42,43,46,49,62,64,65,70,71,
141,175,185,187,209,211,239,242,243,
250,252,255,294,521,550,555-557,561,
562,564,565,567,569,573-575,578-581,
586,672,683

【や行】
陽明学　233,555,562,702

人名索引

【あ行】

会沢正志斎　1,2,24,25,30,31,36-42,51,62, 71,92,204,205,259-283,285,288,289,291, 294,297-307,309-315,317-323,332,344-347,350,353-356,359-375,378,389-395, 397-400,422-424,427-431,433-446,448-451,453-478,480-483,485-519,521-530, 532-538,540-558,650,668,673,678,679

伊藤博文　136,138,588,652,660,669

井野辺茂雄　615,617,622-626,669

大久保利通　37,80,152,153,214,309,310, 323,324,328,344,345,347,348,353,356-359,528,530,531,639

大隈重信　80,389,588,607-609,646,652, 654,660,669

大塩平八郎　29,64,65,139-141,174,175, 250,406,682

大橋訥庵　372,374,375

尾高長七郎　111,325,326,381,403,405,411-413,415,416,454,541

【か行】

カント　54,55

ケインズ　339,341

児玉源太郎　337,338,348,350,351,531,533

【さ行】

坂本慎一　45

渋沢喜作　66,111,210,325,403,411,415, 585,597,598,602,604,620,659,662,665

【た行】

徳川斉昭　2,31,34,35,62,70,71,73,74,92, 96,97,99,104-106,113,121-124,127-129, 133,134,136,141-144,146-165,167-173, 177,178,180,183,190,207,208,225,239, 245,246,248,249,384,415,416,440,509, 551,625,650,655,668

徳川光圀　113,124,146,172,173,207,208, 214-219,229-231,235,646,647

徳川慶喜　1,25,30-32,37,43-45,51,61,62, 66,71,74,75,80,96,208,215,222,223,231, 249,290,309,328-330,336,345,347,351, 366,375,383,487,528,530,586,593-597, 604,606,609,611-617,620-628,630,632-634,637,638,640,643-649,651,653-655, 657,661,662,664,667,669-671,673,678

【な行】

ナオミ・クライン　339-341,344,348,349, 351,531

【は行】

萩野由之　609,615-617,620-622,626,655

尾藤正英　43,45,561

福地源一郎　609,616-622,626,655

藤田東湖　1,2,24,25,30,31,33-35,51,62,71, 91-108,112-115,117-130,133,134,136-144, 146-151,153-156,158,160,161,163-166, 168-174,176-178,180-184,186-190,192, 194-196,198,204,205,208-211,216,217, 219-222,224-236,239-256,261,267,268, 305,650,668,673,678,679

藤田幽谷　1,25,30-32,42-46,51,62,92,100-104,113,119,123,244,245,249,250,253, 256,261,305,555,561,562,569-571,574, 575,583,592,650,657,668,671,673,678

物徂徠　154,283,284,287,566,567,575

フリードマン　339-341,348,349,531

【ま行】

マズロー　52,452,539,681,699
丸山眞男　43,45,561,564,565,578,579,581,592
三島中洲　42,282,297,300,561,562,567-569,575,576,707

【や行】

慶喜　2,25,28,30,37,44,51,62,66,71,73,75,206-208,215,218,219,222,223,231,233,235,241,309,328-332,338,347,366,382-386,389,530,586,593-607,609-619,621-653,655-657,661-670,672,673

著者略歴

大江 清一（おおえ・せいいち）
　1952年　東京都生まれ
　1975年　慶応義塾大学経済学部卒業
　　　　　第一勧業銀行（現みずほフィナンシャルグループ）、いすゞ自動車㈱、神奈川大学経済学部非常勤講師を経て、埼玉学園大学経済経営学部特任准教授。2023年定年退職。
　　　　　博士（経済学）（埼玉大学）
　　専攻：経営倫理、金融史

主な業績
　著書：『渋沢栄一の精神構造』（時潮社、2022年）。
　　　　『義利合一説の思想的基盤』（時潮社、2019年）。
　　　　『銀行検査の史的展開』（時潮社、2011年）。
　論文：「渋沢栄一と水戸学思想―藤田東湖『回天詩史』の思想的影響―」『埼玉学園大学紀要』経済経営学部編第22号（埼玉学園大学経済経営学部、2022年12月）など。

渋沢思想の成立基盤

2025年3月27日　第1刷　定価＝16,000円＋税

著　者　大　江　清　一
発行人　相　良　智　毅
発行所　㈲　時　潮　社

　　〒175-0081　東京都板橋区新河岸1-18-3
　　電　話　（03）6906-8591
　　ＦＡＸ　（03）6906-8592
　　郵便振替　00190-7-741179　時潮社
　　URL https://www.jichosha.jp
　　E-mail kikaku@jichosha.jp

印刷・相良整版印刷　製本・仲佐製本

乱丁本・落丁本はお取り替えします。
ISBN978-4-7888-0777-8